中国机械工业年鉴系列

2023

中国机械工业集团有限公司年鉴

CHINA NATIONAL MACHINERY INDUSTRY CORPORATION LTD. YEARBOOK

中国机械工业集团有限公司　编

机械工业出版社
CHINA MACHINE PRESS

《中国机械工业集团有限公司年鉴 2023》分为重要文献、集团公司发展概况、子公司发展概况、规章制度选编、荣誉汇编、重大经营项目汇编、大事记、附录和国机集团形象展示九篇，集中反映 2022 年国机集团的总体发展情况，详细记录了国机集团及其主要子公司党的建设、战略布局、生产发展、产品产量、市场销售、科技成果及新产品、标准与质量、基本建设和技术改造，以及国机集团、各子公司及员工个人所获得的荣誉等情况。

《中国机械工业集团有限公司年鉴》主要读者对象为政府决策机构、机械工业相关企业决策者，从事市场分析、企业规划的中高层管理人员以及国内外投资机构、贸易公司、银行、证券、咨询服务部门和科研单位的机电项目管理人员等。

图书在版编目（CIP）数据

中国机械工业集团有限公司年鉴. 2023 / 中国机械工业集团有限公司编. -- 北京 : 机械工业出版社, 2024. 6. --（中国机械工业年鉴系列）. -- ISBN 978-7-111-76036-8

Ⅰ. F426.4-54

中国国家版本馆CIP数据核字第2024RW6105号

机械工业出版社（北京市百万庄大街22号　邮政编码100037）
策划编辑：李天白　　　　责任编辑：李天白　赵　敏
责任校对：张爱妮　王　延　　责任印制：李　昂
河北宝昌佳彩印刷有限公司印刷
2024年10月第1版第1次印刷
210mm × 285mm · 24.75印张 · 28插页 · 656千字
标准书号：ISBN 978-7-111-76036-8
定价：580.00 元

电话服务　　网络服务
客服电话：010-88361066　机　工　官　网：www.cmpbook.com
　　　　　010-88379833　机　工　官　博：weibo.com/cmp1952
　　　　　010-68326294　金　　书　　网：www.golden-book.com
封底无防伪标均为盗版　机工教育服务网：www.cmpedu.com

编辑说明

一、《中国机械工业集团有限公司年鉴》（以下简称《国机集团年鉴》）于2010年首次出版，由中国机械工业集团有限公司（简称国机集团）主管、主办，《国机集团年鉴》编委会编纂，机械工业出版社编辑出版。

二、《国机集团年鉴》是一部全面记载国机集团改革与发展的大型资料性、工具性年刊。《国机集团年鉴》2023版主要记载上年国机集团的改革、创新和发展情况。

三、《国机集团年鉴》坚持面向市场、面向读者，提供准确、翔实的数据、信息和资料，忠实地反映国机集团和国机人上年度的新发展、新进步、新成就和新风貌。

四、《国机集团年鉴》2023版内容分为重要文献、集团公司发展概况、子公司发展概况、规章制度选编、荣誉汇编、重大经营项目汇编、大事记、附录和国机集团形象展示九篇，数据截至2022年12月31日。

五、本年鉴在编纂过程中得到了国机集团总部各职能管理部门和子公司的大力支持和帮助，在此深表谢意。

七、由于编者水平有限，书中难免有疏漏及不足之处，敬请读者批评指正。

中国机械工业集团有限公司年鉴编辑部

2024年5月

服务国家所需
与服务　工程承包与供应链
地址：北京市海淀区丹棱街3号　邮编：100080　网址：www.sinomach.com.cn
E-mail：office@sinomach.com.cn　电话：010-82688888　传真：010-82688811

领导工作掠影

2022 年 3 月 16 日，国机集团党委书记、董事长张晓仑会见哈尔滨电气集团有限公司党委书记、董事长曹志安一行。

2022 年 5 月 10 日，国机集团党委书记、董事长张晓仑应邀出席中国智造品牌论坛并作主题发言。

2022 年 8 月 9 日，国机集团党委书记、董事长张晓仑出席国机集团人才工作会议并讲话。

2022 年 8 月 27 日，国机集团党委书记、董事长张晓仑应邀出席 2022 世界清洁能源装备大会开幕式并作主题演讲。

2022 年 2 月 27 日，国机集团党委副书记、总经理吴永杰出席中国农机院北京农机试验站现址建设与开发四方协议签署仪式。

2022 年 3 月 2 日，国机集团党委副书记、总经理吴永杰出席国机集团 2022 年科技创新推进会并讲话。

2022 年 3 月 9 日，国机集团党委副书记、总经理吴永杰主持国机集团“十四五”“瘦身健体”工作部署会。

2022 年 4 月 19 日，国机集团党委副书记、总经理吴永杰出席国机集团 2022 年一季度经营运行分析会并讲话。

2022 年 5 月 19 日，国机集团党委副书记、总经理罗乾宜主持召开国机集团农机装备高质量发展推进会。

2022 年 6 月 27 日，国机集团党委副书记、总经理罗乾宜在集团总部会见来访的中国一重集团有限公司党委书记、董事长刘明忠一行。

2022 年 7 月 1 日，国机集团党委副书记、总经理罗乾宜出席“党建引领促发展，砥砺奋进启新程——国机集团庆祝中国共产党成立 101 周年”大会并讲话。

2022 年 8 月 19 日，国机集团党委副书记、总经理罗乾宜在集团总部会见来访的中国电气装备集团有限公司党委副书记、总经理周群一行。

2022 年 1 月 26 日，国机集团党委常委、副总经理高建设走访慰问下属企业中国海洋航空集团有限公司老党员。

2022 年 6 月 28 日，国机集团党委常委、副总经理高建设出席国机集团派驻监事会培训交流会。

2022 年 4 月 20 日，国机集团党委副书记丁宏祥会见天津市副市长王旭一行。

2022 年 11 月 6 日，在第五届中国国际进口博览会国机集团交易分团签约仪式上，中国国际进口博览局授予国机集团“进博会数字展会合作伙伴”荣誉称号。国机集团党委副书记丁宏祥出席签约及授牌仪式。

2022 年 7 月 14 日，国机集团党委常委、副总经理、总法律顾问白绍桐出席国机工程集团法律服务共享中心成立大会并致辞。

2022 年 8 月 22 日，国机集团党委常委、副总经理白绍桐会见中国出口信用保险公司党委委员、副总经理张辉一行。

2022 年 6 月 20 日，国机集团党委常委、纪委书记、国家监委驻国机集团监察专员雷光华出席国机集团党委第二巡视组对下属企业中国浦发机械工业股份有限公司党委开展巡视“回头看”情况反馈会议并讲话。

2022 年 12 月 28 日，国机集团党委常委、纪委书记，国家监委驻国机集团监察专员雷光华讲授专题党课。

2022 年 6 月 29 日，国机集团党委常委、副总经理、总会计师白勇到下属企业国机重型装备集团股份有限公司调研。

2022 年 9 月 21 日，国机集团党委常委、副总经理、总会计师白勇会见宁波银行行长付文生。

2022 年 2 月 22 日，国机集团党委常委、副总经理、总工程师陈学东在集团总部会见来访的铜陵市委副书记、市长孔涛一行。

2022 年 10 月 25 日，国机集团党委常委、副总经理、总工程师陈学东赴国机研究院天津电气科学研究院有限公司调研。

2022 年 11 月 11 日，国机集团党委常委、副总经理黎晓煜出席集团人力资源部（党委组织部）党支部党员大会，集中学习党的二十大精神。

2022 年 11 月 14 日，国机集团党委常委、副总经理黎晓煜参加国务院国资委新冠肺炎疫情防控会。

中国机械工业集团有限公司年鉴
编辑工作人员

主　　编： 丁宏祥　中国机械工业集团有限公司　党委副书记

执行主编： 闫卫红　中国机械工业集团有限公司　党委工作部部长

执行副主编： 冯雪峰　中国机械工业集团有限公司　党委工作部副部长

编　　辑： 刘　维　陈　明

撰　稿　人（排名不分先后）**：**

杜　实　蒋　烨　张录音　支春明　袁　杰

王东善　王鹏妍　李　阳　郑睿颖　任紫涵

姜雅楠　张媛媛　许天瑶　曲若柳　杨　奥

高　洋　詹　佩　施　旸　蔡　玲　胡曼莉

陆兴培　常亚婷　周　洁　万成娜　蒋易蓉

王亚丽　刘　英　刘　跃　陈　明　石　琼

韩子倩　孙冰玉　艾　婧　陈舒琦　张文杰

陈　欢　杨立人　刘丽霞

目录

第四篇　规章制度选编

第五篇　荣誉汇编

第六篇　重大经营项目汇编

第七篇　大事记

第八篇　附录

第九篇　企业风采

CONTENTS

Chapter Ⅰ Important Document

Chapter Ⅱ The Development Overview of the Group

Chapter Ⅲ The Development Overview of the Subsidiaries

Chapter Ⅳ Selected Regulations and Rules

Chapter Ⅴ Honors and Awards

Chapter Ⅵ Compilation of Major Business Projects

Chapter Ⅶ Milestones

Chapter Ⅷ Appendices

Chapter Ⅸ SINOMACH Images

第一篇

重要文献

踔厉奋发勇毅前行　奋力开启高质量发展新征程

——在国机集团 2023 年工作会议上的讲话

张晓仑

（2022 年 12 月 29 日）

第一部分

2022 年是党和国家历史上极为重要的一年，在以习近平同志为核心的党中央坚强领导下，党和国家沉着应对风高浪急的国际环境和艰巨繁重的国内改革发展稳定任务，保持了经济社会大局稳定，胜利召开党的二十大，全面建设社会主义现代化国家新征程迈出坚实步伐。2022 年也是国机集团发展历史上极具挑战、极不平凡的一年，面对百年变局叠加世纪疫情带来的极大压力和严峻挑战，集团以习近平新时代中国特色社会主义思想为指导，以迎接党的二十大和学习宣传贯彻党的二十大报告精神为首要政治任务，坚决贯彻落实党中央、国务院决策部署及国务院国资委工作要求，积极践行中央企业责任使命，坚持稳中求进工作总基调，完整、准确、全面贯彻新发展理念，积极服务和融入新发展格局，坚持“锻造国机所长、服务国家所需”，全力以赴攻坚克难，在稳增长、防风险、促改革、抓管理、强党建等多方面做了大量工作，取得了来之不易的成绩。

一、全力以赴稳增长，经营运行保持总体平稳

2022 年，党中央、国务院多次召开会议就稳住经济大盘进行研究和部署，出台了扎实稳住经济的一揽子政策措施。集团党委、董事会、经理层高度重视，召开稳增长工作推进会，成立稳增长工作机构，高质高效推进稳增长工作措施落地，为完成集团经营目标任务、推进高质量发展打下了坚实基础，为稳住经济大盘、保持经济运行在合理区间做出了积极贡献。

稳增长目标顺利完成。2022 年集团（考核口径）实现净利润为 67.1 亿元，同比实现正增长，超额完成考核目标；营业收入超过 3 500 亿元，超额完成全年预算目标。集团 27 家二级企业中，过半数企业的净利润和营业收入实现正增长。对集团净利润贡献最大的 5 家企业是苏美达股份、中设集团、中国联合、国机重装、中国一拖，对集团营业收入贡献最大的 5 家企业是苏美达股份、中国恒天、国机汽车、中设集团、中国联合。EVA、研发经费投入强度、全员劳动生产率、资产负债率均较好完成了国务院国资委考核目标。集团可归集资金集中度 88%，创历史最高水平。

处理历史遗留问题取得积极进展。下大力气推动中国恒天改革脱困，研究制定并推动落实《恒天改革脱困实施方案》。聚焦主责主业，围绕纺机产业链整合内部业务资源，多措并举提升纺机主业核心竞争力；着力瘦身健体，加大非经营性资产盘活处置和非主业企业退出力度，取得

阶段性成果；全面深化改革，大力推进组织调整、管理提升、减员增效。经过一年来的努力，中国恒天流动性风险初步化解，改革脱困呈现向好态势，为企业长远发展打下了基础，创造了条件。

市场开拓持续发力。2022 年实现新签合同额 630.5 亿美元，合同成交额 594.8 亿美元，进出口额 175.2 亿美元，处于历史高位，为集团持续健康发展奠定了基础。

二、持续加强科技创新，积极服务科技强国建设

积极服务国家科技创新顶层规划。开展制造领域全国重点实验室体系优化布局研究，提出制造领域全国重点实验室布局方案，为国家优化科研机构、完善科技创新体系贡献力量。参与《产业基础创新发展目录》研究起草工作，引领工业基础创新发展，推动产业基础高级化。积极承担军用基础机电产品主干型谱建设，引领军用基础机电产品谱系化发展，服务国防建设。开展“产业基础领域产业链供应链安全创新发展战略研究”等一大批中国工程院重点战略咨询研究，为服务行业发展和支撑国家战略贡献国机智慧。

大力推进战略性科研平台建设。集团原有 6 家国家重点实验室全部获批纳入新序列的全国重点实验室，在央企中获批数量最多。关键基础零部件和农业机械原创技术策源地实施方案获国务院国资委批复。持续推进重大装备关键基础零部件创新联合体组织运行，在完成一期任务的基础上，聚焦核电、风电、石化、航空等重点领域，部署 35 项二期攻关任务，有力支撑产业基础再造工程与重大技术装备攻关工程。

持续推进关键核心技术攻关。围绕农机装备、冶金装备、纺机装备等领域，大力开展关键核心技术攻关，持续推动制造业高端化、智能化、绿色化发展。大力推进氢能、核电、风电等清洁能源装备技术研发，积极推动化石能源清洁低碳高效利用技术开发，持续开展石化装备轻量化及合理延寿等关键技术研究，不断降低能耗水平，助力实现“双碳”目标。积极承担中央企业“卡脖子”技术与短板技术研究，圆满完成“1025 专项”一期攻关任务，荣获国务院国资委“优秀组织单位”、3 个“突出贡献团队”和 6 名“突出贡献个人”等奖项；29 项攻关任务纳入“1025 专项”二期，项目数量位列央企前三。申报立项一批工业和信息化部、科技部、国家发展改革委、农业农村部项目。扎实推进 17 项军工关键技术攻关。

持续推进科技人才激励。通过设立各种奖项、畅通职业发展路径，加大对兼具科学家精神与企业家精神的战略科技领军人才、具有科学家素质的“卓越工程师”等高层次科技人才的培养。设立集团青年科技基金项目，加快对青年人才的培养。

创新成果不断涌现。获得省部级以上科学技术奖 147 项、授权专利 2 039 项（其中，授权发明专利 529 项）、制修订标准 476 项、发表论文 2 883 篇。合肥通用院“一种高纯氯化锂的提取装置”专利获得中国专利金奖，是近年来集团专利成果的重大突破。《国际流体工程》杂志成功入选 2022 年度中国科技期刊卓越行动计划高起点新刊，是入选的 50 本期刊中唯一一本由中央企业主管主办的期刊。合肥通用院、中国电研、洛阳轴研所、中国重型院、中国中元分别牵头的 5 个科研项目获得机械工业科学技术奖科技进步奖一等奖。积极参与标准国际化工作，国机精工成功获批国际标准化组织滚动轴承委员会两个分会秘书处；标准化专家黄文秀荣获 2022 年国际电工委员会托马斯 • 爱迪生奖；中国电研、济南铸锻所分别牵头制定的 2 项国际标准发布实施，进一步提升了集团在相关行业的国际影响力和话语权。

三、积极服务制造强国建设，为制造业稳链补链强链做出积极贡献

不断提升极限制造能力，以国之重器服务国家重大工程。国机重装自主研制的我国首台 300 兆瓦级 F 级重型燃气轮机样机关键部件通过鉴定，白鹤滩水电站 8 号机组特大型高端铸锻件投入使用，成功交付国内首件超超临界机组 FB2 转子，研制首件 Ni3 型核电汽轮机自主化低压焊接转子锻件，“华龙一号”示范工程 ACP1000 主管道项目获得全国质量奖卓越项目奖，一系列重大装备成果为提升我国装备制造自主可控能力，保障产业链、供应链安全提供了有力支撑。

持续提升农机装备水平，护航国家粮食安全。集团获批成为国务院国资委第二批现代产业链链长，组织召开农机装备高质量发展推进会，确立了“提高农机装备水平，护航国家粮食安全”一条主线，联动推进“培育农机原创技术策源地、打造高端农机现代产业链链长、开展农机装备补短板”三大行动，认真落实“三张清单”的农机装备高质量发展思路。一年来，集团积极承担国家发展改革委、农业农村部多项农机关键技术攻关任务，推动解决陡坡拖拉机、收获机械等装备研发难题，农机装备研发能力不断提升。一批农机新产品逐步推向市场，中国一拖“东方红”LF2204、LZ2604重型动力换挡拖拉机批量上市，打破了国外农机巨头在中国高端农机市场垄断局面；LW3204无级变速拖拉机填补了多项国内技术空白；多功能大喂入量高效智能收获机突破了高效能脱粒清选等关键技术；首批“东方红”高端智能大功率拖拉机交付北大荒集团，开启了批量化国产化替代的新篇章。中国农机院的打捆机和青饲机、中国福马的手扶式插秧机和高速插秧机等主导产品市场竞争力和行业地位得到进一步巩固提升。

加强关键核心技术攻关，巩固提升纺机装备水平。中国恒天围绕纺纱、化纤、染整、非织造布机械四大类主导产品，持续强化关键核心技术攻关，巩固了行业优势地位。年产3万～5万t莱赛尔纤维生产线成功开车，打破国外垄断；自主研制成功3.8m高速高杂智能水刺法非织造布生产线，达到国际先进水平。

持续培育国机特色优势装备产品，打造“专精特新”企业集群。中国福马新研发的人造板机械，打破了宽幅、大产能规格锯切市场长期被国外垄断的局面，砂锯线产品占据国内90%以上的市场。中地装的核心产品数字重力仪获得中央军委科学技术进步奖二等奖，两个型号的立轴岩心钻机刷新了全国小口径钻探同类型钻孔钻进效率纪录。北起院的客运脱挂架空索道产品入选制造业单项冠军产品名单，被中国索道协会授予“北京2022冬奥会和冬残奥会赛场索道优秀供应商”称号。中国农机院所属金轮公司获批国家级专精特新“小巨人”企业。

四、完整准确全面贯彻新发展理念，助力机械工业行业数字化、智能化、绿色化转型

加快推动数字化转型。召开集团数字化转型推进大会，谋划数字化转型发展的目标和举措。农机云和机械装备行业云两个行业云平台获得国务院国资委批准。苏美达股份积极参与共建“数字进博”，探索搭建永不落幕的线上“技术装备展览平台”。集团被中国国际进口博览局授予“进博会数字展会合作伙伴”荣誉称号。如期完成司库信息系统建设的阶段性工作目标，推进数据标准化、流程规范化、环境国产化、数据中心及司库系统“五位一体”建设，有效牵引推动集团数字化转型。积极筹划成立数科公司，努力抢占数字经济发展先机。

服务行业智能化发展。国机智能筹建传感器国家工程研究中心广州分中心，布局工业互联网基础元器件业务。国机工业互联网研究院获批国家首批智能制造能力成熟度一类服务机构。

积极推进绿色低碳转型。成立碳达峰碳中和工作领导小组，制定集团碳达峰行动方案。中国电研获批国推绿色产品认证机构，制冷类家电易拆解可回收绿色关键技术研究与产业化获得机械工业联合会科学技术奖一等奖。中汽工程已成为新能源整车厂前十大品牌的工程服务商。

五、积极服务和融入新发展格局，统筹用好两个市场、两种资源

坚持以国内大循环为主体，积极开拓国内市场。进一步深化央地合作，与安徽省、江苏省等地方政府签署战略合作协议，深度参与安徽省世界制造业大会、四川省世界清洁能源装备大会等重大活动。国机工程集团实体化运营取得明显成效，以联合体形式签约13个项目，合同金额超百亿元。中国联合成功承接国家“十四五”重大科技基础设施项目的设计任务，以全过程工程咨询方式服务国家版本馆杭州馆建设。多措并举助力乡村振兴。中标多个乡村振兴规划、咨询、设计、建设项目，开展乡村振兴市场拓展课题研究，探索整合集团资源，加强与地方政府总对总合作，开辟服务“三农”新赛道，努力从农机装备提供商向农业农村现代化建设方案提供商转变。集团服务乡村振兴的新模式、新成效被国家乡村振兴局《乡村振兴简报》刊载。

积极践行“一带一路”合作倡议，迎难而上深耕国际市场。扎实做好中白工业园等重点项目建设运营工作，中白工业园入园企业总数达100家，协议投资总额13亿美元，其中，2022年新增入园企业18家，新增协议投资额超7 000万美元。积极探索“丝路电商”新业态新模式，主导推进白俄罗斯国家馆正式开馆，并亮相京东和抖音电商平台。习近平总书记亲自揭牌的马尔代夫住房项目顺利完成三期移交，得到联合国大会主席的点赞。习近平总书记出席上合峰会期间，中工国际与上合组织相关国家和企业签署了化工、天然气、索道旅游设施等领域的合作协议，其中乌兹别克斯坦奥林匹克城项目已于2022年11月奠基，成为峰会成功召开后中乌两国间落地的首个重大合作项目。尼泊尔博克拉国际机场项目建安工程顺利竣工。

六、统筹发展与安全，守住了不发生重大风险的底线

防范化解重大风险，统筹发展与安全，是2022年工作的重中之重。集团严格按照习近平总书记“疫情要防住，经济要稳住，发展要安全”的要求，加大工作力度，取得积极成效。

重大风险防范化解稳慎推进。持续开展相关金融业务风险防范化解工作，摸清风险底数，准确研判形势，认真制定方案预案，积极履责维权，保持了总体稳定。中国恒天风险处置取得积极进展。加快推进中国浦发非主业、非优势业务的清理、调整，采取有力措施推动国机重工债务风险化解，实现了风险可控。

风险防控体系不断完善。集团积极配合国家审计署经济责任审计，截至2022年年底已完成现场审计阶段，正一体推进以审促改、以审促建、以审促治；开展集团内部审计质量评估、研究型审计、“交叉审计”，审计工作质量得到有效提升。扎实推进“合规管理强化年”工作，设立集团首席合规官、集团合规审查委员会，进一步强化合规和内控体系建设。不断完善法治体系建设，加强重大案件跟踪督办和追责问责力度。集团及所属企业共计处置违规经营投资责任追究案件23件，104人次受到责任追究处理。设立监督办公室，强化日常监管，做实专项监督。

疫情防控、安全生产、境外安全等工作扎实有效开展。稳妥有序开展常态化疫情防控。依法依规做好安全生产和节能减排，严格贯彻落实国务院安全生产十五条硬措施，深入排查治理各类重大安全风险隐患，确保安全生产风险可控在控。加强国际化经营风险防范，完善境外安全管理体系。妥善处置乌克兰等地的安全突发事件，有效保障了境外员工生命和财产安全。强化网络安全保障，涉密信息系统建设已基本完成验收和测评。

七、攻坚克难促改革，国企改革三年行动圆满收官

按照“可衡量、可考核、可检验、要办事”的要求，全面推进国企改革三年行动高质量收官，列入改革台账的各项工作任务全面完成。

抓好改革专项工程，示范引领作用突显。中国电研、中机试验成功纳入“科改示范企业”；集团科改创新等工作在国务院国资委改革月例会及国企改革大讲堂上进行经验交流。集团及国机精工、中工国际关于科改、压减、三项制度改革等典型经验入选国务院国资委《国企改革三年行动简报》。

国有资本投资公司改革持续推进。制定实施进一步深化国有资本投资公司试点改革实施方案，明确了改革目标、工作要求和具体举措。制定实施科技型企业股权及分红激励、上市公司股权激励、跟投、超额利润分享等制度，进一步完善对混合所有制企业管理的指导意见。

“瘦身健体”工作大力开展。编制实施“十四五”时期的瘦身健体工作方案，净压减企业66家，法人层级6级以下企业减少25家，进一步缩短管理链条，聚焦主责主业。集团压减工作经验和成效入选国务院国资委《国有企业改革动态》。

布局结构进一步优化。持续推进工程承包、产融投资、特检等业务板块的重组整合，集团财务公司和一拖财务公司的整合获得监管机构批准。持续推动二级企业总部“去行政化”，基本完成中国福马总部搬迁及合并工作。

八、对标一流强管理，夯实了企业可持续发展的基础

积极开展世界一流企业建设相关工作。开展与世界一流企业的对标研究，制定《加快建设世界一流企业实施方案》。全面完成对标世界一流管理提升行动清单任务，苏美达股份、中国联合入选国务院国资委管理提升标杆企业。

综合治理专项行动取得明显成效。相关工作组织有序、推动有力、协同有效，坚持问题导向，推动全要素整改，补齐了短板弱项，化解了重大风险，完善了管理体系，夯实了合规基础。全部问题隐患中，已立行立改 5 028 个，完成率达 91.6%；挽回损失 9.9 亿元；加强各类规章制度的制定、修订，长效机制进一步健全。

财务管理水平进一步提升。编制实施集团财务管理提升三年行动方案；制度体系建设、培训和监督检查工作系统推进；资产评估工作的制度保障、资源保障和机制保障得到加强；财务负责人委派工作积极推进，开展首次全集团财务大检查，强化了财会监督手段；成本管理工作不断改进，中国一拖的全价值链成本管理、国机重装的四维成本管理体系取得积极成效。

投资及资产管理体系进一步完善。强化投资项目闭环管理，严格履行投资决策程序，不断提升投资项目后评价工作水平。持续提高上市公司质量，成立工作专班，制定相关工作方案和台账，获得国务院国资委肯定。进一步规范和完善改制剥离资产管理，及时调整理顺相关资产管理关系。

九、持之以恒抓党建，发挥全面从严治党的引领保障作用

2022 年，集团党委始终把迎接党的二十大胜利召开和学习宣传贯彻党的二十大报告精神作为首要政治任务，引导党员干部深刻领悟“两个确立”的决定性意义，增强“四个意识”、坚定“四个自信”、做到“两个维护”，不断提高政治判断力、政治领悟力、政治执行力。

迅速掀起学习宣传贯彻党的二十大精神热潮。在全面学习、把握、落实上下功夫，以“四个确保”“三个结合”为重点，第一时间在全集团范围内开展学习宣传贯彻党的二十大报告精神的一系列工作。集团党委发挥示范引领作用，迅速召开党委扩大会议，动员各级领导干部先学一步、学深一层。开展全系统学习党的二十大报告精神集中培训，全集团超 5 万人次参加了学习，凝聚起学习宣传贯彻落实党的二十大报告精神的强大合力。

深入学习贯彻习近平新时代中国特色社会主义思想，用以武装头脑、指导实践、推动工作。深入开展“建功新时代，喜迎二十大”习近平总书记重要指示批示精神再学习再落实再提升主题活动，推动集团各企业开展党的十八大以来贯彻落实习近平总书记重要讲话和指示批示精神“回头看”。完善党委会议第一议题机制，形成传达学习、研究部署、贯彻落实、跟踪督办、报告反馈的工作闭环。

持续加强党的领导党的建设，持续深化党建工作与生产经营融合提升。在完善公司治理中全面贯彻落实“两个一以贯之”，持续优化完善“三重一大”决策事项清单，厘清各治理主体权责边界。持续推动党建工作与生产经营“融合提升”专项行动，开展“聚焦主责主业，锻造国机所长”系列宣讲，增进学习交流和业务协同。推动“一企一工程”党建品牌创建活动，形成“案例汇编”。选树和培育基层示范党支部。总结提炼《基层党支部融合提升工作法案例汇编》。开展“落实‘十四五’规划，发挥党建引领作用”大讨论，召开基层党建工作“融合提升”经验交流会，营造党建工作与生产经营深度融合的浓厚氛围，激励党员干部职工立足岗位建功立业。

大力加强干部人才队伍建设。召开集团人才工作会议，编制实施“十四五”人才规划，全面盘点人才现状、系统查摆深层问题、科学制定目标任务、建立完善考核机制。全力培养拔尖创新人才，2022 年新增 2 名国家高层次人才特殊支持计划领军人才、3 名全国技术能手。集中开展年轻干部调研，大力发现培养选拔优秀年轻干部，着力解决后继无人难题。

统筹推进人才招聘工作，着力加大优秀人才引进力度。深入推进党风廉政建设和反腐败工作。深入贯彻一体推进“三不腐”方针方略，深挖严查违规经营投资、“靠企吃企”及各种风险背后的责任问题、作风问题、腐败问题，严肃查处严重违纪违法案件，深化以案促改、以案促治、以案促建。持续深入开展“制度建设年”系列制度培训、“廉洁宣传教育月”活动，不断净化政治生态。锲而不舍落实中央八项规定精神，持之以恒纠“四风”转作风树新风。全面贯彻落实《纪检监察机关派驻机构工作规则》，持续深化纪检监察体制改革，进一步发挥派驻优势，建立“室企地”三方联合、集团内三级联动办案工作机制，统筹“四项监督”，提升监督治理效能。2022 年，集团各级纪检监察机构共接收信访举报 472 件，处置问题线索 403 件，立案 60 件，给予党纪政务处分 50 人，留置 5 人；运用“四种形态”批评教育帮助和处理 346 人次；追责问责 39 件，处理 142 人次、1 个单位，进一步释放全面从严、一严到底、越往后执纪越严的强烈信号。

不断提升巡视巡察质量。结合持续深化中央巡视整改，聚焦落实党组织职能责任和防范化解重大风险，对中国恒天党委开展机动式巡视、对中国浦发党委开展巡视“回头看”，深挖细查重大风险背后的责任问题、作风问题、腐败问题，推动企业解决了一批管党治党宽松软和制约改革发展的突出问题，产生了强大震慑效应和良好社会反响。进一步完善巡视制度体系，加强巡视整改和成果运用，推进巡视巡察上下联动，强化巡视监督与其他监督贯通融合，巡视的权威性、震慑力、推动力更加彰显。二级企业党委开展对 51 家所属企业巡察工作，高质量完成巡察全覆盖，有力推动全面从严治党向基层延伸。

承担社会责任展现新作为。开展助企纾困工作，2022 年减免房租超过 1.9 亿元，惠及 2 100 余家小微企业和个体工商户；紧急支援香港、上海等地的疫情防控；向四川地震灾区捐款 1 000 万元；高质量完成 2022 年帮扶项目，在 2021 年中央单位定点帮扶工作成效中第四次获得最高等次“好”的评价。

品牌宣传及工会群团工作水平不断提升。两个品牌案例入选国有企业品牌建设典型案例和优秀品牌故事。阳早寒春故居及事迹展厅、东方红农耕博物馆分别入选科学家精神教育基地和全国科普教育基地。全面启动青年精神素养提升工程，党建带团建工作进一步加强。

同时，还存在一些问题和不足。一是少数企业和部门的大局观不够、使命感不强。从审计反馈的问题来看，很多问题暴露出管理上的漏洞，但更深层次反映了少数企业和干部服务国家战略的主动性不够，敏感性不强，集团“一盘棋”的大局观有欠缺，偶尔还有“拿错账本”的情况，还需要进一步加强学习，进一步提高中央企业的使命感和责任感，要坚持算大账、算长远账、算总体账，进一步提高政治站位，不断提升政治判断力、政治领悟力、政治执行力。二是推动高质量发展的能力不够。集团运行质量仍需进一步改善，上市公司质量还需进一步提升，主业竞争能力、风险控制能力、价值创造能力、可持续发展能力还要进一步提高。三是新动能培育力度不够。对新领域、新赛道的分析研究、引导支持、资源投入不足，对新经济增长点的开发和培育不够，新兴业务对企业贡献度弱，创新引领发展的作用有待进一步加强。四是解决历史遗留问题和防范化解重大风险的任务依然艰巨。经过艰苦努力，重大风险处置虽然取得了一定进展，但风险问题还远未从根本上解决，风险敞口、处置难度仍然较大。同时，部分企业内控体系仍不健全，工程、贸易等领域的新增风险事件仍时有发生。五是企业经营管理、改革创新等方面与建设世界一流企业的目标相比还有较大差距。集团总部的管控能力和服务水平有待进一步优化提升；部分企业还存在管理制度不健全、执行不到位、精细化管理水平有待提高等诸多问题。这些问题和不足制约了企业高质量发展，需要集团上下凝心聚力，重点突破，加以解决。

第二部分

2020年以来，世界百年未有之大变局加速演进，新冠肺炎疫情反复冲击，经济全球化遭遇逆流，世界经济正迈入高通胀、高利率、高债务、高成本、低增长阶段。虽然面临风险挑战，但我国经济长期向好的基本面没有改变，时与势在我们一边，这是我们定力和底气所在，也是我们的决心和信心所在。我国发展面临新的战略阶段、新的战略环境、新的战略任务、新的战略要求、新的战略机遇，集团要努力在危机中育先机、于变局中开新局。

对于2023年的经济形势，从国际看，世界经济可能面临滞涨局面，国际货币基金组织预测，2023年世界经济增长2.7%，通胀率6.5%。世界贸易组织预测，2023年全球货物贸易增长1%，明显低于正常年份。虽然全球经济仍然陷入低迷，但对亚洲、对中国的判断相对乐观。从国内看，中央经济工作会议对2023年经济形势作出了判断，我国经济韧性强、潜力大、活力足，各项政策效果持续显现，经济运行有望总体回升。中央对2023年经济工作的总基调是“稳中求进”，强调“推动经济运行整体好转，实现质的有效提升和量的合理增长，为全面建设社会主义现代化国家开好局起好步”。本次中央经济工作会议强调的“推动经济运行整体好转”，正是体现了“稳中求进”总基调中的“进”字。2023年，相信国家会进一步加大宏观调控力度、加强各类政策协调配合，把实施扩大内需战略同深化供给侧结构性改革有机结合起来，推动经济增速回归至潜在增速的合理水平。集团将结合中央企业负责人会议提出的新部署新要求，做好任务分解。当前集团改革发展正处于顶压前行、积势蓄力的关键阶段，困难挑战明显增多，新的机遇也在不断涌现。不少企业转型升级已经迈出坚实步伐，展现蓬勃生机；有的企业还在适应新形势，处在探索转型发展的过程中。多年前，集团就提出要正确认识“破与立、稳与进、质与量，继承与创新”的辩证关系，当前，集团更要继续坚持稳中求进的总基调，总揽“内”与“外”，洞察“时”与“势”，驾驭“危”与“机”，统筹“稳”与“进”，把握“质”与“量”，抢抓政策机遇，保持战略定力，增强必胜信心，提高核心竞争力，调动一切积极因素，奋力开启高质量发展新征程。

在综合研判形势的基础上，2023年工作的总体要求是：高举中国特色社会主义伟大旗帜，以习近平新时代中国特色社会主义思想为指导，全面贯彻落实党的二十大报告精神，深入学习贯彻习近平总书记关于国资国企改革发展和党的建设的重要论述精神，贯彻落实中央经济工作会议精神和中央企业负责人会议部署，坚持稳中求进工作总基调，立足新发展阶段，完整、准确、全面贯彻新发展理念，积极服务和融入新发展格局，更好统筹疫情防控和生产经营，更好统筹发展和安全，全力推动集团高质量发展。坚持“锻造国机所长，服务国家所需”，以“十四五”规划为指引，强化创新驱动发展，持续深化企业改革，优化调整布局结构，防范化解重大风险，提升党建工作质量，加快建设世界一流企业，实现质的有效提升和量的合理增长，为全面建设社会主义现代化国家开好局起好步做出新贡献。

“高质量发展是全面建设社会主义现代化国家的首要任务”。这是习近平总书记在党的二十大报告中发出新的动员令。实现高质量发展，也是实现中国式现代化的本质要求。集团要按照党的二十大报告中指出的“推进新型工业化，加快建设制造强国、质量强国、航天强国、交通强国、网络强国、数字中国”。“实施产业基础再造工程和重大技术装备攻关工程，支持专精特新企业发展，推动制造业高端化、智能化、绿色化发展”等一系列新战略、新部署、新要求，认真研究集团服务国家战略所需要确定的战略目标、实施路径、资源配置等，进一步明确战略定位，明确哪些是可以做的，哪些是有能力做的，哪些是必须做的，把思想和行动统一到党的二十大精神上来。充分发挥集团在工业基础再造、重大技术装备攻关、专精特新企业发展、工业设计与装备制造等方面的优势，进一步“锻造国机所长，服务国家所需”，积极服务制造强国、质量强国建设等国家重大战略，体现中央企业的责任担当，推动企业高质量发展。

2023 年集团“一利五率”的目标是“一增一稳四提升”。“一增”，就是利润总额增速高于全国 GDP 增速（具体指标另行下发）；“一稳”，就是资产负债率总体保持稳定；“四提升”，就是净资产收益率、研发经费投入强度、全员劳动生产率、营业现金比率 4 个指标稳步提升。这个目标，既是贯彻落实党的二十大报告精神以及中央经济工作会议精神，践行中央企业政治责任和经济责任的要求；也是进一步提振发展信心、凝聚发展合力，推进集团“十四五”发展规划落地，夯实高质量发展基础的需要。

第三部分

2023 年是落实党的二十大报告精神的开局之年，集团要全面学习、把握、落实党的二十大报告精神，贯彻中央经济工作会议部署，落实国务院国资委工作要求，坚持“锻造国机所长、服务国家所需”，全力以赴完成各项目标任务，努力推动集团高质量发展，推动“十四五”规划落实落地。

面对“世界之变、时代之变、历史之变”，我们要“准确识变、科学应变、主动求变”，用新发展理念破除老观念，善于发现和抓住机遇，珍惜和用好机遇，用高质量发展开创新局面。大时代、大变局，呼唤大智慧、大格局，如何识变、应变、求变主要体现在“势”“时”“式”3 个字上。

把握好“势”：势，强调的是事物发展的趋向性。企业发展必须敏锐把握这种趋向性，要与趋势相结合，要与未来相结合，既要顺应市场大势，又要把握政策趋势，还要发挥自身优势，在统筹大势、趋势、优势中抓住战略机遇，在识变、应变、求变中找到战略主动，积极应变局、育新机、开新局。尤其要注意发挥自身优势，对于企业而言，可以创新转型的方向和机遇有很多，不能盲目跟风追热点，市场大势是基础，政策趋势是方向，自身优势才是根本，只有立足自身优势，通过渐进式创新，不断巩固拓展，才能提高创新转型的成功率。

把握好“时”：时，强调的是事物发展变化的过程。集团面临的市场竞争日益激烈，机会稍纵即逝，企业发展必须相时而动，做到及时、适时、按时。“及时”就是要时刻关注市场变化，要时刻保持发展的紧迫感，市场机遇往往转瞬即逝，对于新变化、新机遇，要能及时发现，抓住时机，抢抓机遇。“适时”是指抢抓机遇也要冷静分析、沉着应对，找到最合适的时机，不能太快太早，也不能太慢太晚，要注意把握节奏。“按时”是指确定目标后要规划好时间表、路线图、任务书，不能空喊口号，没有实际行动，没有任务计划，没有责任单位，要按时完成每一阶段的任务，稳扎稳打，步步为营，在完成小目标中不断接近大目标。

把握好“式”：式，强调的是做事的方式方法。首先，要用正确的形式。是坐而论道，还是躬身入局，是站在一边指点江山，还是埋首俯身亲自下场，效果肯定不同，对于企业如此，对于企业领导也是如此。外在的形式体现了内在的精神状态，面对挑战和机遇，要始终保持奋发有为的精神状态和“时时放心不下”的责任意识，坚定信心，守正创新，锐意进取，奋力作为。其次，要有科学的方式。企业发展有自身的规律，推动企业高质量发展，要做好顶层设计、向改革创新要发展动力活力，要充分吸收借鉴国内外优秀企业的先进经验，掌握更多更好的方式方法，才能事半而功倍。最后，要有过硬的把式。把式就是能力，面对复杂严峻的外部形势，企业发展必须修炼好内功，不断增强核心竞争力，才能迎接挑战、克服困难、把握机遇，获得长远的发展。

一、在“稳中求进”上下功夫，努力实现质的有效提升和量的合理增长

要坚持稳中求进工作总基调，积极服务国家重大战略部署，在承担责任、履行使命中寻找发展机遇，实现高质量的稳增长。

全力以赴完成全年目标任务。要聚焦2023年目标任务，着力在“一增一稳四提升”上下功夫，制定具体目标措施，针对性持续提高运行质量。稳增长工作领导小组要强化过程管控，制定2023年稳增长专项任务，抓紧抓早推动专项工作落实落地。以全面预算为统领，落实高质量发展的目标责任。要充分发挥考核指挥棒作用，强化考核刚性约束，压实稳增长责任。要坚持“开源”与“节流”并重，“过紧日子”，努力挖潜降本增效。各企业都要主动担当作为，服务集团稳增长大局和发展全局，提高集团“一盘棋”意识，为集团整体发展做出更大贡献，要保持合理稳定的经营态势，避免大起大落。要加大科技研发投入，在加强基础研究、关键核心技术攻关、服务工业强基方面持续发力；要不断提高产品和服务质量，提高市场占有率和竞争力；要争取更多大项目签约落地并保持平稳发展态势，努力实现质的有效提升和量的合理增长。

积极服务和融入新发展格局。要立足全国统一大市场，在国内大循环中寻找新机遇。集团层面要研究制定贯彻落实党的二十大报告提出的新战略、新部署、新要求的总体方案和举措，各企业要结合实际，发挥自身优势，研究制定具体的工作方案。各企业要结合中央经济工作会议部署，抢抓国家政策机遇，主动谋划，积极对接，加强与地方政府、中央企业的战略合作，积极参与重大项目。要坚定不移走出去，巩固国际市场传统优势。要贯彻落实好习近平总书记关于中白工业园的重要讲话和重要指示批示精神，深刻认识开发好、建设好、运营好中白工业园重大政治意义、战略意义、外交意义及经济意义，扎实推进中白工业园建设运营。要抓住我国实施更大范围、更宽领域、更深层次的对外开放，建设更高水平开放型经济新体制，推进贸易和投资自由化便利化等发展新机遇，充分发挥集团在工业工程、环保工程、能源工程、重大装备、农林装备、纺机装备、大宗贸易、汽车贸易等领域的优势，认真谋划，积极作为，在高水平共建“一带一路”中更好贡献国机力量。

积极助力加快建设现代化产业体系。要以科技创新为引领，带动装备制造等传统业务发展，塑造发展新动能新优势。要紧密围绕科研板块企业核心技术能力和成果转化能力提升，从集团层面提出目标，配置资源，协调解决问题，提供专业支持，释放发展潜能，培育一批更具实力的专精特新企业，让亮点更亮，让行业地位更稳，形成专精特新产业集群。

通过设立机械工业基础产业基金，更好支持科技研发和装备制造企业加大研发投入、推动成果转化。积极释放原创技术策源地的经济价值，培育新的利润增长点，努力提升行业地位和影响力。要加快推进数字化转型，打造数字产业新增长点。科学谋划数字业务发展方向，加快编制实施《网络安全和信息化三年行动计划》和《数字化转型行动计划专项实施方案》，进一步明确建设“数字国机”的任务书、时间表、路线图。推进数科公司设立运行，培育发展集团数字产业。积极推动“农机云”和“机械装备行业云”建设，积极争取成为国家重点行业数据运营的可靠第三方。以建设运营“数字进博”平台为契机，不断提升集团在数字化方面的品牌影响力和平台价值。要抢抓绿色低碳转型机遇，助力美丽中国建设。积极培育节能环保、新能源等新兴产业。狠抓绿色低碳关键核心技术攻关，持续推进重点领域降低能耗、水耗、物耗，强化节能环保新工艺、新设备、新技术推广应用，以技术创新推动和促进绿色发展。积极参与绿色环保工程和基础设施建设。集团万元产值（营业收入）综合能耗同比下降3%以上，万元产值（营业收入）二氧化碳排放同比下降3.6%以上。

二、在打造战略科技力量上下功夫，积极服务高水平科技自立自强

党的二十大报告再次强调，科技是第一生产力，创新是第一动力，要坚持科技自立自强，加快建设科技强国，完善科技创新体系，加快实施创新驱动发展战略。集团要坚持把科技创新摆在更加重要的位置，努力打造战略科技力量，积极服务高水平科技自立自强。

进一步强化集团科研创新体系。做好全国重点实验室的建设，产出战略性、关键性、原创性重大科技成果。积极把握国家级研发平台优化重组、新建转建机遇，发挥自身优势，争取申报建设新的国家级科研平台。深入推进原创技术“策源地”建设和培育，大力推进“关键基础零部件”和“农业机械”两个方向原创技术“策源地”建设，积极推进石化、新能源、冶金、纺织等领域原创技术“策源地”的培育。有效推动创新联合体组织运行。围绕年度任务，紧盯目标，挂图作战，确保阶段性目标任务按期完成。加强交流对接，推动产学研深度融合，助力产业基础高级化、产业链现代化。

大力推进关键核心技术攻关。围绕制造强国建设和质量强国建设，在实施工业基础再造工程和重大技术装备攻关工程中积极作为，要聚焦制造业高端化、智能化、绿色化发展，开展关键核心技术攻关，提升产业链供应链韧性与安全。按照积极稳妥推进碳达峰碳中和的要求，大力开展新能源相关重大装备技术研究，助力化石能源向清洁能源转型，推动构建低碳、高效、安全的能源体系；要积极开展绿色设计、绿色制造、绿色维护、轻量化及合理延寿等关键技术研究，促进行业重大装备降碳减排。高质量推进“1025专项”二期任务实施，完成节点目标；积极在氢能、石化、农机、重型装备等领域谋划承担一批国家重大科技项目；持续做好集团科研专项的实施。

三、在维护装备制造产业链供应链安全上下功夫，推进装备制造业务高质量发展

党的二十大、中央经济工作会议都强调要坚持把发展经济的着力点放在实体经济上，推进新型工业化，全面推进乡村振兴，加快建设制造强国、质量强国、农业强国。中央农村工作会议强调，要抓好以乡村振兴为重心的“三农”各项工作，大力推进农业农村现代化，为加快建设农业强国而努力奋斗。集团作为装备制造行业“国家队”，要勇担推进新型工业化，建设制造强国、质量强国、农业强国的时代重任。

统筹推进装备制造业务发展。要聚焦事关发展和安全的战略需求，找准关键核心技术和零部件“卡脖子”薄弱环节，集中优势资源合力攻关，落实好国产首台（套）政策，以国内自主研发技术替代被断供的外国技术，服务装备制造产业体系自主可控和安全可靠。要从集团层面加强顶层谋划、统筹协调、精准考核，努力培育先进装备制造领域的“专精特新”企业集群。加大资金支持力度，充分利用有关产业、金融支持政策。优化统计指标体系，在不改变现有组织架构的前提下，把分散在不同业务板块中的装备制造业务及制造服务业务进行集中统计。结合装备制造业务特点和企业实际，优化业绩考核指标。

着力增强重大装备竞争力。夯实超大、超重、超极限制造能力，聚焦高端大型铸锻件、冶金成套装备、核能装备、石化装备等核心业务。努力攻克一批“卡脖子”关键核心技术，推动传统重大装备产品向高端化、集成化、智能化方向迭代升级，提高大国重器国产化水平，成为保障重大技术装备产业链安全的重要力量。

持续推进农机装备高质量发展。要以国家“实施新一轮千亿斤粮食产能提升行动”为契机，认真研究如何更好发挥农机产业链链长作用，带动产业链上下游融通发展，共同护航国家粮食安全。针对产业链上的短板弱项，围绕收获机械、丘陵山地农机、智能农机与智慧农业技术、农机关键核心零部件等方向，推进国产化替代，助力农机产业链稳定和农业强国建设。农机产业发展要注重与农业规模化经营和农机补贴政策相协调，科研要适度超前、补短板，产业要稳健发展。探索延伸产业链，探索发展农机服务和数字化转型等新业务。加强资源和市场协同，加大农机产品国际市场开拓力度。

实施纺机振兴三年行动。聚焦纺机核心主业，优化内部资源配置，推进纺机平台建设。加大技术创新投入，对标世界先进，要通过三年行动实现纺机业务振兴发展，不断提高纺机发展水平和盈利能力，推动纺机装备向产业链中高端迈进。争当纺机产业链链长，持续提升对产业链供应链的引领和带动作用。

推进林业地质装备发展。林业装备企业要聚焦重点技术和产品，技术上要跟紧世界领先水平，市场上要持续保持占有率领先。地质装备企业要积极抢抓“新一轮找矿突破战略行动”机遇，服务保障国家开展新区域、新层系、新领域、新类型地质找矿调查和精查工作，打造“专精特新”装备产品技术，全面提升核心竞争力。

四、在巩固拓展工程承包与供应链业务优势上下功夫，进一步提升综合竞争力

工程承包与供应链业务是集团的传统优势业务，为集团做强做优做大做出了较大贡献，同时也积累了较好的市场资源，形成了宝贵的经验模式。要紧密结合党的二十大报告指出的促进区域协调发展、推进高水平对外开放等部署要求，不断巩固拓展已有优势，抢抓发展新机遇。

巩固拓展设计咨询与工程承包业务板块竞争优势。进一步加强对工程集团的战略谋划和顶层设计，明确发展目标、发展规划、发展模式、成员企业定位，加强内部资源整合，推进解决国机工程集团资质问题，增强业务协同和发展合力。加强工程业务“投融建营退”等商业模式的研究论证，加强工程业务与其他业务板块的协同。发挥勘察设计及工程技术创新优势，加强全过程设计咨询、智慧建造、施工机器人应用等领域的技术创新，打造集团设计与工程业务特色优势。

巩固拓展供应链集成服务业务优势。持续巩固集团作为我国最大的机电产品进口商、最大的进口汽车贸易服务商、最大的展会服务商的行业地位，保障机电产品产业链供应链稳定通畅，以贸易为载体，以数字化、智能化、网络化为手段，不断探索创新商业模式。要稳住对发达国家出口，扩大对新兴经济体出口，提高出口附加值，扩大服务贸易，发展数字贸易，积极扩大先进技术、重要设备、能源资源等产品进口，服务贸易强国建设。非贸易企业要坚决退出贸易业务。

五、在持续深化企业改革上下功夫，不断激发发展动力活力

党的二十大报告指出，要深化国资国企改革，加快国有经济布局优化和结构调整，完善中国特色现代企业制度。集团要在改革三年行动圆满收官的基础上，持续深化企业改革，向深水区发力，向重点难点堵点聚焦，解决一批长期未解决的问题，通过改革释放发展动力活力。

深化落实国有资本投资公司试点改革。围绕重点举措，建立工作台账，扎实推动试点实施，认真做好试点企业评估准备工作。重点围绕优化结构、优化管控、优化治理、优化机制、优化监督、加强党建“五优化一加强”开展工作，进一步增强服务国家战略能力，进一步优化国有资本布局，进一步提升产业竞争力。提高上市公司质量，打造战略清晰、主业突出、治理规范、业绩优良、核心竞争力强的“国机系”上市公司集群。

深化改革专项工程。积极支持“双百”“科改示范”企业先行先试，重点推进科技型企业机制改革，落实差异化管控，激发企业活力。“双百”“科改示范”企业要破除体制机制障碍，深化市场化改革，提升自主创新能力。

深化三项制度改革。加强经理层成员任期制、契约化管理的精准考核和刚性兑现。更大力度推动管理人员竞争上岗、末等调整和不胜任退出制度落实落细，二、三级子企业覆盖面不低于60%，管理人员末等调整和不胜任退出平均比例不低于5%。优化内部分配制度，建立健全有市场竞争优势的核心关键人才薪酬制度，推动薪酬分配向核心关键人才倾斜，破除平均主义、大锅饭。推动中长期激励扩面提质，科技型企业股权和分红激励、员工持股、上市公司股权激励 3 种方式累计激励人次增幅不低于 20%。积极探索科技创新成果与创新人员利益更紧密有效挂钩的政策，解放思想，政策能给尽给、应给尽给。

做好资源配置。按照“十四五”规划，统筹做好“进”与“退”，主动谋划和推动核心主业领域的资源整合，推动关键资源向核心主业集中，向有利于服务国家战略的方向聚焦。持续加大对重大装备、农林地质装备、纺机装备等业务的支持力度。组建国机特检，完成集团特检业务资源的重组和注入，推进外部特检机构的并购重组，做强做优集团特检业务。持续深化瘦身健体，构建常态化调整机制，优化资产划拨、承接及督导机制，分类管理、统一推进。对非主业及长期亏损或利润率低且风险较大、占用资源较多的企业，加快调整退出。

企业亏损面和亏损额要在 2022 年基础上再降低 10% 以上。完善中国特色国有企业现代公司治理。认真贯彻落实新修订将要实施的《中华人民共和国公司法》，在完善公司治理中加强党的领导，修订完善包括公司章程在内的公司治理文件，动态优化调整党委前置研究讨论重大经营管理事项清单。编制实施所属企业董事会工作规则，完善企业董事会评价工作，深化子企业董事会建设；加强外部董事队伍建设，不断提升外部董事行权履职能力，充分发挥外部董事作用。

六、在推进管理体系管理能力现代化上下功夫，加快建设世界一流企业

党的二十大报告指出，要完善中国特色现代企业制度，弘扬企业家精神，加快建设世界一流企业。集团要增强加快建设世界一流企业的使命感和紧迫感，着力完善中国特色现代企业制度，不断提升管理水平和管理能力。

扎实推进世界一流企业建设实施方案落地。从创新力、竞争力、治理力、影响力、企业家引领力 5 个方面，对集团世界一流企业建设的主要目标、重点任务进行分解，落实好年度任务。要按照国务院国资委相关要求，积极参与管理提升行动、价值创造行动、品牌引领行动，加快培育行业领军企业和专精特新企业。

着力优化集团管控。实施平台赋能，打造价值总部。以加快建设世界一流企业为目标，以审计整改为契机，以专项治理为重点，持续开展管理提升行动，打造价值型总部，以一流总部助推一流企业建设。利用数字化、信息化手段，统筹建立完善司库系统、OA 系统、涉密信息系统、即时通信系统、档案系统等，搭建为集团企业赋能和服务的共享平台。充分发挥总部资本运作、资源对接、法律内控、财税金融、信息化、融媒体等方面的增值服务功能，落实管办分离、共享服务的要求，提升总部价值创造功能。召开总部员工大会，进一步明确总部部门职责、提升员工素质、优化工作流程、提升工作质量，真正帮助所属企业解决实际问题，充分发挥总部服务支撑功能。明确管理边界，分级分类授权。集团总部要进一步完善管理规则，划清管理边界，大力弘扬企业家精神，让干部敢为、企业敢干、群众敢首创。根据所属企业不同业务类型、不同企业规模、不同管理水平，分层分类制定经营、投资、资产处置授权管理方案，实现责权利对等。结合工作实际，实施直通车管理。对重点企业、重点工作可在事前报备的基础上，实施直通车管理，避免多层级上报，影响工作效率，浪费管理资源。

大力加强制度建设。要以审计整改为契机，深入查找制度建设漏洞，尽快补齐补全。制度建设要长效化、常态化，不断结合实际工作巩固、完善、提高。制度内容要及时、完整、准确体现国资监管的要求，不减损、不回避，不打折扣、不钻空子、不搞变通，切实用制度规范工作、加强管控、防范风险。

持续推进财务管理提升。继续以财务管理提升三年行动方案为抓手，持续推进建设世界一流财务管理体系，更加突出“支撑战略、支撑决策、服务业务、创造价值、防控风险”功能作用。加快推进会计核算和报告的规范化、标准化建设；加快推进司库体系和司库信息系统建设，实现境内司库管理功能全面上线应用，推动司库系统与其他系统的集成；加快推进业财信息全面对接和融合，构建有利于支撑决策的财务报告分析体系。

充分发挥审计监督职能。做好审计署审计整改"后半篇文章"，从政治责任看审计整改，深刻认识审计整改的重要性、严肃性、紧迫性，严格落实审计整改要求，科学严谨制定整改措施，加快推进立行立改、按期推进分阶段整改、稳步推进持续整改，严肃追责问责、夯实整改实效，坚持当下改与长久立相结合，坚持举一反三、以点带面、标本兼治，将审计整改成果转化为治理效能，不断增强内生动力和发展活力，夯实集团高质量发展的基础，增强核心竞争力和抗风险能力。不断完善集团"上审下"统一管控机制，加强经济责任审计规范化建设。

七、在防风险保安全护稳定上下功夫，坚决守住不发生重大风险的底线

党的二十大报告指出，要提高防范化解重大风险能力，严密防范系统性安全风险。中央经济工作会议指出，要更好统筹疫情防控和生产经营，更好统筹发展和安全，把有效防范化解重大经济金融风险作为2023年的重点工作之一。防范化解风险仍然是2023年集团的重要工作，要牢牢守住不发生系统性风险的底线。

持续做好重大风险的防范化解。强化重大风险全过程管控，提高风险预判预警能力，有针对性地制定风险应对方案，有效做好风险隔离。加强与监管部门和地方政府的沟通，加入风险处置工作协调机制，全力以赴防范化解重大金融风险。

建立完善风险防控机制。要从源头上防范风险。经营活动要聚焦核心主业，盯住现金流，合理投资，控制负债，管好两金，控制成本，精益管理，提升投资和经营活动的成功率；要用好上市公司平台，充实资本实力，从源头提升抗风险能力。进一步完善风控体系。加强制度建设、体系建设、源头管控、日常监督、违规追责和队伍建设，切实发挥大监督作用。加强统筹谋划，系统整合风控、内控、合规等工作。监督办公室要加强与审计部、巡视办、法律及风控合规部等部门的协调，加大对企业合规管理、制度建设、问题整改等日常监督检查，早发现、早整改。

更好统筹发展和安全，更好统筹疫情防控与生产经营。做好安全生产基础管理，持续完善安全生产管理体系，加大隐患排查整治力度，深化安全生产标准化工作，推动安全风险关口前移，严管严控重大安全风险。强化境外安全管理，建立健全管理制度，加快推进境外应急指挥中心建设，持续提升高风险国别地区安保能力。疫情防控进入新阶段，要最大限度保护职工生命健康，最大限度降低对生产经营的影响。

第四部分

党的二十大报告指出，全面建设社会主义现代化国家、全面推进中华民族伟大复兴，关键在党。加强党的建设，是国有企业的"根"和"魂"。我们要落实新时代党的建设总要求，健全全面从严治党体系，坚决维护习近平总书记党中央的核心、全党的核心地位，坚决维护党中央权威和集中统一领导，把党的领导落实到生产经营和改革发展各领域各方面各环节，集聚起团结奋斗、众志成城、推动企业高质量发展的磅礴力量。

一、以学习宣传贯彻党的二十大报告精神为主线，持续加强党的领导党的建设

持续全面学习、把握、落实党的二十大报告精神，深化党建工作与生产经营融合提升行动，以稳增长、防风险、促改革、强党建的务实行动推动贯彻落实党的二十大报告精神走深走实。

深学细悟习近平新时代中国特色社会主义思想，持续深入学习贯彻党的二十大报告精神。认真贯彻落实集团坚持和加强党中央的集中统一领导的实施意见，深刻领悟“两个确立”的决定性意义，增强“四个意识”，坚定“四个自信”，做到“两个维护”。加强对习近平新时代中国特色社会主义思想的学习研究，加强领导班子和党员干部政治建设和思想建设，完善党委会议第一议题和中心组首要议题的机制，完善党员干部参加党内政治生活、组织生活的工作机制，切实提高党委把方向、管大局、保落实的能力。紧密结合机械工业优良传统，紧密结合集团优秀企业文化，紧密联系广大党员干部群众思想和工作实际，推动党的二十大精神进车间班组、进项目现场、进科研基地，将学习成果切实转化为谋划发展、推动工作的实际行动。

坚持大抓基层的鲜明导向，不断巩固深化党建工作与生产经营融合提升成果。组织开展基层组织、书记、党员、活动、制度、培训、保障“七抓”工程。持续推动基层党支部标准化规范化建设，不断推动党务干部能力素质提升工作。

坚持“三个结合”，继续巩固深化党建工作与生产经营“融合提升”成果，抓好顶层设计，按照“一企业一品牌、一组织一特色”的原则，充分发挥基层党组织作用，创新工作载体，采取多种“党建＋”形式推动企业发展、解决问题、创新工作，努力形成一批长效运行机制和具体制度。

做实做细思想政治工作，不断加强企业文化建设。围绕举旗帜、聚民心、育新人、兴文化、展形象的要求，发挥工会群团组织作用，共同做好干部职工思想政治教育。聚焦集团品牌文化软实力提升，促进企业文化建设与经营工作更紧密融合，更好凝聚和激发推动集团高质量发展的内生动力。

助力定点帮扶地区全面推进乡村振兴。持续发挥集团在农机装备、乡村振兴规划、农事服务能力方面的优势所长，与当地乡村振兴规划紧密结合，持续为当地全面推进乡村振兴提供农业科技和装备支撑。谋划可长期培育和支持的产业帮扶项目，带动群众持续稳定增收。

二、深入落实集团“十四五”人才规划，建设堪当推动集团高质量发展大任的高素质干部人才队伍

全面推进人才规划落实落地。建立健全并严格执行人才工作目标责任制，压紧、压实人才工作“一把手”责任。加快推进人才规划任务目标分解，制定人才工作目标责任制考核方案，明确目标任务，完善考核机制，扎实推进人才强企工程。

持续加强领导人员队伍建设。贯彻落实新时代党的组织路线，突出政治标准，坚持事业为上，加强思想淬炼、政治历练、实践锻炼、专业训练，在“赛马”中识别使用干部，选拔忠诚干净担当的高素质专业化干部，及时选优配强企业班子特别是正职领导，不断优化干部队伍结构。推进实施企业家培养计划、领导人员能力素质提升专项行动，加强干部多岗位培养锻炼，注重在急难险重岗位磨砺干部。加大培训力度，不断提升干部的政治判断力、政治领悟力、政治执行力。加强对干部的全方位管理和经常性监督，不断完善考核评价体系，持续推进干部能上能下，激励干部担当作为。

着力抓好人才梯队建设。抓好《集团优秀年轻干部队伍建设实施意见》贯彻落实，不断健全培养选拔优秀年轻干部常态化工作机制，继续充实优秀年轻干部人才库。着眼集团人才规划目标，及时大胆使用条件成熟的优秀年轻干部，特别是 80 后干部，推进二级企业加大对 85 后干部的选拔使用力度，形成结构合理、接续奋斗的良好梯队。

全力推进高端人才队伍建设。明确标准，严格筛选，推进行业战略科技专家、科技领军人才、技能大师等高层次人才库建设。全面梳理集团急需紧缺高端人才需求，举全集团之力培养引进高端人才。完善人才培养体系，探索“揭榜挂帅”等培养使用机制，推进实施卓越工程师、青年科技人才、技能专家培养计划。

持续加大急需紧缺人才引进力度。积极探索市场化的选人用人方式，探索职业经理人制度试点。持续加大校园招聘力度，继续发挥集团统筹协调作用。积极探索“人才飞地”等模式，不断提高人才引进质量。

三、推动集团党风廉政建设和反腐败工作向纵深发展，为集团高质量发展营造风清气正的良好环境

锲而不舍落实中央八项规定及其实施细则精神，推动纠“四风”树新风常态化长效化。切实把不折不扣落实中央八项规定精神作为严守政治纪律政治规矩、践行“两个维护”的具体实践，作为深化全面从严治党的重要内容，抓住“关键少数”，一级抓一级、层层抓落实。集团各级领导干部要发挥模范带头作用，既严以律己，又严负其责、严管所辖，带头落实中央八项规定精神。坚持严字当头、露头就打、越往后越严，对二十大后不收敛、不收手的从重处理。总部有关职能部门和各级企业要结合审计整改，对履职待遇、业务支出、公务用车管理等制度规定进行全面梳理，进一步健全更加具体细化、更便于操作的实施办法。要切实转变工作作风，大力纠治形式主义、官僚主义等顽瘴痼疾，不断增强责任意识、政策水平和业务能力。

牢牢把握反腐败斗争的重点和方向，提高一体推进“三不腐”的能力和水平。紧盯党风廉政建设和反腐败工作面临的顽固性、多发性问题，持续加大查办腐败案件的力度，坚决查处政治问题和经济问题交织的腐败，坚决惩治新型腐败和隐性腐败，坚持受贿行贿一起查，依规依纪依法查处“靠企吃企”、违规经营投资及各种风险背后的腐败问题，遏制增量、清除存量。坚持做实以案促改、以案促治、以案促建，深刻剖析中央巡视、审计反馈问题和内部巡视巡察、审计、专项整治等发现问题，以及查处的严重违纪违法案件暴露的突出问题，举一反三，完善防止腐败滋生蔓延的体制机制。更加注重加强集团新时代廉洁文化建设，加强党性教育、警示教育和家风教育，培育国机特色廉洁文化，把不敢腐的强大震慑效能、不能腐的刚性制度约束、不想腐的思想教育优势融于一体，为集团高质量发展营造崇廉拒腐、尚俭戒奢的良好环境。

加强巡视整改和成果运用，实现巡视监督、整改、治理有效贯通。持续深化中央巡视整改。认真谋划集团巡视工作，科学编制巡视工作五年规划。有序开展对企业的常规巡视。把发现问题作为巡视巡察工作的生命线，强化以巡促改、以巡促治、以巡促建。全面推进巡视带巡察，推动提升巡察工作水平。健全完善巡视工作协作配合机制，加强巡视与其他监督的贯通协同。

深入贯彻落实党的二十大精神 以高质量党建引领保障集团高质量发展

——在 2023 年集团全面从严治党工作会议暨廉洁教育大会上的讲话

张晓仑

（2023 年 2 月 3 日）

这次会议的主要任务是以习近平新时代中国特色社会主义思想为指导，全面学习、全面把握、全面落实党的二十大报告精神，认真学习贯彻二十届中央纪委二次全会、全国组织部长会议、全国统战部长会议和中央企业负责人会议精神，总结 2022 年集团党的建设各项工作，部署 2023 年重点任务，表彰“两优一先”和纪检监察系统先进集体、个人，坚定不移全面从严治党，深入推进新时代党的建设伟大工程，以高质量党建引领保障企业高质量发展。

一、2022 年集团党的建设工作取得的新进展新成效

2022 年，集团各级党组织在以习近平同志为核心的党中央坚强领导下，在国务院国资委党委的具体部署下，坚持以习近平新时代中国特色社会主义思想为指导，以迎接党的二十大和学习宣传贯彻党的二十大报告精神为首要政治任务，实施党建工作与生产经营“融合提升”专项行动，深入开展系列主题活动，深入推进党风廉政建设和反腐败工作，全面提升党的建设质量。广大党员干部职工按照党委年度工作安排，充分发挥党组织战斗堡垒和党员先锋模范作用，坚持稳中求进工作总基调，坚持“锻造国机所长、服务国家所需”，全力以赴攻坚克难，稳增长目标顺利完成，在防风险、促改革、抓管理、强党建等方面取得良好成效，为集团改革发展稳定提供了坚强保证。

（一）以学习宣传贯彻党的二十大报告精神为主线，政治引领力有效提升

集团党委聚焦“三个全面”，贯彻“四个确保”，推动“三个结合”，迅速在全集团掀起了学习宣传贯彻热潮，在深入学习党的二十大精神中进一步深刻领悟“两个确立”的决定性意义，增强“四个意识”、坚定“四个自信”、做到“两个维护”，不断提高政治判断力、政治领悟力、政治执行力。

1. 全面深化学习，统一思想、凝聚共识 按照党中央决定和国务院国资委党委要求，集团和各企业党委迅速及时组织党委会传达学习、中心组学习研讨，领导班子成员、各级党组织书记组织党课宣讲，坚持领导学在前、讲在前、干在前，发挥示范引领作用。组织 6 场党的二十大报告精神专题集中培训，参训范围延伸到全系统每位党员干部职工，受训超 5 万人次。围绕主责主业，结合企业实际，创新形式，明确基层学习研讨的 4 个主题，确保学习一贯到底，入脑入心、统一行动。

2. 全面加强宣传，营造氛围、展示成果 着力用党的二十大报告精神统一思想、凝聚力量，开展十年成就和学习贯彻党的二十大报告精神宣传报道，持续跟踪报道党中央、国务院国资委对学习贯彻的新要求和集团系统学习宣传贯彻大会精神的新实践、新成效、新经验、新风貌，充分反映集团系统对党的二十大的热烈反响和积极评价，充分展示集团系统学习贯彻党的二十大报告精神的具体举措和实际行动，推动形成学习宣传热潮。

3. 全面贯彻落实，指导实践、推动工作 集团党委带领各级党组织和全体党员干部深入领会党的二十大报告精神，组织专题研讨会，围绕党的二十大新战略、新部署、新要求，结合集团主责主业开展研讨；按照总部部门职责和业务领域，进行二十大报告精神重点任务分解，把党的二十大报告精神转化成改革发展的具体实践，全力以赴稳经营，全面发力抓创新，稳步有序落战略，真抓实干促改革，在改革发展稳定各项工作中取得了初步成效。

（二）贯彻落实习近平总书记重要指示批示精神和党中央决策部署，政治执行力有效提升

集团党委牢记中管企业职责使命，着眼党和国家事业发展大局，坚持“锻造国机所长、服务国家所需”，坚决把习近平总书记重要指示批示精神和党中央重大决策部署落实到实际行动中。

1. 贯彻落实习近平总书记重要指示批示精神 深入学习贯彻习近平总书记对集团海外项目发表的重要讲话、作出的指示批示精神，努力抓好有关海外项目的建设和运营。从讲政治的高度持续抓好中白工业园建设，入园企业达到 100 家，协议投资总额超过 13 亿美元；承建的尼泊尔博克拉国际机场正式竣工并完成飞行检验，被称为尼泊尔“国家荣誉工程”；深度参与和服务第五届中国国际进口博览会（简称进博会），积极参与共建的“数字进博”成为第五届进博会最重要的创新和亮点之一，受到中国国际进口博览局和参展企业的一致好评，集团被授予“进博会数字展会合作伙伴”。

2. 积极服务高水平科技自立自强 大力推进战略性科研平台建设，集团原有 6 家国家重点实验室全部获批纳入新序列的全国重点实验室；围绕农机装备、冶金装备、纺机装备等领域，大力开展关键核心技术攻关，持续推动制造业高端化、智能化、绿色化发展；积极承担“卡脖子”技术与短板技术研究，圆满完成“1025 专项”一期攻关任务，29 项攻关任务纳入“1025 专项”二期，项目数量位列中央企业前三。持续推进重大装备关键基础零部件创新联合体组织运行，有力支撑产业基础再造工程与重大技术装备攻关工程。

3. 积极服务制造强国建设 持续提升农机装备水平，农机领域成为国务院国资委第二批现代产业链“链长”，高端智能大功率拖拉机实现批量化国产替代，陡坡拖拉机、收获机械等装备研发难题初步解决；召开农机装备高质量发展推进会，护航国家粮食安全，助力乡村振兴；农机云和机械装备行业云两个行业云平台获得国务院国资委批准；服务国家重大工程，自主研制一批“大国重器”，为制造业稳链补链强链做出积极贡献。

（三）着力抓好“融合提升”专项行动，组织战斗力有效提升

集团党委建制明向、强基促融，把推动党建工作与生产经营“融合提升”作为 2022 年党建工作主题，以政治融合、思想融合、队伍融合、载体融合、机制融合为路径，持续深化“三基”建设，努力打造讲政治、有活力、能战斗的改革发展先锋。

1. 扎实推进“融合提升”，党建品牌特色逐步显现 突出问题导向、成效导向、特色导向，开展“融合提升”专项行动各项工作。持续推动落实“第一议题”制度，完善公司治理体系，提高中心组学习质量，2022 年全年组织“第一议题”传达学习 58 次，中心组学习 11 次，切实加强落实中央决策部署的力度和效能。开展“聚焦主责主业，锻造国机所长”系列宣讲，成为“党务干部学业务、业务干部讲融合”的有效载体。在全系统广泛开展“一企一工程”党建品牌创建活动和支部工作法总结提炼，鼓励基层首创，引领中心工作，形成《国机集团“一企一工程”品牌创建——党建工作与生产经营融合案例汇编》《国机集团基层党支部融合提升工作法案例汇编》。开展“落实‘十四五’规划，发挥党建引领作用”大讨论。逐层级、分板块、成系列推进党建工作和生产经营深度融合。

2. 巩固深化“三基”建设，基层党组织政治功能和组织功能显著增强 通过定期检查和通报各级企业党组织覆盖及换届情况，推动党的基本组织做到“应建必建、应换必换”。召开“党建引领促发展、砥砺奋进启新程”“七一”大会，在河南片区、西南片区分别召开基层党建工作“融合提升”座谈会，启动在京企业党建调研，在交流沟通中推进基层党建工作。各企业持续推进“党务干部上讲台”活动，组织学习培训，推动党务干部能力提升。在农机装备领域探索开展产业链、供应链、创新链党建共建，以党建为载体深化业务拓展和企业联动。制修订集团党委加强和维护党中央集中统一领导、加强和改进思想政治工作、加强和改进混合所有制企业党的建设等各类制度，组织规章制度学习培训和宣讲解读，开展党内制度执行情况梳理总结，集团党建制度体系更加完整完备。

3. 健全完善党建责任体系，压紧压实管治党政治责任 按照“任务项目化、责任清单化、清单具体化”的思路，持续落实集团《各级党委履行全面从严治党主体责任清单》，以党委工作要点为牵引，推动党建工作细化、量化、具体化。坚持年度召开全面从严治党工作会议、季度召开党建工作例会和纪检监察工作例会机制，构建四级党建述职评议体系，健全完善“日常考核＋年底集中考核＋述职评议考核”的考评机制，确保工作精准化、精细化、精确化，推动党建工作“有目标任务、有调度推进、有督办落实”的全链条闭环管理。

（四）组织召开集团人才工作会议，干部人才支撑力有效提升

集团党委聚焦育选管用，持续推进干部队伍建设；聚焦高精尖缺，持续推进人才队伍建设，为集团高质量发展提供了坚强组织保证和人才支撑。

1. 全面实施人才强企战略 编制集团“十四五”人才队伍建设规划，组织召开人才工作会议，建立人才工作目标责任制，对集团人才工作进行全面安排和部署。制定一系列人才规划落地配套制度，全面修订《集团领导人员管理办法》，完善选人用人“1+N”制度，制定中长期激励制度，完善人才管理体系。

2. 持续选优建强干部队伍 完成 7 家二级企业班子换届、2 家二级企业党委换届，2022 年共调整 77 名干部，其中，提拔 34 人，进一步使用 7 人，平职交流 3 人，退出 33 人。推进干部能上能下，明确 23 种不宜担任现职“下”的情形，形成了能者上、优者奖、庸者下、劣者汰的用人机制。加强干部交流培养，全年选派 12 名集团党委管理干部交流任职，选派 18 名干部和人才参加援藏等挂职，组织二级企业推荐多名中层干部到总部挂职。

3. 集中开展年轻干部调研 对 20 家二级企业和 9 家 A 类企业（重点是科研院所和设计院）进行了年轻干部调研，直接掌握了一批优秀年轻干部。明确了干部队伍建设目标，建立了培养选拔优秀年轻干部的常态化工作机制。

4. 持续推进人才队伍建设 中国电研标准法规首席专家黄文秀荣获国际标准化领域最高技术管理奖——IEC 托马斯·爱迪生奖，成为我国第 4 位获此殊荣的标准化专家。积极探索市场化选人用人方式，对部分企业开展经理层公开竞聘、职业经理人制度试点。深入推进经理层成员任期制和契约化管理。大力推行三项制度改革，集团全系统管理人员退出比例达到 9.4%，超过中央企业平均水平。

（五）深入推进正风肃纪反腐，监督保障力有效提升

围绕落实习近平总书记重要指示批示精神和党中央重大决策部署，聚焦集团“十四五”规划实施、改革三年行动高质量收官等重点任务，紧盯综合治理专项行动、防范化解重大风险、“一把手”等“关键少数”，强化政治监督，做实日常监督，加大办案力度，为改革发展营造良好政治生态。

1. 深入落实中央八项规定精神、纠“四风”树新风 开展深入落实中央八项规定精神“回头看”专项行动，梳理制度规定负面清单，全级次开展自查自纠，对重点企业开展专项检查，节假日期间“四不两直”检察抽查、明察暗访；结合深化中央巡视整改、审计整改，推动对履职待遇和职工福利费等制度修订完善、严格执行，以好制度保障转作风，以新作风促进新作为。

2. 一体推进不敢腐、不能腐、不想腐 聚焦重点领域、关键环节和重要岗位，严肃查处违纪违法案件；落实“三个区分开来”，直接了结和不予处置信访举报78件、为77人澄清正名。

连续3年开展“制度建设年”专项行动，开展制度系列学习培训。持续深入开展“廉洁宣传教育月”活动，举办廉洁文化建设展览，组织廉洁文化建设专题调研，推动国机特色廉洁文化建设走深走实。

3. 促进各类监督贯通协调 抓好巡视整改、审计整改和专项整治等贯通协调，抓实审计沟通反馈有关问题整改，对违规违纪问题一查到底、从严处理，为推动企业改革发展营造良好政治生态。落实党风廉政建设和反腐败工作制度机制，强化纪检监察监督与其他监督贯通融合，推动各项监督有机贯通、相互协调。

4. 大力提升巡视工作质量 坚守政治巡视定位，紧盯职能责任，组织开展机动巡视、巡视“回头看”。二级企业党委对51家下属企业进行巡察，完成了巡察全覆盖。组织调研督导组对集团所属22家企业党委巡察工作进行检查指导，形成上下联动工作格局。加强巡视整改和成果运用，巡视监督、整改、治理更好实现有机贯通，督促推动被巡视企业党委制定整改措施389项。强化实践锻炼和专业训练，巡视巡察队伍能力素质不断提高。

（六）不断推进宣传思想文化建设，发展凝聚力有效提升

集团党委把党的二十大报告精神作为宣传思想工作的重点，围绕主线、聚焦主业、服务大局，全面深入展现集团生产经营、改革发展、党的建设各项工作成效，为贯彻落实党的二十大报告精神营造良好氛围。

1. 思想政治工作深入推进 制定相关制度，召开集团思想政治工作交流会，把思想政治工作列入集团全面从严治党主体责任清单和各级党委工作规则。扎实推进融媒体建设，强内宣、优外宣，实现集团有策划、下属企业有内容的融媒宣传格局。筑牢舆论阵地“防火墙”，开展清查整顿、专项调研等工作，在国务院国资委意识形态专项检查中获得肯定，营造了良好稳定的舆论环境。

2. 品牌文化建设出新出彩 黄锡璆博士的请战书、中国一拖LF2204无人驾驶拖拉机、中白工业园图片等集团重点元素入选“奋进新时代”主题成就展。集团干部教育基地入选2022年度科学家精神教育基地，中国一拖东方红农耕博物馆入选全国科普教育基地，阳早寒春故居挂牌中国金融思想政治工作研究会“红色金融教育基地”。

3. 群团工作有声有色 持续抓好基层团组织建设，开展“青年素养提升工程”和“青马工程”，实施“青年先锋”行动，抓好“推优入党”工作。健全交流座谈会、建言献策工作室等机制，形成党外人士《锻造国机所长，携手集智攻关》调研报告汇编。“爱心基金”2022年为48名困难职工子女助学、为19名患重大疾病的职工救助合计114万元，提高爱心基金对深度困难职工救助标准、降低申报门槛，不断提升职工群众的幸福感、获得感和安全感。评选出10名集团年度劳动模范，做好典型示范。

2022年集团全面从严治党工作取得了良好成绩，这些成绩的取得是党中央坚强领导以及国务院国资委党委悉心指导的结果，也是全体党员干部职工团结奋斗、拼搏奉献的结果。

集团全面从严治党工作还存在一些不足：有的企业党员干部政治站位不够高，政治敏锐性不够强，大局意识不够，在严格淬炼“政治三力”上还不够坚实深入，结合企业实际服务国家战略的自觉性、主动性不够，工作成效仍有差距；部分基层企业党建工作质量不高，党建与业务融合的方法载体还不够丰富，党建引领保障作用发挥不充分；部分专兼职党务干部能力仍需进一步强化，党务干部与业务干部双向交流还需加强；干部队伍能力素质还需要进一步提升，结构还需要进一步优化，人才培养引进激励等方面工作机制还需要进一步健全完善；在惩治腐败高压态势下一些不收敛不收手的问题依然存在，整治形式主义官僚主义还不彻底，强化政治监督、做实做细日常监督方面还需进一步从严，整合各方面监督力量形成大监督格局还需加大力度。通过党建考核和自查自评发现，集团全面从严治党还存在不少问题，需要高度重视，推动解决。

二、深入贯彻落实党的二十大报告精神，以更高站位、更实举措推动2023年集团党的建设再上新台阶

党的二十大号召全党高举中国特色社会主义伟大旗帜，全面贯彻新时代中国特色社会主义思想，弘扬伟大建党精神，自信自强、守正创新，踔厉奋发、勇毅前行，为全面建设社会主义现代化国家、全面推进中华民族伟大复兴而团结奋斗。全党同志务必不忘初心、牢记使命，务必谦虚谨慎、艰苦奋斗，务必敢于斗争、善于斗争，团结带领全国各族人民全面建成社会主义现代化强国、实现第二个百年奋斗目标，以中国式现代化全面推进中华民族伟大复兴。

党的二十大报告强调，全面建设社会主义现代化国家、全面推进中华民族伟大复兴，关键在党。要落实新时代党的建设总要求，健全全面从严治党体系，全面推进党的自我净化、自我完善、自我革新、自我提高，使党坚守初心使命，始终成为中国特色社会主义事业的坚强领导核心。

党的二十大报告明确了新时代新征程的中心任务和一系列重大决策部署，为企业改革发展和党的建设工作指明了前进方向，提供了根本遵循。2023年，是贯彻落实党的二十大报告精神的重要一年，是以高质量发展为首要任务，迈向新时代新征程的关键起点。习近平总书记在中央政治局会议上指出，要坚持真抓实干，激发全社会干事创业活力，让干部敢为、地方敢闯、企业敢干、群众敢首创。“四敢”向全社会发出了推动高质量发展，向全面建设社会主义现代化强国进军的动员号令。做好2023年改革发展和党的建设工作，充分激发全集团干事创业活力，集聚起万众一心的磅礴力量，比以往任何时候都重要。集团各级党组织和广大党员要敢于担当、勇于负责，敢想敢为、善作善成，充分发挥战斗堡垒作用和先锋模范作用，认真落实2023年集团工作会议部署的重点工作，形成改革创新活力竞相迸发、充分涌流的生动局面。2023年集团党的建设工作的总体要求是：以习近平新时代中国特色社会主义思想为指导，深入贯彻落实党的二十大报告精神和二十届中央纪委二次全会精神，认真贯彻习近平总书记关于国企改革发展和党的建设的重要论述，全面贯彻落实新时代党的建设总要求和新时代党的组织路线，持续学习贯彻全国国有企业党的建设工作会议精神，推动落实中央经济工作会议、全国组织部长会议、全国宣传部长会议、全国统战部长会议精神和中央企业负责人会议部署，自信自强、守正创新，踔厉奋发、勇毅前行，坚定不移全面从严治党，坚持稳中求进工作总基调，持续深化党的建设和生产经营融合提升，持续推进党建强基、能力提升、制度保障三大工程，持续深入推进正风肃纪反腐，全面落实集团2023年重点任务安排，把党的建设优势更好转化为发展动能，以高质量党建引领保障集团高质量发展。

（一）坚持和加强党中央集中统一领导，切实承担中央企业政治责任

习近平总书记在党的二十大报告中指出，中国共产党是最高政治领导力量，坚持党中央集中统一领导是最高政治原则。完成新时代新征程的使命任务，必须毫不动摇坚持和加强党中央集中统一领导。

1.坚持发展的正确方向，为坚持和加强党中央集中统一领导提供政治保证 认真贯彻新修订的《中共中央政治局关于加强和维护党中央集中统一领导的若干规定》精神，结合集团贯彻落实的实施意见，深刻认识党中央集中统一领导是党的领导的最高原则，深刻领悟“两个确立”的决定性意义，增强“四个意识”，坚定“四个自信”，把“两个维护”体现在对习近平新时代中国特色社会主义思想的学习践行上，体现在站在全局高度、落实党中央决策部署上，体现在打造战略科技力量、维护产业链供应链安全、巩固拓展工程承包与供应链业务优势、持续深化企业改革、推进管理体系管理能力现代化、防风险保安全护稳定等方面上，紧扣全面建设社会主义现代化国家、以中国式现代化全面推进中华民族伟大复兴这一中心任务，进一步“锻造国机所长，服务国家所需”，切实担负起国有企业“六种力量”的政治责任，始终在政治立场、政治方向、政治原则、政治道路上同以习近平同志为核心的党中央保持高度一致。

2. 健全完善制度机制，为坚持和加强党中央集中统一领导提供制度保证 聚焦“两个维护”，进一步深化落实“第一议题”制度，健全“任务分工、督办落实、抽查检查、定期报告、跟踪问效”的全链条工作机制，完善上下贯通、执行有力的工作体系，确保党中央决策部署在集团全系统各层级全面贯彻。完善定期就习近平总书记重要指示批示精神和党中央决策部署贯彻落实情况“回头看”及报告、通报制度，切实解决贯彻执行中的堵点淤点难点问题。严格执行向党中央请示报告制度，确保习近平总书记重要指示批示和党中央决策部署件件有落实、事事有结果。

3. 落实主体责任，为坚持和加强党中央集中统一领导提供组织保证 各级党委要认真履行全面从严治党主体责任，把做到“两个维护”情况作为党建责任制考核、巡视巡察和民主生活会的首要内容，强化政治监督，使“两个维护”更好地落实到实际行动上。各级领导人员要认真履行“一岗双责”，抓好分管领域的全面从严治党工作，做到严于律己、严负其责、严管所辖。严明政治纪律和政治规矩，不断提高各级党组织和党员干部“明辨是非、抵御风险”的政治判断力、“学深悟透、学以致用”的政治领悟力、“融会贯通、真抓实干”的政治执行力。牢牢抓住严肃党内政治生活这个有效途径，不断提高党内政治生活的政治性、时代性、原则性和战斗性，为加强党的政治建设蓄积内生动力。

（二）坚决贯彻落实党的二十大决策部署，在服务国家战略中突出党建引领作用

党的二十大部署了新时代新征程的使命任务，确定了高质量发展的首要任务，中央经济工作会议对2023年经济形势作出了判断，强调“推动经济运行整体好转，实现质的有效提升和量的合理增长，为全面建设社会主义现代化国家开好局起好步”。集团要根据党中央的这些决策部署，紧紧围绕对集团发展、对企业发展赋予的新使命、带来的新机遇，完成集团“十四五”规划的中期调整。要明确发展导向，把新发展理念作为基本原则和行动先导，把融入新发展格局作为重要牵引，把推动高质量发展作为永恒主题，始终重视生产经营“质”的提升和“量”的增长之间的相得益彰。要突出功能定位，把国家所需同集团所长结合起来，准确把握“国之大者”的深刻含义，准确把握中央对经济形势的判断，从讲政治的高度响应和服务国家战略。不折不扣落实战略部署，服务党和国家大局，推动集团改革事业发展，就是对全体党员干部政治判断力、政治领悟力、政治执行力最直接、最现实的集中检验。

1. 准确把握制造强国、农业强国的内在要求，在聚焦主责主业、服务国家所需上做出更大贡献 党的二十大报告指出，要推进新型工业化，加快建设制造强国。要强化农业科技和装备支撑，确保中国人的饭碗牢牢端在自己手中。集团要落实乡村振兴战略，聚焦主责主业，充分发挥农机装备优势，依托规划设计院所资源，以国家“实施新一轮千亿斤粮食产能提升行动”为契机，围绕促进乡村产业振兴，打造专业化的业务模块，以专业优势推动农业农村现代化。要聚焦主责主业，不断增强集团装备制造业在相关产业链供应链上的影响力和控制力，培育一批专精特新企业。实施纺机振兴三年行动，争当纺机产业链“链长”。着力增强重大装备竞争力，推动传统重大装备向高端化、集成化、智能化迭代升级，助推我国装备制造业高质量发展，为制造强国添砖加瓦。

2. 准确把握创新驱动发展战略的科学内涵，在助力高水平科技自立自强上实现更大突破 党的二十大报告指出，要坚持创新在我国现代化建设全局中的核心地位，强化国家战略科技力量，加快实现高水平科技自立自强。国机集团要加快实施创新驱动发展战略，加快建设集团承担的两个原创技术策源地，有效推动重大装备关键基础零部件创新联合体组织运行，推动产学研深度融合，推动创新成果工程化应用。发挥技术优势，聚焦前沿技术、关键“卡脖子”技术，主动承担国家各类专项项目，持续助力打好关键核心技术攻坚战。服务产业基础再造工程，开展绿色设计、绿色制造、绿色维护、轻量化及合理延寿等关键技术研究，高质量推进中央企业攻关工程二期任务。大力推进机制创新，激发创新热情，构建良好的创新生态。

3. 准确把握构建新发展格局的实践逻辑，在推动高质量发展上展现更大作为 党的二十大报告指出，要坚持社会主义市场经济改革方向，坚持高水平对外开放，加快构建以国内大循环为主体、国内国际双循环相互促进的新发展格局。集团要立足国内大循环，充分把握国家和地方政府的政策机遇，全力以赴，在国家下一步重点发力的领域加大开拓力度，提前谋划，积极参与。推进数字化转型，推动农机云和机械装备行业云建设，服务“数字进博”，推进数科公司设立运行。积极参与高水平共建“一带一路”，增强国内国际两个市场、两种资源联动效应，持续优化调整市场布局。加快绿色低碳转型，培育节能环保、新能源等新兴产业，努力塑造发展新增长极。

（三）以党的二十大精神统一思想、凝心铸魂，持续推动党的理论武装走深走实

习近平总书记指出，用党的创新理论武装全党是党的思想建设的根本任务。必须牢牢坚持和把握马克思主义科学理论指导这一政治优势，全面贯彻习近平新时代中国特色社会主义思想，以学习贯彻党的二十大精神为主线，坚持“三个全面”，做到“四个确保”“三个结合”，以党的创新理论指引新征程，完成新任务，真正做到学思用贯通、知信行统一。

1. 以党的二十大精神为中心内容，完善理论武装长效机制 按照中央要求，深入开展主题教育，持续推动党的理论武装走深走实。围绕贯彻落实党的二十大报告精神，组织集团领导人员高级研修班，推动领导人员聚焦党中央明确的目标任务精准施策，主动作为，将党中央决策部署转化为企业发展的工作思路和具体举措。利用培训学习、专题研究、宣讲宣传、交流研讨等党员教育培训的渠道载体，针对不同党员群体的特点，强化理论解读与阐释、理解与运用。用好自有红色资源和其他教学基地，发挥实践教学、现场教学的作用。认真制定、有效实施党委理论学习中心组年度学习计划，突出“头雁”效应，提升中心组学习质量和效果。

2. 以党的二十大精神宣传为主线，深化理论宣传阐释 围绕企业贯彻落实党的二十大精神，在生产经营、改革发展、党的建设等方面做出努力、取得成效，广泛深入开展理论宣传，生动鲜活做好新闻报道，深度阐释党的二十大精神要义，塑造担当有为、可亲可敬的中央企业形象。以集团融媒体系统建设为抓手，深入推进集团宣传阵地、宣传队伍的建设、管理工作；持续开展自有宣传阵地巡查工作，确保意识形态阵地安全，共同营造风清气正的网络空间。做好舆情隐患排查、风险研判、监测预警、处置化解等工作，为集团发展营造良好舆论氛围。

3. 以党的二十大精神宣讲为重点，发挥思想政治工作传家宝作用 区分不同业务板块，分片区开展巡回宣讲，紧密结合机械工业优良传统，紧密结合集团优秀企业文化，紧密联系广大党员干部群众思想和工作实际，以“接地气、重实效”为原则，推动党的二十大精神进车间班组、进项目现场、进科研基地。把基层党建工作同思想政治工作贯通起来，用好“三会一课、主题党日”等抓手，探索建立形式新颖的思想教育阵地。以党的二十大精神为主线，结合理想信念教育、“四史”教育、形势任务教育等，加强党员教育培训。推动党员管理和服务工作，规范党员管理服务方面的制度机制，完善职工思想动态调查和分析研判机制，用好谈心谈话制度，加强员工沟通交流、关怀帮扶和心理疏导。

（四）坚持大抓基层的鲜明导向，持续抓融合、抓提升、抓基层

党的二十大报告指出，要增强党组织政治

功能和组织功能，严密的组织体系是党的优势所在、力量所在。各级党组织要深入落实《中国共产党国有企业基层组织工作条例（试行）》，持续落实全国国有企业党的建设工作会精神，持续巩固深化融合提升工作，组织实施基层组织、书记、党员、活动、制度、培训、保障“七抓”工程，动员广大基层党组织和党员在建设世界一流企业征程中奋勇争先、建功立业。

1. 在完善中国特色现代企业制度、抓党的领导与公司治理深度融合上下更大功夫 坚持“两个一以贯之”，完善各级党委发挥领导作用和其他公司治理主体依法行权有机融合机制，明确党委发挥把方向、管大局、保落实领导作用的途径和重点。正确把握党委与其他治理主体的关系，推动党委与其他治理主体相互协调、互不替代，无缝对接、有效制衡。深化落实国有资本投资公司试点改革，围绕“五优化一加强”开展工作，重点推进科技型企业机制改革，提升自主创新能力。做好资源配置，加强资源整合、调整退出。优化集团管控，扎实推进世界一流企业建设实施方案。

2. 在贯彻落实党的二十大精神、抓党建工作与生产经营融合提升上下更大功夫 按照“一企业一品牌、一组织一特色”的原则，在各级党组织中全面开展贯彻落实党的二十大报告精神活动。各级党委牵头，开展“贯彻落实党的二十大报告精神，做强做精主责主业”为主题的党建品牌建设活动，聚焦“一增一稳四提升”，突出“专精特新”、突出世界一流，围绕服务和融入新发展格局，加快建设现代化产业体系，加快实施创新驱动发展战略，加快装备制造业务发展，在构筑核心竞争力、做强做精主责主业上有所作为。各级基层党组织开展“党建+”活动，突出岗位特色，以“党建+创新、党建+安全、党建+质量、党建+服务”等形式推动企业发展、解决难点问题。适时召开片区座谈会，交流不同领域不同板块企业贯彻落实党的二十大报告精神、聚焦主责主业担当作为的工作措施和成效，发挥党建品牌的扩散效应和辐射效应。开展“党组织书记大讲堂”活动，讲组织建设、讲队伍建设、讲机制建设，强化党组织书记和党员干部围绕企业改革发展开展党建思考和研究，为实现党建引领中心工作，推动党建工作与生产经营深度融合拓宽思路、提供方法。

3. 在实施精细化管理、抓基层党建水平上下更大功夫 各级党员领导干部要大兴调查研究之风，到分管领域的基层一线去，到困难多、群众意见集中、工作打不开局面的地方去，体察实情、解剖麻雀，全面掌握情况，做到心中有数，推动问题解决。要落实集团党委关于加强和改进混合所有制企业党的建设指导意见要求，清单化管理、项目化推进，开展全级次混合所有制企业梳理排查，推动混合所有制企业强管控、强治理、强党建，在加强党建工作中优化企业管理、防范化解风险。全面加强境外党建工作，结合集团境外机构和项目特点，统筹协调有关企业开展境外党建工作专项调研，深入了解党建在业务开拓、项目管理、队伍建设、解决难题、化解风险方面的实现形式和工作成效，聚焦境外党建工作的重点难点问题，加强境外党建工作的管理和指导。落实境外党组织向使领馆报到要求，强化党建定期述职机制，更好发挥境外党建“红色引擎”作用。

（五）落实党的二十大“人才是第一资源”的重要论述，着力强化干部人才支撑保障

党的二十大报告指出，全面建设社会主义现代化国家，必须有一支政治过硬、适应新时代要求、具备领导现代化建设能力的干部队伍；培养造就大批德才兼备的高素质人才，是国家和民族长远发展大计。要全面贯彻党的二十大精神，深入落实新时代党的组织路线，按照全国组织部长会议部署要求，大力推进干部人才队伍建设，着力在巩固、优化、提升上下功夫，为推动集团高质量发展提供坚强组织保证和人才支撑。

1. 加大力度全面推进集团人才规划落实落地 建立健全并严格执行人才工作目标责任制，压紧、压实各二级企业党组织主体责任和“一把手”责任，加快各项目标任务分解。制定人才工作目标责任制考核方案，集团党委将对二级企业落实任务目标情况进行专项考核，强化考核结果运用，确保人才规划各项目标任务和重要举措全面落实落地。

2. 大力推进领导班子和干部队伍建设 树立选人用人正确导向，大力选拔政治过硬、对党忠诚的干部，业务精通、本领高强的干部，敢于担当、勇于负责的干部，敢于斗争、善于斗争的干部，作风优良、清正廉洁的干部。不断加强班子建设，特别是选优配强“一把手”，加大专业干部和业务干部选拔培养力度。加大教育培训力度，加强多岗位培养锻炼，注重在改革攻坚、重大斗争一线和急难险重岗位磨炼干部，培养斗争精神和斗争本领，增强推动高质量发展本领、服务群众本领、防范化解风险本领。坚持严管和厚爱相结合，抓早抓小、防微杜渐。

3. 着力抓好后继有人根本大计 实现中华民族伟大复兴，关键在党，关键在人，归根到底在培养造就一代又一代可靠接班人。发现培养选拔优秀年轻干部，是加强领导班子和干部队伍建设的一项基础性工程，是关系事业后继有人和企业长远发展的重大战略任务。集团距这一目标还有不小差距。各级企业要着眼长远、着眼大局，早谋划、早部署，按照集团党委关于深入推进“十四五”期间优秀年轻干部队伍建设的实施意见，按照集团人才规划要求，加大优秀年轻干部的选拔使用力度，用好各年龄段的干部，形成结构合理、接续奋斗的良好梯队。

4. 进一步加大力度激励干部担当作为 要不断完善干部考核评价体系，巩固改革三年行动成果，大力推行三项制度改革，鲜明树立重实干、重实绩、重担当的考核导向、用人导向，充分发挥考核指挥棒、风向标作用，让有为者有位、能干者能上、优秀者优先，坚决拒绝“躺平式”干部。深化落实“三个区分开来”的要求，不断健全干部担当作为的激励保护机制，为企业高质量发展大力营造积极健康、干事创业的政治生态和良好环境。

5. 全力推进高端人才队伍建设 要推进行业战略科技专家、科技领军人才、卓越工程师、技能大师、技能专家等高层次人才库建设。全力组织申报国家重大人才专项，全力推进海外高层次人才引进。各企业要不断完善人才培养体系，健全人才梯队建设机制，优化青年人才成长环境，不断推进青年人才队伍建设。要持续加大引才力度，加大“双一流”高校和世界名校毕业生招聘力度，加强市场化引才，招揽更多优秀人才为集团所用。

（六）以全面从严治党“永远在路上”的清醒和坚定，持续深入推进集团党风廉政建设和反腐败工作

习近平总书记在二十届中央纪委二次全会上强调，把全面从严治党作为党的长期战略、永恒课题，把严的基调、严的措施、严的氛围长期坚持下去，把党的伟大自我革命进行到底。要深入贯彻落实习近平总书记重要讲话精神和中央纪委二次全会部署，在新时代新征程上一刻不停推进集团全面从严治党。

1. 坚持以严的基调强化正风肃纪，持续深化落实中央八项规定精神、纠“四风” 树新风紧紧抓住“一把手”这个监督重点，强化纪律教育和经常性监督。对违反中央八项规定精神问题保持高压态势，紧盯不放、寸土不让，对顶风违纪行为露头就打、从严查处，对党的二十大后不收敛、不收手的从重处理。把纠治形式主义、官僚主义摆在更加突出位置，从领导人员抓起，从典型案件查起，紧盯贯彻党中央重大决策部署和集团重点工作不担当、不用力，推诿扯皮、玩忽职守不作为，不尊重企业发展规律、任性用权乱作为等突出问题，科学精准靶向整治，动真碰硬、务求实效。

2. 保持反腐败政治定力，推动不敢腐、不能腐、不想腐同时发力同向发力综合发力 聚焦重点领域、重点问题、重点对象，持续加大查办腐败案件力度。持续深化“靠企吃企”问题专项整治，强化跨境腐败治理。深化运用“四种形态”，让监督执纪更加精准有效。深化源头治理，加强制度建设，持续抓好纪法教育和制度学习培训。更加注重加强新时代集团廉洁文化建设，坚持一体推进不敢腐、不能腐、不想腐，把反腐败和企业防风险、纠偏差、挽损失、修生态、强免疫结合起来，为集团高质量发展营造风清气正的良好环境。

3. 持续深化政治巡视，加强巡视整改和成果运用 高质量推进新一轮巡视全覆盖，发挥监督保障执行、促进完善发展作用。持续深化中央巡视整改，探索建立评估机制，形成有序衔接、互为补充、协调一致的整改监督闭环，深化巡视成果运用，实现以巡促改、以巡促建、以巡促治。深化上下联动、贯通融合，充分发挥系统优势和综合监督效能。加强巡视巡察队伍建设，锻造政治过硬、本领高强、忠诚干净担当的巡视巡察铁军。

（七）提升品牌文化影响力，凝聚和激发推动集团高质量发展的精神力量

习近平总书记在党的二十大报告中指出，全面建设社会主义现代化国家，必须坚持中国特色社会主义文化发展道路，增强文化自信。新时期，集团党委要围绕举旗帜、聚民心、育新人、兴文化、展形象的要求，充分发挥统战、群团组织作用，提高集团竞争软实力。

1. 增强企业文化传播力影响力 加强对集团企业文化资源的总结提炼、下属企业文化工作经验交流分享，将文化理念、文化故事与企业特色有机融合，将新发展理念与企业文化有机融合，生动体现集团创造行业价值、社会价值，服务国家的重要作用。运用好各类活动载体，做好“中国品牌日”“国企开放日”“集团机械工业纪念日”等活动，更好展示集团形象。

2. 发挥统战工作重要作用 习近平总书记指出：“现在，统战工作不是过时了、不重要了，而是更重要了。”集团认真贯彻落实中央统战工作会议和全国统战部长会议精神，立足服务工作大局，推动落实统战工作责任制，压实统战工作主体责任。深入开展“爱企业、献良策、做贡献”活动，组织统战成员继续围绕“聚焦主责主业，锻造国机所长”深化调研攻关，引导他们发挥自身优势，建真言、献良策、出实招。加强各个建言献策工作室的学习交流和标准化规范化建设，进一步发挥工作室融入中心的作用。重点推进无党派和党外知识分子思想引领工作，加强统战干部和统战成员的培训培养，提高统战干部业务素质。积极开展网络统战工作，构建完善大统战工作格局。

3. 激发群团组织活力 加强群团组织建设，立足青年特点扎实开展主题教育，兴起党的二十大精神“大学习”“大讨论”“大实践”热潮。持续开展青年精神素养提升工程和“青马工程”。挖掘各企业团委年度品牌工作，搭建多渠道交流平台。开展群众喜闻乐见的文体活动，丰富职工精神文化生活，开展群众性活动和技能竞赛。强化厂务公开和民主管理，充分发挥职代会作用，健全工会会员代表大会制度。加强培训体系建设，强化对工会干部、劳模工作室带头人、文体协会负责人等专业化培训。

第二篇

集团公司发展概况

经济运行概况

2022年，中国机械工业集团有限公司（简称国机集团）在以习近平同志为核心的党中央坚强领导下，以迎接党的二十大和学习宣传贯彻党的二十大精神为首要政治任务，全面贯彻落实党中央、国务院决策部署及国务院国资委工作要求，积极践行中央企业责任使命，坚持稳中求进工作总基调，完整、准确、全面贯彻新发展理念，积极服务和融入新发展格局，坚持“锻造国机所长、服务国家所需”，在稳增长、防风险、促改革、抓管理、强党建等多方面齐头并进，全力推动集团高质量发展。2022年，国机集团列世界500强第279位。

【主要经济指标】

截至2022年年底，国机集团资产总额为3 557.8亿元，较期初增长0.05%；净资产1 171.1亿元，与期初基本持平；全年营业总收入3 439.2亿元，同比下降7.19%。全年实现利润总额89.9亿元，较上年减少7.1亿元，降幅7.32%；实现净利润67.7亿元，较上年减少4.9亿元，降幅6.75%。集团研发经费投入94.2亿元，同比增长8.28%，在科技研发与服务、先进装备制造、工程承包与供应链的三大主业的研发经费投入规模上均保持稳定增长。国有资本保值增值率103.3%，同比增加0.1个百分点。2021—2022年国机集团主要经济指标完成情况见表1。

【主要领导及子公司】

2022年国机集团主要领导见表2，2022年国机集团二级子公司名单见表3，2022年国机集团控股上市公司名单见表4，2022年国机集团职工队伍情况见表5。

表1　2021—2022年国机集团主要经济指标完成情况

指标名称	2021年	2022年	同比增长（%）
资产总额（亿元）	3 556.1	3 557.8	0.05
所有者权益（亿元）	1 171.2	1 171.1	-0.01
营业总收入（亿元）	3 705.5	3 439.2	-7.19
利润总额（亿元）	97.0	89.9	-7.32
净利润（亿元）	72.6	67.7	-6.75
归属于母公司所有者的净利润（亿元）	29.6	27.5	-7.10
研发经费投入（亿元）	87.0	94.2	8.28
利税总额（亿元）	207.8	201.4	-3.08
应交税金总额（亿元）	113.9	109.8	-3.60
全员劳动生产率（万元／人）	32.4	34.1	5.25
净资产收益率（%）	5.8	5.8	—
总资产报酬率（%）	3.5	3.4	减少0.1个百分点
国有资本保值增值率（%）	103.2	103.3	增加0.1个百分点

注：表中数据是财务决算数据。

表 2　2022 年国机集团主要领导

姓名	职务
张晓仑	董事长、党委书记
罗乾宜	董事、总经理、党委副书记（2022.04 任职）
丁宏祥	董事、党委副书记（2022.07 任职）
白绍桐	党委常委、副总经理
雷光华	党委常委、纪委书记、国家监委驻国机集团监察专员
白　勇	党委常委、副总经理、总会计师
陈学东	党委常委、副总经理
黎晓煜	党委常委、副总经理（2022.11 任职）
刘祖晴	总经济师、职工董事、工会主席
王锡岩	总经理助理
孙　淼	董事会秘书
罗　艳	市场总监

表 3　2022 年国机集团二级子公司名单

序号	企业名称	序号	企业名称
1	中国机械设备工程股份有限公司	16	国机集团北京共享服务中心有限公司
2	中工国际工程股份有限公司	17	国机集团北京教育咨询有限公司
3	中国恒天集团有限公司	18	机械工业规划研究院有限公司
4	中国福马机械集团有限公司	19	国机重型装备集团股份有限公司
5	中国海洋航空集团有限公司	20	中国一拖集团有限公司
6	中国地质装备集团有限公司	21	苏美达股份有限公司
7	中国机械工业建设集团有限公司	22	中国浦发机械工业股份有限公司
8	国机财务有限责任公司	23	中国联合工程有限公司
9	国机汽车股份有限公司	24	机械工业第六设计研究院有限公司
10	中国机械国际合作股份有限公司	25	合肥通用机械研究院有限公司
11	国机资产管理有限公司	26	国机精工股份有限公司
12	中国农业机械化科学研究院集团有限公司	27	中国电器科学研究院股份有限公司
13	国机集团科学技术研究院有限公司	28	国机智能科技有限公司
14	国机资本控股有限公司	29	桂林电器科学研究院有限公司
15	国机融资租赁有限公司和国机商业保理有限公司	30	国机海南发展有限公司

表 4　2022 年国机集团控股上市公司名单

序号	证券代码	股票名称	上市公司全称
1	002051.SZ	中工国际	中工国际工程股份有限公司
2	600335.SH	国机汽车	国机汽车股份有限公司
3	600710.SH	苏美达	苏美达股份有限公司
4	601399.SH	国机重装	国机重型装备集团股份有限公司
5	002046.SZ	国机精工	国机精工股份有限公司
6	688128.SH	中国电研	中国电器科学研究院股份有限公司
7	601038.SH	一拖股份	第一拖拉机股份有限公司
8	600099.SH	林海股份	林海股份有限公司
9	601798.SH	蓝科高新	甘肃蓝科石化高新装备股份有限公司
10	600444.SH	国机通用	国机通用机械科技股份有限公司
11	900953.SH	凯马 B	恒天凯马股份有限公司
12	000666.SZ	经纬纺机	经纬纺织机械股份有限公司
13	00641.HK	中国恒天立信国际	中国恒天立信国际有限公司

表 5　2022 年国机集团职工队伍情况

分类		人员数量/人	备注
人才资源	管理人才	21 470	
	专业技术人才	52 372	含在管理岗位的 12 726 人
	技能人才	35 089	
从业人员数		121 271	

董事会运行情况

2022 年，中国机械工业集团有限公司（简称国机集团）董事会坚持以习近平新时代中国特色社会主义思想为指导，认真学习党的二十大精神，贯彻落实党中央、国务院决策部署及国务院国资委工作要求，坚持规范运行，加强战略引领，深化改革创新，重视风险防控，切实维护出资人利益，保障企业稳定运行。

【机构设置】

2022 年，国机集团董事会经历三次人员调整。2 月，唐复平董事接替尚冰董事担任集团董事、外部董事召集人；4 月，罗乾宜董事接替吴永杰董事担任集团董事、总经理；7 月，丁宏祥董事接替宋欣董事担任集团董事、党委副书记。2022 年年底，董事会共有 9 名董事，分别为：董事长张晓仑，董事、总经理罗乾宜，董事、党委副书记丁宏祥，外部董事唐复平、姜鑫、董学博、沙先华、张希，职工董事刘祖晴。

2022 年，董事会设立监督委员会，与审计与风险委员会一体化运行，并对薪酬与考核委员会、审计与风险委员会成员进行调整。调整后，董事会下设五个专门委员会：战略与投资委员会、提名委员会、薪酬与考核委员会、审计与风险委员会、监督委员会。其中，战略与投资委员会、提名委员会外部董事占多数，薪酬与考核委员会、审计与风险委员会、监督委员会成员全部由外部董事担任。

【制度建设】

国机集团董事会不断健全完善公司治理各项制度和运行规则，根据《中华人民共和国公司法》等法律法规和国务院国资委系列文件要求，结合实际，形成以公司章程为核心，董事会工作制度为基础，授权管理、高管考核、议案规范、决议落实等配套文件为支撑的制度体系，全面系统规范董事会的议事规则、运作流程和决策程序，为董事会规范运行提供制度保障。

2022 年，国机集团董事会审议通过《中国机械工业集团有限公司董事会授权管理办法》《中国机械工业集团有限公司合规管理办法》《中国机械工业集团有限公司担保管理办法》《中国机械工业集团有限公司创新领域跟投管理暂行办法》《中国机械工业集团有限公司科技型企业实施股权激励暂行办法》《中国机械工业集团有限公司公司章程管理办法》《中国机械工业集团有限公司董事会金融衍生业务管理办法》等基本管理制度，进一步规范公司相关经营管理活动。

【主要工作及成效】

国机集团董事会严格按照公司章程和董事会工作制度规范运行，牢牢把握定战略、作决策、防风险功能定位，不断提升董事会运作规范性、有效性。

1. 规范高效召开董事会会议 2022 年，国机集团共召开董事会会议 13 次，其中定期会议 5 次、临时会议 8 次，现场会议 8 次、书面会议 5 次，董事会共审议议案 42 项，听取各类汇报 9 项。召开董事会专门委员会会议 13 次，其中，战略与投资委员会 2 次、薪酬与考核委员会 3 次、审计与风险委员会 8 次，共听取和审议议题 27 项。召开外部董事专项汇报会 10 次，共听取汇报 23 项。召开外部董事务虚会 1 次。

2. 发挥定战略作用 国机集团董事会高度关注“十四五”发展规划的落实落地，围绕做强做精主业，研究推动相关工作，不断提升集团高质量发展水平。

（1）深入研讨谋划集团发展战略。召开外部董事年度务虚会，结合学习贯彻党的二十大精神，针对集团改革发展面临的挑战和风险，就深化改革、加强风险防范、推动集团实现高质量发展进行深入研讨，形成一系列发展共识。

（2）推动集团“十四五”规划落实落地。董事会在审议相关议案时，要求有效承接“十四五”规划目标；要求坚定不移围绕主责主业开展投资，从严把控不符合“十四五”规划主业板块的投资。

（3）强化创新驱动，服务科技强国、制造强国战略。董事会坚持“锻造国机所长、服务国家所需”，聚焦科技研发与服务，强调科技企业激励创新，持续推动企业提升核心竞争力。

（4）推动工程承包业务板块整合。董事会通过现场调研、听取专项汇报等，持续跟踪项目进展，指导推动集团工程承包业务板块整合工作在多方面取得明显进展。

3. 发挥作决策作用 国机集团董事会忠实维护出资人意志、公司利益和职工合法权益，围绕落实发展战略，对决策事项论证充分、风险揭示具体，确保重大经营管理事项科学决策。

（1）重视基本管理制度的制定和修订。董事会认真审议通过集团金融衍生业务管理办法、担保管理办法、合规管理办法等多项基本管理制度。

（2）充分重视外部董事独立客观的专业意见。在重大复杂议题提交董事会审议前，国机集团注重与外部董事加强沟通，一般提前召开专门委员会或专项汇报会，由提案部门向外部董事汇报，解答有关问题，听取外部董事修改意见和建议。

（3）健全投资决策机制，形成工作闭环。董事会要求把投资计划纳入预算管理，进一步提升投资管控能力；在审议投资事项时，更加突出高质量发展首要任务，进一步聚焦主责主业，践行央企使命担当；持续关注投资项目执行情况，认真听取项目执行情况汇报，推动投资项目稳健运行。

4. 发挥防风险作用 国机集团董事会牢固树立底线思维，推动完善集团风险管理体系、内部控制体系、合规管理体系，防范化解重大经营风险，确保集团整体平稳运行。

（1）加强调查研究，摸清风险隐患。董事会深入有关企业调研，详细了解情况，为进一步指导和推动企业改革脱困工作打好基础。

（2）推进重点企业风险防范化解工作。董事会四次专门听取重点企业有关进展情况汇报，并提出意见建议。

（3）持续推动提升集团资金管控能力和资金管理水平。董事会持续推动完善集团资金管理制度体系，加强对年度预算和资金专项预算审核，重点推动提升集团资金集中度，严控各类资金风险。

（4）扎实推进风险管控、内部控制、合规管理纵深开展。在董事会指导推动下，国机集团2022年通过专项行动、内控监督评价、内部审计等工作，扎实推进风险管控、内部控制、合规管理等在各级子企业纵向深度开展，确保企业依法合规经营、平稳健康发展。

5. 履行董事会监督职责 2022年，国机集团董事会认真履行监督职责，定期听取经理层工作汇报，督促检查经理层执行董事会决议情况，强化决议执行效果跟踪反馈。董事会加强内部审计管理，审议通过2021年度内部审计工作报告、2022年内部审计工作计划和2021年内部审计工作质量评估报告；审计与风险委员会专项听取2022年上半年集团内部审计工作开展情况及配合审计署经济责任审计工作情况汇报，提出工作要求。为强化董事会监督职责，董事会设立监督委员会，同审计与风险委员会一体化运行。

6. 做好外部董事履职服务保障支撑 国机集团董事长充分尊重各位董事的意见建议，注重加强内外部董事沟通交流，董事会民主决策氛围浓厚，董事会支撑部门提供决策信息全面，充分保障董事会科学决策。外部董事在工作中时刻从央企责任使命出发想问题、作决策，维护出资人利益，服务国家重大战略。外部董事工作严谨细致，审阅会议文件、听取工作汇报一丝不苟，对文件和汇报中存在的问题给予细心指导。外部董事结合各自业务专长和商业经验为集团高质量发展出谋划策，审慎客观发表独立意见，有力推动董事会及专门委员会决策质量提升。

2022年，国机集团努力克服新冠肺炎疫情不利影响，稳妥开展外部董事调研工作，全年共开展5次调研。先后组织外部董事赴下属中国恒天、国机工程集团、中设集团、北起院、苏美达股份及其下属相关企业和重点项目、中国海航，深入了解企业生产经营和改革发展情况。加强外部董事与相关方沟通，组织外部董事列席集团年中和年度工作会，参加国务院国资委有关会议，不定期组织外部董事与经理层、集团相关职能部门非正式沟通。加强外部董事信息服务，编辑整理包括国资监管动态、集团动态和企业改革动态在内的有关信息，编制《董事参阅》提供给外部董事。

7. 推进子企业规范董事会建设和运行 结合国企改革三年行动工作部署和要求，国机集团加快推进子企业董事会规范建设。

（1）开展董事会应建尽建工作。2022年，集团直接管理的28家二级子企业全部建立规范董事会，且实现外部董事占多数；动态调整应建董事会企业范围，全级次应建尽建董事会企业由2021年的310户调整为297户。

（2）推动子企业董事会规范运作。制定《加强子企业董事会建设工作方案》，下发《公司章程管理办法》及示范文本，组织公司治理相关制度宣贯、培训，指导推动子企业制定董事会授权管理办法，按照集团改革三年行动有关要求开展董事会运行情况检查，对二级子企业2021年度企业董事会运行情况和集团派出外部董事履职情况进行评价，推动子企业不断提升董事会运行规范性和有效性。

（3）加强派出外部董事队伍建设。高标准选聘派出外部董事，2022年年底，国机集团共派出外部董事44人，其中，专职外部董事6人。持续加强派出外部董事信息服务和履职培训，2022年组织派出外部董事参加公司治理专题培训和多次线上制度宣贯培训，不断提升董事履职能力。

生 产 经 营

2022 年，国机集团实现新签合同额 4 600.4 亿元，同比下降 7.9%；实现合同成交额 4 282.6 亿元，同比下降 7.3%。截至 2022 年 12 月底，国机集团累计实现进出口总额 1 232.1 亿元，同比下降 7.5%。其中，进口总额 687.9 亿元，同比下降 10.8%；出口总额 544.2 亿元，同比下降 2.9%。

【经营运行状况】

1. 完整准确全面贯彻新发展理念，助力机械工业数字化、智能化、绿色化转型

（1）加快推动数字化转型。召开国机集团数字化转型推进大会，谋划数字化转型发展的目标和举措。农机云和机械装备行业云两个行业云平台获得国务院国资委批准。积极参与共建“数字进博”，探索搭建永不落幕的线上技术装备展览平台。国机集团被中国国际进口博览局授予“进博会数字展会合作伙伴”荣誉称号。推进集团产业数字化、数字产业化转型升级，组织下属企业参加首届国企数字场景创新专业赛。如期完成司库信息系统建设的阶段性工作目标，推进数据标准化、流程规范化、环境国产化、数据中心及司库系统“五位一体”建设，有效牵引推动集团数字化转型。积极筹划成立数科公司，努力抢占数字经济发展先机。

（2）服务行业智能化发展。国机智能筹建传感器国家工程研究中心广州分中心，布局工业互联网基础元器件业务。国机工业互联网研究院获批国家首批智能制造能力成熟度一类服务机构。

（3）积极推进绿色低碳转型。成立碳达峰碳中和工作领导小组，制定国机集团碳达峰行动方案。国机集团下属中国电研获批国推绿色产品认证机构，“制冷类家电易拆解可回收绿色关键技术研究与产业化”获得机械工业科学技术奖一等奖；中汽工程成为新能源整车厂前十大品牌的工程服务商。

2. 积极融入新发展格局，市场开拓成效进一步显现

（1）坚持以国内大循环为主体，积极开拓国内市场。进一步深化央地合作，与安徽省、江苏省等地方政府签署战略合作协议，深度参与安徽省世界制造业大会、四川省世界清洁能源装备大会等重大活动。国机工程集团实体化运营取得明显成效，以联合体形式签约 13 个项目，合同金额超百亿元。中国联合成功承接国家“十四五”重大科技基础设施项目的设计任务，以全过程工程咨询方式服务国家版本馆杭州馆建设。

（2）多措并举助力乡村振兴。中标多个乡村振兴规划、咨询、设计、建设项目，开展乡村振兴市场拓展课题研究，探索整合集团资源，加强与地方政府总对总合作，开辟服务“三农”新赛道，努力从“农机装备提供商”向“农业农村现代化建设方案提供商”转变。集团服务乡村振兴的新模式、新成效被国家乡村振兴局《乡村振兴简报》刊载。

【国际化经营】

截至 2022 年年底，国机集团在全球 102 个国家和地区设有 359 家驻外机构。2022 年，国机集团全面贯彻新发展理念，坚持创新驱动，在海外市场积极作为，相继签约生效葡萄牙 150MW 光伏电站、玻利维亚豆制品加工厂、伊拉克九区原油中央处理设施、澳大利亚固体废弃物气化发电等项目，在新市场、新领域取得多点突破。同时，一批标志性工程投入运行，为推进当地工业化进程、改善环境和民生发挥了重要作用，高水平参与共建“一带一路”不断取得新进展。

1. 一批重点基础设施“硬联通”项目投入运行

（1）“中巴经济走廊”能源合作优先实施项目——巴基斯坦卡洛特水电站全面投入商业运营。巴基斯坦卡洛特水电工程项目是“中巴经济走廊”能源合作优先实施项目和“一带一路”大型水电投资建设项目，也是被写入中巴两国政府联合声明的水电投资项目。项目于 2016 年 12 月 1 日正式开工，2022 年投入商业运营，电站装机容量 720MW，平均年发电量约 32.10 亿 kW·h，是巴基斯坦首个完全使用中国技术和中国标准建设的水电投资项目，将为该国经济发展提供强大动力。

（2）伊拉克巴士拉 650MW 燃机联合循环电站全部 5 台机组成功移交，项目整体投入商业运行。该项目有效缓解了伊拉克南部地区用电紧张问题，改善了当地居民生活质量。

（3）科特迪瓦电网发展和改造项目顺利完成履约。该项目覆盖科特迪瓦全国东、中、西部区域，是科特迪瓦国家骨干电网工程。工程范围包括建设超 1 680km 输变电线路和 26 座变电站，以及对当地 500 个村庄进行电气化改造。2016 年 12 月项目开工；2021 年 4 月 30 日全面竣工；经过一年多质保期稳定运行，2022 年顺利完成履约，获得了业主和国际监理的高度认可。该项目显著提高了科特迪瓦国家电网的运行能力，极大加强了科特迪瓦与周边国家电网的互联互通，改善了当地人民的生活条件。

（4）尼泊尔“国家荣誉工程”——博克拉国际机场竣工。2022 年 3 月，中国和尼泊尔两国政府间最大的经贸合作项目、中国政府对尼泊尔地震灾后重建援助重点项目——尼泊尔博克拉国际机场项目胜利竣工。该项目采用中国标准并按国际民航组织 ICAO 标准设计建设，被誉为尼泊尔“国家荣誉工程”，实现了尼泊尔人民追求 40 多年的梦想，大大改善了尼泊尔国内交通条件，成为尼泊尔乃至整个南亚地区重要交通枢纽，促进了尼泊尔旅游业和经济社会发展。2022 年 11 月 22 日，该项目入选“2022 境外可持续基础设施项目”名单。

2. 中白工业园建设取得新成效　中白工业园是由国机集团作为大股东参与开发建设的中白合作共建丝绸之路经济带的标志性工程。

截至 2022 年年底，园区已建成一期 8.5km^2 范围的基础设施，累计铺设园区道路 33.3km，形成经营性土地 515hm^2。建成标准厂房 10 栋共 9 万 m^2，出租率 75.58%；办公楼出租率 90%；住宅楼（156 套）出租率 87%。入园企业总数 100 家，协议投资总额 13 亿美元。其中，2022 年新增 18 家居民企业，新增协议投资额超 7 000 万美元。

积极探索“丝路电商”新业态新模式，白俄罗斯政府官方独家授权、开发公司与入园企业合作开设的“白俄罗斯国家馆”在中国的抖音、京东平台顺利运营，推动中白两国数字经济领域合作。马尔代夫住房项目顺利完成三期移交，得到联合国大会主席的点赞。中工国际与上合组织相关国家和企业签署了化工、天然气、索道旅游设施等领域的合作协议，其中乌兹别克斯坦奥林匹克城项目已于 2022 年 11 月奠基，成为上海合作组织峰会成功召开后中乌两国间落地的首个重大合作项目。积极参加第五届中国国际进口博览会，中白工业园展台得到商务部、国务院国资委有关领导高度认可。

3. 坚持践行绿色发展理念，推动医疗合作，共筑健康丝绸之路　国机集团坚定不移贯彻新发展理念，将绿色发展理念融入共建“一带一路”，全方位全过程推行绿色规划、绿色设计、绿色建设、绿色生产，助力生态环境保护，为全球生态环境治理贡献国机力量。2022 年，由国机集团承建的世界上最大的单体光伏电站——阿拉伯联合酋长国艾尔达芙拉电站项目实现首次并网发电，帮助阿布扎比每年减少碳排放量 240 万 t，使清洁能源在阿拉伯联合酋长国总能源结构中的比重提高到 13% 以上；柬埔寨首个 100MW 国家光伏产业园项目成功并网。

国机集团建设的乌克兰尼科波尔 246MW 光伏电站项目荣获中国建筑业协会评选的 2020—2021 年度中国建设工程鲁班奖（境外工程）。

国机集团相继签署葡萄牙 150MW 光伏电站、津巴布韦哈拉比光伏电站、菲律宾拉瓦格光伏电站等新能源项目，继续为全球生态环境治理贡献国机力量。

由国机集团设计或建设的援柬埔寨中柬友谊医疗大楼、援厄瓜多尔乔内医院、加勒比地区最先进的医疗卫生中心——援多米尼克中多友谊医院等医疗卫生设施或相继竣工或投入使用，显著提高了当地医疗卫生水平。

4. 积极推动标准“软联通” 作为中国机械工业标准的重要参与制定者，国机集团通过各种举措推动标准国际化工作，在机械制造、电器检测和电气传动等领域主导制定了多项重要国际标准提案；在制冷压缩机、起重机械、铸造机械等领域实现了重要突破。

2022 年，国机集团标准化专家黄文秀荣获 2022 年国际电工委员会托马斯·爱迪生奖；专家苑严伟当选国际标准化组织智慧农业战略咨询组装备制造组 ISO/SAG SF/OEM 主席；恒天重工参与制定国际标准 ISO 22291:2022《湿法成网非织造布机械安全要求》，国机精工成功获批国际标准化组织滚动轴承委员会两个分会秘书处，中国电研主导修订的 GB/T 12350—2022《小功率电动机的安全要求》、济南铸锻所主导制定的 ISO 23472-5《铸造机械术语　第 5 部分：冲天炉、浇注设备和浇包》（英文版）先后正式发布，进一步提升了集团在相关行业的国际影响力和话语权。

2022 年 6 月，作为牵头方，国机集团下属中工国际与国药国际组成联合体与圭亚那卫生部签署圭亚那地区医院项目商务合同，在圭亚那沿海地区建设 6 座地区性医院。项目采用中国标准为主、国际标准为辅的设计模式，有力地促进中国设计及中国标准“走出去”。

【援外业务】

国机集团积极承担政府援助项目，为项目所在国经济社会发展贡献国机力量。

1. 保持援外工程高质量发展 2022 年，国机集团下属 11 家企业获得 8 项援外实施企业资格，进一步提升了集团在工程承包领域的品牌影响力。在援外项目建设方面，国机集团充分发挥自身优势，结合地域性与功能性，严格依据我国援外规章制度，力争将承担的援外项目打造成当地标志性建筑景观的精品工程。

2022 年，援柬埔寨国家体育场项目连续入围 2022 年度“杰出建筑结构奖”及世界结构大奖；援赞比亚玉米粉加工厂项目获得业主和中国驻赞比亚使馆经商处肯定。

2. 创新援外培训模式 2022 年，国机集团下属中国农机院共获批 16 个国家援外培训项目，项目涉及农业、食品加工、高分子材料、环境治理和清洁能源等领域，刷新了中国农机院援外项目年度承办纪录。新冠肺炎疫情期间，中国农机院积极开展线上援外培训，推动了新时期农业援外培训工作高质量发展。

3. 助力非洲第一大产棉国贝宁提升农业机械化水平 2022 年，国机集团下属中纺对外中国援贝宁棉花技术援助项目组联合贝宁农牧渔业部、棉花研究院、棉花协会以及农业机械化署继续共同举办培训班。通过理论和实践相结合的方式教授拖拉机驾驶和维修维护、机械化种植等技术，助力贝宁提高农业机械化水平。

【节能减排与安全生产】

1. 节能减排 2022 年，国机集团以习近平新时代中国特色社会主义思想和生态文明思想为指导，深入学习党的二十大精神，深化落实党中央、国务院关于碳达峰碳中和重大战略决策，对标集团“十四五”战略规划和“世界一流企业”建设，落实能源消费强度和总量双控要求，统筹抓好常态化疫情防控条件下的碳达峰碳中和、能源节约与生态环境保护工作，碳达峰碳中和与节能环保形势平稳，各项污染源和风险点可控在控，未发生较大及以上突发环境事件和重大违规、环保事故。

（1）节能减排情况。2022 年，国机集团能源消费量 65.838 4 万 t 标煤，万元产值综合能耗（可比价）0.095 7t 标准煤，万元产值二氧化碳排放当量（可比价）0.262 9t，SO_2 排放量 49.387 2t，COD 排放量 845.796 4t。集团下属中国空分工程有限公司的“10 万 t/a 生物柴油项目技术研发、示范和产业化应用”、天津工程机械研究院有限公司的“工程机械用集成化电驱动力总成系统——绿色创新助推双碳愿景达成”两个项目获国务院国资委中国大连高级经理学院 2022 年度碳达峰碳中和行动典型案例二等奖，中国重型机械有限公司的“柬埔寨达岱水电参与国际碳中和商业化路径”、机械工业第六设计研究院有限公司的“在烟厂设计中采用复合式能源系统节能降碳案例”两个项目荣获三等奖。

（2）加强制度建设。2022年，修订印发《中国机械工业集团有限公司能源节约与生态环境保护监督管理办法》，印发《关于推进碳达峰碳中和工作的指导意见》《中国机械工业集团有限公司碳达峰行动方案》。

（3）加强组织保障。2022年11月1日，国机集团成立碳达峰碳中和工作领导小组，深入贯彻落实党中央、国务院关于碳达峰、碳中和的决策部署，整体部署、统筹推进集团碳达峰、碳中和相关工作。

2. 安全生产 2022年，国机集团认真贯彻习近平总书记关于安全生产重要指示批示精神和党中央、国务院决策部署，落实全国安全生产电视电话会议和中央企业安全生产工作视频会议精神，全面压实企业安全生产和境外安全责任，深入开展安全生产专项整治三年行动“巩固提升”阶段工作、“中央企业安全生产提升年行动”“境外中方员工安全保障整改提升专项行动”，落实落细国务院安全生产十五条硬措施，深入开展安全隐患大排查大整治，大力开展安全宣传、教育和培训，有效防范化解各类安全风险。

（1）加强工作部署。召开境外中方员工安全保障专题会议，对境外中方员工安全保障工作作出部署；召开安全生产工作会议，对集团安全生产工作进行再强调、再动员、再部署；举办境外中方员工安全风险防范培训班，2100余人参加培训。

（2）加强规范建设。印发《关于印发〈中国机械工业集团有限公司安全生产提升年行动实施方案〉的通知》，在全系统范围内组织开展安全生产提升年行动；印发《关于成立集团安全生产提升年行动领导小组及工作专班的通知》，加强对集团安全生产提升年行动的组织领导。

（3）强化隐患排查，积极开展多个领域的治理排查工作。印发《关于深入推进安全生产问题隐患大排查大整治工作的通知》，制定下发两个清单，对发现的问题隐患进行分类梳理、闭环管理，进一步提高安全生产大排查大整治成效；印发《关于开展房屋建筑安全隐患排查整治百日攻坚专项行动的通知》，制定下发集团房屋建筑安全隐患排查整治百日攻坚专项行动方案，组织开展房屋建筑安全隐患排查整治百日攻坚专项行动；印发《关于深入开展工贸行业安全生产专项整治“百日清零行动”的通知》，组织企业积极开展安全生产专项整治“百日清零行动”等专项工作。

【重点工作】

2022年是国企改革三年行动的收官之年，国机集团在深化中国特色现代企业制度、推进布局优化和结构调整、强化市场化经营机制、提升科技创新能力、优化集团管控、抓好改革专项工程、持续深化党的领导和党的建设等方面，通过多措并举，在关键环节上取得了阶段性丰硕成果。集团在国务院国资委国企改革三年行动考核中获评A级；在中央企业所属“双百企业”“科改企业”2022年度专项考核中，国机集团下属7家“双百企业”和“科改企业”全部被评为标杆或优秀。集团压减工作及国机精工、中工国际改革优秀典型案例入选国务院国资委《国企改革三年行动简报》；“科改示范行动”科技创新工作、中国电研员工持股改革工作在国务院国资委改革月例会及改革大讲堂上交流发言。

2022年5月19日，国机集团正式获批成为国务院国资委第二批现代产业链“链长”企业。

【经营管理】

1. 集团2022年度考核完成情况 2022年国机集团始终坚持以习近平新时代中国特色社会主义思想为指导，坚持以习近平总书记重要指示批示精神统领工作，贯彻落实党中央国务院重大决策部署，坚持“锻造国机所长，服务国家所需”，在服务国家重大战略中发挥出了重要作用，不仅全面完成国务院国资委下达的经营考核指标，而且获得科技创新奖励1.85分，国企改革三年行动加0.3分，债务风险防控加0.5分，境外滞留人员接返加0.1分，考核综合得分133.14分，考核结果为A级。

2. 二级企业2022年度考核完成情况 2022年，集团各企业牢牢把握稳中求进工作总基调，积极践行中央企业责任担当，各企业攻坚克难，在奋力拼搏完成经营考核各项指标的基础上，在科技研发、风险防控、深化改革等方面均取得突出成效。经集团研究确定，中国一拖集团有限公司、国机精工股份有限公司、苏美达股份有限公司、国机智能科技有限公司、中国联合工程有限公司、合肥通用机械研究院有限公司 6 家企业获评为 2022 年度经营业绩考核 A 级，17 家企业年度经营业绩考核 B 级，4 家企业年度经营业绩考核 C 级。

【“十四五”瘦身健体专项工作】

2022 年，国机集团全面开展“十四五”瘦身健体工作。制定“十四五”瘦身健体工作方案，成立瘦身健体领导小组及工作小组，确定瘦身健体工作目标、工作要求、调整退出企业名单及集中批复方案。2022 年，国机集团实际控制企业减少 84 家。

科技创新发展

2022 年，国机集团党委深入贯彻落实习近平总书记关于加快科技创新的重要讲话和指示批示精神，认真学习领会党的二十大精神，围绕推进科技自立自强，打造国家战略科技力量，坚持“锻造国机所长、服务国家所需”，对科技创新全局工作进行系统谋划。在建设高水平国家级科研平台、培育原创技术策源地、打造创新联合体、承担国家战略研究任务、抓好关键核心技术攻关、强化质量与资质管理等方面成绩突出。2022 年研发投入强度 2.73%。在国务院国资委企业负责人经营业绩任期（2019—2021）考核中，国机集团获得科技创新突出贡献企业表彰。

【服务国家战略】

积极践行责任使命，主动在服务国家战略上走在前列，在落实国家部署上做出表率，在引领行业发展上积极有为。

1. 不断提升极限制造能力，以国之重器服务国家重大工程 国机集团下属国机重装自主研制的我国首台 300MW 级 F 级重型燃气轮机样机关键部件通过鉴定，白鹤滩水电站 8 号机组特大型高端铸锻件投入使用，成功交付国内首件超超临界机组 FB2 转子，研制首件 Ni3 型核电汽轮机自主化低压焊接转子锻件，“华龙一号”示范工程 ACP1000 主管道项目获得“全国质量奖卓越项目奖”，一系列重大装备成果为提升我国装备制造自主可控能力，保障产业链、供应链安全提供了有力支撑。

2. 持续提升农机装备水平，护航国家粮食安全 国机集团获批成为国务院国资委第二批现代产业链“链长”，组织召开国机集团农机装备高质量发展推进会，确立了“提高农机装备水平，护航国家粮食安全”一条主线，联动推进“培育农机原创技术策源地、打造高端农机现代产业链链长、开展农机装备补短板”三大行动，认真落实“三张清单”的农机装备高质量发展思路。国机集团积极承担国家发展改革委、农业农村部多项农机关键技术攻关任务，推动解决陡坡拖拉机、收获机械等装备研发难题，农机装备研发能力不断提升。一批农机新产品逐步推向市场，国机集团下属中国一拖“东方红”LF2204、LZ2604 重型动力换挡拖拉机批量上市，打破了国外农机巨头在我国高端农机市场的垄断局面；LW3204 无级变速拖拉机填补了多项国内技术空白；多功能大喂入量高效智能收获机突破了高效能脱粒清选等关键技术；首批“东方红”高端智能大功率拖拉机交付北大荒集团，开启了批量化国产化替代的新篇章。中国农机院的打捆机和青饲机、中国福马的手扶式插秧机和高速插秧机等主导产品市场竞争力和行业地位进一步巩固提升。

3. 持续培育国机特色优势装备产品，打造“专精特新”企业集群 国机集团下属中国福马新研发的人造板机械，打破了宽幅、大产能规格锯切市场长期被国外垄断的局面，砂锯线产品占据国内 90% 以上的市场。国机集团下属中地装集团的两个型号的立轴岩心钻机刷新了全国小口径钻探同类型钻孔钻进效率纪录。北起院的客运脱挂架空索道产品入选制造业单项冠军产品名单，被中国索道协会授予“北京 2022 冬奥会和冬残奥会赛场索道优秀供应商”称号。中国农机院所属金轮公司获批国家级专精特新“小巨人”企业。

【创新体系建设】

国机集团拥有 24 家国家级研发机构，包括 6 家全国重点实验室、7 家国家工程技术研究中心、10 家国家工程研究中心（工程实验室）、1 家国家制造业创新中心，以及 18 家国家级企业技术中心。

2022 年，国机集团坚持改革创新，积极推动国家级科研机构优化重组与转建，打造高水平研发平台。积极推进进一步优化战略定位、重点方向、运行机制、资源配置等，集团 6 家全国重点实验室全部获得批复建设。

【新增科技创新及服务平台】

2022 年国机集团新增省部级以上科技创新及服务平台情况见表 6。

表 6　2022 年国机集团新增省部级以上科技创新及服务平台情况

序号	平台名称	级别	依托单位
1	国家企业技术中心	国家级	郑州磨料磨具磨削研究所有限公司
2	国家企业技术中心	国家级	沈阳仪表科学研究院有限公司
3	国家中小企业公共服务示范平台（信息服务，培训服务）	国家级	桂林电器科学研究院有限公司
4	秦创原工程建设数字应用产业创新基地	省部级	机械工业勘察设计研究院有限公司
5	湖南省企业技术中心	省部级	中机国际工程设计研究院有限责任公司
6	潇湘科技要素大市场（长沙）	省部级	中机国际工程设计研究院有限责任公司
7	锂离子电池及材料智能制造先进技术湖南省工程研究中心	省部级	中机国际工程设计研究院有限责任公司
8	机械工业高温防护涂层技术与装备工程研究中心	省部级	北京金轮坤天特种机械有限公司
9	河南省高端超硬材料及制品创新联合体	省部级	郑州磨料磨具磨削研究所有限公司
10	河南省超硬材料产业创新中心	省部级	郑州磨料磨具磨削研究所有限公司
11	河南省超硬材料及制品技术创新中心	省部级	郑州磨料磨具磨削研究所有限公司
12	安徽省技术标准创新基地（通用机械装备）	省部级	合肥通用机械研究院有限公司
13	广东省中小企业公共技术服务示范平台（健康家居与智能汽车产业质量提升公共服务平台）	省部级	威凯检测技术有限公司
14	浙江省威凯电器科学省级企业研究院	省部级	嘉兴威凯检测技术有限公司
15	智能棉纺装备山东省工程研究中心	省部级	青岛宏大纺织机械有限责任公司
16	山东省工业设计中心	省部级	青岛宏大纺织机械有限责任公司
17	纺织行业自动落筒装备技术创新中心	省部级	青岛宏大纺织机械有限责任公司
18	工业企业研发机构（科技研发中心）	省部级	邯郸宏大化纤机械有限公司
19	四川省先进极限制造技术创新中心	省部级	国机重型装备集团股份有限公司
20	陕西省金属先进成形技术与装备中试基地	省部级	中国重型机械研究院股份公司
21	重庆市中小企业公共服务示范平台	省部级	重庆材料研究院有限公司
22	山东省技术标准创新中心（试点）	省部级	济南铸锻所检验检测科技有限公司
23	山东省中小企业公共服务示范平台	省部级	济南铸锻所检验检测科技有限公司
24	环境友好型智能高温热工装备工程技术研究中心	省部级	机械工业第六设计研究院有限公司
25	衡阳中地装备探矿工程机械有限公司技术中心	省部级	衡阳中地装备探矿工程机械有限公司
26	中小企业公共服务示范平台	省部级	桂林电器科学研究院有限公司

【科技成果获奖情况】

2022 年度中国机械工业集团有限公司科学技术奖共奖励项目 31 项，其中一等奖 3 项、二等奖 10 项、三等奖 18 项，奖励个人近 200 人。2022 年度中国机械工业集团有限公司科学技术奖获奖项目清单见表 7。

表 7　2022 年度中国机械工业集团有限公司科学技术奖获奖项目清单

序号	项目名称	完成单位	主要完成人
一等奖项目（3 项）			
1	高温承压设备焊接结构蠕变疲劳损伤防控技术及工程应用	合肥通用机械研究院有限公司、华东理工大学、南京工业大学、中国特种设备检测研究院	周　煜　范志超　张显程　董　杰　巩建鸣　姚佐权　刘娟波　胡明东　陈　炜　孙福广　程四祥　陈贤洮　梁春雷　刘建杰　蒋金玉
2	华龙一号、国和一号核电主管道研制关键技术及应用	二重（德阳）重型装备有限公司	郑建能　李骏骋　陈红宇　沈国劬　孙　嫘　李连龙　王　凯　司晨亮　陈小波　郑洪宏　何宏宇　向前波　谢如平　陈新倬　路正平
3	棉花规模化生产精准测控关键技术及应用	中国农业机械化科学研究院集团有限公司、石河子大学、中国农业大学、重庆文理学院、现代农装科技股份有限公司、沃达农业科技股份有限公司、新疆慧尔农业集团股份有限公司	周利明　张　泽　杜岳峰　赵立军　郝付平　赵　博　许世武　张　强　李保强　张俊宁　伟利国　汪凤珠　董　鑫　韩科立　李　阳
二等奖项目（10 项）			
1	机械工业废水深度净化关键技术与装备创新及应用	中机国际工程设计研究院有限责任公司、湖南大学、湖南恒凯环保科技投资有限公司	蒋剑虹　汤　琳　鲁　玥　邢汉君　陈　蕃　唐清畅　王佳佳　陶　霞　樊　佳　邱顺凡
2	飞机起落架大型复杂构件整机模锻成形关键技术及应用	中国第二重型机械集团德阳万航模锻有限责任公司	谢　静　罗恒军　张海成　魏明刚　沈文涛　谢小川　曾德涛　闵　武　孙朝远　廖　佳
3	拖拉机高效节能电驱动系统关键技术及应用	第一拖拉机股份有限公司、河南科技大学、山东时风（集团）有限责任公司、洛阳拖拉机研究所有限公司、洛阳智能农业装备研究院有限公司	刘孟楠　徐立友　张俊江　魏　涛　赵一荣　闫祥海　徐海港　晋东辉　郭庆新　赵静慧
4	海上风电电气设备南海环境适应性关键技术研究及应用	中国电器科学研究院股份有限公司、明阳智慧能源集团股份公司、广东能源集团科学技术研究院有限公司	陈　川　詹　耀　姚　勇　揭敢新　向　利　王受和　黎石竹　邹荔兵　吴志超　赵　钺
5	大容量粘胶短纤维成套装备产业化与绿色制造工程应用	恒天重工股份有限公司、恒天（江西）纺织设计院有限公司、邯郸宏大化纤机械有限公司、赛得利（中国）纤维有限公司、潍坊欣龙生物材料有限公司、华东大学	李新奇　吴朝晖　陈　梁　千翠娥　杨　娜　李建立　吴和平　党良虎　宿　锐　王少平
6	高效高性能精密板坯连铸新型结晶器装备研发及应用	中国重型机械研究院股份公司、湖南中科电气股份有限公司	高　琦　何　博　关　杰　姚成功　米进周　史　伟　陈国防　李伟红　霍跃钦　吴　龙
7	清华大学生物医学馆	中国中元国际工程有限公司	何　山　郭　红　胡　巍　郑希明　苗保军　张作运　王国彬　苗小庆　何媛媛　杨永红

（续）

序号	项目名称	完成单位	主要完成人
8	高品质汽车面板高效精整线工艺装备开发及应用	中国重型机械研究院股份公司	孙亚波 张康武 景群平 吴永杰 靳恩辉 李宏伟 梁光正 冯 沙 俞洪杰 马伟然
9	节能环保农用柴油机关键技术开发与推广应用	中国一拖集团有限公司、天津大学、无锡威孚力达净化催化器有限责任公司、江苏大学、河南科技大学、洛阳拖拉机研究所有限公司、一拖（洛阳）柴油机有限公司	商潭苏 苏万华 魏明亮 陈正国 邬斌扬 游 海 刘军恒 韦明慧 李震勇 范晨阳
10	制冷类家电易拆解可回收绿色关键技术研究与产业化	中国电器科学研究院股份有限公司、青岛海尔空调器有限总公司、合肥工业大学、青岛科技大学、威凯检测技术有限公司	符永高 王鹏程 黄海鸿 尹凤福 国德防 胡嘉琦 吴志东 王 俊 王 飞 曹 诺
三等奖项目（18 项）			
1	功能微结构精密磨削用金刚石仿形砂轮关键技术及应用	郑州磨料磨具磨削研究所有限公司、哈尔滨工业大学、河南省力量钻石股份有限公司	陈恩厚 杜晓旭 郭 兵 黎克楠 张存升
2	特种润滑材料绿色化技术研究及应用	广州国机润滑科技有限公司、中山大学、广州机械科学研究院有限公司、中山大学惠州研究院、上海应用技术大学	戴恩期 纪红兵 晏金灿 张 鹏 韩 生
3	面向固废协同处置的多功能组合机群上料系统关键技术装备与工程应用	北京起重运输机械设计研究院有限公司	王正勇 辛宏彦 鄢鹏程 袁旭潞 段 勇
4	大型高速免耕播种关键技术与装备	中国农业机械化科学研究院集团有限公司、中国农业大学、现代农装科技股份有限公司、中机美诺科技股份有限公司、黑龙江省勃农兴达机械有限公司	刘立晶 杨学军 何 进 刘忠军 牛 康
5	地铁运营线路智能监护系统研发与应用	机械工业勘察设计研究院有限公司	杨永林 王 婷 潘东峰 陈慧建 张德林
6	卫星用长寿命控制力矩陀螺轴承组件关键技术及应用	洛阳轴承研究所有限公司、河南科技大学	谢鹏飞 高 飞 赵 雁 于晓凯 张文涛
7	HGF-V 系列原子荧光光度计的研发及产业化	北京海光仪器有限公司	梁 敬 李艳超 王 庆 杨名名 董 芳
8	大型智能化油料加工膨化冷干关键技术装备及成套机组	中机康元粮油装备（北京）有限公司	相 海 周海军 牟仁生 胡淑珍 张法楷
9	立式泵整机水介质试验台架建设项目	中国联合工程有限公司、浙江工业大学	章煜君 郭 晔 胡益鑫 许 涌 邓 凯
10	内燃机排气门用高温合金线棒材研发与产业化	重庆材料研究院有限公司、国机金属江苏有限公司、重庆大学	吴 畏 陈登华 何曲波 连铁博 陈玉安
11	汽车制造业 AGV 柔性连接岛式装配关键技术研发及应用	中国汽车工业工程有限公司、机械工业第四设计研究院有限公司	阮 兵 姚乐鹏 曾 鹏 刘灿江 常 亮

（续）

序号	项目名称	完成单位	主要完成人
12	拖拉机整机智能检测技术研究与应用	第一拖拉机股份有限公司、吉林大学、武汉理工大学、浙江大学	宋玉平　魏　涛　田朝阳　张宏学　王治军
13	国内支线机场航站区设计方法	中国中元国际工程有限公司	张　勇　董振侠　马　跃　李　哲　王俊沣
14	国产IGCT三电平调速装置在高端不锈钢轧机上的应用	天津电气科学研究院有限公司、山西太钢不锈钢股份有限公司冷轧厂	俞智斌　田　凯　张旭东　赵晋雷　姜一达
15	托盘式自动络筒机研发及产业化	青岛宏大纺织机械有限责任公司、北京经纬纺机新技术有限公司	邵明东　王丽霞　车社海　朱起宏　贾　坤
16	模块化静态交流变频试验电源	中机国际工程设计研究院有限责任公司、天津电气科学研究院有限公司	王　维　罗　华　荀庆来　谢　稳　柴　青
17	援塞内加尔竞技摔跤场	中国中元国际工程有限公司	张　日　何　山　刘满怀　李　哲　陈亚平
18	高档陶瓷磨具智能混配料系统关键技术与成套装备	机械工业第六设计研究院有限公司、白鸽磨料磨具有限公司	和中华　赵新力　耿红生　李勇刚　王洪猛

【专项管理工作】

专利情况　2022年，国机集团专利申请量2 707件，其中发明专利1 182件、PCT专利30件；获得专利授权量2 083件，其中发明专利540件。2022年国机集团专利情况见表8。

表8　2022年国机集团专利情况

序号	类目	数量/项
1	专利申请	2 707
	其中：发明专利	1 182
2	专利授权	2 083
	其中：发明专利	540

【科技管理】

2022年，国机集团主持制修订国际、国家、行业和团体技术标准175项，其中，国际标准2项，国家标准70项，行业标准56项，团体标准47项。参与制修订国际、国家、行业和团体技术标准301项，其中，国际标准13项，国家标准98项，行业标准116项，团体标准74项。发表科技论文2 883篇，其中，SCI 102篇，EI 110篇。

设立国机集团青年科技基金，加快青年科技人才培养。2022年，国机集团首次设立青年科技基金项目，开展青年科技基金项目申报和评审工作，支持66个项目，其中重点项目21项、培育项目45项，覆盖全级次企业39家，带动300多名青年科研人员参与科技创新，激发青年科技人才的创新热情。

持续实施国机集团科技奖励政策，营造良好创新氛围。组织开展2022年度优秀标准奖、优秀专利奖、优秀科技期刊奖等科技奖励评选工作，将国机集团支持科技创新的相关政策落地落实，营造良好创新氛围。评选国机集团优秀标准奖24项，其中一等奖3项、二等奖7项、三等奖14项；标准化突出贡献单位4家（合肥通用院、中国电研、北起院、中国农机院）；集团优秀专利奖27项，其中一等奖5项、二等奖10项、三等奖12项；评选集团优秀科技期刊奖26项，其中一等奖3项（《农业机械学报》《压力容器》《功能材料》）、二等奖7项、三等奖16项。2022年度中国机械工业集团有限公司优秀标准奖获奖清单见表9，2022年度中国机械工业集团有限公司优秀专利奖获奖名单见表10。

表 9　2022 年度中国机械工业集团有限公司优秀标准奖获奖清单

序号	标准名称	第一起草单位	主要起草人
一等奖（3 项）			
1	IEC 61400-5:2020　风能发电系统　第 5 部分：风力发电机组风轮叶片	中国农业机械化科学研究院呼和浩特分院有限公司	王建平　刘贵林　贺　刚　任　君　代海涛　乌云高娃　秦海岩
2	GB/T 16665—2017、GB 19153—2019、GB/T 38182—2019、JB/T 10526—2017、JB/T 10532—2017、JB/T 13345—2017、T/CGMA 033001—2018 空气压缩机系统能效提升系列标准	合肥通用机械研究院有限公司	孙晓明　任　芳　鲍洋洋　张成彦　李金荣　李金禄　姜慧君
3	IEC 60335-2-115-2021　家用和类似用途电器的安全　皮肤美容护理器具的特殊要求	中国电器科学研究院股份有限公司	黄文秀
二等奖（7 项）			
1	ISO 22153:2020　工业阀门电动装置　一般要求	合肥通用机械研究院有限公司	黄明亚　胡　军
2	GB/T 35976—2018　板带精整与表面处理装备　安全技术条件	中国重型机械研究院股份公司	张勇安　王社昌　任玉成　张康武　贾海亮
3	IEC 61800-1:2021　调速电气传动系统　第 1 部分：一般要求　低压直流调速电气传动系统额定值的规定	天津电气科学研究院有限公司	柴　青　Andreas Schader　陈　实　丁　炜　Martial Patra
4	ISO/TR 20051　关节轴承　额定载荷系数的推导	洛阳轴承研究所有限公司	杨咸启　李飞雪　杜晓宇　张博文　温朝杰
5	GB/T 37400.1—2019　重型机械通用技术条件　第 1 部分：产品检验	中国重型机械研究院股份公司	吴　量　周　澄　杨　蓥　张广勇　夏　娟
6	GB 50041—2020　锅炉房设计标准	中国联合工程有限公司	顾晓山　张建平　舒世安　李春林　曾攀登
7	GB/T 51362—2019　制造工业工程设计信息模型应用标准	机械工业第六设计研究院有限公司	朱恺真　刘　莹　冯卫闯　游　冰　关俊涛
三等奖（14 项）			
1	GJB 9458—2018　航空用 3J78 高温高弹性合金规范	重庆材料研究院有限公司	万　红　王东哲　李爱民
2	NB/T 47004.1—2017　板式热交换器　第 1 部分：可拆卸板式热交换器（含英文版）	上海蓝滨石化设备有限责任公司	周文学　白博峰　张延丰
3	GB/T 28264—2017　起重机械　安全监控管理系统	北京起重运输机械设计研究院有限公司	岳文翀　尚　洪　赵春晖
4	IEC 60789—2019　家用和类似用途舒适电风扇和调速器性能测试方法	中国电器科学研究院股份有限公司	黄文秀
5	GB/T 36016—2018　铠装连续热电偶电缆及铠装连续热电偶	重庆材料研究院有限公司	张忠模　徐丽艳　赵　彦
6	TSG R0010—2019　热交换器能效测试与评价规则	甘肃蓝科石化高新装备股份有限公司	张延丰　周文学　白博峰

（续）

序号	标准名称	第一起草单位	主要起草人
7	ISO 21223　冲模　术语	桂林电器科学研究院有限公司	王　冲　王新云　陶善虎
8	GB/T 1216—2018　外径千分尺	成都工具研究所有限公司	许　刚　姜志刚
9	ISO 23472-1:2020　铸造机械　术语　第 1 部分：基础术语	济南铸锻所检验检测科技有限公司	卢　军　李　琛　丁苏沛
10	GB/T 2481.2—2020　固结磨具用磨料　粒度组成的检测和标记　第 2 部分：微粉	郑州磨料磨具磨削研究所有限公司	包　华　张　良　王伟涛
11	ISO 10987-3:2017　土方机械　可持续性　第 3 部分：二手机器	天津工程机械研究院有限公司	尚海波　贾晓雯　陈树巧
12	GB/T 38874.3—2020　农林拖拉机和机械　控制系统安全相关部件　第 3 部分：软硬件系列开发	中国一拖集团有限公司	王贡献　商潭苏
13	GJB 9790—2020　火箭发动机用摇摆波纹管规范	沈阳仪表科学研究院有限公司	张秀华　黄乃宁　关长江
14	JB/T 13854—2020　自走式喷杆喷雾机	现代农装科技股份有限公司	严荷荣　陈俊宝　周海燕

表 10　2022 年度中国机械工业集团有限公司优秀专利奖获奖名单

序号	专利号	专利名称	专利权人	发明人
一等奖（5 项）				
1	ZL201711495309.2	一种氢气循环疲劳测试系统中氢气储罐容积计算方法	合肥通用机械研究院有限公司、合肥通用机械研究院特种设备检验站	刘孝亮　范志超　徐　鹏　江慧丰　许　明　郭晓璐
2	ZL201811081974.1	角接触球轴承	洛阳轴承研究所有限公司	张振强　王东峰　姜韶峰　杨浩亮　尹延经　敖正红
3	ZL201410452183.0	一种杂草定位喷除系统及其定位喷除方法	中国农业机械化科学研究院集团有限公司	赵　博　方宪法　毛文华　周　鹏　苑严伟　张小超
4	ZL202022421070.8	一种发动机冷却循环系统	第一拖拉机股份有限公司	商潭苏　韦明慧　李　波　魏明亮　周　琨　李震勇　王言言　王　斌　孙黎明　谢普康　刘世谦　邢首辰　赵静慧
5	ZL202010672241.6	一种基于 RH 精炼工艺的机械真空泵系统的控制方法	中国重型机械研究院股份公司	吴建龙　任　彤　杨洪音　方杞青　马正锋
二等奖（10 项）				
1	ZL201710804474.5	离心式制冷压缩机过热区闭式循环测试装置及其测试方法	合肥通用机械研究院有限公司、合肥通用环境控制技术有限责任公司	宋有强　樊海彬　许敬德　曲继坤　王智文　吴　怡　葛　坦　魏　昇　夏　玲　杨　坤
2	ZL201810967892.0	一种减少镍基高温合金钢锭中 Laves 相的方法	重庆材料研究院有限公司	莫　燕　刘海定　王东哲　吴　畏　刘应龙　万　红

（续）

序号	专利号	专利名称	专利权人	发明人
3	ZL201910278937.8/PCT-CN2019-125041	一种用于在线检测大气盐雾含量的装置及检测方法	中国电器科学研究院股份有限公司	陈　川　向　利　王　俊　揭敢新　赵　钺
4	ZL201910712746.8	气圈至锭罐距离检测装置及方法	宜昌经纬纺机有限公司	聂　俭　张丕华　潘　松　吴　磊　杨华年　张　明
5	ZL201910767104.8	一种模块化阀门流量流阻测试系统及测试方法	合肥通用机械研究院有限公司	张继伟　王　剑　黄　健　彭　林　范宜霖　雷　艳　李　忠
6	ZL201910433606.7	一种变形短T型坯件的锻造方法	中国第二重型机械集团德阳万航模锻有限责任公司	罗恒军　曾德涛　张海成　谢　静
7	ZL201910009467.5	一种硅锭磨削用免修整复合结合剂超硬砂轮及其制备方法和应用	郑州磨料磨具磨削研究所有限公司	钱灌文　赵延军　张高亮　曹剑锋　王礼华　左冬华
8	ZL201811616825.0	一种耐高温铌合金波纹管组件的制造方法	沈阳仪表科学研究院有限公司	宋林红　李　敏　关长江　张文良　王　涛　钱　江　黄乃宁　王　雪　张大林　张秀华　杨志新
9	ZL201611217495.9	用于批量轧件等温同时长加热的集中轧制系统及方法	中国重型机械研究院股份公司	计　江　赵晓辉　谢　磊　郭　振　贺　琪
10	ZL201710543163.8	一种电火花数字化脉冲电源的加工脉冲宏观控制方法	苏州电加工机床研究所有限公司	吴　强　顾洪良　万符荣　倪敏敏　庄昌华　王新超

三等奖（12 项）

序号	专利号	专利名称	专利权人	发明人
1	ZL201610305130.5	一种适用于地质勘测的高精度电子重力仪	北京奥地探测仪器有限公司、地质矿产部北京地质仪器厂	王　斌　秦　佩　陶照明　薛振海　蔡璟原　黄　涛　梁连仲
2	ZL201910586600.3	一种400系铁素体不锈钢板坯连铸方法	中国重型机械研究院股份公司	李新强　刘赵卫　何　博　吴　龙　宋美娟
3	ZL201510993938.2	一种测量起重机构制动下滑量的方法及系统	北京起重运输机械设计研究院有限公司	陶天华　王顺亭　顾　原　袁方定　包　波　滕启斯
4	ZL20191022659.4	一种用于横向裂纹的自动扫查装置	二重（镇江）重型装备有限责任公司	郭仕建　潘晓栋
5	ZL201810389935.1	一种碳化硅衬底倒角用砂轮及其制备方法	郑州磨料磨具磨削研究所有限公司	李国伟　韩　欣　袁金云
6	ZL201711068574.2	一种水冷式无刷电机泵单元及高压清洗设备	江苏苏美达五金工具有限公司	林有余　周　峰　陈　伟　黄其庆　高雪松
7	ZL202020522962.4	一种船用烟气脱硫设备	上海蓝滨石化设备有限责任公司	张尚文　陈建华　文晓龙　李金波　谢腾腾　孙冬来　贺　鹤　何义明　周志高
8	ZL201710995260.0	真空自耗电极电弧凝壳炉	沈阳真空技术研究所有限公司	孙足来　李建军　牟　鑫

（续）

序号	专利号	专利名称	专利权人	发明人
9	ZL201821243481.9	一种倾转三轴复合翼无人机	机械工业勘察设计研究院有限公司	杨永林 杨 超 张继文 潘东峰 郑建国 丁吉峰 夏玉云 赵国梁 廖东军 杨小梅 张腾飞 李 玮 彭卫超
10	ZL202110133014.0	分级生物过滤介质及其制备方法、分级生物过滤系统	中机国际工程设计研究院有限责任公司、湖南大学	贺卫宁 马晶伟 陆先镭 林 潇 陈世洋 施 周 陈 蕃 邓征宇
11	ZL201821644810.0	一种宽幅高密度圆草捆打捆机	中国农业机械化科学研究院呼和浩特分院有限公司	鲍志亮 高 磊 王俊跃 刘贵林 任亚峰 张 宁 戴晓军 高晓宏 高云博 王 增 张 丽 李 伟 孟玉刚 杨 莉 翟改霞 郭喜燕
12	ZL201910211309.8/PCT-CN2020-071401	一种家电卷材用粉末涂料及其制备方法	擎天材料科技有限公司	高庆福 欧阳建群 程 里 杨小华 肖龙和

组建国机集团科协，进一步营造科技创新氛围。组织召开国机集团科协第一届代表大会和第一届常务委员会第一次会议，选举产生国机集团科协主席、常务副主席和副主席。国机集团科协主动响应中国科协号召，组织参加第一届中国科技青年论坛论文征集，积极承办“科创中国”企业创新大家谈活动，认真做好中国科协“海智”特聘专家人才举荐等工作。

【重大科技成果及产品】

比较突出的成果和荣誉：一是合肥通用院的“一种高纯氯化锂的提取装置”专利获得第二十三届中国专利奖金奖，是近年来集团专利成果的重大突破；二是《国际流体工程》杂志从众多参选杂志中脱颖而出，成功入选2022年度中国科技期刊卓越行动计划高起点新刊，是入选的50本期刊中唯一一本由中央企业主管主办的高起点新刊；三是由合肥通用院、中国电研、洛阳轴研所、中国重型院、中国中元分别牵头的5个科研项目获得机械工业科技进步奖一等奖。

【质量与资质工作】

1. 广泛开展质量提升活动，获得一批质量荣誉 积极参加国家、行业质量评比和奖项申报，2022年获得各类质量荣誉70项，其中，国家级荣誉4项（1项全国质量标杆、1项全国质量奖、2项中国建设工程鲁班奖），省部级、行业荣誉32项，个人荣誉34项。主要荣誉包括：郑州三磨所的基于数字化、智能化全生命周期质量提升管理方法的实践经验荣获“全国质量标杆”荣誉称号；国机重装研制的华龙一号示范工程福清6号机组ACP1000主管道项目获评全国质量奖（卓越项目奖）；中机建设、CMEC总包承建的2个项目荣获中国建设工程鲁班奖；集团组队荣获中央企业QC小组成果发表赛一等奖和二等奖。此外，合肥通用院、郑州三磨所2个单位荣获2022年度“国机质量奖”企业奖，另有10个项目荣获“国机质量奖”项目奖。

2. 做好集团资质管理，争取获批高等级资质 国机集团跟踪各部委资质政策调整动态，印发《关于2022年建设工程企业资质管理工作要点的通知》，组织所属企业把握政策窗口期申报高级别资质，全年47项甲级资质获有关部委核准通过。其中，根据《住房和城乡建设部关于核准2022年度第一批建设工程企业资质名单的公告》，中机中联成为重庆市第2家、集团第5家获得设计综甲资质的单位，正式进入国家工程设计最高等级企业行列。

3. 注重实效强化管理，持续提升体系管理效能 务实组织开展国机集团总部管理体系运行工作，推动优化总部管理工作。有序组织完成ISO 9001质量管理体系、ISO 14001环境管理体系、ISO 45001职业健康安全管理体系和SA 8000社会责任管理体系审核。

资 本 运 营

【重组整合】

1. 推动国机工程集团实体化 2022年已基本完成中机建设、中国海航、中机六院等的股权注入工作。

2. 推动供应链服务业务资源整合 2022年，国机集团将中国成套工程有限公司重组注入国机海南公司，以进一步强化供应链集成服务，开拓农业产品国际合作。

3. 推动产融板块重组整合 推动并基本完成国机财务有限责任公司和中国一拖集团财务有限责任公司两家内部财务公司整合，构建统一资金管控平台；推动国机资本、国机租赁、国机保理实施产权整合，构建统一的产融业务管理平台。

【改革工作】

1. 完成国企改革三年行动工作 按照“可衡量、可考核、可检验、要办事”的要求，紧抓深化完善中国特色现代企业制度建设及市场化经营机制改革两条主线，扎实做好改革专项工程、压减“两非”剥离等专项工作，强化过程监督及考核，协同相关部门推进改革三年行动高质量收官，激发企业活力。集团各项改革工作在短期内取得了突破性的进展和成果，加速了企业市场化、法制化进程，并为后续系统性谋划推进工作积累了经验，提供了思路和方法论。

2. 推进国有资本投资公司改革试点 组织对其他国有资本投资公司开展调研，结合国务院国资委评估情况，对集团国有资本投资公司改革情况进行分析总结，查找弱项短板，制定国机集团《进一步深化国有资本投资公司试点改革的实施方案》并推进相关工作。

【投资工作】

1. 完善管理体系，提高投资工作效率 2021年年底，国机集团修订集团投资管理办法。2022年，多次组织线上线下制度宣贯工作，并要求下属企业遵照办法，结合企业经营特点制定或修订各自投资管理办法，引导投资方向，加强投资管理，使投资业务的开展更加规范化、科学化，提高投资业务开展效率。

2. 压实投资计划，合理规划投资预算 为了解企业真实投资需要，引导资金尽可能向有效投资项目倾斜，在组织开展年度投资计划编报过程中，国机集团将投资计划项目按照成熟程度进行分类，加大力度推动具备条件的项目落地，提高投资完成率，形成有效投资。

3. 加强过程监控，加快推进项目实施 按照“问题导向、持续改进、精益求精”的工作要求，国机集团将投资全过程管理理念与信息化建设紧密结合，持续推动投资管理信息系统升级改造工作，加强投资基础信息管理。通过投资管理信息系统全面提升对下属企业年度投资计划执行情况、投资项目实施情况的监控与管理，推动投资管理工作的数字化转型，努力实现对投资项目管理的信息化、高效化。

综合管理

【人力资源管理】

2022 年，国机集团坚持以习近平新时代中国特色社会主义思想为指导，认真学习贯彻党的二十大精神、全国组织部长会议精神、中央企业人才工作会议精神，坚持党管干部、党管人才原则，践行新时代党的组织路线，围绕集团战略规划和年度任务，致力于战略管控、价值创造、服务支撑，组织召开人才工作会议，编制“十四五”人才队伍建设规划，完善组织人事制度。聚焦育选管用，持续推进领导人员队伍和优秀年轻干部队伍建设；聚焦高精尖缺，持续推进高层次人才队伍建设；聚焦改革三年行动，持续优化市场化选人用人机制和激励机制。为集团高质量发展提供坚强组织保证和人才支撑。

1. 组织召开人才工作会议，全面实施人才强企战略 2022 年，国机集团深入学习贯彻中央人才工作会议和中央企业人才工作会议精神，编制《国机集团“十四五”人才队伍建设规划》，组织召开国机集团人才工作会议，全面盘点人才现状，明确人才需求；系统查摆深层问题，找出找准找实人才工作存在的六大表象问题和三大深层次原因；科学制定目标任务，坚持正确政治方向和战略方向，制定“十四五”人才工作总要求、总目标以及重点任务、重要举措，提出着力建设高素质管理人才、创新型科技人才、工匠型技能人才三支人才队伍，大力实施培养优秀企业家、高级管理人才、优秀年轻干部、行业战略科技专家、科技领军人才、卓越工程师、青年科技人才、技能大师、技能专家、技术能手十大重点任务，加快完善培养、使用、评价、激励、保障五大机制。建立完善考核机制，将考核结果与领导人员综合考核、业绩考核、党建考核及任期激励、评优评先关联挂钩，确保规划有效落实落地。

2. 梳理完善组织人事制度，系统构建人才管理体系 完善的制度体系是规划有效实施的重要保障。结合编制规划，对现有组织人事制度进行系统梳理，查漏补缺，全年制修订 13 项制度和文件。一是制定规划、落地配套制度。同步制定《国机集团优秀年轻干部队伍建设实施意见》《国机集团高层次科技人才队伍建设实施意见》《国机集团高层次技能人才队伍建设实施意见》，明确优秀年轻干部和高层次人才队伍建设具体举措。二是持续完善选人用人“1+N”制度体系。重点完善“1”，全面修订《国机集团领导人员管理办法》，将总部干部和 A 类企业正职等所有党委管理的干部统一纳入管理范围，并规范形成职务名称表；进一步完善任职条件和选拔任用程序；进一步规范干部职务任期交流、兼职管理及退出后管理等要求并结合中央推进领导干部能上能下规定，进一步完善“下”的情形。同时，不断完善“N”，修订集团负责人、总部员工履职待遇、业务支出管理办法，监督办公室管理、考核评价与薪酬待遇管理办法，集团派出外部董事管理办法等，为全方位加强干部管理提供重要依据。三是建立健全中长期激励制度。为完善人才激励机制，结合改革三年行动要求和企业的迫切需求，制定《国机集团科技型企业分红激励实施办法》《国机集团上市公司股权激励实施办法》《国机集团超额利润分享机制实施办法》，为推进企业加快实施中长期激励提供重要指引。截至 2022 年年底，集团组织人事制度及相关文件共 86 项，为各项组织人事工作开展提供重要依据。

3. 不断加大选育管用力度，持续选优建强干部队伍 围绕国机集团和企业高质量发展需要，不断推进领导班子和干部队伍建设。一是注重及时选配。不拖不等，通过领导班子换届、党委换届、年轻干部调研等工作，加强对企业经营情况、班子情况、干部配备需求的分析研判，并根据企业发展需要和班子建设实际，及时对班子进行调整或补充。2022 年，完成 7 家二级企业班子换届、两家二级企业党委换届，推进干部有序进出，不断优化班子结构；同时，结合年轻干部调研，及时对 5 家二级企业班子进行补充，对 5 家 A 类企业正职进行优化。全年共调整 77 名干部。二是推进能上能下。结合修订《国机集团领导人员管理办法》，完善退休、班子换届时因年龄不够任满一届退出等正常“下”的渠道。同时，细化明确 23 种不适宜担任现职“下”的情形，形成能者上、优者奖、庸者下、劣者汰的用人机制。三是加强培养锻炼。持续加强干部培训，组织干部认真学习党的二十大精神，制定国机集团学习贯彻党的二十大精神培训工作方案，选派干部参加中组部调训、国务院国资委等上级单位专题培训，推进实施领导人员能力素质提升行动，举办新任职领导干部培训班和中青年干部行动学习研修班，不断提升干部的政治理论和专业化水平；持续推进干部交流，全年选派 12 名集团党委管理干部交流任职，选派 18 名干部人才参加援藏、援助老工业基地、乡村振兴、博士服务团、地方挂职，在改革攻坚、重大斗争一线和基层、艰苦地区磨砺干部，增强干部推动高质量发展、防范化解风险的本领。四是强化管理监督。持续认真落实个人有关事项报告“两项法规”要求，组织 266 人集中填报个人有关事项；持续强化日常管理监督。

4. 集中开展年轻干部调研，着力解决后继无人难题 2022 年，国机集团党委组织部集中对 20 家二级企业和 9 家 A 类企业（重点是科研院所和设计院）进行年轻干部调研。通过广泛深入调研，摸清了问题、明确了目标、建立了机制、充实了队伍、树立了导向，在集团上下营造大力发现培养选拔优秀年轻干部的鲜明导向和浓厚氛围。

5. 充分运用国家人才政策，全力培养拔尖创新人才 按照国机集团人才规划要求，全力推进行业战略科技专家、科技领军人才等高层次人才的培养引进工作。一是全力组织申报国家重大人才专项。2022 年，在农业机械领域新增 2 名国家高层次人才计划专家，3 名技能人才入选第十六届全国技术能手，1 人入选第二批中央企业“大国工匠”培养支持计划，4 人入选北京市科协 2023—2025 年度青年人才托举工程。二是积极组织高层次人才在国际国内和行业产业发挥作用。2022 年，集团高级专家、国际电工委员会小家电性能分技术委员会主席、中国电研标准法规首席专家黄文秀，荣获国际标准化领域最高技术管理奖——IEC 托马斯·爱迪生奖，成为我国第 4 位获此殊荣的标准化专家，提升了国机集团在国际标准化领域的影响力。积极推荐相关专家担任金砖创新基地战略咨询委员会专家、中国科协海智特聘专家、工业和信息化部人才计划评审专家等，提升集团在相关行业和领域的影响力。三是积极开展工程硕博士联合培养。贯彻落实中组部等九部委关于工程硕博士培养改革有关工作部署，与清华大学等 6 所高校开展工程硕博士联合培养工作，2022 年完成 34 名全日制工程硕博士招生工作；同时，积极推荐企业优秀技术骨干攻读工程博士，不断深化与高校的合作，全方位推进人才培养。

6. 深入推进改革三年行动，不断激发人才发展活力 结合改革三年行动，持续优化市场化的选人用人机制和人才激励机制。一是深入推进经理层任期制和契约化管理。根据国务院国资委《经理层成员任期制和契约化管理契约文本操作要点》要求，组织全级次企业对岗位聘任协议、年度和任期经营业绩责任书进行全面修订和完善，签约文本更加科学规范，考核指标及目标值更具挑战性和激励性。同时，组织各企业按照契约对经理层成员 2021 年度经营业绩进行考核，并依据考核结果兑现薪酬，实现刚性考核和兑现。结合企业领导班子换届，对国机集团下属中国电研、中机国际经理层成员进行公开竞聘，并对中国电研开展职业经理人制度试点，探索丰富领导人员选用方式。二是大力推行三项制度改革。全面实行公开招聘、全员绩效考核，大力推行管理人员竞争上岗、末等调整和不胜任退出，员工市场化退出制度。2022 年，国机集团全系统公开招聘比例和绩效考核覆盖率均保持在

100%，管理人员退出比例达到 8.6%，员工市场化退出率达到 4.5%。三是持续完善市场化薪酬分配机制。抓好工资总额管理、企业负责人薪酬管理等制度的落实，加强对企业工资总额预算执行情况的监督检查，强化人工成本管控。结合落实董事会职权，推进二级企业建立健全工资总额管理办法、经理层成员薪酬管理办法，不断完善按业绩贡献决定薪酬的分配机制和具有市场竞争优势的核心关键人才薪酬制度。四是积极开展中长期激励。结合制定制度，同步指导和推进下属企业国机精工实施上市公司股权激励、中国二重万航模锻实施岗位分红激励，切实增强企业发展活力。

7. 统筹推进人才招聘工作，着力加大人才引进力度 按照人才规划要求，全方位、高水平推进人才招聘工作。一是持续加大集团统筹力度。充分利用集团影响力，组织企业统一开展校园招聘、社会招聘，切实增强人才吸引力。创新开展校园宣讲活动，组织下属企业充分利用自身资源，积极承办集团校园宣讲活动，打造可复制、可推广的校园宣讲新模式，扩大校园宣讲覆盖率。积极推进资源协同共享，推动企业充分运用国机招聘、国聘网、国资小新等平台吸揽人才，不断优化国机招聘网申系统，实现集团校招简历共享，为企业招聘优秀毕业生提供更多机会和资源。二是充分运用中央企业招聘平台。与国投人力加大合作力度，充分利用其影响力和资源优势，高标准推进招聘工作。组织参加“国聘行动”大型中央企业校招宣讲会，首次开展空中直播宣讲，观看量超过 150 万人次，有效提升了集团影响力。三是有针对性地加大优秀人才引进力度。推进实施知名高校优秀毕业生招聘行动，集团领导亲自带队前往清华大学开展宣讲活动，加大与名校的沟通合作力度，有力提升了集团校招水准。按照规划要求，组织各企业围绕急需紧缺专业加大“双一流”高校和世界名校毕业生的招聘力度、研究生特别是博士研究生的招聘力度，切实提高源头引才质量。四是多措并举充实集团总部人才队伍。实施集团总部管培生招聘培养计划，2022 年，来自清华大学、北京大学、中国人民大学三所知名高校的两名博士、两名硕士应届生入职总部，为总部人才队伍输入了年轻新鲜力量。同时，积极开展挂职交流，组织二级企业推荐多名中层干部到总部挂职，在促进干部自身锻炼成长的同时，也充实总部人才队伍力量。

8. 严格落实上级规定要求，认真做好专项基础工作 认真做好老干部工作，成立老干部活动中心、老干部服务处，搭建服务老干部的平台。持续推进外部董事队伍建设，动态调整外部董事，加强专职外部董事队伍建设，对派出外部董事实施考核评价。完成干部人事档案专审全覆盖工作，有序推进干部人事档案数字化。推进建设集团干部管理信息系统，进一步规范干部信息管理，完善选拔任用工作流程。认真做好集团和下属企业工资总额预算清算工作，做好下属企业主要负责人年度薪酬、任期激励清算核定工作。认真做好人事调配工作，累计办理京外应届毕业生、调干进京、夫妻分居落户手续 238 人次。认真组织开展 2022 年度职称评审，564 人参加副高级以上职称答辩评审。开展选人用人“一报告两评议”工作，加强领导人员履职待遇、业务支出管理，不断强化干部管理监督。

【战略管理】

1. 深入开展战略宣贯和评估 圆满收官国机“十四五”战略宣贯，确保规划深入人心；编撰国机集团《二级企业负责人谈“十四五”》理论文章集，收录集团二级企业负责人对“十四五”时期企业发展战略性思考的理论文章。通过“实地 + 视频 + 书面”的方式，对集团 27 家二级企业（不含规划院）进行全方位、系统的战略评估调研；形成国机集团战略执行情况评估报告，对集团战略目标执行情况进行分析研究并分析战略环境，挖掘问题所在，提出下一步工作建议。

2. 推进与政府和企业战略合作 2022 年，国机集团先后与 28 家单位探讨开展战略合作，受新冠疫情等因素影响，签订战略合作协议 2 份。国机集团与战略合作伙伴开展全方位的业务合作，既能巩固以往合作基础，也能探索新的合作领域与模式。特别是在重大装备、农机装备、数字化转型等领域，取得较好的直接经济效益、示范带动效应。

【财务管理】

为有效推动财务管理能力系统性提升，强化顶层设计，做好全局统筹引领，2022年年初，国机集团发布《国机集团财务管理提升三年行动方案》，为未来三年财务工作提供根本遵循，明确发展方向。2022年，财务工作紧密围绕集团各项任务目标，深入贯彻落实集团各项决策部署，按照财务管理提升三年行动要求，扎实开展各项工作，充分发挥财务工作对企业经营管理的服务作用，维护和保障集团各项任务、目标的完成。通过加强制度体系建设，做好管控工作的顶层设计；通过加强财务分析，为经营决策提供可靠依据；通过细化落实各个专项工作，推动提质增效，有力地支撑集团高质量发展。

1. 优化全面预算管理，强化过程监控和执行分析　2022年，国机集团预算工作在持续规范预算编报流程、强化工作组织的基础上，在优化预算过程监控和预算管理考核评价上狠下功夫。建立月度执行分析框架，聚焦指标和重点专项工作，紧盯重点专项工作任务，对资产负债率和“两金”管理、亏损治理等重点工作开展专项分析、专题调研、跟踪督导，定措施、抓执行、促落实，预算管理优化资源配置和管控功能得到进一步深化和拓展。推动预算管理形成闭环，将预算管理工作和预算执行情况纳入财务总监考核评价和财务信息管理评比，促进下属企业进一步强化预算管理意识，提高预算管理水平。

2. 内部管理强基固本，不断筑牢发展根基　一是持续优化决算工作机制，有效提升会计信息质量。强化二级企业决算主体责任，发挥二级企业董事会、审计与风险管理委员会重要作用；加强国机集团部门协同编审，提升决算专业化、规范化水平；建立集团多维度、多层次、跨部门的会审机制，会计信息质量不断夯实。二是不断强化财务监督力度，对财务管理情况、会计核算情况、资金管理情况进行全面大检查，实现了集团范围全覆盖，对集团财务工作进行全面“体检”，有效夯实财务管理基础。三是持续致力于打造政治素质高、专业化能力强的多层次、复合型财务人才队伍。根据“重点培养，全面提高”的思路，首批确定130名高级财务管理人才，纳入菁英班和启航班，有针对性地开展人才培养，为不断提升财务管理能力奠定良好基础。

3. 持续强化资金管理，不断优化资源配置　不断优化资金配置工作，推进资金集中管理。银行账户压降率、银行账户质量进一步提升；可归集资金集中度提升到88.2%，创历史最好水平。

有效发挥国机集团与金融机构渠道对接的整体优势，授信规模稳定在4 000亿元。多措并举降低转贷成本，集团在国家开发银行取得装备制造贷款10亿元。

持续强化管理，降低资金成本，带息负债综合融资成本率4.4%，比2021年下降40个BP。系统统筹融资、担保和税务等重点工作，开展汇率利率专项研究，指导企业用好交易性金融工具。

加强境外财务资金管理，下发细化境外资金管理制度等5大类14项工作任务清单。境外财务负责人实现应派尽派；境外资金支付管理进一步规范；财务公司人民币和外币的双向资金池试点资格已正式获批。

4. 持续完善制度体系，提升财务管理水平　围绕高质量发展的要求，完善制度建设，制定基本财务管理制度目录，发布“5+N”财务管理制度框架及制度清单，推动制度废改立，为财务工作有章可循、有规可依奠定基础。2022年，国机集团新制定基本财务管理制度目录、会计核算办法（含会计科目体系）、金融衍生业务管理办法、财务总监考核评价实施细则；修订完善担保管理办法、资产评估管理办法。

5. 全过程项目跟进，资产评估质效整体提升　国机集团2022年累计开展资产评估备案审核项目近150个，数量同比提升39%。净资产评估值较净资产账面值提高116%。对重要项目加快审核速度，即日启动，周内闭环；对多家重点企业现场调研摸底，对接企业实际需求；采用周报表形式对项目进度动态管控，努力实现资产评估备案审核质量与效率双提升。

同时，坚持规划引领，制度先行，优化制度建设和工作流程，完善评估机构和专家库评价和动态调整机制，规范重要项目评审会议审核要求，压实各级企业主体责任，资产评估工作体系进一步完善，服务保障能力得到提升。

6. 做好金融风险防范，启动司库体系建设 积极落实国务院国资委司库建设工作要求，高效组织开展司库信息系统建设工作。发布《国机集团司库建设工作实施方案》，明确司库建设任务目标。2022 年 12 月底，司库信息系统启动上线，圆满完成 2022 年建设任务，初步建成能够上线运行的司库信息系统，实现境内企业银行账户和资金流动的信息动态归集和穿透监测，推进数据标准化、流程规范化、环境国产化、数据中心及司库系统“五位一体”建设，有效牵引推动集团数字化转型。

【资产管理】

一是抓住产权基础管理专项整改工作契机，进一步夯实国机集团产权基础管理水平。通过该专项工作，筛查出产权登记及国有产权变动事项涉及的不合规问题。通过扎实推进整改，督促相关企业进一步完善制度规定，优化管理流程，增强内部控制，强化追责问责，建立健全管理的长效工作机制。

二是通过国务院国资委产权管理综合信息系统完成产权登记 503 项，进一步提高集团产权登记的完整性、准确性与及时性。

三是将压减与法人户数调整有机结合，从确定工作方案、强化组织领导、政策规范引领、业务能力提升、全过程监督及国机资产协同六方面系统推进“十四五”瘦身健体工作。2022 年，国机集团压减法人 84 家，新增法人 23 家，法人层级 6 级以下减少 25 家，进一步缩短管理链条，聚焦主责主业。2022 年，通过挂牌转让，实现实物资产变现资金 2.8 亿元。

【审计监督】

2022 年，国机集团审计部积极落实国有资本投资公司实施方案、国务院国资委《关于深化中央企业内部审计监督工作的实施意见》、国企改革三年行动方案、年度工作会等各项工作要求，以务实、进取的作风，围绕集团战略管控总部定位，分析把握新形势新要求，充分发挥内部审计在集团监督体系的重要作用。

1. 巩固体制机制改革成果 加强党对审计工作的统一领导，深入贯彻落实党中央、国务院关于加快建立健全国有企业、国有资本审计监督体系的工作部署，以质量评估为抓手，开展调研、检查，助推集团审计改革落地见效。调研下属企业，围绕内部审计改革，聚焦持续推进内部审计“十四五”规划落地、保障专项行动落地落实、促进企业加强境外经营投资管理、深入排查企业重大风险 4 个目标，统筹研究、协同推进。首次完成国机集团 2021 年内部审计工作质量评估，层层传导压力，督促下属企业落实责任，查找不足、改进提升，提升集团审计工作质量。

2. 丰富完善审计制度体系 贯彻落实国务院国资委《关于深化中央企业内部审计监督工作的实施意见》要求，持续构建符合国资监管要求和公司治理需要的内部审计制度体系。开展“研究型审计”实践活动，组织审计项目复盘，制定国机集团《经济责任审计手册》，审计规范化建设进一步增强。

3. 高质量完成审计项目 不断完善国机集团“上审下”统一管控机制，以“三统一”为抓手，将落实审计全覆盖与聚焦问题和风险相结合，统筹集团审计资源，事后审计逐渐向事中审计延伸，指导全级次企业统一立项 12 类 734 个项目，创新运用“PDCA 全流程管控”机制，推动审计立项更加精准、审计重点更加突出、审计实施更加高效。发挥审计“维稳、促稳”优势，紧跟国家重大决策部署，开展中小企业纾困解难政策落实情况等专项审计。加强审计实践研究，促进审计工作由橄榄型向哑铃型转变，实施“审前调查全面摸底，现场阶段重点核查”模式。进一步突破新冠肺炎疫情对审计项目时间和空间的限制，建立远程审计评估及执行“四对接”“三跟踪”机制，保障审计项目在疫情期间顺利开展。2022 年，国机集团累计审计企业 472 家，审计总金额 5 049 亿元，提出意见建议 1 582 条。

4. 强化审计结果运用 国机集团贯彻党中央、国务院对建立健全审计整改长效机制的决策部署以及集团要求，落实督促整改职责，按季度推进集团审计发现问题的整改，开展验收销号、整改追责，更好地发挥审计监督“治已病、防未病”作用；开展普遍性、典型性问题分析，梳理形成“三重一大”事项、投资管理、内部控制、借款担保、科研专项经费管理5个方面内容，为集团优化管理、防范风险提供了有价值的管理建议；梳理重要国资监管、集团及下属企业审计中发现的重大问题、重大风险，开展线索移交，编制《审计要情》。

5. 加强审计队伍建设 优化审计中心建设，打造有活力、高水平、有激情、有发展的审计队伍。

（1）持续推进国机集团审计资源统一调配工作。2022年，在制定审计计划的同时，确定审计资源的配置数量、配置结构以及配置时间，实现审计资源与审计计划“同步制定”，增强人员调用的计划性、协调性；2022年共82人次参加“交叉审计”，集团选派下属苏美达股份等4家企业6名审计人员参加国务院国资委专项审计任务，以审代训锻炼队伍；首次完成审计中心人员及二级企业审计机构的评价，选拔审计骨干人才。

（2）深入开展研究型审计。2022年举办4期“国机审计大讲堂”，传授、讲解最新政策、前沿理论、实务经验；组织“内部审计探索研究型审计实践案例”展示活动及“新形势下内部审计在应对风险挑战中的地位和作用”理论研讨活动，苏美达股份“校园服饰电商运营中的个人信息保护合规审计案例”入选中国内部审计协会研究型审计实践案例。

（3）加强审计宣传，积极向上级单位反映国机集团审计改革、审计成效，审计署《审计工作通讯》第31期（总第1442期）刊发了国机集团开展研究型审计相关实践。

6. 推进审计信息化建设 落实国机集团审计“十四五”战略规划和年度工作计划，完成审计管理信息系统升级优化，实现国家审计署内审统计要求、审计机构和人员实时更新、集团统一审计计划全过程管控、审计整改全过程跟踪、审计全覆盖统计、《审计要情》线上报送等功能，极大地提升了审计管理效率。对接“法律”“质量资质”“科技管理”系统，推动实现数据信息的“互联互通”。

【法律管理】

2022年，国机集团继续围绕法律审核、案件管理、境外法律风险防控三项重点工作推进“法治国机”建设，充分发挥法律管理的支撑、保障和价值创造作用。

1. 融入中心、服务大局，积极发挥法律管理的支撑、服务功能 法律管理工作主动融入、积极参与集团“十四五”发展规划落实、混合所有制改革、“瘦身健体”等重点改革任务，提供法律尽调、法律审核、法律咨询等法律支撑服务。集团总部实现重大决策、制度、合同、二级企业章程、授权书、用印“六项法律审核”应审尽审，年度累计审核600余份文件，就集团重大投资、资产重组、资产处置等各类上会审议的重大决策事项提出意见、建议，确保集团相关经营活动依法依规推进，为集团经营决策提供强有力的法律支撑。

2. 强化重大案件管理，有效管控诉讼风险 国机集团总部以重大案件动态监控台账为主要抓手，加强对下属企业重大案件的跟踪督办，压实相关企业案件处置主体责任。就部分重大案件指导企业开展案情分析，组织研究应诉策略，向政府和司法机构出具反映函等，最大限度支持涉案企业依法维权。同时，加强典型案件分析，注重归纳总结案件共性突出问题，督促企业深挖问题根源，倒查管理漏洞，推动“以案促管、以管创效”。

3. 强化涉外法律事务管理 定期开展涉外法律合规风险排查整改工作，推动下属企业分析风险原因、制定整改措施、完善长效机制。2022年，就多边开发银行制裁风险开展专项治理行动，有针对性地解决风险高发领域的风险防范化解工作。

4. 多措并举持续深化“法治国机”制度建设、组织建设、能力建设和文化建设 2022年，修订《国机集团法律工作管理办法》，以完善重大决策事项法律审核机制为切入点，推动下属企业进一步强化重大决策法律风险事前防控；充分利用集团系统内部资源，在国机工程集团挂牌成立工程板块“法律服务共享中心”，为集团设计咨询和工程承包业务板块成员企业提供优质、高效的法律合规专业支撑服务，也为集团其他业务板块法律合规管理提供重要参考；加大法律专业人才的招聘、培养和选拔力度，推动企业法务人员申请公司律师证书，健全工作组织体系，打造过硬专业人才队伍；推进《国机集团“八五”普法规划》的落地实施，以“央企法治讲堂”“国机法律讲堂”为平台，组织 9 次线上培训讲座，累计参训人数超过 1 500 人次，有效提升了相关人员的法律意识及法治素养；加强对《中华人民共和国民法典》《中华人民共和国反垄断法(2022 修正)》等法律法规的宣传力度，为集团实现高质量发展营造良好法治环境。

【风险管控】

2022 年，国机集团以“强内控、防风险、促合规”为目标，坚持以风险管理为导向，系统化推进集团内控体系建设，强化合规管理，为加快建设世界一流企业和实现高质量发展提供有力保障。

1. 深化集团内控体系建设与监督，不断提升企业依法合规经营和抗风险能力 持续强化内控组织领导体系建设，全面落实各层级企业“一把手”内控体系监管第一责任人职责，着力推动各职能、业务部门和子公司落实内控体系职责。督导集团二级企业加强对集团三级及以下企业内控体系建设，持续改进内控短板和缺陷。在外部强监管和高质量发展的大背景下，为加快建设世界一流企业，强化合规风险管控，设立集团首席合规官、合规审查委员会，推动“关键少数”发挥关键作用，强化合规风险的有效识别及主动防范。通过组织召开法治合规工作会议推动贯彻落实集团法治内控合规要求，深入推进依法合规经营专项治理提升企业合规经营能力，组织内控合规风险系列制度宣贯培训提升工作能力，通报重大风险案例和印发风险提示函发挥风险警示作用，各层级企业广泛开展政策法规制度学习研讨，全面提升作为央企员工应有的内控合规意识水平和从业素质能力。

2. 进一步完善风控制度体系，强化制度宣贯培训和执行落地 结合集团“十四五”战略规划目标和国有资本投资试点公司方案，构建分层分类的内控制度体系，制定修订国机集团《重大经营风险事件报告工作规则》《违规经营投资问题线索处置工作规则》《违规经营投资问题线索通报工作规则》《禁入限制人员信息管理办法》《国机集团合规管理办法》等风控管理工作制度，进一步强化风险报告要求，明确违规问题处置规则，规范违规问题通报和禁入限制规定，完善合规管理等工作要求。将“严肃财经纪律、依法合规经营”综合治理、“合规管理强化年”等专项行动有关要求和成果纳入内控体系制度建设当中，形成长效机制。通过编制印发国机集团《多边银行项目投标合规指引》《贸易合同法律风险防范指引》《企业清退工作法律尽调指引》等重点领域合规专项指引和指南，进一步指导企业规范开展多边银行项目投标业务，加强贸易业务风险防控和瘦身健体工作。进一步强化内控、风险、依法合规经营等制度的宣贯培训，让各级领导干部与职工深入理解相关制度的本质意义和基本内涵，增强依法经营、依规治企的自觉性。

3. 坚决防控重大风险，有效发挥重大风险评估监测预警作用 围绕“提前预警、精准防控”风险防控目标，认真做好风险排查、跟踪监测、应急报告、处置化解等内控工作。严格执行重大风险事件报告工作机制，确保首报、续报和季报工作的时效性和连贯性，对重大经营风险事件快速反应、及时报告、精准管控、稳妥处置。组织开展 2022 年度重大风险评估与监测，加强风险识别分析和预警预判，形成《2022 年度国机集团重大风险评估报告》《集团风控季报》，推动全面风险管理向数字化转型，完善国机集团风险分类监测指标体系表。全面参与集团重大专项风险化解工作，为重大任务保驾护航，提供全程法律论证支持，坚决守住不发生系统性重大风险的底线。集团公司全年持续跟踪、督办 46 起下属企业重大风险事件，有效化解重大风险，避免或挽回重大经济损失。组织开展“合规管理强化年”专项工作、“经营业务合规管理问题专项治理”“境外项目投标违规风险专项治理”“虚假贸易业务专项排查整治”“境外项目风险防范化解专项行动”，深入开展内控执行专项整治，推动集团及下属企业彻底排查并解决在守法经营、合法获利、依法缴税等方面存在的突出问题和短板弱项，促进企业提升制度落实执行能力。

4. 深化“强监管、严问责”，加强对制度执

行情况的监督检查力度 牢固树立依法合规经营意识，大力倡导和弘扬人人守纪律、重程序、知畏惧、守底线的内控文化，在强有力监管中维护内控权威。加大对制度执行情况的监督检查力度，通过“强监管”推动内控体系有效落实，通过“严问责”强化内控体系刚性约束。有效推动各级子企业落实落细内部控制要求，加大重要领域、新兴业务和风险事件频发的企业自评价频次和力度，对十余家境外下属企业内控监督评价情况进行监督检查，到2022年年底前全面完成集团监督评价“三年全覆盖”工作任务。

【信息化建设】

一是加强信息化工作的顶层设计，组织编制“十四五”网络安全和信息化建设规划，建立健全网络安全和信息化制度。

二是落实集团化管控和国资监管数字化智能化工作任务，完成涉密信息系统、司库系统（一期）、电子采购平台等7个系统建设，推动主数据平台上线应用，完成与集团管控类系统、财务系统和国资监管系统数据集成试点，推进集团经营管理信息统筹管理，保障集团信息数据安全，不断提升集团国资监管应用深度和广度。

三是贯彻落实《中华人民共和国网络安全法》等法律法规要求，持续推进集团重要信息系统网络安全等级保护工作；完善网络安全应急管理机制，定期开展网络安全应急演练和网络安全专项检查；首次参加网络安全实战演习，获得较好成绩；组织开展2022年国家网络安全宣传周活动，开展国家“网络安全万人计划”培训、中央企业专项培训（国机专班），不断健全网络安全保障体系。

四是赋能产业协同创新发展，召开国机集团数字化转型推进大会，把握国务院国资委行业领域公有云申报机遇，形成“农机云”“机械装备行业云”建设思路并成功获批。

【品牌管理与建设】

国机集团围绕践行习近平总书记“三个转变”重要指示精神，在2022年5月10日第六个“中国品牌日”积极开展系列活动，集团领导获邀参加中国智造品牌论坛并做主题发言，集团线上亮相中央企业装备制造创新成就云展览；推荐集团下属企业国机重装、中机六院参加中央人民广播电台特别节目《预见，中国品牌》专访，多平台传播国机品牌良好形象。

挖掘品牌建设典型案例和品牌故事，推荐下属苏美达股份品牌国际化案例《跨越半个地球 用“创新”讲好国际品牌故事》入选年度国有企业品牌建设典型案例，中国农机院短视频《有了采棉机 幸福亚克西》入选优秀品牌故事，品牌传播力不断增强。

积极推荐集团特色实物和模型展品，亮相“奋进新时代”主题成就展，中国一拖LF2204无人驾驶拖拉机亮相户外展区，两款东方红拖拉机模型在河南展区展示，“央企楷模”黄锡璆博士的请战书在综合展厅抗疫专区展示。

【社会责任】

2022年8月5日，举行国机集团机械工业纪念日暨2021年社会责任报告发布会，正式发布国机集团2021年社会责任报告。该报告荣获“金蜜蜂优秀企业社会责任报告长青奖二星级”。

社会责任案例“发挥国机所长 助力乡村振兴”入选《中央企业社会责任蓝皮书（2022）》，“秉承工匠精神 用匠心打造亮点工程——记国机集团CMEC阿根廷贝尔格拉诺货运铁路改造项目”入选《中央企业海外社会责任蓝皮书（2022）》。

积极履行社会责任，热心支持公益事业。2022年，国机集团参加第14届“大爱无国界”国际义卖活动，携下属企业中设集团共计捐款100万元，为云南省金平县和麻栗坡县筹集善款，用于中小学校新建和改造热浴设施。

【企业文化】

1. 聚焦传承弘扬，组织开展特色文化活动 以“现场+视频直播”形式举行国机集团机械工业纪念日暨2021年社会责任报告发布会。多维展现国机集团传承优良传统、发挥国机所长的责任担当。各下属企业结合企业实际开展特色活动，组织开展参观红色基地、邀请老党员讲述机械工业故事、青年座谈会、知识竞赛、“我为国机送祝福”、摄影征集等活动，从中汲取奋进力量，以昂扬姿态奋进新征程。

2. 企业文化传承传播平台进一步壮大 国机集团干部教育基地入选2022年度科学家精神教育基地，中国一拖东方红农耕博物馆入选全国科普教育基地。阳早寒春故居挂牌中国金融思想政治工作研究会“红色金融教育基地”。组织下属企业参加中国企业文化研究会“企业文化与经营管理深度融合”典型经验和优秀案例申报，中工国际、中国一拖、苏美达股份、中机六院、国机精工、中汽工程6家企业分别获评典型经验、优秀案例奖项。

【新闻宣传】

1. 围绕主线、聚焦主业、服务大局 国机集团全面深入挖掘集团生产经营、改革发展、党的建设各项工作亮点，宣传成效斐然。各平台围绕主线，推出各具特色的专题、专栏，进行十年成就报道。《国机集团报》推出重磅策划“壮阔十年·建功新时代”“非凡十年”等，以述评、图文等形式，深刻展示党的十八大以来集团在各领域取得的非凡成就；国机集团微信公众号紧密结合时事热点，精心策划“精彩冬奥 国机视角”“机械工业纪念日”“进博时刻”等系列专题报道，被《人民日报》等主流媒体关注报道；集团网站开辟“学习贯彻党的二十大”“青年精神素养提升”“推进农机装备高质量发展”等专题子网站，发布上百篇相关报道，营造迎接宣传贯彻党的二十大的良好局面。在“党的二十大”专题策划中，中国中元顾问首席总建筑师黄锡璆的学习感言被国务院国资委宣传平台采用，二十大代表、中国恒天李会东的参会感言被《人民日报》采用。

2. 日常宣传 《国机集团报》发力“深度”，策划完成5期专刊、推出10个方面共23个栏目，其中，新开设12个栏目，刊发通讯类稿件近百篇。这些报道从一个产品、一个人物、一个项目写起，挖掘、串联起一个行业、一个领域的发展变迁，生动而厚重。国机集团微信公众号发力“重点”，以“有高度、接地气、立得住、摸得着”的宣传模式，聚焦重大项目、一线人物等，与受众、与外部媒体加强交互，宣传效应进一步放大。比如，首发的中机建设保障冬奥会开幕式相关情况，同步报送《人民日报》等权威媒体，得到广泛宣传；“青春之声”栏目推出的岳森峰、王奕澄奋斗故事同步报送《中国青年报》，入选中宣部、国务院国资委指导的“有为·无畏”主题展。2022年，国机集团公众号推送超过410条，阅读量超过135万次。国机集团网站发力“提质”，2022年，集团网站累计发布稿件3 300余篇，策划开设专题、专栏10余个，全面展示集团一年来的发展情况，网站运行质量有效提升，年访问人数超130万人，页面访问量超400万次。学习强国号发力“升级”，全年发布文章793篇，累计浏览量约32万人次，其中，入选国务院国资委中央企业学习平台稿件39篇，4篇被推荐至学习强国首页刊登。

3. 海外传播 2022年，国机集团海外传播着重加强内容建设，Facebook、Twitter账号受到世界各地粉丝的持续关注，粉丝数超12万人，同比增长15%。在内容上，一是以中外共通的情感、共同的利益关切作为国际传播切入点，精准设置议题，向全世界展示企业良好形象。相继策划推出“助力冬奥 一起向未来”“奋战双过半”“我们只有一个地球”“2021社会责任报告”等20多个系列报道，以企业视角阐释互惠共赢发展理念、绿色低碳发展理念及履行社会责任方面故事，增进海外受众了解互信。二是结合当前传播趋势及海外受众特点，采用影像、动图等表现形式，生动鲜活地展示企业国际化经营、文化理念、员工积极进取精神风貌等，构建受众愿意看、看得懂的话语叙事体系，相继策划推出“惊蛰忙春耕”“大美国机”“国机印象”等帖文，受到较好反馈。其中，“惊蛰忙春耕”帖文采用动图作为素材展示，单条点击量超9万次。

4. 对外宣传 积极对接外部主流媒体，有关集团稳增长工作、科技创新、国际化经营、农机高质量发展等的内容超过20次登上《人民日报》、新华社、中央电视台《新闻联播》栏目、《经济日报》《中国日报》《科技日报》《农民日报》《证券日报》等。注重与媒体间的合作互动，在国家重大活动、重要节点上主动参与媒体专题报道，取得良好传播效果。

【军转干部和老干部管理】

根据退役军人事务部工作部署，国机集团

做好接收安置军转干部和退役士兵工作，做好日常服务管理各项工作。组织申报及下拨离休干部医药费补助资金，确保困难企业离休干部医药费和津补贴及时发放。为丰富老干部的政治文化生活，为各企业离退休党支部订阅《学习参考》。做好新增退休人员的服务衔接工作，通过线上线下结合全天候动态跟踪反馈等方式，全力提供周到细致的服务。

党建工作

【企业党建】

1. 以学习宣传贯彻党的二十大精神为主线，政治引领力不断提升 国机集团党委聚焦“三个全面”，贯彻“四个确保”，推动“三个结合”，迅速在全集团掀起了学习宣传贯彻热潮，在深入学习党的二十大精神中进一步深刻领悟“两个确立”的决定性意义，增强“四个意识”、坚定“四个自信”、做到“两个维护”，不断提高政治判断力、政治领悟力、政治执行力。

一是全面深化学习，统一思想、凝聚共识。按照党中央决定和国务院国资委要求，国机集团和各企业党委迅速及时组织了党委会传达学习、中心组学习研讨，领导班子成员、各级党组织书记组织了党课宣讲，坚持领导学在前、讲在前、干在前，发挥示范引领作用。组织6场党的二十大精神专题集中培训，参训范围延伸到全系统每位党员干部职工，受训超5万人次。围绕主责主业，结合企业实际，创新形式，明确基层学习研讨的4个主题，确保学习一贯到底，入脑入心、统一行动。

二是全面加强宣传，营造氛围、展示成果。着力用党的二十大精神统一思想、凝聚力量，开展十年成就和学习贯彻党的二十大宣传报道，持续跟踪报道党中央、国务院国资委对学习贯彻的新要求和国机集团系统学习宣传贯彻大会精神的新实践、新成效、新经验、新风貌，充分反映集团系统对党的二十大的热烈反响和积极评价，充分展示集团系统学习贯彻党的二十大精神的具体举措和实际行动，推动形成学习宣传热潮。

三是全面贯彻落实，指导实践、推动工作。国机集团党委带领各级党组织和全体党员干部深入领会党的二十大精神，组织专题研讨会，围绕党的二十大新战略、新部署、新要求，结合集团主责主业开展研讨；按照总部部门职责和业务领域，进行二十大精神重点任务分解，把党的二十大精神转化成改革发展的具体实践，全力以赴稳经营，全面发力抓创新，稳步有序落战略，真抓实干促改革，在改革发展稳定各项工作中取得了初步成效。

2. 贯彻落实习近平总书记重要指示批示精神和党中央决策部署，政治执行力全面提升 国机集团党委牢记中管企业职责使命，着眼党和国家事业发展大局，坚持“锻造国机所长、服务国家所需”，坚决把贯彻习近平总书记重要指示批示精神和党中央重大决策部署落实到实际行动中。

一是贯彻落实习近平总书记重要指示批示精神。深入学习贯彻习近平总书记对国机集团海外项目发表的重要讲话或作出的指示批示精神，努力抓好有关海外项目的建设和运营。从讲政治的高度持续抓好中白工业园建设，入园企业达到100家，协议投资总额超过13亿美元；承建的尼泊尔博克拉国际机场正式竣工并完成飞行检验，被称为尼泊尔“国家荣誉工程”；深度参与和服务第五届中国国际进口博览会，积极参与共建“数字进博”，成为第五届中国国际进口博览会最重要的创新和亮点之一，受到中国国际进口博览局和参展企业的一致好评，被授予“进博会数字展会合作伙伴”。

二是积极服务高水平科技自立自强。大力推进战略性科研平台建设，国机集团原有6家国家重点实验室全部获批纳入新序列的全国重点实验室；围绕农机装备、冶金装备、纺机装备等领域，大力开展关键核心技术攻关，持续推动制造业高端化、智能化、绿色化发展；积极承担“卡脖子”技术与短板技术研究。持续推进重大装备关键基础零部件创新联合体组织运行，有力支撑产业基础再造工程与重大技术装备攻关工程。

三是积极服务制造强国建设。持续提升农机装备水平，成为国务院国资委第二批现代产业链农机领域“链长”，高端智能大功率拖拉机实现批量化国产替代，陡坡拖拉机、收获机械等装备研发难题初步解决；召开农机装备高质量发展推进会，护航国家粮食安全，助力乡村振兴；农机云和机械装备行业云两个行业云平台获得国务院国资委批准；服务国家重大工程，自主研制一批“大国重器”，为制造业稳链补链强链作出积极贡献。

3. 着力抓好“融合提升”专项行动，组织战斗力全面提升 国机集团党委建制明向、强基促融，把推动党建工作与生产经营“融合提升”作为全年党建工作主题，以政治融合、思想融合、队伍融合、载体融合、机制融合为路径，持续深化“三基”建设，努力打造讲政治、有活力、能战斗的改革发展先锋。

一是扎实推进“融合提升”，党建品牌特色逐步显现。突出问题导向、成效导向、特色导向，开展“融合提升”专项行动各项工作。持续推动落实“第一议题”制度，完善公司治理体系，提高中心组学习质量，全年组织“第一议题”传达学习 58 次，中心组学习 11 次，切实加强落实中央决策部署的力度和效能。开展“聚焦主责主业，锻造国机所长”系列宣讲，成为“党务干部学业务、业务干部讲融合”的有效载体。在全系统广泛开展“一企一工程”党建品牌创建活动和支部工作法总结提炼，鼓励基层首创，引领中心工作，形成《国机集团“一企一工程”品牌创建——党建工作与生产经营融合案例汇编》《国机集团基层党支部融合提升工作法案例汇编》。开展“落实‘十四五’规划，发挥党建引领作用”大讨论。逐层级、分板块、成系列推进党建工作和生产经营深度融合。

二是巩固深化“三基”建设，基层党组织政治功能和组织功能显著增强。通过定期检查和通报各级企业党组织覆盖及换届情况，推动党的基本组织做到“应建必建、应换必换”。召开“党建引领促发展、砥砺奋进启新程”“七一”大会，在河南片区、西南片区分别组织召开基层党建工作“融合提升”座谈会，启动在京企业党建调研，在交流沟通中推进基层党建工作。各企业持续推进“党务干部上讲台”活动，组织学习培训，推动党务干部能力提升。在农机装备领域探索开展产业链供应链创新链党建共建，以党建为载体深化业务拓展和企业联动。制修订国机集团党委加强和维护党中央集中统一领导、加强和改进思想政治工作、加强和改进混合所有制企业党的建设等各类制度，组织规章制度学习培训和宣讲解读，开展党内制度执行情况梳理总结，集团党建制度体系更加完整完备。

三是健全完善党建责任体系，压紧压实管党治党政治责任。按照“任务项目化、责任清单化、清单具体化”的思路，持续落实国机集团《各级党委履行全面从严治党主体责任清单》，以党委工作要点为牵引，推动党建工作细化、量化、具体化。坚持年度召开全面从严治党工作会议、季度召开党建工作例会和纪检监察工作例会机制，构建四级党建述职评议体系，健全完善“日常考核 + 年底集中考核 + 述职评议考核”的考评机制，确保工作精准化、精细化、精确化，推动党建工作“有目标任务、有调度推进、有督办落实”的全链条闭环管理。

【巡视巡察】

2022 年，国机集团党委以习近平新时代中国特色社会主义思想为指导，认真贯彻落实党的二十大和十九届中央历次全会、中央纪委六次全会、全国巡视工作会议精神，持续深化政治巡视，推动集团巡视巡察工作取得新进展新成效。

1. 开展巡视巡察，发挥利剑作用 紧盯职能责任，聚焦权力运行开展“政治体检”，统筹推进巡视巡察工作。

创新方式方法，有力推进巡视，组织开展对中国恒天党委机动式巡视、对中国浦发党委巡视“回头看”。发现被巡视党组织在管党治党、防范化解重大风险等方面存在的突出问题，向纪检机构移交问题线索，进一步推动巡视利剑作用有效彰显。在十九届中央任期内巡察方面实现全覆盖，有力推动全面从严治党向基层延伸。

推动巡视带巡察，提升巡察工作质量。深入贯彻执行《国机集团党委关于加强巡视巡察上下联动的实施意见》，建立完善上下联动的巡视巡察工作格局。对集团下属22家企业党委巡察工作进行检查指导，严格巡察情况报备；开展巡察工作经验交流，共同推动巡视巡察工作高质量发展。

2. 加强制度建设，完善工作机制 制定国机集团《关于推进纪检监察监督巡视巡察监督与审计监督贯通协同高效的意见》，加强工作协同，推动“三类监督”系统集成、高质高效。认真执行国机集团《关于建立健全巡视工作协作配合机制的意见》，健全完善巡前、巡中、巡后协调配合机制。

加强巡视与组织人事、法律合规、财务等职能管理部门及监督办公室的工作协同，形成衔接顺畅、配合有效的大监督工作格局。

3. 加强巡视整改，强化成果运用 坚持发现问题和整改落实并重，强化跟踪督办，不断提升监督治理效能。制定国机集团《关于加强巡视整改和成果运用的若干意见》，通过开展责任约谈、督促召开巡视整改专题民主生活会、制定完善巡视整改审核机制、开展巡视整改现场督导等方式，持续推动主体责任落实；加强对巡视整改的日常监督，督促纪检监察机构主动跟进，把督促整改作为日常监督重要抓手；推动组织人事部门把监督整改与选人用人工作相结合；强化其他职能部门和监督办公室监督职责，切实推动整改工作取得实效。

督促推动本年度被巡视单位把巡视整改纳入年度重点工作，在强化管党治党、重塑政治生态、推进重大风险化解等方面取得实效。集团纪委监察专员办及时处置巡视移交的问题线索，严肃处理违规违纪违法问题。持续推动二级企业巡察整改不断强化，切实解决一批管党治党和制约企业改革发展的突出问题。

4. 加强队伍建设，打造巡视铁军 加强干部培训，不断提升履职能力。举办国机集团巡视巡察系统“学习知识方法、提高履职能力”培训班，坚持“以干代训”，在实践中培养锻炼干部。按照“一岗多备、动态优选、轮换选调、专职专责”的原则，充实完善巡视工作人才库。强化“以干代训”，抽调纪检、巡察、组织、审计、财务等方面业务骨干参加内部巡视，优化队伍结构，提升专业能力；选派一名同志参加中央巡视工作，在更高层面进行巡视监督实践锻炼。加强监督管理，严明纪律要求，改进工作作风，坚决防止“跑风漏气”和以巡谋私，打造忠诚干净担当、敢于善于斗争的巡视巡察干部队伍。

【纪检监察】

2022年，国机集团纪委监察专员办深入学习贯彻习近平新时代中国特色社会主义思想和党的二十大精神，全面落实十九届中央纪委六次全会部署，坚定不移正风肃纪反腐，发挥监督保障执行、促进完善发展作用，各项工作取得新进展新成效。

1. 学深悟透力行习近平新时代中国特色社会主义思想和党的二十大精神见行动见实效 深刻领会党中央关于全面从严治党、党风廉政建设和反腐败斗争新部署新要求，紧密结合集团纪检监察工作实际，开展多形式、分层次、全覆盖学习培训，全面深入、联系实际学习领会习近平新时代中国特色社会主义思想和党的二十大精神，贯彻落实十九届中央纪委六次全会工作部署和集团党委工作安排，制定和落实国机集团纪委监察专员办工作要点，切实把学习成果转化为国机集团纪检监察工作的具体任务、举措和行动。

2. 围绕党中央重大决策部署和集团中心任务履行监督专责更聚焦见实效 聚焦“国之大者”，做实监督，围绕贯彻落实习近平总书记重要指示批示精神，深入64家企业现场检查，推动党中央重大决策部署在集团落地见效。聚焦“企之要者”做细监督，紧盯集团“十四五”规划实施、改革三年行动高质量收官等重点任务，拓展监督方式、前移监督关口、形成监督常态；围绕综合治理专项行动、防范化解重大风险等，有力推动自查自纠、立行立改、彻底整改。聚焦“一把手”等“关键少数”做准监督，制定落实集团纪委监察专员办加强对“一把手”和领导班子监督的责任清单，推动落实谈心谈话制度，认真回复党风廉政意见，强化对“关键少数”全方位监督。《党风廉政建设》杂志对国机集团纪委监察专员办“聚焦改革发展中心任务加强监督”的做法作了推介。

3. 以严的基调、严的措施、严的氛围深入落实中央八项规定精神不停步见实效 国机集团坚持严的基调，开展深入落实中央八项规定精神“回头看”专项行动，从严查处违反中央八项规定精神问题，进一步释放越往后执纪越严的强烈信号。采取严的措施，聚焦日常、坚持抓好督促检查，抓早抓小强化日常提醒提示，加强节假日期间检查抽查、明察暗访，及时发现和严查快办“四风”问题。突出严的氛围，推动作风建设常态化长效化，召开深入落实中央八项规定精神专题报告会，编印《国机集团落实中央八项规定精神制度索引》，推动制度建设，开展廉洁家风教育，以好制度保障转作风，以好家风促进树新风。

4. 一体推进不敢腐、不能腐、不想腐强有力见实效 强震慑，持续加大查办案件力度。紧盯“靠企吃企”、违规经营投资及各种风险背后的责任问题、作风问题、腐败问题，持续加大办案力度，落实“三个区分开来”，旗帜鲜明为敢干事、能干事、干成事的干部担当负责、减负减压、鼓励鼓劲。强约束，扎紧扎牢正风肃纪反腐制度笼子，连续 3 年开展“制度建设年”专项行动，抓好国机集团党风廉政建设和反腐败规章制度“立改废释”和执行落实工作，牵头组织总部各部门开展 7 期制度学习培训，解读制度 48 个、培训 2.1 万人次。强教育，不断加固拒腐防变思想堤坝，坚持一年一主题、每年有创新，持续深入开展以“六个一”为主要内容的“廉洁宣传教育月”活动，召开全面从严治党工作会议暨廉洁教育大会，举办廉洁文化建设展览，开展廉洁文化建设专题调研，国机集团典型经验和特色做法被《学习时报》、“学习强国”推介。

5. 协助、督促推动审计整改和巡视整改、专项整治动真格见实效 围绕持续深化中央巡视整改，推动抓实内部巡视整改。强化日常监督和专项检查，持续深化中央巡视反馈问题整改，处置巡视移交问题线索，形成强大震慑，为推动企业改革发展营造良好环境。围绕配合审计署审计组有关工作，推动抓实审计整改，督促立行立改、严查快办审计沟通反馈有关问题，对党的十八大以来国机集团内部审计报告全面起底，重新梳理、移交问题线索，对违规违纪问题一查到底、从严处理。围绕专项整治等工作，推动日常监督与其他各类监督贯通协调，发挥党风廉政建设和反腐败工作协调小组作用，推动巡视巡察、组织人事、审计、财务、法律合规等部门把监督深度融入企业生产经营管理，提升监督质效。

6. 推进国机集团纪检监察体制改革和干部队伍建设更扎实见实效 高站位加强政治建设，深学细悟习近平总书记关于全面从严治党、党风廉政建设和反腐败斗争的重要讲话、重要论述、重要指示，严格执行请示报告制度，以有力有效履职尽责的实际行动做到“两个维护”。高质量持续深化国机集团纪检监察体制改革，认真学习贯彻《纪检监察机关派驻机构工作规则》，进一步健全高效运转派驻监督工作机制，探索建立“室企地”三方联合、集团内三级联动办案工作机制。高起点提升监督执纪执法水平，深化全员培训，突出实战练兵，与地方纪委监委联合、协助、沟通办案工作，选派业务骨干参加专案组，推动形成“三比三创”良好局面。高标准强化自我监督约束，严格执行民主集中制，健全自身权力运行和管理监督制度机制，从严管理队伍，防治“灯下黑”，打造自身正自身硬的纪检监察铁军。

【统战工作】

国机集团围绕迎接学习贯彻党的二十大精神开展统战工作，2022 年 6 月至 11 月间以纪念统一战线提出 100 周年为契机，以巩固“庆百年、爱国机、献良策、做贡献”主题活动成果为抓手，通过理论学习、建言献策、调研攻关等方式，组织国机集团统战人士参加“聚焦主责主业、 锻造国机所长”业务宣讲，围绕落实国机集团“十四五”目标开展研讨，组织统战人士结合“聚焦主责主业、锻造国机所长”主题开展调查研究、服务中心工作。

编印《锻造国机所长　携手集智攻关——国机集团统战人士调研报告汇编》，参与者含中国民主同盟、中国农工民主党、九三学社等民主党派成员，以及党外知识分子、无党派人士和少数民族职工等，内容涵盖前沿技术攻关、“一带一路”建设、国家重大项目、国企改革三年行动以及本企业安全和质量工作提升等，为行业和企业高质量发展梳理挖掘经验做法，形成工作提升的新思路新对策。其中一篇调研报告被国务院国资委党委统战部收录于《中央企业统战人士优秀调研报告汇编》。

积极推动《关于加强对党外代表人士建言献策工作室审核评价工作的指导意见》在集团各企业的落实，2022 年年内以建言献策工作室三年审核评价工作为契机，进一步完善机制、梳理经验，持续做好党外代表人士的发现储备、教育培养和管理使用等工作，同时通过调研、抽查、考评等方式推动党外代表人士建言献策工作室引领凝聚作用的发挥。

根据国资委党委统战部有关要求，为加强集团无党派人士队伍建设，对全系统无党派人士进行重新梳理和审核，开展全系统无党派人士认定工作，为充分发挥党外知识分子优势和引领作用奠定基础。

【精神文明】

国机集团精神文明工作突出迎接宣传贯彻党的二十大的工作主线，学习贯彻中央企业精神文明建设工作会议精神并研究制定落实措施，制定并印发精神文明建设工作要点。结合集团实际，调整集团精神文明建设工作领导小组成员，进一步强化责任意识，统筹推进相关工作。

2022 年年初开展对地市级以上文明单位表彰情况统计摸底工作，建立集团全系统地市级以上文明单位表彰情况台账。通过分类指导、个别调研、重点培养等方式，督促指导相关企业对标对表创建目标和要求，不断完善创建工作目标及工作机制，全方位提升本单位文明程度。

组织开展国机集团在京企业职工参观学习“奋斗新时代”主题成就展、深入学习宣传贯彻习近平总书记给“中国好人”李培生、胡晓春重要回信精神等，积极推荐首都精神文明建设奖候选人、全国学雷锋志愿服务“四个一百”等先进典型。

【共青团工作】

截至 2022 年 12 月，国机集团共有 35 岁以下青年 38 631 名，其中 28 岁以下团员 13 415 名；团组织 1 039 个，其中团委 114 个，支部（总支）925 个；团干部 2 247 名，其中专职 15 名。

2022 年是中国共产主义青年团成立 100 周年，国机集团团委在中央企业团工委和集团党委的领导下，始终坚持以习近平新时代中国特色社会主义思想为指导，以迎接和学习宣传贯彻党的二十大精神为主线，以庆祝中国共产主义青年团成立 100 周年为重点，紧紧围绕集团改革发展大局、年度中心任务，持续提升团组织的引领力、组织力、服务力和贡献度，不断扩大团工作的有效覆盖面，各项工作计划均得到较好的落实。

（1）认真学习宣传贯彻党的二十大精神。第一时间组织全系统团员青年通过多种形式收听收看党的二十大开幕会盛况，开展专题集中培训，召开学习贯彻党的二十大精神座谈会，邀请党的二十大代表宣讲，号召广大国机青年持续深学细悟党的二十大精神，坚定不移听党话、跟党走。持续深入实施理想信念教育，深入开展青年精神素养提升工程，拍摄“奋斗青春”团歌短视频，开展“我与共青团的故事”——庆祝中国共产主义青年团成立 100 周年主题征文和展播、团史知识竞赛等活动，组织全系统青年参与到“机械工业纪念日”活动中，积极在“锻造国机所长、服务国家所需”的生动实践中，展现新作为、创造新业绩。

（2）突出服务中心大局，增强青年岗位建功新动力。持续深化青年创新创效工作，以国机集团“振兴杯”青年技能大赛为契机，指导各企业结合实际开展双创大赛、青年科技创新行动、科技论文评比等活动，为集团青年搭建创新创效展示平台；持续开展青年技术技能提升活动，围绕集团中心任务，努力找准共青团工作的结合点、着力点，通过依托车间、班组，采取岗位练兵、技术比武等形式，促进青年技能人才在岗位实践中快速成长；持续推动“青”字号品牌建设，国机集团团委持续深化推进“青年文明号”“青年岗位能手”等“青”字号品牌建设，不断提高“青”字号品牌活动对生产经营的贡献度。

（3）突出服务青年主题，搭建青年成长成才新平台。完善选树机制，强化青年榜样示范平台。持续推进“两红两优”评选表彰工作，77个集体、112名个人荣获国机集团团内表彰，1个集体、1名个人荣获全国级别的表彰。加大培训力度，拓宽青年成长平台。持续推进首期“青马工程”实施方案落实，通过高标准选拔，压实培训内容、创新性地建立导师辅导机制等，把思想理论武装、理想信念教育、知识结构改善、能力素质提升贯穿青年人才成长全过程。坚持服务青年，拓展关爱关怀平台。组织开展网络问卷调研活动，全面了解掌握新时期青年员工思想动态和成长诉求。针对青年普遍关注的婚恋交友等问题，积极开展青年喜闻乐见、丰富多彩的文化活动，搭建形式新颖、创意独特的青年展示平台，满足青年日益增长的精神文化需求。

（4）突出全面从严治团，推进共青团自身建设再上新台阶。党建带团建机制进一步完善，各级党组织严格落实《国机集团党委加强党建带团建工作实施方案》，把团的建设纳入党的建设总体规划，同部署、同落实、同检查，做到党团建设同步谋划、党团组织同步设置、党团力量同步配备、党团工作同步开展。团的基层组织建设进一步巩固，落实“应建必建”“应换必换”，指导推动各级团组织认真开展团（总）支部“对标定级”工作，结合实际制定团内推优入党制度，2022年，经团组织“推优”入党的青年比例明显提高。团员教育管理进一步加强。“三会两制一课”得到普遍落实，“青年大学习”全面铺开，团委书记讲团课有序开展，主题团日活动实现经常化，有效规范团员政治生活。

【工会工作】

2022年，国机集团各级工会全面贯彻习近平新时代中国特色社会主义思想，深入学习贯彻落实党的二十大精神，谋划推进工会各项工作。

1. 突出政治建设，职工群众听党话跟党走的信念更加坚定 一是迅速形成学习宣传党的二十大精神的高潮。国机集团工会下发了《关于认真组织开展学习贯彻党的二十大精神的通知》，明确目标任务，工会主席带头讲党课。二是持续开展“中国梦·劳动美”主题活动。参加全国总工会举办的“中国梦·劳动美”第八届全国职工书法美术作品展，举办“打造女性职场和家庭幸福力”专题讲座等活动。三是弘扬劳模精神、劳动精神和工匠精神。修订完善国机集团劳模评选管理办法，加大劳模精神的宣传力度，举办“大国顶梁柱，奋进新征程”国机集团劳模先进事迹展播。四是突显文体活动的思想内涵。以迎接党的二十大胜利召开为主题，国机集团工会举办“东方红杯”乒羽对抗赛和“中机六院杯”男子篮球区域邀请赛。

2. 突出建功立业，工人阶级主力军作用的发挥更加显著 开展群众性“建功‘十四五’、奋进新征程”为主题的劳动竞赛，开展各种形式的技能竞赛活动。推动常态化疫情防控下的生产经营工作，对受新冠肺炎疫情影响严重的企业下拨专项慰问金，重点用于对一线职工的关心关爱工作。推动产业工人队伍建设改革方案实施，为打造支撑集团“十四五”规划的职业化人才队伍提供有力支撑。

3. 突出维权服务，企业新型和谐劳动关系的基础更加牢固 一是充分发挥职代会作用，针对各种利益关系调整，集团及各单位工会依法重视源头参与。二是继续开展国机集团“爱心基金”捐助活动，进一步加大帮扶力度。三是进一步开展送温暖活动，对双节期间坚守海外项目现场的职工及国内家属开展慰问工作，组织面向一线职工的送清凉活动。

4. 突出需求导向，职工普惠性服务体系建设更加完善 一是构建或完善职工服务平台。国机集团工会利用“央企消费帮扶兴农周”活动平台为职工提供普惠服务，各单位及职工自愿购买帮扶产品757万元。二是推动为群众办实事常态化。国机集团工会对1 148名职工代表进行问卷调查，努力把职工需求转化为办实事项目。三是基层小微活动更加活跃。各企业工会通过开展悦读分享读书活动、登高健身行等小微活动，增强职工向心力，点亮职工“微心愿”。

5. 突出自身建设，工会组织政治性、群众性、创新性更加突出 注重加强工会规范化管理，加大工会考评力度，国机集团工会召开两次委员会会议，针对工会重点工作和存在的问题进行讨论。发挥工会研究会的作用，组织研究会对劳模工作室联盟、职工服务体系进行调研。完成对全国模范职工之家、模范小家，全国最美家庭、全国厂务公开民主管理先进单位的复查工作。修订集团“职工之家”考评办法，细化考评项目。

【乡村振兴工作】

2022 年，国机集团深入学习贯彻习近平总书记重要讲话和指示精神，全面贯彻党的二十大精神，全面落实党中央、国务院决策部署，聚焦强产业、促振兴，助力河南省固始县和淮滨县、山西省平陆县、四川省广元市朝天区 4 个定点帮扶县（区）巩固拓展脱贫攻坚成果上台阶、全面推进乡村振兴见实效。

1. 认真落实党中央、国务院决策部署，高站位推动定点帮扶工作 国机集团党委召开两次专题会议，听取定点帮扶工作汇报，研究部署相关工作。国机集团领导坚持调研督导全覆盖。国机集团乡村振兴办公室及时组织召开工作推进会 16 次，推动集团帮扶举措有效实施。深化调研监督机制，累计组织 193 人次赴 4 个定点帮扶县（区）开展考察调研 22 次、督促指导 4 次，推动帮扶计划有序实施，确保帮扶资金使用合规有效、帮扶干部高效开展工作。

2. 持续加大帮扶力度，高质量完成定点帮扶考核指标 2022 年，国机集团在 4 个定点帮扶县（区）投入无偿帮扶资金 3 701.3 万元，比上年增加 150 多万元，投入有偿帮扶资金 512 万元；引进无偿帮扶资金 258.32 万元，引进有偿帮扶资金（含招商引资）超 1.7 亿元；消费帮扶金额达到 4 154.47 万元，比上年增加 723.47 万元，引进帮扶企业 5 家，实现招商引资 6 700 万元，累计帮助建立帮扶车间 18 个；帮助 1 174 个脱贫人口转移就业，完成计划的 266.8%。国机集团招用 99 个脱贫人口，完成计划的 135.6%；培训乡村基层干部 1 125 人次，完成计划的 218%；培训乡村振兴带头人 829 人次，完成计划的 460%；培训专业技术人才 9 336 人次，完成计划的 420%。扶持龙头企业 15 家，帮助培育新型农业经营主体 58 个，助力创建 6 个乡村振兴示范点。其他各项考核指标均超额完成。

3. 选优配强帮扶干部，做好压茬轮换工作 按照中央有关要求，国机集团向 4 个定点帮扶县（区）各选派 1 名挂职帮扶干部从事定点帮扶工作，并向 4 个定点帮扶县（区）各派驻 1 名驻村第一书记。2022 年，按照“压茬交接、不留空档”的要求，对派驻朝天区挂职帮扶干部和平陆县关家窝村驻村第一书记进行轮换。同时，严格按照有关要求，落实好选派干部的生活补贴、工作所需差旅费等相关待遇，高度重视帮扶干部在思想、工作和生活中存在的问题和困难，切实从政治上关心、生活上关爱帮扶干部。2022 年，两名驻村第一书记获评河南省优秀驻村第一书记。

4. 创新工作思路，持续提升帮扶工作成效 一是以“国机 + 村集体”产业模式，在固始县、淮滨县积极发挥服装加工方面的产业优势，在已帮扶淮滨县建设 1 家服装加工厂、4 个帮扶车间的基础上，2022 年又帮扶淮滨县建立 2 个帮扶车间，并将这种产业帮扶举措延伸到与之相邻的固始县，建立 1 家服装加工分厂，形成“1+6+1”的产业帮扶格局，拉动两个县的纺织服装产业连片发展。二是以“国机 + 农户”产业模式，投入帮扶资金种植培育柑橘苗 2 万棵，并免费发放给当地农户，培育小柑橘种植特色产业，帮扶固始迎河集村发展一村一品特色产业，每户年均增收 2 000 元以上，让农户房前屋后的柑橘树变成增收致富的“摇钱树”。三是以“国机 + 集体经济 + 合作社 + 农户”的联建模式，推进固始油茶产业发展，通过产学研结合，创新林下经济发展思路，探索“油茶 + 中药材”复合经营，预计每亩（1 亩 ≈ 666.67m^2）增收超 4 000 元，年增收可达 200 余万元。四是发挥农机所长，满足差异化农机需求。在淮滨县，国机集团捐赠 8 台小麦收获机，帮助脱贫村组建专业化的小麦收获机械化服务组织。为扩大玉米大豆种植面积，提高产能，护航国家粮食安全，专门研发生产 20 台玉米大豆带状复合播种机，助力平陆县完成推广示范 1.5 万亩玉米大豆带状复合种植的任务。在朝天区，针对山地核桃种植面积广，一直面临人工采摘和管护成本高、效率低的问题，针对性研发 3 款农机设备，并向农户捐赠 470 多台，解决山地核桃采收和清土面临的难题，惠及当地 4 万多个核桃种植户。持续化解朝天山地人力运输成本高、效率低的难题，帮扶建设 12km 的山地轨道运输线，可惠及 1 600 多个农户，每亩可增收 500 ～ 1 000 元。捐赠农机近 100 台，帮扶建设广元市首个由村集体经济组织牵头的“全程机械化 + 综合农事”服务中心，带动当地整治复耕撂荒地 600 余亩，完成 6 000 余亩耕地的机械化作业。

5. 及时总结经验做法，讲好国机帮扶故事 国机集团发挥农机装备所长开展定点帮扶工作的做法，作为典型案例刊登在国家乡村振兴局《乡村振兴简报》上；《发挥国机所长 助力乡村振兴》案例入选《中央企业社会责任蓝皮书（2022）》，并获评“乡村振兴篇”优秀案例。国机集团帮扶建设农事服务中心，为朝天研发山地农业机械、助力解决山区现代农业产业发展短板，获人民网、《中国县域经济报》等媒体关注报道。国机集团定点帮扶工作获得四川、河南、山西等地方媒体 160 余次宣传报道。

第三篇

子公司发展概况

中国机械设备工程股份有限公司

【基本概况】

中国机械设备工程股份有限公司（简称中设集团，CMEC）2022 年度实现营业收入 244.57 亿元，比上年的 232.25 亿元增加 12.32 亿元，增长 5.3%。其中建造合同收入增长 11.69%，贸易业务收入下降 20.62%，服务业务收入增长 25.17%。

2022 年中设集团营业收入主要构成情况见表 1。

表 1　2022 年中设集团营业收入主要构成情况

分类	2022 年（亿元）	占比（%）	2021 年（亿元）	占比（%）	增加值（亿元）	同比增长（%）
建造合同	165.04	67.48	147.76	63.62	17.28	11.69
贸易业务	45.47	18.59	57.28	24.66	-11.81	-20.62
服务业务	34.06	13.93	27.21	11.72	6.85	25.17
合计	244.57	100.00	232.25	100.00	12.32	5.30

整体来看，中设集团 2022 年营业收入中建造合同收入 165.04 亿元，占收入比重 67.48%，比上年增加 17.28 亿元，增长 11.69%，主要由于中设集团努力克服新冠肺炎疫情影响，持续推动境外建造合同业务新生效以及在执行项目执行进度逐步恢复，同时努力开拓国内建造合同市场，促进国内合同的逐步执行。

贸易业务实现收入 45.47 亿元，占收入比重的 18.59%，比上年减少 11.81 亿元，下降 20.62%，主要由于中国成套工程有限公司（简称中成套）2022 年划出使得贸易业务收入下降较大。

服务业务收入 34.06 亿元，占收入比重 13.93%，比上年增加 6.85 亿元，增长 25.17%，主要由于物流服务业务较上年有较大幅度增长。

【主要指标】

2021—2022 年中设集团主要经济指标完成情况见表 2。

表 2　2021—2022 年中设集团主要经济指标完成情况

指标名称	2021 年	2022 年	同比增长（%）
资产总额（万元）	5 362 268.82	5 263 376.46	-1.84
净资产（万元）	1 950 534.75	1 918 262.22	-1.65
营业收入（万元）	2 322 455.26	2 445 660.55	5.30
利润总额（万元）	172 812.38	98 488.87	-43.01
技术开发投入（万元）	82 386.95	88 074.16	6.90
利税总额（万元）	199 011.23	124 119.31	-37.63
EVA 值（万元）	22 741.19	-35 200.81	-254.79
全员劳动生产率〔万元 /（人·年）〕	54.89	32.78	-40.28

（续）

指标名称	2021 年	2022 年	同比增长（%）
净资产收益率（%）	6.99	3.89	减少 3.10 个百分点
总资产报酬率（%）	3.41	2.00	减少 1.41 个百分点
国有资产保值增值率（%）	106.66	103.77	减少 2.89 个百分点

注：1. 资产总额同比减少 9.89 亿元，主要由于支付应付供应商款项及支付企业所得税使货币资金减少。此外，随着工程项目进展，与业主结算使合同资产下降。

2. 净资产同比减少 3.23 亿元，主要由于子公司中成套股权在国机集团内无偿划转，使中设集团资本公积减少。

3. 营业收入同比增加 12.32 亿元，主要由于该公司努力克服新冠肺炎疫情影响，持续推动境外建造合同业务新生效以及在执行项目执行进度逐步恢复，同时努力开拓国内建造合同市场，促进国内合同的逐步执行。

4. 利润总额同比减少 7.49 亿元，一方面由于中成套股权无偿划转，2022 年 3 月之后不再纳入合并范围，利润总额同比减少 2.28 亿元；另一方面由于中设集团毛利降幅较大，行业竞争加剧使占比最大的建造合同类业务毛利率下降，以及本期部分项目确认了较大金额的预计亏损。

5. 技术开发投入同比增加 0.57 亿元，主要由于随着工程项目收入同比增加，相关业务技术服务费、设计费支出相应增加。

6. 利税总额同比减少 7.67 亿元，主要由于本期利润总额同比下降。

7. EVA 值同比减少 5.79 亿元，主要由于中设集团 2022 年利润总额同比下降，此外该公司权益资本基数较大，本期税后净营业利润增加值不足以抵消资本成本。

8. 全员劳动生产率同比下降 22.11 万元/（人·年），主要由于本期营业利润下降使劳动生产总值下降。

9. 净资产收益率同比减少 3.10 个百分点，主要由于利润总额同比下降。

10. 总资产报酬率同比减少 1.41 个百分点，主要由于利润总额同比下降。

11. 国有资产保值增值率同比减少 2.89 个百分点，主要由于利润总额同比下降。

【改革发展】

1. 产权改革 2022 年中设集团制定并发布《CMEC 产权登记管理暂行办法》，规范公司产权登记管理，保证产权登记的完整性和及时性，有效提升产权管理工作的质量和效率。

2. 双百行动

（1）中机国际工程设计研究院有限责任公司深入贯彻国机集团国企改革三年行动方案部署，落实国有企业改革“1+N”政策体系和顶层设计，深化中设集团提出的各项举措，在完善公司治理中加强党的领导，抓好中国特色现代企业制度建设。

该公司更新完善“三重一大”决策事项清单，对重大事项进行了细化和具体化，明确党委前置研究讨论重大事项、总经理办公会议审议事项和董事会决策事项，厘清各治理主体的权责边界，制定并发布《董事会授权管理办法》。健全以公司章程为基础的企业制度体系，修订章程，明确党建工作总体要求，通过总则、特设专章、专款，有效设计党建入章。推动子公司董事会建设，两家全资子公司建立了三人制董事会且外部董事占多数的结构。依法合规设立审计与风险委员会，年度内均按规定召开现场与通信会议，满足履行各项职责需要；制定《公司章程》《董事会议事规则》《审计与风险委员会议事规则》等相关制度，持续推进董事会应建尽建相关工作。

该公司全面落实经理层任期制和契约化管理要求，强调和宣贯岗位管理，以及定量为主、一人一表的考核导向。目前，该公司按照上级相关工作部署，与 5 名领导班子成员、2 家子公司经理层成员完成签约手续，目标对象签约完成率达到 100%。该公司通过配套制定《企业经理层任期制和契约化管理工作方案》《经理层绩效考核办法》等规章制度，保障改革成效。

目前，该公司已获批入选“双百企业”扩围名单。

（2）机械工业勘察设计研究院有限公司（简称机勘院），深入贯彻落实新时代党的组织工作路线，着力加强年轻干部队伍建设，修订完善《机勘院干部选拔任用工作管理办法》，把“对党忠诚、勇于创新、治企有方、兴企有为、清正廉洁”20字要求贯穿选人用人全过程，选拔9名年富力强的高素质专业化年轻干部进入干部队伍。机勘院2022年度继续实行全员考核方式，不断强化考核结果运用，优化考核体系工资总额分配机制，发挥激励导向作用。开展三项制度改革，在体制变革、防范化解风险及处理遗留问题的同时，以深化企业三项制度改革为突破口，构建干部能上能下、员工能进能出、薪酬能增能降的制度体系，进一步完善工效联动机制，提高浮动薪酬比重，薪酬分配重点向一线和关键岗位倾斜。机勘院按照《中华人民共和国公司法》公司章程的相关要求，不断规范建立董事会管理体系，2022年度共召开8次会议，审议各类议案14项，涉及公司年度工作报告、公司财务预算、股利分配、经营指标以及增加注册资本金、投资概算调整、经营者薪酬组织机构设立与调整等，程序规范，决策科学。

3. 国企改革三年行动计划执行情况 中设集团认真参加了国务院国资委、国机集团组织的相关会议和活动，组织多次工作推进会，保证各项工作总体上顺利推进。克服多重困难，重点推进国机集团2021年重点考核的9个方面的工作，即制定“三重一大”决策事项清单，并列明党委会前置研究事项清单；董事会应建尽建、全面建立董事会向经理层授权的管理制度；董事会中外部董事原则上占多数；全面依法落实董事会各项权利；对标世界一流企业推进管理提升行动；压缩管理层级、减少法人户数；“两非”企业剥离；落实企业经理层成员任期制和契约化管理；全面推进用工市场化。这9个方面的工作已基本按国机集团的要求在2021年完成，到2022年年底，台账中列入的各项改革工作都已完成或基本完成。此外，改革工作中其他各项工作也在按计划有序地向前推进之中，为全面完成国企改革工作打下良好基础。

4. 人力资源管理

（1）积极开展劳动用工制度建设优化。中设集团新拟《公开招聘管理办法》，该制度涵盖《应届毕业生招聘管理办法》等内容，2023年7月发布。修订《人事调配管理办法》，制度主要涵盖人员内部调动、调出、辞职、借调和高端人才引进等内容。

新拟《中国机械设备工程股份有限公司劳动合同管理办法》，2024年上半年发布。

发布《中国机械设备工程股份有限公司待岗人员管理办法》（试行），对绩效考核成绩不合格、不胜任岗位工作或不服从部门内部调整岗位的、距退休不满五年或工龄满三十年个人自愿申请的员工实行待岗，并规定了两年的待岗期限，两年内，在该公司有合适的岗位需求时，由用人部门自行择优选用待岗人员，待岗人员可重新上岗。

发布《中国机械设备工程股份有限公司员工资质管理办法》，鼓励员工考取各类注册资质，积极参与国内各行业的项目开发与执行，更好地落实“稳外耕内”战略，使该公司取得必要的国内资质，加快跟上“国际国内双循环”的脚步。

发布《中国机械设备工程股份有限公司申请北京市工作居住证管理办法》，优先为一线绩优的非京籍员工办理北京市工作居住证。

（2）优化完善公司绩效考核体系。建立全级次考核体系。2022年中设集团出台《公司高管绩效管理办法》《公司高管薪酬管理办法》《职能部门绩效管理办法》《事业部绩效管理办法》，结合2021年出台的《子公司领导班子综合测评管理办法》《规范下属企业中层干部管理的通知》《中层干部日常报告制度》，初步建立全级次考核体系，也为三项制度改革打好基础。

全面开展任期制和契约化管理。按照国机集团要求，完成中设集团领导班子和下属34家子公司共计105人的岗位聘任协议、年度经营目标责任书和任期经营目标责任书的签署工作，督促32家子公司完成高管绩效考核，考核结果与薪酬、奖惩、聘任挂钩。

（3）完善以效益为导向的收入分配机制，修订优化相关制度。中设集团认真贯彻执行国家有关收入分配政策和国机集团要求，完善以效益为导向的收入分配机制，保持员工工资有序平稳增长。该公司建立了一套完备的薪酬和考核体系，完成《职能部门薪酬管理办法》《事业部薪酬管理办法》《下属企业工资总额管理办法》《下属企业负责人管理办法》等薪酬制度的修订稿，并广泛征求各层级意见。

深化三项制度改革，中设集团将薪酬与绩效紧密结合，完善奖惩机制。对业务部门、职能部门薪酬体系进行改革，业务部门效益工资与所创利润及绩效考核结果挂钩，同时也与项目执行的进度、质量、效果等挂钩。该公司职能部门及业务部门连续两年根据公司效益情况调整员工工资奖金，收入能升能降得到普遍认同。

（4）梳理职能部门的部门设置。中设集团通过裁并的方式将职能部门数量从 2020 年的 18 个调整为 11 个。同时组织事业部和职能部门梳理部门岗位设置，定岗定编，邀请公司主管领导参加职能部门和事业部“瘦身健体”提质增效动员会，鼓励各部门按照三项制度改革的要求，做到“员工能进能出、收入能增能减和干部能上能下”。结合绩效考核结果，2022 年，通过调离、退休、辞职、解除劳动合同等方式减员 71 人。

【重大项目】

1. 海外“投建营”一体化项目取得新成效 巴基斯坦塔尔一期燃煤电站项目运行正常；塔尔二期 TEL1×330MW 燃煤电站项目于 2022 年 10 月实现商业运营；塔尔二期 ThalNova 1×330MW 燃煤电站项目正在稳步建设中。孟加拉国北达卡市垃圾发电项目，自 2021 年年底通过国机集团、中设集团董事会审议后，2022 年各项工作取得重大进展。该项目是孟加拉第一座也是南亚地区最大的垃圾电站，不仅能提高该公司在南亚地区市场的影响力，也能提升该公司在国内外垃圾处理、环保及可再生能源领域的品牌形象。

中设集团着力打造海内外投资和资产管理平台，围绕主业，大力推动相关投资业务。截至 2022 年年底，该公司最早投资的巴基斯坦塔尔煤电一体化项目实际上网电量达到 130 亿 kW·h，已成为巴基斯坦最可靠的低成本电力来源之一。以投融建营模式推进的孟加拉国北达卡市垃圾发电项目 2022 年，处于申请融资及开工前准备的关键阶段。

2.“稳外”成效显著 中设集团成功签约、生效孟加拉国北达卡市垃圾发电项目（3.86 亿美元）、乌兹别克斯坦 500MW 光伏电站项目（2.99 亿美元）、几内亚 1 500 套安居房建设项目（1.20 亿美元）、泰国 RDF 锅炉岛项目（1.15 亿美元）、葡萄牙 150MW 光伏等项目（1.08 亿美元）、蒙古全国骨干网项目（优买贷款 2 200 万美元）。

2022 年 1 月 5 日，菲律宾总统马科斯访华期间，中设集团受邀出席中菲可再生能源圆桌会，该公司开发的渔光互补和垃圾发电两个项目被列入总统访华成果。

3. 新市场、新领域探索取得突破 2022 年中设集团在葡萄牙实现进入欧盟高端市场的突破，并开发多个项目，秘鲁、尼日利亚等市场实现项目集群式开发。在新能源领域，该公司签约、生效乌兹别克斯坦光伏电站项目、津巴布韦光伏电站项目、大埔县峡能农光互补项目、广宗县生物质热电联产项目等。在城市更新方面，中标河南省新乡市封丘县城南新区新型城镇化建设项目（59 亿元）。在化工领域，通过协同合作实现集群式开发，先后签约河南开祥 PBT 新增技改项目、开祥精细化工制备硫酸钙项目等。在水务环保领域，签约河南省许昌市襄城县全域污水处理环保工程项目等。在工业工程领域，签约新疆工业硅项目、磷酸铁锂正极材料项目等。在乡村振兴方面，签约并生效黑龙江省七台河市畜牧屠宰一体化项目等。在冷链物流领域，中标河南漯河冷链产业园项目。

4. 项目履约攻坚克难，“稳”中求进 2022 年，中设集团实现巴基斯坦塔尔二期项目、巴基斯坦吉航项目、赤道几内亚马拉博燃机电厂扩建项目、伊拉克萨拉哈丁电站 2 号机组项目、伊拉克巴士拉 650MW 燃机联合循环电站扩建项目等 12 台火电机组的发电任务；阿联酋艾尔达芙拉电站项目实现首次并网发电。

【科技创新】

中设集团持续加大科技创新的投入力度，推动创新平台建设、重大项目研发、标准规范编制等工作；新组建成立旋转动力工程技术研究中心、先进电池及材料工程技术研究中心、科技咨询与成果评估转化中心、西安市数字城市工程技术研究中心。充分发挥各技术中心主任和专员的组织、协调作用，发挥分布在不同工作岗位、不同地理位置的技术专家的咨询和服务作用，建立初步的技术分享体系和技术学习机制。截至2022年年底，4个技术中心为该公司各类型、各层级的共72个项目提供各种形式的技术服务。

2022年中设集团取得的科技工作成果有：授权专利79项、软件著作权33项、主持及参与修订标准19项、发表论文334篇、新建科研平台2个（其中1个通过批准）。

2022年获得省部级以上各类奖项62项，其中科学技术奖7项、优秀专利奖2项、第十九届中国土木工程詹天佑奖1项、勘察设计咨询类奖项34项、其他建筑类奖项18项。

2022年8月，中设集团组织国机工程集团“创新在行动　价值新呈现”系列活动，以进一步加强各企业的横向互动，挖掘协同潜力和发展新动能。在此次活动中，中机建设、中国联合等6家企业就6个专题进行汇报，展示和分享了成员企业在新领域和新技术方面的创新成果，受到成员企业的普遍欢迎。

中设集团于2022年7月正式颁布《创新开发赋能基金（自行申请项目）管理实施细则（试行）》（中设运管字〔2022〕306号）；于2022年9月正式废止《专利管理办法（试行）》（中设咨询字〔2018〕9号）；正式废止《中国机械设备工程股份有限公司出口防疫产品质量管理暂时规定》（中设咨科字〔2020〕146号）；于2022年11月正式颁布《科技工作管理办法》（中设运营字〔2022〕427号）、《专利工作管理办法》（中设运营字〔2022〕428号）；2022年年底发布《中国机械设备工程股份有限公司科技发展规划（2023—2025）》。

中设集团第七工程成套事业部与中国机械设备香港有限公司（简称中设香港）联合，与中国科学院工程热物理研究所共同承接高效低碳燃气轮机试验装置多级旋转透平流动/冷却综合试验台建设项目。该项目为“十二五”及“十四五”国家重大科技基础设施项目，是我国科技战略工程。中设集团负责建设其中的透平试验台（不含土建），建设地在江苏连云港，工期为3年（2020年12月31日至2023年12月31日）。

【安全生产】

2022年，中设集团按照国务院国资委和国机集团关于安全生产工作的部署和要求，以落实安全生产“党政同责、一岗双责”为主线，以安全风险分级防控和隐患排查治理为重点，抓紧抓实第一责任人安全生产职责和全员安全生产责任制，深化安全生产的监督和考核，确保安全生产总体可控、在控，为公司生产经营活动提供良好的安全保障。2022年，该公司未发生一般及以上生产安全事故，未发生较大及以上机械设备、火灾爆炸、环境污染责任事故，未发生严重损害企业形象、造成严重负面社会影响的不良事件，圆满完成2022年年初制定的安全生产目标。

中设集团按照安全生产责任体系“五落实五到位”要求，严格落实“党政同责”和“一岗双责”，逐级建立健全和落实全员安全生产责任制，逐级建立健全安全生产双向承诺制度，明确各岗位的责任人员、责任范围和考核标准等内容，做到“纵向到底、横向到边”，确保安全生产责任体系覆盖全体员工和岗位、全部生产经营和管理过程。

2022年，中设集团依据《中华人民共和国安全生产法》，坚持人民至上、生命至上的原则，强化和落实生产经营单位主体责任，适时修订《安全生产管理办法》《安全生产责任制及考核实施细则》《安全生产监督考核实施细则》3项制度，旨在加强全员安全生产责任制的落实与考核。该公司在《项目HSE标准化管理指南》（2019版）的基础上，修订《项目HSE标准化管理指南》（2022版），供各单位在项目投标、资源配备和项目执行时使用。按照“预防与应急并重”的原则，该公司为境内外项目修订完善综合应急预案和专项应急预案。该公司举办全级次企业各类项目的“三级安全教育”培训共计13.4万人次参加，涉及项目103个，其中境外项目85个。按照国务院国资委和国机集团的要求，该公司积极组织境内外安全管理人员和操作人员共 896 人报名参加线上“中央企业境外员工安全风险防范网络培训班”的培训学习。该公司及下属单位对正在执行的境内外项目共开展隐患排查 3 022 次，发现安全隐患 9 613 项，已整改 9 589 项，整改率 99.75%。该公司对境内外 18 项重点工程项目开展安全生产、境外新冠肺炎疫情防控和境外安全“三合一”联合检查工作，共发现一般隐患 172 项，各单位均进行整改并实施闭环管理。累计组织应急演练 256 次。该公司在应对乌克兰、秘鲁等国家和地区的 7 个项目发生的突发事件和安全预警时，响应及时、应对有效，确保员工生命健康和财产安全。

【党建工作】

1. 强化理论武装，坚持学深悟透 中设集团推动深入学习贯彻习近平新时代中国特色社会主义思想和党的二十大精神，深刻认识“两个确立”的决定性意义。召开乡村振兴、国内工程总承包等业务研讨会，推动高质量发展要求落实落地；组织党员收听收看党的二十大盛况，组织基层党组织围绕“四个专题”开展研讨；开设专题网络课程，超万人次学习；开设宣传专栏近 60 个，发布相关宣传报道 600 余篇。

2. 突出政治统领，心怀“国之大者” 中设集团充分发挥“把、管、促”作用，2022 年党委会研究“三重一大”事项 150 余项，严格落实“第一议题”制度，形成贯彻学习、跟进督办和定期报告的常态机制；坚决落实党中央和国机集团党委决策部署，在乡村振兴、国企改革三年行动、三项制度改革等方面取得积极进展。

3. 压实党建责任，推进从严治党 中设集团压实党委纪委的“两个责任”和领导班子“一岗双责”；编制领导班子成员“一岗双责”手册。建立完善大监督体系，创新性地主动将巡察延伸至廉洁风险易发多发的非法人单位海外工程事业部；强化整改闭环和执纪问责，统筹推进各项专项整改工作。

4. 推动党建赋能，引领融合提升 中设集团以“双推动双提升”为基本内涵，创建党建品牌，推动改革发展和业务融合；强化党建工作为业务经营赋能，组织中联部与中设集团联学共建交流会，深刻领会习近平外交思想和我国大外交格局，助力公司拓展海外业务渠道；推动党委中心组联学会在内的各级党组织联学共建百余场，促进各单位以内部合作、共享平台建设、联动机制等方式加强协同。

5. 夯实“三基”建设，强化境外党建 中设集团持续对“三基”建设进行全面梳理，加强基层督导，全覆盖开展党建考核，围绕重大项目开展区、岗、队建设；定期组织境外党建提升及合规管理推进会，持续优化“1+5”境外党建体系并逐步推广，引领和推动境外业务高质量发展。

【纪检、巡察工作】

强化政治监督，重点监督推动各级党组织和广大党员干部对党忠诚，督促党员干部履职尽责，把践行“两个维护”落实到实际行动上，确保党中央重大决策、国机集团部署和国机工程集团改革发展中心任务落实见效。一是推进贯彻落实党的二十大等党中央决策部署。二是落实“第一议题”制度，跟进监督落实习近平总书记重要讲话和重要指示批示精神。三是精准监督落实国企改革三年行动。四是全程监督推进国机工程集团的“十四五”发展战略落地，服务保障国机工程集团改革发展。

加强日常监督，贯通专项监督，积极构筑全方位立体式监督格局，切实提升综合监督监管工作质量。一是落实好纪委与党委沟通会商机制，定期研究会商监督执纪问责工作，提出意见建议，跟踪督促落实。二是健全完善党风廉政建设和反腐败工作协调机制，在党内监督主导下推动各类监督统筹衔接、贯通联动、形成合力，更好地发挥监督效能。三是强化综合监管，提升发现问题和解决问题的能力，堵塞管理漏洞，探索建立监督检查协同联动机制和综合监督会商研判机制。四是贯通政治监督、日常监督和专项监督，探索建立以政治监督为统领的常态化监督检查工作机制。

2022 年中设集团举办“喜迎二十大、廉洁向未来”廉洁主题文化书画展，主要展出书法类作品和绘画类作品，作品围绕主题，将“崇廉尚廉”作为主线，共展出作品 127 件。

扎实推进巡察工作。为认真贯彻落实党的二十大精神以及党中央关于巡视工作的决策部署，坚持党要管党、全面从严治党的基本方略，加强党的全面领导，落实全面从严治党主体责任和监督责任，中设集团党委依据《中国共产党章程》《中国共产党巡视工作条例》等党内法规和《国机集团巡视巡察工作规定》等规定，结合实际研究制定了《中设集团党委 2023—2027 年巡察工作规划》。依据巡察计划，提出了 2023 年巡察工作计划安排，2023 年将开展第一轮、第二轮常规巡察，巡察 3 家企业。

【信息化与数字化建设】

1. 不断提升信息化规范管理水平，强化统筹建设及顶层设计能力

（1）信息化规范管理。建立健全信息化立项评审机制，提升信息化交付及运维保障能力，实现信息化项目的全生命周期管理；完善正版软件管理机制，加大需求采集力度，推进自主可控专项工作，部署正版软件管理模块，实现正版软件的可视、可管、可控。通过规范化管理，全年节约信息化采购成本 225 万元。

（2）信息化统筹建设。完成工程 e+ 等平台的建设工作，完善国机工程集团本部和成员企业的业务资源信息，建立健全业绩、资质等业务资源的共享机制，提高业务协同水平，在此基础上推进固定资产实物管理、供应商查询服务、涉密系统建设等平台建设和优化工作。全年共计完成信息化专项工作 66 项。

（3）网络安全建设方面。促进网络安全常态化建设，圆满完成 2022 年北京冬奥会、冬残奥会、党的二十大等重要时间节点的网络安全保障工作，开展网络安全攻防演习，落实 7×24h 在岗值守机制，制定三年网络安全规划报告，推动网络安全合规化、可视化、服务化及常态化建设。

2. 有序推进数字化转型专项工作，夯实数字化转型平台基础 2022 年中设集团结合国机集团管理要求，稳步推进数字化转型前期工作，期间协调外部专家开展多轮研讨工作，确定数字化转型推进思路，加强平台整合能力和建设能力，切实避免重复投资，夯实网络安全及数据安全保障基础，提升数据质量及数据标准，挖掘数据资产和数据价值。所属企业方面，针对商运板块、设计板块等开展数字化转型现状和需求调研工作，加强所属企业数字化转型及信息化建设的协同和指导，持续提高所属企业信息化管理及建设水平，以深入业务、服务业务、支撑业务、赋能业务为导向，全面开展数字化转型相关工作。

【履行社会责任】

为贯彻中设集团降本增效的要求，继续独立编写《中国机械设备工程股份有限公司 2022 年可持续发展报告》，这是该公司发布的第 3 份可持续发展报告、第 10 份社会责任报告。

2022 年中设集团不断完善可持续发展管理体系，强化可持续管理能力建设，创新责任沟通形式，加强与社会各界、有关行业企业的交流和合作，不断增强公司履责实践的透明度，推动公司可持续发展工作的优化提升。

1. 获奖情况 2022 年，中设集团参加中国对外承包工程商会行业评比，共计荣获 6 个社会责任相关奖项。其中，在对外承包工程企业社会责任绩效评价中获得社会责任领先型企业称号；乌克兰尼科波尔 200MW（AC）/246MW（DC）光伏电站项目获得 2022 国际工程绿色供应链管理杰出项目奖，阿根廷贝尔格拉诺货运铁路改造项目获得优秀项目奖；阿联酋艾尔达美拉 PV2 太阳能电站项目荣获 2022 中国境外可持续基础设施项目称号。

2. 强化社会责任能力建设 2022 年参加了中国机电产品进出口商会专家委员会举办的“加快 ESG 体系建设，助力高质量对外投资合作”公益讲座；参加中国对外工程承包商会组织举办的第六期对外承包工程行业可持续发展（ESG）培训班和海外可再生能源投资 ESG 风险管控线上培训会。

3. 加强与社会各界的交流和合作 可持续发展国际、国内形势的变化对可持续发展、ESG 管理提出更高的要求。2022 年，中设集团积极与联合国儿童基金会、中国生态环境部对外经济合作中心、中国对外工程承包商会、中国机电产品进出口商会等进行沟通、探讨，并就行业社会责任指引、行业社会责任绩效评价、中国企业参与国际气候治理等提出企业的意见建议。2022 年中设集团共计参加会议 17 场，并做 5 场专题发言，有效地传播了公司的可持续发展理念。

4. 入选案例库 中设集团积极完成国机集团布置的国务院国资委央企社会责任课题，申报的“秉承工匠精神 用匠心打造亮点工程——记 CMEC 阿根廷贝尔格拉诺货运铁路改造项目”入选国务院国资委 2022 年《中央企业海外社会责任蓝皮书》，并被收录于联合国工业发展组织（UNIDO）中国建筑业企业社会责任项目优秀案例集；“以人为本 CMEC 致力于提高偏远地区的员工关怀——安哥拉索约联合循环电站建设与安装项目”被收录于联合国工业发展组织（UNIDO）中国建筑业企业社会责任项目优秀案例集，体现出公司着力打造海外高质量特色工程的责任与担当。

中工国际工程股份有限公司

【基本概况】

中工国际工程股份有限公司（简称中工国际，股票代码 002051）隶属于中央直接管理的国有重要骨干企业国机集团。

中工国际于 2001 年 5 月 22 日成立，2006 年 6 月 19 日在深圳证券交易所上市。中工国际拥有主要经营性子公司 9 家，包括 8 家高新技术企业。其中，中国中元国际工程有限公司（简称中国中元，原机械工业部设计研究总院）是全国综合实力最强的设计咨询单位之一，在医养建筑、民用建筑、工业建筑、能源环境、物流工程等领域拥有雄厚技术实力；北京起重运输机械设计研究院有限公司（简称北起院）是我国起重运输机械行业综合技术实力最强的企业之一，为我国物料搬运机械行业的技术进步发挥着重要引领作用。中工国际承担数百项国际、国家和行业标准的编制修订工作，并在工程相关领域累计获得千余项国家级和省部级奖项。中工国际在境内设立分支机构 40 余家，境外设立分支机构 70 余家，有境内外员工近万人（含外籍员工）。

伴随着我国改革开放进程和经济全球化的发展，中工国际不断发展壮大。20 多年来，中工国际积极践行“走出去”，积极服务京津冀协同、长三角一体化、粤港澳大湾区、海南自贸港等国家区域发展战略，聚焦设计咨询与工程承包、先进工程技术装备开发与应用、工程投资与运营三大业务板块，为客户提供勘察设计、规划咨询、融资投资、成套设备采购供应、施工与项目管理、运营维护等综合服务，在海外建设有百余个交钥匙总承包工程，涉及全球五大洲 70 余个国家和地区。

【经济运行概况】

2022 年，中工国际深入贯彻实施“十四五”战略规划，坚持转型发展、融合发展和高质量发展。围绕国家重点区域建设，积极抢抓市场机遇，持续做好项目履约和市场开发，设计咨询与工程承包、先进工程技术装备开发与应用、工程投资与运营三大业务板块全面实现稳增长；强化科技引领和协同融合，力推各项改革和经营措施，全方位开展能力建设，有效激发内部活力，公司“二次创业”改革成效凸显，市场布局显著优化，国际国内两个市场实现均衡发展。

1. 设计咨询与工程承包

（1）国际工程承包业务显著增长。尼泊尔博克拉国际机场项目、菲律宾圣约瑟—安嘎特

115kV 输电线路项目和尼日利亚埃多州防洪工程项目实现竣工；援老挝玛霍索综合医院等援外项目有序推进，运行顺利平稳；在新领域新市场斩获伊拉克九区原油中央处理设施项目及天然气中央处理设施项目等多个高质量大项目，进一步巩固中工国际在优势领域和核心市场的地位。

（2）设计咨询业务稳健发展。2022 年，中国中元在医疗健康领域持续巩固核心优势，持续服务国家和省级区域医疗中心建设，助力优质医疗资源均衡布局。民用建筑多点开花，商业综合体、数据中心、生物科研、文化演艺等领域再创精品。物流与工业创新升级，航空货运枢纽建设持续发力。在能源环保领域积极响应“双碳”目标，顺利承接北京科技大学、北京林业大学和中国地质大学 3 所高校的能源专项规划项目，北京大兴国际机场综保区及周边非保区能源中心等项目。规划咨询业务取得新成绩，助力北京丰台站正式开通运营，承接多个国家级医疗中心可研编制。

（3）贸易服务以融合促转型，释放协同效应。2022 年，中国工程与农业机械进出口有限公司（简称 CAMC）增强自营能力建设，不断提高全流程的自主控制能力，进一步获取上游资源，不断丰富贸易品类。中工资源贸易有限公司（简称中工资源）以长三角为中心，将 EPC、成套设备出口、商品贸易进出口作为主要业务方向，签署印度尼西亚中青高冰镍成套设备出口项目等，创新开拓跨境电商零售业务，打造贸易业务新动能。在物流业务方面，积极应对供应链不畅的巨大挑战，压实共同履约责任，全力保障海外工程货物、大宗贸易出运；发挥俄语地区优势，积极探索对外业务，中亚专列成功发运，市场拓展再上新台阶。

2. 先进工程技术装备开发与应用

（1）关键核心装备研发与制造。客运索道板块，中工国际持续巩固行业龙头地位，自主研发的客运脱挂架空索道入选工业和信息化部制造业单项冠军产品名单，获得机械工业优质品牌产品荣誉称号；新签金华越龙山度假区索道项目、青格里狼山国际滑雪场 B1 号索道项目等。

自动化物流仓储板块，持续加大数字化平台开发力度，确定数字孪生新技术路线，打造工业智能制造新优势，斩获宁波大叶立体库等多项物流仓储工程。

起重运输机械板块，新签康恒环境拉萨垃圾焚烧发电 12.5t 垃圾起重机项目，北起院起重机械产品已覆盖全国；特色产品集群式多功能抓斗起重机获得北京市新技术新产品（服务）认定。检验检测业务，服务 2022 年北京冬奥会赛时保障和党的二十大保障，展现国家级检验机构的责任担当。

（2）先进工程技术研发与应用。2022 年，中工国际通过科技创新拓展新产业、打造新增量，先进工程技术研发与应用成绩初步显现。一是在海绵城市领域继续保持优势地位，江苏省宿迁市中心城区海绵城市专项规划修编顺利通过专家论证；二是在振动控制领域深度拓展，连续承接车辆事故模拟实验平台隔振控制、梅州市人民医院动力机房隔振改造实施等项目；三是在建筑声学领域高效推进，大型机场单架飞机噪声超标处置措施研究项目受到业主肯定。

3. 工程投资与运营　2022 年，中工国际深耕环境工程领域，实现全价值链、全产业链转型，新签合同额 5.46 亿元，创历史新高。环保板块已初步构建起技术研发、装备制造、投资、建设、运营全产业链服务能力。同时，中工国际积极开发国内外索道投资项目，签署兰州市兰山索道综合体建设项目投资意向协议，密切跟踪印度尼西亚、乌兹别克斯坦、埃塞俄比亚等国家的客运索道投建营项目。

2022 年，中白工业园新入园企业 18 家，截至 2022 年年末，园区入园企业达 100 家，入园企业协议投资总额超过 13 亿美元。

【主要指标】

2021—2022 年中工国际主要经济指标完成情况见表 1。

表 1　2021—2022 年中工国际主要经济指标完成情况

指标名称	2021 年	2022 年	同比增长（%）
资产总额（万元）	2 204 636.93	2 185 111.77	-0.89
净资产（万元）	1 082 716.03	1 109 749.92	2.50
营业收入（万元）	863 976.45	971 723.86	12.47
利润总额（万元）	27 939.84	46 864.93	67.74
技术开发投入（万元）	50 209.83	62 237.48	23.95
利税总额（万元）	51 879.62	64 693.6	24.70
全员劳动生产率〔万元 /（人·年）〕	37.28	42.99	15.32
净资产收益率（%）	2.42	2.92	增加 0.5 个百分点
总资产报酬率（%）	1.47	2.37	增加 0.9 个百分点
国有资产保值增值率（%）	102.64	103.47	增加 0.83 个百分点

【改革发展】

1. 国企改革三年行动全面推进　中工国际按照“可衡量、可考核、可检验、要办事”的要求，全面推进国企改革三年行动高质量收官，聚焦七大类 23 项重点改革事项，圆满完成改革目标。抓好“双百”改革专项工程，中工国际在国务院国资委“双百企业”2021 年度、2022 年度改革工作成效评估中依次获评优秀、标杆；三项制度改革和公司治理实践入选国务院国资委官网典型案例。中工国际持续提高上市公司质量，成立工作专班，制定相关工作方案和台账，获得国机集团充分肯定。

2. 法人治理效能不断提升　中工国际持续完善法人治理制度体系建设，配齐建强董事会，优化董事结构，充分发挥外部董事作用。加强子公司董事会建设，有效提高子公司规范运作水平，推动中国中元董事会调整，CAMC、中工国际物流有限公司和中工资源董事会配齐建强。中工国际董事会荣获第十七届中国上市公司董事会金圆桌奖之公司治理特别贡献奖，天马奖之投资者关系最佳董事会等多个奖项。

3. 各级次全面推行经理层任期制和契约化管理　中工国际全面推行经理层成员任期制和契约化管理，本部及下属 17 家子企业经理层成员每年签署经营业绩目标责任书，并将“十四五”规划和推动改革的重点任务纳入考核，差异化、个性化设置考核目标，定期向董事会进行年度述职，由董事会进行评价打分，评价计分要素全部量化，压紧压实责任，提高经理层成员的任期意识、岗位意识和权责意识。

4. 事业部公司化管理能力显著增强　中工国际继续推进事业部公司化改革，权责划分和流程优化基本完成，事业部公司化管理有序推进。事业部负责人的经营主体意识、市场竞争意识、成本管控意识和权责对等意识显著增强，经营能力和人力资源管理能力迈上新台阶，作为模拟法人的企业家精神和责任担当使命感显著提升，为培养国有企业的优秀管理者进行有益的探索，收到较好的成效。

5. 人才队伍建设不断强化　坚持党管干部、党管人才，在政治过硬的前提下，强化业绩导向，将“重实干、讲实绩”作为选聘干部的主要评价依据，将市场化选聘干部作为主要手段。2022 年中工国际本部提任干部 17 人，市场化选聘率达 88%，“80 后”占比 76%，持续深化干部队伍年轻化建设。统筹利用好系统内干部资源，多渠道、多维度、多形式开展干部交流，实现人才资源的正常流动与共享，畅通国机集团、国机工程集团、中工国际及下属子公司之间的干部人才流动通道，不断为公司注入新鲜活力。一大批高度认同中工国际战略和核心价值观的干部走上领导岗位，形成战略落地的核心力量，为公司“二次创业”提供人力资本和组织保障。

6. 全面推进合规建设，健全风险防控体系 中工国际风控、内控、合规三合一风险管理体系不断完善。全面梳理中工国际内控流程、重新识别业务流程中的风险点，切实防范风险；织牢织密制度网络，修订各项规章制度，修订全面风险管理手册，绘制风险管理路线图，从源头上查漏补缺。搭建首席合规官牵头的多层次合规工作管理架构，合规管理迈上新台阶。重大风险防范有序推进。强化重大风险评估与监控工作，科学制定公司年度风险分类监测指标，提高风险预判和预警能力。采取有力措施管控项目风险，强化项目关键节点管控，规范采购及供应链。严格贯彻落实安全生产和新冠肺炎疫情防控要求，成立境外安全保障办公室，深入排查治理各类重大安全风险隐患，确保安全生产风险可控在控。

【重大项目】

1. 伊拉克九区原油中央处理设施项目 2022年1月21日，中工国际与中海油石化工程有限公司组成的联合体与科威特能源巴士拉有限公司签署伊拉克九区原油中央处理设施项目商务合同。合同金额593 584 975美元。该项目位于伊拉克南部巴士拉省北部，区块占地面积865km^2。项目内容为建设一座日产10万桶的原油中央处理设施，为原油处理系统和辅助系统提供设计、采购、施工和调试服务。合同自双方签约之日起生效。

2. 伊拉克九区天然气中央处理设施项目 2022年4月4日，中工国际与中海油石化工程有限公司组成的联合体与科威特能源巴士拉有限公司签署伊拉克九区天然气中央处理设施项目商务合同。合同金额为411 935 438.83美元。该项目位于伊拉克巴士拉省北部，区块占地面积865km^2。项目内容为建设一座日产368万m^{3}的天然气处理设施，包括该项目的设计、采购、施工和调试的总承包工程。合同自双方签约之日起生效。

3. 印度尼西亚杰那拉塔大坝建设项目 2022年6月29日，中工国际与PT AdhiKarya（Persero）Tbk.以及PT WijayaKarya （Persero） Tbk.组成的联营体与印度尼西亚公共工程与住房部水资源司签署印度尼西亚杰那拉塔大坝建设项目商务合同。合同金额为4 151 961 418 652印尼盾，约合人民币188 564万元。该项目位于印度尼西亚南苏拉威西省，项目内容为修建一座总长约1 525m的大坝及相关辅助配套设施，工作范围包括设计、设备供货、施工和安装，合同工期为56个月。

4. 圭亚那地区医院项目（一标段至六标段） 2022年7月1日，中工国际和中国国际医药卫生有限公司组成的联合体与圭亚那卫生部签署圭亚那地区医院项目（一标段至六标段）商务合同。每个标段的合同金额均为2 836.1万欧元，6个标段合同总金额为17 016.6万欧元。项目位于圭亚那恩莫尔、巴斯等6个地区，项目内容为建设6座地区级医院，工作范围包括设计、采购、施工、调试和培训。合同工期均为24个月。2022年9月26日，中工国际收到该项目预付款，2022年9月29日，该项目融资落实，圭亚那地区医院项目（一标段至六标段）商务合同正式生效。

5. 古井酿酒生产智能化技术改造项目1#～4#成品酒自动立体库设备和包材密集库设备总承包项目 2022年7月22日，中工国际所属北起院与安徽古井贡酒股份有限公司签署古井酿酒生产智能化技术改造项目1#～4#成品酒自动立体库设备总承包项目合同，合同金额为12 900万元。该项目位于安徽省亳州市谯城区古井镇古井产业园西，项目内容为4个立体库系统的设计、供货、安装、调试、试运行及验收、人员培训、售后服务等。2022年9月26日，北起院与安徽古井贡酒股份有限公司签署古井酿酒生产智能化技术改造项目包材密集库设备总承包项目合同，合同金额为9 600万元。该项目位于安徽省亳州市谯城区古井镇古井产业园西，项目内容为4个包材密集库系统的设计、供货、安装、调试、试运行及验收、人员培训和售后服务等。

6. 大连市城市中心区餐厨垃圾处理厂工程PPP项目 2022年8月31日，中工国际与常州维尔利组成的联合体与大连市市政公用事业服务中心签署大连市城市中心区餐厨垃圾处理厂工程PPP项目合同。项目总投资为53 500万元，其中项目资本金 13 375 万元。项目内容为新建一座处理规模为餐厨垃圾 300t/d 和家庭厨余垃圾 300t/d 的餐厨垃圾处理厂，建设餐厨厨余预处理车间，并配套厌氧发酵及配套系统、污水处理和除臭系统等。项目合作期限 27 年，其中建设期 2 年、运营期 25 年。

7. 乌兹别克斯坦奥林匹克城项目 2022 年 11 月 4 日，中工国际收到乌兹别克斯坦共和国建设部发来的中标通知，确定公司中标乌兹别克斯坦 2025 年第四届亚洲青年运动会奥林匹克城项目。2022 年 12 月 30 日，中工国际与塔什干市政府统一业主服务工程公司签署乌兹别克斯坦亚青会体育场馆项目 EPC 总承包商务合同。亚青会体育场馆项目一标段合同金额为 876 187 839.10 元，二标段合同金额为 1 207 880 073.86 元，两个标段合同总金额为 2 084 067 912.96 元。项目位于乌兹别克斯坦首都塔什干东侧，总建筑面积约 103 450m^2。其中一标段项目内容为建设体育场、多功能馆、个人格斗馆、主办公楼及光伏发电系统，二标段项目内容为建设游泳馆、自行车馆、餐厅、室外运动场地及其他场地配套设施，工作范围包括设计、采购、施工和调试服务。合同工期均为自开工日起至 2024 年 12 月 31 日。2023 年 1 月 17 日，中工国际收到该项目预付款，亚青会体育场馆项目正式开工建设。

【投资情况】

2022 年，中工国际完成境内外投资 54 346.85 万元，其中，固定资产投资 25 962.05 万元，股权投资 28 384.8 万元；境内投资 38 228.77 万元，境外投资 16 118.08 万元；均为主业投资。2022 年实际完成投资总额较 2021 年实际完成投资总额（34 554.25 万元）增长 57.28%。

2022 年实际完成固定资产投资 25 962.05 万元，为上年同期的 101.18%。其中，境内固定资产投资 14 031.27 万元，分别是：邳州炮车工业污水处理厂 TOT 项目投资 1 596 万元，西昌市餐厨垃圾处理项目投资 4 334.08 万元，成都市大邑县安仁污水处理厂 BOT 项目投资 5 271.26 万元，其余为非审批备案类固定资产投资。境外固定资产投资 11 930.78 万元，主要为加拿大普康控股有限公司购买机器设备。

2022 年实际完成股权投资 28 384.8 万元，为上年同期的 319.09%。其中，境内股权投资 24 197.5 万元，主要为中工国际增资北起院（投资金额 10 000 万元），为北起院增资北起装备制造（北京）有限公司（投资金额 4 300 万元），为大连市城市中心区餐厨垃圾处理厂工程 PPP 项目投资 9 897.5 万元。境外股权投资 4 187.3 万元，主要为国机火炬园一期项目第二次增资（投资金额 2 405 万元）和中白工业园增资项目（投资金额 1 782.3 万元）。

【国际合作】

2022 年，中工国际成功开发伊拉克九区原油和天然气中央处理设施项目、圭亚那医院群项目、印度尼西亚杰那拉塔大坝建设项目、乌兹别克斯坦奥林匹克城项目等多个规模大、质量高的海外工程承包项目。在上合峰会期间，中工国际签署化工、天然气、索道旅游设施等领域一系列合作协议，多个项目迅速落地实施。扎实推进中白工业园建设，截至 2022 年年底入园企业达到 100 家，协议投资总额超过 13 亿美元。打造央地合作平台，与甘肃（兰州）国际陆港建立姊妹园，与青岛上合示范区互设联络处，深度融入“双循环”新发展格局。积极探索“丝路电商”新业态、新模式，主导推进白俄罗斯国家馆建设并正式运营。

【科技创新】

中工国际强化科技管理体系建设，设立科技考核专项指标，制定公司科技管理办法系列制度，完成公司首批突出贡献专家、首席专家、技术带头人推荐和评选工作，有序搭建公司整体科技创新体系。

2022 年，中工国际建立覆盖全系统的科技创新体系，成立科技创新委员会，搭建高层次专家梯队，大力加强科研平台建设，深入拓展国际科技合作，从顶层打造中工系统科研管理体系。坚持高新技术企业定位，中工国际研发投入持续提高，全系统已有高新技术企业 9 家。

中工国际积极参与国机集团重点科研项目

和科技、质量奖项申报，中国中元牵头的城市更新低碳韧性关键技术与装备项目获得国机集团科技专项重大科技项目立项和国机集团专项资金支持；公司系统4个项目获国机集团青年科技基金项目支持。该公司全年获得省部级以上奖项54项，其中科技类奖项18项，质量类奖项3项，勘察设计类奖项24项；获省部级科技类一等奖8项，勘察设计类一等奖7项。中国中元智慧消防创新基地成功入选中国科学技术协会首批“科创中国”创新基地；北起院获批北京市企业技术中心和北京市自然科学基金依托单位，入选首批中关村东城园创新型高成长企业培育计划；北起院自主研发的客运脱挂架空索道获得国家制造业单项冠军产品和机械工业优质品牌产品荣誉称号。机械工业物料搬运工程技术研究中心荣获“十三五”机械工业优秀创新平台称号。常州江南环境工程有限公司获得工业和信息化部“符合《环保装备制造行业（污水治理）规范条件》企业”认定，并获评江苏省2022年省级专精特新中小企业。

中工国际持续推进科研创新成果申报，全系统完成专利申报121项（其中发明专利44项），首次申请1项PCT国际专利，已获世界产权组织受理；授权专利85项，其中发明专利9项。完成软件著作权登记12项；牵头组织或参与22项国家及行业重大标准制修订工作；获得3个类别共5项援外实施企业资格，涵盖援外项目的全生命周期，彰显全过程咨询服务能力；深入开展科技合作，参与国机集团科学技术协会筹建工作；推动白俄罗斯国家科学院设立北京代表处，与白俄罗斯国家科学院携手促进土壤改良等科技研发成果产业化，提升公司环保领域核心竞争力。

【安全生产】

2022年，中工国际全系统全年未发生生产安全主体责任事故，未发生聚集性新冠肺炎疫情且无危重症病例，未发生造成不良影响的境外安全突发事件，安全生产形势总体保持平稳。

1. 认真学习习近平总书记关于安全生产的重要论述 中工国际持续强化党政同责、一岗双责，狠抓安全生产责任落实。2022年5月30日，该公司党委理论学习中心组（扩大）会议开展《生命重于泰山——学习习近平总书记关于安全生产重要论述》电视专题片再学习。

2. 召开2022年安全生产工作会议 2022年2月18日，中工国际召开2022年安全生产工作会议。会议传达中央企业及国机集团安全生产工作会议精神；通报系统内各单位2021年度安全生产责任目标考核结果，各子公司、事业部2021年考核结果均为合格；进行2021年安全生产工作总结和2022年度安全生产主要工作部署。

3. 主要负责人带队开展安全生产检查工作 2022年，中工国际分别于5月12日、7月20日、9月16—24日对中国中元乌兹别克斯坦布哈拉等3个供热网修复项目、哈萨克斯坦分公司进行安全生产检查和指导；分别于3月24日—4月1日、8月17日、11月4—24日，对尼泊尔博克拉国际机场项目、中工投资（老挝）有限公司、中国中元援老挝玛霍索综合医院项目进行安全生产检查和指导。

4. 完善安全生产组织架构建设 2022年9月9日，为切实落实国务院国资委关于加强中央企业境外人员安全保障的要求和部署，根据国机集团境外安全工作会议要求，经公司总经理办公会审议批准，中工国际成立境外安全保障办公室。境外安全保障办公室在该公司安全委员会领导下落实国务院国资委、国机集团及该公司有关境外安全保障工作的要求，建立并完善该公司境外安全保障工作的有关制度，指导、督促各工程事业部及下属企业做好境外中方人员安全保障具体工作。

5. 开展安全生产专项管理制度修订 2022年，中工国际根据公司业务模式和管理需求的变化，及时修订完善《安全生产责任目标考核办法》《生产安全事故及突发事件报告和调查处理制度》及《生产安全事故及突发事件综合应急预案》3项安全生产专项管理制度，使公司整体安全生产管理制度进一步完善。

6. 持续强化境内外新冠肺炎疫情防控工作 2022年，国际形势动荡加剧，全球经济复苏缓慢，新冠肺炎疫情持续反复，世界多国相继放宽疫情管控措施，给中工国际境外机构的工作开展和境外项目的进度保障带来新的挑战和要求。面对全球新冠肺炎疫情防控形势复杂严峻的局面，中工国际全面贯彻落实国务院、国务院国资委及国机集团关于常态化疫情防控的各项要求，严格贯彻落实常态化疫情防控各项工作措施，通过体系建设、物资储备、视频巡检、人员轮换等多种方式，进一步加强境内外机构和项目部疫情防控能力，有效防范境内外安全风险。

7. 积极开展“安全生产月”主题活动 2022年6月1日，中工国际组织召开“安全生产月”活动启动会。安全生产月期间，中工国际通过发布《第一责任人安全倡议书》，及时组织“新安法知多少”知识竞赛，开展《中华人民共和国安全生产法》轮训、安全生产十五条措施集中学习等活动，全面宣传贯彻安全生产月主题活动，调动全系统的安全管理主观能动性，提高全员安全意识。

8. 全系统开展“安全生产大讲堂”活动 为落实国机集团“安全生产提升年”的统一部署，中工国际在全系统开展“安全生产大讲堂”活动。2022年6月1日，该公司总经理、党委副书记李海欣在“安全生产月”启动会上做题为“遵守安全生产法　当好第一责任人”的专题培训。此外，子公司也开展“安全生产大讲堂”活动。各子公司主要负责人、各工程事业部总经理、各项目经理、安全生产管理人员、一线员工均在不同范围内授课。“安全生产大讲堂”活动在该公司系统范围内营造良好的学习氛围，得到一致好评。

9. 继续开展安全生产管理人员再教育 2022年11月4—5日，开展年度安全生产管理人员再教育及考核工作，中工国际主要负责人、分管负责人、子公司主要负责人、工程事业部总经理、项目经理、安全生产管理人员共98名学员参加，全员考试合格。

【党建和文化建设工作】

2022年，党的二十大胜利召开，中工国际构建“十四五”新发展格局迈出新步伐。

1. 坚持“三个全面”贯彻落实党的二十大精神，笃志笃学笃行推动二十大精神落地生根 中工国际党委始终把深入学习宣传贯彻党的二十大精神作为当前和今后一个时期的首要政治任务，第一时间召开党委扩大会议，在全系统学习传达、部署安排工作任务，将全面学习、全面把握、全面落实党的二十大精神贯彻到党的建设、生产经营、改革发展各项工作中。依托微信公众号等自有媒体平台，聚焦二十大推出“思政课堂”“学思践悟二十大”“中工国际学精神建文化提能力”系列活动，通过速览长图、学习手账等多种方式，推动二十大精神应知尽知。

2. 坚持把政治建设摆在首位，以习近平新时代中国特色社会主义思想武装头脑、指导实践 中工国际坚持不懈用习近平新时代中国特色社会主义思想凝心铸魂，深刻领悟“两个确立”的决定性意义，不断增强“四个意识”、坚定“四个自信”、做到“两个维护”。中工国际全面梳理再学习习近平总书记对中白工业园等项目做出的重要指示批示精神，构建起“传达学习、研究部署、贯彻落实、跟踪督办、报告反馈”工作机制。该公司持续推进治理体系和治理能力现代化建设，修订“三重一大”制度及决策清单，规范党委议事决策程序，2022年全年召开党委会议41次，前置研究“三重一大”事项88项，充分发挥党委在公司改革发展和生产经营重要工作中的把关定向作用。

3. 强化理论武装，提升“政治三力”，发挥党委理论中心组“风向标”作用 中工国际党委理论学习中心组紧扣党的创新理论及关于本行业本领域的新要求，紧贴公司“十四五”改革发展需求及年度重点工作任务，全年召开中心组学习8次。“联学调研”放大协同融合效应，同中共中央对外联络部三局、经济联络中心、国机工程集团以及中国中元、北起院等单位开展联学共建，深入北京大兴国际机场南航货运区及航食区工程项目现场实地调研，切实将学习成果转化为推动公司高质量发展的实际成效。

4. 坚持“大党建”思维，树立“一盘棋”思想，推动党建工作与生产经营融合赋能 创建“党建引领·卓越三创”党建品牌，以实现科技创新、经营创效、管理创优“卓越三创”为目标，发挥党建优势汇聚发展合力。聚焦“十四五”机遇挑战，中工国际各级党组织开展“保持定力协同共赢　融合提升赋能发展”解放思想大讨论45场，结合中心任务抓“重点”、破“难点”、通“堵点”，梳理工作难点125项，形成有力解决措施231条，确保高质高效完成年度各项目标任务。中工国际以“担当新作为　奋进新征程”为主题召开庆祝中国共产党成立101周年大会，总结表彰“学史力行当先锋　岗位建功新时代”主题实践活动中涌现出的先进集体和个人，激励全体员工以奋发有为的精神状态、执着坚守的责任担当、真抓实干的工作作风，在推动公司高质量发展新征程中再创佳绩、再立新功。

5. 突出党建质量导向，持续深化基层党支部标准化规范化建设成效　全面落实新时代党的组织路线，规范设置党组织，严肃党内政治生活，选好配强支部班子，制定《中工国际基层党组织党建工作考核评价暂行办法》，推进各级党组织落实管党治党政治责任。坚持“五不公开、五个不减”工作原则，做好境外党建及党员教育管理工作，严格落实境外党组织负责人报到及离任述职工作要求。2022年，全系统发展党员32人，注重加强民主党派人士、关键岗位干部、一线骨干人才的政治引导，确保新发展党员政治合格、素质过硬。

6. 坚定不移把全面从严治党向纵深推进　召开2022年全面从严治党工作会暨党史学习教育总结会议。组织开展2022年“廉洁宣传教育月”活动，在OA系统新设立“纠风案例”和“强音速递”专栏，加强反腐倡廉教育。对中国中元、北起院、第二工程事业部、第四工程事业部、第五工程事业部及中白工业园管理部党组织开展常规巡察。对近一年来提拔和重用的26名干部开展干部任职廉政谈话。组织召开2次监督协调组会，不断完善大监督体系。发出纪律检查建议书4份、督促深化巡察整改意见书4份，堵塞管理漏洞，督促整改落实。出具党风廉政意见62人次，坚持把好党风廉政意见回复关。制修订制度6个，进一步完善纪检、巡察制度体系。

7. 打造文化“软实力”，助力构建公司核心竞争力　中工国际党委充分发挥在企业文化顶层设计中的主导作用，扎实落实“十四五”企业文化建设规划，搭建职责清晰、机制完善、全员参与的工作平台。发布《中工国际企业文化导则》，围绕“能力建设　变革赋能”主题开展企业文化活动，举行“心向往之、行必能至”企业文化启动仪式，结合传统节日开展系列主题活动，引领员工心怀愿景、担当使命，践行企业核心价值观。该公司企业文化实践案例《弘扬“二次创业”新文化　奋楫扬帆高质量发展“新征程”》被中国企业文化研究会评选为2022年度企业文化与经营管理深度融合典型经验。

8. 强化思想政治工作，筑牢意识形态阵地，弘扬时代主旋律　坚持党管宣传、党管意识形态、党管媒体，牢牢把握正确政治方向和舆论导向，持续加强党员干部职工思想政治引领。制定意识形态工作责任制实施办法以及新闻宣传工作管理办法、自有新闻宣传平台管理办法、网络舆情应急处置预案，明确各级党委政治责任、主体责任。加强自有宣传平台管理管控，全面提升舆情风险研判能力和舆情应对处置能力。积极宣传党的创新理论以及国机集团、国机工程集团、中工国际重大科技攻关、重要项目实施、重点市场拓展、重要改革推进等方面成果，努力打造有策划、有内容、有导向、有品牌的融媒体宣传新格局。

9. 发挥党建带群团引领作用，持续提升群团组织凝聚力战斗力影响力　中工国际坚持“党建带团建、团建促党建”工作思路，在全系统开展青年精神素养提升工程。开展“传承与奋斗”系列宣讲活动，举办团史知识竞赛，参加国机集团“我与共青团的故事”征文活动。该公司系统4个集体获评国机集团五四红旗团组织，3人获评优秀共青团员，2人获评优秀共青团干部。积极发挥桥梁纽带作用，大力弘扬劳模精神、劳动精神、工匠精神，组织参加国机集团第二届建筑信息模型（BIM）技术应用技能大赛，荣获最佳设计表现奖和优秀组织奖。实施员工“暖心工程”，持续深化“一对一”关爱帮扶机制，不断提升员工的认同感、幸福感和获得感。中工国际工会获评国机集团 2022 年度工会工作先进集体。该公司党委坚持从全局战略高度谋划推进统战工作，组织统战人士将学习与业务专长相结合，凝聚和发挥统战人士智慧力量。

【信息化与数字化建设】

1. 信息化管理方面 中工国际出版发布《中工国际 2021—2025 信息化建设规划》，该规划是公司历史上第一次发布的信息化规划。

2. 网络安全方面 “零失分”完成网络攻防实战演习工作；“零事故”顺利完成二十大网络安全保障任务；完成统一认证系统和档案系统的测评、整改、复测等工作，并获得公安部认证的测评报告；网络安全周开展播放视频、张贴海报等各项网络安全宣传工作；完成保密部位的装修改造，采购相关设备和软件，通过国机集团保密评审。

3. 应用系统建设方面 业财一体化平台完成一期验收，上线功能包括项目管理系统、财务管控系统和科研管理系统等核心业务系统，实现多系统集成联动；项目档案查询平台上线运行，查询平台迁移 IFS 系统业务数据并定制查询页面，有利于 IFS 系统向业财平台平稳过渡，并获得软件著作权；应事业部项目要求采买或部署 Oracle P6 EPPM 软件、广联达云计价平台和里正结构工具箱软件；推进司库系统建设，按照国机集团统一部署，按计划完成账户、结算、客商 3 个模块上线。

4. 基础设施建设方面 完成机房老旧交换设备更换。

【履行社会责任】

中工国际积极履行央企社会责任，将新发展理念融入公司战略和生产经营，树立重民生、有温度、负责任的央企上市公司良好形象。该公司连续四届荣获对外承包工程企业社会责任绩效评价最高等级。中工国际组织制定《2030 年碳达峰目标实施方案》，为落实“双碳”目标制定详细的路线图。2022 年，中工国际顺应资本市场发展趋势，进一步提高 ESG 管理水平，建立健全 ESG 管理体系。凭借着出色的 ESG 管理，中工国际再次入选《证券时报》A 股公司 ESG 百强榜，成功入选央企 ESG • 治理先锋 50 指数。

2022 年，中工国际对外捐赠总金额超过 92.51 万元，其中乡村振兴投入 87.5 万元，境外捐赠 5.01 万元。

2022 年，中工国际积极参与四川省广元市朝天区中子镇“全程机械化 + 综合农事”服务中心项目，购置以水稻、玉米、油菜等粮食作物为主的育苗、移栽、植保、收获、烘干等农业机械，共计投入帮扶资金 87.50 万元，惠及 429 户 1 446 人。统筹各级企业工会积极开展消费帮扶活动，购买山西平陆、四川广元、河南固始等地农产品，共计集中采购帮扶区域农副产品金额 73.21 万元，比上年增长 189%。

2022 年 7 月，菲律宾吕宋岛发生 7.3 级地震。中工国际积极响应菲律宾中资企业协会呼吁，向灾区捐助 20 万菲律宾比索，助力受灾民众重建家园。2022 年 10 月，中工国际向老挝捐赠 6 000 万老挝基普用于当地学校宿舍和食堂建设，进一步改善当地学生的学习条件。

中国恒天集团有限公司

【基本概况】

2022年，中国恒天集团有限公司（简称中国恒天，含北汽所）实现营业总收入 412.12 亿元，完成年度目标的 95.84%，同比下降 12.21%；实现利润总额 6.93 亿元（不考虑处理历史遗留问题），同比下降 41.11%；实现净利润总额 2.34

亿元（不考虑处理历史遗留问题），完成年度目标的 117.23%，同比下降 65.09%；全员劳动生产率 35.80 万元/（人 • 年），完成年度目标的 115.48%，同比下降 3.83%；研发经费投入强度 2.00%，较年度目标提升 0.20 个百分点，同比提高 0.13 个百分点。

【主要指标】

2022 年中国恒天主要经营指标完成情况、2021—2022 年中国恒天主要经济指标完成情况见表 1、表 2。

表 1　2022 年中国恒天主要经营指标完成情况

指标名称	单位	年度指标	累计完成	完成年度指标（%）	同比增长（%）
营业总收入	亿元	430	412.12	95.84	-12.21
利润总额	亿元	—	6.93	—	-41.11
净利润	亿元	2	2.34	117.23	-65.09
全员劳动生产率	〔万元 /（人 • 年）〕	31	35.80	115.48	-3.83
研发经费投入强度	%	1.80	2.00	超出 0.20 个百分点	增加 0.13 个百分点

表 2　2021—2022 年中国恒天主要经济指标完成情况

指标名称	2021 年	2022 年	同比增长（%）
资产总额（万元）	9 196 700	7 298 400	-20.64
净资产（万元）	2 304 500	1 167 500	-49.34
营业收入（万元）	4 694 338	4 121 224	-12.21
利润总额（万元）	117 681	69 299	-41.11
技术开发投入（万元）	87 664	82 504	-5.89
利税总额（万元）	389 856	270 906	-30.51
EVA 值（万元）	-8 572	443	增加 9 015 万元
全员劳动生产率〔万元 /（人 • 年）〕	37.22	35.80	-3.82
净资产收益率（%）	2.91	2.01	减少 0.90 个百分点
总资产报酬率（%）	3.25	3.47	增加 0.22 个百分点
国有资产保值增值率（%）	-379.38	-159.14	增加 220.24 个百分点

【改革发展】

2022 年中国恒天制定改革脱困方案，明确聚焦“大纺织”产业链，打造纺织机械、纺织贸易、纺织工程三大协同业务板块，持续推进聚焦主业、化解风险、组织再造三大举措，力争尽快走上健康发展之路；组织做好国企改革三年行动和对标世界一流提升行动，全面完成 42 项改革任务目标。积极推动解决历史问题，推动股权代持、民企挂靠整改并取得进展；积极推进“三供一业”分离移交财政补助资金拨付工作，获得补助资金 1.6 亿元；积极参与湖北新楚风汽车股份有限公司司法重整后的信托资产管理及信托利益分配工作，实现国补回款 2 400 万元。

1. 三项制度改革

（1）整体效果。2022 年，中国恒天所属全级次企业内设机构数由年初的 949 个减少至 692 个，精简 257 个，较年初减少 27.08%；中层管理人员由年初的 1 307 人减少至 1 010 人，精简 297 人，较年初减少 22.72%。19 家企业开展了中层管理人员竞聘上岗工作，162 人通过竞聘走上中层管理岗位。中国恒天所属全级次企业总人数（在岗职工 + 不在岗职工 + 其他从业人员）

25 238 人，较年初的 31 373 人减少 6 135 人（在岗职工减少 6 202 人、不在岗职工增加 65 人、其他从业人员增加 2 人），较年初减少 19.56%，若剔除生产需要的新增人员，全年累计减员 7 134 人。全级次企业实发工资总额 485 309 万元，较上年同期的 553 293 万元减少 67 984 万元，降幅 12.29%。

（2）构建干部能上能下机制，打破干部“铁交椅”，推动干部“能上”与“真下”。一是贯彻落实国机集团减员增效工作要求，按“大部制”方式精简总部及各级管理型企业的内设机构，逐级分步实施机构压缩、中层干部竞聘、全员竞岗，提倡一人多岗，一岗多能，减少管理人员数量。中国恒天总部由改革前的 11 个部门减少至 6 个部门；直管企业及所属企业则通过改革压减内设机构 257 个。例如，杭州经纬信息技术股份有限公司（简称经纬股份）总部内设机构由原先 16 个部门合并后变成 8 个部门；恒天重工股份有限公司总部与郑州纺机工程技术有限公司进行管理整合，将两个管理平台整合为一个管理平台，同时调整组织机构设置，压减 20% 的职能部门，压减 21.7% 的中层及以上干部。中国恒天立信国际有限公司成立国内营业部和海外营业部，将营销渠道和营销资源进行整合，将国内驻外办事处由 8 个整合为 4 个，彻底解决了多头对外、费用过高、效率过低的问题。中国纺织工业对外经济技术合作公司以“大部制”管理为原则，将 5 个职能部门调整为 3 个，精简了部门数量。恒天凯马股份有限公司将本部管理部门由 10 个调整为 5 个，其下属山东华源莱动内燃机有限公司直属管理部门由 10 个调整为 5 个。二是竞争上岗，变“相马”为“赛马”。以聘任制、竞聘制为抓手，中国恒天总部中层管理人员“全部起立”，11 人通过竞争走上中层岗位，中层职数由 29 个压减为 17 个；直管企业财务总监在系统内公开选拔，现有人员竞争上岗，8 人通过竞聘任职企业财务总监，原财务总监中有 6 人落聘退出领导岗位；直管企业及所属企业积极开展中层管理人员竞聘上岗，通过竞聘上岗聘任中层管理人员 162 人，其中正职 27 人，副职 135 人。三是畅通领导人员退出机制，以做“减法”方式构建精干高效的干部队伍。针对干部队伍结构存在的突出问题，研究制定《企业领导人员和总部中层干部退出岗位暂行办法》，明确干部任职年龄界限，畅通退出通道，改善队伍结构。三项制度改革以来，全级次企业中层管理人员退出领导岗位 297 人，其中，中国恒天总部退出领导岗位 19 人，直管企业及所属企业退出领导岗位 278 人；同时给予 1 人停职检查处理。

（3）构建员工能进能出机制，激活企业人力资源的“一池春水”。为实现组织再造及优化人员结构，中国恒天以盘存量、压增量、控总量为抓手，进一步优化人才资源配置。一是按照科学设岗、职责明确、分工合理、人员精干的原则，科学设置部门及员工编制，总部编制数（不含高管）由 119 人压减为 80 人（下降 32.77%），中国恒天总部新增人员仅限于填补审核后的编制内空缺，最大限度压减人力资源增量。二是有序开展总部员工分流安置工作。对未能通过组织任命、中层竞聘、员工岗位竞聘等方式上岗，或者本人放弃参加竞聘、需要分流安置的员工进行分流，共分流 25 人，其中，协商解除劳动合同 10 人，离岗退养 3 人、内退 2 人，内部调动 3 人，待岗及其他 7 人。全级次企业分流 7 134 人，其中主动离职 1 619 人，协议解聘 3 581 人，退休 930 人，其他 1 004 人。三是中国恒天总部制定印发《中国恒天集团有限公司总部岗位管理办法（暂行）》及《集团总部员工非领导职务岗位职级晋升实施细则（2022 版）》，同时开展员工竞聘上岗工作，进一步完善公开选拔、竞争上岗的用人机制，盘活存量人力资源。四是针对员工总量及结构问题，中国恒天总部及各直管企业制定《恒天集团总部员工内退实施办法》及企业相应的实施方案，通过建立企业人员结构情况季报，动态掌握企业人才方面调结构的实际状况。

（4）构建收入能增能减机制，强化激励约束，提升薪酬管理的科学性和导向性。强化中国恒天总部全员绩效薪酬与企业效益同向联动机制，实现全员绩效分配与中国恒天、直管企业业绩情况紧密联系。先后制定完善《中国恒天集团有限公司直管企业负责人薪酬管理办法》《中国恒天集团有限公司总部员工薪酬管理办法（暂行）》《中国恒天集团有限公司总部绩效考核办法（暂行）》《中国恒天集团有限公司直管企业工资总额管理实施办法（暂行）》等制度。通过强化直管企业年度经营业绩考核结果的刚性应用，结合企业党建考核、综合评价等结果，突出正向激励考核，强化“业绩升、薪酬升，业绩降、薪酬降”，业绩考核结果直接与企业负责人绩效年薪计算挂钩，并大力探索企业负责人薪酬的差异化管理。3 家贸易类子公司（中国化纤有限公司、中国纺织对外经济技术合作有限公司、中国丝绸工业有限公司）及中国纺织科学技术有限公司（简称中纺科技）共 4 家企业单独制定年度薪酬分配方案，强化企业负责人以及全员绩效薪酬与企业当年绩效考核利润直接挂钩，按一定比例提取各类人员绩效总额，突出经营性利润的企业负责人业绩考核与薪酬分配导向。推动落实员工薪酬与企业盈利能力直接挂钩，加强业绩导向，推动全员强化价值创造意识，员工薪酬随着企业业绩上下浮动，实现收入能增能减。

（5）全面推行经理层成员任期制和契约化管理。为全面贯彻落实国企改革三年行动的决策部署，根据国机集团有关工作要求，中国恒天制定《中国恒天集团有限公司经理层成员薪酬管理办法》，并配合企业管理部完成《中国恒天集团有限公司经理层成员经营业绩考核暂行办法》的拟定，规范中国恒天经理层成员的经营业绩考核管理工作，建立健全有效的激励约束机制，促进中国恒天经营目标和重点工作任务的全面实现。同时，按照经理层任期制和契约化管理最新标准要求，对经理层成员聘任协议、业绩考核责任书等文本进行规范修订，并组织纳入改革范围的 63 家企业完成“两书一协议”的修订完善及签约工作。

2. 干部管理工作

（1）坚持党管干部原则，树立正确选人用人导向，合规开展干部选任工作，优化班子队伍结构。坚持党管干部原则和发挥市场机制作用相结合，不断完善市场化选人机制，引入竞争机制，建立和完善领导干部能上能下、能进能出的市场化用人机制，大力推行管理人员竞争上岗、末等调整和不胜任退出，增强企业发展内生动力，不断提高市场化选聘工作质量。2022 年，中国恒天严格按照选人用人工作流程，合规开展总部和下属企业领导人员选拔，先后对中国恒天总部和经纬纺机机械股份有限公司、恒天重工股份有限公司、中国恒天立信国际有限公司、中融国际信托有限公司、恒天凯马股份有限公司 5 家直管企业领导班子进行了充实调整，对直管企业财务总监和恒天资产管理有限公司（简称恒天资产）经理层成员进行了系统内公开选聘。2022 年共调整干部 74 人，其中新提拔 14 人，退出 45 人，转正 8 人，干部选任材料纪实率达 100%。截至 2022 年年底，中国恒天党委管理的干部共有 71 人，较上年度的 98 人减少 27 人。

（2）大力选拔优秀年轻干部，为领导班子注入活力。结合国机集团“十四五”人才队伍建设规划要求，认真梳理中国恒天及下属企业年轻干部队伍建设情况，大力发掘年轻干部，不断拓宽用人视野。2022 年，新提任的 14 名领导干部中，“70 后”有 6 人，占比 42.86%，较 2021 年下降 34.92%；“80 后”5 人，占比 35.71%，较 2021 年增长 24.6%；“85 后”2 人，占比 14.29%，较 2021 年增长 8.73%，“60 后”1 人，占比 7.14%。进一步提升了年轻干部在领导班子中的占比，优化了干部队伍的年龄结构，逐步形成年龄梯次合理、专业优势互补的干部队伍。

（3）不断完善选人用人体系。深化干部人事制度改革，从构建长效机制出发，围绕干部培育、选任、使用、考核、激励、监督，不断规范和细化各项制度与程序。2022 年，先后印发了《中国恒天集团有限公司领导干部试用期管理办法》《企业领导人员和总部中层干部退出岗位暂行办法》《中国恒天集团有限公司直管企业负责人薪酬管理办法》（2022 版）、《中国恒天集团有限公司纳入规范领导干部配偶、子女及其配偶经商办企业行为的规定（试行）》等制度，进一步完善了中国恒天选人用人体系，规范了领导干部试用期管理，明确了干部任职年龄界限，畅通了退出通道，强化了“业绩升、薪酬升，业绩降、薪酬降”的正向激励机制，加大了对领导干部及配偶子女的监督力度，形成长效机制，使制度成为刚性约束。

（4）深入推进领导班子综合考核评价，强化考核结果应用。根据《恒天集团直管企业领导班子和领导人员综合考核评价办法》，2022 年中国恒天先后对 10 家企业领导班子、61 名企业领导人员进行了综合测评，对考核结果排名前 3 名的企业领导班子给予鼓励，并按中国恒天直管企业负责人薪酬管理办法兑现奖励；对考核结果排名后两名的企业主要负责人进行约谈，按中国恒天直管企业负责人薪酬管理办法进行扣减；对考核结果排名前 5 名的领导班子成员给予总经理特别奖；对考核结果排名后 5 名和正职领导人员排名靠后的领导班子成员进行约谈，引导领导班子和领导人员发扬成绩、改进不足，不断加强领导班子建设，激励广大干部践行“新时代、新担当、新作为”。

（5）加强干部监督。一是做好领导干部个人事项工作。根据国机集团党委的有关要求，开展 2022 年度领导干部报告个人有关事项工作。按照规定要求，中国恒天党委直接管理的下属企业领导班子成员和助理级、纳入国机集团扩大选人用人考察范围的 A 类企业正职参与填报工作。经发放个人事项报告等文件材料、解释文件要求、个人事项报告材料收集整理等工作流程后，于 2 月底报送国机集团人力资源部。二是开展违规境外身份专项整治工作。按照国机集团专项整治工作部署，对全级次境外机构领导岗位、关键岗位进行再全面排查、再清理调整，同时做好聘用人员身份的合规性排查和清理调整，强化管控，防控人员廉洁风险。按照要求 6 月底完成了全部机构人员个人情况表上报工作，涉及 8 家直管企业境外机构人员 26 人。完成已移居国（境）外的人员清理情况、境外“裸官”岗位人员清理调整情况及聘用国（境）外人员清理调整情况等梳理工作，形成《中国恒天开展“违规获取境外身份”专项整治工作总结报告》，于 10 月底上报国机集团。

3. 收入分配工作

（1）企业负责人薪酬管理。一是健全企业负责人激励与约束机制，激发企业发展活力，修订直管企业负责人薪酬办法，主动征求各方意见，尤其是与 3 家贸易企业、中纺科技进行了多轮沟通讨论，反复测算历史数据，对企业负责人的分配关系进行调整、理顺，形成了《直管企业负责人薪酬管理办法》（2022 版）以及针对贸易企业和中纺科技的薪酬分配方案（2022 版），进一步强化“业绩升、薪酬升，业绩降、薪酬降”，并大力探索企业负责人薪酬的差异化管理，结合企业实际的分类考核，突出经营性利润的企业负责人业绩考核与薪酬分配导向。二是规范直管企业负责人薪酬管理工作，实现强监管、全覆盖。按照新修订的直管企业负责人薪酬办法，重新核定了 7 家制造和其他类企业负责人薪酬基准值，并印发企业负责人基薪通知，进一步规范企业负责人基薪和月度预发绩效。同时，通过建立企业负责人薪酬发放情况月报，以备案形式明确 3 家贸易企业和中纺科技薪酬发放，实现了对直管企业负责人薪酬发放兑现工作的强监管。三是完成年度企业负责人薪酬兑现工作。根据 2021 年度直管企业经营业绩考核结果、党建及综合评价考核结果，对 2021 年度纳入企业负责人薪酬考核范围的 9 家企业主要负责人薪酬进行核定，并于 11 月 15 日印发薪酬兑现通知及特别奖励通知。审核企业报送的薪酬手册，确保企业负责人收入分配符合国机集团相关规定。

（2）工资总额管理。一是做好中国恒天 2022 年工资总额预算的申报工作。根据国机集团关于 2021 年工资总额预算管理的工作要求，依据中国恒天 2021 年经济效益完成情况和 2022 年经营业绩预计完成情况，遵循工资效益联动机制和效益导向原则，完成《中国恒天集团有限公司 2022 年度工资总额预算报告》，经中国恒天领导批示后上报国机集团。二是做好中国恒天所属企业 2021 年工资总额清算和 2022 年工资总额预算批复工作。根据国机集团对中国恒天 2021 年工资总额清算评价结果及 2022 年工资总额预算方案的批复，以及各企业 2021 年经济指标完成情况和2022年相关指标预算情况，按照中国恒天直管企业工资总额管理规定，依据工资效益联动机制，对各直管企业2021年工资总额清算和2022年工资总额预算基数进行批复。三是配合国机集团开展收入分配专项检查工作。根据国机集团《关于开展收入分配专项检查工作的通知》要求，完成“收入分配自评价报告”及相关检查材料的准备，配合国机集团完成现场资料检查工作，并按照要求完成《收入分配整改工作情况报告》报国机集团。

（3）考核分配管理。一是做好董事会聘任高级管理人员业绩考核工作。根据《中国恒天集团有限公司高级管理人员业绩考核暂行办法》，组织开展2020年度中国恒天高级管理人员业绩考核工作，组织公司董事、高管、中层和直管企业负责人进行民主测评，并从职责履行、职业素质等不同维度进行数据分析，为薪酬委员会对公司高管的薪酬分配提供客观数据支撑。二是做好中国恒天总部部门及员工考核工作。中国恒天根据总部部门及员工考核管理办法，组织公司高管、中层干部及直管公司对总部部门进行民主测评，统计汇总分析民主测评结果，报中国恒天党委会、总裁办公会批准；推进2021年度总部员工绩效考核工作，对员工2021年度工作业绩进行考核评价，形成部门和员工考核结果，为员工的年度绩效薪酬兑现提供支撑。同时为倡导业绩文化，发挥先进示范典型作用，根据考核结果，推选出2个优秀部门和11名优秀员工。

【重大项目】

持续快速推进瘦身健体，推动企业实现轻装发展。一是加大力度推进企业退出，2022年完成退出企业34家。二是加速推进参股股权清理，2022年完成15家参股退出。三是积极盘活处置存量资产，全力推进6家企业的7块存量土地处置，全年实现2.89亿元回款；按计划推进2家企业共11项房产处置工作，其中恒天资产完成浙江大厦处置，回笼资金5 620万元；其余土地、房产正在按计划推进处置，2023年将实现资金回笼。

【科技创新】

持续推进纺织机械领域短板、“卡脖子”项目攻关，莱赛尔纤维蒸发溶解机、智能纺纱成套装备、高效智能非织造布成套装备等多项“卡脖子”关键技术取得重大突破。新一代智能高产梳棉机纺纱试验达到350m/min的高产目标；开发细细联装置，实现细纱落纱到络筒的全程自动化、连续化生产；年产3万～5万t莱赛尔纤维生产线成功开车，建成国内单釜最大产能，打破国外垄断；自主研制成功3.8m高速高杂智能水刺法非织造布生产线，卷绕速度200m/min，达到国际先进水平；突破间歇式染缸自动进出布技术，进一步解决染色机进出布人工操作难度大的问题，开发了IFD智能流体动力控制技术并实现在纱缸染色机上的应用，不断提升全流程绿色数字化染整产品性能。

2022年共获得10项（纺机8项）省部级以上科学技术奖，包括中纺联科技奖7项（一等奖1项、二等奖6项），国机集团科学技术奖2项（二等奖1项、三等奖1项），山西省科技进步奖三等奖1项。获得中国专利奖优秀专利奖1项，国机集团优秀专利奖二等奖1项。

【安全生产】

中国恒天2022年度安全生产指标控制良好，未发生重大伤亡事故、重大责任事故和重大火灾事故，实现了“三无”目标，未发生不良影响的境外安全突发事件，全年无新增职业病，安全生产形势总体保持平稳。

2022年各类轻伤事故29起，轻伤事故数量较上年同期下降30%，千人轻伤率约为1.2‰，较上年同期显著下降。35家主要生产型企业中有26家未发生生产安全责任事故，占74%。

【党建和文化建设工作】

2022年，中国恒天党委深入学习贯彻习近平总书记关于国有企业改革发展和党的建设重要论述精神，深入落实新时代党的建设总要求，立足改革脱困工作实际，扎实开展、务实推进党的建设各项工作，党的领导有力加强，党的建设有力深化，管党治党有力见效，为打赢中国恒天改革脱困攻坚战积蓄了强大力量。

1.坚持思想引领，着力推动学习宣传贯彻党的二十大精神持续走深走实 中国恒天把学习宣传贯彻党的二十大精神作为首要政治任务，以党员领导干部为重点，面向全体党员开展多形式、分层次、全覆盖的全员培训和专题研讨，迅速在中国恒天掀起学习宣传贯彻党的二十大精神热潮。

（1）全面深化学习，强化组织领导。第一时间组织收听收看党的二十大开幕盛况，迅速召开各类会议传达学习。组织全体党员干部参加国机集团党的二十大精神专题集中培训，实现学习培训全覆盖。各企业领导班子通过“第一议题”、中心组学习等方式深入学习研讨，各基层党支部党员通过主题党日、支部大会等多种形式，充分交流思想，凝聚共识合力。

（2）全面加强宣传，强化舆论引导。着力用党的二十大精神统一思想、统一行动，编印学习宣传贯彻党的二十大精神工作简报，组织各企业运用自有宣传平台开设专栏，深入挖掘鲜活实践和生动案例，加强宣传报道，强化典型示范，充分展示各级企业学习宣传贯彻党的二十大精神的有效举措和工作成效，营造浓厚氛围。

（3）全面贯彻落实，强化落地见效。把贯彻落实党的二十大精神与聚焦主业、改革破局、问题整改紧密结合，组织各级党组织和全体党员干部围绕党的二十大新战略、新部署、新要求，全力以赴推进改革脱困，全面发力推动创新发展，努力把党的二十大精神转化为改革发展稳定的理念思路、方法举措和具体成效。

2.强化责任担当，着力推动习近平总书记重要指示批示精神落实落地 牢记“打造装备旗舰、引领纺织发展”职责任命，坚持做强做精纺机主业，坚决把贯彻习近平总书记重要指示批示精神和党中央重大决策部署落实到实际行动中。

（1）贯彻落实习近平总书记重要指示批示精神。严格落实“第一议题”制度，深入学习习近平总书记关于制造强国、科技强国、人才强国、数字中国和安全生产等重要指示批示精神。组织开展十八大以来贯彻落实习近平总书记重要讲话和指示批示精神“回头看”，深入开展“建功新时代，喜迎二十大”习近平总书记重要指示批示精神再学习、再落实、再提升主题活动，推动党中央重大决策部署贯彻落实。

（2）积极服务制造强国建设。坚定聚焦纺机主业，优化整合业务资源，全面剥离非纺机业务，逐步清理历史包袱，推动主业轻装发展。调整纺机企业组织架构，压缩管理层级，建强纺机平台。制定《纺机振兴三年行动规划》，强化战略引领，明确主业发展方向和发展目标。抢抓市场机遇，深耕国内市场，拓展海外市场，纺机海外业务实现历史性突破。

（3）积极服务高水平科技自立自强。编制纺机产品发展规划，推动落实“上市一代、开发一代、储备一代”的产品开发策略。加大纺机主业的研发投入，在资金紧张的情况下，研发投入同比增加。力促关键核心技术攻关和产品开发，20项纺机技术难题已解决16项，莱赛尔蒸发溶解机、智能纺纱成套装备、高效智能非织造布成套装备、自动络筒机等多项“卡脖子”关键技术取得突破，部分产品打破国外垄断、技术全球首创。

3.深化“三基”建设，着力抓好“融合提升”专项行动 把深入开展党建工作与生产经营“融合提升”专项行动作为全年党建工作重点，以政治融合、思想融合、队伍融合、载体融合、机制融合为路径，持续深化“三基”建设。

（1）围绕改革脱困攻坚，深入推进“融合提升”。强化党建引领，实施改革脱困攻坚党建工程，制定《恒天集团改革脱困实施方案》，按照职责分工，细化任务责任，在推进聚焦主责主业、化解流动性资金风险、妥善应对各类风险事项、全力推进瘦身健体、推动实施组织再造等方面均取得积极成效，为中国恒天打赢改革脱困攻坚战奠定坚实基础。

（2）推动党建品牌创建，扎实开展“融合提升”。落实国机集团“融合提升”专项行动部署，着力破解党建工作与生产经营“两张皮”问题。结合中国恒天实际，与苏美达能源开展党建共建，学习借鉴苏美达能源党建引领改革脱困的成功经验，增强恒天人改革攻坚的信心和决心。

推动企业发挥党建优势，创新开展融合提升专项行动，提炼典型案例，擦亮党建品牌，经纬智能纺织机械有限公司（简称经纬智能）、青岛宏大纺织机械有限责任公司（简称青岛宏大）创新案例入选国机集团创建“一企一工程”党建品牌案例。

（3）强化“三基”建设，持续强化“融合提升”。全面梳理、及时掌握各级企业党组织覆盖及换届情况，推动党的基层组织做到“应建必建、应换必换”。建立健全党建入章、混合所有制和境外企业党建工作台账，定期维护、动态管理，实现全级次实体企业无空白班组。推动基层党支部严格执行“三会一课”、主题党日等基本组织生活制度。组织开展党务干部培训，推进党务干部上讲台，为提升党建工作水平储备专业力量。

（4）健全党建责任体系，不断深化“融合提升”。健全完善“党建日常评价 + 党建述职评议 + 党建考核评价”的考评机制，强化工作部署和进展通报，逐级传导压力，实施党建考核和经营业绩考核结果有效联动，以改革发展成果检验党建工作成效。督促各级党组织切实履行全面从严治党主体责任，推动各级领导班子成员积极履行“一岗双责”，实现党建工作与生产经营“同谋划、同部署、同落实、同考核”。

4. 聚焦巡视整改，着力推进党风廉政建设和反腐败斗争 以深化国机集团党委机动式巡视整改为契机，强化政治监督，做实日常监督，持续加大正风肃纪反腐力度，不断修复政治生态。

（1）深入推进巡视整改，做好“后半篇文章”。高站位、严标准、实作风开展国机集团党委机动式巡视整改工作。召开了以“肃清张杰流毒余毒，化解处置经营风险，推动企业改革脱困”为主题的巡视整改专题民主生活会，针对巡视反馈的 3 个方面 11 类 63 个具体问题，建立问题清单、任务清单、责任清单、措施清单，制定整改工作方案。坚持把抓整改融入日常工作、融入深化改革、融入全面从严治党、融入领导班子队伍建设，努力把巡视整改成果转化为企业治理效能，制定的 184 条整改措施已完成 149 条，完善制度 52 个。开展境外项目佣金管理专项巡察，对中国恒天立信国际有限公司、无锡经纬纺织科技试验有限公司、无锡宏大纺织机械专件有限公司 3 家企业党组织开展常规巡察，发现问题 138 个并指导督促整改，全面完成《恒天集团党委巡察工作规划（2018—2022 年）》提出的巡察全覆盖任务。

（2）一体推进不敢腐、不能腐、不想腐。坚决肃清流毒余毒，严肃查处违规经营问题，整治“靠企吃企”，清理违规投资、违规担保，配合国机集团纪委严肃查处严重违纪违法案件。支持指导纪委运用“四种形态”，查办问题线索 32 件，立案 3 人，给予党纪处分 6 人次，组织处理 3 人次。紧盯“关键少数”，聚焦重点领域，强化对下级企业“一把手”和领导班子成员的监督，落实谈心谈话制度，加强日常监督提醒。完善纪检、巡察、审计、法律、财务等职能监督相互协同的大监督体系，推进日常监督有效覆盖。加大对派驻境外机构、驻外人员和领导干部涉外事项的监督，组织开展专项排查检查。扎实推进新时代廉洁文化建设，深化警示教育和廉洁宣传教育，将严重违纪违法典型案例制作成警示教育片，以身边事教育身边人，引导党员干部增强不想腐的政治自觉和定力，涵养求真务实、团结奋斗的时代新风。

（3）深入落实中央八项规定精神，纠“四风”、树新风。开展深入落实中央八项规定精神“回头看”专项行动，建立 2014 年以来全级次违反中央八项规定精神和“四风”问题案例台账，形成《落实中央八项规定精神制度清单（索引）》，为持续加固中央八项规定精神堤坝提供遵循。组织所属各级次企业领导干部、纪检干部参加国机集团纪委系列制度学习培训，教育引导党员干部强化规矩意识、严格执行制度。制定每月廉洁提醒信息全覆盖工作计划，督促各级领导干部严格执行履职待遇，防范奢侈浪费及各种变相违规违纪问题发生。组织全级次企业围绕违规吃喝、违规收送礼金、违规发放补贴、形式主义、官僚主义等典型问题开展自查自纠，对 5 家企业进行重点抽查，现场反馈问题，推动立行立改。

5. 服务发展大局，着力推进宣传思想文化建设 围绕加强党的建设、聚焦主责主业、深化改革脱困，宣传各项工作成效，明确发展方向，强化榜样引领，为贯彻落实党的二十大精神营造良好氛围。

（1）不断强化思想政治工作。制定落实 2022 年度思想宣传工作要点，全力提升新闻宣传工作水平，积极弘扬新时期改革发展主旋律。推动各企业利用公众号、视频号、内刊、报纸等自有宣传平台，开展喜迎二十大、融合提升、科技创新、榜样力量等专题报道，加强正面舆论引导，持续营造干事创业、积极向上的思想文化氛围。切实加强意识形态工作，组织全级次企业开展舆论阵地清理检查，进一步规范宣传用语，营造良好的舆论环境。

（2）深入开展共青团和青年工作。以庆祝中国共产主义青年团成立 100 周年为契机，深化党建带团建，不断探索青年工作的新思路、新方法。开展百年团史青年学和庆祝建团百年征文比赛系列活动，获国机集团庆祝建团百年征文比赛一等奖等多个奖项。开展“两红两优”表彰活动，多家企业和个人获全国、省部级、国机集团“五四”表彰。举办首期青年马克思主义者培养班，加强新时代青年马克思主义素养，确保红色基因永不变色。

（3）有力开展工会和统战工作。加强工会组织建设，成立中国恒天总部职代会，保障职工合法权益。积极开展爱心捐款和爱心救助工作，全年救助 53 人。注重发挥工会在高技能人才培养方面的优势，广泛开展技能大赛、劳动竞赛，1 个工会组织、2 名个人被评为国机集团工会先进。持续推动“吴继发工作室”发挥作用，打造党外代表人士建言献策平台。组织在京党外人士代表和青年代表，围绕学习宣传贯彻党的二十大精神进行座谈，统一思想，凝聚共识。

【信息化与数字化建设】

随着数字经济时代的到来，信息化建设和数字化转型成为企业高质量发展的重要引擎，中国恒天立足自身实际，努力提升信息化、数字化能力，并使之成为中国恒天在纺机领域构建持续竞争优势的关键。

主要成果有：实施建设纺纱行业全流程成套装备机器人和物联网技术应用项目，实现了机器人和物联网技术在纺纱典型行业的深度融合，创新研发了全流程纺纱智能制造核心技术、装备、工业软件及平台，极大提升了纺纱生产制造过程的整体自动化、信息化、智能化水平；开发部署基于工业物联网的智慧纺纱车间全流程管理系统，以智能纺机装备为基础，以工业物联网实时数据处理技术为依托，通过集成纺纱车间 ERP 等系统，建立了纺纱生产过程控制与企业经营融合的一体化管理平台，实现了纺纱全流程的业务环节贯通，提高了纺纱质量，降低了制造成本，提升了经营效益。

【履行社会责任】

1. 助力常态化新冠肺炎疫情防控，自觉参与企业生产经营 2022 年 5 月，北京地区、上海地区新冠肺炎疫情严重；10 月，郑州区域、邯郸区域、邵阳区域疫情再现。中国恒天党委、工会特别关注疫情给企业生产生活带来的冲击和影响，向企业送去慰问信，下拨了抗疫资金。

（1）严防死守，落实常态化防疫措施。一是主动防疫保生产。恒天重工股份有限公司、恒天凯马股份有限公司工会工作人员主动亮身份、当先锋，带头参加企业和社区志愿服务以及疫情防控工作，化身社区“大白小蓝”，投身防疫志愿服务。二是组织员工接种新冠疫苗。各级企业工会认真落实各项常态化防控措施，带领员工加强个人防护，积极接种新冠肺炎疫苗，构筑人群免疫屏障。三是组织员工参加常态化核酸检测。邵阳纺机组建疫情防控志愿服务新厂区小分队，为留厂职工发放口罩和物资，组织职工进行核酸检测。

（2）雪中送炭，关爱慰问受突发疫情影响的职工。密切关注海外职工健康安全，召开了境外职工家属座谈会，为境外职工和家属提供防疫用品，及时向境外职工送去党组织的关心和慰问金。10 月，恒天重工股份有限公司 740 人持续一个多月、邵阳纺织机械有限责任公司 320 人持续近一个月、邯郸宏大化纤机械有限公司 328 人持续半个多月实施闭环管理。封控期间，保定天鹅（驻顺平）工会工作人员，联系职工食堂确定就餐人员数量，多方采购被褥 220 余套、个人洗漱物品 300 余件，调配职工宿舍 70 余间，为驻厂职工提供生活保障。

2. 加大困难职工帮扶力度 一是做好国机爱心基金捐款。全级次企业积极参与“国机爱心日”捐助活动，共收到 20 821 名职工捐款 178 余万元。二是组织救助申报。2022 年全年申报和发放 20 家企业 52 名职工救助金 73 万元。三是组织开展慰问活动。元旦春节“双节”期间，各级企业主要领导和工会领导走访慰问了生活困难员工，加强与员工的交流沟通，及时帮助员工消除思想顾虑和解决实际困难。

3. 认真履行定点帮扶政治责任 调整中国恒天定点帮扶工作领导小组，安排刘强接替衡中华担任平陆县驻村第一书记职务。2022 年组织召开平陆片区乡村振兴工作会议，根据国机集团要求，及时向平陆县无偿捐赠帮扶资金 150 万元。积极推进国机平陆现代农业产业示范园（二期）、大豆玉米带状复合种植播种项目、农副产品园区建设冷库、技术人员培训项目、基层干部培训、教育提升大培训、同舟工程“救急难”行动等 12 个重点项目落实，与项目建设方签订项目合同，加大推进力度。动员各企业与平陆电商先签订协议再办理购买农副产品事项，要求企业在购买农副产品时要优先购买定点帮扶平陆地区农产品。所属企业采购平陆地区农产品 178 万余元，帮销 300 万余元。

4. 积极做好社会捐助工作 中融国际信托有限公司（简称中融信托）工会协助公司公益慈善委员会助力上海地区抗击新冠肺炎疫情，紧急向上海市松江区石湖荡镇人民政府捐赠防疫物资，包括 4 万个医用口罩，价值 6 万元。中融信托子公司也通过中融·乐享康宁医疗慈善信托捐赠 5 500 套防护服、5 500 个防护面罩，总价值 30 万元。

中国福马机械集团有限公司

【基本概况】

2022 年，中国福马机械集团有限公司（简称中国福马，含国机重工）营业收入 56.06 亿元，同比下降 7.64%；实现利润总额 5 849.07 万元，同比增加 32 224 万元。5 大主业板块中，2022 年全年农业机械板块实现主要产品销量 10 826 台，同比下降 30%，销售合同 1.71 亿元，同比增长 1%；动力装备和车辆板块实现主要产品销量 67 473 台，同比增长 1%，销售合同 13 亿元，同比下降 8%；人造板机械板块实现主要产品销量 217 台，同比下降 17%，销售合同 7.28 亿元，同比增长 44%；工程机械板块实现主要产品销量 1 861 台，同比下降 22%，销售合同 16.42 亿元，同比下降 13%；工程贸易板块实现销售合同 20.77 亿元，同比下降 18%。

中国福马（含国机重工）加快国际化经营发展过程，2022 年全年对外贸易总额 23 328 万美元，其中进口额 1 383 万美元，出口额 21 945 万美元。其中中国福马 2022 年全年对外贸易总额 12 540 万美元，进口额 445 万美元，同比增长 8%；出口额 12 095 万美元，同比增长 13%。2022 年主要产品销量和板块销售情况见表 1。

表 1　2022 年主要产品销量和板块销售情况

板块	主要产品销售量（台）			板块销售合同（万元）	
	主要产品	本年累计	同比增长（%）	本年累计	同比增长（%）
农业机械	手扶式插秧机、高速插秧机	10 826	-30	17 106	1
动力装备和车辆	特种车、摩托车	67 473	1	129 958	-8
人造板机械	热磨机、削刨打磨机、砂光机、其他	217	-17	72 841	44
工程机械	装载机、道机、挖掘机	1 861	-22	164 176	-13
工程贸易				207 730	-18

【主要指标】

2021—2022 年中国福马主要经济指标完成情况见表 2。

表 2　2021—2022 年中国福马主要经济指标完成情况

指标名称	2021 年	2022 年	同比增长（%）
资产总额（万元）	361 654.10	387 160.51	7.05
净资产（万元）	153 205.58	156 708.31	2.29
营业收入（万元）	223 951.28	217 457.13	-2.90
利润总额（万元）	3 816.15	4 131.31	8.26
技术开发投入（万元）	8 634.76	9 208.60	6.65
利税总额（万元）	8 453.79	8 815.63	4.28
EVA 值（万元）	-3 284.31	-1 786.07	—
全员劳动生产率〔万元 /（人 • 年）〕	13.71	13.84	0.95
净资产收益率（%）	1.73	2.22	增加 0.49 个百分点
总资产报酬率（%）	1.77	1.59	减少 0.18 个百分点
国有资产保值增值率（%）	101.55	102.47	增加 0.92 个百分点

【改革发展】

中国福马全面贯彻落实国机集团国企改革三年行动工作有关决策部署及要求，及时成立领导小组、工作小组等工作机构，制定行动方案并按照职能分工、改革范围细化形成 37 项重点工作任务的工作台账，定期对标对表全力推进工作。

1. 完善中国特色现代企业制度　中国福马于 2020—2022 年间 4 次对《中国福马机械集团有限公司“三重一大”决策制度实施办法》和企业决策事项及权限表进行修订、完善。充分结合企业行业特点、业务特征和管理现状，对党委前置研究讨论的重大经营管理事项逐步细化和具体化，并对有关额度、标准等予以量化。修订后的企业决策事项由最初的 76 项发展到 130 项，清单的内容结构、决策主体、实施流程有了更细致的提升，治理机制更加完善，进一步增强了对实际工作的指导性。

中国福马以提升管控水平为根本，扎实推进董事会应建尽建。截至 2022 年年底，中国福马（含国机重工）应建董事会企业 18 家，已完成企业比例为 100%；已建立董事会企业中，外部董事占多数的企业数占比 100%。同时于 2022 年新设立董事会办公室并配备董事会秘书及专门工作人员。

不断完善董事会专门委员会建设，调整并成立审计与风险委员会，制定《审计与风险委员会实施细则》，且委员会委员全部由外部董事担任；加快建立健全《中国福马董事会授权管理办法（试行）》等配套制度文件，有序推进子企业董事会建设考核评价工作。

以提升治理效能为重点，深化落实子公司董事会职权。研究制定企业落实董事会职权实施方案，加快《中国福马经理层成员选聘实施办法》《经营业绩考核办法》《中国福马融资管理制度》等落实董事会职权配套制度的制定和完善；进一步开展经理层任期制和契约化管理工作，修订完善岗位协议、年度经营业绩责任书、任期责任书的相关内容。

2. 推进国有经济布局优化和结构调整 中国福马以国机集团“十四五”规划为指引，结合自身实际，全面统筹考虑，编制完成《中国福马“十四五”战略规划》，深入剖析内外部形势与自身优劣势，明确“十四五”发展的目标与定位，以及对应的重点工作举措。

中国福马于2021年高质量编制“十四五”科技规划，每年通过年度技术开发计划进行落实。积极推动下属制造企业稳步提高研发投入强度，到2022年，中国福马研发投入强度达到3.36%，同比2020年的2.78%实现较大增长。其中林海股份有限公司（简称林海股份）高速插秧机实现量产，产品走向市场，销量逐年大涨，2022年超过2 000台，成为该领域国产替代的产业链“链长”，并逐步发挥作用。

中国福马大力清理退出不具备优势的非主营业务和低效无效资产，近3年共退出15家“两非”企业，到2021年，“两非”剥离全面完成。严格执行国机集团境内外投资项目负面清单，严控新增非主业投资，存量非主业投资为0。亏损企业治理、僵困企业治理全面推进，除国机重工总部外，实现全部出清。完成剥离国有企业办社会职能和解决历史遗留问题。

3. 积极稳妥深化混合所有制改革 按照国机集团“三因三宜三不”原则对中国福马现行混合所有制企业情况进行全面梳理，对经营情况不佳，不适合继续推进的参股控股企业进行坚决退出，同时深入学习国机集团《混合所有制改革指导意见》，为后续推进相关工作积累经验。

提高下属上市公司江苏林海动力机械集团有限公司（简称林海集团）的规范运作水平。积极完善上市公司制度体系，规范管理。上市公司近年来继续通过业务整合、寻求非关联方合作伙伴等方式，增强公司业务的独立性。同时重点加大国际市场自主销售渠道建设，提升自主销售能力。中国福马也着力降低与上市公司间的关联交易额度，2022年全年日常关联交易额继续大幅下降，小于3 000万元，解决了多年来关联交易不合规的问题。

4. 健全市场化经营机制 大力推进总部去机关化改革。中国福马党委根据国机集团决策全面部署、统筹推进改革工作，及时研究解决重点难点问题，依法依规保障职工权益，目前总部改革第一阶段已顺利完成，优化组织架构与举行全员竞聘，注册地变更至泰州，新总部开始正式办公。搬迁工作整体稳妥有序、干部队伍稳定尽责、经营发展稳中有升。

中国福马严格推行经理层成员任期制和契约化管理工作。及时根据国机集团意见，组织各相关企业，逐项逐条修订完善岗位聘任协议、年度经营业绩责任书、任期经营业绩责任书相关内容。截至2022年年底，19家企业63名经理层成员均完成经理层成员任期制契约化签约。

三项制度改革方面，进一步健全完善了企业选人用人、劳动用工、收入分配相关制度。一是强化工资总额调控，完善经营单元与经营挂钩的差异化薪酬机制，其中总部事业部明确其全员薪酬与现金经营净利润联动，并积极探索收益权分配。二是不断深化内部分配制度改革，全面实施员工年度考核，根据考核结果兑现奖励。三是中国福马严格按照所制定的人员招录管理办法，实行分级分类公开招聘，并全面实施劳动合同制管理。对亏损企业实施减员增效，形成人员能进能出的动态用工管理机制。

5. 中国福马国企改革三年行动的亮点工作和重大标志性成果 中国福马积极健全推进市场化经营机制，结合自身实际与总部去机关化改革工作的要求，向国机集团制定并上报了总部改革方案。经国机集团党委决策同意后，中国福马成立专门领导小组与工作小组，由党委全面部署、统筹推进，重点研究解决总部搬迁员工分流、异地安家等难点问题，依法依规保障职工权益。

截至 2022 年年底，中国福马的总部改革已经取得初步成效。一是通过组织结构优化和全员竞聘，在优化分流人员、降低用工和管理成本的同时整体提升了队伍的素质和水平；二是总部成功搬迁到泰州，使得决策机构更靠近经营主体和运营单元，指挥更有力、管理更高效、管控更得当；三是改革平稳有序，留住了核心人才，稳定了干部队伍，企业经营也稳中有升，成效正逐步显现。

【科技创新】

2022 年，中国福马聚焦主业加大研发投入，整体规模再上新台阶。其中研究与试验发展（R&D）经费支出总额 1.3 亿元，共申请专利 52 项，其中发明专利 21 项，授权专利 27 项，主持或参加标准制修订 7 项。共 4 个项目获省部级以上科技创新奖。林海集团“面向欧美法规的多功能用途车成套关键技术研发及产业化”、镇江中福马机械有限公司（简称镇江中福马公司）“定向结构板大型长材刨片系统研究及应用”均获机械工业科学技术奖三等奖。

中国福马各企业坚持以市场需求为导向，深入开展专题调研，突出效益培育新的增长点，着力推动产品转型升级。林海集团 2ZG-6 高速插秧机、LH50DU 电动全地形车、LH191MS 发动机等 5 项新产品完成省级新产品新技术鉴定，稻麦联合收割机完成样机试制并取得农机推广鉴定证书，已进入小批量试产；苏州苏福马机械有限公司（简称苏福马公司）的全自动 V4i 宽幅砂光机和 9.3ft（1ft=0.304 8m）超薄板砂锯线等 5 项新产品通过省科技成果鉴定；镇江中福马公司研制的 BX4920/7 型环式长材刨片机通过成果鉴定，属国内首创。国机重工集团常林有限公司（简称常林公司）携手鼎盛重工机械有限公司合作开发大功率平地机，扩展产品链。常林公司与林海集团合作的小型多功能装载机，通过设计采购降本，2022 年年底实现销售超 100 台。

中国福马各企业围绕正向预防、精细管控，全面提升质量管理体系的系统保证能力，以“管理创新”为抓手，重视过程，关注结果，持续做好 PDCA，全面提升产品和服务质量。中国福马申报 2022 年度中国机械工业联合会的“机械工业促进企业高质量发展”的 5 个项目，其中 4 项均上榜。

【安全生产】

2022 年，中国福马坚持“安全第一、预防为主、综合治理”的工作方针，落实安全管理措施，强化安全管理，加强体制机制建设，全年未发生轻伤及以上安全生产事故，安全生产和境外安全风险总体可控在控。

1. 强化责任落实，全面部署落实安全工作 中国福马严格落实“三管三必须”要求，2022 年 3 次召开党委会、总经理办公会，审议安全生产议题，6 次召开安委会会议，按月召开安全生产办公室会议，传达学习习近平总书记重要指示批示精神，专题研究部署安全生产和境外安全工作。3 次召开安全生产工作视频会议，部署安全生产重点任务，加强境内外安全防范。在党委理论学习中心组学习中开展以“贯彻落实‘安全生产十五条硬措施’”为题的安全生产专题学习。

2. 加强目标考核，完善考评体系 中国福马持续强化安全生产责任制考核，严格安全生产追责问责。2022 年年初，安全委员会与各企业、各部门签订了安全生产责任书，将安全生产目标责任分解和明确，同时加强安全生产责任制考核情况评价，并将考核结果作为年度评选优秀员工的依据之一。

3. 持续开展“双重预防机制”建设 2022 年中国福马制定了《安全风险辨识评价与分级管控管理办法》，继续推进双重预防机制建设，组织各企业安全管理人员开展交流研讨。

2022 年，中国福马组织开展了春节前安全生产检查、主要负责人互查、安全生产综合大检查等多次安全生产检查。同时，各企业开展了房屋建筑、高层建筑消防、室外牌匾、汛期、消防等专项隐患排查，各项较大及重大危害因素均在可控范围。

4. 精心组织开展安全生产宣传教育培训活动 2022 年，中国福马各层级单位组织的培训班 146 个、培训达 6 767 人次、全员安全培训率 227.85%。“安全生产月”期间，中国福马举行了“遵守安全生产法当好第一责任人”主题培训，组织集中学习观看了 2022 年“安全月”主题视频、《中华人民共和国安全生产法》条文解读等课程。中国福马积极组织开展“安全生产大讲堂”活动，“落实‘三管三必须’经验做法”在国机集团年度优秀视频课件评选活动中获得二等奖。

5. 强化班组管理，获得全国性荣誉 中国福马积极推进安全标准化示范班组创建工作，开展了“创建安全管理标准化班组”专项竞赛，选取推荐优秀班组参加中国安全生产协会安全管理标准化班组评选活动，苏州苏福马机械有限公司砂光装配班组获得 2022 年度全国安全管理标准化班组称号。

6. 加强应急管理，提高应急处置能力 2022 年，中国福马修订应急预案 66 个，各企业基本完成对全部应急预案的演练，参加应急演练人数达 1992 人。各企业积极组织开展应急预案、应急知识、自救互救和避险逃生等方面的应急培训，全面提高车间班组一线员工应急意识，提升现场应急处置能力。

【党建工作】

2022 年是“十四五”发展承上启下的关键之年，是国企改革三年行动的收官之年，更是中国福马改革发展的重要一年。中国福马党委坚持党的全面领导，深入学习贯彻习近平新时代中国特色社会主义思想和党的二十大精神，坚持稳中求进的工作总基调，统筹新冠肺炎疫情防控和生产经营，强党建、促改革、抓发展，以“融合提升”专项行动为抓手，进一步推进党建与生产经营业务深度融合，企业改革发展工作取得积极成效。

1. 以政治建设为统领，深刻领悟“两个确立”的决定性意义 中国福马党委始终坚持旗帜鲜明讲政治，不断压实政治责任，坚定正确方向，增强“四个意识”、坚定“四个自信”、做到“两个维护”，深刻领悟“两个确立”的决定性意义。

在深学细悟中不断提高政治判断力、政治领悟力和政治执行力。中国福马各级党组织认真学习、宣传、贯彻习近平新时代中国特色社会主义思想和中央重大决策部署以及上级党委工作要求，扎实落实“第一议题”制度，全级次企业学习“第一议题”145 次。开展中心组学习和领导班子讲专题党课，组织全系统党员干部积极参加国机集团集中培训，各级党员干部政治判断力、政治领悟力、政治执行力显著提高。

2. 认真学习贯彻党的二十大精神，推动党的二十大精神落实落地见效

（1）增强坚决拥护“两个确立”、做到“两个维护”的政治自觉。精心组织广大党员干部通过不同方式收听收看大会盛况，各级党组织第一时间通过党委扩大会、党委理论学习中心组进行学习；各基层党支部分别就“专题学习讨论党的二十大报告”“学习修订后的《中国共产党章程》”“围绕构建新发展格局推动高质量发展”和“加强基层党组织自身建设”4 个专题分别进行研讨，进一步激励广大党员干部奋进新时代、展现新作为的使命感和责任感。

（2）践行党的宗旨，为民服务解难题。中国福马党委始终坚持人民至上，在总部去机关化过程中，始终把广大职工群众利益摆在第一位，成立工作小组，由专人负责一对一听取职工诉求，与在京子企业协调岗位，最大限度为离京困难的员工解决就业岗位。

3. 开展“融合提升”专项行动，推进党建与经营业务深度融合 中国福马党委制定下发了《中国福马党建工作与生产经营“融合提升”专项行动工作方案》，部署党建与生产经营深度融合工作，不断提升党建工作质量和水平，持续强化党建工作与生产经营深度融合的效果。

（1）“融合提升”取得积极成效。各企业党建工作与生产经营深度融合的效果、亮点突出。

农业机械板块。中国福马聚焦水田农业机械领域，积极贯彻落实国机集团农机装备高质量发展推进会精神，推进科技创新和制造升级，重点围绕农机装备“补短板”，整合资源突破“卡脖子”环节，高速插秧机在巩固北方市场的基础上积极布局全国，完成 5 种机型的农机鉴定工作，全年完成销售 2 200 台，同比上升 8.6%。收获机项目完成 10 台样机试制试验工作，通过小麦及水稻鉴定试验并于 2022 年 11 月取得农机推广鉴定证书；油菜毯状苗联合移栽机完成试制工作，推动中国福马农机产品竞争力提升和企业高质量发展再上新台阶。

动力装备和车辆板块。中国福马实现全年特种车辆产销 4.6 万辆，同比上升 35%，完成年度战略目标，年产销创历史最高纪录。加大推广新能源特种车，电动版特种车成为 2022 年新增长点，同比增长 210%。

人造板机械板块。中国福马坚持差异化竞争策略，着力在细分市场打造竞争比较优势，2022 年 3 条连续压机成套线、31 条砂锯线合同生效，4 套多层成套线、7 套干燥系统、141 台砂光单机等合同生效，行业龙头地位进一步得到巩固提升。同时，中国福马积极开拓造纸制浆市场，完成木片和制浆工段合同 2.7 亿元，同比增长 370%，在造纸备料行业的市场影响力持续扩大。

工程贸易板块。从零开始，全年开发分布式光伏项目 10 个，开发规模 56MW，其中已顺利建成并网 3 个项目，并网规模 12.32MW。中国福马宁夏振启光伏项目全年完成上网电量 4 470 万 kW·h，取得了较好的经营成绩。

（2）中国国机重工集团有限公司（简称国机重工）“扭亏脱困”稳步推进。2022 年，中国福马坚定履行主体责任，多措并举全力推动国机重工总部债务风险进一步化解。2022 年处置小松常州股权资产，回笼资金 1.9 亿元；洛阳公司、长起公司已进入破产终结阶段，江苏鼎盛重工有限公司及其 2 家子企业已启动退出程序，实现出表；常林公司坚决推进改革方案，现已减员 350 余人，推动资产处置、业务结构调整，经营性亏损明显减少。稳妥处理天管中心工作，依法依规应对“六厂一校”等历史遗留问题；中工工程机械成套有限公司、国际公司经营业绩稳步提升，国机重工整体稳定。与上年同期相比，国机重工利润总额同比减亏 3.31 亿元。总体上看，托管工作已取得重要的阶段性成效。

（3）党建业务融合品牌建设取得积极成效。中国福马党委充分发挥“把方向、管大局、保落实”的引领保障作用，积极开展党建与业务深入融合“一企一工程”党建品牌创建工作。各级领导班子成员结合分管领域和基层联系点开展基层调研，了解基层短板不足和难点问题。中国福马党委走进江苏省泰州市兴化市东罗村开展农机产品调研，深入了解客户需求，掌握一手资料，为切实推进做强做优做大农机装备提供决策参考。各企业党委以重点项目和重要任务为党建品牌创建抓手，开展党建品牌创建工作。林海集团“‘六个一’工作法，助推收获机项目‘加速跑’”，常林公司“‘一二三’党建引领促改革见实效”两个案例入选《国机集团“一企一工程”品牌创建——党建工作与生产经营融合案例汇编》。

4. 持续推进全面从严治党向基层延伸，基层党建工作取得新成效 中国福马党委严格落实全面从严治党责任，坚持党要管党，从严治党，持续推进全面从严治党向基层延伸。

一是制定下发了党委工作要点、纪委工作要点、宣传思想工作要点、团委工作要点，形成工作体系和长效机制，做到党建工作有的放矢。

二是组织开展中国福马班子成员、各下属企业党组织书记、各下属企业班子成员、基层党组织负责人四个层面党建述职评议考核工作，并形成长效机制，落实管党治党责任。

三是对 7 家下属企业进行党建工作现场考核，2 家企业开展自评，对考核评价结果给予反馈，指出党建工作存在的问题，提出了相关工作要求，切实将从严治党向基层拓展、向一线延伸。

5. 不断强化党管干部、党管人才工作，为企业改革发展提供组织和人才保障

（1）在干部选拔和任用上突出选优选强。

2022年，中国福马进行了总部去机关化改革，对总部的机构也进行了改革调整。通过逐级双向选择、竞聘上岗，配强配优总部干部队伍，推进干部交流，共有4名子企业干部到总部交流任职。进一步增强企业活力，提高总部中层干部的总体业务工作水平。

（2）加大优秀年轻干部和后备干部的培养选拔力度。2022年，中国福马召开人才工作研讨会，深入分析管理人才、科技人才、技能人才的现状及存在的问题，部署人才工作努力的方向。为了适应企业发展的需要，中国福马开展推荐优秀年轻后备干部工作，保证企业人才梯队建设。

（3）坚持激励与约束并重，严管和厚爱结合。中国福马结合党建考核、经济责任审计和巡察等工作，对领导干部的苗头性、倾向性问题及时采取相应措施，做到防微杜渐。2022年，根据国机集团要求，中国福马开展靠企吃企、“影子公司”“影子股东”问题专项整治，因私出国(境)、驻外人员审批的自查工作，进一步增强领导干部的廉洁意识，强化对重点领域、关键岗位的监督管理。

（4）选育高层次人才，创新创造活力有效激发。深入实施“人才强企”战略，积极落实国机集团“十四五”人才发展战略，不断壮大高层次科技人才、技能人才规模，提升人才效能。修订完善《中国福马机械集团有限公司科技专家选聘管理办法》《中国福马机械集团有限公司高层次技能专家选聘管理办法》等制度，对集团公司首席专家、技术带头人进行考核。评选中国福马第三届首席专家3名，第一届首席技师3名，为中国福马科技创新、推进高质量发展注入新的动力。

6. 落实“两个责任”，党风廉政建设和反腐败工作成效不断显现 中国福马党委切实履行党风廉政建设主体责任，不敢腐、不能腐、不想腐一体推进，为企业改革发展营造风清气正的良好环境。

（1）深化巡视巡察整改工作，发挥党内监督利剑作用。坚定不移把深化国机集团巡视整改作为重要政治任务，对专项巡视发现的问题进行分解，落实责任部门、责任单位，明确责任人，限定整改期限，相关职能部门发函督办，切实将整改落到实处。按照巡察计划完成对国际公司的常规巡察，实现一个任期内对所属企业巡察工作全覆盖；开展对苏福马公司、镇江中福马公司巡察“回头看”工作，不断巩固巡察工作成果。

（2）健全全面从严治党责任体系，发挥监督效能。中国福马党委加强对党风廉政建设和反腐败工作的领导，纪委协助推进全面从严治党，督促落实主体责任，主动为党委发挥主体作用提供载体、当好助手，不断强化政治监督，做实日常监督，围绕贯彻落实习近平总书记重要指示批示精神和党中央重大决策部署，落实统筹推进新冠肺炎疫情防控和复工复产、国企改革三年行动、总部去机关化改革搬迁等重大任务，全面加强监督检查；协助中国福马党委不断加强对“一把手”和领导班子的管理和监督，通过集体谈话、任前廉政谈话、定期约谈、责任约谈等方式，推动领导干部更好履职担当。

（3）坚定不移正风肃纪反腐。科学研判、及时处置信访举报和问题线索，做到件件有回音，在严肃惩戒当事人、不断做好以案释法的同时，坚持把维护企业利益放在首位，努力挽损止损；持之以恒贯彻落实中央八项规定精神，构建纠治“四风”长效机制。

7. 聚焦中心任务，宣传思想工作凝心聚力 中国福马宣传思想工作坚持围绕中心，服务大局，为公司改革发展加油鼓劲，统一思想、凝聚力量。

（1）不断完善宣传思想工作制度体系。制定下发《中国福马集团公司2022年宣传思想工作要点》，明确宣传思想工作重点，形成宣传思想工作的长效机制，全年宣传思想工作有章可循；修订完善一系列涉及新闻舆论、意识形态、思想政治工作方面的制度，对于夯实宣传思想工作制度基础，提升宣传思想工作制度性和规范性具有基础性作用。

（2）大力开展新闻宣传报道。主要围绕“开门红”、奋战“双过半”、安全生产、冲刺年终目标等工作加强宣传报道，重点就科技创新、融合提升专项行动进行主题宣传。微信公众号新媒体开设“青年素养提升工程”专栏，宣传推送各企业开展青年素养提升工作的各类活动和相关举措。

（3）群团统战各项工作有序开展。各企业结合实际，围绕高层次技能人才、研发人才队伍建设的需要，组织开展各类培训。林海集团举办基层班组管理能力培训班和职工技能提升培训班，提高基层管理水平和能力。常林公司组织骨干员工参加常州市职工技能竞赛，联合合资企业、行业工会成员单位举办“常林现代杯”行业工会焊工比赛，员工的知识、技能得到改善和提高。制定《中国福马机械集团有限公司劳动模范评选表彰管理办法》，开展中国福马劳动模范评选表彰工作。积极组织申报国机集团爱心基金工作，2021 年帮扶各企业困难职工共 50 人，发放爱心款 32.5 万元；2022 年帮扶各企业困难职工 6 人，发放爱心款 4.5 万元。组织统战人员开展座谈交流，为推动企业高质量发展出谋划策，提出各类合理化建议 46 条，直接或间接产生经济效益数百万元。深入推进青年精神素养提升工程，按照实施计划，进一步明确目标任务，安排“四个阶段”（集中学习、传统教育、对标讨论、岗位建功）的重点任务，明确时间节点，提出工作要求。

【信息化建设】

1. 加强网络安全保障 根据国机集团对网络安全工作统一部署、为积极主动应对网络攻击威胁、完善网络安全防护体系、提升网络安全管理水平、强化网络安全应急处置能力，中国福马协调内外专家开展网络安全攻防演习，落实 7×24h 在岗值守机制，积极组织开展网络安全攻防演习各项工作。

为提高全体员工网络安全意识，各单位在网络安全周开展了宣传视频播放并在各楼层张贴宣传海报等宣传网络安全的重要性。中国福马全年组织 3 次网络安全培训，此外组织相关专职人员参加了国机集团数据安全培训。

结合网络安全攻防演习成果，中国福马制定网络安全三年规划方案，明确网络安全建设路线，并本着降本增效原则开展各项工作，有序推进网络安全合规化、服务化、可视化和常态化建设。

2022 年，中国福马全面做好春节、北京冬奥会、北京冬残奥会、党的二十大等重要时期的网络安全保障工作，促进网络安全常态化建设，防范重大活动期间发生网络安全事件，逐步筑牢公司网络安全保障防线，持续完善、自我优化的安全重保管理体系，从根本上提高公司信息化整体安全防护能力。2022 年，中国福马全年未发生网络安全事件。

2. 信息化建设持续深入

（1）协助和支撑国机集团统建系统建设。在国机集团的统一领导和中国福马各级企业的共同努力下，司库系统、涉密信息系统按要求、按计划推进。

（2）各所属企业信息化建设持续深入。不断完善 PLM、ERP、MES 和 CRM 管理系统的深化应用，实现全部产品和全部业务流程的“两个覆盖”，做到横向贯通和纵向打通，覆盖经营订货、技术准备、生产制造、材料采购、产品外包、质量检验、财务及成本核算、物流运输、人力资源、协同办公等主要业务，并结合企业发展和管理需要，持续开展优化完善。

3. 数据管理方面 中国福马结合自身业务战略发展、IT 规划、数据管理现状，积极探索数据治理和数据利用的方式，开展主数据平台建设的相关调研，逐步完善数据标准，提高数据质量，发挥数据价值。到 2022 年年底，该公司已完成调研，拟定以数据中台或业务中台的方式开展相关工作。

【履行社会责任】

中国福马主动担当作为，积极对接国家战略。深入贯彻落实习近平总书记“提高农机装备水平”重要指示，认真领会推进国机集团农机装备高质量发展推进会精神，履行央企责任与担当。坚决贯彻党中央关于全面推进乡村振兴战略的决策部署，2022 年投入帮扶资金 35 万元，消费扶贫 20.51 万元，同比增长 175.7%。

中国福马积极参与精准扶贫定点帮扶工作，2022 年向定点帮扶县——河南省固始县投入帮扶资金 35 万元，采购定点帮扶县农产品 20.51 万元，较上年同期增长 175.7%，为推进乡村振兴、巩固脱贫攻坚成果做出了应有的贡献。

中国福马党委统筹抓好新冠肺炎疫情防控和生产经营工作，各企业积极组织广大党员、干部职工开展志愿服务，参与属地新冠肺炎疫情防控，为疫情防控工作作出贡献。

中国海洋航空集团有限公司

【基本概况】

2022 年，中国海洋航空集团有限公司（简称中国海航）全面贯彻国机集团、国机工程集团年度工作会议精神，坚持“稳字当头、稳中求进”，克服新冠肺炎疫情不利影响，剔除历史遗留问题影响因素后，各主要指标保持稳定。实现营业收入 55.84 亿元，同比增长 12.45%。年度内积极处理历史遗留问题，为企业持续健康发展腾出空间；海南、广东、上海、青岛、秦皇岛等地企业坚决贯彻党中央、国务院、国机集团决策部署，积极落实房租减免政策要求，关键时刻彰显央企担当。

2022 年，中国海航深入贯彻习近平新时代中国特色社会主义思想，深入学习党的二十大精神，坚决落实“疫情要防住、经济要稳住、发展要安全”的总体要求，在国机集团和国机工程集团的正确领导下，锚定全年工作任务不放松，攻坚克难、开拓进取，继续弘扬“求真务实、团结协作、进取有为、追求卓越”的企业精神，坚定不移地推进中国海航“十四五”战略规划落实落地，大力加强市场开拓、统筹谋划转型发展、推进国企改革三年行动、强化总部能力建设，尤其是主动化解重大历史风险，在极端不利的外部条件下推动公司改革发展取得新突破，推动中国海航站在高质量发展的新起点。

深耕区域抢市场，市场开拓更加精准有效。工程业务集中优势资源，深耕区域市场，2022 年，长三角、珠三角、海南地区的工程项目新签约数量多，成效显著，已经占据全部新签约工程合同额的 9 成以上，成为中国海航工程业务市场的绝对主战场。医药健康企业继续加大产能提升的步伐，加快新产品上市的节奏，不断优化品牌的市场影响力，提高品牌附加值。

持续发力促改革，国企改革三年行动圆满收官。按照国务院国资委和国机集团改革三年行动工作部署，中国海航精心组织、稳步推进、重点攻关，全力推进董事会应建尽建、外部董事占多数、落实董事会职权、董事会授权管理、经理层成员任期制和契约化、公司制改制、企业压减、党建经营融合等重点改革任务，按照时间节点要求完成了全部 6 大类 35 项重点工作任务。

对标一流强管理，企业可持续发展能力不断增强。积极参与国机集团对标世界一流管理提升行动。按照实施方案和实施台账，完成战略管理、组织管理、运营管理、财务管理、科技管理、风险管理、人力资源管理、信息化管理 8 个方面 28 项管理目标的提升，全面完成对标世界一流管理提升清单任务。

夯实体系保安全，确保全年不发生重大风险。2022 年，中国海航加强对各类风险点的梳理排查，将防范化解重大风险摆在更加突出的位置，坚持底线思维，守住不发生重大风险的底线。

持续加强总部建设，总部专业化能力不断提升。持续打造经营管理型价值总部。全年大力开展总部去机关化改革，在服务意识、合规管理、工作效率、内控监督和人才培养等各个方面取得较好成绩。

【主要指标】

2021—2022 年中国海航主要经济指标完成情况见表 1。

表 1　2021—2022 年中国海航主要经济指标完成情况

指标名称	2021 年	2022 年	同比增长（%）
资产总额（万元）	512 715.19	563 294.87	9.87
净资产（万元）	107 965.90	107 765.95	-0.19
营业收入（万元）	496 560.22	558 385.13	12.45
利润总额（万元）	6 731.53	-13 769.66	-20 501.19 万元
技术开发投入（万元）	5 130.62	6 733.73	31.25
利税总额（万元）	22 939.34	-124.82	-23 064.16 万元
EVA 值（万元）	3 120.54	-18 998.51	-22 119.05 万元
全员劳动生产率〔万元 /（人·年）〕	21.41	11.00	-48.62
净资产收益率（%）	5.17	-16.54	减少 21.71 个百分点
总资产报酬率（%）	1.70	-2.02	减少 3.72 个百分点
国有资产保值增值率（%）	101.22	75.96	减少 25.26 个百分点

【改革发展】

1. 混改工作取得成效　中国海航通过混合所有制改革制度体系建设，在有效放大国有资本功能、促进公司治理优化、激发企业活力、强化企业科技创新、带动各种所有制经济发展、加强企业党建引领等方面都取得了积极的成效。

（1）促进公司治理优化，激发企业活力。通过混合所有制改革，中国海航实现企业的快速发展。在健全公司治理机制方面，混改企业均设立股东会、董事会、监事会、经理层等法人治理结构，修订完善公司章程、“三重一大”清单和内控制度，各治理主体权责明晰，公司治理进一步完善。该公司全面推行经理层成员任期制和契约化管理，董事会加大对经理层的激励机制，优化调整经营业绩考核政策，加大激励力度和强度，进一步明确约束机制。引入外部董事，优化董事会构成，充分发挥外部董事的积极作用。经营层将董事会的激励约束政策向各层级传导，形成了“想干事、能干事、干成事”的实干创业氛围。企业通过体制变革和制度创新，逐步形成高效的决策机制和管理流程，提升企业对市场的快速反应能力，同时有效激发企业和员工活力。

（2）强化企业科技创新，带动各种所有制经济发展。上海海虹实业（集团）巢湖今辰药业有限公司（简称今辰药业）。混改后，今辰药业加快营销模式转型和品牌培育，建立具有市场控制力的营销体系，形成多层次、可控的市场网络，提升了战略品种的市场规模和终端覆盖率。近年来，今辰药业调整销售品种结构，突出氯化钾缓释片、黄连上清胶囊、阿莫西林克拉维酸钾等高技术重点产品，抓住重点市场，筛选战略客户，持续深化产品、市场和客户结构调整，取得较好的成效。氯化钾缓释片单品种 2022 年市场销售 2.0 亿元，在 2021 年国家第五批药品集采招标中成功中标，为企业经营稳定和高质量发展奠定较好的基础。自混改以来，企业营业收入年均增长 13%，净利润由 2017 年的亏损增长到 2022 年的 5 500 万元以上，盈利能力大幅提升。在品牌建设上，强化“今辰”的推广和宣传，加大宣传投入力度，在央视等主流媒体和全国重点医药交流会宣传推广“今辰”品牌，企业品牌知名度和美誉度进一步提升。

混改后，今辰药业整合股东资源，实现资源共享，建立以市场为导向的规范、严谨、前瞻研发体系，提升企业研发能力。今辰药业不断加大研发投入，根据行业要求和企业产品结构特点，将产品一致性评价工作作为近年来科技研发的重点，周密计划，精心组织，全力推进重点产品的一致性评价工作，截至2022年年底，已有氯化钾缓释片、阿奇霉素胶囊等4个品种5个品规通过国家仿制药质量和疗效一致性评价，研发投入强度2022年已达到7.8%，拥有发明专利15项，实用新型专利13项。

中海（广州）工程勘察设计有限公司（简称广州设计院）。广州设计院成立后，经过5年多的培育，目前已初步储备与甲级资质相适应的设计人才和专业技术人才，拥有一支可以完成水运工程、渔港/渔业工程、生态建设和环境工程、农业工程、建筑工程等领域的专业咨询、设计及EPC总承包业务的技术队伍。

广州设计院成立后获得的资质包括：农业行业（农业工程）渔港/渔业工程乙级、水运行业乙级、水运行业（港口工程、港口装卸工艺）专业甲级、建筑工程施工总承包三级、航道工程专业承包三级、港口与海岸工程专业承包三级、港口与航道工程施工总承包三级、通航建筑物工程专业承包三级、环保工程专业承包三级施工劳务资质。广州设计院整体实力即将迈上新台阶，基本实现中海总局向上游产业链延伸的目标。同时渔港/渔业行业属于小众专业，目前全国拥有乙级以上资质的企业仅有6家（3家甲级，3家乙级），广州设计院是广东唯一一家，有一定的资质和区位优势，已在业内占据一定的市场份额。

2. 国企改革三年行动工作情况 按照国务院国资委和国机集团改革三年行动工作部署，2022年是改革三年行动收官之年，根据“可衡量、可考核、可检验、要办事”的工作要求，中国海航精心组织、稳步推进、重点攻关，全力推进董事会应建尽建、外部董事占多数、落实董事会职权、董事会授权管理、经理层成员任期制和契约化、公司制改制、企业压减、党建经营融合等重点改革任务，按照时间节点要求完成了全部6大类35项重点工作任务。通过开展国企改革三年行动，中国特色现代企业制度更加完善、市场化经营机制更加灵活高效、布局和结构更加合理、党建经营融合更加深入，持续深化改革的能力不断增强。坚持盘活资产、聚焦主业。该公司积极开展瘦身健体工作，全年完成4家企业的工作任务，企业法人减至30家，并将继续压减。

【重大项目】

（1）2022年1月9日，中国海航第四届董事会第六十九次会议审议通过《关于海虹实业所属今辰医药申请处置土地及地上建筑物等资产的议案》。

（2）2022年3月3日，中国海航第四届董事会第七十次会议审议通过《中国海洋航空集团有限公司经营投资尽职合规免责事项清单机制的意见（试行）》。

（3）2022年8月16日，中国海航第四届董事会第七十七次会议审议通过《关于中海工程建设总局有限公司人事调整的议案》。

（4）2022年10月31日，中国海航第四届董事会第七十九次会议审议通过《关于集团总部在国机财务公司办理10亿元综合授信的议案》。

（5）2022年12月14日，中国海航第四届董事会第四次临时会议审议通过《关于将中国中海直有限责任公司12.52%股权无偿划转给中海工程建设总局有限公司的议案》。

（6）2022年12月28日，中国海航第四届董事会第六次临时会议审议通过《关于集团公司对中海总局增加注册资本金3亿元的议案》。

【科技创新】

科技创新能力实现突破，制定印发《科技活动项目管理规定》，促进中国海航科技研发活动开展和技术成果推广应用，全系统实现研发经费投入强度1.2%，实现了考核目标；中海（广州）工程勘察设计有限公司（简称中海设计院）成功完成了水运专业设计甲级资质的申报，完善了水工建设产业链，提升了核心竞争能力；中海工程建设总局有限公司宁波分公司及中海设计院强化科技创新，申报取得了船舶导缆、防撞码头、淤泥清理、污泥处理4项实用新型专利，提升工作效率，增加经济效益。

【安全生产】

一是以本质安全为目标，深入开展“安全生产提升年”专项行动；安全生产专项整治三年行动收官，全面总结治理成果；加强境外安全风险管控，明确管理责任，强化过程监管。二是保障安全生产投入，全年安全生产费用支出6 246.96万元，同比增长25.6%；缴纳安全类保险1 241.01万元，同比增长129%。三是深入开展安全生产隐患排查整治，全年全系统共排查出一般安全隐患1 860项，整改完成率100%，投入治理资金1 607.64万元。四是加强安全生产宣传教育培训力度，有效组织开展各项宣传教育培训活动187次，参加培训人员7 523人，年度全员培训率为147%。五是建立健全应急管理体系，完善应急预案，组织开展55项应急演练活动。

【党建工作】

2022年，中国海航党委以习近平新时代中国特色社会主义思想为指导，深入贯彻落实习近平总书记关于国有企业改革发展和党的建设的重要论述，认真落实党中央、国机集团党委的各项决策部署，深刻领悟“两个确立”的决定性意义，增强“四个意识”、坚定“四个自信”、做到“两个维护”，不断加强政治建设、思想建设、组织建设、作风建设、纪律建设，把制度建设贯穿其中，不断推进党建工作与生产经营深度融合，努力以高质量党建引领企业高质量发展。

坚持以围绕党的二十大胜利召开为党建工作主线，聚焦凝聚思想共识，积极推进各项工作。中国海航党委把迎接党的二十大和学习宣传贯彻党的二十大精神作为重大政治任务，早谋划、早部署，全方位、分层次学习宣传贯彻好党的二十大精神。党的二十大召开后，中国海航党委发挥示范引领作用，第一时间通过党委理论学习中心组、党委会“第一议题”和专题党课等形式学习党的二十大精神，并对宣传贯彻工作进行多次专题部署。结合党建品牌创建、党建与经营工作融合提升以及当前重点工作，组织全级次党务、工会、共青团干部培训班，确保党的二十大精神的学习宣传贯彻实现全覆盖，迅速掀起学习宣传贯彻党的二十大精神的热潮。

坚持以习近平新时代中国特色社会主义思想为指导，聚焦筑牢思想根基，把做到“两个维护”落实到实际行动上。深入开展“建功新时代，喜迎二十大”习近平总书记重要指示批示精神再学习、再落实、再提升主题活动，坚决把学习贯彻习近平总书记重要讲话和重要指示批示精神作为党委会第一议题和党委理论学习中心组学习首要议题。强化问题导向，把学习贯彻同研究解决影响当前企业改革发展重点难点问题相结合，建立党委会定期听取研究推进重点工作和专项工作机制，研究讨论专项整治、新冠肺炎疫情防控、亏损企业治理和历史遗留问题解决等专项工作，主要领导和分管领导亲自督导协调、集中力量推进专班工作问题解决。班子成员深入基层开展调查研究，通过召开党建工作推进会、听取所属企业工作汇报、召开职工代表座谈会、开展谈心谈话等多种形式，深入了解企业存在的问题，提出解决方案并推动问题的解决。

坚持巩固落实全国国有企业党的建设工作会议精神成果，聚焦融合提升，深入推动基层党建工作质量提升。中国海航在完善公司治理中加强党的领导，按照两个“一以贯之”要求，持续完善和落实“双向进入、交叉任职”领导机制，持续优化“三重一大”决策事项清单，落实重大事项党委会前置研究。建立完善经营管理和党建工作月度例会制度，实现党建工作和生产经营同部署、同落实，同考核、同表彰。深入推进党建工作与生产经营“融合提升”专项行动，全面开展“一企一工程”党建品牌创建，全力构建“党建有特色，品牌入人心”的党建新格局，通过一体化、内涵深、特色明、实效好的企业党建品牌和党员活动阵地品牌体系建设，推动党建规章与生产经营的同频共振、互促互进。

坚持党管干部、党管人才，优化人才队伍结构，为中国海航的改革发展提供人力资源保障。深入实施人才强企战略，制定《中国海航人力资源规划（2022—2026）》。加强管理人员人才队伍建设，完成中海航集团国际航运有限公司、中海工程建设总局有限公司等8家企业的董事、监事调整和补充人选工作，对中国海航总部和下属企业的领导班子人选进行调整和补充，共调整和补充人选20人次，新提拔任用2人，进一步优化领导人员队伍的结构。完善干部交流制度，加强干部交流工作，修订印发《中国海洋航空集团有限公司干部交流管理办法》。在中国海航总部和下属企业之间，在党务工作岗位和经营管理岗位之间开展年轻干部交流3人次。实施开展中国海航工程业务区域市场总监岗位竞聘工作，拓宽选人用人渠道，第一批设立8个区域市场，竞聘上岗8名区域市场总监。重视青年干部和人才成长，聚焦主责主业要求和当前专业人才薄弱环节，开展多层次多形式的教育培训和学习交流。

持续深化全面从严治党，聚焦正风肃纪，强化政治生态建设。认真落实中国海航党委部署的各项专项整治工作，持续推进国机集团党委专项巡视和专项检查问题整改，继续深化内部巡察。2022年对上海海虹实业（集团）有限公司和中海国际旅行社有限公司进行常规巡察，并下沉至其下属企业。至此，中国海航党委按照五年全覆盖要求，完成了对中国海航10家二级企业及其下属企业的巡察工作全覆盖。发挥监督作用，强化巡视巡察整改和成果运用，推动监督、整改、治理有机贯通。强化纪检监察工作，认真监督执行。推进大监督工作，树立廉洁用权、廉洁修身、廉洁齐家理念，以好家风涵养好党风、好作风、好企风。加强对“一把手”和领导班子监督，对所属企业党政“一把手”开展集体约谈，支持纪委开展谈话函询、批评教育和开展警示教育。中国海航党委及时专题研究部署全面从严治党、群团、统战、信访维稳、意识形态和宣传思想等工作，持续推进党建述职评议工作和党建考核评价工作，及时修订并落实联系点制度，主要领导带头参加双重组织生活会，带头讲党课。

中国海航所属混改企业切实把加强党的领导与完善公司治理有机统一起来，将党的领导全面融入公司治理，建立健全党的组织，完成党建进章程，充分发挥党建引领作用，建立健全“三重一大”决策机制，将党组织研究讨论作为企业决策重大事项“前置”程序，正确定位党组织、董事会、经理层等各个治理主体的责任，发挥党委把方向、管大局、促落实作用，把好方向关、政治关和政策关，有效划分各治理主体权责边界，充分发挥党组织领导作用、董事会决策作用、经理层经营管理作用，切实做到各司其职、各负其责、协调运转、有效制衡，为企业改革发展提供坚强保障。

【信息化与数字化建设】

一是严格落实网络安全主体责任，顺利完成2022网络攻防实战演习，保障企业网络安全。二是聚焦主营业务，组织数字化转型情况调研，开展以BIM为基础的智慧工地建设，同时推进智慧药厂建设，推动企业数字化转型。三是广泛使用视频会议系统，全年通过视频会议系统召开或参加280余次会议，节约会务成本约50万元，切实实现降本增效。四是开展涉密信息系统建设，完成总部涉密环境改造，加强涉密要害部位的识别和涉密人员的管理，顺利通过现场测评。

【履行社会责任】

中国海航坚决扛起政治责任，履行央企责任担当。坚持新冠肺炎疫情防控与生产经营两不误。在做好本企业疫情防控的同时，积极协同属地疫情防控，特别是上海、安徽、海南、北京疫情发生后，中国海航基层党组织充分发挥战斗堡垒作用，党员同志充分发挥先锋模范作用，积极投身方舱建设、志愿服务，得到属地政府和群众的普遍好评和多次表扬。积极开展助农纾困，并继续履行定点帮扶社会责任，践行央企担当。为第五届中国国际进口博览会提供高质量服务，下属企业高标准圆满完成多个交易分团官方车辆的服务保障工作，为国机集团交易分团顺利参与第五届中国国际进口博览会提供了强有力的支撑。

中国地质装备集团有限公司

【基本概况】

2022 年，中国地质装备集团有限公司（简称中地装集团）积极应对“需求收缩、供给冲击、预期转弱”三重压力，克服新冠肺炎疫情影响、行业低迷等挑战和考验，贯彻“疫情要防住、经济要稳住、发展要安全”的决策部署，统筹推进经营管理、改革创新、党的建设，年度各项任务顺利完成。

聚焦主责主业，推动企业高质量发展。全面完成“两利四率”考核指标，“十四五”目标任务向纵深推进，持续贯彻落实国家深地深海战略，打造分析仪器、钻探装备细分领域2家“小巨人”企业，形成一个中心、两个园区、三个基地的产业布局。6 家企业成功获评“专精特新”中小企业，新增科研创新平台 2 个，获得省部级以上奖励 3 项，连续 15 年获评科学仪器行业领军企业。

聚焦深化改革，加快推进提质增效。推进国企改革三年行动，全面完成 5 大类 42 项具体任务。探索开展中长期激励活动，稳步推进瘦身健体工作，形成 6 家退出企业总体方案，完成 1 家吸收合并实质性工作，减少法人单位 1 家。扎实开展国有产权管理问题专项治理，七个专项行动、合规管理强化年及审计整改等工作取得较好成效。对经理层实施刚性考核与奖罚兑现，首次实施总部中层干部全体竞聘上岗。

聚焦党建责任，提升治理能力兴企水平。明确全年 11 个方面 43 项党建工作任务，压紧压实领导班子成员“一岗双责”。持续贯彻落实国有企业党的建设工作会议精神，推进完善现代企业管理制度，修订“三重一大”决策事项权限 161 项，全面提升决策效率和质量。鲜明“强服务、改作风、解难题”导向，解决职工群众“急难愁盼”问题 12 项。严格落实意识形态责任制，营造改革发展稳定的良好环境。

【主要指标】

截至 2022 年 12 月 31 日，中地装集团实现营业收入 55 163 万元，同比减少 7 380 万元，降幅 11.80%。营业总成本为 65 285 万元，同比减少 3 525 万元，降幅 5.1%。其中：营业成本 35 183 万元，期间费用 28 320 万元，税金及附加 1 782 万元。成本费用总额占营业收入的 118.4%。利润总额 5 880 万元，同比增加 1 975 万元，增幅 50.58%。2021—2022 年中地装集团主要经济指标完成情况见表 1。

表 1　2021—2022 年中地装集团主要经济指标完成情况

指标名称	2021 年	2022 年	同比增长（%）
资产总额（万元）	162 698	159 122	-2.20
净资产（万元）	68 246	70 326	3.05
营业收入（万元）	62 543	55 163	-11.80
利润总额（万元）	3 905	5 880	50.58
技术开发投入（万元）	5 077	5 392	6.20
利税总额（万元）	8 989	10 082	12.16
EVA 值（万元）	2 435	2 977	22.26
全员劳动生产率〔万元 /（人·年）〕	18.4	22.2	20.65

（续）

指标名称	2021 年	2022 年	同比增长（%）
净资产收益率（%）	4.1	4.8	增加 0.7 个百分点
总资产报酬率（%）	2.9	3.9	增加 1.0 个百分点
国有资产保值增值率（%）	105.4	106.5	增加 1.1 个百分点

【重大项目】

1. 重大投资项目 投资总体情况。2022 年度中地装集团实际完成投资额 960.48 万元，全部为固定资产投资。

固定资产投资主要项目。国机集团重庆地质装备产业园建设项目，截至 2022 年年底累计完成投资 22 702.53 万元，并于 2022 年年底完成竣工结算工作。国机集团重庆地质装备产业园的建成使用，极大地改善了企业生产条件，提升了企业制造能力，促进了企业转型升级发展，为中地装集团持续有力发展提供了良好的基础条件。

国机集团张家口地质装备产业园建设项目，截至 2022 年年底累计完成投资 18 567.62 万元，2022 年实际完成投资 284.14 万元，主要用于支付工程及设备尾款。

中地装重庆探矿机械有限公司（简称重探公司）新园区建设生产设备投资项目，截至 2022 年年底累计完成投资 1 260.77 万元，2022 年实际完成投资 69.23 万元，主要用于新购设备、搬迁设备大修及搬迁期间产品储备生产资金。

北京海光仪器有限公司（简称海光公司）购买技术使用权项目，截至 2022 年年底累计完成投资 150 万元，2022 年实际完成投资 60 万元，新技术引进加快了企业产品研发速度，扩宽原有产品线。

2. 老厂土地盘活 重探公司、中地装（重庆）地质仪器有限公司（简称重仪公司）土地盘活有序推进，重探公司完成了征收协议签订，两家企业按协议约定的进度收回土地盘活资金。

【市场营销】

中地装集团各企业主动跑市场抓订单，抓签约促成交。海光公司 HGF 系列原子荧光光度计荣获我国“仪器设备十大新锐产品”称号；原子荧光光度计、液相色谱－原子荧光联用仪、直接进样测汞仪、连续流动分析仪 4 项产品被评为“第四届百台国产好仪器”；中地装（北京）科学技术研究院标准油气顶驱切入非常规油气勘探技术，成功应用于山西煤层气定向井施工项目；中地装张家口探矿机械有限公司立轴岩心钻机在山东 3 000m 金矿深孔钻探项目中，刷新全国小口径钻探钻进效率纪录；衡探公司大流量泥浆泵助力实现 1 925m 的河底钻进工程穿越；中地装（无锡）钻探工具有限公司煤田定向钻杆产品订单持续增长；北京奥地探测仪器有限公司重力仪、磁力仪通过中国地震局入网测试；重探公司锚固钻机进入高铁隧道、光伏钻孔等新领域；中机高科环境资源装备有限公司（简称中机高科）依托重庆市乡村振兴局大力拓展了农村人居环境治理市场。此外，在各方协同努力下，实现贸易营业收入 4 138 万元，并获得抽油杆产品外贸订单；物业出租新签与续签合同租金持续增长，全年合同额同比增长 8.93%，出租率达到 93.73%。

【科技创新】

中地装集团顺利通过国家重点研发计划多金属矿岩心钻探关键技术装备联合研发及示范、国家重大仪器专项高精度光热电位分析仪开发及应用示范等项目综合绩效评价；有序推进国家重点研发计划重大自然灾害监测预警与防范、自然科学基金项目复杂地质钻进过程智能控制等项目实施；成功申报国家重点研发计划重点专项高分辨地球电磁特性综合测量系统项目。遴选确定 5 项科技发展基金项目，持续支持 3 项企业自研项目；加强内外部科技研发协同，大力推进国家电网特高压线路工程山区杆塔基础机械化施工装备项目，中国交通建设集团有限公司海洋钻机项目通过验收；积极争取上级项目及资金支持，快速多工艺环境取样钻机及配套系统的研究、适用于高精度相对重力仪的恒温装置 2 个项目被列为国机集团青年科技基金项目。一批科研项目和产品获奖：5 000m 地质钻机研发成果荣获中国地质调查局、中国地质科学院评选的“地质科技十大进展”；履带式全液压锚固钻机获“智博杯”工业设计大赛银奖；HGF-V 系列原子荧光光度计的研发及产业化项目和一种适用于地质勘测的高精度电子重力仪发明专利，分别获得国机集团科学技术奖三等奖、优秀专利奖三等奖。

【改革改制】

圆满完成国企改革三年行动收官要求，5 大类 42 项具体改革工作已全部完成。编制落实董事会职权实施方案，进一步细化完善经理层任期制契约化管理，强化责任。按照“对标世界一流管理提升行动方案”，持续推进企业管理体系及管理能力提升。完成总部中层干部竞聘上岗工作，新的考核办法顺利实施。海光公司员工股权激励改革获得国机集团批复，编制形成股权激励实施方案和员工股权激励管理办法。积极推进瘦身健体提质增效，量身定制各企业实施方案，完成北京霄云鸿晖酒店物业管理有限公司挂牌转让，总部吸收合并中地装（北京）地质仪器有限公司实质性工作大部分完成，物业事业部的实体化运营顺畅。

【主要管理经验】

1. 加强制度建设 全面梳理、修订完善“三重一大”决策办法，细化决策事项权限，建立实行授权管理机制，确保各层级公司治理有效、运行顺畅。加强制度建设维护、闭环管理和执行检查，总部基本管理制度修订 43 项、新建 14 项、废止合并 26 项，持续推进各企业制度体系建设。

2. 加强风险管控和预算管理 持续跟踪关注市场竞争、经济效益、人力资源、改革与业务转型、现金流等方面工作动态变化，强化合规管理，总体风险可控。加强业财融合和全级次、全过程、全方位的全面预算管理，确保年度预算有效执行。

3. 加强信息化建设 加强信息化建设和网络安全管理，完成涉密信息系统建设，参加 HW 攻防演练取得好成绩，进一步优化 OA 系统和流程，提升了管控效率。

4. 统筹做好发展与安全工作 按照“严细实”的要求，落实主体责任，全面开展“安全生产提升年”活动，抓好新冠肺炎疫情防控、节能减排等工作。

【党建和文化建设工作】

1. 聚焦政治引领，全面深化学习贯彻党的二十大精神 中地装集团各级党组织迅速掀起学习宣传贯彻党的二十大精神热潮。认真组织收看党的二十大开幕式，聆听习近平总书记报告。迅速及时组织党委会传达学习、中心组学习研讨，坚持领导学在前、讲在前、干在前，发挥示范引领作用。依托国机集团教育培训资源，举办 6 场全体党员参加的学习贯彻党的二十大精神培训班。开展党委书记讲党课，帮助党员干部深刻领悟党的二十大报告蕴含的新思想、新论断、新部署、新要求。广大党员干部在深入学习党的二十大精神中进一步深刻领悟“两个确立”的决定性意义，增强“四个意识”、坚定“四个自信”、做到“两个维护”，不断提高政治判断力、政治领悟力、政治执行力。各级党组织把学习贯彻党的二十大精神转化成改革发展的具体实践，全力以赴稳经营，全面发力抓创新，稳步有序落战略，真抓实干促改革，改革发展稳定各项工作取得较好成效。

2. 聚焦“融合提升”专项行动，组织战斗力有效提升 中地装集团按照“理论学习 + 岗位实践”双轨并进和“党委 + 支部 + 党员”三方联动的共建模式，聚焦“五融合”，推动“五提升”，扎实开展“融合提升”专项行动；持续推动落实“第一议题”制度，完善公司治理体系，提高中心组学习质量，全年组织“第一议题”传达学习 50 次，中心组学习 8 次，切实加强落实中央决策部署的力度和效能。中地装集团及各企业修订完善“三重一大”决策事项权限表，进一步厘清各治理主体的权责界限，全面推进党组织发挥领导作用组织化、制度化、具体化。2022 年全年完成“融合提升”专项行动重点任务 18 项，分享 10 家企业经验做法。建立“日常沟通、定期梳理、交流互动、督导并行”的工作机制，加强党委督导，激发活力释放动能，切实抓好“一企一工程”党建品牌创建活动。

3. 聚焦管党治党政治责任，推进党建任务落实落细 中地装集团健全完善党建责任体系，持续落实各级党委履行全面从严治党主体责任清单，明确全年11个方面43项党委具体任务，落实任务分解至责任部门，推动党建工作细化、量化、具体化。建立“日常沟通、定期梳理、交流互动、督导并行”工作机制，持续推进全年党建工作任务落实落细。党委会专题研究党建工作10次，严格落实领导班子成员党建联系点制度，不断压实领导班子成员“一岗双责”。开展领导班子成员、各下属企业党组织书记党建工作述职评议，结合新冠肺炎疫情防控要求优化党建考核评价方式，确保问题查找精准，考核定级严谨，整改推进无盲区，不断增强各级党员干部的党建责任意识。持续推动基层党支部标准化规范化建设，以党建信息平台为抓手，按月督导基层党支部严格落实“三会一课”、主题党日活动、民主评议党员等规定动作，结合企业重点任务充分发挥基层党支部战斗堡垒作用。

4. 聚焦党风廉政建设，扎实推动正风肃纪 围绕落实习近平总书记重要指示批示精神和党中央重大决策部署，聚焦“十四五”规划实施、国企改革三年行动高质量收官等重点任务，紧盯综合治理专项行动，防范化解重大风险、“一把手”等关键少数，强化政治监督，做实日常监督，加大办案力度，为改革发展营造良好政治生态。以党的政治建设为统领，坚决扛起全面从严治党主体责任，着力推进全面从严治党向纵深发展。召开全面从严治党会议，对党风廉政建设和反腐败工作进行部署。严格落实党风廉政建设责任制，党委会定期听取纪委工作汇报3次，专题研究党风廉政建设和反腐败工作5次。完成4家企业的巡察工作，跟踪督导发现问题的整改落实，实现被巡察企业全覆盖。签订党风廉政建设责任书、廉洁承诺书26份。运用“四种形态”抓好执纪监督，下发日常监督整改建议书、风险提示函两份，受理举报线索8件次，开展各种谈话、提醒40余人次，诫勉谈话一人次。紧盯关键少数，做细做实“一把手”和领导班子监督，累计开展“一把手”监督谈话22人次，不断强化对权力运行的制约。

5. 聚焦宣传思想文化建设，凝聚发展合力 学习宣传贯彻党的二十大精神，围绕主线、聚焦主业、服务大局，全面展现生产经营、改革发展、党的建设各项工作成效。一是严格落实意识形态责任制，定期研究意识形态工作，加强信息发布审核，营造改革发展稳定的良好氛围。二是组织开展爱心一日捐以及爱心基金申报，落实好重要节日职工福利、定点乡村振兴资金帮扶以及消费扶贫产品采购发放工作。三是开展各类文体活动，活跃企业氛围。总部及各企业积极开展各类丰富多彩的文体活动，丰富员工精神生活。四是持续抓好基层团组织建设，积极开展青年素养提升工程和“青马工程”。

中国机械工业建设集团有限公司

【基本概况】

2022年，中国机械工业建设集团有限公司（简称中机建设）坚持以习近平新时代中国特色社会主义思想为指导，全面学习、全面把握、全面落实党的二十大精神，坚决落实“疫情要防住、经济要稳住、发展要安全”的要求，落实国机集团和中国机械工业工程集团有限公司（简称国机工程集团）工作部署，圆满完成全年各项目标任务。

国企改革三年行动圆满收官，“两非”剥离

按要求完成，修订中机建设总部企业决策事项及权限表，干部竞聘上岗、用工市场化改革持续推进，全员考核导向、激励机制更加科学，治理能力进一步提升。完成全级次 72 位经理层成员任期制契约化签约工作，夯实刚性考核兑现和岗位退出等工作基础。

立足新发展格局，转型发展取得新成效。立足新发展格局深耕“八大区域”，着力打赢山东、川渝、粤港澳 3 大区域攻坚战。EPC 转型成绩斐然，扎实推进工程总承包五大能力提升工程。业态转型有新进展。成立投融资事业部，配合丽水白桥双创中心项目完成融资事项，带动工程总承包 17 亿元。板块转型持续巩固，三大业务板块持续巩固，加强生态环保低碳业务开发。项目执行模式持续改进。完善项目管理体系，以成本为主线改进监管体系，强化采购分包管理，项目执行标准化、精细化水平有所提高。数字化转型稳步推进。召开数字化转型推进会，加强顶层设计，项目管理系统正式上线；BIM 技术应用取得新成果，获得各类 BIM 大赛奖 4 项。

积极融入国机工程集团，业务协同成果丰硕。积极与国机工程集团各成员单位开展业务交流和业务协同，通过内部协同、合作开发，全年中标项目 16 项，中标项目金额 55 亿元，其中牵头合作项目 3 项，中标金额 20 亿元；与国机工程集团合作项目两项，中标金额 17.78 亿元，取得良好协同成效。

推进五支人才队伍建设，落实人才战略。印发《人力资源规划实施方案》，实施六项人才工程，持续建强五支人才队伍，全系统新增各类注册人员 116 人，其中一级注册建造师 95 人；国机集团党委新提拔优秀年轻干部 21 人，进一步使用 2 人，通过公开竞聘上岗 16 人，参加国机集团线下专业培训 6 393 人次，参加线上学习 99 182 学时。

质量效益持续提升。强化成本费用管理，3 项费用（销售费用、管理费用、财务费用）同比减少 4 571 万元，下降 9.02%。推进“两金”压降，加强收款和现金流管理考核。货币资金 2022 年年初增长 27.4%，带息负债下降 23.3%。持续开展亏损治理，亏损额同比下降 56%。

内控合规管理再上新台阶。全面完善制度体系，制定修订规章制度 90 项，汇编 252 项。持续完善合规体系建设，顺利解禁世界银行制裁，获得国内首张 ISO 37301：2021、GB/T 35770—2022 双标准的合规管理体系认证证书。

中机建设 3 类问题项目整治取得良好成效。4 个项目成功化解亏损风险；3 个项目通过诉讼成功追讨项目款共 7 000 万元；12 个长期未结算项目完成结算；10 个项目完成工程款回收，结算金额 7.99 亿元，收款 4.8 亿元，有效化解项目风险。

2022 年全年未发生违反国家安全生产法规和行业标准的生产安全事件，未发生从业人员伤亡的生产安全事故，未发生职业病伤害事件，荣获国机集团安全生产单项奖。

【主要指标】

2022 年，中机建设资产总额 77.43 亿元，全年营业收入 111.54 亿元，利润总额 1.34 亿元。成本费用占营业收入的比重为 98.25%，经济增加值（EVA）21 701.81 万元，净资产收益率 9.83%。2022 年完成合同成交额 224 016.18 万美元，完成进出口总额 552.46 万美元。

项目履约情况良好，截至 2022 年 12 月底，全系统在建项目 666 项，实现企业总产值 110.08 亿元，其中境内项目实现产值占总产值的 91.92%，境外项目实现产值占总产值的 8.08%。完工项目获得项目业主好评。2021—2022 年中机建设主要经济指标完成情况见表 1。

表 1　2021—2022 年中机建设主要经济指标完成情况

指标名称	2021 年	2022 年	同比增长（%）
资产总额（万元）	702 062.36	774 309.96	10.29
净资产（万元）	119 103.33	126 752.68	6.42

（续）

指标名称	2021 年	2022 年	同比增长（%）
营业收入（万元）	1 150 297.80	1 115 415.53	-3.03
利润总额（万元）	15 801.10	13 436.64	-14.96
技术开发投入（万元）	24 450.57	23 392.12	-4.33
利税总额（万元）	18 497.67	16 620.82	-10.15
EVA 值（万元）	21 927.64	21 701.81	-1.03
全员劳动生产率〔万元 /（人·年）〕	18.39	19.75	7.40
净资产收益率（%）	9.44	9.83	增加 0.39 个百分点
总资产报酬率（%）	3.68	3.49	减少 0.19 个百分点
国有资产保值增值率（%）	110.04	113.01	增加 2.97 个百分点

【2022 年大事记】

1. 中标广元雪峰璀璨滨江设计施工总承包（EPC）项目 2022 年 1 月 12 日，中机建设中标广元雪峰璀璨滨江设计施工总承包（EPC）项目。项目总建筑面积约 23 万 m^2，包括新建汽车客运站及客运站办公、商业建筑和住宅建筑等建筑体，项目工期 1 095 日历天。

该项目位于四川省广元市政府规划的最具潜力的东翼片区——利州区大石镇，该镇毗邻广元客运中心，将成为广元最大的交通枢纽中心，以及整个区域的商业、商贸、物流中心，对于推动周边区域商业繁荣具有重要意义。

2. 承建冬奥巨幕安装工程 中机建设承接 2022 年北京冬奥会 420 工程地面舞台系统项目，主要工程内容包括地面舞台系统的钢结构、设备、电气、五环的安装调试及演出保障任务等。其中最引人注目的当属“冰立方”和“冰瀑”。

“冰立方”长 22m，宽 7m，高 14.25m，重约 400t，五环置在其中。“冰立方”在升起之前藏在一个长 84m、宽 42m、深 10m 的地仓里，整个舞台面积超过 2 万 m^2，施工团队在地仓中完成 1 000 多 t 演出设备的安装，创下国内舞台演出系统之最。项目团队在冬奥会闭幕式和冬残奥会开闭幕式中做好改造和调试保障服务，为舞台效果的完美呈现贡献力量。

3. 下属两家企业获高新技术企业证书 中机建设下属中国机械工业第五建设有限公司（简称中机五建）、中机建（上海）钢结构股份有限公司（简称中机钢构）相继获安徽省及上海市两地科学技术委员会、财政局、国家税务总局地方税务局颁发的高新技术企业证书。

这标志着中机建设、中机钢构的高新技术研发能力、科技创新实力、研发费用投入及成果转化能力等核心指标得到国家相关部门认可，为企业高质量发展奠定良好基础，也进一步提升企业的行业影响力。

4. 中标万华（蓬莱）新材料低碳产业园基础设施施工总承包项目 中机建设中标万华（蓬莱）新材料低碳产业园基础设施施工总承包项目，项目位于山东烟台黄渤海新区，总规划面积 25km^2，建设内容包括办公楼、综合楼、研发中心及公用管廊、园区道路、水电气暖等附属配套设施。万华（蓬莱）新材料低碳产业园区是山东烟台 2022 年度重点建设项目，对于推动黄渤海南岸经济建设、促进山东化工行业发展具有重要意义。

5. 援赞比亚玉米粉加工厂项目竣工获多家主流媒体报道 由中机建设承建的援赞比亚玉米粉加工厂项目竣工移交仪式于 2022 年 6 月 3 日在赞比亚首都卢萨卡举行。中国驻赞比亚大使杜晓晖、经济商务参赞刘国玉、赞比亚国防部长安布罗斯·卢富马等多名高级别官员出席仪式。

项目于 2018 年 12 月 30 日正式开工，秉承适用、经济、绿色、美观的理念，力求在赞比亚打造玉米粉加工示范厂区，3 个厂区都具有用地紧凑、布局合理、功能完善、工艺先进、流程顺畅、加工高效等特点。各厂区从原粮收购、清理、存储到生产加工，最后到玉米粉成品产出打包等均实现了整个生产过程的全自动化。项目建设期提供400余人就业岗位，运营后可提供共计300个直接和间接岗位，并累积培训赞比亚方技术操作人员300人次。作为集勘察、设计、采购、施工、安装及调试的交钥匙工程，中方将承担未来3年的技术支持。

6. 喜获数个奖项 凭借优质、高效的履约，中机建设深圳区域多个工程项目赢得业主及各方的广泛认可。深圳光明新区文化艺术中心项目荣获2022年度广东省建设工程金匠奖及2022年度广东省建设工程优质奖；深圳东部环保电厂工程荣获2022年度中国电力优质工程奖。在中国工程建设焊接协会公布的“2022年度强化全面焊接质量管理，创建优秀焊接活动”表彰决定中，中机建设申报的6项工程获奖，其中4项工程获评全国优秀焊接工程一等奖，2项工程获评全国优秀焊接工程奖。

7. 与莲都区人民政府签署央地战略合作框架协议 签约后，中机建设正式成为莲都区的城市合伙人，不断推进优势资源在莲都深耕布局，重点围绕数字经济、美丽健康、半导体集成电路、新能源等产业，共同推进相关领域重点项目的落实落地，深度推进碧湖新城产业集群化发展，以央地合作的方式将碧湖新城打造成百万人口大城市决胜之地、跨越式高质量发展动力之源、青年创业向往之城。

8. 白俄罗斯农工综合体项目投产 2022年11月4日上午，白俄罗斯总统卢卡申科、中国驻白俄罗斯大使等视察白俄罗斯农工综合体项目，业主举行隆重的投产仪式，中方参建各方代表及业主各车间员工受邀参加投产仪式。项目地点位于白俄罗斯首都明斯克州普霍维奇斯基区，总面积约160hm^2。项目二期由中机建设施工总承包，施工范围包括核心生产工艺淀粉区、氨基酸区、铁路附属系统、消防站、净水站、综合实验楼等14个子项。该项目作为白俄罗斯实现“绿色经济”的典型案例，建成后能为当地创造2 000多个就业机会，将填补白俄罗斯在生物科技领域的技术空白，为实现进口替代和产品出口创造全新价值。

9. 获得全国第一张合规管理体系ISO+GB认证证书 2022年，中机建设获得中国质量认证中心（CQC）颁发的ISO 37301：2021、GB/T 35770—2022合规管理体系认证证书。这是《合规管理体系要求及使用指南》（GB/T 35770—2022）发布后颁发的全国第一张ISO+GB认证证书。

该公司按照国务院国资委统一部署，组织开展合规管理强化年等工作，合规管理体系职责分工更加明晰、机制运行更加顺畅、合规意识更加牢固、风险防控更加有效。在《中央企业合规管理办法》发布后，即提请中国质量认证中心对集团下属企业进行合规管理培训、差距分析和审核工作，并获颁全国首张ISO+GB认证证书。

10. 中标丽水市莲都区白桥双创中心总承包工程 中机建设与国机工程集团成员企业——中国联合工程有限公司共同中标丽水市莲都区“十四五”重大关键性项目白桥双创中心南区地块总承包工程。此前中机建设与莲都区政府已签署战略合作框架协议，公司将紧抓发展机遇，蓄势聚能推动各项工作稳步开展，竭诚服务丽水高质量发展，为丽水地方经济发展做出央企贡献。

【生产经营】

1. 区域经营转型走深走实 紧跟国家区域协调发展战略，中机建设抢抓“适度超前基础设施投资”和“推进以县城为重要载体的城镇化建设”等政策机遇，充分利用现有八大区域经营布局，推进区域经营发展规划的落实落地。积极开展央地对接，加大区域重大项目推进督导力度。确立目标战场，组织开展川渝、山东、粤港澳三大区域攻坚战，创新管理模式，出台川渝、山东区域分公司与子公司一体化运营管理方案，加快山东区域法人子公司落地进程，完成深圳子公司迁址，区域经营成效持续巩固。

2. 工程总承包转型稳步推进 中机建设扎实开展工程总承包推进提升活动，组织工程总承包营销培训，健全工程总承包管理体系，推进工程总承包示范工程建设。整合国机集团设计资源，推动总部工程设计研究院业务转型，加快形成设计优化和设计管理能力，补强设计短板，为工程总承包转型提供有力支撑。

3. 业态与板块转型持续巩固 中机建设工业工程板块、公共与民用建筑板块、基础设施工程板块分别占比35%、41%和24%，三大业务板块持续巩固，稳定公司发展的基本盘。2022年，该公司深化投融资业务改革，设立投融资事业部，完善人员配置和激励机制，进一步加大投融建业务开发力度，推动丽水白桥双创中心项目融资事项，成功撬动工程承包签约。

4. 加快项目执行模式转型 中机建设持续深化项目执行模式转型，完善项目管理体系，以成本管控为主线完善监管体系，强化采购分包管理，加强项目成本费用预算管理和项目成本动态监控分析，以提高项目执行质量和效益。

（1）完善项目管理体系，组织开展全系统项目管控体系研讨，以问题为导向，查缺补漏，按项目管理的3个层级、4个阶段梳理项目全过程控制要点，不断完善项目控制管理工作。聚焦项目履约过程“事中控制”，明确项目履约评价细则，为项目规范执行提供制度保障。

（2）以成本费用管理为核心，以项目管理信息系统建设为抓手，建立精细化、标准化成本管理体系；进一步完善分类分级管理责任体系，加强分包分供合同履约管理、签证变更控制和结算管理；加强对重点项目的现场巡检，防范化解项目执行风险。

（3）进一步提升规范采购管理工作。编制发布《招标采购文件示范文本汇编》《采购合同示范文本汇编》，提升采购管理标准化水平；发布《采购管理行为负面清单》，组织采购工作培训，进一步规范采购从业行为；持续推进国机集团层面集中采购工作，完成钢筋集中采购、工作服集中采购工作、零星物资平台化采购等，不断实现降本增效；落实分包分供商履约保证制度，不断提升控制力。

（4）加强项目目标责任制管理，完善项目超额利润分配机制，强化项目核心团队成员个人绩效和项目收益挂钩的激励导向，不断激发项目微观主体活力。

5. 推动“三类项目”处置 中机建设聚焦涉诉、潜亏和长期未结算这3类问题项目成立专项处置工作小组，梳理项目清单，明确处置责任单位和责任人，并逐项分析原因，提出处置对策，设立处置目标。定期召开专题会议，推动逐项解决，切实防范化解项目风险。通过采取各项有效措施，化解4个潜亏项目的风险。3类项目处置工作为公司“两金”压降、防范化解项目风险提供强有力的支撑。

【改革发展】

1. 实现国企改革三年行动圆满收官 中机建设积极落实国务院国资委国企改革三年行动部署要求，全面完成61项清单任务，国企改革三年行动圆满收官。一是按照中国特色现代企业制度建设要求，不断加强董事会制度建设，进一步优化企业各治理主体决策权限。二是完成全级次72位经理层成员任期制契约化签约工作，进一步完善岗位聘任协议书、年度考核责任书及任期考核责任书（三书）相关文本的规范化、科学化、精准化，夯实刚性考核兑现和岗位退出等工作基础。三是加快健全市场化经营机制建设。在收入能增能减方面，持续完善考核激励机制建设，修订《下属企业经营业绩考核管理办法》《直管分公司与总部业务机构年度经营业绩考核办法》等多项制度，组织开展全系统考核激励机制创新研讨会，进一步强化收入与绩效挂钩导向。四是注销中机建（德阳）钢结构有限公司，陕西三安环保节能科技有限公司、天津中机建设工程设计有限公司与托管平台签订产权托管协议，阶段性完成“两非”企业剥离专项工作。

2. 积极推进瘦身健体工作 按照国机集团“十四五”瘦身健体工作要求，中机建设成立瘦身健体工作组织机构，完善工作机制，制定具体工作计划，层层落实主体责任，组织召开“十四五”瘦身健体专项推进会。目前共有10家企业被纳入第一批“十四五”瘦身健体工作中。2022年启动江苏三安工程机械有限公司吸收合并江苏百泽安贸易有限公司、陕西三安环保节能科技有限公司挂牌转让程序，完成经济行为决策批复、外部审计，启动评估立项和评估备案流程；大力清理未开展业务境外机构，完成沙特分公司注销程序，实现中机五建缅甸分公司境外注销公示。针对蒙古公司、阿曼公司清理中面临的历史遗留问题，向商务部申请，完成了注销程序，积极推进境外现场清理工作。

【科技创新】

中机建设依托在建项目积极开展技术创新和特色优势技术培育工作，其中包括深基坑支护及开挖、超重超大设备双机抬吊起重、BIM 5D+ 智慧工地技术应用、绿色建造、装配式建造等技术，广泛应用《建筑业 10 项新技术》。2022 年全年立项科研课题 107 项，结题 76 项，科技投入 2.7 亿元。

深圳光明文化艺术中心项目获得中国建设工程鲁班奖，深圳市东部环保电厂项目获得国家优质工程奖；获得授权专利 69 项，其中发明专利 8 项；修订和发布《技术创新和质量创优奖励规定》等 11 项制度，获得省部级科技奖 8 项，其中科技进步奖 3 项；主持修订国家标准 3 项；评选出企业级优秀施工组织设计 9 项，优秀施工方案 12 项，企业级科技进步奖 9 项，施工工法 22 项。

强化全面质量管控，防范重大质量风险，该公司 2022 年全年未发生重大质量风险和质量事故。全年累计鉴定验收 151 个工程项目，一次交验合格率为 100%，顾客满意度 96.5%。2022 年荣获省部级及以上质量奖 21 项，其中国家级奖 4 项；省部级奖 10 项，其中省优质工程奖 3 项、电力行业优质工程奖 1 项、全国优秀焊接工程奖 6 项（一等奖 4 项）；QC 成果奖 7 项。

【主要管理经验】

1. 持续推进五支人才队伍建设 中机建设积极开展六项人才工程，印发《人力资源规划实施方案》，组织召开专题宣传贯彻会。依托人力资源管理信息系统，建立各专业人才库，发布公司采购人员、项目经理、项目技术负责人及项目安全经理四类人才库。建立市场开发人才名录，发布造价审价授权人员短名单。各单位重视人才队伍建设的意识进一步提高，国机集团党委统一领导，上下联动、齐抓共管的人才工作格局已初步形成。

2. 开展财务专项提升行动 中机建设贯彻落实《国机集团财务管理提升三年行动方案》，财务专项工作取得诸多成效。

（1）提高全面预算管理水平。强化预算执行动态管控，定期分析、通报预算执行情况。

（2）持续开展亏损治理。落实亏损企业制定治亏工作方案，建立亏损企业月报跟踪汇报制度，按月动态监控亏损企业治亏扭亏情况。防微杜渐，约谈部分潜在亏损企业，部署防亏工作举措。

（3）狠抓资金集中管理。中机建设可归集口径资金集中度达到并保持在 85% 以上；扭转 2021 年年末经营现金净流出的状况，增强了企业抵御风险的能力；进一步拓展银企合作渠道，积极推动子企业融资“免担保”，2022 年全系统担保余额较年初压减 31.9%；公司为下属企业争取国机财务公司无担保授信（融资），进一步降低担保风险。

（4）压控企业负债规模，防范财务风险，多措并举降低融资成本。中机建设 2022 年年末带息负债较 2021 年年末下降 28.2%；平均带息负债融资成本率较 2021 年的 4.6% 减少 0.9 个百分点；2022 年年末资产负债率超 70% 的管控子企业数量 17 家，较年初 19 家压降 2 家，完成国机集团下达的专项任务。对各单位担保管理情况进行月度动态跟踪，严禁新增违规担保。

（5）加强“两金”压降。中机建设预算批复下达“两金”管控目标并纳入考核；进行“两金”月度监控，对于偏离目标较大的，结合预算执行情况分析及时提醒。2022 年年末非正常“两金”余额完成较 2019 年年末下降 50% 以上的目标。

3. 加快信息化建设，持续推进数字化转型

（1）项目管理系统成功上线运行。作为 2022 年度数字化转型重点工作，经历项目策划、业务调研、方案编制、系统部署、业务适配、应用培训、数据初始化七大关键节点，项目管理信息系统于 2022 年 12 月 20 日正式上线运行，实现项目全生命周期的业务管理标准化，做到项目数据“数出一源、一源多用”，未来将推广全系统、全级次应用，为中机建设构建一体化运营管控系统、加快数字化转型推进打下坚实基础。

（2）持续推动数字化建造技术应用。中机建设以项目全过程施工管理BIM应用和机电深化设计为重点工作任务，加强BIM人才建设，更新BIM技术应用硬件和软件设施。威盛武汉研发中心项目、衡阳动力电池项目等5个项目持续开展BIM示范工程，山东省烟台护士学校等多个项目应用BIM 5D+智慧工地软件，持续推进业务数字化转型。该公司参加国机集团第二届BIM大赛，荣获团体赛三等奖。中国机械工业第二建设集团有限公司、中国机械工业第四建设工程有限公司、中机五建合计荣获省部级BIM奖4项。

（3）优化人力资源管理系统和门户集成系统。在人力资源系统中搭建五支人才队伍库，完善人力资源状况、人员配置等数据库。在门户集成系统增加风险警示台和法律诉讼申报功能，调整标后信息完善流程，通过集中管控和分级授权，进一步优化信息共享。

（4）发布《企业信息化编码标准》。统一数据标准和规则，完成门户集成平台与人力资源系统、项目管理系统、集中采购系统的单点登陆和业务单据集成工作。配合国机集团完成年度司库系统建设任务，实现司库系统在规定时间节点上线应用。

（5）完善国机集团网络安全应急响应机制。国机集团全系统首次参加公安部统一指挥的网络安全攻防演习，演习过程整体平稳，除中国机械工业第一建设有限公司OA系统因弱口令整改不到位被攻陷外，没有发生其他失陷行为。网络攻防演习全面验证中机建设整体网络安全及应急响应能力，对完善公司网络安全应急响应机制、提高技术防护能力具有重要意义。

4. 合规管理迈上新台阶 2022年，中机建设制定“合规管理强化年”工作方案，更新规章制度库，加强规章制度宣传贯彻和考试，促进管理工作科学化、制度化和合规化。按季度召开合规管理工作例会，开展重要合规风险评估，组织开展境内境外经营业务合规管理问题专项治理工作，如期解除世界银行制裁，受世界银行邀请加入世界银行合规导师计划。获得中国质量认证中心颁发的全国首张ISO 37301：2021、GB/T 35770—2022双标准合规管理体系认证证书。

5. 投资管理审慎从严 中机建设修订印发《投资管理办法》，进一步完善投资项目全过程管理。加强投资计划管理，严格投资项目筛查，建立投资项目月报机制，及时掌握项目实施过程中出现的问题。加大违规投资问题整改力度，对违规投资单位下达警示通报批评，责令整改。强调投资主体责任制，严控非主业投资。发布《参股股权管理规定（试行）》，规范参股企业经营管理，及时完成商标字号的更名整改，持续推进国有产权补登记工作。制定参股投资亏损或非持续经营、3年未分红、新增亏损整改方案并推进实施。

6. 审计监督持续强化 中机建设认真落实年度审计任务，完成审计署对国机集团张晓仑董事长经济责任审计各项任务。完成2021年内部审计发现问题的整改验收销号；2022年内部审计共发现问题385项，完成年度应整改的169项任务。该公司建立健全审计发现问题整改长效机制，统一制定年度审计计划，统筹调配全系统审计资源，统一规划和分配下属单位审计任务，“以审代训”锻炼审计队伍，促进审计人员之间的沟通交流，提升审计人员业务能力。将审计整改工作情况上报国机审计信息系统平台，加强公司各职能部门审计整改垂直监督机制。结合审计发现的问题，及时完善公司相关制度流程，建立长效管控机制。

7. 去行政化持续推进 总部各职能管理部门按照“积极服务、有效管理、精准施策、规范高效”的要求，优化业务审批流程，编制发布《总部职能部门业务办理时限清单》，进一步提升管理效率。创新方式多措并举提高会议效率，要求会议主题明确，议程具体规范，突出重点，开短会；精简发文数量，提升公文处理速度，全面提高发文质量；围绕重大项目承接实施，加强服务支撑；针对2022年度调研发现的子公司实际困难和问题，组织调研成果交流会议，制定措施，明确责任，提高调研工作的针对性、时效性和指导性。

8. 做实做细安全管理，荣获国机安全生产单项奖 2022 年，中机建设深入贯彻学习习近平总书记关于安全生产重要论述和安全生产十五条硬措施，落实开展事故隐患大排查大整治，巩固提升安全生产专项整治三年行动成果，继续完善落实全员安全生产责任制和安全生产规章制度。加强安全生产标准化建设，完善落实安全生产风险分级管控和隐患排查治理双重预防机制，加强境外项目安全保障管理机构制度建设，全面提高安全生产能力，全年安全管控平稳有效，未发生违反国家安全生产法规和行业标准的生产安全事件，未发生从业人员伤亡的生产安全事故，未发生职业病伤害事件，荣获国机集团安全生产单项奖。

9. 防范化解风险，保障高质量发展

（1）重大风险纠纷妥善化解。中机建设贯彻落实国机集团《重大经营风险事件报告工作规则》，完善风险管理体系建设，制定《风险管理办法》《重要合规风险识别清单》，评估年度重要风险，有效识别风险，建立风险报告工作机制。该公司推动历史重大法律存案处置，每季度召开重大案件专题会议，加强总部对下属企业重大案件推进情况的督导，持续建立典型案例的风险预警机制，组织培训宣传贯彻，分析总结管理漏洞，披露法律风险点，达到“处理一案、警示一片”的效果。该公司通报违规经营共性问题，发布项目管理提升建议书，以案为鉴、以案促改，发挥警示震慑作用。

（2）经营运行风险有效防控。中机建设持续完善优化项目承接风险评估机制，修订营销负面清单，细化评审材料，规范评审程序，有效防控项目承接风险，提高项目前期经营质量；组织召开国务院国资委采购风险提示问题约谈会，督促立行立改，并建立长效机制；组织境外腐败专项治理“回头看”，对境外佣金、违规设立境外机构加大追责问责力度。

（3）纪检巡察深入开展。中机建设建立健全以党内监督为主导的大监督体制机制，将纪检监督、巡察监督与其他各类监督贯通融合，组织开展对“四风”八规、落实国企改革三年行动、“十四五”规划实施、境外腐败治理、“严肃财经纪律、依法合规经营”综合治理专项行动、“三类问题”项目处置、审计发现问题整改、安全生产、新冠肺炎疫情防控等工作的监督检查，共发出纪检建议函 6 份，办理问题线索 9 件，综合运用第一种形态两人次，立案审查 6 人；强化标本兼治，系统梳理监督检查中发现的典型问题，抓好问题整改和成果运用，把整改情况作为领导班子综合考核、干部考核评价、选拔任用的重要依据；进一步完善巡察制度体系，持续优化工作流程，完成全系统常规巡察全覆盖，组建专项巡察组，对广东分公司、山东分公司开展项目专项巡察，组织实施对下属单位党组织巡察反馈问题整改“回头看”，有力推动全面从严治党向基层延伸。

【党建工作】

全面学习贯彻习近平新时代中国特色社会主义思想和党的二十大精神。以“四个确保”“三个结合”为重点，在全系统开展学习宣传贯彻党的二十大精神系列活动。加强第一议题学习部署落实，深入开展习近平总书记重要指示批示精神再学习、再落实、再提升主题活动。

持续深化党建业务融合提升。开展“项·心·力”党建品牌创建，制定《项目党建工作手册》，召开项目党建工作交流会，使项目党组织工作开展有标尺、有方向。

加强干部人才队伍建设。印发《人力资源规划实施方案》，实施六项人才工程，持续建强五支人才队伍。全系统新增各类注册人员 116 人，其中一级注册建造师 95 人；国机集团党委新提拔优秀年轻干部 21 人，进一步使用两人，通过公开竞聘上岗 16 人，参加线下专业培训 6 393 人次，参加线上学习 99 182 学时。

扎实推进党风廉政建设和反腐败工作。开展项目巡察、巡察回头看、综合治理等专项行动，紧盯重点领域、关键环节，坚决查处违规经营投资、失职渎职、靠企吃企、设租寻租、关联交易、利益输送等问题。

加强思想教育和宣传工作，发挥群团组织作

用。弘扬主旋律，营造良好舆论氛围，发布新闻235篇，出版内刊13期，经营宣传比重超50%；国机集团新闻采用排名由第12名提升至第8名。

强化职工代表大会作用和企业民主管理，开展联系帮扶机制，帮扶境外员工家属、困难职工和退休老同志。团委通过“百名青年奋斗故事”展播、“青马工程”学员培养、开设微课堂和座谈会等，扎实推进青年精神素养提升工程，党建带团建工作进一步加强。

【履行社会责任】

通过资金帮扶、消费帮扶等方式，参与“央企消费帮扶兴农周”等活动，持续巩固拓展脱贫攻坚成果同乡村振兴有效衔接。中国三安建设集团有限公司开展“雪亮工程”，为定点帮扶村福建宁德元潭村安装光伏路灯、捐赠防疫物资，并通过就业扶贫等方式开展防返贫动态帮扶，2022年元潭村脱贫户人均收入增长6.69%。德阳安装技师学院教育扶贫招录藏区“9+3”学生93人，四川甘孜、阿坝、凉山218名贫困学生享受免费职业教育，举办3期乡村振兴创业致富带头人培训班，帮助在校贫困生申报国家减免学费459.5万元、各级助学金和补助金160余万元。

国机财务有限责任公司

【基本概况】

国机财务有限责任公司（简称国机财务）于2003年7月经中国银行业监督管理委员会批准成立，是具有企业法人地位的非银行金融机构。该公司以“依托集团资源，服务集团发展”为宗旨，坚持“规范、服务、发展、创新”的经营理念，不断深入国机集团成员企业经营链条，努力为国机集团和成员企业提供优质高效的特色金融服务，成功开发并推广融资租赁、买方信贷、票据承兑与贴现、厂商一票通、转开函证、母子公司资金池等一系列创新金融产品，为成员企业的发展提供有力金融支持，深化公司与成员企业合作。

【主要指标】

2021—2022年国机财务主要经济指标完成情况见表1。

表1　2021—2022年国机财务主要经济指标完成情况

指标名称	2021年	2022年	同比增长（%）
资产总额（万元）	4 555 989.45	4 903 663.79	7.63
净资产（万元）	318 550.77	395 488.67	24.15
营业收入（万元）	70 085.39	89 552.14	27.78
利润总额（万元）	40 058.96	39 581.09	-1.19
技术开发投入（万元）	—	—	—
利税总额（万元）	43 438.75	43 566.99	0.30
EVA值（万元）	9 952.88	7 780.75	-21.82
全员劳动生产率〔万元/（人·年）〕	720.43	736.72	2.26
净资产收益率（%）	9.63	8.68	减少0.95个百分点
总资产报酬率（%）	0.96	0.84	减少0.12个百分点
国有资产保值增值率（%）	110.66	109.18	减少1.48个百分点

【经营发展】

面对新冠肺炎疫情、新规出台、市场的考验，国机财务坚持“稳字当头、稳中求进”总基调，坚持服务国机集团、强化平台功能建设，呈现持续向好的高质量发展态势。2022 年年末，该公司资产总额 490.37 亿元，负债总额 450.82 亿元，所有者权益总额 39.55 亿元，实现净利润 3.1 亿元，可归集资金集中度年末首次超过 90%，全面完成年度考核目标。

根据监管意见和国机集团制定的财务公司整合方案，2022 年 11 月中国一拖集团财务有限责任公司经中国银保监会批复解散，与国机财务完成整合。

【服务实体】

国机财务始终坚持以服务实体经济发展作为各项金融服务的出发点和落脚点，着力落实国机集团优化产业布局的发展战略，结合成员企业经营特点和业务需求，不断完善金融产品体系，积极引导金融资源投向国机集团主责主业，持续加大制造、科技、绿色等重点领域的支持力度，特别对因新冠肺炎疫情受困的企业采取适度展期、降低利率、到期续贷等措施，缓解资金压力，促进复工复产。2022 年，该公司累计投放各类融资 265 亿元，为促进实体经济重点领域的发展提供金融服务保障。

【信贷业务】

国机财务制定全面对接国机集团战略的信贷服务策略，强化型企业新增贷款占比达到 91%，信贷结构进一步优化；推出服务国机集团三大主业的专项信贷产品，新增规模 10 亿元，产品体系进一步完善；制定落实国机集团“双碳”战略部署的产品服务方案，提供清洁能源项目建设资金 11 亿元，金融服务与国机集团战略的匹配度全面提升；落实国机集团“降杠杆、减负债”部署，累计置换外部贷款 80 亿元，资金配置能力得到新提升。

【产业链金融】

监管新规出台，国机财务积极调整产业链金融业务模式，及时将融资租赁向买方信贷业务模式转换；同时加强与银行同业合作，根据成员企业经营特点和业务需求，研究代开类产业链金融产品服务模式，进一步稳固成员企业在产业链中的核心地位。2022 年 12 月末，保函及代开函证业务余额 21.79 亿元，同比增长 58.7%；承兑及代开银承业务余额 34.65 亿元，同比增长 166.13%。

【资金业务】

国机财务加强流动性资金管理，将资金安全置于首位，实行资产负债动态平衡管理，跟踪研判市场信息，由“资金月报”升级为“周报 + 月报 + 热点事件跟踪”形式，提高金融市场分析时效性与覆盖面，以多视角探索金融市场分析新体系，实时掌握资金动态和市场行情，合理控制备付资金，多元化配置同业产品，进一步提高资金配置和管理能力。

【投资业务】

国机财务遵循监管政策，坚持审慎投资策略，在分析市场动态的基础上，研究投资新产品。一是优化投资结构：清理股票投资，增加国债、金融债、货币基金等低风险投资占比。二是丰富投资产品：根据公司整体投资业务规划和投资风格定位，在现有债券直投的基础上，开展债券型基金研究和尝试性投资。三是发挥财务顾问功能：协助国机集团发行三期债券，金额共计 50 亿元，助力国机集团优化债务结构，自营认购债券 7.6 亿元，提振成员单位资本市场信用。

【票据业务】

为充分发挥电票系统平台功能，国机财务上线新一代票据系统，实现票据随意分拆和“找零支付”，大幅提高票据结算便利化程度。在提升系统功能的同时，加强同业合作。一是推出银企财三方合作的票据贴现模式，深度融入成员企业产业链，实现新增规模 10 亿元；二是打通电票系统模式下同业代开银承渠道，为成员单位开出 500 万元电子银行承兑汇票。2022 年办理电票承兑 15 305 张，金额 59.74 亿元，同比分别提高 191.97% 和 173.41%。

【外汇业务】

结合国机集团司库体系建设，国机财务加强本外币资金池一体化步伐，协助国机集团成功获批本外币一体化资金池试点资质，成为国家外汇局第二批试点单位，进一步提高跨境资金归集便利性。新冠肺炎疫情管控期间，该公司创设外汇业务临时授权应急处理机制，为成员企业开辟绿色通道，保障业务“不断档”。研究国际金融市场行情，紧盯美联储加息节奏，制定外币配置方案，有效管理外币头寸；跟踪汇率走势，制定外汇风险敞口优化管理方案，提升研究成果转化能力。

【资金集中】

为进一步提高资金归集度，国机财务实现成员企业境内账户“应开尽开”，夯实资金归集基础；以让利型存款报价，提升企业资金归集意愿；以个性化资金归集方案、增加关联交易额度、数据挖潜、专项资金跟踪、资金池服务等方式，扩大存款规模；发挥境外资金查询平台、本外币一体化资金池等服务功能，拓展境外资金归集渠道。2022 年，该公司日均存款同比增长 43%，年末可归集资金集中度突破 90%，超过国机集团财务管理三年行动方案 2024 年 85% 的目标。

【业务创新】

创新始终是国机财务发展的灵魂。根据国机集团聚焦“强化型”业务战略布局，该公司进一步完善信贷产品体系，推出更加优惠便利的“科研贷”“制造贷”“工程贷”“贸易贷”新品种，满足企业专项资金需求，将信贷资源集中投向国机集团主责主业。该公司办理首笔同业代开信用证和电子银承业务，更好地开展产业链金融服务。根据企业个性化需求，该公司开发托收承付、二维码收款等结算品种，为后续司库开展同类业务积累经验。

【改革发展】

1. 风险管理和内部控制 国机财务落实国务院国资委“合规管理强化年”和审计署专项检查，准确把握检查要求，积极配合各项检查，落实整改。对照监管和国机集团制度要求，对现行制度进行分层、分类梳理，检视制度及执行情况，重新构建制度框架体系，进一步完善内控制度体系。强化重点风险管控，制定贸易业务审查要点，严控资金流向融资性贸易；推进信用评级模型建设，控制信用风险；按照风险导向立项 12 个审计项目，强化审计整改机制建设和落实，增强审计监督实效。

2. 人力资源管理 国机财务扎实推进改革发展专项工作，对照国企改革三年行动要求，完善经理层任期制和契约化方案；制定“十四五”人才规划，推进干部梯队建设，加强后备干部培养，班子队伍进一步年轻化，形成老中青架构；优化考核指标，明确考核标准，开展半年绩效面谈，不断完善绩效管理方式方法，逐步优化公司绩效考核体系；完善组织机构和人员调整，新设信息科技部，开展员工轮岗，引进和交流人才，增强人才匹配度、流动性。

3. 信息化建设 国机财务有序推进新系统建设、与中国一拖集团财务有限责任公司系统整合、协助国机集团推进司库系统建设等重点项目，深入推进数字技术应用和数字化转型，在云计算、大数据、人工智能、移动化方面进行技术落地，特别是完成产金业务系统和新一代票据系统上线，涉农金融供给线上化和数字化；完成总分公司系统架构设计，按计划推进总分公司各配套系统改造。

【党建工作】

1. 学习宣传贯彻党的二十大精神 国机财务党委把学习宣传贯彻党的二十大精神作为首要政治任务，通过观看直播实时学、党委部署促进学、领导带头示范学、专题研讨深入学、线上线下同步学、助力经营融合学、创新形式生动学等方式，掀起学习贯彻党的二十大精神热潮，激发全面建设社会主义现代化国家、实现公司高质量发展的昂扬斗志。

2. 党建与生产经营深度融合 国机财务精心打造“金葵花工程”党建品牌、党建智慧融课堂、党员攻关课题实践活动，党建赋能经营工作方向更明；设立党员责任区、示范岗，激发党员干部干事创业热情，攻坚克难，服务国机集团发展，先锋模范作用发挥更实。

3. 支部标准化规范化建设 国机财务党支部由 2 个增加到 3 个，以支部为载体实现前中后台部门的融合互促，创建“三帆”“三心”“同心圆”支部品牌，进一步释放出支部的引领力和战斗力，党建业务融合实现新提升。

4. 工会群团统战工作 国机财务工会、团支部用好文体协会载体，成立合唱、歌舞、乒羽兴趣小组，丰富职工业余生活；“打卡自然 健康We来”特色健步走品牌活动入选国机集团工会优秀案例；开展志愿者活动，关爱留守儿童、购买扶贫产品、助力乡村振兴、慰问单身青年等，群团工作满意度实现新提升；开展统战人士建言献策研讨会，积极将统战人员纳入各项学习研讨交流活动，凝聚公司改革发展强大合力。

国机汽车股份有限公司

【基本概况】

国机汽车股份有限公司（简称国机汽车）是国机集团控股的A股上市公司（股票代码600335）。国机汽车围绕汽车产业链打造“汽车贸易服务+汽车工程服务”两大板块，旗下涵盖汽车进口贸易服务、汽车工程及装备、汽车租赁、汽车整车出口、汽车零售五大业务。2022年国机汽车位居《财富》中国500强排行榜第286位，中国汽车经销商集团百强榜第10名。

2022年，面对日趋复杂的外部环境和新冠肺炎疫情反复的巨大压力，国机汽车以习近平新时代中国特色社会主义思想为指导，深入学习宣传贯彻党的二十大精神，坚决贯彻落实党中央、国务院及国务院国资委决策部署和国机集团工作要求，坚持稳健发展、稳中求进工作总基调，全面贯彻新发展理念，积极服务和融入新发展格局，全力推进“谋战略、稳心态、强风控、提效率”重点工作，保持生产经营稳定运行，取得来之不易的发展成果，实现营业收入395.69亿元；利润总额4.86亿元，同比增长13.35%；归属上市公司股东的净利润3.19亿元，同比增长24%。

【主要指标】

2021—2022年国机汽车主要经济指标完成情况见表1。

表1 2021—2022年国机汽车主要经济指标完成情况

指标名称	2021年	2022年	同比增长（%）
资产总额（万元）	3 009 265.57	3 250 992.27	8.03
净资产（万元）	1 053 886.17	1 119 348.96	6.21
营业收入（万元）	4 394 525.23	3 956 911.26	-9.96
利润总额（万元）	42 835.22	48 553.88	13.35
技术开发投入（万元）	61 251.83	62 516.76	2.07
利税总额（万元）	284 198.77	371 298.88	30.65
EVA值（万元）	5 588.00	7 000.27	25.27
全员劳动生产率〔万元/（人·年）〕	61.69	68.69	11.35
净资产收益率（%）	2.65	2.83	增加0.18个百分点
总资产报酬率（%）	1.76	1.93	增加0.17个百分点
国有资产保值增值率（%）	102.51	104.39	增加1.88个百分点

【改革发展】

2022年，国机汽车坚定不移推进国有企业改革，落实“可衡量、可考核、可检验、要办事”要求，按照系统性推进、清单化举措、定量化督办、穿透式操作、典型性推广的系列工作机制，扎实推进国企改革三年行动各项任务举措落实落地。全面落实“两个一以贯之”要求，推动加强党的领导与完善公司治理相统一，中国特色现代企业制度更加成熟定型；圆满完成低效、无效资产清退，超额完成压减任务，大力推进瘦身健体，突出主责主业成效显著，国有资本布局结构深度优化调整；以价值创造为根本原则，坚持业绩导向设计薪酬分配，有效激发经理层干事创业热情，经理层任期制契约化管理全面落实；坚持正确选人用人导向，完善岗级调整机制，激发员工积极性，3项制度改革取得阶段性成果。伴随国企改革三年行动圆满收官，公司活力和发展信心有效激发，经营更加稳健，有力助推高质量发展。

1. 夯实“横向到边、纵向到底”的管理体系 国机汽车积极应对内外部环境影响和行业市场变化，深入贯彻《国务院关于进一步提高上市公司质量的意见》和国企改革三年行动的各项部署要求，不断完善公司治理结构，全面提升公司治理水平，切实维护投资者权益。国机汽车进一步夯实“横向到边、纵向到底”的管理体系，保证公司内部重大信息的及时传递、归集和披露工作合规有效。

2. 聚焦主责主业、推动数智化升级 国机汽车聚焦主责主业，以“打造世界一流的汽车贸易服务和工程服务企业”为使命，着力推动汽车进口贸易服务、汽车工程及装备、汽车租赁、汽车整车出口、汽车零售五大业务发展。汽车进口贸易服务板块巩固深化存量业务，大力开拓增量业务，不断提升汽车贸易全链条服务质量。汽车工程服务板块市场开拓成效显著，新签合同额、经营收费额双创历史新高。该公司持续攻关核心装备业务重点技术，加强对信息化、数字化、智能化的研究和应用，不断增强汽车工程核心技术装备自研自制和数智化升级优势。

3. 贯彻新发展理念、推动产业结构绿色转型 国机汽车深入贯彻习近平生态文明思想，立足新发展阶段，完整、准确、全面贯彻新发展理念，不断构建新发展格局，坚持系统观念，处理好发展和减排、整体和局部、短期和中长期的关系，提升能源利用效率，优化能源结构，推进绿色低碳转型升级，持续降低单位产出能源消耗和碳排放，推动产业结构绿色转型。

4. 坚持稳中求进、助力企业高质量发展 国机汽车坚持稳中求进工作总基调，围绕“谋战略、稳心态、强风控、提效率”各项工作，坚持党对国有企业的领导，深入推进党风廉政建设和反腐败工作，持续完善风险防控体制机制，严守不发生重大风险的底线，驱动财务价值创造新动能，健全投资管理体系，强化投资风险管控，推进信息化与业务融合，扎实做好安全生产各项工作，为企业高质量发展奠定坚实基础。

5. 构建和谐劳动关系、打造多维度关怀服务体系 国机汽车以合法合规、平等自愿、协商一致为原则构建和谐的劳动关系，坚持把解决广大员工最关心、最直接、最现实的利益问题作为构建和谐劳动关系的出发点和落脚点，围绕增强员工获得感、幸福感、安全感，提升公司凝聚力，打造“普惠＋常态＋精准”的多维度关怀服务体系，营造“快乐成长、快乐工作、快乐生活”的工作氛围，团结动员广大职工为公司高质量发展而努力奋斗。

【重大项目】

1. 投资项目 2022年，国机汽车完成投资73 253.47万元，其中固定资产投资69 753.47万元，股权投资3 500.00万元。全资子公司中国汽车工业工程有限公司（简称中汽工程）以其全资子公司中汽昌兴（洛阳）机电设备工程有限公司（简称中汽昌兴）未分配利润3 500万元转增资本，中汽昌兴注册资本由1 500万元增至5 000万元。

2. 融资项目 2022年12月，根据中国证监会《关于核准国机汽车股份有限公司向中国机械工业集团有限公司发行股份购买资产并募集配套资金的批复》（证监许可〔2019〕384号）核准，国机汽车向中国国有企业结构调整基金股份有限公司、财通基金管理有限公司、诺德基金管理有限公司非公开发行A股股票38 913 341股，股份总数由1 456 875 351股增加至1 495 788 692股，募集资金总额282 899 989.07元。

3. 业务项目

（1）汽车工程服务项目。国机汽车汽车工程业务攻坚克难、逆势而上，新签合同额创历史新高。核心业务（传统工程设计、装备产线制造、EPC等）进一步巩固，获得比亚迪汽车集团高度认可，双方达成战略合作伙伴关系，年度新签合同额超60亿元；成功开拓小米汽车项目设计业务，实现互联网造车市场新突破。全力强攻发展业务［全过程工程咨询、海外业务（装备产线制造）、一体化EPC等］，海外业务中标特斯拉美国、宝马匈牙利、上汽巴基斯坦等多个项目；高端品牌业务向纵深发展，中标北京奔驰、华晨宝马、上海特斯拉等多个项目；汽车零部件EPC项目积极开拓，铸锻EPC业务中标安徽合力股份有限公司、中铁山桥集团有限公司等行业高端客户项目；全过程工程咨询业务快速发展，全年新签9个项目。培育业务［智能化业务（智能制造、智能工厂、智能装备）、新基建、新能源相关业务、三电业务等］进一步加强，智能装备AGV业务总合同额突破4.5亿元，覆盖一汽解放汽车有限公司、中国重型汽车集团有限公司、陕西重型汽车有限公司三大重型载货汽车客户及特斯拉、宝马、比亚迪、上汽、广汽、吉利等众多乘用车品牌，市场占有率、品牌知名度提升；三电业务实现里程碑式增长，承接项目57项，同比增长120%，单个项目合同额实现较大突破。

（2）汽车批售与贸易服务项目。国机汽车汽车批售与贸易服务业务持续巩固深化，各项目稳健运营，精益管理，不断满足客户新需求，强化与汽车厂商的战略合作关系。该公司核心品牌捷豹路虎、特斯拉、菲亚特克莱斯勒、阿尔法罗密欧、进口大众、保时捷的进口批售、港口服务及物流服务合同都正常续签，其中大众项目签订了4.5年的长期合作协议，确保了业务的持续性和稳定性。深挖客户需求，大力拓展新业务新项目新客户，开拓林肯改装车项目、特斯拉仓储运营服务前置库业务、沃尔沃天津港清关服务项目、DS品牌进口车辆物流服务项目、菲克金融玛莎拉蒂仓储物流服务项目、上汽大众销车项目、东风EV国产新能源车代理销车项目，以及与新能源企业小鹏汽车合作的新零售项目，新签合同9个。该公司深度参与Stellantis集团营销模式由授权经销向“直销+代理商”方式转型的全过程，服务链条向下延伸至终端客户销售服务，增加项目利润，并达成未来5年长期稳固合作意向。

（3）汽车租赁项目。国机汽车汽车租赁业务明确以品牌租赁业务、汽车衍生业务、总对总长租业务、常规长租业务为主要市场拓展定位，着力稳存拓增。2022年全年汽车租赁合同签约额4.4亿元，同比增长23%，参与投标314次，中标143次。品牌租赁业务复制推广“厂商通”模式，开拓大众汽车（安徽）有限公司、阿维塔汽车、捷尼赛思汽车等新客户；汽车衍生业务克服政策发生重大变化的影响，业务拓展到全国30多个重点城市，基本形成全国网络化布局；聚焦“总对总”长租业务，深入推进与中石油、上海宝冶的集团用车合作，2022年合作车辆807台、签订合同额1.37亿元；常规长租业务巩固长期积累的客户优势并新增长租公司客户近80家。

【国际合作】

在汽车工程业务领域，国机汽车坚持“借船出海”和“走向深海”双线并举，有效把握国际品牌车企在“两大中心区域（德国、美国）”的产业链布局调整机遇，基于稳健、审慎、安全、合规、可控、可持续、长期价值主义的发展原则，大力开拓海外市场，承接多个海外项目。

【科技创新】

国机汽车坚持创新驱动，保持高水平研发投入力度，着力提升核心技术能力，驱动效应不断增强，创新成果不断涌现。2022年获得授权专利198项，其中发明专利15项，实用新型116项，外观设计1项，登记软件著作权66项；获得行业以上奖励31项，包含2021年度行业优秀勘察设计奖（机械工业工程设计）2项、中国机械工业科学技术奖3项、机械工业优秀咨询成果奖6项、中国工程建设标准化协会“标准科技创新奖”项目奖、“标准科技创新奖”卓越贡献奖2项。

【安全生产】

国机汽车牢固树立以人为本、安全发展理念，认真贯彻党中央、国务院关于安全生产工作的各项决策部署以及全国安全生产电视电话会议精神，积极组织开展安全生产检查、安全生产培训等一系列活动，认真贯彻落实安全生产提升年行动各项工作安排，进一步强化安全生产“红线”意识、责任意识和执行意识，将“人民至上、生命至上”作为践行初心使命的工作理念，把安全工作提升到以人民为中心的政治高度，认真履行企业主体责任，持续推进安全生产双重预防机制，从源头上防范化解重大安全风险。2022年，国机汽车及各下属企业在安全生产方面总投入为10 093.08万元，组织开展各类培训班343个，组织开展内部培训22 061人次，全员安全培训率达到297.96%，组织开展各项演练133次，参加演练人员6 395人次。国机汽车及各下属企业全年未发生生产安全事故及突发事件，安全生产形势持续稳定。

【党建工作】

2022年，国机汽车党委在国机集团党委的领导下，坚持以习近平新时代中国特色社会主义思想和党的二十大精神为指导，持续提升党建工作质量，以高质量党建引领企业高质量发展。

1. 巩固深化政治建设和制度建设

（1）坚持党对国有企业的领导。一是深刻领悟“两个确立”的决定性意义，自觉做到“两个维护”。始终在政治立场、政治方向、政治原则、政治道路上同以习近平同志为核心的党中央保持高度一致，不断增强“四个意识”，提高“政治三力”，深刻认识新时代新征程国有企业的战略定位，在“锻造国机所长、服务国家所需”上体现政治责任、政治担当、政治定力。二是深入学习贯彻习近平新时代中国特色社会主义思想。开展党的十八大以来贯彻落实习近平总书记重要讲话和指示批示精神“回头看”，自觉把讲政治贯穿到各项工作中。完善党委会“第一议题”和中心组“首要议题”运行机制，做到规范化、常态化、全覆盖，形成有效推动企业变革发展的具体举措。三是迅速掀起学习宣传贯彻党的二十大精神热潮。按照“三个全面”总体要求，突出“七个聚焦”，制定学习方案，部署42项重点任务。通过领导干部示范学、集中培训辅导学、分层宣讲促进学等举措，迅速掀起学习热潮。领导班子成员讲授党课11次，各类培训覆盖1万余人次。通过新媒体联动宣传、群众性主题宣传、全系统立体宣传等方式，开设主题展览，营造浓厚宣传氛围，在国机汽车官网、官微、OA累计发布宣传报道130余篇。把国机集团“三个结合”要求细化为公司党委的“三个明确”，将学习成效转化为推进企业高质量发展的实际行动。四是推动上级重大任务落地落实。国企改革三年行动取得积极成效，国机汽车现代企业制度建设发挥实效，经理层成员任期制和契约化释放企业活力，三项制度改革成果显著。聚焦主责主业推进科技创新，国机汽车荣获国机集团科学技术奖三等奖一项，机械工业优秀工业咨询成果奖6项，机械工业科学技术奖3项，申请知识产权176项，中汽工程成功入选天津市科技领军企业。国机汽车倾情投入助力国机集团乡村振兴工作，直接投入资金105万元，消费帮扶近140万元。五是扛起巡视整改政治责任。做好巡视整改“后半篇文章”，建立跟踪督办、精准处置、闭环管理的机制，2022年全年整改完成率达94%，对需长期推进的问题逐步妥善化解。

（2）落实全面从严治党主体责任。一是注重发挥党委“把方向、管大局、保落实”作用。贯彻落实“两个一以贯之”，持续优化完善“三重一大”决策事项清单，厘清各治理主体权责边界，有效防范决策风险。持续改进优化党委会管理机制，建立全周期全过程闭环管理机制。二是压紧压实党建责任。制定《国机汽车党委2022年工作要点》，督促推动党组织履行抓基层党建工作主体责任、其他领导班子成员履行“一岗双责”。抓好四级党建述职评议考核，带动各级党组织书记知责于心、担责于身、履责于行。三是持续深化党建工作与生产经营融合提升。深入推进“融合提升”专项行动，“围绕经营抓党建，抓好党建促发展”的理念深入人心。在全系统打造 80 个各具特色的支部党建品牌。国机汽车 2 个党建融合案例入选《国机集团“一企一工程”党建工作与生产经营融合品牌创建案例汇编》。

2. 巩固深化思想建设

（1）深入开展思想政治教育。国机汽车自觉承担起举旗帜、聚民心、育新人、兴文化、展形象的使命任务。一是用党的科学理论武装头脑。充分发挥“头雁”效应，领导干部带头紧贴企业改革实际和重点难点问题，开展党课宣讲、一线调研，高质量完成调研报告，抓好公司战略谋划、组织优化、风险化解、人才支撑等重点工作贯彻落实。二是牢牢把握意识形态工作领导权主动权。落实意识形态工作责任制和网络意识形态工作责任制，滚动式、拉网式开展 4 次意识形态领域和信访维稳安全隐患大排查，做实做细做好防范化解风险工作，为党的二十大胜利召开营造良好氛围。三是加强形势任务教育。积极践行习近平总书记重要指示精神，开展专题报道宣传。以党课宣讲方式庆祝中国共产党成立 101 周年。多维联动、多措并举开展“机械工业纪念日”活动。

（2）创新思想政治工作载体方法。一是加强宣传阵地建设。坚持党管宣传，推动宣传视角向中心工作聚焦，向融媒转变，推行“党建 + 短视频”的宣传方法，以图谱形式展现国机汽车奋斗者在国机集团稳增长各项工作任务中的良好“精气神”。二是发挥典型示范引领作用。建立健全各层级典型选树机制，营造“表彰一个、影响一片”的良好氛围。一名个人获国机集团劳动模范表彰；一个工会组织、两名个人获国机集团工会表彰；5 个团组织、7 名个人获国机集团团委“两红两优”表彰。开展国机汽车“一先两优”评比表彰，评选 36 名优秀共产党员、党务工作者和 8 个先进基层党组织。三是发挥群团组织桥梁纽带作用。工会通过形式多样、内容丰富的文体活动，加强员工思想政治工作。共青团推进实施青年精神素养提升工程，策划“青马工程”培训，动员广大青年奋力拼搏、建功立业。

3. 巩固深化组织建设

（1）深化干部人才队伍建设，打好激发活力“组合拳”。一是持续加大年轻干部选拔及干部调整力度。国机汽车提任党委管理干部 5 人，其中“80 后”占比达 80%，优化调整后本部中层干部平均年龄 44.1 岁，较上年年末下降 0.5 岁，二级企业配备“80 后”干部的企业数量由 60% 上升至 80%。二是着力打造复合型人才。启动青年人才成长成才计划，首批本部“85 后”、平均年龄 33 岁的 5 名青年员工开展多岗位锻炼工作；全年实现企业间（含国机集团与公司间）岗位交流 12 人，交流人员平均年龄 38.9 岁。三是系统开展全员绩效考核。出台《二级企业主要负责人薪酬和绩效管理办法》，激发企业经理层干事创业热情，进一步释放企业经营活力；扎实推进本部员工薪酬分配及岗位晋级一体落实，2022 年本部 25 人岗级晋升，其中“80 后”晋升占比为 40%，“85 后”“90 后”晋升占比为 48%。四是严把干部选拔程序，规范提任流程，树立鲜明的选人用人导向。国机集团“一报告两评议工作”各项评价指标明显提升，国机汽车选人用人工作得到各级干部员工广泛认可。五是深入推进人才强企工程。编写公司人才建设规划初稿，制定干部梯队建设计划。开展全级次企业 153 人高级职称评审工作，完成央企优秀人才和团队推荐、各类技术专家推荐等近 20 个专项任务。六是持续完善激励机制。科学统筹工资总额，确保工资总额与经济完成效益相匹配，既落实当期分配导向原则，又为稳固明年工资总额规模奠定良好基础。全力推进企业年金落实落地，将争取最大权益的优选方案报人力社会资源保障部和国机集团审批通过，符合条件的二级企业一体推进。七是做好教育培训工作。落实国机集团培训工作部署，开展 15 项各类专项教育培训。举办“启航者计划”暨第二期新员工培训班，培训学员 130 余名。

（2）持续加强“三基”建设。一是建强基

本组织。推动国机汽车党委委员增补工作，加强二级企业党组织建设，先后开展5家二级企业党组织换届、委员增补相关工作。召开党建工作推进会暨党务干部座谈会，进一步增强党组织政治功能和组织功能。开展境外党建工作情况排查，编制境外党建工作报告，持续加强境外党组织管理。二是强化基本队伍。举办3期国务院国资委大连高级经理学院党建专题学习暨国机汽车基层党务干部培训班，提升党务干部政治素养和工作能力。加强人员监督管理。组织完成12名领导干部个人有关事项填报，开展境外领导岗位和关键岗位专项整治排查，规范办理64名驻外人员审批、外事政审347人次。三是完善基本制度。国机汽车把制度建设贯穿始终，围绕干部选用育留、薪酬分配、考核激励、人才开发、劳模选树、信访宣传等方面，进一步完善制度体系；不断完善公司纪检巡察制度体系，着力构建系统完备、科学规范、运行有效的制度体系。

4. 巩固深化纪律建设和作风建设

（1）持之以恒正风肃纪，为企业高质量发展保驾护航。一是切实履行监督责任。把监督贯穿于各项工作全过程，推动形成积极欢迎监督、自觉接受监督、主动服从监督、常态习惯监督的良好氛围。跟进监督综合治理专项行动、四个专项整治、境外腐败治理、国机集团纪委纪律检查建议书整改等工作开展情况；对重点领域、关键环节、关键岗位进行专项监督；开展对中汽工程党委和中国进口汽车贸易有限公司（简称中进汽贸）党委的常规政治巡察，实现巡察工作全覆盖。二是深化党风廉政建设和反腐败工作。严肃查处违反中央八项规定精神问题，常态化狠抓作风建设。严管和厚爱结合、激励和约束并重，实事求是运用“四种形态”，规范处置问题线索。以“六个一”方式开展“廉洁宣传教育月”活动，持续深化廉洁文化建设。三是强化纪检队伍建设。健全完善制度建设，把“三不”一体推进理念贯穿纪检队伍自身建设，从严约束纪检干部，不断强化纪检干部依规、依纪、依法监督执纪、执法理念。

（2）塑造企业文化。一是以开展形式主义、官僚主义问题整改“回头看”为抓手，持续反“内卷”、反“躺平”。激发职能部门开展价值服务的积极性，加快推动职能部门由管理型向服务型转变。二是充分发挥统一战线凝聚人心汇聚力量的政治作用。组织召开“爱企业、献良策、作贡献”主题座谈和意见征集活动，画出企业高质量发展的最大同心圆。三是常态化开展“我为群众办实事”。从员工实际出发，用心、用情开展针对性员工关爱活动，打造“普惠+常态+精准”的多维度关怀服务体系，解除员工后顾之忧，为员工一心一意谋发展、心无旁骛干事业创造有利条件。

【信息化与数字化建设】

国机汽车高度重视网络安全和信息化工作，持续加大信息化建设力度，2022年全年信息化总投入3 781万元。为提升管理的精细化水平，为业务运营提供有效支持，新建管理类系统2个、业务类系统2个，推进系统建设项目3项。持续完善企业IT基础架构，提升IT平台运行能力和信息安全防御能力。网络安全方面，圆满完成6次重大活动的网络安全保障工作，在公安部举办的攻防演练活动中，取得满分的优秀成绩。

1. 业务和管理信息化建设 2022年4月1日，国机汽车下属企业中进汽贸特斯拉国产车内泊、运输、在途信息系统正式上线。2022年12月10日，该系统仓储管理模块正式上线。通过微信小程序，为司机、承运商、业务管理人员提供服务，有效实现了业务运营在线化、精细化。

2022年6月6日，在时间紧、任务重、缺乏相关经验的情况下，国机汽车严格按照国机集团的时间和质量要求完成涉密信息系统建设并通过验收，受到国机集团好评。

2022年10月10日，国机汽车财务数据管理系统开发完成，顺利上线。系统的成功上线，实现了管理口径下各二级企业财务数据的自动抓取、自动生成，同时全级次企业在线填报日常财务管理报表，大大提升了数据填报、汇总的时效及精度，为该公司经营管理提供了有效的数据支持。

2. 网络安全 根据国机集团的统一安排部署，国机汽车参与公安部组织的2022网络攻防实战演习，演习于2022年7月25日9点开始，8月8日21点结束，历时15天。该公司克服人手少、任务重，持续时间长，系统暴露面多，业务系统老旧等不利因素的影响，精心组织，齐心协力，在不影响业务正常运行的情况下，取得了满分的好成绩。此外，国机汽车全年共圆满完成包括2022北京冬奥会、党的二十大等在内的6次重大活动的网络安全保障工作。

中国机械国际合作股份有限公司

【基本概况】

中国机械国际合作股份有限公司（简称中机国际）是国机集团的控股子公司，是国机集团八大业务板块之一会展板块的经营主体。会展业务源于1953年成立的第一机械工业部产品展览处，有近70年的办展历史。作为国机集团的会展平台，中机国际积极践行国家战略，匠心打造中国品牌名片，带领中国企业“走出去”，引领中国会展业发展、助力中国制造业进步、推动中国装备企业全球化进程。

中机国际聚焦商业会展，致力于提供展览组织、会议活动、运营搭建等会展全产业链服务体系，拥有“国机会展”“西麦克”“中国机床”三大业务品牌。中机国际拥有20多家投资企业。在境内，举办自办展50余个；在境外，拥有近20个自办展并代理境外展会近200个。

2022年，中机国际以客户为导向，将原有的境内自办展、境外自办展、出国代理展览、会议论坛组织、会展工程、会展运营、定制服务七大会展业务体系整合梳理形成展览组织、会议活动、运营搭建的会展全产业链服务体系；打造国机集团“1+8”会展公共服务平台的定位，成为国机集团系统内吸引人流、信息流、资源流等的“流量入口”。

2022年，中机国际坚决贯彻落实习近平总书记重要指示批示精神和国务院国资委、国机集团的决策部署，主动求变、化危为机，以高水平党建引领高质量发展，实施专业化运营能力、品牌化塑造能力、数字化服务能力三大能力体系，有序推进“资源、业务、管理”三大协同，融合发展线上线下会展项目，在加大市场开拓模式和模式创新的同时有效防控风险，筑牢新冠肺炎疫情防控和安全生产的底线，做好节能减排、绿色发展，充分发挥党建引领保障作用，奋力推进公司高质量发展。

【主要指标】

2022年中机国际实现营业收入1.54亿元，较上年减亏3 243.97万元。2021—2022年中机国际主要经济指标完成情况见表1。

表1 2021—2022年中机国际主要经济指标完成情况

指标名称	2021年	2022年	同比增长（%）
资产总额（万元）	72 525.67	62 048.54	-14.45
净资产（万元）	36 399.81	30 627.17	-15.86
营业收入（万元）	24 476.68	15 366.03	-37.22
利润总额（万元）	−9 026.31	−5 337.01	—
技术开发投入（万元）	—	—	—

（续）

指标名称	2021 年	2022 年	同比增长（%）
利税总额（万元）	-8 202.20	-4 796.40	—
EVA 值（万元）	-11 030.23	-7 278.69	-34.01
全员劳动生产率〔万元 /（人·年）〕	8.13	14.55	78.97

【业务发展】

2022 年，中机国际把优势资源向会展业务倾斜，会展业务进一步做强做优做大。境内自办展项目、境外会展项目、会展运营服务项目、大客户定制服务项目等各层次会展项目稳定发展，资源共享逐渐形成良性互动。该公司会展产业链进一步完善，会展价值链进一步提升。

2022 年，自办展项目 25 个，展出面积 105.28 万 m^2；执行 12 个线上展会，完成线上对接会 1 038 场；总计完成境外项目 49 个，组展总面积 4 229.55m^2，总参展企业 236 家次。主场运营搭建及展会服务类项目 24 个。新开拓项目 4 个，新增办展面积 5.95 万 m^2。

2022 年，2022 世界清洁能源装备大会于 8 月 27—29 日在四川德阳成功举办，补足中机国际长久以来在会议活动方面的短板。展览组织、会议活动、运营搭建的主业“三驾马车”齐头并进，数字化业务、央企经贸联合体运营、贸易服务等多元业务取得明显效果，初步形成“3+X”聚焦主业、适度多元的业务布局。

1. 核心类项目取得新成绩 中机国际第一事业部举办的菏泽车展、佛山车展、洛阳车展、河北汽车文化节、呼和浩特车展等均为各地破冰首展；柳州车展、应急展等既有项目实现品质升级；澳门车展是该公司全年唯一一个境外自办展项目。

第二事业部成功开辟新区域、新市场，厦门国际元宇宙产业博览会是该公司第一次进入东南市场，第一次策划执行新兴产业项目；天津工业博览会是该公司第一次进入天津市场，是在综合性工业展的一次成功尝试。

第三事业部与法兰克福公司进一步加强合作，以法兰克福公司的天津汽保展和中机国际的广州零部件展进行资源共享，对中机国际北上广的全国布局，以及中机国际在海外展览行业的影响力，都是一个极大的推动。

2. 服务国家战略项目获得广泛赞誉 在第五届中国国际进口博览会上，中机国际负责难度最大、产品水平最高的智能及高端装备馆的招展工作，承担国机集团等中央企业整体组织工作，服务中白工业园、招商局等多家单位的展台搭建工作。其中，西麦克国际展览有限责任公司（简称西麦克展览公司）负责证件的审核、央企集中签约活动；中国机床积极为技术装备展区招展，推动国际机床企业紧密合作。西麦克展览公司针对线上举办的中国进出口商品交易会推出专场视频直播培训，受邀为湖北、辽宁等地方交易团专场直播培训，直播累计观看数万人次，并服务企业顺利参展。西麦克展览公司作为中国国际消费品博览会的官方合作伙伴，积极响应国家战略，成功举办 4 场海南自贸港线上推介会。

3. 自办展取得新的升级 中机国际自办展涉及汽车及配件类、摩托及摩配类、机械装备及智能制造类、新能源类、安全生产类等领域。2022 年，中机国际自办展持续保持行业领先地位，多个自办展站在国家战略高度升级迭代，作为中机国际在当地会展行业重启的大型国际性展会，为会展业和消费市场吹响复苏号角。

4. 组织的展会有亮点 三年一届的印度国际塑料橡胶展览会，中机国际组织 300 余家企业赴印度参展，组展面积超过 5 000m^2，中国展团面积创历届新高，并成为该展最大海外展团；同时，已在中国广州、上海两地连续举办 5 届的中印塑料产能对接会首次到印度孟买举办，参会代表超过 500 人。

【战略合作】

中机国际先后同多家央企兄弟公司、地方政府签署战略合作协议 30 余份，内容涵盖进口消费品、文旅、“非遗”、大健康、乡村振兴等领域，部分协议已转化成为具体项目落地实施。中机国际作为中央企业经贸促进联合体共享单位，积极组织中央企业参加中国—东盟博览会等国家级机制性涉外经济技术展览会，通过中央企业展区形式扩大国资央企的品牌宣传，促进国际经贸合作。

【改革发展】

1. 对标世界一流会展企业，重塑公司组织架构 中机国际根据业务流程特点按前台、中台、后台设置各部门，重新制定各部门职责。将具体负责展会项目交易、直接产生经济效益、落实经营考核指标的业务部门设置为前台部门；将为展会业务提供直接支持和服务，且负担该公司转型升级、商业模式创新实践、落实该公司品牌考核指标的部门设置为中台部门；将为展会业务提供支撑和管理，落实该公司管理要求的部门设置为后台部门。新的组织架构围绕该公司“十四五”规划，以业务管理为中心，更加符合现代会展企业的特点。

2. 大力加强人才队伍建设，明晰员工发展通道 中机国际制定人才管理制度，明确员工发展的专业和管理“Y”型通道；明确聘任条件、方式、程序等内容；明确退出标准。修订系列制度，加强中层管理人员、项目经理、管理骨干三类人员的培养，逐步形成体系，打造一批公司的会展领军人才和创新团队。

3. 完善公司专业会展组织架构，做强做优业务单元 中机国际 4 个事业部的建立，在公司实力最强的整车展览、工业装备及工具展览业务、零部件展览“三大行业”形成合力，并通过展览工程业务将相关资源进行串联。5 家子公司被整合进入事业部，其余 6 家子公司相关业务既受事业部协同管理，又独立运营。形成“4+6”经营实体格局，做强做优业务单元，实现对项目“量”的追逐向“质”的深耕转变。

4. 深化薪酬分配制度改革，形成完整考核闭环 进一步完善绩效考核机制，健全全员全级次考核评价体系，实现薪酬与业绩紧密挂钩。真正实现“业绩升、薪酬升，业绩降、薪酬降”。修订完善职位设置和总部子公司绩效考核办法，建立员工薪酬市场对标机制，合理确定员工薪酬，提高与绩效挂钩的浮动薪酬比重。

【管理经验】

1. 加大力度推进降本增效，全面提升运营管理效率 中机国际成立办公区整体搬迁专项工作组，整合办公区域，提高使用效率，梳理各办公区工位数量，实现集中办公，节约沟通成本，提高工作效率。

中机国际全面提升运营管理体系，积极服务公司整体运营，为公司决策提供依据，为业务部门发展提供支持。规范采购汇报制度和评标新模式，确保项目顺利开展；进一步明确公司招标采购工作要点，推动招标采购创新模式。通过提高公司运营管理水平，达到提升效率和降本增效的有机结合。

统筹推进业财一体化建设，通过业财一体化建设，加强运营体系建设，梳理业务流程，实现全面预算、项目管理、合同管理、集中采购的全面提升，达成流程再造，实现降本目标。

2. 完成“十四五”规划制定，引领发展新阶段 “十四五”时期，会展业务正式升级成为国机集团重点打造的八大业务板块之一。未来，国机集团将聚集资源，进一步重点强化会展业务，提升会展业务的国际化、市场化、信息化、专业化水平，打造“国机会展”业务平台。

3. 精准防疫，抓好安全生产 面对新冠肺炎疫情对会展行业的冲击，中机国际精准防疫，积极响应国家战略发展目标，拉动内需，促消费，保供应链、产业链，大力推动高质量新发展格局。面对新冠疫情常态化，该公司制定防疫手册和标准流程，成为会展行业通行标准。

【党建工作】

2022 年，中机国际切实发挥党建引领保障作用，党建经营融合提升走深走实，为形成具有中机国际特色的党建新格局奠定基础；党建培训取得良好成效，提高了党员教育培训工作的质量和科学化水平；党建考核评价体系逐渐形成，考核指标突出全面性，实现定量与定性相结合。

1. 以二十大精神为引领加强党风、作风和廉政建设 2022 年，中机国际党委以习近平新时代中国特色社会主义思想为指导，深入学习宣传贯彻党的二十大精神，全面促进党建与经营业务深度融合，党员干部深刻领悟“两个确立”的决定性意义，不断增强“四个意识”、坚定“四个自信”、做到“两个维护”。

深入学习宣传贯彻党的二十大精神。中机国际党委发挥把方向、管大局、保落实的领导作用，第一时间在全公司范围内开展学习宣传贯彻党的二十大精神的一系列工作。开展中心组专题学习研讨，召开专题党委会学习并部署工作安排，制定工作方案。该公司领导发挥“关键少数”引领作用，率先进行党课宣讲。中层及以上领导干部分别参加由国务院国资委、国机集团和公司组织的二十大专题报告会和集中培训，其中部分培训采取线上视频的方式扩大至全体党员；该公司开展了 8 学时的二十大专题线上培训及《迈进新征程 奋进新时代》8 讲专题讲座，实现培训全覆盖。掀起多渠道学习宣传热潮，利用微信公众号、公司官网、报刊、宣传栏等媒体平台，报道中央、国务院国资委、国机集团对学习宣传贯彻的新要求和公司学习的新实践，营造良好氛围。

2. 持续推动习近平新时代中国特色社会主义思想入脑入心 中机国际扎实落实党委会“第一议题”制度，加大学习力度和深度。根据国机集团“建功新时代，喜迎二十大”主题活动要求，结合该公司党委年度工作要点进行安排部署，完成该公司十八大以来贯彻落实习近平总书记重要讲话和指示批示精神“回头看”工作，重点对贯彻落实情况及主要成效进行梳理总结，形成工作台账，确保“回头看”工作可跟踪、可评价。

3. 党建经营融合提升 中机国际巩固深化全国国有企业党的建设工作会议贯彻落实成果，坚持“两个一以贯之”要求，严格落实党委前置程序，动态修订完善决策事项及权限表。制定党委工作要点并严格落实完成。持续推动党建工作与生产经营“融合提升”专项行动，通过实地调研、主题征文、“融合提升”座谈会等方式了解掌握公司“融合提升”工作特点，制定《中机国际党建经营“融合提升”实施方案》，统筹开展“支部建在展会上·联学联建促提升”党建品牌创建工作，在项目一线持续深化“党建 +*N*”的工作模式，构建优势互补、资源共享的党建工作新格局。各党支部开展“落实‘十四五’规划，发挥党建引领作用”大讨论活动，营造党建工作与生产经营深度融合的浓厚氛围。

4. 深化支部建设 日常考核与年底考核相结合，定量考核与定性考核相结合，党建考核评价体系逐渐形成。以查代训，以查促改，各基层党组织工作主动性、及时性、规范性均有较大提高，党组织书记履职意识明显增强。加强党的基层组织建设，调整优化中机国际支部设置。全面提升党建培训的规范性、针对性和系统性，制定落实该公司 2022 年党员教育培训安排。该公司开展党支部书记（委员）培训、全体党员线上培训、预备党员专题培训等，覆盖面广，针对不同群体设置差异化课程，取得了良好培训效果。

5. 党建群团同推进 中机国际持续抓好党建带团建政策，不断推进“青马工程”的实施，组织开展“青年大学习”，加强青年思想引领。

【信息化与数字化建设】

2022 年，中机国际成立数字化业务部，支撑和服务会展业务，配合业务部门完成各项工作；强化数据呼叫工作，利用 AI 智能技术辅助提升数据清洗效率；落实数字化转型基础建设，赋能该公司展会业务应用。

2022 年，该公司共有超过 60% 的项目实现双线办展。该公司将部分会议论坛转移到云上和线上，使得会议论坛受众数量迅速增长。

佛山车展开发“云看车”，将线下车展移植到线上，成功打造“云车展”，创新推出线上线下同步办展的模式，取得良好的效果。佛山车展开幕式登上“学习强国”广东学习平台当天的媒体推荐。

【履行社会责任】

2022 年，中机国际明确企业“双碳”目标任务，持续增强全员生态环保意识，推进会展

“绿色、低碳、可持续”发展，加大“绿色会展”宣传力度。推广绿色生产生活方式，推行垃圾分类，提高资源利用效率，全面节约、循环利用，用绿色发展成果提升整体发展质量。

该公司工会关心员工生活，做好扶贫帮困工作。组织急救技能培训，组织员工代表集中学习急救知识，通过培训掌握自动体外除颤仪（AED）的标准操作标准及心脏复苏术（CPR），在学习后通过测试并取得相关证书；积极有效开展群众喜闻乐见的文体活动，提升活动策划水平；进一步深化女职工关爱行动，中机国际在新办公区设立母婴室。

国机资产管理有限公司

【基本概况】

国机资产管理有限公司（简称国机资产）前身为北京华隆进出口公司，是国机集团下属专业化综合性资产管理战略平台。2011 年更名为国机资产管理公司，2017 年 9 月完成公司改制。国机资产注册资本 13.5 亿元，由国机集团全额出资，属法人独资有限责任公司，经营范围包括投资与资产管理，产权经纪，房屋租赁，进出口业务，机械产品、电子产品的销售，汽车销售，技术开发、技术推广、技术服务和技术咨询。

截至 2022 年 12 月 31 日，国机资产资产总额 33.23 亿元[㊀]，总部在岗正式员工 62 人，已发展成为以资产处置、资产运营、资产投资为核心主业的专业化综合性资产管理公司。

【主要指标】

2022 年国机资产考核指标完成情况见表 1，2021—2022 年国机资产主要经济指标完成情况见表 2。

表 1　2022 年国机资产考核指标完成情况

指标名称	目标值	争取值	财务决算数	考核完成数	完成情况
净利润（万元）	2 417	2 574	5 205	6 486	优于考核指标
归属于母公司所有者净利润（万元）	2 417	—	5 000	6 274	优于考核指标

注：1. 净利润：2022 年国机资产及托管企业实现账面净利润 5 205 万元，将中设大厦 14 层老干部活动中心支出 426.7 万元（含装修费、租赁费及日常费用）和政策性房租减免减利 854.3 万元予以加回后，则考核口径净利润为 6 486 万元，完成考核目标值 2 417 万元的 268.35%，完成考核争取值 2 574 万元的 251.98%。

2. 归属于母公司所有者净利润：剔除中汽胜嘉（天津）物业管理有限公司（简称中汽胜嘉）少数股东损益影响后，2022 年国机资产及托管企业实现归属于母公司所有者账面净利润 5 000 万元，考核完成数为 6 274 万元，完成考核目标值 2 417 万元的 259.58%。

3. 含托管公司。

表 2　2021—2022 年国机资产主要经济指标完成情况

指标名称	2021 年	2022 年	同比增长（%）
资产总额（万元）	237 705	235 448	-0.95
净资产（万元）	189 985	191 717	0.91
营业收入（万元）	6 992	6 933	-0.84

㊀ 含托管公司。

（续）

指标名称	2021 年	2022 年	同比增长（%）
利润总额（万元）	8 005	2 557	-68.06
技术开发投入（万元）	—	—	—
利税总额（万元）	9 165	3 751	-59.07
EVA 值（万元）	-4 961	-9 863	—
全员劳动生产率〔万元 /（人·年）〕	103.14	56.94	-44.79
净资产收益率（%）	3.88	1.34	减少 2.54 个百分点
总资产报酬率（%）	3.26	1.08	减少 2.18 个百分点
国有资产保值增值率（%）	103.15	101.19	减少 1.96 个百分点

注：表中数据不含托管公司。

【改革发展】

1. 国企改革三年行动专项工作 自 2020 年开展国企改革三年行动以来，国机资产根据国机集团统一部署，第一时间成立以公司主要负责人为组长的专项领导小组及相应的工作机构，制定符合国机资产实际的实施方案并建立工作台账。按照方案要求，倒排工期、挂图作战，全力推进并确保各项改革任务工作落地见效。截至 2022 年 6 月底，行动方案中工作任务完成率达 100%；截至 2022 年 12 月底，国机资产改革三年行动实现高质量收官。国机资产各治理主体权责清晰、运转协调，中国特色现代企业制度进一步完善；推进经济布局优化和结构调整，主动服务国机集团改革发展取得新成效；人才队伍建设不断加强，市场化经营机制持续完善；国机资产资产管理专业能力及业务效率大幅提升。

2. 持续深化人力资源管理

（1）推动干部队伍年轻化，培养优秀青年干部。国机资产始终坚持把政治标准作为第一标准，坚持党管干部、党管人才原则不动摇，以组织选拔、外部招聘及公开竞聘方式选任提拔 14 名中层干部，其中“85 后”中层干部 5 名。通过改善干部队伍结构，切实加强青年干部培养，激发干部队伍生机活力。

（2）完善人才管理体系，强化人才队伍建设。国机资产始终把引才、育才、用才、留才作为公司可持续发展的关键，围绕“人才强企”目标，拓宽高端人才、重点人才、急需人才的招收聘用渠道，2022 年社会招聘各类人才 11 人。上半年开展专业技术职务人员综合测评，按照胜任力素质和核心能力调整岗位职级，实现专业人才能上能下，激发人才效能。开展多层次、多维度培训培养，落实导师制，通过“传帮带”快速提升新员工的工作水平。

（3）优化薪酬激励，全面建立价值导向的考核评价机制。国机资产落实董事会职权，修订完成公司高管薪酬管理办法、绩效考核管理办法，以及公司子公司和托管企业管理办法，进一步健全完善激励分配体系。修订子公司负责人考核和薪酬办法，优化薪酬结构，调整挂钩方式及比例，强化子公司负责人的价值激励，为子公司班子人员履职尽责夯实制度机制保障。

3. 完善流程，财务管控能力持续增强 依托司库体系建设，强化资金集中管理，搭建资金池，提升资金集中度至 95.59%；积极参与国机集团跨境本外币一体化资金池，完成约 5 亿元资金归集，占国机集团境外资金归集落地金额的近 9 成。七个专项综合治理取得阶段性成果，国有产权治理专项整改工作已全部完成，依法纳税、债务专项整改工作已基本完成，其余专项整改工作正稳步推进中。财务管理提升三年行动扎实开展，国机资产成立专门机构研究制定工作方案，以持续提升财务体系高效运行能力为目标，在国机集团 22 个方面措施的大框架下细化 57 条措施，逐一进行落实，收到良好效果。11 月在国机集团资产评估备案管理工作座谈会上做典型发言。

4. 强基固本，加强合规管理和内控建设 扎实推进“合规管理强化年”工作，完成 20 项重点任务，深入开展经营业务合规管理问题专项治理，建立合规审查委员会工作机制，组织全员签署《合规承诺书》，制定发布《风险识别清单》和《重点岗位合规职责清单》，不断提升合规管理能力。组织开展内控评价、内部审计项目，建立迎审配合专门机构配合国机集团开展审计署迎审工作，按审计要求提供资料共计 62 项。不断强化审计监督，督促落实问题缺陷整改，健全内控制度体系，进一步提高国机资产抵御风险能力。

【重大项目】

1. 重大决策 2022 年 1 月 5 日，国机资产第三届董事会第二次会议审议通过修订国机资产管理有限公司章程，修订党委（党组织）机构、职责等部分内容，董事会职权部分增加内部审计机构及相关条款。

3 月 2 日，国机资产第四届董事会第二次会议审议通过中汽胜嘉转让河南中昌置业有限公司 60% 股权项目、同意受让恒天投资管理有限公司持有“20 恒天 Y1”债券项目、同意收购浙江大厦项目。

6 月 2 日，国机资产第四届董事会第三次会议审议通过总部转让四川中汽进出口有限责任公司 40% 股权项目、对天津市卷扬机厂实施破产清算项目。

8 月 9 日，国机资产第四届董事会第五次会议审议通过修订国机资产管理有限公司章程，增加落实董事会授权相关条款及董事会下设专业委员会相关内容，会议审议通过对北京置业实施业务调整、同意公开挂牌转让中国汽车工业进出口重庆公司（简称中汽重庆）100% 股权项目。

9 月 23 日，国机资产第四届董事会第六次会议审议通过中汽进出口南通有限公司股权转让调整挂牌底价项目、同意江西中汽进出口有限公司将持有的江西江铃进出口有限公司股权无偿划转至国机资产项目。

9 月份，国机资产完成首例不动产登记“全程网办”项目。

2. 重大项目

（1）全面履行托管职责，高效完成托管任务。中汽胜嘉项目：全面完成中汽胜嘉 2022 年的经营、资产处置、党建、财务管理等各项托管任务；国机资产重点围绕中汽胜嘉下属控股子公司河南中昌置业有限公司基坑安全、购房员工维稳、土地违约、写字楼安置权益损失等重大风险隐患，全力以赴、投入大量人力物力，积极协调各方资源，确保施工基坑在 2022 年河南洛阳降水较多、多次面对大暴雨时未发生重大安全生产事故；做好做通购房员工思想工作，全年重大节日及二十大期间未发生上访事件；完成股权转让的意向协议签署工作，为彻底解决基坑安全、土地违约和安全权益损失等重大风险问题奠定基础。

广州电器科学研究院有限公司（简称广电院）、武汉电器科学研究所有限公司（简称武汉所）托管项目：一是协助广电院完成智骏置业股权的公开挂牌处置，收回转让款 895.74 万元。二是根据国机资产与国机集团签署的《托管协议》目标要求，制定管理服务实施方案和广电院及武汉所资产盘活整体方案。三是高质量完成武汉所江汉区前进一路厂房征收工作。四是针对 2022 年 10 月份广州新冠肺炎疫情发生的严峻形势，高度关注，及时跟进，积极协调珠江物业和擎天大厦承租方的疫情防控工作。五是积极开展擎天大厦租赁后续管理及其他日常对接联络和管理工作。

（2）组织搭建不动产管理系统，助力国机集团不动产管理数字化转型。为提高国机集团不动产管理水平，国机资产充分发挥不动产管理专业优势，积极协助国机集团战略发展部推进不动产管理系统建设，2022 年 6 月完成系统一期功能开发，11 月正式上线运行。不动产管理系统一期包括展示首页、系统查询、资产卡片管理、查询分析等功能模块，总体实现了不动产信息的统计、查询，实现了不动产统计数据可视化，为盘清家底、高效管控提供便利。

（3）攻坚克难，推动重大历史遗留问题取得进展。王府井项目：针对项目中存在的问题，国机资产从2015年起采取各项措施积极维权，包括通过组织与对方谈判解决，采取法律诉讼解决、以打促谈、边打边谈等方式向对方持续施压，2022年中国交通建设集团有限公司开始关注问题，对该项目历史遗留问题的最终解决起到很好的推动作用。

国机丰盛项目：2022年国机资产继续推动法律维权，以诉讼推动处置。11月取得一审判决，因一审判决没能认定相关事实，经研判后已提起二审上诉。国机资产持续关注涉案土地情况和国机丰盛4S店相关搬迁动态，主动维权。

（4）加快推进低效无效资产清理，资产处置能力进一步加强。成都投资吸收合并成都置业项目：紧盯目标、倒排计划，抓落实、赶进度，高效推进立项、审批、审计、评估、公告等程序，稳妥完成员工安置及干部任免。成都置业于2022年11月底如期完成工商注销。

香港宪美项目：克服中国香港新冠肺炎疫情反复、交流不通畅等一系列困难，有序推进银行账户注销、税务注销等流程，于8月26日完成登报公告注销，并于11月底完成注销公示，2022年年底前完成全部注销流程。

中汽重庆项目：中汽重庆于2021年11月被法院驳回破产申请，原定的以破产清算方式完成中汽重庆全民所有制清理等工作目标将难以落地，国机资产积极寻求其他处置方式，通过整体产权转让的方式完成公司制改制和清理工作。最终于2022年年底前完成场内交易，从而完成清理任务。

华联汽车项目：国机资产完成审计工作，出具法律意见书，获得国机集团行为批复文件，2022年年底前取得国机集团评估备案表，完成项目预披露及正式挂牌前的全部准备工作。

中汽南通项目：在项目原有意向方因新冠肺炎疫情导致资金困难无法进场摘牌、三四线城市不动产行情走低导致南通项目核心资产价值严重下滑、市场投资者情绪持续低迷及需求收缩等诸多不利因素情况下，国机资产积极应对，挖掘各方资源，拓宽处置渠道进行广泛推介，通过不懈努力，于2022年10月在北京产权交易所完成《产权交易合同》的签署，11月收取全部股权和债权转让价款并完成工商变更。

上海投资项目：2022年8月处置方案获国机集团批复，12月圆满完成工商注销及税务、银行账户注销等工作。

（5）发挥公司资产管理平台功能，国机资产服务国机集团能力进一步提升。卷扬机厂破产项目：经国机集团审批同意，国机资产积极帮助中国国机重工集团有限公司（简称国机重工）对天津市卷扬机厂开展破产清算工作。9月末取得国机集团批复，12月9日取得法院破产受理裁定。

国机重工亦庄大楼收购项目：根据国机集团专项工作组会议精神，国机资产发挥资产管理平台功能，积极承接亦庄办公大楼，助力国机重工脱困。2022年10月12日进场摘牌，完成受让。

协助中国恒天集团有限公司项目：积极落实国机集团金融板块例会关于“齐心协力做好重点企业风险化解工作”的指示要求，圆满完成中国中服浙江大厦受让工作，交易金额5 619.64万元。9月完成房产过户、资产交接及合同转签等工作，项目实现平稳落地运营。浙江大厦项目作为北京市规划和自然资源委员会、北京证券交易所网上不动产“交易+登记”一站式综合服务窗口试点项目，顺利完成房产的过户登记，成为国机集团不动产“全程网办”的首个案例。

3. 对外投资与经营 2022年，国机资产实际投资项目5项，投资金额2 475万元，投资完成率93.7%。与国家开发投资集团有限公司、中国电信集团有限公司合作成立“两非”剥离平台国启资产管理有限公司，主要服务各央企单位及国机集团“两非”等资产剥离处置工作。2022年1月7日完成工商注册登记。

4. 产权经纪 2022年，国机资产继续深化为国机集团及兄弟企业产权交易项目提供产权交易服务支撑与保障，累计服务标的约56.8亿元，包括国机集团转让上银基金管理有限公司10%股权、苏美达股份有限公司捆绑转让恩菲新能源100%股权等8项股权及相关债权、中融国际信托有限公司转让中融基金管理有限公司51%股权等重大项目。

【科技创新】

国机资产下属托管企业武汉所 2022 年获得授权专利 2 项、授权软件著作权 3 项。

【安全生产】

1. 持续提升安全思想认识 国机资产党委以习近平总书记关于安全生产的重要论述为重点，国机资产总部和系统内各单位通过党委中心组学习、第一议题学习、党支部三会一课等形式，组织各级领导班子成员、安全委员会成员、安全生产专兼职管理人员等关键岗位人员开展安全论述专题学习。以“安全生产月”活动为契机，组织全员不断提升安全意识，观看电视专题片，在全员范围内强化对习近平总书记关于安全生产重要论述的学习宣传贯彻。国机资产下属成都置业副总经理周旭东按照国机集团统一安排，在国机集团系统开展的安全生产讲堂进行授课，并参评优秀课件评选。

2. 逐级落实安全生产责任制 国机资产根据安全生产责任制要求，对安全生产责任制逐级进行分解落实。国机资产主要负责人与国机集团领导、各分管领导、总部各部门、各子公司签订安全生产责任书，国机资产与总部全体员工签订安全生产承诺书，同时，根据公司部门及人员变动情况，重新确认各部门的安全生产联络员，做到安全生产管理全覆盖，真正实现安全管理责任的全员落实。

3. 持续完善安全生产制度体系 国机资产根据国机集团《关于印发安全生产专项整治三年行动问题隐患和制度措施两个清单模板的通知》的文件要求，制定《制度措施清单》，在 2022 年对国机资产总部及子公司体系内共计 59 项安全管理制度进行梳理，切实实现安全管理的制度保障作用，完善制度管理体系。

4. 不断加强隐患排查及整治力度 按照国机集团《关于加强重大安全风险防范化解工作的通知》要求，结合安全生产专项整治问题隐患和制度措施“两个清单”排查情况，持续推进存在的问题隐患整改工作。总部安全生产办公室按照年度检查计划定期对系统内各单位开展安全生产检查，督导各单位对发现的问题建立台账、立行立改、消除隐患、完成销号，确保防范化解重大安全风险。2022 年 9 月底，国机集团组织安全生产专家检查组对国机资产托管的“机械四院旧改项目前区三期工程”进行专项安全检查，要求就检查发现的问题进行整改。国机资产组织相关单位落实现场检查提出的整改要求，认真制定整改方案，迅速布置整改工作，化解安全隐患风险。

5. 增强风险识别，建立预防机制 国机资产安全委员会办公室在日常安全生产管理工作中重点督导各子公司开展安全风险辨识与评估工作，针对风险评估制定风险控制措施，落实管控层级，进一步加强风险识别、分析研判和防范应对能力，使其成为常态化管理模式，让风险始终处于安全可控状态。制定应急处置预案，如新冠肺炎疫情防控应急预案、防洪应急预案、人员疏散应急预案等，并积极组织一线员工参与应急演练，以提高该公司应对突发事件的能力，不断提高应急预案的针对性和可操作性，增强该公司应急响应能力。

【党建和文化建设工作】

2022 年，国机资产党委以习近平新时代中国特色社会主义思想为指导，全面学习宣传贯彻落实党的二十大精神，按照国机集团党委各项决策部署，以党建工作与生产经营“融合提升”专项行动为重点，持续推动党建工作与生产经营深度融合，为国机资产高质量发展提供坚强政治保证。

1. 加强党的政治建设，把稳公司改革发展方向 一是坚决做到“两个维护”，严格执行“第一议题”制度，开展“建功新时代，喜迎二十大”习近平总书记重要指示批示精神再学习再落实再提升主题活动，对贯彻落实情况“回头看”，将“两个维护”体现在具体部署落实上。二是全面落实主体责任。制定领导班子成员、中层干部落实《全面从严治党主体责任清单》《2022 年党风廉政建设和反腐败工作要点及任务分工》，签订《党风廉政建设责任书》，着力推动责任落实。三是贯彻党中央、国机集团重要决策部署。坚决落实国企改革三年行动有关要求，国机资产法人治理工作更加完善；严格落实稳增长工作要求，落实国家对中小微服务业租户的租金减免政策；落实定点帮扶责任，全年拨付帮扶资金36万元。

2.深入学习宣传贯彻党的二十大精神，奋进高质量发展新征程 一是领导带头学。国机资产党委以“第一议题”形式学习二十大精神，研究部署工作方案；国机资产党委书记、党委委员在党委理论学习中心组扩大会上，联系企业发展实际深入交流研讨；国机资产领导班子成员带头做好党课宣讲。二是全面覆盖学。组织系统内全体党员干部职工通过视频参会、观看直播的方式参加国机集团学习贯彻党的二十大精神培训班，做到全覆盖。三是研讨交流学。各党支部、统战、群团组织围绕大会精神，精心组织系列专题研讨，掀起重点发言与交流发言相结合、党员群众广泛参与的学习热潮。四是自主深入学。为党员群众发放系列学习辅导读物，充分调动广大党员自主学习的积极性、主动性、创造性。五是宣传引导学。通过在网站、微信公众号等宣传阵地开设学习专栏，在办公区张贴宣传展板等方式，营造浓厚学习氛围。

3.牢固树立融合导向，创建“融课堂”党建品牌 一是举办党建经营“融课堂”。采取“党委书记讲党课率先垂范、部门负责人揭榜领学、党务干部上讲台、青年员工导读分享”相结合的模式，集中2天时间讲授8堂课程，涵盖党建、资产管理业务和企业管理等专业知识，着力把党的政治优势、组织优势和群众工作优势转化为国机资产改革发展优势，增强全员干事创业的动力和改革创新的本领。二是开展“一支部一品牌”专项活动，指导推动各基层党支部聚焦生产经营重点难点问题，深化“党员示范岗、党员突击队、党员服务队”等形式，持续开展“党建共建、联学联建”等活动，深入推进党建经营有机融合。三是开展解放思想大讨论活动，国机资产党委理论中心组、各级党组织分别开展“落实‘十四五’规划”解放思想大讨论活动，聚焦主责主业，深入交流研讨，共同推动国机资产经营发展各项任务落实落地。

4.加强党的基层组织建设，发挥凝心聚力作用 一是夯实三基建设。持续落实标准化规范化建设，完成换届选举、更名及补选工作；选树“示范党支部”、开展“两优一先”评选，大力发挥组织功能和先锋作用。二是加强制度建设。围绕落实党建责任制、深化意识形态工作责任制、加强干部人才队伍建设等工作，制定修订12项制度。三是深化考核机制。坚持考核导向，加强督导检查，突出抓在日常、严在经常导向，将党建检查与评优评先、薪酬绩效相挂钩，形成体系完备、指导性强的党建考核工作机制。

5.加强思想宣传和文化建设，发挥凝心聚力作用 一是强化思想武装。组织党委中心组学习，全年共开展8次12个专题中心组学习（扩大）会议；开展调查研究，年度提交调查报告4篇、理论文章14篇。参加国机集团“聚焦主责主业，锻造国机所长”主题宣讲活动，促进思想政治工作水平大幅提升。二是强化文化建设。庆祝党的二十大胜利召开，举办“资产旋律·青春乐章”歌唱比赛、定期组织乒羽活动，鼓励员工“快乐工作，健康生活”；庆祝国机集团机械工业纪念日，开展“我为国机送祝福”员工寄语活动，激发广大员工自豪感使命感。三是强化党建带群团。参观“奋进新时代”等展览，引导全员了解形势、统一思想；持续推进“我为群众办实事”主题实践活动，研究解决企业发展问题的新思路、新办法、新举措；组织开展手工烘焙、厨艺大赛、中医诊疗等主题活动，增强员工对企业的归属感。

6.加强干部人才队伍建设，激发企业发展活力 一是激发调动青年骨干人才工作活力。结合青年员工的职业规划、个性需求和工作能力等特点，开展国机资产总部专业技术通道人员综合评测工作，让优秀骨干人才获得自我展示平台。二是严格落实国机资产导师制员工培养工程。进一步提高员工岗位胜任能力，使新加入国机资产的员工更加精准、快速、高效地掌握自身业务。三是完成国机资产中层干部换届工作。根据国机资产年度工作安排，完成国机资产总部中层领导干部换届竞聘工作和总经理助理选拔工作，进一步优化干部队伍结构。

7. 加强党风廉政建设，持续打造良好的政治生态 一是落实主体责任。落实国机集团纪委八项规定“回头看”自查自纠、十九大以来案件起底、问题线索处置等专项工作，开展习近平总书记关于力戒形式主义官僚主义重要论述和整治形式主义贯彻落实情况“回头看”工作。二是加强政治监督。制定国机资产 2022 年纪检工作要点任务分解表，印发《纪检监督清单》，对“七个专项”、审计整改、国企改革三年行动等工作进行监督；制定《国机资产党委关于加强“一把手”和领导班子监督的责任清单》，抓好关键少数监督。召开党风廉政建设监督小组工作会，通过线上方式开展巡察，健全大监督工作格局。三是加强廉洁宣传教育。扎实开展“传承廉洁基因、打造廉洁品牌、培育国机特色廉洁文化”的廉洁宣传教育月主题活动，通过组织从严治党责任集体谈话、纪检委员讲党课、集中观看警示教育片、开展四风八规相关内容检查及“回头看”等活动，全面深化廉洁文化建设。

【信息化与数字化建设】

信息化建设方面，国机资产大力提升会议网络系统建设，落实国机集团提出的软件正版化、国产化要求，选购高性价比的软件系统，配备视频会议所需视频、音频、移动终端等设备，保障远程会议和移动办公所需。

内部办公系统开发方面，完成 OA 系统优化开发，办公系统功能覆盖国机资产日常办公需求，并且增加多个新功能模块。进一步推广办公系统使用范围，各子公司、托管企业可直接登录使用系统。

网络安全方面，积极进行国机资产及所属企业网络安全建设，预防网络安全事件发生，提升网络防护能力；根据国机集团要求，积极进行网络安全宣传、网络安全检查；做好网站敏感信息监测和撤销工作等。

【履行社会责任】

1. 社会责任

（1）爱心基金捐助。国机资产积极响应国机集团号召，组织全系统职工参与“国机爱心日”捐助活动，共募集爱心基金 4.92 万元，为共同建设幸福国机大家庭、构建和谐社会做出积极贡献。

（2）定点帮扶。国机资产深入贯彻习近平总书记关于乡村振兴重要讲话和指示精神，全面落实国机集团党委决策部署，落实好定点帮扶地区乡村振兴相关工作。一是成立国机资产乡村振兴定点帮扶领导小组和办公室，研究部署和统筹协调公司乡村振兴定点帮扶重要工作，持续落实国机集团党委关于乡村振兴的各项工作部署。二是积极落实定点帮扶责任，积极参加国机集团对定点帮扶河南省信阳市淮滨县的调研与座谈，深入帮扶地区了解实际情况和需要，国机资产 2022 年对口帮扶资金 36 万元，比上年增长 20%。三是持续做好消费帮扶，通过采取优先采购、定向采购、以买代帮、员工福利、工会节日慰问品等方式，积极开展消费扶贫，并积极组织参加国务院国资委“央企消费帮扶兴农周”活动，号召广大干部职工积极购买定点扶贫县（区）农产品，全系统全年扶贫采购金额 16.84 万元，积极发挥工会组织的消费牵引作用，为贫困县缓解农产品滞销发挥力所能及的作用。

（3）志愿服务方面。2022 年 6 月，国机资产组织职工开展新冠肺炎疫情防控志愿服务活动，积极参与公司驻地防疫工作。

（4）社区安全方面。国机资产下属北京置业公司在工体西里小区进行消防演习培训，培训居民使用灭火器，向居民发放消防安全手册，提高小区居民的消防安全意识。

2. 离退休人员管理服务

（1）保障生活待遇，提升“幸福感”。国机资产切实保障离休人员的政治、生活等各项待遇，按时足额发放社会化管理的退休人员统筹外待遇，为他们做实事，做好事，切实维护离退休人员合法权益。坚持开展重大节日走访慰问制度，看望和慰问离退休老党员、生活困难老同志，使他们切实感受到党组织和公司的关心关怀。

（2）保障社会待遇，提升“成就感”。国机资产与离退休人员时刻保持联系，鼓励退休人员在属地继续发光发热，积极参与全国文明城市创建、新冠肺炎疫情防控、人居环境整治等工作，引导离退休人员传递正能量、传播好声音。

（3）稳步推进退休人员社会化管理工作。国机资产加强组织领导，压实主体责任，通过召开座谈会、一对一沟通交流、上门拜访等方式，宣传贯彻退休人员社会化管理政策并答疑解惑，消除退休人员的心理顾虑和抵触情绪，引导退休人员形成合理的改革预期，确保社会秩序安全稳定。

中国农业机械化科学研究院集团有限公司

【基本概况】

2022 年，中国农业机械化科学研究院集团有限公司（简称中国农机院）坚持稳中求进的工作总基调，扎实开展各项工作，新冠肺炎疫情防控和生产经营工作稳中有序、稳中有进。中国农机院领导班子始终坚持团结带领全体员工，紧密围绕“提质增效”专项重点工作，抓党建、战疫情、促生产、拓市场、强科技、重管理，用踏实行动取得了来之不易的成绩。2022 年，中国农机院营业收入 32.85 亿元，净利润 1.07 亿元，EVA 值 1.99 亿元，营业收入利润率 2.46%，归母净利润 1 575.17 万元，研发投入强度为 10.25%；年末资产总额 53.56 亿元，资产负债率 65.81%。

【主要指标】

2021—2022 年中国农机院主要经济指标完成情况见表 1。

表 1　2021—2022 年中国农机院主要经济指标完成情况

指标名称	2021 年	2022 年	同比增长（%）
资产总额（万元）	533 662.40	535 610.60	0.37
净资产（万元）	160 399.03	183 145.16	14.18
营业收入（万元）	326 507.87	328 532.57	0.62
利润总额（万元）	10 834.86	11 704.85	8.03
技术开发投入（万元）	25 018.48	33 685.32	34.64
利税总额（万元）	26 322.00	26 585.00	1.00
EVA 值（万元）	18 508.73	19 937.94	7.72
全员劳动生产率〔万元 /（人·年）〕	25.56	26.64	4.23
净资产收益率（%）	6.98	6.25	减少 0.73 个百分点
总资产报酬率（%）	3.41	3.40	减少 0.01 个百分点
国有资产保值增值率（%）	107.07	101.51	减少 5.56 个百分点

【改革发展】

2022 年，中国农机院治理体系不断完善，形成“三重一大”事项 120 余项、党委会事项 140 余项、总经理办公会事项 90 余项，董事会决策、授权事项 60 余项，进一步厘清各治理主体的权责边界。制修订各类制度 200 多项，确保投资、采购、融资、资产转让等重大决策制度的及时供给，为企业高质量发展提供管理制度保障。

经过一系列的改革完善，中国农机院党委

"把方向、管大局、促落实"，董事会"定战略、做决策、防风险"，经理层"谋经营、抓落实、强管理"的全新治理机制全面形成，在对标世界一流管理提升行动中，对标领域清单分解的 8 个领域共计 23 项对标任务中有 23 项已经完成至 100%。完成中国收获机械总公司和北京华贸兴业贸易有限公司 2 家托管企业破产清算、现代农装株洲联合收割机有限公司（简称株洲公司）挂牌转让、中机浩德（北京）科技有限公司吸收合并，完成国机集团考核目标。其中株洲公司的清理退出对改善现代农装科技股份有限公司资产结构意义重大，推动其实现扭亏为盈，回收资金 4 000 万元，有效缓解了资金压力和退市风险。

中机试验装备股份有限公司成功入选国务院国资委"科改示范企业"名单，在国务院国资委 2022 年度考核中获评优秀，同时被认定为国家企业技术中心。北京金轮坤天特种机械有限公司获批国家级"专精特新"小巨人企业和北京市市级企业技术中心。中国农机院呼和浩特分院有限公司获批内蒙古自治区"专精特新"企业、呼和浩特市"专精特新"企业及内蒙古自治区企业技术中心，内蒙古华德牧草机械有限责任公司获批内蒙古自治区"专精特新"企业。北京天顺长城液压科技有限公司获批北京市"专精特新"企业和市级企业技术中心。中机美诺科技股份有限公司获批北京市"专精特新"企业。

突出价值导向，健全完善薪酬分配机制。完善企业负责人激励约束机制，明确绩效年薪、任期激励收入与经营业绩考核、负责人综合考核评价结果的挂钩联动关系。

【科技创新】

1. 重点产品关键核心技术攻关取得新突破 中国农机院围绕培育重大原创技术策源地，聚焦农机装备应用基础、战略前沿及重大装备关键核心技术，取得了蔬菜穴盘苗高速低损移栽、高速气流智能排种、大田变量施药与果园多行风送式仿靶施药、圆包成型缠膜、滚筒自动磨刀智能对刀、割台自动仿形和籽粒破碎与秸秆揉丝组合、采棉机电液控制与农机作业部件表面增材制造材料与装备、大田机器人化作业装备技术等一批关键技术突破。同时，对象识别与定位、机器人运动与作业决策关键核心技术推进了作物表型获取、果蔬采收机器人技术与装备的研发与应用，助力实现自主可控。高速蔬菜栽植速度可达 120株/行•分，与国外技术并跑；高速气流播种实现 13km/h 以上条播作业，达国际领先水平，玉米播种实现播深自动调控，作业速度大于 12km/h；圆包成型技术自主化替代进口，作业效率提高 20% 以上，采净率超过 95%；研制农机装备轻量化、高强、耐磨新材料，并在旋耕刀、青饲机和谷物收获机械刀片上规模化应用，使用寿命提高 3 倍以上；采棉机电液系统实现自主化、批量化应用；通用机器人作业平台，配套动力≥ 360 马力（1 马力 =735.5W），最高作业速度≥ 12km/h，并可搭载播种、植保、收获作业属具，实现自主作业。

2. 重大农机装备创制及应用呈现新亮点 中国农机院围绕高端农业机械产业链链长建设，聚焦重大农机装备国产化升级替代，培育和壮大主导产品，推进高性能农机装备开发和产业化转化，开发了气流输送式播种机、高速玉米智能化播种机、玉米指夹式播种机、高地隙自走式喷杆喷雾机、自走式马铃薯捡拾联合收获机、玉米小区测产收获机、高密度小型方捆打捆机、草原切根施肥复壮机、灌木收割粉碎打捆一体机、自走式杂交构树收获机、旋转式切割压扁机、多功能水平旋转搂草机、圆包式采棉机、580 马力智能青饲料收获机、大型玉米精准播种施肥作业机器人以及北斗农机作业远程监测终端等一批自主化、技术领先的高性能重大农机装备，推进主导装备系列化、迭代升级和数字化转型，支撑引领科技产业迈向高质量发展步伐。智能青饲机喂入量≥ 33kg/s，收获损失率≤ 3%，收获效率提高 20% 以上，达到国外先进技术水平；形成 3行/6 行棉箱式与圆包式采棉机全系列产品，具有自主知识产权的圆包成型高效采棉机实现批量生产；马铃薯联合收获实现了捡拾、分离、去杂等一体化作业，收获效率达 3 ～ 5 亩/h（1 亩≈ $666.67m^2$），破损率≤ 4%；饲草料收获成套装备，成捆率≥ 98%，打结器使用寿命≥ 150 000 捆，实现低损、高效、高密度、高质量收获；农业合作社、农机作业精准监管、农机企业运维服务云平台广泛应用，推动了智慧农业发展。

3. 特色农机装备支撑乡村产业发展呈现新成效 中国农机院始终以服务乡村振兴为重要社会责任，把高质高效全程全面农业机械化的难点作为重点攻关方向，取得了一批种养加、果蔬生产等薄弱领域作业装备成果，助力乡村特色产业发展。蔬菜高效移栽机、甘蓝类蔬菜收获机、酿酒葡萄全程生产成套装备、食用菌生产工厂化成套装备、便携式核桃采收机、油料脱壳分离与榨油设备等助力丘陵山区果蔬机械化生产发展；日光温室蔬菜轻简型生产成套装备、节水灌溉与水肥一体化设备等为实现设施蔬菜全程机械化提供装备支撑；种子小区播种与收获机、田间作物表型机器人、小粒径种子包衣设备等提升种子繁育生产机械化、智能化水平；自走式红枣采收机、切削式自动翻抛机、柠条收获、智能水分检测仪、除草机器人等补齐薄弱环节机械化短板；果蔬除土净理、形状大小、重量分级等一体的农产品在线品质检测与智能精选成套装备促进农产品减损提质加工机械化发展。

【安全生产】

以安全环保双体系建设为抓手，筑牢安全环保根基。2022 年，中国农机院未发生一般及以上各类生产安全事故，未发现疑似职业病人员和确认职业病人员，安全生产形势持续平稳，总体可控在控。一是强化责任意识提升，推动全员履职尽责。严格落实全员安全生产责任制。组织开展“一把手”带头讲安全、“安全生产大讲堂”活动，贯彻落实党中央“十五条”措施，推动第一责任人履行 7 项职责。创新开展安全生产月等宣传教育活动，全年组织各类培训十余次，参加人数累计 8 000 人次，进一步强化提升全员安全责任意识。二是强化管理能力提升，通过安全环保双体系认证审核，形成管理体系文件汇编，促进安全环保管理工作规范化、标准化。三是强化监管能力提升，持续推进专项整治三年行动巩固提升。四是组织开展大排查大整治、房屋建筑百日攻坚、高层建筑火灾风险等十余项专项整治，做到横向到边、纵向到底、不留死角，所有受检现场均按照相关要求完成整改。五是强化绿色发展理念，积极践行“双碳”战略。组织开展“全国节能宣传周”活动，制定碳达峰、碳中和工作推进方案，梳理形成 6 项重点任务 10 项重点工程，建立碳达峰、碳中和目标体系，完成北京市重点排放企业碳排放核查履约工作。

【党建工作】

1. 深入学习宣传贯彻党的二十大精神，旗帜鲜明加强党的领导，政治建设更加坚强有力 党的二十大召开前，中国农机院开设“藏粮于技”专栏，系列报道公司重要科技成果、拳头产品，用辉煌成就鼓舞人心，营造迎接党的二十大的氛围。党的二十大召开后，第一时间学习、研究制定宣传贯彻工作计划；党委书记带头讲授专题党课，领导班子成员、各级党组织书记主动宣讲；组织全级次党员干部职工参加国机集团党的二十大精神培训班，各基层党组织开展学习研讨 320 余次；通过自有宣传平台，分享党员群众学习心得，构建全覆盖学习体系，切实把大家的思想统一到党的二十大精神上来，把力量凝聚到党的二十大确定的各项工作任务上来。

以“第一议题”和“首要议题”形式研究贯彻落实党的二十大精神及中央农村工作会议精神具体举措；聚焦保障粮食安全、建设农业强国，完善核心技术攻关体系、建好国家重大创新平台；面向粮食安全主战场，布局重点产品研发，支撑农机化和农机装备转型升级，将党的二十大战略部署转化为企业经营发展思路和具体工作行动。推动党建强基，夯实组织基础。实现党的组织和党的工作“无死角、全覆盖”。严格对照党支部标准化、规范化建设“六有”标准，开展基层党建工作。机电技术应用研究所党支部被选树为国机集团基层示范党支部。

2. 压紧压实管党治党政治责任，把方向管大局保落实 贯彻落实中央企业在完善公司治理中加强党的领导要求，2022 年中国农机院组织召开党委会 46 次，研究推进全面从严治党、“十四五”规划落地、国企改革三年行动、乡村振兴、科技创新、人才队伍建设、风险防范等重大决策部署事项300多项，把党的重要会议精神和国机集团部署落实到工作体系中。修订并落实《“三重一大”管理制度实施办法》，进一步厘清各治理主体权责边界，强化党的领导。党员领导干部认真履行“一岗双责”，带头执行党内制度。强化三级党建述职评价工作机制，巩固党员责任区、党员示范岗、党员先锋队建设，把全面从严治党责任传递到每个支部、每名党员，压实基层党建工作责任。

3. 坚持党管干部、党管人才原则 中国农机院召开第十三次党员代表大会，选举产生中共中国农机院集团有限公司第十三届委员会和纪律检查委员会。组织完成所属6家党组织换届工作，持续推行“双向进入、交叉任职”领导体制，从顶层设计上确保党的领导坚强有力。开展2022年专兼职党务干部培训、青马工程培训，提高党务干部业务能力和青年人才思想水平；深入二级企业列席党委理论中心组学习，强化学习质量提升；建立党建工作联动机制、党建工作报告长效机制、党务干部上讲台机制，持续深化党建强基、能力提升、制度保障“三大工程”。

构建以优秀年轻干部、科技创新人才为主体的干部人才队伍雁阵格局。推进研究生招生规模和生源质量提升。初步建成以首席专家为领军人才、青年骨干人才为中坚力量、青年高潜人才为未来发展潜能的三级人才体系。

4. 深入推进党风廉政建设和反腐败工作，风清气正政治生态更加稳固 深入落实全面从严治党责任清单，制定党风廉政建设和反腐败工作要点及任务分工，明确工作目标。专题研究党风廉政建设和反腐败工作。签订党风廉政责任书，督促班子成员及各级党组织书记压紧压实全面从严治党主体责任，发挥表率作用。开展“制度建设年”专项行动，召开8期制度座谈培训会。进一步加强廉洁教育，巩固宣扬廉洁文化，持续构建大监督工作格局。

【信息化与数字化建设】

按照国务院国资委、国机集团要求，中国农机院拟定《中国农机院2022—2025数字化转型行动方案》，围绕“上云、用数、赋智”思想，初步提出在中心机房云转型基础上，构建以数据仓库为“体”，以OA协同办公平台和ERP系统为“翼”的“一体两翼”数字化转型发展战略，从数据采集、挖掘应用等角度对协同办公、经营管理、业务生产、设计研发、产业发展、转型扶持等环节数字化转型工作进行规划，细化近3年重点工作任务清单。

按照国有资本金项目部署，推动实施设计软件及数字中心建设项目。实现三维设计软件“由五及二”统一选型、规范应用，提高了设计软件的一致性，降低了正版化风险；建设面向全级次的仿真设计中心，通过Ansys、EDEM等有限元仿真和离散元分析软件集中部署、共享使用，推动全级次设计验证工作由“样机验证”向“仿真验证”转型。

开展超融合私有云平台建设工作，建成后将实现软件云端授权、设计在线协同、成果集中管理的高效协同设计机制，逐步实现中心机房老旧设备替代和节能降耗，并为核心数据迁入、赋能所属企业发展提供条件，可满足3年内数字化转型基础硬件需求。

【履行社会责任】

1. 加强组织领导，确保工作实效 2022年，中国农机院党委会专题讨论乡村振兴工作，强调持续发挥科研及产业能效，助力乡村振兴工作，一把手挂帅，分管领导督导，对农机帮扶工作进行了安排部署，确保各项任务的顺利实施。立足科研立院的宗旨，中国农机院在深入实地调研的基础上，积极研发推广适合四川省广元市朝天地区的现代化农业技术装备，助力朝天地区农业产业自立自强。

2. 小机器高性能，科技助力核桃收获 为保证朝天区核桃机的交付，在公司党委的指导下，中国农机院首席专家杨学军携团队不断优化产品，通过在实验室对关键部件进行大量试验性能考核，克服新冠肺炎疫情带来的诸多不便，多次携团队赶赴四川核桃产区进行实地试机调试，多措并举抢抓进度，如期顺利完成交机工作。2022年，已交付便携式采收机、清土机和多功能采收机共计478台（套），并在核桃收获季进行初步推广运用，每台农机每天能最大限度代替 10 人次的工作量，每天降低成本 1 000 元以上。

项目组制作并优化产品使用手册，项目人员分别于 8 月和 12 月到朝天现场进行示范应用、操作培训和产品发放，通过录制装机视频、操作视频等多种方式，保证农户的科学、有效使用。同时，项目组积极收集用户使用反馈意见，为后续不断优化产品畅通信息渠道。

3. 低损耗高收获，甘蓝收获机完成试制 针对朝天区曾家山甘蓝收获问题，中国农机院研发了轻简型自走式甘蓝收获机。采用单行一次性收获方式，配置 45kW 专用履带式动力底盘以适应高寒山区黏重土壤条件的稳定行走和高效采收，同时配备模块化组配实现割台的快速调节以适应不同垄宽、垄高的栽培农艺；收获台架主体主要包括低损拔取导正装置、立式夹持的柔性输送提升装置、短程快速的定位定向切根装置、剥叶装置和收集装置，动力由液压系统驱动，可一次完成甘蓝的拔取、输送、切根、剥叶、装箱作业。4YG-1 甘蓝收获机在提升收获质量、降低劳动强度等方面表现优异，能实现甘蓝的低损、连续收获。

4. 畅通服务渠道，助推乡村振兴 2022 年，基于朝天地区农户需求，中国农机院对带状玉米大豆精播机和丘陵山地多功能田园管理机进行了研发试制。试制了小型单行玉米收获机，助力朝天区解决山区现代农业产业发展短板，在试机阶段即受到好评；针对当地松子收获需求，对松子加工成套设备进行研发。

5. 践行初心使命，融入乡村振兴 2022 年，中国农机院基于科研优势，为山西省运城市平陆地区林果收获机械提供产品技术指导；此外，为促进河南省信阳市淮滨县肉牛养殖相关产业发展、实现业务搭建，与淮滨县进行积极沟通。

国机集团科学技术研究院有限公司

【基本概况】

国机集团科学技术研究院有限公司（简称国机研究院）源于 2010 年 12 月批准成立的国机集团中央研究院，2013 年 4 月注册为现名。国机研究院是国机集团向“创新型国机”迈进的重要战略部署，是充分发挥国机集团科技资源行业优势的高层战略执行平台，是增强国机集团整体技术创新能力的重要创新主体。

国机研究院现拥有院二级企业 9 家，其中 8 家为原机械工业部直属研究院所。截至 2022 年年底，国机研究院资产总额 41.38 亿元，净资产 19.47 亿元，当年主营业务收入 19.02 亿元。员工总数 2 600 余人，其中，科技人才 1 500 余人；入选国家百千万人才工程 3 人，享受国务院政府特殊津贴 30 余人，正高级职称 130 余人，高级工程师 300 余人，博士研究生 20 余人。

国机研究院现有国家工程（技术）中心 3 家、国家企业技术中心 3 家、国家地方联合工程研究中心 1 家、博士后工作站 3 家、国家和行业生产力促进中心 3 家、行业质检中心 9 个（其中国家级 6 个）、国际标准化委员会一家、全国标准化技术委员会 11 家、全国标准化技术委员会分委会两家、行业标准化技术委员会 4 家、各类省部级科研平台 25 家。

2022 年国机研究院开启建设有特色的央企集团研究院新征程。国机研究院的愿景为致力专精特新发展，提升机械工业产业基础；使命为引领行业技术进步，促进机械工业发展；核心价值观为合力同行，创新共赢。国机研究院坚持一个主业（产业基础研发与服务）、两大需求（国家战略需求、行业发展需求）、三大战略（打造原创技术策源地、专精特新发展、行业服务引领）。

国机研究院深入贯彻落实习近平总书记关于科技创新重要论述和系列重要指示批示精神，立足新发展阶段，贯彻新发展理念，积极应对复杂多变的国内外形势，忠实履行国家赋予的光荣使命，把科技创新放在发展与安全的核心地位。聚焦“科技研发与服务”主业，以客户为中心，实施“培育技术策源地、打造专精特新、强化行业服务引领”三大战略，深化科技创新机制改革，打造“四大”支撑平台，落实产品与服务行动计划，开展研发技术清单管理及动态调整，上下贯通注重实效，统筹协同突出优势，一体推进“1 个研究院”建设，致力构建高质量发展飞轮，不断提升科技创新能力，攻克产业链、供应链亟待解决的“卡脖子”技术难题，对标世界一流，打造原创技术策源地，以高水平科技供给服务国家战略、促进行业进步、支撑国机集团战略、助力自身高质量发展，服务构建新发展格局。

【主要指标】

2021—2022 年国机研究院主要经济指标完成情况见表 1。

表 1 2021—2022 年国机研究院主要经济指标完成情况

指标名称	2021 年	2022 年	同比增长（%）
资产总额（万元）	390 687.59	413 790.40	5.91
净资产（万元）	175 747.25	194 653.63	10.76
营业收入（万元）	187 183.07	190 195.15	1.61
利润总额（万元）	4 402.28	4 802.75	9.10
技术开发投入（万元）	25 335.30	30 561.57	20.63
利税总额（万元）	10 590.92	12 509.94	18.12
EVA 值（万元）	8 268.63	11 404.07	37.92
全员劳动生产率〔万元 /（人·年）〕	23.98	27.44	14.43
净资产收益率（%）	2.39	2.73	增长 0.34 个百分点
总资产报酬率（%）	2.07	1.91	减少 0.16 个百分点
国有资产保值增值率（%）	108.68	103.36	减少 5.32 个百分点

注：1. 2021 年合并口径：院本部、北强所、沈阳仪表院（含三所）、重材院、济南铸锻所；托管企业天津电气院、兰电所。
2. 2022 年合并口径：院本部、北强所、沈阳仪表院、重材院、济南铸锻所、沈真所、杭照所、视听所；托管企业天津电气院、兰电所。

【改革发展】

2022 年，国机研究院不断推进改革深化。按序时进度扎实推进国机研究院《改革三年行动实施方案》各项工作。根据国机研究院现状，发布《国机研究院深化改革实施方案》，推动深化改革。不断健全董事会工作制度和运行机制。制定《国机研究院关于落实董事会职权实施方案》和 8 项配套制度及办法；发布国机研究院《外部董监事管理办法》《专职董事管理办法（试行）》，支持外部董事履职尽责担当，选聘专职董事；完善专业委员会设置，不断优化董事会治理。落实经理层成员任期制和契约化管理工作。指导所属企业及时修订“两书一清单”，15 家企业 39 位经理层成员均按期签订了“两书一协议”。根据年度指标考核结果，刚性兑现，合理拉开经理层成员的绩效差距。积极推进“三项制度”改革。强化干部能上能下，对所属企业中业绩靠后、评价靠后的班子成员调整出领导岗位，重庆材料研究院有限公司（简称重材院）、天津电气科学研究院有限公司（简称天津电气院）在中层干部换届过程中，通过“起立竞聘”等方式，共有 17 人退出中层干部岗位。积极推动收入能增能减，修订企业经营业绩考核办法，“一企一策”制定考核指标，突出创新驱动，引导企业对标行业水平，不断提高经济效益和价值创造能力；根据企业业绩完成情况，对主要负责人薪酬及企业工资总额进行及时调整。市场化用工意识得到加强，新员工 100% 通过市场化招聘进入；逐步优化薪酬结构，浮动工资占比稳步提升。开展管理效能提升专项行动。转变本部职能部门工作方式，提高对业务的价值创造要求。通过财务分析加大对院所管理效能的督导，以天津电气院为试点，推动职能优化、流程再造、提质增效。

【重大项目】

2022 年国机研究院持续优化顶层设计，主责主业更加突出。一是编制完成国机研究院《“十四五”科技发展规划》，明确坚持“致力专精特新发展，提升机械工业产业基础”的愿景，聚焦“科技研发与服务”主业，实施“培育原创技术策源地、加强专精特新发展、强化行业服务引领”三大战略，梳理形成产品、技术两份清单。二是加强行业服务能力整合，研究形成“国机研检”建设方案，组建“国机研检”事业部。天津电气院、重材院获批国家产业技术基础公共服务平台，天津电气院帅超科技园在国家级科技企业孵化器 2021 年度评价中获得“优秀”成绩。2022 年，国机研究院检测服务收入较 2021 年增长 15%。三是推进国有经济布局优化和结构调整，推动所属企业完成厂办大集体注销事宜及三供一业实质性移交；7 家子企业纳入“十四五”瘦身健体名单，已完成两家企业清算注销。

【科技创新】

1. 加强科技创新平台和创新体系建设 2022 年，国机研究院本部获批国家高新技术企业；沈阳仪表科学研究院有限公司（简称沈阳仪表院）获批国家级企业技术中心；天津电气院获天津市制造业单项冠军企业；重材院、沈阳真空技术研究所有限公司（简称沈真所）分别获评国家知识产权示范企业、国家知识产权优势企业称号。制定国机研究院《科研专项管理办法》和《关于促进“专精特新”产业发展管理办法（试行）》，推动企业技术创新体系不断优化。

2. 推进关键核心技术攻关 2022 年，共获批国家级科研项目 11 项，其中：承担国家重点研发计划课题 1 项（沈阳仪表院），参加课题 1 项（重材院），参与青年科学家项目 1 项（本部）；沈阳仪表院牵头工业和信息化部高质量发展专项项目 1 项；重材院牵头获批配套科研专项 1 项，参研 3 项。

3. 科技成果获肯定 2022 年，国机研究院共获省部级以上各类科技奖 17 项，其中机械工业科技进步奖二等奖 2 项，国机集团科技进步奖三等奖 2 项；申请发明专利 113 项；授权发明专利 57 项，主持制修订标准 75 项，济南铸造锻压机械研究所有限公司（简称济南铸锻所）主导发布国际标准 1 项；发表论文 134 篇，4 项成果入选国务院国资委央企科创成果；各企业共获得国机集团优秀专利奖二等奖 2 项，优秀标准奖二等奖 1 项，优秀期刊奖一等奖 1 项、二等奖 2 项；各项成果较 2021 年实现较大增长。

4.“专精特新”培育初显成效 建立“专精特新”培育机制，明确“专精特新”培育方向和发展指标，通过加强资源配置、加紧政策配套、加大培育力度，加速推进“专精特新”发展。沈阳仪表院光学薄膜器件产品经营业绩大幅增长，实现营业收入 1.5 亿元，各项发展质量指标达到国机研究院“专精特新”产业指标；重材院光伏行业用一体化多点式温度传感器新签合同超一亿元，实现营业收入 8 200 万元；天津电气院检测业务连续 4 年实现两位数增长，实现营业收入 8 800 万元。

【安全生产】

强化安全环保管理。层层压实安全生产责任体系，强化境外安全管理。国机研究院全级次企业顺利通过国机集团护网行动攻防演练。制定《国机集团科学技术研究院有限公司碳达峰实施方案》，组织开展节能减排管理人员培训班。2022 年，全院未发生生产安全事故，未发生职业病。

【党建工作】

国机研究院坚持以习近平新时代中国特色社会主义思想武装头脑、指导实践、推动工作。深入开展“建功新时代，喜迎二十大”习近平总书记重要指示批示精神再学习再落实再提升主题活动。落实党委会针对院“十四五”科技规划、深化国企改革行动、反腐败工作、年轻干部培养等部署落实具体举措。迅速掀起学习宣传贯彻党的二十大精神热潮。在全面学习、把握、落实上下功夫，以“四个确保”“三个结合”为重点，在全院范围内开展学习宣传贯彻党的二十大精神的一系列工作。各级党委、基层支部重点围绕提升企业科技创新能力、推动企业高质量发展、加强产业链创新链融合、开展新兴业务培育等进行专题研讨，取得良好实效。持续深化党建业务融合提升，在完善公司治理中全面贯彻落实“两个一以贯之”，持续优化完善“三重一大”决策事项清单，厘清各治理主体权责边界。开展“以党建为引领，推动1个研究院融合提升”党建工程，上下贯通的“大党建”整体格局初步形成；推进党建业务深度融合，推动各企业围绕“融合提升”专项行动开展交流、相互借鉴，以点带面、示范引领，不断提升国机研究院整体党建工作水平。

1. 大力强化干部队伍建设 严格程序，完成重材院、杭州照相机械研究所有限公司、秦皇岛视听机械研究所有限公司、兰州电源车辆研究所有限公司行政换届，沈阳仪表院、兰电所党委换届。落实国机集团有关要求，完成2家A类企业财务总监的选聘工作。加大优秀年轻干部选拔使用力度，以企业换届为契机，推动优秀“75后”、“80后”干部进入各企业领导班子队伍。目前国机研究院党委管理的干部中，“70后”干部共有23人，占比近60%；“80后”干部5名，占比12%。持续推进干部交流，完成1家B类企业总经理交流任职，推动国机研究院本部与所属企业财务部门人员交流。

2. 持续推进高层次人才队伍建设 国机研究院对第一批创新团队开展年度考核，对两个不合格团队进行调整；组织天津电气院和兰电所申报院第二批创新团队，批准创新团队8个；一名国机集团首席专家通过任期考核。全院通过国机集团正高工评审12人。组织遴选5名优秀技术骨干攻读工程博士。

3. 完成巡察工作全覆盖 对杭照所、沈真所、视听所、济南铸锻所4家企业开展常规巡察，实现巡察全覆盖，其中巡察发现“四个落实”方面问题数量57个，全部完成整改。

【履行社会责任】

承担社会责任展现新作为。开展助企纾困工作，全年各企业共减免房租530多万元；组织各企业落实国机集团定点片区帮扶资金22.6万元，组织各级工会开展消费扶贫，累计28万余元。落实国机集团2022年“国机爱心日”捐助活动，共募集爱心基金17万余元，为困难职工争取保障，协助各企业申报国机集团“爱心基金”共11人。

国机资本控股有限公司

【基本概况】

国机资本控股有限公司（简称国机资本）成立于2015年8月，是世界五百强企业、中央直接管理的国有特大型核心骨干企业——国机集团的二级子公司，注册资本23.7亿元。国机资本是国机集团的产融投资平台，坚持以资本金融业务服务国机集团战略、服务主责主业，专业化运作基金管理、融资租赁、商业保理三类业务，推动国机资本发展成机械工业极具价值创造力的产融投资平台。

国机资本成立以来，不断丰富服务主业的手段，逐步形成产业基金、融资租赁、产业保理三大业务板块。

产业基金业务：以产业基金服务国机集团，打造“链长”“策源地”，到“十四五”期末，围绕国机集团打造“高端基础零部件原创技术策源地”，国机资本基本形成百亿元规模的产业投资基金，围绕制造强国，主要布局智能装备、关键基础零部件、“碳达峰碳中和”等方向。

融资租赁业务：国机资本积极响应国家“金融服务实体经济”的号召，致力于为国机集团产业链上下游客户提供优质的融资租赁解决方案，定位于存量业务的“推进器”、增量业务的“孵化器”、业务风险的“降压器”和内部协同的“链接器”，努力实现以融促产、以融助产、产融结合，打造具有国机特色的融资租赁服务平台。

商业保理业务：聚焦国机集团在装备制造业和现代制造服务业两大领域的业务定位，致力于挖掘国机集团内成员单位及其供应链贸易中上下游企业的融资需求，为供应链上的企业提供融资服务。

国机资本立足新发展阶段，完整、准确、全面贯彻新发展理念，构建新发展格局，推动高质量发展，奋力推动数字产业金融和产业资本投资“两翼齐飞”，“十四五”时期努力成为中国一流的投资企业，为促进中国经济发展做出更大贡献。

【主要指标】

2022 年，国机资本实现净利润 7 921 万元，完成年度预算目标 7 000 万元的 113.16%，同比增长 16%；年末资产总额 33.62 亿元，负债总额 8.33 亿元，资产负债率 24.78%，基本与上年持平。2021—2022 年国机资本经济指标完成情况见表 1。

表 1　2021—2022 年国机资本经济指标完成情况

指标名称	2021 年	2022 年	同比增长（%）
资产总额（万元）	333 908	336 178	0.68
净资产（万元）	267 321	252 886	-5.40
营业收入（万元）	—	113	—
利润总额（万元）	5 657	8 431	49.04
技术开发投入（万元）	—	—	—
利税总额（万元）	5 708	8 623	51.07
全员劳动生产率〔万元 /（人 • 年）〕	694	471	-32.13
净资产收益率（%）	2.72	3.05	增加 0.33 个百分点
总资产报酬率（%）	2.29	2.98	增加 0.69 个百分点
国有资产保值增值率（%）	114.69	95.55	减少 19.14 个百分点

【改革发展】

2022 年国机资本坚持“稳字当头、稳中求进”总基调，坚持业务、管理、机制等全面创新提质增效，在国内外各种不确定性环境下创新推进高质量发展。

1. 深化企业改革，“改革三年行动”圆满收官　国机资本按照“可衡量、可考核、可检验、要办事”的要求，完善党委前置清单，厘清各治理主体权责边界；健全董事会管理制度，全面落实董事会各项权利；优化经理层成员任期制和契约化管理，全面推进公司“改革三年行动”高质量收官，完成全部目标任务。

2. 积极推动三家公司专业化整合　为了进一步聚焦服务主业，深化产融结合，优化布局结构，提高资源配置效率，国机资本积极推进国机基金、国机租赁、国机保理三家公司股权架构调整，推进三家公司重组整合，实现对基金业务、融资租赁、商业保理的平台化管理，有利于加强战略协同、增强资本实力、提升品牌影响力。

3. 机制创新，夯实发展根基　持续完善牵引机制，营造凝心聚力前进氛围。建立部门绩效考核办法，自上而下层层分解目标，实现目标牵引。持续完善激励机制，营造干事兴业动力氛围。制定“奋战四季度”专项奖励政策，激励业务部门铆足干劲、奋勇向前。持续完善竞争机制，营造人岗相适的活力氛围。制定《员工晋升降级管理办法》，干部实行契约化管理，实现干部能上能下，员工实行业绩（任务）承诺管理，实现薪酬能高能低，人员能进能出。

【重大项目】

国机资本积极融入国家新发展格局，统筹新冠肺炎疫情防控和经济发展，坚持稳字当头、稳中求进工作总基调，坚持服务国机集团战略、助力主业发展，系统落实国机资本“十四五”发展规划，各项工作取得可喜成绩。

1. 盘活存量资产，优化资产结构 国机资本2022年年初确定千方百计盘活公司存量资产的要求，积极制定盘活方案并组织实施，为国机资本优化资产结构拓展空间。

（1）动态跟踪研究资本市场变化，针对每个股票类投资制定盘活方案。对于国机精工、铁建重工等达效类股票资产择机退出，实现效益、现金双“回流”；对于低效类股票资产充分挖掘市场机会，研究被投企业所在行业和经营情况，制定区间波动交易策略，通过“高抛低吸”方式降低成本，实现账面盈利；对于国机集团内股票积极协调国机集团回购，实现苏美达股票的退出。2022年，投资项目退出取得的现金回流为国机资本调整资产结构腾出了空间。按投资成本计算，2022年年末股票类资产占投资资产的41%，比上年年末下降12个百分点。

（2）强化股权类资产投后管理，保证分红收益。建立投后管理台账，强化与被投企业的现场沟通和分红管理，2022年实现投资收益比上年增长29%。

（3）拓展固定收益类资产投资，助力国机集团兄弟公司改革脱困。国机资本积极筹措资金，委托国机财务公司以市场化方式在二级市场连续购买中国恒天发行的存量债券“20恒天MTN001”合计2.5亿元。该项投资提升了中国恒天二级市场债券的估值，有效提振了市场信心。

2. 加强基金业务研究，积极推进基金筹备工作

（1）开展基金业务研究，逐步打造农机行业投研能力。对接中国一拖、中国农机院等相关企业，邀请农机行业协会专家和国机集团内农机专家开展行业咨询，形成农机行业分析报告，助力打造农业装备产业链链长。此外，制定与基金业务相关的管理制度，为基金业务的开展打下良好基础。

（2）紧密跟踪政策变化，积极推进基金筹备工作。研究分析国机集团基础零部件科研制造资源，梳理国机集团关键基础零部件业务发展投融资需求，组织起草机械工业关键基础零部件产业基金筹备方案。对接国机集团内部子企业共同推进“上市公司+PE”合作模式；与国机集团外金融机构达成合作组建“双碳”工程基金的初步意向，提高国机集团工程承包项目的竞争力。

【经营管理】

1. 努力打造五位一体大风控体系 国机资本有机融合法律、合规、风险、内控、审计等职责，形成合力，实现闭环管理；主动防范合规风险，设立合规审查委员会，制定重点岗位负面清单，全员签署合规承诺书，强化管业务必须管合规要求；加强制度建设，运用PDCA质量管理技术，持续进行制度评估，全年制修订34项制度；创新国机E链授信管理，出台“融十条”，提高审批效率，推动业务发展，创新租赁物管控方式，提升智能水平；积极配合上级专项审计，组织周密高效，做到立行立改。

2. 借鉴先进理念，重构内部控制 国机资本借鉴COSO和行业先进内控理念，重塑内控架构，编制约17万字的《内控合规手册》。手册涉及该公司投资业务、基金业务、租赁业务、保理业务等主要业务条线，形成18个一级流程、98个二级流程、233个三级流程，内控流程框架更加清晰合理；建立风险事件库，形成不相容职责表，编制权限指引表，风险控制矩阵更加科学、实用。

3. 实施财务管理三年提升行动，财务价值初显

（1）全面落实国机集团“财务管理提升三年行动”工作要求。国机资本制定“3321”财务管理提升三年行动方案，制定66项行动措施，明确基础年、优化年和提升年推进计划。2022

年11项工作任务已全面完成，29项持续性工作正在有序推进。

（2）用足用好国家优惠政策，做到“能享尽享”。积极研究国家和政府出台的各项减税降负政策，积极争取政府退税补助，2022年获得各种补助3 071万元，其中对当年净利润贡献1 083万元。

（3）强化预算管理。形成预算管理“向上提”、预算工作“靠前站”、预算执行“有闭环”的预算管控机制，保障公司经营有序运行。

【安全生产】

在国机集团安全生产部的领导和支持下，国机资本坚决贯彻“安全第一、预防为主、综合治理”的方针，严格执行“党政同责、一岗双责、齐抓共管、失职追责”安全生产工作要求，以“全覆盖、零容忍、严执法、重实效”的态度，努力抓细抓实资金安全、网络安全、信息安全、办公室场所安全、新冠肺炎疫情防控安全、证章及重要凭证安全以及员工安全等各项重点工作，在总结2021年安全生产管理工作经验及弥补安全生产管理短板的基础上，稳步加强安全管理基础，健全规章制度，推进安全文化建设，落实安全主体责任，完善隐患排查机制，定期开展工作自查和总结，建立起安全生产全面保障体系，有效促进公司安全生产工作水平持续提升，保障公司安全健康发展。

【党建工作】

国机资本党委始终把迎接党的二十大胜利召开和学习宣传贯彻党的二十大精神作为首要政治任务，引导党员干部深刻领悟“两个确立”的决定性意义，增强“四个意识”、坚定“四个自信”、做到“两个维护”，不断提高政治判断力、政治领悟力、政治执行力。

1. 掀起学习宣传贯彻党的二十大精神热潮 党的二十大胜利召开后，国机资本党委迅速组织专题党委会，第一时间研究制定工作方案。组织全员收看习近平总书记做的二十大报告，全员参加国机集团集中培训，党委理论中心组和党支部开展专题学习研讨，工会委员和全体青年开展专题学习；通过在公司微信公众号上发布热议专刊3期，开设学习专栏6期，在公司范围内凝聚起学习宣传贯彻落实党的二十大精神的强大合力。

2. 坚持以习近平新时代中国特色社会主义思想武装头脑、指导实践、推动工作 严格落实“第一议题”制度，及时传达学习、研究部署、贯彻落实党中央决策部署；持续发挥党委理论学习中心组引领作用，全年共安排理论学习10次，围绕“学习贯彻党的二十大精神，推动公司高质量发展”等主题，开展充分的学习研讨。常态化开展党史学习教育。持续更新职工群众“急难愁盼”问题清单并组织研究解决。

3. 创新打造“融易学”课堂，促进党建与业务双融互促 国机资本聚焦公司经营发展，组织公司党员领导干部、党务干部和业务骨干，分享各自在公司发展、业务开展、监管要求、行业展望等方面的体会和想法，有效增进部门和员工之间的业务学习和交流，不断提升广大干部职工履职尽责能力，累计参加培训350人次；“融易学”课堂不仅得到了员工的热烈支持，部分课程还被国机集团“新风国机”微信公众号进行转发，得到一致好评。

4. 持续深化党的基层组织建设 开展“智慧云联建”，与业务合作单位党支部开展“云端”联学联建活动，为双方的业务合作奠定基础。开展支部党建品牌创建，打造具有产融投资业务特点的产融先锋党建品牌“融易讯”“融易链”，以多种形式号召全体党员立足本职、奋发进取、争创先锋。

5. 扎实推进党风廉政建设和反腐败工作 夯实党委党风廉政建设主体责任。通过日常宣传阵地建设、廉洁宣传教育月广泛开展宣传教育活动，提高廉洁从业意识。强化制度建设，提高源头治理效果。充分发挥大监督作用，广泛开展政治监督和常态化的日常监督，提高预防腐败实效。组织召开全面从严治党工作会，签订党风廉政责任书，开展全面从严治党集体谈话会，压实责任。

【信息化与数字化建设】

国机资本成立网络安全和信息化组织领导机构，负责贯彻落实党中央、国务院和国务院国资委、国机集团有关网络安全和信息化工作的方针、政策，组织领导公司网络安全和信息化工作，研究制定公司网络安全和信息化发展战略、宏观规划，统筹协调解决有关网络安全和信息化工作重大事项。

1. 国机 E 链本地化建设 为快速开展供应链金融业务，启动国机 E 链（本地化）建设，在企业授信阶段进行创新优化，依据核心企业规模实力、偿债能力、盈利能力、现金流指标等维度进行自动评级并授予相应的凭证开具额度许可。如自动授信额度不能满足业务需求，可以申请授信变更，在系统内预置 7 个调整事项维度，实现调整额度自动计算，减少人为干预，实现从单纯“人控”到“人控 + 机控”模式并行，简化审批流程，提升国机 E 链的运营效率。

2. 租赁和保理业务系统 国机资本对租赁和保理核心业务系统进行开发实施部署，实现企查查、银企直连、NCC 等数据端口对接，录入全部历史数据，实施更新银行流水同步策略，每日凌晨自动更新上一日银行流水，可手动更新当日银行流水信息。2022 全年累计完成 10 次系统应用操作培训，并发放操作指引手册。

3. OA 办公系统 国机资本按照“制度执行年”各项要求，落实“管理制度化、制度流程化”工作，完成预算科目和部室设置，实行全面预算管控。外聘安永咨询团队建立公司管理内控手册，按照内控手册对各部门流程表单进行梳理、固化，新增表单流程 35 个，流程优化 200 余次。规范公司内部管理，实现管理流程标准化、制度化。

【履行社会责任】

1. 彰显央企责任担当，帮助小微企业纾困解难 落实国务院国资委和国机集团要求，对于新冠肺炎疫情给中小微企业带来的融资压力，国机资本充分发挥“国机 E 链”供应链金融作用，为 27 家企业提供融资支持 4.67 亿元，在保障国机集团供应链安全的同时，为中小微企业解决融资难、融资贵问题。为助力中国恒天改革脱困，积极筹措资金完成 2.5 亿元恒天 20MTN001 债券的交易，有效提振市场信心。

2. 绿色运营 国机资本下属创业投资基金投资建设的北京市顺义区 26.88MW_p 分布式户用光伏项目于 2022 年并网 10.36MW_p，累计发电量 13.05GW · h，是公司响应国家碳达峰、碳中和和乡村振兴战略，紧跟“十四五”光伏发电绿色高质量发展规划，助力加速构建新能源体系的具体实践。

3. 乡村振兴 国机资本严格落实国机集团党委工作部署，全面助力国机集团乡村振兴战略实施，重点巩固山西运城平陆脱贫攻坚成果，落实国机集团定点乡村振兴平陆计划，按时完成扶贫捐款 18 万元，支持平陆乡村振兴工程建设。

该公司加大消费帮扶力度，在采买国机集团帮扶县农产品用于会员节日慰问品的同时，通过开展兴农周、新疆农产品品鉴会等活动，广泛推介帮扶地区、边疆地区特别是国机集团定点帮扶地区农副产品，形成消费帮扶“人人皆能为、人人皆有为”的浓厚氛围。

国机融资租赁有限公司和国机商业保理有限公司

【基本概况】

国机融资租赁有限公司（简称国机租赁）是国机集团在产融投资板块打造的融资租赁平台，2018 年 5 月在天津市自贸区东疆港区成立，注册资本金 2.14 亿美元，其中国机集团持股 92.53%。国机租赁积极响应国家“金融服务实体经济”的号召，以“服务集团战略，助力主业发展”为宗旨，致力于为国机集团产业链上下游客户提供优质的金融服务解决方案，定位于存量业务的“推进器”、增量业务的“孵化器”、业务风险的“降压器”和内部协同的“链接器”，努力实现“以融促产、以融助产、产融结合”，打造具有国机特色的融资租赁服务平台。

国机商业保理有限公司（简称国机保理）是国机集团供应链金融服务平台，2020 年 12 月在北京市通州区成立，注册资本金为 5 亿元，是国机集团全资子公司。国机保理聚焦国机集团科技研发与服务、先进装备制造、工程承包与供应链三大主业，致力于挖掘国机集团内成员单位及其供应链贸易中上下游企业的融资需求，为供应链上的企业提供融资服务。

国机租赁和国机保理（简称公司）依托国机集团的产业资源优势，以良好的品牌、风险管控和信用状况与多家银行、金融机构等建立战略合作关系，注重打造专业化的人才团队和“融资、融物、融智、融合、融汇、融通”的服务理念，不断塑造公司的核心竞争力，为客户提供全方位、专业化、多元化的金融服务。

【主要指标】

2022 年，国机租赁坚持国机集团内外“双循环”的发展思路，在严控风险的情况下，稳步拓展业务，国机集团内外业务均取得较大突破。全年新增投放额 5.89 亿元，平均生息资产规模 7.99 亿元。2022 年，国机租赁实现营业收入 4 806 万元，同比增长 52%；利润总额 6 015 万元，净利润 4 505 万元，同比增长 42%；内部协同租赁业务规模 11.29 亿元。

2022 年，国机保理主要围绕国机集团内部企业的应收应付账款开展保理业务。通过应收账款保理业务促进国机集团内部企业提前回笼资金，提高客户违约成本，降低回款风险，通过应付账款保理缓减国机集团内企业现金流，增加客户黏性。全年新增投放额 21.29 亿元，平均生息资产规模 3.63 亿元，全年实现营业收入 2 315.05 万元，同比增长 31.78%。所有项目均正常回款，无逾期，零坏账，保理业务发展稳健。2021—2022 年国机租赁和国机保理主要经济指标完成情况见表 1。

表 1　2021—2022 年国机租赁和国机保理主要经济指标完成情况

指标名称	2021 年	2022 年	同比增长（%）
资产总额（万元）	214 184	426 057	98.92
净资产（万元）	208 245	210 897	1.27
营业收入（万元）	4 918	7 121	44.80
利润总额（万元）	6 645	6 236	-6.16
技术开发投入（万元）	—	—	—
利税总额（万元）	6 845	7 235	5.70
全员劳动生产率〔万元 /（人 · 年）〕	324	355	9.74

【重大项目】

2022 年，国机租赁新增投放项目 12 个，累计投放资金 5.77 亿元，其中国机集团内协同业务 10 个，租赁协同金额 11.29 亿元。国机保理新增投放项目 14 个，累计投放资金 17.18 亿元（含国机 E 链），其中国机集团内协同项目 13 个，协同金额 21.63 亿元。

1. 中海总局加强回款保理项目　中海工程建设总局有限公司（简称中海总局）与下游某客户尚有约 7 600 万元工程款未收到。国机保理与中海总局及其客户共同签署无追保理合同，受让中海总局的上述工程应收账款，同时客户提供债务确权。该模式下国机保理以配合三方无追保理合同的签订以及未来可能发生的诉讼情况下对债务人的追索为主。国机保理可作为类金融机构实施诉讼，债务人一旦违约，极有可能面临所有金融机构的抽贷，因此，该业务对债务人具有较强约束力，大幅提高其还款意愿，为工程款的回收提供了强有力的保障。

国机保理发挥类金融机构的应收账款催收功能，将中海总局原有工程债权转换为金融债权，增加了底层客户的违约成本，有效帮助中海总局实现工程款的强有力催收。

2. 苏美达保理项目 国机保理以苏美达股份有限公司（简称苏美达股份）旗下的苏美达国际技术贸易有限公司、江苏苏美达五金工具有限公司、江苏苏美达轻纺国际贸易有限公司、江苏苏美达机电有限公司向多个下游客户销售货品形成的应收账款开展无追保理业务，为上述公司快速收回货款近 8 亿元，明显改善经营性现金流，同时压降了苏美达股份的“两金”规模，有效发挥国机保理“降压器”作用。

该项目是国机保理与国机集团贸易板块核心企业苏美达股份的首次应收账款保理模式探索，为后续贸易类应收账款保理合作奠定了良好的坚实基础。

3. 中水电融通保理项目 中水电融通租赁有限公司（简称中水电融通）一亿元保理项目作为国机集团首单海外工程类央企基建保理项目于 2022 年 12 月底落地。该项目以风险控制为核心，针对工程类央企梳理出项目的风控逻辑，形成了一系列法律文件，探索并磨合出央企同业间的合作模式，为安全有序地开展外部央企合作项目提供了一定的示范意义，对更好地协同国机集团内工程承包板块具有重要的借鉴意义。

4. “国机 E 链”供应链金融平台 “国机 E 链”是由国机保理公司牵头打造的国机集团专属的供应链金融服务平台，旨在解决国机集团内部企业支付结算痛点，帮助上游供应商将国机集团核心企业的应付账款融资变现，有效强化国机集团内部企业产业链核心地位。凭借可拆分、可流转、低成本、最快 T+0 放款等多种便捷服务，“国机 E 链”上线运行以来，得到苏美达股份、中机建设、国机重装、中国福马、中国恒天、中国农机院等国机集团成员单位及其供应商的积极响应和广泛好评，有效缓解了核心企业的付款压力和中小供应商的融资压力。“国机 E 链”在帮助中小供应商解决融资难、融资贵问题的同时，也在较大程度上降低了国机集团核心企业所处供应链的整体融资成本和潜在资金风险，从而增强了整条供应链的竞争力。

截至 2022 年年底，“国机 E 链”上链注册超过 60 家国机集团内核心企业，累计对国机集团成员单位 100 多家上游供应商放款合计 4.67 亿元。

国机重型装备集团股份有限公司

【基本概况】

2022 年，国机重型装备集团股份有限公司（简称国机重装）深入学习贯彻习近平总书记重要讲话精神和指示批示精神，认真贯彻落实国机集团各项决策部署，始终坚定信心、保持定力，积极克服新冠肺炎疫情反复、海外项目竞争日趋激烈、大宗原材料价格高企、四川部分地区极端高温天气限电限产、地震等各种不利因素影响，充分研判市场形势，采取得力措施，各项工作成绩显著、亮点纷呈，经济运行总体平稳有序，稳增长、促转型、谋创新的高质量发展局面进一步巩固夯实。

【主要指标】

2021—2022 年国机重装主要经济指标完成情况见表 1。

表 1　2021—2022 年国机重装主要经济指标完成情况

指标名称	2021 年	2022 年	同比增长（%）
资产总额（万元）	3 670 190.68	3 734 042.02	1.74
净资产（万元）	1 692 675.55	1 766 288.92	4.35
营业收入（万元）	1 304 611.72	1 352 369.54	3.66
利润总额（万元）	58 115.54	53 312.80	-8.26
技术开发投入（万元）	68 958.00	79 898.68	15.87
利税总额（万元）	87 320.84	97 062.03	11.16
EVA 值（万元）	−16 323.17	−14 269.48	12.58
全员劳动生产率〔万元 /（人·年）〕	30.20	32.92	9.01
净资产收益率（%）	2.93	2.81	减少 0.12 个百分点
总资产报酬率（%）	1.91	1.50	减少 0.41 个百分点
国有资产保值增值率（%）	102.33	104.51	增加 2.18 个百分点

注：表中数据包含国机重装托管企业。

【改革发展】

1. 国企改革三年行动全面完成　国机重装完善中国特色现代企业制度、推进国有经济布局优化和结构调整、健全市场化经营机制等 7 大改革任务、123 项具体措施全面完成，公司治理体系更加健全完善、市场化经营机制更加灵活高效、运营管控更加科学精细，在国机集团开展的改革专项检查中获得好评。

2. 持续深化三项制度改革　国机重装完成公司领导班子换届、公司总部全员竞聘工作，推进中长期激励，搭建“重装大讲堂”常态化学习平台，实施素质能力提升激励，着力打造科技、市场、技能、管理 4 支人才队伍。坚持考核结果刚性兑现，中层管理人员市场化退出 14 人，退出率达 9.2%。完善以业绩贡献决定薪酬的分配机制，坚决破除平均主义、大锅饭，所属企业主要负责人年度薪酬最高差距达 5.8 倍，总部同岗级员工平均月绩效差距最高达 30% 以上。

3. 重点企业改革取得积极进展　中国重型机械研究院（简称中国重型院）获评国务院国资委 2021 年度科改示范行动标杆企业；制定超额利润分享实施方案上报国机集团审批，编制“科改示范”2022—2025 年综合改革方案并扎实推进。中国第二重型机械集团德阳万航模锻有限责任公司（简称万航模锻）岗位分红权激励获得国机集团批准并推进实施，取得明显效果；积极落实“天府综改”各项改革举措，中国第二重型机械集团公司（简称中国二重）成功申报四川省制造业“贡嘎培优”企业。

【重大项目】

2022 年，国机重装以客户为中心，以市场为导向，持续加强营销体系建设，成立土耳其区域中心，各企业加大市场开拓力度，区域中心市场营销统筹作用持续发挥，合同签约额连年增长，再创历史新高，高附加值产品占比大幅提升，工业服务领域持续发力，有力支撑重装旗舰“稳增长”。

1. 装备研发制造业务　签订陕西钢铁集团有限公司 3 500 中厚板轧机、东方电气（广州）重型机器有限公司 6 台华龙一号 SG 锻件、航空模锻件、中国石油化工集团有限公司镇海项目、中国海洋石油集团有限公司大榭石化项目、新一代超净转炉煤气精除尘器、宽幅高精度不锈钢二十辊冷轧机组等为代表的一批高端装备及重大部件，优势产品市场份额稳中有升。首次签订油基岩屑热脱附处理装置服务合同，实现新兴领域市场开拓重大突破；传动品牌不断提升，军民融合新优势持续巩固。9 月 20 日，二重（德阳）重型装备有限公司（简称二重装备）成功浇注汉中钢铁 3 500mm 四辊可逆式轧机第一件机架，钢水总重量达 652t；9 月 30 日，成功浇注第二件机架，创下了连续浇注超大型铸件时间最短纪录。4 月 12 日，二重（镇江）重型装备有限公司（简称镇江公司）与二重装备通过协同配合，中标镇海炼化 1 100 万 t/a 炼油和高端合成新材料项目 4 台大型塔器，填补了镇江公司在中国石油化工集团有限公司大型板焊塔器单独标段的订单空白，市场开发取得新突破。

2. 工程承包与投资业务 海外工业化项目取得较大突破，签订印度尼西亚年产 4 万 t 湿法锌冶炼厂项目、乌兹别克斯坦 200 万 t 炼钢工程项目等一批重大合同。中国重型院联合二重装备成功签订印度尼西亚青山 1780 热连轧总包项目，开拓产品走出去的新路径。国机重装精彩亮相首届世界清洁能源装备大会，展示公司在清洁能源领域雄厚的研发和制造实力。2022 年 6 月 16 日，中国机械对外经济技术合作有限公司与柬埔寨施耐泰克公司在金边签订柬埔寨—泰国边境 500kV 输电线路 EPC 项目合同。6 月 21 日，中国重型机械有限公司（简称中国重机）与孟加拉城市集团签订城市集团水泥粉磨站项目合同。8 月 23 日，中国重机与老挝西蒙电力有限公司通过视频方式，签订老挝 2×30MW 色拉龙唐恩水电站项目 EPC 合同。

3. 贸易与服务业务 装备制造业务全年出口大幅增长，其中西门子业务首次突破 1 亿元、普瑞特业务突破 2 亿元，创 10 年来新高。2022 年 4 月 18 日，国机重装成都重型机械有限公司与 JSW 签订印度 JSW1780 热连轧辅机项目合同，该项目是在 2021 年与印度另一大型钢铁公司签订机电液成套设备供货合同之后在印度市场的再一次突破。国机重装推动从设备制造向“制造 + 服务”延伸，积极发展检验检测、计量校准、现代物流、安装、运维等装备制造服务业，目前，制造服务业务已达到总收入的 15%。其中，检验检测逐步迈入新的专业化发展轨道，2022 年实现营业收入 1.11 亿元，同比 2020 年增长 3.78 倍；利润总额 3 923 万元，同比 2020 年增长 4.31 倍。

【国际合作】

2022 年，国机重装认真贯彻落实国机集团各项工作部署，统筹做好新冠疫情防控与生产经营工作，积极响应国家“走出去”战略，以工程总包、国际贸易、投资运营等模式积极拓展国际化经营业务，工程承包领域持续深耕重点国别市场，在柬埔寨、老挝、印度尼西亚、乌兹别克斯坦、塔吉克斯坦等市场实现滚动开发。达岱水电站连续 8 年超额完成发电任务，梯度开发的上达岱水电站进入施工建设阶段。

【科技创新】

1. 科技创新机制持续完善 金属成形技术与重型装备全国重点实验室、大型铸锻件先进制造技术及装备国家工程研究中心分别纳入全国重点实验室和工程中心新序列管理。四川省先进极限制造技术创新中心、陕西秦创实业集团有限公司原创新驱动平台、陕西省金属先进成形技术与装备中试基地先后获批。国机重装成立双碳研究院，发布公司“双碳”工作方案，编制公司碳达峰实施方案。系统谋划与四川大学、重庆大学、东北大学、燕山大学等 10 余所高校、科研院所共建“产学研用”创新发展模式，重点突破本领域基础研究“卡脖子”难题并培育未来发展的种子项目。

2. 科技成果硕果累累 国机重装 2022 年获得各类省部级以上科技奖励 29 项，国家专利 110 项，制修订标准 62 项。其中获得国机集团科学技术奖一等奖 1 项、二等奖 3 项，中国机械工业科学技术奖一等奖 2 项、二等奖 2 项、三等奖 2 项；在国内具有完全知识产权的航空万吨级铝合金板张力拉伸装备荣获中国工业大奖；1 000MW 超超临界机组 FB2 转子作为国机集团唯一产品入选 2022 年度央企十大国之重器评选名单；二重装备、中国重机、中国重型院上榜中国重型机械行业“2021 年度领军单位”名录。

【管理工作】

1. 深入推进精益化管理 国机重装坚持两眼向内，在开展试点的基础上，全面推进精益化管理融入各项日常工作。通过精益技术、精益生产、精益质量、精益现场、精益设备、精益项目管理等促进效率效益双提升。部分关键大型铸锻件产品整体效率提升近 15%，模锻件批产产品周期缩短 30%；制造板块责任废品损失率控制水平行业领先，华龙一号福清6号机组主管道项目获全国质量奖。通过精益成本管理促进产品竞争力稳步提升，采购、外协、设计、工艺优化等实现降本增效约1.4亿元。同时，精益化管理骨干人才培养进入快车道，先后开展精益培训千余人次，在2022年取得首个“黑带”、已有24个“绿带”基础上，推进3个“黑带”、36个“绿带”的培养。国机重装成立数字技术研究院，推进精益化与数字化相融相促，稳步扎实推动公司精益化迈上高水平。

2. 科工贸协同成效明显 组织万航模锻、二重装备、中国重型院，成功申报集团重大科技专项，共同开展航空模锻件高效率、高可靠、高性能智能化制造关键技术研究。成都重机依托新疆祥泰源1450热连轧项目，通过整合国机集团和国机重装内部优势资源，以协同开展项目执行为纽带，探索走出一条冶金领域业务发展新模式。镇江公司协同二重装备，完成裕龙石化项目10台大型容器的产出，进一步提升了核心竞争力。中国重机与万安公司、万路公司在物业、餐饮、保险领域实现海外首度合作。

3. 审计配合及整改工作积极推进 按照国机集团要求，国机重装建立日报表、周汇报、月报告的配合迎审工作机制，全力配合完成资料提供、取证单反馈等迎审配合工作，以审计成果促改革发展和管理提升。

4. 开展“严肃财经纪律、依法合规经营”综合治理专项行动 国机重装全面排查违法违规问题，制定整改措施，完善长效机制，消除发展隐患，进一步夯实公司高质量发展基础。认真落实“合规管理强化年”要求，建立完善合规组织体系、制度体系，依法经营管理水平稳步提升。

5. 投资和资产处置取得积极进展 柬埔寨达岱水电站梯级开发取得突破性进展，达岱水电站实现连续8年超额发电，上达岱水电站获得开工前全部关键性批文，主体工程施工建设于2022年12月初全面启动。北京中机恒业资产管理有限公司处置方案已通过董事会审议；二重德阳特种装备有限公司清算注销完成资产清查及债权债务清理。

6. 财务管理水平持续提升 国机重装强化财务总监或财务负责人委派制管理，加强境外机构财务负责人管理，强化绩效考核，促进财务总监履职能力提升。实施债转股举措，减轻债务负担20亿元。持续做好“两金”管控、资金集中管理等工作，加快推进司库信息系统建设。

7. 统筹推进新冠肺炎疫情防控、安全生产和环境保护等工作 以安全生产提升年行动为抓手，抓牢抓实安全生产责任落实、企业本质安全以及境外安全等工作；疫情防控有力有序，及时落实国家和属地疫情防控要求，严控境外疫情风险，实现总体可控；不断提升环境保护管理水平，强化污染源治理和环境风险管控等工作。

【党建工作】

国机重装党委把迎接和学习宣传贯彻党的二十大作为工作主线，突出高质量党建引领保障高质量发展主题，深化党史学习教育成果和全国国有企业党的建设工作会精神落实成果，扎实开展党建工作与生产经营“融合提升”专项行动，为公司高质量发展提供坚强政治保证。

1. 以高度的政治责任感做好迎接和学习宣传贯彻党的二十大精神工作 国机重装举办主题宣讲会、主题成果展、主题征文、短视频大赛等活动，大力营造“喜迎二十大”浓厚氛围。收听收看党的二十大开幕会，参加国机集团学习贯彻党的二十大精神培训班，各级党组织通过党委会“第一议题”、党委理论学习中心组学习、党支部专题研讨、党课宣讲等多种方式，学习贯彻党的二十大精神，切实把职工思想和行动统一到党的二十大各项决策部署上来，推动党的二十大精神落实落地。

2. 高素质专业化干部人才队伍建设持续强化 国机重装深入实施人才强企战略，召开人才工作会议。持续完善干部管理制度，优化干部队伍结构，加强干部交流、人才引进、高技能人才培养。该公司新提拔中层管理人员中45岁以下占比80%，到国机集团、政府交流锻炼干部18名，选拔第二批首席专家、首席技师10人，新入选“天府青城计划”两人、陕西省“特支计划”一人，12人荣获省、市级相关人才荣誉，新引进博士、硕士、“双一流”高校和海外名校优秀毕业生 50 余名。

3. 基层党组织建设持续深化 扎实开展党建工作与生产经营“融合提升”专项行动，创建“党建引领精益管理工程”党建品牌，深化党建共建活动，总结推广一批基层党组织“融合提升”工作典型案例。

4. 宣传思想文化工作持续加强 国机重装坚持把握主基调、守好主阵地、打好主动仗，抓好形势宣传、成果宣传、典型宣传和主题宣传，全面展示公司党的建设、科技创新和重大技术装备研制成果，中央、省市、行业媒体报道公司新闻近 200 条，社会知名度和影响力持续提升；完成公司形象展厅和总部展厅建设，公司品牌文化体系构建有序推进。

5. 抓实党风廉政建设和反腐败工作 创新建立纪委“问廉问效”工作机制，走访 71 个基层单位 375 名一线职工。开展 504 场 10 960 人次参与的党风廉政教育活动，推动清廉重装建设入脑入心、可感可触、走深走实。围绕国企改革三年行动收官、综合治理、精益化管理等强化跟进监督、精准监督、全程监督，推动决策部署落实落地。扎实开展贯彻落实中央八项规定精神“回头看”，常态化开展约谈提醒、警示教育、纪律讲解、普法宣传，给予党纪处分、责任追究 112 人次，做到真管真严、敢管敢严、长管长严。坚持抓好巡视整改。开展安全生产、环境保护专项巡察。

6. 群团组织桥梁纽带作用有效发挥 国机重装开展劳动竞赛，评选公司第二届劳动模范，打造 8 个心字号品牌示范班组。深入推进青年精神素养提升工程，开展庆祝中国共青团成立 100 周年系列活动，举办国机重装首届青年创新创意大赛；成功举办公司首届电工、钳工职业技能大赛。打造“我对企业有话说”品牌活动，开展“爱企业、献良策、作贡献”活动，多渠道收集落实职工意见和建议，有力推动公司改革发展、生产经营和解决职工急难愁盼问题。持续加强统战工作。积极开展帮扶工作，助力四川省广元市朝天区、德阳市中江县和陕西省安康市紫阳县乡村振兴。

中国一拖集团有限公司

【基本概况】

2022 年，中国一拖集团有限公司（简称中国一拖）面对经济下行、新冠肺炎疫情形势复杂多变、行业政策调整、材料和能源双高运行等诸多困难和挑战，坚决落实党中央提出的“疫情要防住、经济要稳住、发展要安全”的要求，认真贯彻国机集团有关会议精神和部署，牢牢把握防疫情、稳增长、促发展的工作主线，凝心聚力、攻坚克难，主导产品市场竞争力持续提升，经营业绩创历史最好水平。全年主导产品大中型拖拉机销量 8.85 万台，市场占有率为 25.24%，行业第一的位势得以持续巩固和提升。

【主要指标】

（1）2021—2022 年中国一拖主要经济指标完成情况见表 1。

表 1 2021—2022 年中国一拖主要经济指标完成情况

指标名称	2021 年	2022 年	同比增长（%）
资产总额（万元）	1 420 939	1 639 421	15.38
净资产（万元）	452 911	500 844	10.58

（续）

指标名称	2021 年	2022 年	同比增长（%）
营业收入（万元）	1 065 691	1 390 746	30.50
利润总额（万元）	27 982	33 924	21.24
技术开发投入（万元）	43 112	54 976	27.52
利税总额（万元）	44 903	64 521	43.69
EVA 值（万元）	28 126	46 269	64.51
全员劳动生产率〔万元 /（人 • 年）〕	18.45	20.83	12.90
净资产收益率（%）	5.28	7.39	增加 2.11 个百分点
总资产报酬率（%）	3.13	3.29	增加 0.16 个百分点
国有资产保值增值率（%）	99.03	103.58	增加 4.55 个百分点

（2）2022 年中国一拖财务情况分析。收入和利润情况。全年实现营业总收入 139.07 亿元，同比增长 30.50%；利润总额 3.39 亿元，同比增利 0.59 亿元。

现金流量情况。2022 年期初现金及现金等价物 21.91 亿元，期末现金及现金等价物 45.16 亿元，现金及现金等价物净增加额 23.25 亿元。其中：经营活动现金流量净额 33.97 亿元，投资活动现金流量净额 -20.99 亿元，筹资活动现金流量净额 10.2 亿元。

资产负债情况。2022 年期末资产总额 163.94 亿元，比年初增加 21.85 亿元；期末负债总额 113.86 亿元，比年初增加 17.06 亿元；期末所有者权益总额 50.08 亿元，比年初增加 4.79 亿元；资产负债率 69.45%，比年初上升 1.33 个百分点。

【改革发展】

2022 年，中国一拖贯彻落实国务院国资委和国机集团国企改革三年行动方案要求，持续推进改革三年行动。截至 2022 年年末，工作台账所有节点综合完成率 100%，各项改革工作全面完成。

1. 健全各级子企业法人治理结构 落实子企业董事会应建尽建动态调整机制，持续推进经理层成员任期制和契约化管理。

2. 深化收入分配改革 完善工资与效益联动机制，实施工资总额预算分类管理，放权赋能实现强激励和硬约束，合理控制工资总额和员工平均工资，提升价值创造在价值分配中的主导作用。

3. 创新企业负责人绩效管理 按照国务院国资委“两利四率”考核指标体系，以突出高质量发展，提高资本回报及价值创造为核心，优化企业主要负责人业绩考核指标及权重，提升绩效考核的精准性；坚持正向激励，深化目标考核，以“目标 + 增量”为牵引，优化超目标奖励方案，充分调动企业负责人积极性。

4. 深化产权制度改革 以企业层级压减、亏损企业治理、参股经营投资整改等专项工作为抓手，不断优化产权结构，推进企业“瘦身健体”。完成一拖顺兴（洛阳）零部件有限责任公司吸收合并和郑州三真机械设备有限公司股权转让，实现法人户数压减 2 户。加快推进洛阳中收机械装备有限公司、一拖（洛阳）中成机械有限公司、一拖（新疆）东方红装备机械有限公司等长期亏损、扭亏无望企业退出。按照国务院国资委及国机集团参股经营投资整改要求，完成一拖川龙四川农业装备有限责任公司股权转让和郑州市涌动汽车设备有限公司注销，并持续推进一拖（洛阳）新东方汽车有限公司、一拖（洛阳）标准零件有限公司、洛阳商报有限责任公司、中国一拖卡威（洛阳）车辆有限公司等长期不分红参股公司进入破产清算程序；同时，按照国务院国资委及国机集团退出参股金融类企业要求，完成中国重汽财务有限公司股权转让，并持续推进洛银金融租赁股份有限公司对外招商，跟踪中原银行股份有限公司吸收合并事项进展情况。

【重大项目】

1. 重大项目进展情况 2022 年，中国一拖重点推进固定资产投资项目 3 项。一是高效低排放 YTN3 柴油机智能制造建设项目。利用一拖（洛阳）柴油机有限公司原厂区的 LR、YT 厂房进行升级改造，新建 YTN3 柴油机缸体及缸盖精加工生产线、装配线、热试线等。项目一期非道路柴油机缸体、缸盖加工生产线、装配线已建成。二是东方红（洛阳）国际陆港建设项目（一期）。项目整体规划，分步实施。2022 年，区域动力设施与管网等公用设施、区域道路与集装箱堆场、龙门起重机、轨道衡等建设内容已完成并投入使用；海关监管仓库与查验平台、信息化系统正在实施中。三是中马力拖拉机品质提升智能化改造项目。将第一拖拉机股份有限公司中小拖公司原有厂房扩建或改造为新的中轮拖制造厂房，并新建和改造生产线。2022 年完成新建和改造中马力轮式拖拉机分装线、总装线、拖拉机调试场、智能仓储系统等建设内容。

2. 股权投资项目 2022 年中国一拖股权投资项目 1 项，投资金额 5.5 亿元。为贯彻落实“一家企业集团只能设立一家财务公司”的金融监管要求，按照国机集团统一部署，中国一拖集团财务有限责任公司（简称一拖财务公司）和国机财务公司实施重组整合。

按照重组整合方案，经中国一拖股东会、第一拖拉机股份有限公司（简称一拖股份）股东大会审议批准，一拖股份以经备案的国机财务公司股东全部权益价值评估值为依据，以现金方式向国机财务公司增资 55 477.61 万元，增资完成后，一拖股份将持有国机财务公司 14.286% 的股权。2022 年 9 月 26 日一拖股份增资款支付到位，11 月 8 日国机财务公司完成工商变更。重组后，国机财务公司承接并运营一拖财务公司相关业务及资产，资本实力和服务成员单位的能力进一步增强，将为包括中国一拖在内的成员单位提供更好的金融服务和支持。

【国际合作】

2022 年国际政治经济形势更加严峻复杂，中国一拖克服海外新冠肺炎疫情、俄乌冲突等国际市场风险因素影响，坚持以重点市场持续突破为发力点，加强营销策划，实施差异化营销，优化产品结构、提高产品适应性，强化渠道建设，实现主导产品大中型拖拉机国际市场销量同比增长 30% 以上，国际业务收入与利润大幅度增长，较好地完成规划目标，国际业务实现质与量的提升。

【科技创新】

1. 研发工作总体情况 2022 年中国一拖研发立项 130 项，主要涵盖高端智能农机装备国产化、农机装备补短板技术研发、节能环保柴油机系列化开发、全系列国四产品技术升级、零部件国产化替代及基础研究等方面。

2. 科研成果 2022 年，中国一拖的轻量化实用动力底盘及转运装备研发与产业化、农机新型动力系统与智能控制单元技术研发及示范等 3 项获批国家科技项目。农业装备快速开发及高效混流生产关键技术研究与应用等 2 项科研项目通过中国机械工程学会组织的科技成果鉴定。其他各类研发项目获省（部）级奖项 11 项。主持制修订国家标准 5 项。申请专利 174 件，全年授权专利 172 件。

【安全生产】

1. 安全生产 2022 年，中国一拖坚持标本兼治、综合治理、源头管控，持续完善和落实全员安全责任制及规章制度，深化推进风险分级管控和隐患排查治理双重预防性工作机制，压紧压实公司所属单位主体责任和自主管理，强化安全生产、职业危害风险评估和预警防范措施，安全生产形势基本平稳。

2. 生产管理 一是通过以市场为导向，调整订单模式，严肃需求计划提报节点，注重均衡生产，强化周计划锁定，推进准时化生产、准时化物流。二是推进内部供应链间生产协同，提升供应链各环节履约能力，使生产组织更加贴近市场，努力实现生产订单的完美履约，大中拖订单履约率 96%。三是按照控总量和调结构的思路深入开展存货管理，加强过程监控，强化源头控制和日常管理，提升存货管控能力和水平，2022 年年末，非正常存货降幅达 17.46%。四是持续推进精益生产管理，促进班组管理能力提升。五是持续推进目标成本体系建设，确保各生产经营单位目标和成本管理落实到基层，实现体系运行的自主评价和持续改善，截至12月末，生产制造费用较同期节约5 000余万元。六是面对国家第四阶段机动车污染物排放标准（简称国四）切换，提前部署，精心策划，在满足市场对国家第三阶段机动车污染物排放标准（简称国三）机需求急增的同时又做到国三专用件有序退出，未造成积压，国四切换按计划有序推进，特别是在11月与12月新冠肺炎疫情封控阶段坚守岗位，积极与多方沟通确保生产工作的有序展开。

3. 采购管理 一是面对新冠肺炎疫情反复且多点散发，发挥链长及龙头企业优势，积极应对，主动协调，帮扶87家供应商提升综合能力和技术工艺管控能力，帮助90余家供应商解决复工复产、物流运输等问题；完成进口件国产化替代20余个品种，消除区域集中及不合理独家供货785个品种，持续消除生产保供风险，确保供应链稳定安全运行。二是严格管控采购成本，通过开展市场研判、锁价建储、波段采购、价值链优化、价格指数评价等举措，通过横纵向对比分析与类别整合，持续消除不合理价差，在保证产品质量的前提下，实现降本8 000余万元。三是强化采购质量管控，采购质量Q-PPM为1 757，控制在指标范围内，采购产品质量呈逐年改善提升态势。四是通过业绩评价、类别整合、风险评估以及供应商管控等措施，供应商优化更新率5.54%，完成年度指标。五是开展采购监管评价，发现问题66个，下达整改指令25份，体系运行符合率92.05%，完成年度指标。

【党建和文化建设工作】

1. 党建管理 2022年，中国一拖党委紧紧围绕迎接和学习贯彻党的二十大，坚决贯彻落实党和国家重大决策部署，加强党的全面领导，锻造一拖所长、服务国家所需，公司改革发展和党的建设取得新的进展，主要经济指标再创历史新高，实现“十四五”的良好开局。

（1）深入学习贯彻党的二十大精神。突出全面学习，制定工作方案，确定16项重点任务，实现专题培训、学习研讨全员覆盖。突出全面把握，推进习近平总书记重要讲话重要指示精神再学习再落实再提升，作为党委会“第一议题”、中心组“首要议题”学习贯彻，全年召开党委常委会23次，中心组学习11次。突出全面落实，东方红LZ2604重型动力换挡拖拉机批量下线，无级变速、混合动力、大喂入量联合收获机等高端农机装备研制成功。

（2）坚持党对国有企业的全面领导。持续贯彻全国国企党建工作会精神，把党的领导融入中国一拖治理各环节，修订完善“三重一大”决策事项清单，党委全年前置研究重大问题112项。认真贯彻落实国机集团全面从严治党工作会精神，全年完成27项党建重点任务。坚持开展全面从严治党谈话和年度党建工作考核评价，将考核结果与领导干部薪酬挂钩，党建工作责任进一步压实。

（3）坚决落实党和国家重大决策部署。积极融入“双循环”，东方红国际陆港建设加快，中亚、中欧班列及公铁联运规模持续扩大；有效应对俄乌局势的风险挑战，国际业务取得较大突破。聚焦乡村振兴，加快业务转型步伐，一批新能源环卫车、工程车研发成功，有效服务城乡环境治理。积极承接并发挥链长作用，扶持供应商复工复产，确保产业链供应链稳定。推进原创技术策源地建设，研发丘陵山地拖拉机、智能辣椒直播机等补短板产品。

（4）深化“三基”建设，筑牢党建工作根基。编制党组织增补委员标准化清单，动态管理党支部换届工作，2022年全年完成13家直属总支（支部）的换届工作，指导12家二级单位结合行政班子换届，完成增补两委委员的工作。组织开展新任党组织书记专题培训，强化管党治党履职能力；开展党务干部上讲台业务竞赛，提升党务干部业务能力；举办党费业务和财务管理培训班，提高党费及党组织工作经费使用及管理的规范性。修订发布《中国一拖党建制度汇编》，为各单位落实党建工作制度提供制度支撑。

（5）聚焦“融合提升”，服务企业高质量发展。制定“融合提升”专项行动工作方案，按照“五融合五提升”的要求扎实推进。实施“链上党建、赋能发展”，各级党组织以“五联五共”为载体，开展农机装备产业链、供应链、创新链党建共建活动50余次。各级党组织结合实际，围绕重点项目实施、市场开拓等开展“一企一工程”党建品牌创建，12个优秀品牌实践脱颖而出。

2. 企业文化 2022年，中国一拖持续加强企业文化建设，凝聚进取力量，为企业高质量发展提供文化支撑。

（1）开展“立足岗位，创造更大价值”大讨论，激发蕴藏在广大职工身上的内生力量。2022年，中国一拖发展形势持续向好，公司党委为更好地应对挑战，以更大的视野拥抱未来，策划开展“立足岗位，创造更大价值”大讨论活动。该公司党委印发《“立足岗位，创造更大价值”大讨论实施方案》，引导全体职工用“创造价值”的眼光审视所在岗位，明晰为用户创造更大的价值、为企业高质量发展创造更大的价值、为实现自身对美好生活向往创造更大的价值的动力与路径。通过动员大会、宣传贯彻学习、探索实践等一系列活动，以及演讲比赛、座谈会、宣讲会、主题征文等多种载体，激发广大职工立足岗位，聚焦用户需求、创新发展、岗位职责、学习提升4个维度，认清自身岗位价值所在；通过梳理问题清单，查找个人和团队的不足及弱项，制定整改措施并推进落实完成，从而明晰创造更大价值的方法路径，有效解决当期生产经营痛点，有效助推企业发展步伐。

（2）常态化开展文化案例挖掘发布，点亮职工身边的先进文化。为进一步推进企业价值观全面落地，聚焦“进取”的精神特质等优秀文化因子，中国一拖党委常态化推进优秀企业文化建设典型案例的挖掘、整理与发布工作，让职工通过“讲述故事”的形式感受企业所倡导的进取文化内涵。以工作通报形式印发“小发现解决大隐患”“双联叉专机抢修记”“千钧一发的‘跳跃’”“吵出来的‘标准线’”等优秀文化案例。与此同时，该公司党委聚焦企业文化升级和“三个第一”核心价值观的传承践行，梳理工作经验、亮点做法，形成“文化引领聚合力，职业成长助发展，在践行文化价值观中夯实企业管理根基”经验总结和“守正创新，传承红色基因，践行‘三个第一’核心价值观凝聚企业发展共识”文化案例，展示中国一拖在新时期企业文化与企业生产、经营、管理深度融合的经验做法与成效。这2项成果分别被中国企业文化研究会评为“企业文化与经营管理深度融合”典型经验和优秀案例，树立企业良好形象。

（3）聚焦“进取”特质，推进职业化员工队伍建设。中国一拖围绕文化价值观中的进取特质，持续开展优秀职业化员工评选，定期组织召开推介评选会，通过自下而上与自上而下相结合的方式，2022年评选出具有勤学、创新、拼搏、担当等进取特质的优秀职业化员工40名，优秀职业化团队10个。同时，有效利用“一拖人”微信号、报纸、电视、内网等媒体宣传报道他们的先进事迹。带动职工争做敢于斗争、不怕牺牲、勇于承担的职业化员工，用职业化的标准理解“进取”思维、践行“进取”行动、加快“进取”步伐。

3. 纪检工作 2022年，中国一拖纪委聚焦迎接和贯彻党的二十大强化政治监督，持之以恒正风肃纪，坚定不移推进全面从严治党。

（1）加强政治建设。督促推动各级党组织及时跟进学习宣贯党的二十大精神，监督推进重大决策部署和重要工作安排。履行纪委协助职责，层层压实管党治党责任。印发《关于进一步加强疫情防控监督工作的通知》，推动防控措施落实落细，督促各级党组织守牢守好新冠肺炎疫情防控底线。

（2）突出抓长抓常。发布深入开展贯彻落实中央八项规定精神“回头看”专项行动实施方案，推进自查自纠和督查整改。抓日常、管关键，以严的基调推进作风建设常态长效。

（3）坚持系统施治。全年受理检举控告类信访举报19件，处置问题线索18件，立案4件。制修订《中国一拖领导干部插手干预重大事项记录制度（试行）》等4项制度，发布《2022版纪检工作制度汇编》，归集制度规定89项。常态化开展作风教育、理想信念教育和廉洁警示教育。

（4）完成政治巡察全覆盖。对3家单位进行常规巡察，完成本届任期内巡察全覆盖工作目标。针对巡察发现的问题反馈至8个主管部门，在全系统内举一反三，落实职能部门对各自业务领域问题的监管责任。

（5）注重能力建设。认真学习党的二十大精神，深刻领会坚持党的全面领导和全面从严治党的重大部署。编制《中国一拖监督执纪工作指引》、制定党风监督员管理办法、修订纪委书记考核评价工作责任清单、开展网上练兵、组织廉洁答题，持续提升队伍专业素质。

【信息化与数字化建设】

2022年，中国一拖信息化建设坚持管理驱动、规划统一、业务协同、风险控制的原则，积极探索云计算、大数据、移动化、物联网和人工智能新技术应用，两化融合管理体系日趋完善，信息化高效、准确服务公司经营发展的作用逐步显现。一是实施东方红云现代农业装备工业互联网平台。构建农机装备远程监测及作业服务平台，通过河南省工业和信息化厅中期检查。二是拓展SAP-ERP、SCM应用。建立推广流程制造的生产模式。三是建立谷物联合收割机技术研发产品快速交付平台，推进全业务协同模式应用。四是深入数据开发利用。推进ERP、MES系统报表开发、数字管控平台应用，优化智慧督办报表。五是完善备配件电子商务平台应用。优化系统功能，推进国内和外贸配件业务应用。六是推进智能制造和5G应用，打造智能工厂。七是启动两化融合升级版贯标，打造AAA级订单全流程管控能力。八是加强网络与信息安全管理，该公司所有终端安装火绒和终端准入软件，建立数据中心智慧监控平台，实施IPV6提升网络IP自主管控能力等。

【履行社会责任】

1.关爱员工 一是开展帮扶救助。修订爱心基金、送温暖资金使用管理办法，扩大救助范围，提高救助标准，帮扶送温暖标准平均提高66%；发挥六大帮扶基金作用，全年救助1 092人次，发放各类救助款142万元；为8 638名职工办理洛阳市职工互助保障，大病互助保障申请27人，赔付27万元。二是开展职工文化体育活动。组织开展乒乓球和羽毛球混合团体赛、摄影比赛、演讲比赛、篮球对抗赛、职工好声音、“最美家庭·最美母亲”等品牌系列活动。突出迎接党的二十大胜利召开主题，持续开展小微活动；开展端午包福粽、视频秀、星光音乐节等特色活动105项；强化文体协会品牌活动，开展“在阅读经典中成长”，冰墩墩、雪容融、彩陶工艺品制作等活动。三是深入开展“我为群众办实事”活动。2022年年初下发重点办好的“十件实事”；开办幸福10号托管班，为124名职工家庭提供高质量托管服务；开展女职工关爱和生育关怀等活动，发放“女职工关爱箱”110余个。

2.承担社会责任 一是通过帮助帮扶地区谋划培育特色产业、强化基础设施、提升人才素质、基层党建结对等6个方面项目，进一步推动帮扶地区乡村振兴工作的推进。二是结对帮扶地区重点难点户22户，定期走访慰问，帮助解决家庭实际困难，确保不发生返贫现象。三是大力开展“双节”期间消费帮扶活动，中国一拖帮助销售和组织购买帮扶地区特色农副产品160余万元，巩固帮扶地区的脱贫攻坚效果。四是结合公司业务特点，深化农机帮扶，持续做好捐赠农机具的保养及使用，帮助帮扶地区平整农田、机械化种收200余亩（1亩≈666.67m^2），提高农户种粮收益。

苏美达股份有限公司

【基本概况】

苏美达股份有限公司（简称苏美达股份）成立于1978年，系国机集团的重要成员企业。经过45年的蓬勃发展和几代苏美达人的接续奋斗，业已发展成为一家在产业链拓展与供应链运营领域颇具市场规模和品牌影响力的国际化、多元化企业集团。苏美达股份以“打造数字化驱动的国际化产业链和供应链，成为国内国际相互促进的双循环标杆企业”为战略定位，围绕“双循环发展、科技创新发展、绿色发展、品牌发展、数字化转型”5个确定性，积极推动高质量可持续发展。截至2022年年底，苏美达股份共拥有业务子公司12家，海外机构39家，海内外全资及控股实业工厂29家，在职员工16 000余人，市场覆盖160多个国家和地区。2022年实现营业收入1 411.45亿元，进出口总额127.2亿美元，归母净利润9.16亿元，位列2022年财富中国500强企业第80位、江苏省上市公司营业收入第1位。

【主要指标】

2021—2022年苏美达股份主要经济指标完成情况见表1。

表1　2021—2022年苏美达股份主要经济指标完成情况

指标名称	2021年	2022年	同比增长（%）
资产总额（万元）	5 458 705.39	5 298 829.92	-2.93
净资产（万元）	1 212 797.14	1 339 177.88	10.42
营业收入（万元）	16 868 199.56	14 114 458.02	-16.33
利润总额（万元）	315 933.26	378 345.85	19.75
技术开发投入（万元）	49 585.37	48 913.61	-1.35
利税总额（万元）	399 249.81	467 407.87	17.07
EVA值（万元）	200 174.75	240 119.31	19.95
全员劳动生产率〔万元/（人·年）〕	19.30	32.61	68.96
净资产收益率（%）	20.69	22.56	增加1.87个百分点
总资产报酬率（%）	7.25	7.74	增加0.49个百分点
国有资产保值增值率（%）	114.33	115.43	增加1.10个百分点

【改革发展】

2022年，苏美达股份坚决贯彻国务院国资委及国机集团关于国企改革三年行动专项工作部署，围绕改革工作整体方案及工作台账，推进各项重点改革举措做实做细、全面落地。

在完成中国特色现代企业制度建设方面，苏美达股份全面落实下属企业董事会应建尽建，完成应建董事会中外部董事占多数，依法依规建立董事会对经理层授权工作机制及配套制度建设；结合相关管控要求及制度变化，持续动态修订并完善苏美达股份“三重一大”事项决策清单；全面开展对标提升行动，入选国务院国资委国有重点企业管理标杆创建行动标杆企业；围绕“三重一大”决策事项，全面完善风控体系；通过信息化手段，不断优化苏美达股份及下属企业管理制度编制、修订、宣贯、执行等各层面工作。

在推进国有经济布局优化和结构调整方面，苏美达股份全面围绕“十四五”发展规划制定战略中期落地评估及中期修订工作；紧抓时间窗口，通过资产处置方案优化新能源板块及船舶板块资产及业务结构，大幅降低资产负债水平；围绕自身发展实际，调整产业链业务与供应链业务占比结构，提升公司业务发展质量；加强数字化及科技创新层面投入，促进服务业务转型升级，提升核心竞争力。

在积极稳妥深化混合所有制改革方面，苏美达股份积极探索通过合资方式与非公资本合作，下属苏美达国际技术贸易有限公司（简称技术公司）与专业设备运维团队合作设立进口设备运维服务公司，打造售后服务链；继续探索总结混合所有制企业公司治理及差异化管控经验。

在健全市场经营机制方面，苏美达股份持续强化经理层任期制契约化管理及相应考核结果执行工作。2022 年年初苏美达股份对照 2021 年签订情况实施考核，完成干部考核制度规定；修订完成岗位管理办法、绩效考核办法、岗位竞聘管理办法、招聘管理办法等市场化用工机制顶层制度。结合制度完成公司员工市场化公开招聘及全员绩效考核，围绕全员绩效考核对员工薪酬、股权实施动态调整。

在形成以管资本为主的管控体系方面，按照国机集团管理要求，建立两利四率的经营考核体系；针对资金风险和两金风险，每月跟踪复盘及预警，督促相关业务板块制定应对策略，明确责任主体和时间节点；结合预算管理，实现绩效全闭环管理；同时健全高效监督协同机制，推进“巡审联动”，常态化开展巡察工作“回头看”，督促问题整改。

【重大项目】

1. 光伏电站资产处置项目 2022 年，苏美达股份下属能源板块完成在手 15 家电站项目股权对外转让，累计回收资金 34.6 亿元，相应完成 15 户公司法人户数压减。

2. 散货船资产处置项目 2022 年，苏美达股份下属船舶板块完成在手 2 艘 63 500t 散货船和 1 艘 35 000t 散货轮转售，转售合计回收资金约 5.5 亿元，实现净收益约 7 800 万元。

【国际合作】

苏美达股份充分发挥自身国际化经营资源和平台优势，通过海外分支机构持续深化国际合作，推动工程项目履约实施，积极把握海外市场机遇。

1. 服务本土用户，构建尼日利亚售后服务体系 2022 年 4 月 8 日，江苏苏美达机电有限公司（简称机电公司）尼日利亚首家售后服务中心成立 3 周年。近年来，机电公司持续优化尼日利亚售后服务体系，建设“FIRMAN CARE”毛细血管式服务。在尼日利亚，机电公司设立官方旗舰店、授权经销店和指定维修店，招募培育当地工程师队伍，供应全系列原装正品配件，提供全面质保服务、全生命周期维修服务和 24h 热线服务，快速响应消费者需求、延伸服务触角，打通了通往终端消费者的“最后一公里”。通过积极组织售后进社区路演活动，把服务送到消费者家门口，对发电机产品免费保养、解决他们遇到的各类问题、关爱当地用户生活，让老机器继续为社区和家庭带来光明。截至 2022 年年底，FIRMAN 品牌已开展售后进社区活动超 30 次，为当地居民免费维修保养超 6 000 台次。

2. 打造国际品牌，发挥 Berkshire Blanket 国际化平台作用 2022 年 6 月，国务院国资委发布 2021 年度国有企业品牌建设典型案例和优秀品牌故事名单，国机集团 Berkshire 品牌化案例“跨越半个地球 用创新讲好国际品牌故事”入选品牌建设典型案例。2016 年，苏美达成功收购美国 Berkshire Blanket 公司，迈出国际化经营的关键一步。之后，团队围绕全球家用纺织品行业绿色发展趋势，着力以“创新”打造 Berkshire 品牌国际化知名度与影响力，聚焦美国市场和中国市场消费者需求，持续优化家纺业务产业链和供应链，深化中美团队融合与文化交流，实施科技创新和产品创新，持续优化市场结构，打通设计、品牌、营销、销售、仓储物流等供应链关键环节，有效提升主流客户满意度。

Berkshire 品牌坚持以创新驱动品牌发展，创新发明无水印染新型工艺，从根本上消除染料污染，节水节能效益显著，无水印染产品在美国市场广受欢迎。

3. 改善居住环境，承建厄瓜多尔保障房项目 2022 年 4 月，江苏苏美达成套设备工程有限公司（简称成套公司）承建的厄瓜多尔保障房项目第 3 组拉斯纳维斯小区顺利向市政府交付使用。拉斯纳维斯市政府为新小区举行了竣工交付仪式，厄瓜多尔住建部部长达里奥·埃雷拉和拉斯纳维斯市市长出席仪式。6 月 1 日，《人民日报》刊登新闻，对成套公司在厄瓜多尔建设保障房民生项目，帮助当地民众显著改善居住环境、提高生活水平的事例进行了报道。

此前，厄瓜多尔住建部推出“全民保障房”计划，拟在全国多地建设保障房小区，将贫困家庭的住房率从 53% 提高到 95%，提升民众居住水平。成套公司相继中标“保障房”项目第 3 组、第 4 组及“瓜亚基尔之爱 -1 期”（第 7 组）项目建设，共建设 2 093 户住宅，项目分别位于厄瓜多尔中部及东部沿海地区，施工地点遍布 5 个省份 11 处，建成后，预计为当地解决近 1 万人的生活住房问题。

【科技创新】

截至 2022 年年底，苏美达股份共建立各类科研平台 18 个，包括国家级博士后科研工作站、国家级工业设计中心、稀土永磁无刷电机开发制造技术国家地方联合工程研究中心、国家认可实验室（CNAS）等 6 个国家级技术平台；江苏省服务机器人控制系统及装备工程研究中心、江苏省太阳能电力系统工程技术研究中心等 12 个省级技术平台。

累计获得授权专利 1 052 件，其中发明专利数量 134 件；累计获得软件著作权 95 件。主持、参与制定《手持式、可移式电动工具和园林工具的安全》等标准 27 项，其中国家标准 17 项、行业标准 9 项、团体标准 1 项。获得中国机械工业科学技术奖一等奖、江苏省科学技术奖二等奖等各类科技奖项 22 项，获得政府支持的重大科技项目 5 项。

苏美达股份积极与高校、科研院所开展合作，与东南大学、浙江大学、南京航空航天大学、河海大学、中国科学院南京土壤研究所、中国农机院、天津内燃机研究所、华为等 10 余家高校、科研院所、龙头企业保持密切的产学研合作关系。

目前，苏美达股份正围绕主要市场需求，在可降解塑料与土壤修复、人工智能与服务机器人、清洁能源综合解决方案、无水印染与功能性面料开发等领域协同内外部力量，展开新一轮的研发攻关。

【安全生产】

苏美达股份牢固树立“万无一失，一失万无”的安全理念，深刻认识抓好安全生产工作是实现高质量发展的必然要求，不折不扣把安全生产各项工作抓严、抓实、抓细。

贯彻落实国机集团部署的各项工作。深入开展安全生产提升年行动、隐患大排查大整治、房屋建筑隐患百日攻坚、工贸行业百日清零等重要活动 10 余项，排查、消除一批事故隐患，降低系统性风险。

打造平安苏美达体系。围绕打造“幸福、平安、绿色苏美达”的工作方向，苏美达股份在调研各子公司安全生产工作情况的基础上，提出“0124”安全管理体系，形成“3 零、5 带”工作法。建立 BP 工作机制，充分发挥联系人作用，为子公司解决实际问题。

落实全员安全生产责任。层层签订安全生产目标责任书，结合年度工作计划细化分解 66 项年度重点工作任务；组织对安全管理制度进行修订；组织安全委员会、安全生产季度例会等安全生产会议 20 余次，对重大问题进行研究部署，狠抓重点工作推进。

精准开展安全教育培训。苏美达股份组织开展主要负责人和安全生产管理人员持证培训，101 名安全管理人员、30 名主要负责人获得新培证书，36 人通过复培；组织安全培训 28 次，2022 年接受公司安全生产委员会办公室组织培训的员工达 3 043 人次。员工安全管理能力和水平得到有效提升。

组织落实双重预防机制。确定系统内79项较大及以上安全风险，组织对子公司实施各类安全监督检查73次，排查安全隐患300余项，发现的问题均完成整改。协同江苏苏美达铝业有限公司、新大洋造船有限公司（简称新大洋造船）等单位对纳入苏美达股份管控范围的15项重点隐患逐项推进整改，完成整改5项，除完全整改难度较大的3项外，其他均有明确整改方案和时间计划。

完善预案提升应急能力。预案体系健全、完备，各级各类生产安全事故及突发事件应急预案252项，工作人员、工作职责及应急救援物资落实到位；开展演练176次，确保发生生产安全事故或突发事件时应急预案得到有效启动。

重心下沉重点监管企业。为扭转新大洋造船的安全生产形势，与苏美达船舶有限公司（以下简称船舶公司）协同在新大洋造船开展“回头看”专项整改，多次到现场协调解决具体问题。新大洋造船在环保设施改造、能源管线改造等项目中投入约8 550万元，提升设备设施安全性能，2022年以来安全生产形势得到好转。

加强境外安全保障工作。苏美达股份组织对公司境外安全保障管理体系进行排查梳理，规范外派中方人员安全培训工作程序，加强员工派出前和境外期间安全培训，组织开展境外安全培训9场、1 258人次，其中492人取得中央企业境外安全培训资格证书。

【党建和文化建设工作】

2022年，面对高度不稳定不确定的外部形势，苏美达股份坚持以习近平新时代中国特色社会主义思想为指导，贯彻落实习近平总书记重要指示批示精神和党中央决策部署，以迎接和学习宣传贯彻党的二十大为主线，以党建工作与生产经营“融合提升”专项行动为抓手，不断提升党建工作质量和水平，以高质量党建引领保障高质量发展。

1. 审势取势把方向，深入学习贯彻中央大政方针 通过收看开幕会现场直播、党委会“第一议题”、中心组“首要议题”、专题培训、基层宣讲、党支部系列学习研讨等形式，迅速掀起学习宣传贯彻党的二十大精神热潮。组织召开党委会32次，传达学习“第一议题”38项，研究讨论“三重一大”事项242项。围绕《习近平谈治国理政》第四卷、二十大精神、涉外合规、全国统一大市场、市值管理、总体国家安全观等主题，组织中心组学习研讨9次。努力打造学习型组织，开展“达人悦读荟”特色学习分享活动，累计推荐各类学习资料160余项，分享学习成果300余篇，参与交流发言近2 000人次，为推动高质量发展蓄积智慧和力量。

2. 践行使命显担当，主动融入服务国家重大战略 坚定实施双循环发展战略不动摇，把“大力开拓国内市场，深入推进双循环发展”作为年度党建重点项目，组织领导班子成员以交叉方式赴基层单位开展专题调研19场，召开调研成果交流会，切实把调研成果转化为落实双循环发展战略的具体行动。积极向上海、南京等地捐赠防疫物资，开展抗疫志愿服务，发挥自身能力优势，帮助制造企业稳定生产，保障供应链产业链稳定畅通，作为典型案例获央视报道。首次集“招展商、采购商、服务商、组展商”身份于一体参加第五届中国国际进口博览会（简称进博会），成为第五届进博会数字展会平台建设运营合作伙伴，全程负责首届数字进博2022-技术装备线上展区的开发、建设和运维工作。

3. 融合提升促发展，充分发挥两面旗帜引领作用 扎实推进党建工作与生产经营“融合提升”专项行动，加强对党建业务深度融合工作的督促指导，组织编印党建业务融合案例集，评选党建业务融合优秀案例，开发党建文化平台，出台《关于实行基层党建工作激励计划的指导意见》。探索开展产业链供应链创新链党建共建，推动产业链供应链创新链上下游企业抱团发展、互促共赢。大力开展“一企一工程”党建品牌创建，各级党组织以党建赋能业务为出发点，通过开展领航工程、党建重点项目、凌云行动、党建责任田等，促进思想、组织、队伍、载体全方位融合，高高举起两面旗帜。

4. 守正创新聚合力，全面推进文化宣传品牌工作 谱好企业文化落地“知信行”三部曲。举办首届达人文化节，盘点苏美达股份 3 年来企业文化建设成果。开展 10 场企业文化体验营，对 23 家实业工厂近 1 000 名班组长以上员工进行宣贯。开展“文化伴我行”系列活动，组织企业文化创意短视频大赛、征文比赛、演讲比赛，评选苏美达企业文化建设实践奖。苏美达股份“新时代国有企业思想政治工作的文化路径探索”入选中央企业思想政治工作创新案例。巩固壮大主流思想舆论。持续优化新闻宣传工作中央厨房机制，不断完善“自有媒体平台 + 外部媒体资源”宣传网络。加强新闻宣传外部资源建设，加强与省市宣传部门、主流媒体的联系，做好苏美达股份第五届进博会新闻宣传保障工作，在中央电视台、《人民日报》、新华社、江苏广播电视总台等多个官方平台宣传展示苏美达股份良好的企业形象；完成国机集团“进博会”专题宣传重点任务，承接“一分钟看数字进博”“国机集团带你看进博会”Vlog 视频共 4 个，负责提供公司项目签约、数字进博、线下参展等所有稿件，数字进博专题宣传片在国机集团强国号平台播放量超 10 万次。推进公司品牌建设工作。设立品牌发展部，开展品牌现状调研，举办公司品牌发展学习分享会，凝聚品牌发展共识。发布 IP 形象“美达达”，推出各类 IP 文创产品 10 余种。位列 2022 年“中国 500 最具价值品牌”排行榜第 147 位，荣获第三届 BIDC 品牌创新发展大会“海诺奖 -2022 最具成长力公司”奖，“跨越半个地球用创新讲好国际品牌故事”Berkshire 品牌国际化建设案例入选国务院国资委国有企业品牌建设典型案例名单。

5. 激浊扬清树正气，坚持从严的基调正风肃纪反腐 认真贯彻落实中央八项规定精神“回头看”专项行动，开展“四风八规”专项检查，完成 5 年巡察全覆盖。深入开展警示教育，举办“青廉达人工程”系列活动，营造风清气正的干事创业氛围。

【信息化与数字化建设】

2022 年，苏美达股份持续加强信息化和数字化建设，加快数字化转型步伐，赋能公司业务转型升级。

1. 顶层设计定方向 结合公司战略，经过多轮的上下联动，启动了“数字化转型三年行动”，明确路线图、时间表和计划书，有效地指引公司数字化转型工作的方向。

2. 搭建体系找问题 形成包括数基、数人、数经、数管、数态 5 个方面的多指标评价体系，对标行业标杆，明确不足，找到方向，持续改善。

3. 组织优化促发展 构建“小前端”+“大平台”的组织架构，“小前端”贴近业务前场，支持一线的数字化创新；“大平台”聚焦数据治理、网络安全和技术框架，支持“小前端”的共性化需求。

4. 网络建设保安全 网络安全团队积极应对挑战，完成对内部应用系统、服务器及网络设备、网络隧道、公网域名解析及端口映射等全级次 IT 资产的梳理，有效保障网络安全。

5. 核心平台结硕果 根据业务需求和技术发展的要求，苏美达股份成功完成数字化贸易平台（DTS）的试点工作，对公司核心业务实现有效支撑，该案例入围“2022 长三角企业数字化创新案例”TOP20。

6. 数字进博开新花 依托“苏美达达天下”平台建设经验，苏美达股份承接第五届进博会“数字进博”平台搭建，以高效、安全、便利的数字化平台，助力进博会高质量开展。

7. 智能产品拓市场 在割草机行业率先推出虚拟边界草坪机器人，打造“数智绿”一体化产品，解决传统燃油割草机高噪声、高排放的痛点，实现自动避障、自动充电、自动躲雨、自由“描绘”草坪图案。

8. 赋能产业做链主 下属江苏苏美达伊顿纪德品牌管理有限公司（简称伊顿纪德）“伊学团”平台为经销商提供线上销售渠道和数字化管理工具，极大地提高了业务流转效率、作业准确度和内部管理水平。苏美达股份“供享云”平台实现准入、合同、物流、结算等过程的在线协同，有效提升供应链运营效率。两个平台的搭建有效地强化了苏美达股份在相关产业的链主地位。

【履行社会责任】

2022年，苏美达股份严格贯彻党中央“四个不摘”政策要求，按照国机集团党委和江苏省委、省政府帮扶工作安排部署，担当央企责任，为巩固拓展脱贫攻坚成果，推动乡村振兴作出贡献。同时，苏美达股份通过“小水滴”志愿者协会，长期在爱心行动、环境保护、社区服务、村小教育等方面积极开展志愿服务。

1. 淮滨、固始产业帮扶情况

（1）资金扶持，有效服务产业发展。在河南淮滨县、固始县，加大产业项目资金投入力度，购置生产设备，为新建生产基地、促进产业发展夯实基础。其中，按照淮滨苏美达服装科技发展有限公司（简称淮滨苏美达）“1个总厂+N个振兴车间”的模式，在淮滨县投入资金220万元，用于在下属乡镇新建2个振兴车间的设备购置。在固始县投入资金340万元，用于新建固始分厂的设备购置。

（2）稳岗就业，保障居民增收致富。淮滨苏美达按照国机集团的帮扶工作理念，2022年帮助脱贫人口转移就业512人次，招用脱贫人口83人，员工月平均收入3 700元，组长月工资最高达6 700元，大幅超过当地居民收入水平。几年来，淮滨苏美达已累计为当地解决就业2 374人次，为292户建档立卡贫困户提供就业岗位并实现全面脱贫，员工年均收入达4万元。

（3）业务培训，提升工人技术水平。受淮滨县人社局委托，依托总厂及各车间平台资源，淮滨苏美达成立服装技能培训基地，2022年对淮滨县已从事或想从事服装加工的人员开展3期技能培训，每期时长一个月，共计培训218人。淮滨苏美达已累计完成各类培训4 660人次，其中培训女工3 950人次。淮滨苏美达规划新建两个振兴车间，每个车间面积达1 300m^2，计划2023年每个车间招两条生产线，共招聘培训130名员工。新建的固始分厂，面积达4 000m^2，计划2023年一期招4条生产线，共招聘培训160人。

（4）党建引领，绘就帮扶新图景。淮滨苏美达党支部由7名党员组成，每个帮扶车间都有一名党员，两面旗帜在产业帮扶一线高高飘扬。坚持党建引领产业发展，党支部带领淮滨实业从零起步，建成一家服装加工总厂，6个加工车间、27条生产线和2条自动绗缝线。党支部在产业帮扶路上充分发挥组织协调和服务指导作用，与淮滨县政府持续开展政企合作，并联动纺织服装行业协会、当地配套产业等力量，以订单合作、管理技术分享等方式盘活当地20余家中小企业，推动淮滨县服装纺织产业整套供应链合理布局和快速发展。

2. 泗阳定点帮扶情况

（1）不折不扣落实帮扶任务。按照江苏省委“五方挂钩”安排部署，及时落实帮扶资金，选派骨干员工孙前猛驻村工作，任驻村第一书记。组织推动“城乡结对、文明共建”活动，与红旗村开展结对共建，3年计划投入55万元，其中计划2022年投入20万元。

（2）因地制宜发展产业。2022年，为泗阳县无偿引进帮扶资金64.11万元，投入150万元帮扶资金，推动实施瓜蒌深加工项目、红旗村村部及周边道路设施升级两个帮扶项目，惠及脱贫人口1 233人。推动党群服务中心及附属设施新建、罗圩村道路亮化及硬化、朱圩社区圩北中沟整治提升项目等17个乡村建设（治理）项目开工，各类项目建成后可惠及泗阳县全域13个乡镇街道近两万名低收入人口，可为泗阳县14个帮促重点村村集体增收近300万元。积极引进外部资源，引入“三来一加”项目，创新设立淮河村出口礼品加工点，不间断承接出口订单，帮助该村20余户困难家庭闲散劳动力在家门口实现就业。

（3）党建引领服务民生。开展“我为群众办实事”，2022年投入4万元用于慰问抗战老兵、中秋节慰问困难群众、捐赠棉衣羽绒服、向家庭困难的优秀学子发放助学金。开展优秀学子助学计划，帮助高考学子圆梦，已经累计向考入清华大学、华南理工大学、南京师范大学等10多所高校的37名优秀学子发放9万元助学金。实施民生物资捐赠计划，结合对口帮促庄圩乡红旗村实际需求，向红旗村捐助高压清洗机、棉被、路灯等民生物资合计4.5万元。

3. 其他帮扶工作

（1）推进消费帮扶。苏美达股份积极履行政治责任，强化组织领导、加强宣传动员，推进消费帮扶进工会、进食堂、进会务、进家庭，年度消费帮扶金额超 150 万元。

（2）开展公益捐赠、慰问活动。苏美达股份向淮滨工厂的 8 名员工子女发放国机集团爱心基金，向淮滨县 21 名考上大学的员工子女发放高考奖励金。该公司团委贯彻落实“我为群众办实事”，参与团市委“小小心愿环游记”志愿服务，为“梦想小屋”帮扶对象提供 953 件羽绒服；动员公司团员青年参与“99 公益日”线上捐款活动，为贫困地区筹集善款超 7 000 元。

4. 社会公益活动情况 苏美达股份联合全国公益组织和教育组织推动教育发展，持续开展“美的守护”“我请你做梦”“暖烛行动”“故事田”等一系列公益活动。此外，该公司通过“小水滴”志愿者协会，长期在爱心行动、环境保护、社区服务、助力抗疫、服务社区等方面积极开展志愿服务，践行社会责任。

（1）开展“新衣福袋”公益捐赠项目，传递教育的价值与美。2022 年，累计捐赠校服 10 余万件，惠及全国近 400 所学校 6.7 万名师生。自项目实施以来，伊顿纪德累计捐赠 63 万余件服装，惠及全国 25 个省级行政区、5 400 余所农村小规模学校 33 万余名师生。

（2）“故事田”儿童哲学阅读公益项目走进更多农村小规模学校。2022 年，“故事田”儿童哲学阅读公益项目招募和服务 225 位乡村教师及其班级学生，通过教师共学成长、儿童哲学教师线下工作坊、儿童阅读森林实践活动等形式，支持 15 支高校大学生乡村夏令营团队，惠及 2 万名农村小规模学校师生。

（3）组织 2022 年员工无偿献血活动。定期组织开展员工无偿献血活动。2022 年开展无偿献血活动中共有 111 人报名献血，95 人体检合格成功献血，献血总量 26 000mL，创苏美达股份组织无偿献血活动以来新高。

（4）赴南京市社会儿童福利院开展“小水滴”爱心关怀行动。2022 年 5 月、9 月，苏美达股份志愿者两次前往南京社会儿童福利院开展“小水滴”爱心关怀活动，向南京市社会儿童福利院捐赠生活用品共计 40 余箱，根据儿童福利院内小朋友的年龄和特点，配置奶粉、尿不湿等日用品，确保所有爱心物资用于福利院儿童的日常生活。

（5）走进江苏省老年公寓开展“学雷锋”清洁活动。2022 年 3 月 4 日，苏美达“小水滴”志愿服务队携带多台大功率“佳孚”高压清洗机，走进江苏省老年公寓，为数栋高层建筑的外墙、窗户、管道等各个区域进行全方位清洁。

（6）积极助力社区抗疫。2022 年，南京多次突发新冠肺炎疫情，苏美达“小水滴”志愿者们纷纷化身“守护蓝”，在玄武区新街口街道、南京国际展览中心等多个核酸监测点开展志愿服务，积极配合医护人员完成秩序维护、体温测量、信息登记、信息录入、物料运输等环节的任务，保证核酸检测的高效有序开展，得到社区、街道的一致赞扬。

中国浦发机械工业股份有限公司

【基本概况】

2022 年中国浦发机械工业股份有限公司（简称中国浦发）优化创新战略布局，开拓新的业务领域，业务领域涵盖：以甘肃蓝科石化高新装备股份有限公司（简称蓝科高新）为主的石油机械钻采、炼油化工设备制造、海洋石油装备制造、轻工环保装备、特种分离与表面技术等；以中国空分工程有限公司（简称中国空分）和中机联合投资发展有限公司（简称中机联合）为主的石化、化工、电力、空气分离工程、新能源、环保、房建工程等；以机械工业上海蓝亚石化设备检测所有限公司（简称上海蓝亚）为主的特种设备检测；以上海吉润置业有限公司（简称吉润置业）为主的产业园区运营开发；以机电联销为主的贸易服务等。近年来各板块工程承接能力均有所提升，在石化设备的检验检测、失效分析与评价等领域已具有丰富的经验。中国浦发将发挥优势整合各方面资源，成长成为以工程服务为主体，特种设备检测、项目运维管理、工程设计咨询、工业园区开发、国内外贸易等多种业务共同发展的高质量企业。

2022 年对于中国浦发而言是极具挑战、极不平凡的一年，面对国内外形势的复杂多变和严峻挑战，中国浦发坚持以习近平新时代中国特色社会主义思想为指导，以迎接党的二十大和学习宣传贯彻党的二十大精神为首要政治任务，坚持稳中求进工作总基调，防范化解风险，推动公司稳定健康发展。

【主要指标】

2022 年，中国浦发营业收入 27.9 亿元，净利润 -33 905.69 万元，EVA 值 -39 117.99 万元，全员劳动生产率 12.93 万元/（人·年），营业收入利润率 -10.69%，研发经费投入强度 3.84%。

2021—2022 年中国浦发主要经济指标完成情况见表 1。

表 1　2021—2022 年中国浦发主要经济指标完成情况

指标名称	2021 年	2022 年	同比增长（%）
资产总额（万元）	681 008.41	616 009.46	-9.54
净资产（万元）	251 076.11	192 563.78	-23.30
营业收入（万元）	279 158.13	278 697.53	-0.16
利润总额（万元）	-9 910.08	-36 755.36	—
技术开发投入（万元）	11 925.40	10 758.17	-9.79
利税总额（万元）	-631.65	-25 173.31	—
EVA 值（万元）	-15 811.52	-39 117.99	—
全员劳动生产率〔万元 /（人·年）〕	23.98	12.93	-46.08
净资产收益率（%）	-3.41	-16.07	减少 12.66 个百分点
总资产报酬率（%）	-0.07	-4.44	减少 4.37 个百分点
国有资产保值增值率（%）	99.78	67.21	减少 32.57 个百分点

【改革发展】

中国浦发坚持以习近平新时代中国特色社会主义思想为指导，认真贯彻落实国务院国资委、国机集团下达的关于开展国企改革三年行动的各项任务，制定并扎实推进《中国浦发改革三年行动实施方案》。3 年来，中国浦发把落实习近平总书记关于国有企业改革发展和党的建设的重要论述作为改革三年行动的首要任务。在国机集团的正确领导下，中国浦发领导班子带领全体干部职工，精心部署推进 8 个方面的重点改革任务，结合公司生产经营实际将改革举措做深做实，具体包括：积极推进资本布局优化和结构调整，加强中国特色现代国有企业制度建设，聚焦主责主业，处置低效无效资产，积极化解重大风险，有效增强企业活力和组织效率，激发内生发展动能，确保各项重点改革任务落地见效。截至 2022 年年末，该公司国企改革三年行动计划整体任务完成率为 97%。

针对所属混合所有制企业较多的特点，中国浦发始终坚持推动各级所属企业深度转换经营机制，推进严格的法人治理结构与灵活的市场化经营机制相结合。实践中，中国浦发综合运用经理层任期制和契约化管理工具箱，激发所属混改企业负责人和领导团队的经营活力，取得良好效果。

2022 年 4 月，国机集团开展关于国有产权管理问题专项治理相关工作，中国浦发针对自查自纠中梳理出的涉及投资管理、产权登记、资产评估等问题，迅速组织对相关的管理流程进行全面梳理，查找工作中的薄弱环节。针对发现的各类问题，层层落实对相关责任人的追责问责，并要求相关企业结合违规行为，举一反三，制定投资管理的内控整改方案并推进落实。同时，中国浦发根据国机集团产权管理相关的制度和文件，研究制定中国浦发产权登记管理办法，并加强对所属企业的制度宣贯和业务培训。

发挥考核“指挥棒”作用。一是推进经理层任期制和契约化工作。根据国机集团要求完成中国浦发全系统《2022 年度经理层经营业绩考核责任书》签订工作，层层压实任务，激发经理层和企业干事创业新活力。二是全面开展下属企业领导班子及领导人员综合考核评价工作，对中国浦发外派财务总监和竞聘上岗的领导干部进行年度考核和转正考核，强化考核评价结果应用，凝聚干事创业强大合力。

优化薪酬激励系统。结合中国浦发实际，在广泛听取下属企业意见建议的基础上，修订《公司全资、控股企业负责人薪酬管理办法》，创新绩效激励方式，进一步强化业绩导向。同时，下放经营班子考核权，各所属企业自行制定薪酬考核办法，按法人治理结构履行相应决策程序后，报中国浦发备案。

【国际合作】

2022 年，中国浦发坚决贯彻落实党中央和国务院的决策部署、国务院国资委的工作要求及国机集团的各项工作安排，坚持稳中求进、底线思维、实事求是，在积极开拓市场方面取得一定成效。

海外业务稳步推进。蓝科高新阿联酋迪拜光热项目顺利完工，赢得业主好评。CPECC 伊拉克 GPP 项目设备已交付，进入现场安装和验收阶段。新中标南非红石 100MW 光热电站项目熔盐罐施工项目，首次进入非洲光热市场，目前项目进展顺利，该项目获金砖国家可持续发展目标解决方案大赛环境保护和清洁能源利用类二等奖。中国空分巴基斯坦年产 28 000t 过氧化氢工程总承包项目有序推进。

【科技创新】

2022 年，中国浦发全系统围绕主业着力将科技成果转化为企业核心竞争力。蓝科高新聚焦压力容器制造和新能源技术，低温乙烯储罐关键技术研究与示范项目及高 H_2S、CO_2、Cl- 天然气净化装置长周期运行关键技术开发项目获甘肃省科技进步奖，南非红石太阳能电厂熔盐罐工程项目获 2022 年度金砖国家可持续发展目标解决方案二等奖。中国空分聚焦智慧化工，10 万 t 生物柴油项目技术研发、示范和产业化应用获国务院国资委 2022 年度碳达峰碳中和行动典型案例成果二等奖；危化行业多源数字化智慧管控和事故预防关键技术及系统获浙江省科学技术进步奖。中机联合聚焦数字化转型，BIM 技术应用于浙江省慈溪市中心城区防洪排涝智慧工地、浙江丽水庆元县人民医院等实际项目，BIM 奇迹先锋队获国机集团技能大赛团体赛二等奖。上海蓝亚聚焦检验检测，获甘肃省科技进步奖 1 项，石油化工设备检验及评价服务平台获批上海市第三批服务型制造示范平台。

【安全生产】

2022 年，中国浦发全面履行《中华人民共和国安全生产法》等有关法律法规规定的安全生产管理职责，认真贯彻落实国机集团各项安全生产工作部署，始终将安全生产工作放在首位。秉承“安全第一、预防为主、综合治理”的方针，贯彻落实安全生产责任体系“五落实五到位”，牢固树立安全生产红线意识，严格落实“党政同责、一岗双责、齐抓共管、失职追责”，高度重视企业安全生产工作，全年围绕公司安全生产总体形势和风险特点，结合国机集团年度安全生产责任书规定的责任内容和责任目标，开展各项安全生产工作。严格执行安全生产责任制，不断改善安全生产条件，进一步提高公司安全生产保障能力，确保公司员工的人身安全和公司的财产安全。通过不断巩固和完善安全生产管理制度，公司安全生产管理工作得到进一步提升，全体员工安全意识不断增强，防微杜渐、警钟长鸣，全面完成2022年度安全生产责任目标任务，公司安全生产保持平稳有效发展态势。

根据国机集团下发的《中国机械工业集团安全生产提升年行动实施方案》要求和部署，结合中国浦发系统生产经营实际情况以及危险源辨识和风险评价情况，制定《中国浦发机械工业股份有限公司安全生产提升年行动实施方案》。从2022年1月至2022年12月，分4个阶段进行。系统内各企业加强组织领导，深入学习习近平总书记关于安全生产的重要论述，把安全生产摆到重要位置，进一步强化全员安全生产宣传教育培训，提升全员安全文明素质，全面推进思想认识提升；严格落实企业安全生产主体责任，全面完善党政领导干部“一岗双责”领导责任体系，建立完善安全生产领导责任落实工作机制，健全完善落实安全生产责任目标考核体系，加强过程监督和成效考核，全面推进安全生产责任落实提升；健全完善安全生产制度体系，建立问题隐患和制度措施“两个清单”常态化工作机制，确保专项整治取得实效，全面推进安全生产专项整治三年行动效果提升；结合企业自身生产经营情况，强化危险化学品、燃气储存、使用过程危险源辨识和风险评价，落实安全防范措施，强化日常检测、监测和监控。加大安全投入，压实安全责任，全面推进安全管控能力提升；加强安全基础保障能力建设，持续完善安全生产管理体系，进一步健全安全生产制度体系、组织体系、安全文化体系、目标和责任体系、宣传教育体系、监督保障体系、风险控制体系、应急管理体系，持续夯实安全生产基础基层工作，全面推进本质安全水平提升；以开展中央企业境外中方员工安全保障整改提升专项行动为契机，建立健全以制度、机构、人员、信息化为主要内容，基于风险辨识、预防为主、提前策划、全员参与、过程管理、持续改进的境外安全风险管控体系。加强安全防范措施落实落地，持续提高境外安全风险防控能力，全面推进境外安全保障能力提升。

【党建工作】

1. 党建工作方面

（1）紧跟大政方针加强学习。中国浦发把学习贯彻党的二十大精神作为首要工作来抓，制定宣传贯彻工作方案，党委扩大会第一时间组织传达，理论学习中心组深入研讨，各基层党支部均落实4次专题讨论，参加国机集团党的二十大培训班。深入学习贯彻习近平新时代中国特色社会主义思想，坚持落实党委会“第一议题”；坚持问题导向，理论学习中心组研讨式学习7次。中国浦发领导班子成员赴基层调研，交流问题和对策措施。

（2）加强规范化引领。中国浦发坚持党委会对“三重一大”事项的前置研究制度，修订党委会会议制度，带头贯彻落实民主集中制，规范重大事项决策程序；2023年年初，修订《中国浦发机械工业股份有限公司企业决策事项及权限表（全）》，厘清决策边界。

（3）持续推进基层建设。探索建立党建品牌，中国空分党委“红色动能”党建品牌已被国机集团品牌创建案例汇编收录。通过年度党建考核、日常督查、党支部规范化建设研讨会、建立党建指导员制度等措施，加强对党支部标准化规范化的指导。组织党建工作培训，开展岗位测试，提升专兼职党务工作者的工作能力。完成上海市党代表选举，调整上海蓝亚党组织建制。

（4）宣传工作深入开展。加强宣传管理，围绕年度任务和阶段性重点工作，开展重点报道；对全系统专兼职宣传人员进行培训，评选优秀新闻报道，调动宣传工作者的积极性；专题报道党员领导干部、一线员工的优秀事迹，强化职工群众思想认同。建立健全舆情、通讯员管理等有关制度，全力提高宣传工作质效。

（5）“两面旗帜”作用明显。围绕企业中心工作，注重发挥党员领导干部先锋模范作用和党支部战斗堡垒作用。中国浦发领导带头与苏美达股份成立联合工作组，着力化解重大风险，最大限度地保护国有资产安全。各企业领导干部带头冲锋，上海蓝亚逆行出击，超额完成目标任务；中机联合挂帅领办，经营业绩稳中有升；中国空分不畏艰难，确保重大项目落地；蓝科高新攻坚新冠肺炎疫情，确保防控、生产两不误。

（6）团委工作取得进步。深入开展青年素养提升工程，组织团员青年学习习近平总书记在庆祝中国共产主义青年团成立 100 周年大会上的重要讲话精神。蓝科高新团委开展青字品牌建设，中国空分积极开展青年文明号创建工作，中机联合开展导师带徒弟活动，鼓励青年岗位建功。

2. 巡视整改工作方面 2022 年，中国浦发党委针对国机集团党委巡视“回头看”提出的 8 个方面 58 个问题制定了 205 项整改措施，中国浦发纪委制定并下发巡视整改监督工作方案，明确责任领导、责任单位，明确整改措施、整改时限。截至 2022 年 12 月 31 日，已经完成 178 条整改措施，完成率为 87%。

3. 纪检工作方面 中国浦发纪委始终把习近平新时代中国特色社会主义思想、习近平总书记重要讲话精神及指示批示精神作为重要学习内容。2022 年全年中国浦发组织召开纪委会、纪委（扩大）会 4 次；面向总部全体中层干部和员工共召开两次廉洁从业教育会议；利用“浦发大讲堂”讲解落实中央八项规定精神 1 次；2022 年年初同各下属企业党组织负责人、各职能部门负责人共签订 19 份《党风廉政建设责任书》；全年开展任职廉政谈话 2 人次；全年回复党风廉政意见 37 人次；办结信访举报 5 件；完成 2 名同志的党纪立案，1 名同志的组织处理（批评教育），实现执纪零突破；督促公司各职能部门做好公司规章制度的“立改废释”工作，共梳理制度 163 项，形成《中国浦发规章制度汇编（2022 版）》，从建章立制的角度堵塞管理漏洞。

【信息化与数字化建设】

2022 年，中国浦发按照党中央、国务院及国机集团关于数字化转型工作的部署要求，结合业务及信息化现状，制定数字化转型行动计划专项实施方案。依托国机集团的信息化资源，持续优化信息化基础架构和安全体系建设，不断提升信息系统功能，提高系统集成度，深化系统应用，促进数据整合，提高决策支持和执行过程监管的信息系统应用水平，实现产业链数据共享，支撑各类业务发展。

下属企业也根据各自业务特色，积极推进数字化转型建设和应用。蓝科高新引进的重要焊接和加工数控设备，实现了焊接过程的可控性和智能化，保证了零部件在加工过程中的精度要求。中国空分推进的智慧化空分工厂，计划将自动化、数字化和信息化融合，建立空分控制一体化平台；正在研发的危化行业多源数字化智慧管控和事故预防关键技术及系统，旨在建立危险化学品生产风险评估与预警平台。中机联合以 BIM 技术为基础推动业务逐步向数字化转型，通过将 BIM 等新技术应用于工程项目设计及管理，以建筑模型及数字化为基础，优化项目方案、设计和施工的流程及成果。上海蓝亚坚持创新驱动发展战略，2022 年正式组建智能信息中心，以加强研究新的检验、检测技术，深化智能监测领域的发展，拓展传感器类型和种类，深化软件平台的数据开发功能，为业绩增长创建新赛道。

【履行社会责任】

1. 助力打赢大上海保卫战 上海新冠肺炎疫情管控期间，中国浦发深入贯彻落实习近平总书记重要指示精神，发出《关于做好新冠肺炎疫情防控工作的倡议书》，105 名党员完成“先锋上海”双报到，参加所在街道、社区的志愿活动。总部党员干部坚守浦发广场两个月，保障大楼运行。落实国家关于减免小微企业租金的政策要求，减免租金 2 400 多万元。

2. 落实国机集团党委部署，加大帮扶力度 落实定点帮扶河南淮滨县资金 40 万元，积极参与“央企消费帮扶兴农周”活动，开展消费帮扶共计 31 万元；蓝科高新帮扶甘肃王昌寺村 10 万元，王昌寺村被确立为甘肃省乡村振兴建设示范村；中机联合开展“情系大凉山”捐助活动。中国浦发在持续巩固脱贫攻坚成果与乡村振兴平稳衔接中，践行央企责任。

中国联合工程有限公司

【基本概况】

2022年，中国联合工程有限公司（简称中国联合）在国机集团的正确领导下，以习近平新时代中国特色社会主义思想为指导，坚持稳中求进总基调，以高质量发展为统筹，迎难而上、踔厉奋发，优化组织架构、创新业务模式、加大市场开拓、提升运营效益，通过全体干部员工齐心努力，圆满完成全年各项任务目标，连续第17年荣获国机集团先进企业称号。

【主要指标】

2021—2022年中国联合主要经济指标完成情况。

表1 2021—2022年中国联合主要经济指标完成情况

指标名称	2021年	2022年	同比增长（%）
资产总额（万元）	981 981.90	1 241 548.62	26.43
净资产（万元）	364 000.85	404 739.43	11.19
营业收入（万元）	1 322 522.38	1 453 700.34	9.92
利润总额（万元）	78 301.21	81 091.90	3.56
技术开发投入（万元）	100 535.67	116 308.77	15.69
利税总额（万元）	110 809.27	107 373.78	-3.10
EVA值（万元）	78 355.34	80 242.61	2.41
全员劳动生产率〔万元/（人·年）〕	50.83	49.61	-2.40
净资产收益率（%）	19.26	17.99	减少1.27个百分点
总资产报酬率（%）	8.07	7.31	减少0.76个百分点
国有资产保值增值率（%）	121.33	119.09	减少2.24个百分点

【改革发展】

2022年是实施“十四五”规划的关键之年，党的二十大胜利召开。

1. 持续强化目标引领，经营业绩稳步提升 聚焦战略目标，强化指标分解，任务下达至执行层面，加强考核质询，扎实推进工作落实，确保经营业绩保持稳健增长。

（1）运行质量不断提升。营业收入利润率5.58%，全员劳动生产率49.61万元/（人·年），完成国机集团下达的经营效率考核目标。

（2）行业地位持续提高。在美国《工程新闻记录》（ENR）和中国《建筑时报》举办的“工程设计企业60强中国承包商80强”最新排名中，中国联合分别列第12位与第56位。荣获机械工业现代化管理企业称号。连任浙江省勘察设计行业协会工程总承包分会会长单位，担任重庆市勘察设计协会建筑物理环境等多个分会会长单位等，加入中国医药工程设计协会、中国城镇供热协会、中国勘察设计协会传统建筑分会。

2. 系统夯实发展基础，促进推动转型升级 把握市场供需动向，及时调整发展策略，着力发挥综合优势，不断提升市场竞争力。

（1）区域经营进一步优化。中国联合聚焦经济发达地区、国家战略辐射地区、政策红利地区，划定浙江、长三角、华东南、华西北、华西南五大战略经营根据地，出台配套经营机制，集中资源深耕市场，市场份额稳中有升、结构配比持续优化。长三角区域事业部、东南区域事业部注重发挥窗口优势，不断提升中联品牌知名度。中机中联工程有限公司（简称中机中联）、中联西北工程设计研究院有限公司（简称中联西北院）业务多点开花、齐头并进。

（2）协同能力进一步增强。成立建设投资公司、资本运营公司、工程事业部、城市更新事业部、市政环境事业部、工业与装备事业部、洁能环保事业部，整合工程建设全过程环节，加强价值链延伸。中联西北院组建市政工程总包事业部，推动工程总承包规模提升。加强协同，将设计咨询与工程建设进行业务集成，汇聚合力打造“绿色双碳”“城市更新”“未来社区”等业务产品线，发挥全产业链服务能力，提升多维度竞争能力。

（3）模式创新进一步强化。中国联合抢抓市场机遇，创新业务模式，建设投资公司、工程一公司成功承接金华市乡村振兴项目，开发首个以市场化机制运作的三产联动投融资项目。加强产业研究，探索产业导入经营模式。建设投资公司、资本运营公司积极探索利用人才、技术、资金 + 产业导入的新路径，为乡村振兴、城市建设、产业发展等赋能助力。

（4）平台资源进一步提升。结合发展需要，中国联合持续做好资质“保、升、增、创”。中机中联取得工程设计综合甲级资质、建筑工程施工总承包一级资质、电子与智能化工程专业承包一级资质、建筑装修装饰工程专业承包一级资质、消防设施工程专业承包一级资质，显著提升市场竞争力。持续维护学会协会平台地位资源，持续扩大行业影响力，营造市场机遇。积极与产业投资企业、资本公司、金融公司建立战略联盟，优势互补、合力拓市。

【重大项目】

1. 工业领域　保持传统行业领先地位，不断向冷链物流、智能制造、化学材料、新能源等细分领域拓展。工业一院积极开拓化工市场，承接福建环洋新材料有限公司甲烷氯化物、CO_2 回收项目等化工项目；工业二院签订兴旺达电池、正泰太阳能、明阳风电等系列项目，提升新能源市场知名度；工业三院做好嘉兴圆通速递有限公司全球性航空物流枢纽“东方天地港”、大洋世家海洋食品加工冷藏物流基地、智造谷产业服务综合体等重大项目实施；工业物流院承接杭州海康威视数字技术股份有限公司武汉智慧产业园谷等一批智能制造、智慧物流工程，研发 MES 系统，助力中国联合成功入选工业和信息化部重点实验室数字孪生工作组成员单位。涂装与总装业务同步发展，不断做大热处理线总包业务，热工科技承接国内产能最大、技术最先进的板材热处理线——德龙镍业项目。中机中联分别承接三一、中联、潍柴、柳工等智能制造类项目；首次应用非接触供电、机器人涂胶、机器人配盘等多项新技术，成功中标太重智能高端液压挖掘机装配生产线；签订茅台双龙智慧物流园项目，完成中国酒类行业供应链物流管理标准制定。中联西北院重点攻关电网物资质量检测、特高压试验大厅、智能工厂、生物医药、食品行业、精细化工等细分领域，推进数字化工厂技术和绿色智能制造技术应用，承接西安赛特思迈钛业公司高端稀有金属棒丝材及制品产业化等一系列工业、医药化工项目。

2. 能源领域　中国联合巩固和提升垃圾焚烧发电领域的地位和影响力，新能源院中标宁波洞桥垃圾焚烧发电和慈溪中科众茂环保热电项目，持续推进污泥资源化处置项目。电力院承接永修县热电联产项目，能源公司开拓玉林白平产业园热电联产一期项目、福建申远新材料有限公司二期年产 40 万 t 聚酰胺一体化项目动力车间工程等，做好在手重大项目实施。中机中联签订企业第一个综合能源利用项目——重庆经开区综合智慧能源项目。中联西北院承接潼关代字营 200MW 光伏总承包、延安市安塞区高桥镇农光互补、楚雄市柳树冲 120MW 光伏发电、西安市长安区沿河涉秦岭农村生活污水整治等能源项目，提升新能源业务市场占有率。

3. 民用领域　以城市运营为基础，聚焦文化教育、科创办公、医疗康养、文旅度假及地下空间等领域，完成富政储出1号地块EPC工程总承包等系列城市更新项目，凯德苏州三文鱼项目、网易白马湖总部三期项目、菜鸟总部二期项目等，新中标丽水党校、东阳市文化艺术中心等方案及初步设计。中机中联积极推动民用领域转型升级，中标金凤软件园、西部（重庆）科学城璧山片区曙光湖智造城等项目，助力西部地区创新产业发展。中联西北院做大做强医疗颐养、文旅教育，中标西安市长安区综合医学检验中心等医疗康养项目，承建的汉中方舱医院竣工启用。

4. 基础设施领域 依托未来社区先发优势，规划院全周期深度参与浙江省试点创建工作，发挥规划专业龙头作用，参与编写多个课题类项目，推进完成《遂昌县“十四五”美丽乡村建设规划》等项目。市政院中标杭州市亚太路—袁富路—杭富沿江公路项目31km快速路方案研究，首次承担特大城市长距离快速路项目。策划公司持续开展决策、运营咨询等服务，承接政府发展性课题、国有企业改革咨询、区域开发等咨询业务。中机中联成功开拓公路设计业务，签订四川省遂宁市安居区幸福美丽乡村路改造项目，签订遂宁市高新区主要干道工程、西藏昌都市江达县县城水源地建设工程，填补水利水电工程业绩空白。推动桥隧业务上规模、上等级，承接铜罐驿长江大桥项目。中联西北院重点对接国土空间后续层级的控规、修规等法定规划项目，承接大庆智路概念规划和城市设计等项目。

5. 工程总包领域 工程一公司与优秀合作方建立战略合作，承接浙江临平年产2 400台智能化测试设备等项目。工程二公司承接安徽肥西县紫云湖片区、蒙苏经济开发区隆基新能源科技产业园等项目，承接浙报融媒体发展中心（一期）工程总承包工程。工程三公司巩固萧山、拱墅等杭州地区传统市场，积极开拓金华婺城区、金东区，温州平阳县等区县市场，实现业务量上台阶。中机中联顺利实施康宁三期项目，构建重庆市“芯屏器核”网络重要一环，签订两江新区龙兴新城智能网联新能源汽车产业园基础设施配套项目、涪陵新能源汽车产业园配套设施工程等。中联西北院工程总承包规模再上台阶，天宇制药草堂基地等项目全面开工建设，渭南数字经济产业园智慧城市运营中心顺利封顶。

【国际合作】

中国联合积极融入国内国际双循环发展，开拓有技术优势的国际项目。智能装备公司成功中标墨西哥临工登高平台等项目，热工科技公司承接乌兹别克斯坦1 450mm热连轧海外项目，新能源院签约孟加拉北达卡和印度尼西亚雅加达垃圾焚烧发电项目，海外项目业绩和经验不断丰富。

【科技创新】

坚持把创新作为引领发展的第一动力，破解发展难题，厚植发展优势。

1. 创新体系建设持续完善 中国联合持续构建技术创新体系，对现有业务领域、已有核心技术及未来重点发展的技术方向进行梳理。完善科技创新体制机制，加大科技投入，修订完善外部技术标准制（修）订项目管理办法，专利、软件著作权管理办法，以及出版著作、对外发表论文管理办法。

2. 科研平台建设稳步推进 新增国家级博士后科研工作站。成立双碳研究院，研究能源转型、生态修复等新技术，加强技术储备。成立城市安全研究院，开展城市“生命线”、灾害预防等安全领域技术集群化研究，为城市更新提供整套解决方案。启动档案知识中心建设，构建9个档案知识资源库。

3. 技术创新成果不断涌现 加强技术研发管理，新立项特色技术开发专项3项，新立项重点技术开发项目21项。组织申报各类外部奖项，获得各类工程技术奖153项，其中省部级及以上97项；取得授权发明专利29项、实用新型专利285项、软件著作权19项，申请专利、软件著作权279项；主（参）编各类外部技术标准77项，其中国家标准19项、地方标准41项、团体标准17项。中机中联发布数字化设计重大科技专项、装配式建筑重大科技专项课题成果。中联西北院荣获第七届“创客中国”陕西省中小企业创新创业大赛一等奖。

【人才队伍建设】

围绕培养卓越工程师这一主线，持续营造“引、用、育、留”的良好人才发展环境。

1. 人才引进渠道不断拓宽 中国联合成功举办第六届“中联杯”国际大学生建筑设计竞赛。贯彻落实“稳就业”要求，积极推动参与国资央企夏季招聘、“不负韶华，国聘行动”线上直播招聘等活动，全年招聘高校毕业生 210 人。实施强基人才计划，重点引进 18 名优秀储备人才。着力实施校友内推计划，杭州、重庆、西安“三地三院”组团招聘，全过程、全员招聘格局逐步形成。

2. 人才梯队建设不断强化 中国联合开展“雏鹰－飞鹰－雄鹰”3 个梯次的优秀工程师选拔。丰富完善 7 支人才队伍体系。完成 1 612 人次专项任职资格考核认定工作，向生产部门派驻 6 名法务专员，在总包部门配备安全总监，聘任 70 名公司高级专家。中机中联发布《工程项目管理人员配置及调配办法（试行）》，加强总承包人才体系建设。

3. 干部培养力度不断加强 中国联合全公司新提拔干部 68 人，其中 80 后 49 人，占比 72.1%，成为绝对主力，90 后 3 人，占比 4.4%。开展领导干部个人有关事项报告大排查、外事工作和员工管理专项检查。实施人事档案动态清零专项行动。举办中青年干部管理能力提升研修班、项目设总班等培训共 70 场。选派 14 名干部参加中央及各级党校学习提升，15 名干部在系统内交流任职培养，一名优秀年轻干部到地方挂职锻炼。

4. 员工人文关怀不断完善 中国联合实施员工荣誉退休方案，进一步提升员工补充商业险保障范围和保额，全面提高员工和退休员工健康体检标准，修订《自办职工子女统筹医疗管理办法》，取消地域和定点医院限制，将员工子女医保结算后的可报销费用报销比例提高至 100%。

【企业管理】

1. 财务管理水平稳步提升 贯彻落实国机集团财务管理提升三年行动方案。积极落实“两金”压减专项管理工作，“两金”总额持续降低。积极落实资金集中管理专项工作、账户压减工作。按照专项改革三年专项行动工作要求，完成会计信息质量、依法纳税、债务风险、投资管理、产权管理等综合治理专项工作。按照国机集团要求，推进司库体系建设，做好产权管理工作。

2. 设计质量管控扎实有效 中国联合完善设计质量内控体系，制定质量管理目标，逐月分解实施；发布管理体系手册，完成三合一体系内部审核及外部换证审核；分级开展设计产品质量抽查，开展设计市场行为及质量管理体系飞行检查；加强技术支持和管理；组织开展身边质量故事等“质量月”系列活动。

3. 生产经营支撑系统增强 中国联合制定公司本部经营奖励办法，激励业务部门全力完成争取指标；完善合同管理信息化系统；组织召开“三地三院”智能制造和工业智能化专题研讨会；获得商务部对外援助项目实施企业资格，承担援外成套项目的项目管理任务；完成咨询专业备案新增工作；及时完成工商注册注销工作。

4. 对标推进管理提升，增强现代治企能力 中国联合以提升管理能力水平为目标，扎实推进国企改革三年行动，深入实施对标一流管理提升行动，持续加强管理体系建设。

（1）现代化治企制度不断完善。完善支撑董事会职权落实的制度，建立专委会议事规则、下属子公司董事会及董事评价体系。完善党委前置研究事项清单和企业决策事项清单。中国联合本部推进“三体系”（质量管理体系、环境管理体系、职业健康与安全管理体系）与部门规章制度融合，修订 91 项，新订 24 项，新加入汇编 7 项，废止 14 项。

（2）合规体系持续提升。中国联合编制公司《“合规管理强化年”实施方案》，成立合规管理领导小组，成立合规审查委员会，编制合规审查事项清单，建立合规审查管控流程，组织对重大事项进行合规审查。建立专、兼职合规管理队伍。

（3）审计体制机制不断健全。中国联合建立落实内部审计向党委、董事会汇报的体制机制。完成审计署对国机集团经济责任审计的迎审工作。整合该公司审计资源，建立该公司内部审计人才库。开展12个离任审计、22个专项审计、8个项目审计。对生产部门计奖考核、海外工程等开展审核监督工作。常态化开展管理经费预算和生产发展基金预算编制监督。完善审计整改工作。

（4）信息管理系统建设加快推进。中国联合持续推进公司管理信息系统的提升优化。启动协同办公系统业务流程清理工作。持续完善财务信息化系统建设，促进精细化管理。

【风险防控】

中国联合进一步加强风险防控，健全风险防控体系，为公司有效驾驭重大风险提供能力保障。

1. 加强安全体系建设 中国联合建立党政负责人“一岗双责”、安全总监、安全专员双重考核等管理制度，完成安全总监选拔，推动安全生产组织体系更健全、职责更明晰。推进安全生产风险分级管控和隐患排查治理双重预防机制建设，建立完善安全生产实时动态监控及预警预报系统，加强安全考核、问责。安全管理体系运行有效，取得良好的效果，该公司荣获国机集团2021年度安全生产优秀企业称号，在2022年度安全生产责任目标考核中排名国机集团同类监管企业第一名。

2. 加强风险识别能力 中国联合深入开展质量、环境、职业健康安全和进度综合检查，及时发现问题、督促整改。完善项目风险评估管理流程，管控重大项目承接风险。加强联合体项目风险管控。加强重大项目风险监控，制定、完善重大项目风险清单，累计梳理重大项目合同风险信息库4项，动态跟踪管控重大项目6项。开展全级次印章库建设，实现全级次监督，优化用印流程。

3. 提高应急处理能力 中国联合组织开展“应急演练周”活动，提升管理人员应急意识和技能。加强新《中华人民共和国安全生产法》宣贯培训，开展风险意识教育。构建完善风险管控体系，依据标准开展各项管理活动。

4. 加强法律应对支撑 中国联合加强公司合同等文件的法律审核，有效防范法律风险。妥善处理公司诉讼及非诉纠纷，协同处理诉讼案件186件，派驻法务人员自行代理案件88件。完善公司违规经营投资责任追究工作体系，建立公司正向激励和容错纠错机制。建立各部门、各子公司、参股企业纠纷案件定期报告制度。

5. 持续做好疫情防控 中国联合抓好新冠肺炎疫情防控常态化管理，不断完善应急预案和防控措施，及时调整管控举措，确保疫情防控和发展安全。

【党建和文化建设工作】

中国联合坚持以习近平新时代中国特色社会主义思想为指导，落实全面从严治党主体责任，党的建设工作质量和水平有效提升。

1. 发挥政治建设统领作用 中国联合始终把习近平总书记重要讲话和重要指示批示精神作为党委会的“第一议题”、理论学习中心组学习的首要议题，全年组织理论中心组学习30项次。开展学习贯彻习近平总书记重要指示批示情况“回头看”工作。制定《公司党委学习宣传贯彻党的二十大精神工作方案》，推进党的二十大精神全面学习、全面把握、全面落实。

2. 深化党建与生产融合 中国联合制定《中国联合党建工作与生产经营“融合提升”专项行动工作方案》。创建“党建创新赋能”的“一企一工程”党建品牌，持续深化公司党建“四项工程”。组织开展基层党组织党建工作和生产经营“融合提升”典型案例评选活动。探索产业链供应链创新链党建共建。设立项目部临时党支部，深化党员先锋岗、党员突击队、党员服务队，发挥党组织战斗堡垒、党员先锋模范作用。打造“融媒体”工作格局，加强对项目业绩、先进人物、重大活动的宣传力度。参与四川省广元市朝天区、山西省运城市平陆县帮扶，做好浙江省温州市文成县黄坦镇“稻虾共养”产业帮扶，持续采购定点帮扶农产品。

3. 提高纪检监督工作质效 中国联合部署综合治理专项行动监督工作，制定《公司深化“靠企吃企”问题整治工作实施方案》，开展“影子公司、影子股东”问题专项整治自查，深化“化公为私”专项整治。开展设计分包专项巡察和社会资源挂靠排查工作。实现巡察全覆盖，建立巡察上下联动格局，保障巡察工作取得实效。

4. 加强群团以及文化建设 中国联合完成公司工会、团委的换届工作。组织开展三八节、儿童节、重阳节系列特色活动。举办“百年心向党，奋进新征程”庆祝中国共青团成立 100 周年主题活动。开展公司第八届“十佳青年”评选和青年精神素养提升工程。该公司被评为浙江省部属工会五星职工之家，公司基层工会组织获得国机集团“工会工作先进集体”荣誉称号。该公司团委和中联西北院团委分别获得国机集团“五四”红旗团委称号，3 个团支部获得国机集团“五四”红旗团支部称号。发放“百年强院、奉献有我”光荣在岗系列奖章，鼓舞员工士气。中机中联组织“喜迎二十大　奋进新征程”第二届职工运动会。中联西北院承办并参加陕西省西安市机冶建材工会系统羽毛球邀请赛，荣获冠军。

【履行社会责任】

中国联合积极践行责任使命，主动在服务国家战略上走在前列，在落实国机集团部署上做出表率，在促进行业发展上展现担当。

1. 服务乡村振兴迈出新步伐 中国联合牵头起草《集团乡村振兴课题研究报告》，与国机集团兄弟单位共同探索业务合作机制，系统开展乡村振兴领域政策研究。依托冷链工艺优势，工业物流院与市政院合力中标文成中心粮库工程业务，实现公司粮食领域业务零的突破，助力粮食安全工程建设。中联西北院成立乡村振兴研究院，探索“乡村 +”业务模式，打造业务闭环，承接西安市长安区乡村振兴示范区、鸣犊街办粮站及智慧管控等项目，打造示范样板。

2. 践行“双碳”战略取得新成效 中国联合组建专班，工业与装备事业部、工程三公司、建设投资公司等部门合力中标新能源汽车零配件产业园工程总承包项目，实现汽车整车业务 0 到 1 的突破。工业一院、工业二院扩大在锂电池领域的行业知名度和市场占有率，不断夯实光伏、电池工艺技术积累，拓展客户源。能源公司承接浙江物产环保能源分布式光伏发电 EPC 总承包项目及浙能乐电 1、2 号机组电化学储能调频项目等多个绿色能源项目。中联西北院打造近零能耗建筑、超低能耗建筑新名片，多个项目获全国近零能耗建筑认证，西安市西咸新区沣西新城游泳馆获得 Active House 国际项目认证。

3. 参建国之重器作出新贡献 中国联合充分发挥工程建设全生命周期服务能力，依托技术专业全、工艺工程经验丰富等综合优势，与院士团队紧密合作，工业三院成功承接国家“十四五”重大科技基础设施——极弱磁场和惯性测量装置项目，开展突破现行工艺技术的工程技术研发，为服务国家重大科研战略作出新贡献。

4. 服务国家工程树立新标杆 工程管理咨询公司在国家重点工程杭州国家版本馆项目上，创新服务模式，创建全过程咨询标杆，打造传世经典之作。中机中联通过“互联网 + 批发市场 + 线下体验”的新型产业链模式，承接重庆西部（东盟）农产品冷链分拨中心项目，助力重庆“菜篮子工程”建设。

机械工业第六设计研究院有限公司

【基本概况】

机械工业第六设计研究院有限公司（简称中机六院）成立于 1951 年，是我国最早成立的工厂设计机构，原隶属于机械工业部，2000 年进入国机集团。主要从事工程咨询、工程设计、工程监理、项目管理、工程总承包等业务，致力于打造国内一流的绿色与智能工程服务商。

2022年，该公司面对新冠肺炎疫情和经济下行双重压力，坚持战略引领，咬定目标不放松，鼓足干劲谋发展，经过全体干部职工奋力拼搏、攻坚克难，取得了来之不易的成绩。全年新签合同额35.60亿元，同比增长17.83%；完成营业收入21.04亿元，同比增长25.86%，创历史新高；实现利润总额1.25亿元、净利润1.07亿元。该公司再次入选2022年中国工程设计企业60强，持续保持质量管理体系升级版最高等级AAA+级认证。

【主要指标】

2021—2022年中机六院主要经济指标完成情况见表1。

表1　2021—2022年中机六院主要经济指标完成情况

指标名称	2021年	2022年	同比增长（%）
资产总额（万元）	213 615.34	248 918.74	16.53
净资产（万元）	124 971.77	128 970.40	3.20
营业收入（万元）	167 172.17	210 401.64	25.86
利润总额（万元）	19 082.67	12 539.95	-34.29
技术开发投入（万元）	13 045.06	13 630.07	4.48
利税总额（万元）	24 070.04	19 216.36	-20.16
EVA值（万元）	18 168.51	12 624.13	-30.52
全员劳动生产率〔万元/（人·年）〕	25.78	24.53	-4.85
净资产收益率（%）	13.50	8.39	减少5.11个百分点
总资产报酬率（%）	9.25	5.45	减少3.8个百分点

【改革发展】

为推动战略落地、激发发展活力，中机六院持续推进一系列深层次改革举措，取得显著发展成效。

1.加强组织保障和日常监管　中机六院成立全面深化改革办公室，及时传达上级和国机集团工作要求，确保改革稳步推进；加强改革总结，逐月收集整理改革动态并形成改革月报，月报内容多次入选国机集团改革简报；组织改革经验总结提炼，报送改革总结报告、管理提升总结报告、改革征文等材料，宣传介绍改革做法和成效；利用公司党委理论学习中心组学习等契机，通报公司国企改革三年行动总体进展，动态掌握公司改革全貌；强化改革闭环管理，组织推进国企改革三年行动再落实，开展国企改革三年行动及对标提升行动全面总结与检查工作，扎实做好改革的“竣工验收”，确保改革工作圆满收官。

2.完善中国特色现代国有企业制度　一是将党的领导深度融入公司治理。中机六院全级次制定《“三重一大”决策事项及权限表》，落实党委（党支部）前置研究讨论重大经营管理事项程序。二是规范各治理主体权责边界。修订《公司章程》《党委会议制度》《董事会工作制度》和《总经理工作制度》等文件，完善相应工作规则。三是保障董事会落实职权。应建董事会的子企业全面实现应建尽建、配齐建强及外部董事占多数，修订董事会专门委员会议事规则，制定《公司落实董事会职权工作方案》，进一步完善董事会行权履职依据和路径。四是建立董事会授权管理机制。制定《董事会授权管理办法》，规范授权程序。五是夯实中国特色现代企业制度建设基础。建立以公司章程为基础的内部制度体系，绘制规章制度图谱，加强制度管理信息化建设，开展制度后评价，提高制度效力和运行效率。

3.推进业务优化和结构调整　一是着力优化组织架构和资源配置，进一步精益管理职责，整合管理职能。成立战略发展部、运行管理部，加强战略全过程管理，推进生产经营一体化管理，构建快速响应市场和客户的能力，提升运行效率。持续推进资源向战略性业务倾斜，聚焦工业、物流、民用、市政四大领域，按照“中心主建、部门主战”原则，设立工业与物流中心、民用与市政中心。二是着力推进业务协同和区域深耕。完善业务协同机制，制定《项目协调管理办法》，强化项目的全过程把控，充分发挥协同合力；持续推进区域深耕，加强分支机构建设，制定《分支机构发展规划纲要》，出台配套管理举措，促进分支机构高质量发展。三是着力强化业务聚焦。明确各生产部门的主责主业，引导生产部门聚焦“有限清单”，集中精力锻造拳头业务，提升业务集中度和市场竞争能力。

4. 深化三项制度改革 一是按照“全体起立、公开竞聘”原则，开展全员竞争上岗工作，面向公司全体干部员工及社会公开选聘，深入推进市场化选人用人机制。二是深化考核机制改革，更加凸显考核机制的战略导向性。在业务部门考核中引入“九宫格”考核模型，从做强、做优、做大 3 个维度建立差异化的高质量发展指标体系，引导业务部门贯彻公司发展战略、践行高质量发展理念。在职能部门考核中建立以价值创造、赋能一线为导向的评价机制，引导职能部门保障一线发展。三是健全完善分配体系，制定收入总额管理办法，进一步推动工资总额向高绩效部门倾斜，探索建立更加市场化的收入分配管理方式；制定专项奖励方案，对关键指标完成情况较好、为公司发展作出突出贡献的部门及时给予奖励，加大正向激励力度，激发发展潜能。

【重大项目】

2022 年，中机六院认真学习贯彻习近平总书记“疫情要防住、经济要稳住、发展要安全”重要指示精神，全面贯彻落实国机集团关于稳增长的各项工作部署，坚持战略引领，持续深化改革，聚焦目标任务，统筹推进新冠肺炎疫情防控和生产经营各项工作，全年经营收入再创历史新高、实现 3 年倍增。

2022 年 12 月 2 日，该公司召开第三届董事会第三十三次会议，聘任刘勇、张运森为公司副总经理。该公司持续加大“两非”处理力度，注销郑州绿苑智能装备有限公司。该公司完成股权投资 2 800 万元，为全资子公司国机陆原工程设计研究有限公司增资。

该公司积极参与“设计河南”和“设计郑州”重大专题工作，参与“设计河南”第四工作组调研、牵头编制《郑州市勘察设计行业专题研究报告》，代表河南省设计行业在“设计河南”全省视频工作会、“设计河南”建设专题协商座谈会上作专题发言，展现公司勇担央企国家队和行业排头兵的责任使命，巩固了公司在河南省及勘察设计行业的头部企业地位。成功承办由河南省勘察设计协会主办的河南省勘察设计行业建筑设计创作论坛，为“十四五”时期河南省勘察设计行业高质量发展汇聚新思想、激发新动能。

【国际合作】

面对世界多极化和经济全球化趋势下的政治经济格局转变，中机六院克服新冠肺炎疫情影响，积极响应国家“设计咨询走出去”号召，先后承接援老挝乌多姆赛职业技能发展中心、援东盟动物疫病实验室（柬埔寨部分）、柬埔寨王国国际会议中心城市综合体等多个有代表性的项目。

【科技创新】

中机六院聚焦绿色、智能发展方向，强化科技创新工作的顶层设计，统筹各类创新资源，加强科技创新，不断擦亮公司“设计研究”的技术底色，科技创新再创佳绩。

1. 加强科技创新顶层设计 中机六院召开公司 2022 年科技创新大会，深入贯彻落实国机集团科技创新推进会部署要求；发布《公司“十四五”科技创新发展规划》及配套指南，明确业务技术创新的方向与路线；发布绿色智能业务的认定标准和占比目标，为绿色智能发展战略落地打下了坚实基础。

2. 强化关键领域科研攻关 中机六院推进公司科研中台建设，充分发挥生产一线“出题者”的作用，新立项智能工厂系统集成总承包关键技术与路径研究、智慧物流技术体系研究等 11 项专职研发课题，着力围绕战略方向和一线需求开展科技创新，全力赋能业务发展。

3. 科技创新成果再获丰收 2022年中机六院获省部级及以上奖项123项，其中鲁班奖及国家优质工程奖7项；获国家授权专利127项，其中发明专利11项；获软件著作权登记29项；主、参编标准发布11项，其中国家标准3项、团体标准8项。牵头组建河南省智能制造系统中试基地，申报的工业互联网平台+起重装备产业集群试点示范、河南省勘察设计质量监管平台分别入选工业和信息化部工业互联网和大数据产业发展试点示范项目。国机互联获批成为全国首批、河南省唯一的国家智能制造能力成熟度Ⅰ类服务机构。

【安全生产】

中机六院深入贯彻落实国务院国资委、国机集团安全生产部署要求，认真部署安全生产专项整治三年行动。严格落实“党政同责、一岗双责、失职追责”工作要求，修订并与公司领导及各部门、子公司党政第一责任人签订《安全生产责任书》16个版本33份、《安全生产双向承诺书》3 345人次。不断建立和完善安全生产管理制度体系，编制《公司房屋建筑及市政工程安全文明施工标准化指导图册》，修订《公司安全生产管理办法》《公司安全生产责任目标考核实施细则》《公司工程总承包项目安全生产管理实施细则》等多项安全生产规章制度。深入排查治理各类重大安全风险隐患33次，检查办公区域256个、施工现场574个。继续加强安全生产教育培训，组织开展消防、交通、应急、设计、总承包等各类安全生产教育培训累计69场，培训人员7 020人次。举办两期“安全生产大讲堂”，积极参与国机集团年度优秀视频课件评选活动，获国机集团安全生产大讲堂优秀课件二等奖。强化境外安全生产工作，每季度开展一次境外项目人员状况和安全风险排查、安全形势和安保措施匹配度评估，分层级、分批次持续加强外派员工派出前和在境外期间培训，受培训人员153人次，切实做到“不培训不派出、培训不合格不上岗”。有针对性地加强应急预案培训和演练，组织各部门及总承包项目现场开展高处坠落、食物中毒、触电、消防等各类演练37场，合计1 070人次参加演练。2022年全年未发生安全生产责任事故。

【党建和文化建设工作】

2022年，中机六院党委坚持以习近平新时代中国特色社会主义思想为指导，以迎接党的二十大胜利召开和学习宣传贯彻党的二十大精神为主线，创新推进党的建设各项工作，扎实开展党建与生产经营融合提升专项行动，团结带领广大党员干部职工抗疫情、抓改革、谋创新、促发展，为公司持续高质量发展提供坚强政治保障。

1. 政治建设 把深入学习宣传贯彻党的二十大精神作为首要政治任务，中机六院党委通过党委理论学习中心组学习、党委会“第一议题”等形式第一时间进行学习，组织全员参加国机集团党委、住房和城乡建设厅机关党委学习培训班，通过多种形式开展四个专题研讨，举办党的二十大知识竞赛、主题征文、笔记展示等活动。编发5期学习贯彻党的二十大精神学习资料，注重学研结合，做到学以致用，把学习宣传贯彻成果转化为忠诚拥护“两个确立”、坚决做到“两个维护”的政治自觉，深入推动党的二十大精神在基层落地生根。

2. 思想建设 中机六院2022年全年组织召开党委会研究“第一议题”16次，及时跟进学习习近平总书记关于统筹新冠肺炎疫情防控和经济社会发展工作、国企改革、经济工作、青年工作等领域的重要讲话和指示批示精神，结合实际研究制定贯彻落实举措。开通“第一议题”直通车，第一时间将“第一议题”学习资料推送至各基层党组织。党委理论学习中心组集中学习9次，扎实做好学习的各环节各步骤工作，切实把学习成果转化为推动改革发展的具体举措。制定推动党史学习教育常态化长效化的实施方案，将党史学习教育纳入中心组学习、党员教育培训等必修课，党委班子成员带头讲授党史专题党课，激励干部职工知责奋进、担当作为。

3. 基层党组织建设 中机六院本着有利于开展工作的原则，结合公司组织架构调整，优化基层党组织设置，高质量开展基层党组织换届选举工作。重点推进党建与生产经营“融合提升”专项行动，结合企业战略和业务特色确立“聚焦绿色智能、推动三个升级”的公司级党建品牌创建路径，结合部门主营业务推动形成 19 个支部级党建品牌。组织开展“发挥党建引领作用，落实‘十四五’规划”大讨论、“三新三小”创新活动等，以党的组织链拓展业务发展链，通过党建共建、联合主题党日等形式，加强内部协同以及与重要客户、外部龙头企业的协同联动。成立 20 余支党员突击队，激励干部、党员在重大项目建设、关键技术攻关中当先锋、做表率。

4. 干部人才队伍建设 中机六院大力选拔培养优秀年轻干部。开展全员竞争上岗，一批 85 后、90 后优秀年轻干部脱颖而出，有力推动干部交流任职，优化干部队伍结构。修订《领导干部管理办法》《领导干部考核管理办法》，完善干部管理机制，激励干部担当作为。进一步建强高素质人才队伍，积极组织参加各类人才评选，获中西部地区土木建筑杰出工程师（建筑师）、郑州市重点产业紧缺人才、河南省勘察设计协会优秀勘察设计师等市级以上人才荣誉 35 人次。举办四期“六院大讲堂”，重点培训绿色与智慧综合能源系统、工程总承包业务模式、国土空间规划等，促进提升业务能力。

5. 宣传文化群团统战工作 在央视等主流媒体推出中机六院“智能工厂”品牌专题报道、“设计河南”系列报道。围绕生产经营中心工作，开展“身边的榜样”“品牌项目零距离”“开门红”“奋战双过半”“冲刺全年目标”等主题宣传，营造干事创业良好氛围。发布《“十四五”企业文化建设发展规划》，组织首次文创作品大赛，获评中国企业文化研究会 2022 年度企业文化与经营管理深度融合典型经验并给予通报表扬。召开职工代表大会，切实保障职工民主管理权利，完成公司工会、基层团组织换届选举工作。承办国机集团第二届 BIM 大赛，举办新冠肺炎疫情防控居家创意设计竞赛，助力提升员工技能。扎实开展公司青年精神素养提升工程，组织开展“我与书记面对面”青年访谈会、老兵与青年座谈会、离退休老同志与青年员工交流等活动，引导团员青年立足岗位、敬业爱岗。结合高层次人才建设，组织召开统战暨人才工作座谈会，搭建多途径沟通交流渠道。2022 年，中机六院工会连续第六年荣获国机集团“工会工作先进集体”称号。

【信息化与数字化建设】

1. 加强组织实施 中机六院成立数字化转型工作组、数字化转型推进办公室，任命公司首席数字官，整合科研资源，成立绿色智能技术研究院和数字化工程技术研究院，构建“领导层—管控层—研发层—执行层”四位一体、同频共振的数字化治理体系，共同推动数字化转型落地。

2. 强化顶层设计 中机六院广泛开展内外部调研座谈，统筹推进数字化转型专项规划编制工作，初步确定“一张数字蓝图绘到底”的数字化转型发展目标。

3. 完善人才机制 中机六院建立数字化高层次人才队伍及后备梯队，持续优化完善数字化人才引进、培养、激励等机制，打通数字化人才的上升通道。积极开展数字化创新场景征集遴选，形成可复用的数字化创新场景目录（39 项）。通过选树标杆、交流培训等多种形式活动，着力提升全体员工的数字化意识和素养。

4. 持续深入推进业务数字化 中机六院持续探索智能工厂建设新模式，先后完成曙光信息产业股份有限公司（简称中科曙光）自主可控高性能服务器智能工厂等一批智能工厂建设项目。自主研发的全过程工程咨询管理平台，归集工程建设五大主体相关方，打通设计、施工、交付、运营等各环节，实现设计成果在线审验、工程数据在线共享、智慧工地在线监管、数字资产在线交付等，推动工程数据跨企业、跨阶段、全方位、全过程互联互通和整合应用，有效提高项目实施质量，目前已在多个项目中实施应用。

5. 积极推进数字化业务发展 在工业领域，中机六院自主研发兮睿工业互联网平台、FLM 工厂全生命周期数字化管理平台等。服务国机集团所需，先后研发中央企业聘用第三方服务机构管理系统、国机集团境外中方员工安全保障应急指挥系统、国机蔚蓝 APP、国机集团工程业务共享服务一体化平台等一系列数字化产品。

【履行社会责任】

作为牵头单位，中机六院认真组织开展河南固始片区帮扶工作。组织开展专题调研，制定帮扶计划，重点督促落实5个帮扶项目，全年消费帮扶近500万元（其中中机六院消费帮扶170万元），固始县被河南省乡村振兴局遴选为中央单位定点帮扶工作经验总结单位。坚决履行新冠肺炎疫情防控责任，强化组织领导和统筹调度，承担地方多项传染病房和方舱医院建设项目，全力支持地方疫情防控。

合肥通用机械研究院有限公司

【基本概况】

合肥通用机械研究院有限公司（简称合肥通用院）1956年成立于北京，1969年搬迁至安徽合肥，是原机械部直属的国家一类科研院所，1999年转制为科技型企业，同年加入国机集团。2018年1月，合肥通用院改制为国机集团独资的有限责任公司。

合肥通用院主要从事石化、能源、冶金、燃气、环保等行业的通用机械及化工设备的设计开发、产品研制、检验检测、设备监理、工程承包、设备成套和职业教育等，工程技术研发涵盖压力容器与管道、流体机械、包装食品机械及石油装备等领域的20多个专业。拥有上市公司国机通用机械科技股份有限公司（简称国机通用），股票代码600444和17家全资及控股子公司。截至2022年12月31日，全院职工1 455人，其中高级职称367人，博士53人，硕士321人。

合肥通用院是国家创新型企业、国家高新技术企业、国家技术创新示范企业、国家火炬计划重点高新技术企业，是国家压力容器与管道安全工程技术研究中心、高端压缩机及系统技术全国重点实验室、国家国际科技合作基地（国际联合研究中心）、国家中小企业公共服务示范平台、科技服务业行业试点、通用机械产业技术基础公共服务平台、国家创新人才培养示范基地、工业大数据应用技术国家工程实验室（分实验室）和国家企业技术中心等国家级科技创新和技术服务平台的依托单位，是国家极端环境重大承压设备设计制造与维护技术创新战略联盟的理事长单位。设有压缩机制冷设备、泵阀和密封件产品等3个国家质量监督检验中心，博士后科研工作站（可独立招生）、企业院士工作站，以及压力容器与管道安全安徽省技术创新中心、压缩机技术安徽省实验室等20余个省部级科研平台，是1个国际标准化技术委员会（ISO TC86/SC4），10个全国标委会和4个全国标委会分会以及中国机械工程学会压力容器分会、流体工程分会等10余个行业学会、协会的依托单位。

建院60多年来，合肥通用院共取得各类科研成果3 000余项，其中获国家级科技奖励49项、省部级科技进步奖400余项，项目成果均在石化、能源、冶金、燃气、环保等领域得到广泛应用。

2022年，也是合肥通用院“传承使命、接续奋斗”的关键之年。这一年，合肥通用院以习近平新时代中国特色社会主义思想为指导，以迎接党的二十大和学习宣传贯彻党的二十大精神为主线，以党建工作与生产经营融合提升为抓手，积极“动”起来、“想”起来、“紧”起来，着力奋进经营拓展年、规划落实年、治理提升年，全面提升沟通力、组织力，全面推动党建工作提质增效，助力科研经营工作稳中有进。连续14年获得国机集团“先进单位”荣誉称号，企业高质量发展态势稳健向好，职工幸福指数持续走高。

【主要指标】

2022年合肥通用院实现营业收入20.06亿

元，利润总额 3.42 亿元，净利润 3.07 亿元，完成考核目标值 119%；实现 EVA 值 2.60 亿元，完成考核目标值的 115%；2022 年年末资产总额 44.59 亿元，所有者权益 27.06 亿元，其中归属母公司的所有者权益 22.79 亿元；资产负债率为 39.33%，较年初的 42.94% 下降 3.61 个百分点。2021—2022 年合肥通用院主要经济指标完成情况见表 1。

表 1　2021—2022 年合肥通用院主要经济指标完成情况

指标名称	2021 年	2022 年	同比增长（%）
资产总额（万元）	432 891	445 937	3.01
净资产（万元）	247 026	270 564	9.53
营业收入（万元）	180 747	200 561	10.96
利润总额（万元）	34 672	34 165	-1.46
研发投入（万元）	14 497	17 302	19.35
利税总额（万元）	43 828	42 322	-3.44
EVA 值（万元）	26 158	26 025	-0.51
全员劳动生产率〔万元 /（人・年）〕	54.83	56.97	3.90
净资产收益率（%）	13.05	11.87	减少 1.18 个百分点
总资产报酬率（%）	8.28	7.78	减少 0.5 个百分点
国有资产保值增值率（%）	115.10	113.55	减少 1.55 个百分点

【改革发展】

1. 完善规章制度，夯实依规治院基础　2022 年，各管理服务部门着力建立系统规范、科学完备、运转有效的规章制度体系，从管理和治理的各个层面上梳理法律法规，围绕行政管理、生产运行管理、安全质量管理、人力资源管理、科研信息化管理、财务金融管理等 8 个方面，以“好用、实用、管用”为目标，完成近 40 项规章制度的制（修）订，推进合肥通用院依法依规治院的规范化、现代化水平。

2. 提升管理水平，推进质量强院建设　合肥通用院通过中鉴认证有限责任公司的石油化工工程建设质量管理体系监督审核，中国新时代认证中心的装备、民品质量管理体系监督审核，中鉴认证有限责任公司的环境、职业健康安全管理体系监督审核。2022 年，合肥通用院资质、资信认证工作取得进展，获得由国务院国资委商业信用中心颁发的易派客信用评价证书，评定结果为 AAA 级（参评 1 万多家企业，截至 2022 年仅颁发 70 个 AAA 级）。商品售后服务体系认证获《商品售后服务评价体系》（GB/T 27922—2011），最高五星认证。合肥通用院获国机质量奖（企业奖），机电产品检测院被安徽省委省政府授予“安徽省现代服务业企业 30 强”称号，特种设备检验站荣获第二届合肥市市长质量奖金奖，长寿命高可靠性石化乙烯裂解管式反应器国产化及工程应用项目获国机质量奖（项目奖），恶劣工况粉煤控制阀质量提升技术研究与应用项目获中国质量协会质量技术奖二等奖。

3. 坚持改革创新，完成改革三年行动　合肥通用院国企改革三年行动圆满收官，持续加强董事会建设、落实董事会职权，《落实董事会职权工作方案》通过国机集团审批，同时稳步推进各所属企业董事会建设；持续完善企业管理体系，不断提升企业管理能力，全面完成对标世界一流管理提升行动；所属上市公司加强投资者保护工作，依法履行信息披露义务，持续稳健向投资者分配红利；持续加强研发投入，2022 年全年研发投入强度为 8.4%；围绕加强干部队伍建设、高层次人才队伍建设、后备人才队伍建设、优化人才发展体制机制、提升人力资源管理水平等方面，制定“十四五”人力资源发展规划；启动财务管理提升三年行动，推进财务管理制度体系、管理体系和能力建设；聚焦主责主业，启动“十四五”瘦身健体工作。

4. 完善风控体系，坚持稳健合规发展 以“强内控、防风险、促合规”为目标，进一步整合优化内控、风险、合规管理等制度。成立合规审查委员会，完善合规管理体系。修订内控、会计信息、税务、资金等制度，健全内控和风险管理体系。2022 年未发生重大经营投资损失等风险，获评国机集团风险管理标杆企业。

亏损企业治理方面，对可能存在亏损的企业和部门，各分管院领导亲自挂帅，2022 年年初组织拟定保盈利策略，年内逐月跟踪落实，全年实现合并范围内无亏损企业。

“两金”压控管理方面，成立两金领导小组和工作小组，督导两金清理回收工作，2022 年年末应收账款（含合同资产）原值 12.1 亿元，账款整体规模较年初有所增长，主要是收入规模增长导致，无新增风险账款。

资金管理方面，秉承“现金为王”的经营理念，继续通过内部银行，加强对项目的现金流量管理；进一步加强债务风险管理，通过预算管控子企业带息负债和资产负债率；严格执行国机集团融资、担保等相关制度，控制担保抵押风险。

稽查审计方面，坚持“稽查”与“审计”并重，对日常经营活动进行监督审核，对零星采购、业务招待、公务用车等费用进行合理、合规性审核，以期从源头上控制风险。

法律咨询服务方面，全年共处置法律纠纷案件 15 起，依据判决可挽回和避免损失 879 万元；协助各业务部门主张债权 5 项，为业务及管理部门提供法律咨询 60 余次，为合肥通用院业务发展提供法务保障。

【重大项目】

1. 一种高纯氯化锂的提取装置专利项目获第 23 届中国专利奖金奖 该项目发明了多级串联逆流提取工艺和大流量耐蚀离心萃取机等核心设备，解决了盐湖卤水锂元素高纯分离难题，运用专利技术建成全球首条千吨级高纯氯化锂生产线，制备的氯化锂产品纯度处于国际先进水平，专利成果还在锂同位素分离、稀贵金属提取、医药、化工等领域广泛应用，促进了相关行业的技术进步及工艺升级。

2. 大型乙烯裂解管式反应器智能制造与运维技术项目获 2022 年机械工业科技进步奖一等奖 该项目突破了高温耐热合金炉管基于材料基因组的材料成分与组织性能精准调控、基于特征安全参量的远程监测与诊断预警等关键技术，研发出大型乙烯裂解反应器长寿命高可靠制造技术与装备，在国内主要制造企业和 30 余家大型用户企业成功应用，为国家百万吨乙烯重大工程建设和乙烯裂解装置安全稳定运行作出重要贡献。

3. 高温承压设备焊接结构蠕变疲劳损伤防控技术及工程应用项目获 2022 年国机集团科学技术奖一等奖 该项目攻克了高温焊接结构蠕变损伤表征、蠕变疲劳强度设计、在役高温焊接结构剩余寿命预测等关键技术，突破了“创表征、调设计、定判据”瓶颈难题，建立了高温承压设备焊接结构全寿命周期蠕变疲劳损伤防控技术体系，在石油化工、煤化工、超超临界发电、电子信息、航空航天等领域的重大承压设备设计制造和用户企业成功应用。

4. 工业和信息化部高质量发展专项超高压聚乙烯成套装备关键压力容器和泵阀开发及应用项目获批立项 该项目与中国石油化工集团有限公司（简称中国石化）合作研发超高压反应釜、超高压催化剂供料泵及超高压控制阀等关键装备及部件，实现试验验证考核及工程示范应用，打破国外技术垄断。

5. 科技部重点研发计划工业软件专项基于风险的承压设备设计 / 制造 / 运维一体化云服务平台项目获批立项 该项目将实现承压设备跨设计制造运维阶段风险智能识别与控制、跨软件多源异构数据融合、创成式设计、数字孪生等关键技术突破，开发设计制造运维一体化云服务平台，并在能源工业、航空航天等领域示范应用。

6. 国家发展改革委能源绿色低碳转型攻关专项“高安全低成本大容量高压储氢关键技术”获批立项 该项目面向制氢工厂、加氢母站、加氢子站等固定式大容量高安全低成本储氢需求，提出大规模氢储能安全风险预测、评价与控制方法，攻克大容量储氢容器用钢成分组织及抗氢脆性能调控、高安全低成本大容量储氢容器设计制造、大容量储氢容器缺陷无损检测与质量分级、大规模水电解制氢用储氢系统整体优化等关键技术，研制大容量单层储氢球罐和钢带错绕式储氢卧罐并形成系列化，为高可靠、低成本储氢技术发展提供技术支撑。

【国际合作】

2022 年，合肥通用院继续发挥转制院所职能，开展国际合作与交流。

1. 积极开展技术交流，持续提升行业影响力 在承压设备领域，承办中国机械工程学会压力容器分会常务委员扩大会议、安徽省机械工程学会年会，参与承办第九届国际工程失效分析会议、第二届人工自愈与装备自主健康学术论坛、2022 年国际结构完整性学术研讨会，组织参加 ASME 压力容器与管道学术会议、世界新能源汽车大会、德阳清洁能源装备大会、复合材料技术与装备国际发展论坛暨智能制造技术与装备国际会议、全国设备监测诊断与维护学术会议、工业互联网与高质量发展主题论坛、长三角力学论坛等。在流体机械领域，举办流体机械技术高端论坛，来自全国科研机构、高校和企业的 150 余人参加会议；举办中国机械工程学会流体工程分会团体标准工作专题服务活动，组织流体工程分会常务委员扩大会议；组织参与 2022 年中国热泵大会及中国制冷展，及时了解行业发展动态。

2. 在关键技术、核心领域、新兴产业等方面积极组织行业企业开展标准制（修）订 2022 年，合肥通用院各标委会正在执行的标准计划项目共 159 项，其中：国际标准 2 项、国家标准 41 项、国家军用标准 8 项、行业标准 98 项、团体标准 10 项，通过制（修）订标准不断规范和引领行业技术进步。发挥国际标准化组织秘书处、国内技术对口单位职能，2022 年全年组织参加相关工作组会议 15 次、年会 6 次，实质性参与国际标准相关活动，推动落实标准国际化跃升工程。

【科技创新】

2022 年，合肥通用院瞄准建成“国际著名、国内领先的现代科技型上市企业”的战略定位，完成《“十四五”发展规划》《“十四五”科技发展规划》编制并在全院印发，全院各部门对规划进行了分解落实，确保规划落实落地。

1. 强化战略咨询，服务国家战略发展 参研中国工程科技未来 20 年发展战略研究、强化产业基础和提升产业链的战略研究、安徽省装备制造产业发展战略研究及福建省石油化工产业绿色、安全、智能化发展研究等咨询项目共 21 项（其中 2022 年在研 13 项，完成 8 项）。院内技术专家参与科技部制造领域全国重点实验室体系优化布局研究、科技部高性能制造技术与重大装备重点专项申报指南编制、市场监管总局《特种设备安全与节能事业发展“十四五”规划》起草等工作，为国家和行业科技事业发展建言献策。

2. 建强科研平台，夯实科技创新基础 高端压缩机及系统技术全国重点实验室获批重组；进一步完善国家压力容器与管道安全工程技术研究中心转建技术创新中心方案；参与国机集团牵头组建的国务院国资委中央企业重大装备关键基础零部件创新联合体组建，负责泵阀攻关协同体建设，联合体建设方案已通过国务院国资委评估；配合国机集团申报并获批国务院国资委重大装备关键基础零部件原创技术策源地；推进安徽省重大装备关键基础零部件制造业创新中心的实体化运行；申报国家市场总局通用机械领域的高端装备与智能制造国家标准验证点，获批建设安徽省技术标准创新基地（通用机械装备）；申报氢能储运装备技术安徽省重点实验室，为创建全国重点实验室做好准备。合肥通用院国家企业技术中心运行评价获评优秀，已连续 3 次获评优秀；合肥通用院再次被认定为国家中小企业公共服务示范平台，中国机械工业联合会的压力容器与管道寿命及其可靠性重点实验室、机械密封工程技术研究中心运行评估获评优秀。

3. 专注科技创新，推进核心技术攻关 合肥通用院面向高端、绿色、智能、制造基础等国家重大战略需求，围绕氢能技术、公共安全、节能环保等领域，获批和落实的各类国家省部级科研项目/课题 49 项（国家级 24 项），主要包括工程院战略咨询项目4项、国家重点研发计划项目1项/课题5项/任务4项、国家发展改革委能源绿色低碳转型攻关项目1项、工业和信息化部高质量发展专项项目1项、国家外国专家局项目1项、安徽省科技重大专项1项、安徽省重点研发项目5项、国机集团重大专项2项、中国石化技术开发项目3项等。获批和落实的专项经费2亿多元。

在高端制造领域，合肥通用院承担工业和信息化部高质量发展专项超高压聚乙烯成套装备关键压力容器和泵阀开发及应用项目，与中国石化合作研发超高压反应釜、超高压供料泵、超高压控制阀，实现工程应用示范，打破国外技术垄断；参与中国恒天负责的国机集团重大专项水刺法非织造布成套装备及智能工厂技术创新项目，研制水刺高压泵、脱水风机、负压抽吸风机等装备，为用户节能降耗水平提升提供技术支撑。

在绿色制造领域，合肥通用院承担国家发展改革委能源绿色低碳转型攻关专项、科技部重点研发计划氢能专项、国机集团重大专项等项目，开发大容量高压储氢球罐、钢带错绕式高压储氢容器等产品，研制90MPa液驱式氢压机、70MPa加氢站氢气预冷器、高频球阀、高压差减压阀，攻克高压纯氢/掺氢管道安全保障技术，持续提升合肥通用院在氢能储运装备研发方面的技术能力，为我国氢能产业发展和“双碳”目标实现提供技术支撑。

在智能制造领域，合肥通用院承担国家科技部重点研发计划工业软件专项基于风险的承压设备设计/制造/运维一体化云服务平台项目；承担安徽省科技重大专项项目城市燃气管道基于风险的智能化监测与预警技术研究，开发安全状态监测和风险预警系统，为促进城市燃气管道安全防控技术智能化升级提供支撑。

在制造基础领域，合肥通用院承担国家科技部重点研发计划先进结构与复合材料专项深水装备用超大尺寸陶瓷密封环的设计与应用工况考核课题，研发深水装备用超大尺寸陶瓷机械密封样机（密封环直径≥600mm、压力7.5MPa）；承担科技部重点研发计划公共安全专项氯碱化工装置法兰密封性能劣化评估及失效预防技术研究课题，攻克腐蚀环境下氯碱装置法兰连接基于泄漏率的损伤评价和失效预防技术；承担科技部重点研发计划质量基础专项非铁磁性高温合金蠕变损伤的柔性阵列涡流检测技术课题，开发镍基合金构件早期蠕变损伤检测技术与装备。

4. 加强成果凝练，创新成果不断涌现 27项国家和省部级科研项目/课题通过验收。2022年，合肥通用院2项成果获安徽省科技进步奖一等奖。2022年全年，获国家和省部级科技奖励10项，其中：中国专利奖金奖1项、省部级科技奖一等奖2项；授权专利77件，其中发明专利67件，登记软件著作权43件；制（修）订并发布标准84项，其中国家标准12项、行业标准58项、团体标准14项。

5. 提升学术水平，建设一流科技期刊 《压力容器》《流体机械》和《包装与食品机械》3本期刊继续被评为中国科技核心期刊，再次全部入选《世界期刊影响力指数（WJCI）报告》（2021科技版），其中《压力容器》核心影响因子位列机械制造工艺与设备类期刊第一。《压力容器》获国机集团优秀期刊奖一等奖，《流体机械》《包装与食品机械》获二等奖。《压力容器》获安徽省社会科学奖二等奖。合肥通用院成功申办国际期刊 *International Journal of Fluid Engineering*《国际流体工程》，入选中国科技期刊卓越行动计划高起点新刊，是入选的50本期刊中唯一由中央企业主管的高起点新刊。

【安全生产】

合肥通用院深入学习贯彻习近平总书记关于安全生产的重要论述和《中华人民共和国安全生产法》，切实履行安全生产管理职责。成立安全生产部，与经营与运行管理部合署办公；通过签署安全生产责任书，把责任落实到科研生产的各环节、全过程；通过加强安全生产培训，不断提升员工安全意识；通过开展安全生产专项整治三年行动和房屋建筑专项检查等活动，及时查找安全隐患。2022年合肥通用院未发生安全生产事故。

【党建工作】

1. 学习宣传贯彻党的二十大精神 合肥通用

院党委第一时间组织广大党员干部职工在 21 个会场收看党的二十大开幕会，参加国务院国资委宣讲报告会和国机集团培训班，邀请安徽省直工委领导来院宣讲；迅速召开党委会先学一步，召开党委扩大会进行动员部署，研究制定工作方案和 24 项任务清单，策划开展“学习贯彻二十大引领奋进三个年”专题读书班和《习近平谈治国理政》第四卷、《中国共产党宣传工作简史》等系列专题学习。各党支部利用“三会一课”和主题党日，围绕学习讨论党的二十大报告、推动高质量发展等 4 个专题开展系列学习研讨。在户外宣传栏、院报、微信公众号、网站开设专题专栏，推出系列报道。

2. 加强政治建设，坚决扛起政治责任 合肥通用院及时跟进学习习近平总书记重要讲话精神和党中央重大方针政策，2022 年全年开展党委会“第一议题”学习 13 次，党委中心组“首要议题”学习 16 次；扎实推进党员学习教育，组织党员分批集中收看国机集团系列宣讲、制度系列培训会和上级党委组织的培训班；基层党组织利用“三会一课”和主题党日，开展线上线下的学习培训；组织基层党组织学习 300 余次，党员干部参加培训 7 000 余人次；院班子成员参加院内培训 204 人次，参加院外培训 18 人次。推进国企改革三年行动、对标世界一流管理提升行动，完成目标任务；推进企业经理层任期制契约化，各级次企业实现董事会应建尽建。

3. 建强组织体系，夯实党建工作基础 各级基层党组织配齐配强，2022 年发展新党员 6 名，党员转正 27 名；开展“融合提升”专项行动，持续强化党建与生产经营深度融合的效果；将党建工作纳入年度考核、融入质量体系、嵌入专业发展，完成“三个层面”的党建述职。持续加强青年管理人才选拔任用，新增“85 后”院领导班子成员 1 名；推荐 2 名“70 后”干部当选安徽省政协委员；鼓励青年人才积极探索研究，新增国家、省市、国机集团和院内等各类青年基金项目 17 项；举荐优秀科技人才，获全国、省市和国机集团等各类人才表彰 20 余人。开展球类比赛；举办青年联谊会、党建带团建座谈会和青年歌唱比赛；开展党委会专题研究群团统战工作；工会、职代会顺利换届；荣获“安徽省直机关文明单位”称号。

4. 全面从严治党，履行党建主体责任 “三重一大”事项经党委会前置集体讨论、会议决定，全年召开 50 次；班子成员深入基层调研指导、参加组织生活会，带头参加双重组织生活，讲授党课 35 次。合肥通用院党委要求全院党员干部进一步“动”起来、“想”起来、“紧”起来，奋进“三个年”，提升“三个力”；制定作风建设方案，明确 110 项工作任务；院党委统筹推进，各基层党组织召开作风建设专题组织生活会务实推动。压紧压实“两个责任”，督促班子成员履行“一岗双责”；开设党风廉政建设专栏网站，开展“廉洁宣传教育月”等活动；干部任前谈话，中层干部签订“廉洁承诺书”；使用“四种形态”处理相关人员 4 人次。

【信息化与数字化建设】

为深入贯彻党的二十大关于建设网络强国、数字中国的战略部署，促进数字经济和实体经济深度融合，落实国机集团关于加快推进国有企业数字化转型工作的要求。2022 年，合肥通用院网络安全与信息化、数字化转型工作在国机集团主管部门的指导下，在院内各相关管理部门和业务部门的协助下，按照年初制定的计划有序推进，基本完成 2022 年度计划目标。

1. 组织机构和人员配置 为进一步推进全院网络安全与信息化建设需要，结合本单位行政组织机构的设置和干部职责分工情况，合肥通用院于 2022 年 2 月 17 日发布文件通知，将网络安全与信息化领导小组、网络安全与信息化专家小组人员的组成进行调整。网络安全与信息化建设归口部门为经营与运行管理部，主要负责全院网络安全与信息化日常管理及信息化采购等工作。

2. 年度投入情况 2022 年合肥通用院信息化建设投入资金约 272.03 万元。其中 IT 设备、计算机硬件采购费用 186.49 万元，专业软件采购费用 69.86 万元，硬件升级和网络服务费用 7.18 万元，应用系统开发推广与升级改造费用 5 万元，日常运行维护等费用 3.5 万元。

3. 信息化、数字化转型创新工作开展情况

（1）信息化建设方面。2022年完成院区（包含流体产业园）监控的部署完善，年底结合对院办公区一卡通覆盖的需要，将院门禁卡、职工食堂卡、车位充电卡进行整合，同时将现有的门禁终端进行优化布局，实现人脸识别的逐步覆盖。目前已完成职工食堂终端的覆盖事项。

结合国机集团司库系统建设和院财务信息化的建设工作，通过对OA系统的优化，完善项目合同管理、费控管理等模块，同时需重点关注电子流程审批过程中的安全认证环节，以及服务器系统之间数据交互过程中的安全防护措施。

（2）数据管理方面。涉及服务器之前数据交互的安全防护和流程过程中的安全认证事项。通过将OA系统进行优化升级，提升审批流程的覆盖率。实现业务、财务相关审批流程线上统一办理，与司库系统、财务系统、工程项目（合同）等系统的连接，合同审批环节中加入数字证书和契约锁等安全认证，提高电子流程审批的安全性；各服务器之间也将部署安全设备，做好数据之间的安全防护等措施。

（3）数字化转型方面。承压设备系统远程运维。面向承压设备数字化、网络化、智能化迫切需求，开展基于特征安全参量的承压设备远程运维技术研究。围绕腐蚀减薄、环境开裂、机械损伤等主导损伤模式开展承压设备典型损伤模式特征安全针筛选技术研究，提出剩余壁厚、应变、裂纹等承压设备特征安全参量筛选及远程在线监测技术方法，开发了特征安全参量远程在线监测装备并在承压设备上开展应用；开展基于工业互联网的间接特征安全参量（工艺介质、DCS操作参数、LIMS系统数据等）远程在线监测技术研究；面向承压设备腐蚀防护开展基于大数据的腐蚀智能防控技术研究，针对影响炼化装置长周期安全的空冷器开展基于红外温度场及特征安全参量的远程在线监测技术研究；开发基于特征安全参量的承压设备远程运维平台，目前平台在惠州炼化、榆林能化、太原卫星发射中心等机构开展应用，保障了承压设备的长周期安全运行，引领行业转型升级。

承压设备动态风险评估（RBI）系统和动设备以可靠性为中心的维修（RCM）辅助决策系统。通过RBI系统整合石化企业与承压设备风险相关的在线腐蚀监测信息、在线测厚信息、工艺物流信息并定期进行风险评估和风险预警，同时跟踪承压设备风险变化趋势及工艺波动对承压设备风险的影响，帮助石化企业实现基于风险的管理，有效降低企业的安全风险。通过动设备RCM辅助决策系统对企业动设备进行风险评估、风险排序，明确管理重点，避免维修不足，提高人员安全风险意识、有效降低安全风险，同时通过优化备件定期更换周期、降低非计划停车次数等措施有效提高企业效益，增强企业竞争力。

基于神经网络的实验室智能化测控技术。将机器学习领域的神经网络技术引入无人值守自动化测控当中，设计了一种具有通用性、适用性的神经网络模型，包含两种误差逆向传播三层前馈神经网络，分别用于预测开关量设备的起停状态和可调节设备的开度，两种神经网络共同作用可以预测系统在设定工况下的设备投入状态。两种神经网络分别采用同样的数据归一化算法，有助于提高神经网络的预测精度。在测试过程中由计算机自动进行神经网络的参数学习，并通过神经网络的预测结果自动进行设备的调节切换，快速进行设备投入，实现智能化的全自动测控。该模型使得全自动测控过程越用越聪明，越用越准确，提高了测控过程的可追溯性，大幅度提升测试效率，降低测试员的劳动强度，节约测试过程的能源消耗量。

动设备远程智能监测运行维护平台。加氢站用隔膜压缩机远程监测系统开发：

基于隔膜氢压机远程监测系统开发需求，搭建隔膜氢压机远程监测系统硬件平台。2021年度在明天氢能加氢站完成了对该站点3台隔膜压缩机的布点，利用4G信号传输技术实现远程实时监测，并形成系统软件的交互设计。开发的隔膜氢压机远程监测系统包括数据转储模块、历史数据模块、数据分析模块和后台管理模块等，其中含有设备地图、设备总览、实时监控、历史数据、报警记录等界面。目前已与国内知名隔膜压缩机制造单位中鼎恒盛气体设备有限公司达成合作共识，2022年在国内多座在役加氢站建立隔膜压缩机远程监测系统，获得隔膜压缩机的监测数据库，为实现设备数字化转型助力。

基于*PV*图的轨道交通用无油风源装置故障诊断技术研究。风源装置是轨道交通车辆系统的专用部件，压缩机是风源装置的关键核心装备。气阀是无油压缩机的易损件，在压缩机长时间服役的过程中，舌簧阀的阀片可能出现磨损或堵塞，导致阀片出现厚度变薄、通流面积变小或运动升程变短等特征。这些特征都会导致压缩机的*PV*图发生变化。

为绘制无油压缩机运行时的实时*PV*图，在压缩机的缸内安装动态压力传感器，压力传感器的量程为0～16MPa，用于测试压缩机气缸内的实时动态压力；主轴附近安装电涡流键相传感器，通过盘车调试，在压缩机达到最小余隙容积的上止点位置时，在键相传感器的主轴感应位置进行贴片，从而确定不同时刻下气缸中活塞的行进位置。

为研究往复压缩机气阀参数对机组*PV*图的影响，对压缩机的进排气阀进行改造，使压缩机进排气阀的阀片厚度、通流面积和排气升程进行变化，以得到压缩机气阀的关键参数对压缩机*PV*图乃至性能的影响。

通过对轨道交通用无油风源装置的*PV*图进行测试和分析，可以实现无油风源装置的故障模式识别和健康状态评估，为后续的健康管理奠定基础，从而为实现设备数字化转型助力。

【履行社会责任】

1.助力乡村振兴，当好群众“暖心人” 全面落实乡村振兴各项部署要求，围绕特色产业、消费帮扶、基础设施、公共服务、培训教育等方面投入帮扶资金近200万元，做到帮扶不松劲、帮忙不添乱。合肥通用院领导两次率队前往定点帮扶村走访调研，召开定点帮扶村对接座谈会，出席乡村振兴科普馆开馆仪式，看望慰问党员干部群众和驻村帮扶干部。积极开展“央企富民兴疆”消费帮扶行动和“央企消费帮扶兴农周”主题活动，常态化购买农产品4.3万余斤（1斤=500g）。聚焦产业发展，助力帮扶村大棚绿色蔬菜农产品基地扩大升级和村秸秆综合利用项目建设。发挥科普专业资源优势，自行设计研发制造一批科普展品，援建乡村振兴科普馆。发挥职业教育资源优势，提高帮扶县师资能力水平，资助国机集团帮扶县大学生10余名。

2.强化组织领导，做好常态化新冠肺炎疫情防控 2022年，合肥通用院疫情防控工作领导小组根据疫情发展变化，先后发布《关于职工疫情期间在家照顾子女请假事宜的通知》《关于加强境外人员与货物疫情防控的通知》《关于有序做好新形势下疫情防控工作的通知》《关于调整疫情防控工作的通知》等10余项通知，实时完善疫情防控方案和应急预案；配合地方防疫部门，累计组织员工、居民、合肥通用职业技术学院学生40余万人次进行核酸检测；落实物流货运车辆闭环管理，全年累计完成国（境）内外800余辆车次的货物消毒；合肥通用职业技术学院严格按照安徽省教育厅及相关疾控部门要求，落实校园封闭管理；12月疫情防控进入新阶段后，通过统筹安排人员到岗、储备和按需发放医药物资等举措，保障合肥通用院各项工作有序开展。

3.践行央企育人的责任担当，办好人民满意的职业教育 2022年，合肥通用职业技术学院以二十大精神为指引，深刻领会“教育、科技、人才是全面建设社会主义现代化国家的基础性、战略性支撑”的重大意义，不断突出央企办学独特优势，着力提高学院在行业企业和区域经济发展中的技能人才支撑作用，持续推动职业教育高质量发展。坚持以教学诊改为抓手，深化教学改革，改善办学条件，持续提升人才培养质量。合肥通用职业技术学院投入300多万元建设实验室、更新教学设备设施；新引进8名教师，加强师资队伍建设；获批省级教研项目17项，教科研取得佳绩；坚持以校企合作为突破口，开展产教融合、校企合作，拓展办学空间。开办校企合作订单班21个，把企业资源有效转化为办学资源。坚持以全员育人为手段，全面提高学生管理水平。加强青年学生思想政治教育工作，培养适应技能人才需要的工匠精神，加强辅导员队伍建设，提升辅导员职业能力；坚持招生就业两手抓，确保“进口旺、出口畅”。2022 年报到新生 1 992 人，生源不足问题得到有效缓解，招生工作趋于稳定。2022 年毕业学生 1 825 人，就业率 90.58%。学院顺利通过安徽省教育厅教学诊改，复核评估结论为有效；教职员工中 1 人获合肥市五一劳动奖章，2 人获评安徽省教学名师，2 人获评安徽省教坛新秀；师生参加省级大赛获一等奖 3 项、二等奖 4 项、三等奖 6 项。

国机精工股份有限公司

【基本概况】

国机精工股份有限公司（简称国机精工）是国机集团控股 A 股上市公司（股票代码 002046），注册资本 529 129 329 元，总部设在河南省郑州市新材料产业集聚区，公司现有职工 2 800 余人。

国机精工现有 13 家子公司，其中全资子、孙公司 8 家：洛阳轴承研究所有限公司（简称轴研所）、中国机械工业国际合作有限公司（简称中机合作）、郑州磨料磨具磨削研究所有限公司（简称三磨所）、郑州国机精工发展有限公司（简称精工发展）、洛阳轴研科技有限公司（简称轴研科技）、中机合作（香港）公司、夏加尔（郑州）科技有限公司（简称夏加尔）、阜阳轴研轴承有限公司；托管企业 2 家：白鸽磨料磨具有限公司（简称白鸽公司）、成都工具研究所有限公司（简称工研所）；控股及参股子公司 3 家：郑州新亚复合超硬材料有限公司（简称新亚公司）、中浙高铁轴承有限公司（简称中浙高铁）、河南爱锐科技有限公司（简称爱锐科技）。

2022 年是国机精工发展历程中很不平凡、具有重要意义的一年。面对新冠肺炎疫情反复、高温限电等复杂严峻的内外部环境，国机精工以习近平新时代中国特色社会主义思想为指导，以“迎接二十大、学习二十大”为首要政治任务，推进科改走实走深、主业做强做优，加强党建引领保障作用，经营业绩再创历史新高，较好完成了年度经营目标和各项重点任务，获评国机集团先进单位，科技创新、改革推动、应收账款和存货（简称“两金”）管理工作获得国机集团表彰。

2022 年，国机精工全年净利润、经济增加值、营业收入创历史新高。国机精工大多数下属企业净利润和营业收入均实现增长；公司经济运行质量持续提高，投入产出效率明显提升，“两金”管控质量不断优化。

【主要指标】

2021—2022 年国机精工主要经济指标完成情况见表 1。

表 1　2021—2022 年国机精工主要经济指标完成情况

指标名称	2021 年	2022 年	同比增长（%）
资产总额（万元）	621 294.32	649 752.04	4.58
净资产（万元）	350 534.95	363 607.44	3.73
营业收入（万元）	372 308.50	389 008.52	4.86
利润总额（万元）	4 123.55	24 585.86	496.23
技术开发投入（万元）	44 360.00	47 065.21	6.10
利税总额（万元）	15 276.04	35 877.20	134.86

（续）

指标名称	2021年	2022年	同比增长（%）
EVA值（万元）	−3 609.92	18 977.83	625.71
全员劳动生产率〔万元/（人·年）〕	22.70	30.42	34.01
净资产收益率（%）	0.37	6.41	增加6.04个百分点
总资产报酬率（%）	0.21	3.61	增加3.4个百分点
国有资产保值增值率（%）	97.78	109.20	增加11.42个百分点

【改革发展】

2020年以来，国机精工坚持以习近平新时代中国特色社会主义思想为指导，聚焦国企改革三年行动及科改示范行动，建立专项工作机制，高标准推进改革任务落地，企业经营发展取得显著成效，在国务院国资委专项考核中被评为“科改示范”标杆企业。

建立专项工作机制。国机精工成立以董事长、总经理为组长的改革领导小组，深入研究政策，按照对标世界一流和高质量发展要求，明确改革思路、改革目标、关键任务、时间节点、责任人员，科学制定一系列重点改革举措；成立改革办公室，负责改革的全面组织与管理工作，专职推进改革落地；成立公司治理、选人用人、激励约束、科技创新、党建等改革专项工作小组，负责开展重点改革领域的专业性工作。

高标准推进刚性落地。国机精工将改革放在经营发展的重要位置，通过改革月例会、专题沟通会等推进落地，加强上下联动，凝聚改革合力。创新推进方式，每月紧盯全级次公司数百项改革任务进展情况。实施穿透式推进，穿透管理层级，改革办公室全面指导各层级任务执行人，确保任务沟通到位；开展跨越式推进，横跨部门、纵跨级别（改革办公室督导相关工作人员及其分管领导）确保无障碍高效推进。同时，建立改革工作信息化管理系统，强化各监控节点的全面刚性执行落地，促进改革年度工作的高效完成。

企业经营发展取得显著成效。国机精工通过国企改革三年行动及科改示范行动，公司经营效益逐年攀升，净利润、科技收入2020年、2021年、2022年同比分别增长57%、27%，56%、11%，69%、19%。该公司以高质量发展七种能力、六个特征为目标体系，以“十四五”规划及年度业务计划为运营体系，以科技创新与市场化机制为动力体系，持续深化现代企业制度建设、结构调整、科技创新、强身健体、市场化改革、党建等改革工作，逐步形成具有国机精工自身特色的管理创新模式。

1. 完善中国特色现代企业制度

（1）创新治理协调机制。国机精工成立公司治理部，选优配强下属企业专职董事队伍，搭建专职董事“1+1+N”管理制度体系，明确督导战略执行、提供专业意见、警示经营风险“三项职责”，每年提交任职企业年度运营分析和班子成员工作情况两份报告，实施董事会与专职董事绩效“双考评”，建立“一体三责、两报双评”工作机制。

（2）完善法人治理结构。国机精工贯彻两个“一以贯之”要求，加强党的领导，完善“三重一大”管理体系；本级及下属企业全部实现董事会外部董事占多数；全级次开展“落实董事会职权”专项工作；修订完善董事会成员管理、考评、薪酬分配以及董事会运作指引等相关制度，厘清各治理主体权责边界，界定外部董（监）事职能职责。

2. 加强结构调整，推进主业做强 国机精工着力推进结构调整，促进新产品产业化、质量效率攻坚，优化高质量发展业务体系，不断提升企业核心竞争力。

（1）优化调整产品结构。国机精工以“十四五”战略规划为牵引，聚焦重点领域、重点行业、重大装备，着力推进战略运营重点项目落地实施，优化调整产品结构，取得10MW半直驱型风电机组主轴轴承、新能源汽车关键加工超硬材料制品、第三代半导体超精加工金刚石工具等一批标志性成果。

（2）强力推进新产品产业化。国机精工建立重点新产品两级管理模式，集中优势资源，加快推进产业化发展。2022 年，重点考核的新产品收入 4.47 亿元，同比增长 28.8%；下属 3 家企业荣获制造业单项冠军产品、机械工业优质品牌、国家专精特新“小巨人”企业称号。

（3）持续提升质量效率。国机精工围绕重点领域、重点产品，确定质量效率提升项目，重点项目完成率 100%；深入开展 QC 活动、质量信得过班组、质量专项审核、质量管理培训等活动，增强全员质量意识。2022 年，三磨所半导体芯片高效精密划切超薄磨具质量提升关键技术研究与应用项目获中国质量协会质量进步奖二等奖；三磨所基于数字化、智能化全生命周期质量提升管理方法的实践经验荣获质量管理数字化方向的“全国质量标杆”称号；轴研所“ZYS”品牌特种轴承产品荣获 2022 年机械工业优质品牌产品。

3. 健全风险管理、强化合规经营

（1）持续加强风险管理。国机精工加强对重大贸易、信用管理、采购过程等各类风险点的梳理排查整改，强化过程控制、提高执行效果，完善风险防控、合规经营管理；不断推进公司审计管控机制建设，将审计整改成果转化为治理效能；制定实施《内部控制管理办法》，完成内控制度建设及执行情况评价，建立内控缺陷整改机制。

（2）完善财务风控体系。国机精工建立财务风险管理预警机制，优化预警指标，制定管理措施。切实防范资金安全风险，不断加强银行账户、资金、票据管理，严控抵押、担保、资金拆借等；持续关注资产负债率波动，保持资本结构平稳可控；优化“两金”管控，保证企业发展增速规模，提高资金流动性，避免因资金短缺加大企业债务风险。

4. 实施强身健体，提高资产效率

（1）优化资产运营。国机精工以提高资产运营效率为根本，完善资产运营管理制度；制定实施非经营性资产、低效无效资产盘活、处置工作方案，深化非经营性资产统一运营管理，提高总资产收益率。2019—2021 连续 3 年超额完成年度治亏目标，2019 年、2021 年获得国机集团治亏专项奖。

（2）推进资本运作。国机精工积极开展资本经营活动，通过资产盘活、直接融资等方式，推进资本运作，提高产业链资源整合价值；完善产资良性互动机制，以结构调整重点项目作为“产资结合”的着力点，构建主业做强与市值提升良性互动格局。

（3）强化投资管理。国机精工完善投资管理办法，建立全过程闭环投资管理体系，规范投资流程，加强事前、事中、事后管理，严格责任追究；持续开展层级压减工作，按照“两非剥离”和“三级管控、五级法人”要求，对公司三级及以下重点企业加强管控，逐步退出不符合战略发展且多年不分红企业。

5. 创新管理机制，强化人力资源管理 国机精工围绕机制变革与人力资本等关键要素，扎实推进治理协调、目标契约、激励约束等机制建设，构建高质量发展治理与运行体系，不断增强企业发展的动力活力。

（1）创新目标契约机制。国机精工实施全级次战略目标契约管理，董事会、经理层逐级签订年度及任期经营业绩责任书。以全面预算和年度业务计划为载体，形成贯通董事会战略规划与经理层战略执行的闭环流程；总部、工研所等建立“集体起立、全员竞聘”任期竞聘机制，新亚公司完善“效率、质量、业绩”薪效挂联机制。

（2）创新激励约束机制。国机精工以“十四五”规划目标倒推分解年度增量目标，以增量效能考核推进战略规划落地、牵引发展质量提升。抓住“技术突破、产业发展、岗位创效”等关键环节，开展重大科技成果奖励、产品研发挂联提成、岗位分红等中长期激励。实施上市公司限制性股票激励计划。国机精工科改经验入选国务院国资委国企改革三年行动简报，并收录进国务院国资委典型案例。

6. 以科改示范专项行动推进改革真抓实干 把科改示范行动作为企业高质量发展的创新变革工程，采取制定方案、紧抓关键、推进落实等措施，推进贯通融合、专项提升、项目攻坚有效落实。

（1）顶层设计，贯通融合。科改示范行动与战略规划及年度业务计划工作相互衔接，与国企改革三年行动无缝结合，与对标世界一流管理提升行动有效结合，改革方案及任务台账与战略重点有机结合、融为一体，有效发挥创新驱动的“聚合反应”。

（2）聚焦关键，专项提升。坚持目标导向、问题导向、效果导向，以完善法人治理机制提升治理能力，以健全市场化选人用人机制聚合人才力量，以深化价值管理激励约束机制提升创造活力，以激发科技创新动能提升创新合力，以坚持党的领导、加强党的建设为坚强保证，科改示范行动有序推进、不断深化，顺利实施落实董事会职权、委派专职董事、任期制契约化、上市公司股权激励、三重一大等一系列重点改革项目。

（3）推进落实，项目攻坚。查找影响当前改革发展的突出问题和薄弱环节，对近 600 项工作项目，运用节点销项、重点标星、重点追踪等手段，实施“挂图作战”项目制管理，分层分类强化管控，限时限效推进落实；创新推进方式，开展“穿透式”“跨越式”推进，改革办公室全面指导各层级任务高效执行落地，连续 3 年改革台账完成率均为 100%。

【经营管理】

加强“两金”管控，提升风险防控能力。完善“两金”管理制度，构建应收账款风险预警体系，做好“两金”专项管理工作，2022 年“两金”管理取得初步成效，获得国机集团“两金”管控先进单位荣誉。持续开展“瘦身健体”“参股治理”，聚焦主业，提质增效。组织开展国机精工（伊川）新材料有限公司股权处置、中机赛因（北京）质量认证有限公司清算注销、湖大海捷（湖南）工程技术研究有限公司减资退出、山东洛轴所轴承研究院有限公司出表、阜阳轴研轴承有限公司自行清算等治理压降工作，按时完成国机集团年度压降任务，聚焦主业，提质增效。

【重大项目】

1. 三磨所承担的河南省重大专项项目“超硬材料合成用高性能新型锻造六面顶压机开发及产业化” 三磨所成功研制缸径 ϕ700 ～ 1 000mm 的系列高性能新型锻造六面顶压机，使用性能达到国际先进水平，提升我国超硬材料行业核心装备技术水平，有力推动我国超硬材料产品进入国际先进和高端产品行列。

2. 三磨所承担的工业和信息化部产业基础再造和制造业高质量发展专项项目“第三代半导体功率器件用超高导热金刚石材料产线建设” 三磨所开发出第三代半导体功率器件用超高导热金刚石材料，制备出应用于微波功率器件的超高导热金刚石材料，打破国外产品技术垄断，建立国内领先的第三代半导体功率器件超高导热金刚石材料的科研生产基地。

【科技创新】

1. 重点专项实施效果显著 国机精工坚持“锻造精工所长、服务国家所需、聚焦产业发展”，以服务国家战略为己任，以市场为导向，以客户需求为目标，加强核心关键技术攻关。2022 年共安排 134 项科研项目，在研纵向项目（课题）70 项，其中国机集团重大科研项目 2 项。2022 年完成科研项目 76 项，其中纵向科研项目 24 项。

2. 专利与标准化大幅提升 国机精工 2022 年全年获授权专利 120 件，其中发明专利授权占比 60%。全年完成标准立项 55 项，发布标准 23 项，其中国标 17 项、行标 6 项。

3. 完善落实科技创新机制

（1）原创技术策源地建设。国机精工技术策源地在轴承领域瞄准“四个面向”（面向世界科技前沿、面向经济主战场、面向国家重大需求、面向人民生命健康），以重大科技项目攻关为牵引，联合轴承产业链上下游规模以上企业以及高校、科研院所等单位 100 余家，围绕策源地实施方案，开展轴承领域的关键共性技术攻关。

（2）科研平台建设。国机精工完成高性能工具全国重点实验室重组，三磨所获批国家企业技术中心、河南省高端超硬材料及制品创新联合体、河南省超硬材料产业创新中心、河南省超硬材料及制品技术创新中心，轴研所获批国家级产业技术基础公共服务平台。

（3）设立研发中心。国机精工根据公司战略发展需求，设立国机精工研究院（简称研究院），制定《国机精工研究院管理办法（试行）》，实施对公司发展战略及产品结构调整具有重大影响和支撑作用的前瞻性、前沿技术研究和重大产品开发，为公司高质量发展提供技术和产品保障。

4. 取得重大科技成果情况 国机精工 2022 年荣获省部级以上科技奖（专利奖）11 项，其中一种白玻璃红外截止滤光片切割砂轮的制备方法荣获中国专利奖优秀奖，超声加工关键技术与装备产业化荣获河南省科学技术进步奖一等奖，高性能陶瓷精密磨削用复相增韧金刚石砂轮关键技术及应用荣获河南省科学技术进步奖二等奖，复杂型面精密成型磨削用长寿命超硬材料砂轮及其高效磨削技术与应用荣获河南省科学技术进步奖三等奖，用于难加工金属材料的高性能硬质合金刀具关键技术及应用荣获四川省科学技术进步奖三等奖，机器人用精密轴承研制及应用示范荣获机械工业科技进步奖一等奖，3 ～ 7MW 风电机组主轴轴承关键技术研究及应用等 5 个项目荣获机械工业科学技术奖二等奖。

【安全生产】

1. 安全生产

（1）深入开展安全生产提升年活动。国机精工制定安全生产提升年活动方案，全面推进思想认识提升、安全生产责任落实提升、安全生产专项整治三年行动效果提升、“三个专项领域”安全管控能力提升、本质安全水平提升、境外安全保障能力提升。

（2）持续推进安全生产管理体系建设。工研所 2022 年 11 月通过职业健康安全管理体系认证，新亚公司取得安全管理标准化三级企业证书。

（3）全面落实全员安全生产责任制。国机精工修订《安全生产责任目标考核办法》，强化安全责任目标考核，推动安全生产各项工作全面落实。

（4）全面推进安全生产双重预防机制建设落实。国机精工印发 2022 年度较大危险源管控清单，将辨识出的 10 项较大危险源/危险因素纳入公司级管控，确定管控措施和责任人，定期检查巡查，确保重大安全风险排查无遗漏，管控治理不缺位，始终处于受控状态。结合安全生产专项整治三年行动，以危险化学品、有限空间等为重点，深入开展安全生产隐患专项检查和日常巡查，2022 年累计排查各类安全隐患 1 431 项，完成治理 1 421 项，整改完成率 99.09%。

（5）强化安全生产宣传教育培训。国机精工组织开展安全生产月、职业病防治法宣传周、安全生产大讲堂和安全 5S 进班组专题培训等多项宣传培训，累计完成各类安全培训 101 项，培训 7 664 人次，年度全员安全培训率 179.90%。

（6）强化安全生产过程控制。国机精工加强特种设备、危险作业、相关方安全管理，强化危险化学品管控，有效保证过程安全。

（7）加强职业健康管理。国机精工严格落实职业健康管理各项规定，1 077 名职业有害因素接触人员未新增职业病。

（8）加强应急能力建设。国机精工持续完善应急预案，及时调整应急队伍，补充应急物资，开展各类应急预案培训演练 65 项，参加人数 1 738 人次，有效提升各单位应对突发安全事故事件的能力。

（9）推进基层安全管理能力建设。国机精工开展安全 5S 进班组活动，加快安全管理标准化班组创建，基层班组安全管理能力提升明显。

（10）加强境外安全管理。国机精工强化风险评估和人员管控，境外安全形势保持稳定。

2. 能源节约与生态环境保护 国机精工组织开展“节能宣传周”和“全国低碳日”系列宣传教育培训，编制印发《国机精工碳达峰行动方案》，积极开展污染治理和节能环保设施提升改造，按要求合规处理危险废弃物，全年节能环保投入 946.83 万元，有效改善公司能源节约与生态环境保护硬件设施和管理水平。

【党建工作】

1. 彰显政治引领 国机精工开展“迎接二十大、学习二十大，党建促经营”系列活动，协同推进《习近平谈治国理政》专题学习，领导干部“下基层、解难题”，高质量发展调研交流，形势任务“直通车”等各项工作，深刻领悟“两个确立”的决定性意义，增强“四个意识”、坚定“四个自信”、做到“两个维护”。

2. 深化互促互融 国机精工健全党建工作与生产经营融合互促机制，推进“三原色”班组建设，选树示范班组，加强专项提升，开展“一建四学三推进”等活动，涌现了轴研所“梦天圆梦”、三磨所“安全达标”、白鸽公司“高效协同”、轴研科技 “岗位创新”等优秀班组。张高亮荣获国机集团劳动模范称号。三磨所“精益求精”QC 小组获得央企 QC 发表赛一等奖，荣获“全国优秀质量管理小组”称号。公司企业文化成果获评中国企业文化“经营管理深度融合”典型经验。公司工会获得河南省基层工会规范化建设示范点称号。

3. 强化监督执纪问责 国机精工严格落实中央八项规定，推进巡察工作全覆盖，加强审计监督整改，深化境外腐败治理等专项行动，营造良好的政治生态环境。

【纪检工作】

1. 认真贯彻中央八项规定精神，切实加强作风建设 紧盯关键节点和重点领域，以“严”的主基调正风肃纪；扎实开展中央八项规定精神“回头看”专项行动；举办学习贯彻中央八项规定精神暨警示教育培训会。

2. 坚持“严”的主基调不动摇，深化“三不”一体推进 加大监督执纪力度，严肃查处违规违纪问题。2022 年度收到举报信等问题线索 8 件，完成问题线索处理 8 件，对 5 人给予组织处理，其中两名党员干部给予党纪处分；加强纪律建设，开展廉洁教育，筑牢拒腐防变的思想堤坝。

3. 深入推动巡视巡察上下联动，实现监督、整改、治理有效贯通 认真完成国机集团专项巡视整改，扎实开展巡察工作，完成巡察全覆盖。2022 年度巡察工研所、白鸽公司、新亚公司 3 家下属企业，完成党委巡察 5 年全覆盖。

【信息化与数字化建设】

1. 建立健全工作推进机制 国机精工成立数字化建设与网络安全领导小组，全面落实主体责任，强化组织领导和统筹推进；印发《国机精工“十四五”数字化建设规划》，明确数字化建设的目标、路径和组织机制，加快构建国机精工数字化转型体系。

2. 持续推进两化深度融合 完成财务共享中心二期、集成平台二期、下属企业信息化平台建设等重点项目，深化应用企业资源计划等已建平台，强化系统集成和数据共享，有力促进数字精工建设与转型。

【履行社会责任】

1. 捐赠帮扶 国机精工落实定点帮扶片区帮扶资金 18 万元；公司总部总支第二党支部及下属企业中机合作第二党支部积极参与“捐赠一份爱心 托起一片希望”活动，分别向迎河中心小学捐赠图书 400 余册和价值 4 000 元生活物品（牛奶、面包、酸奶、饮料等），助力定点帮扶工作。

2. 消费帮扶 利用采购春节、中秋节职工福利的时机，采购河南淮滨、固始等地农副产品；积极支持、动员下属企业工会开展消费扶贫、以购代捐活动，2022 年全年采购定点扶贫县区农副产品 150.33 万元。目前，定点帮扶片区初步形成了集柑橘规模化种植、柑橘特色小镇建设、柑橘产业深加工、乡村文旅融合于一体的新型产业化发展模式。

中国电器科学研究院股份有限公司

【基本概况】

中国电器科学研究院股份有限公司（简称中国电研，股票代码 688128）是一家以共性基础技术研究为支撑、核心关键技术研发为驱动、技术标准创新为引领的国家级科技创新型企业，致力于为电器及其相关衍生领域的产品质量提升提供整体解决方案。该公司建有工业产品环境适应性全国重点实验室、国家技术标准创新基地（家用电器及电器附件国际标准化）、国家日用电器质量检验检测中心、国家智能汽车零部件质量检验检测中心等 14 个国家级科技研发和技术服务平台，15 个 IEC 国际标准对接平台和 11 个国家标准平台，依托全国 10 余个产业基地和服务机构，通过“自主研发为主，产学研合作为辅”的研发模式进行科技创新，取得了一系列核心技术成果，并通过高质量科研成果转化，形成质量技术服务、电气装备、成套装备、环保涂料及树脂四大业务领域。

2022 年，该公司坚持既定的经营目标，立足主责主业，积极推进各业务板块深耕拓展与协同合作，为高质量发展夯实基础。截至 2022 年年底，该公司整体经营成果向好，营业收入和净利润均实现稳健增长，实现营业收入 37.95 亿元，较上年同期增长 11.36%；实现归属于上市公司股东的扣除非经常性损益的净利润 3.11 亿元，较上年同期增长 28.62%，增速高于营业收入增速；实现扣除非经常性损益后的基本每股收益 0.77 元，较上年同期增长 28.33%；经营活动产生的现金流量净额 7.06 亿元，较上年同期增长 552.67%。

【主要指标】

2021—2022 年中国电研主要经济指标完成情况见表 1。

表 1　2021—2022 年中国电研主要经济指标完成情况

指标名称	2021 年	2022 年	同比增长（%）
资产总额（万元）	485 125.90	624 883.06	28.81
净资产（万元）	246 450.22	267 632.05	8.59
营业收入（万元）	340 745.45	379 453.13	11.36
利润总额（万元）	35 189.71	38 213.75	8.59
技术开发投入（万元）	27 330.14	32 995.69	20.73
EVA 值（万元）	34 373.76	40 808.80	18.72
全员劳动生产率〔万元 /（人・年）〕	33.61	34.59	2.92
净资产收益率（%）	13.08	13.93	增加 0.85 个百分点
总资产报酬率（%）	8.03	7.05	减少 0.98 个百分点
国有资产保值增值率（%）	111.67	114.67	增加 3.00 个百分点

【改革发展】

2022 年，在国机集团党委的领导下，中国电研党委扎实推进改革发展和党的建设各项工作，深入学习贯彻习近平新时代中国特色社会主义思想和党的二十大精神，以高质量党建引领高质量发展，全面完成年度各项目标任务。

1. 扎实推进国企改革、激发活力 改革是公司激发活力、保持动力的源泉。中国电研始终坚持将企业高质量发展与改革行动重大部署深度融合。2022 年，该公司扎实推进各项改革任务：顺利完成职业经理人选聘暨经理层换届工作，配齐配强经营管理团队，进一步提升公司管理水平；入选国务院国资委“科改示范企业”名单，在公司治理、市场化选人用人、强化激励约束等方面开启新的探索创新，持续驱动公司发展动力和活力；国企改革三年行动实现高质量收官，进一步优化公司治理体系；提高央企控股上市公司质量工作稳步开展，不断推动治理体系优势转化为治理效能，促进公司高质量发展。

2. 服务大局担当有为、坚决有力 中国电研牢记“国之大者”，践行初心使命，在大局中找准发展定位，在服务国家战略、行业所需中实现转型升级和高质量发展。该公司积极融入“双碳”制造强国战略，承接多个项目服务国家重大工程和装备建设，推动承担项目取得技术突破、实现预期目标。该公司深度参与质量强国战略，为政府和平台提供各类质量抽检服务，净化购物环境，推进质量治理水平提升；主动对接区域产业转型升级，承接多个质量提升项目，并创新性地在四川、湛江、广州、佛山、深圳、武汉等地构建质量基础设施“一站式”服务站/平台，推动产业升级，为区域经济发展提质增效。该公司主动了解沿线国家发展需求，推动海外项目优质履约，提升“中国智造”的国际影响力。

【重大项目】

中国电研持续推进募集资金投资项目等重大项目建设，同时根据业务发展的实际情况，加快推进东莞立沙岛高性能环保涂料项目建设并适时启动其他产能建设项目，不断夯实公司业务发展基础。

1. 质量技术服务业务 2022 年，中国电研质量技术服务业务以“横向拓宽、纵向拓深、精益管理”为主线，持续推进智能家居、智能汽车、能源装备、5G 通信、医疗健康、交通装备六大业务板块健康发展，业绩实现稳步增长。总体来看，智能家居等传统优势业务业绩贡献稳定，智能汽车、能源装备、5G 通信等战略新兴业务受益于下游行业发展及前期的产能布局成为业绩增长新引擎。

（1）横向拓宽，加快业务布局。中国电研围绕“总部－区域中心－专业试验室/业务处”区域布局战略，持续推进实验室和分支机构建设。2022 年，该公司新建智能服务机器人、医疗健康产品生物安全评价等实验室共计 24 个；威凯（海湾）认证检验免税区公司建设取得实质性进展，顺利通过阿联酋认可机构 ELAC 评审并获 MOIAT 合格评定机构（CAB）注册资质；国内新增成都分公司及襄阳、宁波业务处。截至 2022 年年末，中国电研已在全球 7 个国家和地区的 34 个城市设立了 8 个大型综合检测基地、6 个典型气候试验站和 21 个服务网点，合计实验室面积超过 12 万 m^2。

（2）纵向拓深，强化服务深度。2022 年，中国电研以市场需求为根本，深拓各个业务领域，不断扩充资质和授权。在智能家居领域，该公司获批国推绿色产品认证机构（电冰箱、空调器、洗衣机）、燃气 CCC 认证指定实验室、净水机及陶瓷坐便器水效标识备案实验室，成为巴西 IEX 签约认证机构、沙特阿拉伯能效授权检测注册机构，并进一步扩大了 IECEE CB、埃及 GOEIC 的认可发证范围。在智能汽车领域，该公司成为一汽红旗、东风商用车、上汽大众、北汽等多家车企认可实验室，获广州市智能网联汽车混行试点车型测试认定资质，连续 3 年成为广州市新能源汽车综合性补贴申领登记机构，华中区域总部新基地亦正式获得 CNAS 认可。在能源装备领域，中国电研重点围绕储能系统、大功率充电、新型能源等方向战略布局，先后启动嘉兴新能源基地、电动汽车大功率无线充电实验室、动力电池热扩散和储能电池热蔓延实验室、光伏逆变器实验室等多个项目建设，进一步在大功率充电、储能电池热失控、光伏储能领域实现能力闭环，形成竞争优势。该公司新拓展 UN3536 大型集装箱储能系统国际海运鉴定、大型锂电池航空运输鉴定等多项新业务，开发电力储能系统现场检验+核心件实验室检测新业务模式。该公司成为照明设备ZHAGA（照明设备接口规范联盟）认可实验室，并获得器具开关UL目击测试实验室授权。在5G通信领域，该公司获批成为蓝牙认证检测实验室（BQTF），深圳OTA实验室获得美国A2LA认可。在医疗健康领域，该公司成功通过美国A2LA扩项评审，获北美地区医疗器械EMC检测能力，生物安全实验室成功获得实验动物使用许可证。在交通装备领域，该公司成为宁波机场集团有限公司高杆灯能源管理第三方检测单位，新增11家航空公司货物运输条件鉴定机构认可。以上资质及授权的取得进一步奠定了中国电研开展业务、拓展客户的基础，2022年，中国电研首次承接新能源汽车推广应用核查项目，成功开发在线计量、远程审核解决方案，并成功开拓宜家、迪卡侬等多家知名客户。

（3）精益管理，提升运营效率。中国电研业务广度和深度的不断拓展，对公司经营管理提出了更高要求。2022年，该公司持续推动经营管理精细化：升级LIMS系统，加快推进更多实验室完成自动化测试系统建设，提升检测效率；统筹资源，协同产品和客户开发，提升产品开发应用及实现商业化的速度，降低获客成本；细化经营数据颗粒度，建立业务健康监测指标体系；规范投资评审、强化投后管理，定期复盘投资目标达成情况，推进投资项目快速实现业务转化；经营效率稳步提升。

2. 电气装备业务 中国电研电气装备业务以技术创新为内生动力、以产品出新为具体抓手，积极开创技术、产品双轮驱动的良好局面，市场开拓迈出新步伐，增长潜力持续释放。新能源电池后处理系统（原为新能源电池自动检测系统）业务凭借自身技术领先优势充分受益下游行业扩产，业务增长再创新高。2022年，该公司持续推进技术迭代升级，产品不断出新，成功开发化成分容串并一体机，在保留串联系统优势的同时，兼顾并联系统的特点，以满足用户多方面的需求；自主设计锂电池自动生产线数字化管理系统，为公司产品添加更多附加值，客户满意度及认可度进一步提升。该公司开拓了中创新航、远景动力、浙江天能等优质新客户，并将客户群扩大至广汽、吉利、北汽等车企，有力保障公司业务稳定性及市场竞争力。

励磁装备业务在日趋激烈的市场竞争中稳中突破，业绩实现稳步增长。中国电研一方面持续巩固常规水电市场的份额，中标国能集团青海玛尔挡电站4×550MW励磁供货项目、国能集团四川双江口电站4×505MW励磁供货项目及国家电投青海羊曲3×400MW电站励磁供货项目等大型水电项目；另一方面继续开拓抽水蓄能领域市场，在国网抽蓄项目改造上取得新突破，先后中标国网新源安徽响水涧抽蓄电站4×250MW励磁改造、辽宁蒲石河3×300MW励磁改造项目及中核五岳4×250MW励磁项目。

工业电源业务前期产品结构的优化调整及市场布局成效开始显现，业务逐步起量，较上年同期实现较大增长。2022年，中国电研研制的高效节能大功率锂电铜箔电源获行业客户认可，新签比亚迪等客户的批量订单。

3. 成套装备业务 受家电行业需求疲软、国际旅行受限等因素影响，中国电研成套装备业务继续承压，境外项目拓展、执行放缓，叠加国际物流等运营成本的上涨，业务收入、利润较上年同期有所下滑。

面对严峻的外部环境，该公司积极调整应对，统筹做好国内国际两个市场的战略布局，不断挖掘国内市场的内需潜力，持续拓展海外市场份额，推动国内与海外业务实现新突破。一方面继续稳固家电核心业务，凭借自身的技术实力与国内家电头部企业签订智能化涂装合同，回归国内家电高端市场；成功开辟中美洲家电生产线新市场；业务延伸至家电产业链上游装备及零部件，在印度、北非和土耳其市场取得突破。另一方面积极拓展增长新赛道，新能源汽车制造企业车架焊接自动化生产线项目、新能源汽车热管理综合检测试验设备项目均取得阶段性进展，成功开拓小鹏汽车、东风实业、吉利汽车、上海汽车、零跑汽车、长安汽车6家车企，客户群不断扩展；成功签下阿尔及利亚轮胎立库和物流输送系统合同及埃及新能源汽车焊装业务合同，实现中国电研在非洲市场的新突破。成套装备业务新签合同额较上年同期增长，预计在经历短期波动和挑战后，随着海内外需求复苏、国际旅行重启，业绩将企稳回升。

4. 环保涂料及树脂业务 在行业景气度走弱的背景下，中国电研环保涂料及树脂业务敏锐地捕捉行业、市场变化带来的新挑战和新机遇，及时调整生产经营策略，紧抓细分领域发展机遇，市场开拓打开新局面，有效平抑行业整体周期性波动风险，营收及利润实现逆势双增长。

该公司聚焦重点客户与龙头客户，加大市场开拓力度，聚酯树脂业务成功开拓多家粉末涂料行业头部客户，较好地弥补了房地产行业下行给业务带来的不利影响；自主研发的聚酯树脂成功应用于集装箱粉末涂料并代替传统油漆涂装，成为中集集团全球两家主要供应商之一。业务中标签约中信戴卡集团采购项目，轮毂底粉市场占有率进一步提升；自主研发的电池用绝缘阻燃粉末涂料及储能电柜防腐超耐候粉末涂料成功应用于新能源电池及储能领域，成为宁德时代、比亚迪等公司的合格供应商。同时，中国电研继续加快海外市场拓展的步伐，在扩大东盟、中东等优势市场份额的基础上成功在俄罗斯、阿尔及利亚、孟加拉、巴西、吉尔吉斯斯坦等国家和地区开发新客户，为国际业务带来新增量。

【科技创新】

中国电研坚持科技引领、创新驱动，不断优化科技创新体系建设，持续提升科技创新能力，以“科技创新体系建设支撑可持续发展，持续提升的科技创新能力确保发展新动力”，释放技术创新的动力倍增效应，构筑公司长期竞争优势。

1. 加强科研平台建设，为技术创新提供源动力 中国电研联合北京科技大学、中山大学及昆明电器科学研究所等国内优势资源，整合组建工业产品环境适应性全国重点实验室并获科技部评审通过，纳入全国重点实验室序列，科研能力进一步提升，为打造更多服务国家战略和企业发展的原创性、策源性技术奠定了坚实的基础。

2. 部署重大科技专项研发核心技术 中国电研启动首批次多个重大科技专项任务，紧密结合市场与各业务板块发展的实际和战略需求，研发对公司自主创新能力具有重大提升作用的核心技术，通过核心技术的成果转化和推广应用，培育公司在未来 3 ～ 10 年内新的利润增长点。

3. 积极探索科技人才的激励机制 中国电研进一步加大对科技项目核心骨干人员的奖惩力度、激励力度，制定《重大科技项目核心技术人员专项激励暂行办法》，充分调动科技人员技术创新积极性、能动性，更好地推动公司科技创新和成果转化。

该公司加大研发投入力度，2022 年研发投入共计 28 750.57 万元，同比增长 16.31%。科技创新不断取得突破，共获得专利授权 132 件，其中发明专利 49 件；主持制（修）订各类标准共发布 48 项，其中国际标准 1 项，国家标准 21 项；获广东省科技进步奖二等奖等多项科学技术奖励，部分技术已得到应用；为公司的高质量发展提供不竭动力。

【党建和文化建设工作】

1. 发挥党建引领作用，着力打造“党建＋科技创新”党建品牌，夯实高质量发展基础 一是制定《重大科技项目核心技术人员专项激励暂行办法》，进一步加大创新激励力度。二是聚焦智能家居、新能源智能汽车产业链，围绕创新驱动战略，开展科技创新大讨论，群策群力，提出卓有成效的思路和解决办法。三是启动重大科技专项计划，组织科研攻关，持续提升核心竞争能力。

2. 发挥党委领导作用，扎实推进改革行动方案，提升治理效能 一是通过竞聘以及机制变革促进干部能上能下。二是完善相关制度，充分调动和激发企业领导人员改革创新、干事创业的积极性、主动性、创造性。三是完善市场化选人用人机制促进员工能进能出。

3. 发挥党组织战斗堡垒作用，聚焦生产经营中心任务，保障企业稳健发展 一是开展“一支部一重点项目”活动，将基层党组织年度最重要的工作通过党建来引领，形成 30 个党建重点项目，强化推进力度，引领效果显著。二是全面推进落实“党建共建，攻坚克难”专项工作，共组织基层党支部开展相关产业链、供应链、创新链党建共建活动20多场，促进合作共赢。三是启动“企业文化建设年”活动。系统总结提炼公司“和、专、实”企业文化的内涵，促进党建、业务、文化三者深度融合，发挥企业文化在凝心聚力、培根铸魂、引领高质量发展中的重要作用。连续5年获国机集团“年度先进单位”荣誉称号，在国机集团党建考核中获“优秀”评价。

4. 发挥党委巡察监督作用，完成巡察全覆盖，为公司高质量发展提供坚强保证 2022年对下属威凯检测技术有限公司开展常规巡察，逐项落实整改要求，扎实做好巡察“后半篇文章”，有效保障企业发展质量持续提升。

5. 开展丰富多彩的文娱活动，丰富职工文化生活 中国电研已成立篮球、排球、羽毛球、骑行、健美操等9个协会，定期举办运动比赛，让员工在工作之余能找到志同道合、兴趣相投的伙伴，提升员工归属感和团队凝聚力，引导员工快乐工作、健康生活。工会组织开展丰富多彩的文娱活动，如举办新春游园会、三八妇女节插花活动、端午节包粽子大赛与知识竞赛、暑期亲子溯溪等文化活动，共创党工团联谊、主题党日活动等，注重培育员工团结协作精神，开展形式多样的员工交流和互助活动，各类活动不仅陶冶了性情，还增强了员工凝聚力。

6. 开展技能竞赛、教育培训工作，提升职工职业技能 2022年10月，中国电研工会擎天实业分会举办第五届“擎天工匠杯”技能大赛，比赛共设6个项目，通过系列比赛，进一步强化工匠精神，同时为提高生产质量服务。各分会还通过开设威凯云学堂、威凯大讲堂、擎天大讲堂、特色四季讲堂、专业知识培训等提升员工在综合业务与技术上的能力，营造知识型、学习型的企业氛围。

【安全生产】

中国电研开展合理化建议和安全生产月活动，促进良性发展。擎天实业分会、擎天材料分会定期在内部开展合理化建议活动，及时听取职工提出的意见与建议。2022年职工提出并实施的合理化建议有36条，达到齐抓共管的效果，促进企业的发展。

各分会根据实际，开展主题鲜明的安全生产月活动，并组队参加该公司主办的安全生产知识竞赛活动，进一步提高了职工安全生产意识。

2022年，该公司累计排查登记安全隐患565项，100%完成整改；安全生产培训5 660人次，覆盖全体员工；开展应急演练34次。截至2022年年底，该公司有14人具有国家注册安全工程师执业资格证书，78人具有安全管理人员证书。该公司未发生重大安全生产责任事故，整体安全生产管理体系运行有效。

【履行社会责任】

1. 安排专人对接出差境外的员工，确保员工身体健康 中国电研工会以关爱员工身体健康为首任，针对出差海外员工存在感染新冠病毒的风险，安排工会副主席周玉玲与每一位境外员工保持密切联系，及时关注他们的身体健康，让员工感受到组织的关心，增强战胜新冠肺炎疫情的信心，保障公司境外业务顺利开展。

2. 积极为感染新冠病毒的境外员工申请重疾帮扶，让员工感受到集体的温暖 2022年以来有8名员工在海外执行项目时感染新冠病毒，在国机集团工会的帮扶下，中国电研工会向广东省省直工会申请到重疾帮扶（1万元/人），同时公司工会也按重疾补助给予每人1万元进行慰问，并为有需要的员工预订回程机票，妥善安排回国治疗。

3. 积极落实消费帮扶工作，大力支持乡村振兴 在中国电研党委领导下，强化乡村振兴政治担当，按照国机集团定点帮扶四川广元朝天片区工作要求，认真履行帮扶职责，拨付到位帮扶资金25万元；积极参加广东省内乡村振兴工作，对口帮扶阳西县塘口镇，派驻驻镇帮扶工作人员两人。

该公司工会向对口帮扶的广东省阳西县塘口村购买29 720斤（1斤=500g）水果玉米，合计20余万元；组织员工购买原脱贫攻坚对口帮扶村——广东廉江市垭泥塘村贝贝南瓜5 100斤，合计3万余元；统一采购包括对口帮扶的广东省阳江市阳西县、四川省广元市、山西平陆、新疆等地区的农产品等，合计90余万元，切实做好消费帮扶工作。

国机智能科技有限公司

【基本概况】

国机智能科技有限公司（简称国机智能）由国机集团与广州市政府共同投资组建，于 2015 年 12 月揭牌成立。主体企业广州机械科学研究院（简称广州机械院）有 60 余年历史，是国家首批转制科研院所、创新型企业、国家技术创新示范企业。

国机智能主要聚焦“工业五基”、检验检测、智能制造三大业务领域，从事密封（密封件、密封胶）、润滑（润滑油、润滑脂）、液压（机电液压系统），油品检测、机器人及汽车零部件检测，智能装备及系统集成、智能工厂（iMOM）、智能远程运维（重大装备在线健康监测）等业务，主要服务于机械装备、能源电力、航空航天等国民经济重要领域。近几年该公司积极拓展氢能、传感器、零碳工厂、环保液压、特种加工等新赛道，新能源汽车动力电池密封件业务稳居行业首位。

国机智能总部位于广州市，公司拥有国家橡塑密封工程技术研究中心、国家机器人检测与评定中心（广州）、工业摩擦润滑技术国家地方联合工程研究中心等 8 个国家级科研平台、28 个省部级平台，参与组建“中央企业重大装备关键基础零部件创新联合体”牵头组建“密封件攻关协同体”，积极培育和打造橡塑密封原创技术“策源地”，承担国家多项“卡脖子”技术攻关项目。

国机智能秉承“工业强基报国，智能引领未来”的使命，坚持“守正创新，行稳致远”核心价值理念，致力于成为橡塑密封领域科技进步的引领者、重大装备润滑安全的引领者、智能制造创新发展的主力军，努力成为一流的工业基础件和智能制造集成服务提供商。

【主要指标】

2022 年，国机智能生产经营迈上新台阶，经营业绩再创新高，高质高效推进生产经营工作举措落地见效。2021—2022 年国机智能主要经济指标完成情况见表 1。

表 1　2021—2022 年国机智能主要经济指标完成情况

指标名称	2021 年	2022 年	同比增长（%）
资产总额（万元）	195 922	192 353	-1.82
净资产（万元）	126 300	132 365	4.80
营业收入（万元）	122 444	135 067	10.31
利润总额（万元）	10 080	12 801	26.99
技术开发投入（万元）	16 052	18 310	14.07
利税总额（万元）	20 760	22 226	7.06
EVA 值（万元）	14 674	17 536	19.50
全员劳动生产率〔万元 /（人·年）〕	41.97	45.97	9.53
净资产收益率（%）	9.46	9.71	增加 0.25 个百分点
总资产报酬率（%）	5.54	6.92	增加 1.38 个百分点
国有资产保值增值率（%）	103.85	106.72	增加 2.87 个百分点

【改革发展】

国机智能紧扣公司“十四五”“11123”发展战略，纵深推进国企改革三年行动，高质量发展取得积极成效。截至2022年年底，改革任务总体完成率达到100%，改革成效不断凸显。

1. 改革行动汇聚发展动能，推动公司经营业绩迈上新台阶 2022年国机智能克服下行压力，扎实实现生产经营的稳增长。利润总额、净利润、经济增加值、全员劳动生产率等主要经营指标超额完成国机集团考核目标，整体运行更加扎实稳固。

2. 高质量党建引领高质量发展，打造企业改革发展“加速器” 国机智能推动党的二十大精神走深走实，对标党的二十大精神，指导推动国机智能党建与业务的深度融合，致力建立公司高质量发展指标体系和落地措施，做实“十四五”高质量发展路径。

3. 进一步聚焦主责主业，持续推进瘦身健体和低效无效资产处置 从战略匹配和运营质量两个维度出发，深入开展“十四五”瘦身健体专项工作，将资源向重点战略业务、优势业务倾斜，持续开展低效无效资产的处置，打出提质增效“组合拳”。

4. 现代企业制度更加成熟更加定型，公司整体运转效能持续提升 从顶层设计、制度配套、体系建设、监督管理4个层面着手，构建精简、高效议事决策体系，企业活力和运行效率提升取得显著成效。

5. 建立全面考核制度，完善差异化、市场化激励体系，为高质量发展提供保障 锚定战略方向，聚焦能力提升，充分调动员工工作积极性、主动性、创造性；深入推进任期制契约化，强化激励和约束牵引作用，激励经营者不断取得新的工作业绩，充分激发经营者的积极性和创造性。

6. 服务高水平科技自立自强取得新成效，成果产出持续突破 创新联合体、策源地建设取得一定成效，荣获国务院国资委突出贡献荣誉，接续承担系列央企业务。 高水平科技创新成果取得新突破，12项成果荣获省部级科技奖励，为业务的快速增长提供重要支撑。

【重大项目】

1. 广东省中高端工业机器人技术企业重点实验室通过验收 2022年3月7日，由国机智能、广州机械院共同承担的广东省中高端工业机器人技术企业重点实验室通过验收。项目开发了面向冲压、焊接、码垛等应用的工艺软件包，搭建了系列机器人试验平台，研制了中高端机器人、特种机器人以及系列化通用工业机器人产品，并在多个领域实现应用，建成了集中高端工业机器人研究、开发、设计、试制、测试认证、工程化、推广应用于一体的重点实验室，推动了中高端工业机器人的技术提升及产业化进程。

2. 国家智能制造综合标准化项目中低压开关柜数字化车间信息集成标准研究与试验验证通过验收 2022年11月10日，由国机智能牵头承担的国家智能制造综合标准化专项中低压开关柜数字化车间信息集成标准研究与试验验证项目通过专家组验收。项目制定的行业数字化车间信息集成通用要求及典型设备数据字典，已在企业现场和试验验证平台充分验证，可指导企业对数字化车间建设，特别是各系统之间、系统与设备之间的集成进行整体规划，帮助企业正确认识智能制造集成方式，推动智能制造建设进程。

3. 股权增资 2022年，国机智能分别完成对两个下属企业的增资事项。为落实国家科技创新战略，巩固苏州电加工机床研究所有限公司（简称苏州电加工）科研国家队地位，实现苏州电加工院所功能再造任务，国机智能（苏州）有限公司对其全资子公司苏州电加工增资4 000万元。为增强核心竞争力，解决发展过程中的设备老化、运营资金不足等问题，助力广州宝力特液压技术有限公司（简称宝力特液压）“十四五”规划目标的实现，2022年7月，广州机械院对其全资子公司宝力特液压增资1 000万元。

【科技创新】

1. 关键核心技术攻关有新突破 国机智能高水平完成2项联合体任务，并通过国务院国资委考核；新承接联合体任务4项。有序推进牵头6项国家重点研发计划、2项工业和信息化部高质量发展专项项目。

2. 高端科技创新平台收获好评 国家橡塑密封工程技术研究中心、工业摩擦润滑技术国家地方联合工程研究中心在国机集团考核中被评为良好，广东省工业摩擦学企业重点实验室在周期考核评估中被评为良好，广州市院士专家工作站在主管部门现场考核中被评为优秀。牵头组建的创新联合体—密封件攻关协同体有效运行，承担的攻关任务有序推进并取得突破，联合体的平台作用得到进一步发挥。

3. 高水平科技奖励有新成果 4 项成果经鉴定整体技术达到国际先进水平，部分达到国际领先水平。4 项产品获批广东省名优高新技术产品。12 项科技成果获省部级科技奖项，其中作为第一完成单位荣获 10 项省部级科技奖、一项金砖国家工业创新大赛机械行业智能制造运营管理平台二等奖。

此外，iSINOPlat 国机智能工业互联网平台装备制造行业典型应用被工业和信息化部认定为 2022 年新一代信息技术与制造业融合发展试点示范，重大技术装备润滑质量集成管理数字化平台、基于 iMOM 平台的机械行业制造过程质量管控解决方案入选工业和信息化部 2022 年制造业质量管理数字化解决方案优秀案例。

4. 学术期刊影响力持续提升 2022 年，《润滑与密封》《机床与液压》学术影响力大幅持续提升，再次入选《世界期刊影响力指数（WJCJ）报告》，复合影响因子（JIF）双双破“1”。其中，《机床与液压》从 2021 年的 0.741 提升到 1.092，提升了 47.37%；《润滑与密封》从 2021 年的 0.845 提升到 1.134，提升了 34.2%。《电加工与模具》从 2021 年的 0.402 提升到 0.692，提升了 72.1%。《机床与液压》下载量从 2021 年的 41.06 万次/年提升到 49.07 万次/年，提升了 19%；《润滑与密封》下载量从 2021 年的 15.91 万次/年提升到 19.44 万次/年，提升了 22%。《机床与液压》被美国 EBSCO 数据库收录。

【安全生产】

2022 年国机智能未发生生产安全事故及突发事件，未发生轻伤、重伤、死亡、失踪人员情况，未在国内外媒体、互联网上被曝光，未受过应急管理部门通报批评等。

1. 在公司全体系范围内开展安全生产提升年专项行动 国机智能成立安全生产提升年行动领导小组和工作专班，企业主要负责人担任组长，将责任明确到部门，落实到岗位，压实到个人。安全生产提升年行动领导小组对各层级单位工作进行督导检查，确保各项工作落实到位。

2. 发布《国机智能安全生产提升年行动实施方案》 国机智能制定推进思想认识提升实施方案、安全生产责任落实提升实施方案、推进安全生产专项整治三年行动效果提升方案、推进“两个专项领域”安全管控能力提升方案和推进本质安全水平提升方案五大方案。通过安排部署、自查自纠、整改提升、总结巩固四个阶段开展安全生产提升年活动。截至 2022 年 12 月 31 日，公司按照安全生产提升年行动中的具体要求，不断完善安全生产各项工作机制和安全生产管理各项要素，完成五大方案内容，强化安全生产合规性管理，深化源头治理、系统治理和综合治理，深化治本攻坚，全面整治化解系统性安全风险，有效防范化解重大安全风险，有效遏制和减少一般安全事故，坚决遏制较大以上安全事故，确保生产安全“零失误”。

3. 搭建职业健康安全管理体系 国机智能建立健全全员安全生产责任制，明确各岗位的责任人员、责任范围和考核标准等内容，加强对全员安全生产责任制落实情况的监督考核，保证全员安全生产责任制的落实。遵循安全生产工作，实行“管行业必须管安全、管业务必须管安全、管生产经营必须管安全”的原则，健全“党政同责、一岗双责、失职追责”的安全生产责任体系，严格落实行政领导班子及党委主要安全生产职责。

【党建工作】

2022 年，国机智能党委深入贯彻党中央和国机集团党委工作部署，把迎接党的二十大胜利召开和学习宣传贯彻党的二十大精神作为首要政治任务，引导党员干部深刻领悟“两个确立”的决定性意义，增强“四个意识”、坚定“四个自信”、做到“两个维护”，不断提高政治判断力、政治领悟力、政治执行力，忠诚拥护“两个确立”、坚决做到“两个维护”，以高质量党建引领保障企业高质量发展。

1. 提高政治站位，推动党的二十大精神在全面学习、全面把握、全面落实上落地见效 党委第一时间部署开展贯穿全年的迎接学习宣传贯彻活动。推动学习多层次全覆盖，确保不落一人。细照笃行，发布实施《学习宣传贯彻党的二十大精神工作方案》，推动党的二十大精神走深走实，对标党的二十大精神，指导推动国机智能高质量发展工作，开展两轮研讨，致力建立公司高质量发展指标体系和落地措施，做实“十四五”高质量发展路径。

2. 以政治建设为统领，全面加强党的领导党的建设，把稳企业改革发展“方向盘” 坚持用党的创新理论武装头脑指导实践，严格落实“第一议题”制度和党委理论学习中心组学习，坚持学思践悟，坚持运用好习近平新时代中国特色社会主义思想其中的立场观点方法，将学习成效转化为推动企业发展的强大动力，持续完善发挥领导作用的体制机制，健全完善制度体系，持续优化公司治理体系，高质量完成国企改革三年行动收官，以贯彻落实中央决策部署的实际成果践行“两个维护”，压紧压实管党治党政治责任，持续深化落实党建工作责任制。

3. 以发挥“两个作用”为着力点，深入推进党建与业务融合提升，打造企业改革发展“加速器” 高位推进融合提升专项行动，聚焦高质量党建引领高质量发展，国机智能党委书记带队到基层开展“党建与业务融合提升路径方法”专题调研，探讨党建工作与生产经营深度融合破题之道。实施“一企一工程”，经过三年夯基垒台，全面决胜智能产业振兴；在两个“双一流”示范企业推进示范党支部建设，油检党支部凝练形成“智慧油检”品牌，密封党总支形成五个党建格局，党建工作规范化、标准化建设成果持续巩固深化。

4. 深化“三基”建设，持续夯实党建根基，建强企业改革发展“压舱石” 一是党建工作规范化、标准化成果持续巩固深化。坚持党建工作任务清单化，建立健全党建检查、党建督查机制。二是开展党员组织关系排查和问题整改，消除党建“盲点”，夯实“三会一课”、党组织关系管理、空白班组管理等工作基础。三是开展党建信息系统数据质量专项提升行动，信息准确完整、及时更新要求100%达标。

5. 坚持党管干部党管人才，打造堪当重任的干部队伍和人才队伍，激活企业改革发展内生动力 选好配强领导班子，建设高素质干部队伍，完成国机智能“两委”委员补选，持续推进干部轮岗交流工作，有计划地安排年轻干部到困难企业、困难项目、关键岗位经风雨、见世面、长才干，加快推进干部队伍年轻化、专业化，激发年轻干部干事创业活力。扎实推进人才强企工程，发布实施“双塔”计划办法，首次召开国机智能人才工作会，公开聘任首批“双塔”计划人才78人，旗帜鲜明树立以对公司科技进步和产业发展作出实际贡献为核心的价值导向；举办青年人才培训班，培育浇铸强有力的后继力量，为“十四五”高质量发展夯实人才基础。

6. 统筹推进思想政治、宣传舆论和统战群团工作，凝聚企业改革发展团结奋进正能量 强化意识形态责任制落实，建立健全工作体制机制，强化阵地管理，确保守土有责、守土尽责。做亮做优主题宣传，以迎接学习宣传贯彻党的二十大为主线，围绕国企改革三年行动、高质量发展、科技创新、打造“双一流”、党的建设等内容，贯穿全年开展主题宣传活动，持续开展企业帮扶送温暖、“我为群众办实事”实践活动，不断增强职工群众的获得感、幸福感和安全感。

7. 坚持以严的基调正风肃纪，全面营造风清气正的干事创业氛围，护航企业持续健康发展 举一反三，狠抓巡视巡察工作整改。扎实落实国机集团党委巡视巡察工作有关要求，巩固拓展巡视巡察整改成效。持续优化大监督体系，构建协同高效的大监督格局，将党建工作与党风廉政建设同部署、同落实、同检查、同考核，开展廉洁书画作品征集，筑牢拒腐防变思想堤坝。

【信息化与数字化建设】

2022年，国机智能全面加强企业资源管理、财务数字化、办公协同等应用系统建设工作，从系统优化、功能扩展、团队提升、数据融合等方向对公司各项应用系统进行优化完善，同时积极研发国机智能数字化平台，萌芽、发展自身数字化软件产品，服务总部及各产业数字化赋能及蓄能行动。

1. 针对公司网络安全进行升级改造 从网络保障、梳理规划、策略实施、设备升级、系统监控等多个方向加强公司网络安全防护能力，在2022 年央企网络攻防演习活动中作为防守方表现出色，取得优异成绩。

2. 实现以超融合技术为基础的云计算节点建设 初步完成公有云设施体系建设，解决公司云计算基础薄弱，信息系统应用资源不足，资源等利用率、融合性不高等问题，满足未来 3 年内云计算资源的使用需求。

3. 设立信息技术中心 加强和优化信息化顶层设计，通过整合内部资源和力量，打造一支在硬件、软件、信息安全保障方面有实力，并且熟悉公司业务、精准发现问题、具备良好沟通能力的高素质专业化队伍来承担国机智能信息化建设与推进工作。

【履行社会责任】

2022 年，国机智能认真学习贯彻党的二十大精神，大力弘扬伟大建党精神，在践行初心使命中铆足发展干劲，积极践行社会责任。

1. 助力乡村振兴展现新作为 消费购买助农产品 160 多万元；积极以项目为抓手，推动建立乡村振兴项目管理机制，获批 25 个乡村振兴资金项目，涉及总金额约 3 700 万元；广东潮州大埕镇振兴规划和调研报告分别获得广东省评选活动三等奖和优秀奖，大埕镇东埕村活动广场、鸿程大道东延线已经动工，大埕镇红花村农旅融合项目列入第二批帮扶资金重点项目。

2. 持续推动员工关心关爱行动 同心抗疫，临时看护小孩 230 多人次，为广大群众做实事、办好事、解难题；高温慰问 300 多人次，新冠肺炎疫情慰问 800 多人次，发放困难帮扶慰问金 10 余万元。

桂林电器科学研究院有限公司

【基本概况】

桂林电器科学研究院有限公司（简称桂林电科院）始建于 1954 年，1999 年 7 月转制为科技型企业，2013 年整体改制为有限责任公司，现隶属于国机集团。

桂林电科院经过专业与产业重组，现已发展成为集电工电子材料（全电压等级系列电触头材料、特种塑料）及元器件、薄膜生产成套装备、聚酰亚胺薄膜产品、特种电机的研发与制造，以及行业、检测技术服务为一体的高科技型企业；是我国电工合金、绝缘材料、模具行业的技术归口单位，担负着全国相关行业发展规划、情报信息、产品标准、产品质量监督检测及组织行业进行科技攻关等行业工作，在国内外同行业中享有较高的知名度和行业地位；主导产品的中高端用户市场占有率在行业中名列前茅，是用户替代进口国产化的首选供应商。

桂林电科院主要经济指标完成国机集团考核要求。2022 年公司实现营业收入 8.8 亿元，同比下降 13.64%；利润总额 2 020 万元，同比增长 71.19%；净利润 1 487 万元，同比增长 41.17%；经济增加值完成 3 105 万元，与上年相比基本持平；营业利润率为 1.9%，相比上年大幅提高；研发投入强度为 8.01%，相比上年有所增加；人均全员劳动生产率为 25.57 万元，同比增长 13.20%，基本完成国机集团任务指标，生产经营在质上实现有效提升。

桂林电科院各业务板块千方百计实现经营

目标。桂林格莱斯科技有限公司（简称格莱斯公司）延续良好发展势头，营业收入同比增长64.03%，利润总额同比增加3 044万元，新签合同额3.59亿元，创历史新高。桂林赛盟检测技术有限公司营业收入同比增长19.21%，利润总额同比增长19.22%，连续5年保持大幅增长。电机事业部坚持市场开拓，营业收入同比增长21.47%，利润总额同比增加224万元。桂林金格电工电子材料科技有限公司、行业工作部、特种薄膜部积极应对新冠肺炎疫情影响，保持业务的基本稳定。

【主要指标】

2021—2022年桂林电科院主要经济指标完成情况见表1。

表1 2021—2022年桂林电科院主要经济指标完成情况

指标名称	2021年	2022年	同比增长（%）
资产总额（万元）	98 494	110 307	11.99
净资产（万元）	58 136	59 241	1.90
营业收入（万元）	101 651	87 785	-13.64
利润总额（万元）	1 180	2 020	71.19
技术开发投入（万元）	7 426	7 054	-5.01
利税总额（万元）	4 886	4 675	-4.32
EVA值（万元）	3 135	3 105	-0.96
全员劳动生产率〔万元/（人·年）〕	22.66	25.57	12.84
净资产收益率（%）	1.82	2.56	增加0.74个百分点
总资产报酬率（%）	1.81	2.44	增加0.63个百分点
国有资产保值增值率（%）	102.05	102.54	增加0.49个百分点

【改革发展】

国企改革三年行动实现收官。桂林电科院按照《公司改革三年行动实施方案》的6项重点任务34项内容逐一对表对标，按进度计划持续推进，截至2022年年底，公司改革三年行动的34项任务总完成率为99.85%（涉及国务院国资委考核的10项重点任务完成率100%）。

1. 优化管理模式 撤销下属全资公司董事会，减少管理层级，缩短管理链条，建立管控有力、灵活高效的经营机制；实行财务统一垂直管理，统一工作标准和规则，统筹做好税收平衡；将下属公司部门经理层等重点岗位人员纳入党委直管范围，建立三级管理干部架构，不断完善选人用人机制。

2. 实施经理层任期制和契约化 制修订公司领导和下属企业经理的任期制和契约化管理、业绩考核和薪酬管理等规定，不断完善考核激励和约束机制。

3. 持续完善绩效薪酬管理体系 制定发布《公司工资总额管理办法》，加大单列比例，调整工资总额结构，为下一步人才激励工作奠定基础；探索新的激励模式，发布《薄膜成套装备业务核心技术人员和营销骨干专项激励方案》，在下属格莱斯公司全员范围内宣贯实施。

【重大项目】

桂林电科院正在实施的重大项目为电工电子新材料产业基地建设，2022年产业园科技大楼年初计划的工程施工内容已全部完成，目前正在进行消防验收整改及整体竣工验收、资料收集归档、竣工结算和竣工备案等准备工作。

【科技创新】

1. 标准制修订取得新成效 2022年桂林电科院共有26项标准获立项，其中：国际标准《冲模　氮气弹簧》1项、国家标准15项、行业标准7项、团体标准3项；主导和参与制（修）订国际标准6项；完成报批国家标准9项、行业标准 12 项、团体标准 1 项。由该公司主导制定的国际标准 ISO 21223：2019《冲模　术语》荣获 2022 年广西重要技术标准和 2022 年度中国机械工业集团有限公司优秀标准奖；另有 3 项标准分别获得桂林市重要技术标准研制奖一、二、三等奖。

2. 获得新资质平台和奖项　2022 年桂林电科院被认定为国家中小企业公共服务示范平台，再添一个国家级资质平台；国家知识产权示范企业平台通过复核，参与组建电气传动国家工程研究中心、广西特种矿物材料技术创新中心；《绝缘材料》和《模具工业》荣获国机集团优秀科技期刊奖三等奖。格莱斯公司被认定为广西瞪羚企业、自治区专精特新中小企业、桂林市企业技术中心和桂林市创新型中小企业。

【安全生产】

桂林电科院坚持贯彻落实“安全第一、预防为主、综合治理”的安全生产方针，坚持“党政同责、一岗双责、齐抓共管、失职追责”的工作原则，党政团工会逐级落实全员安全生产责任制和双向承诺制度，做到安全生产责任体系五落实五到位，坚决执行“谁主管、谁负责”的原则，做到“纵向到底、横向到边”，与工程承包单位签订专门的安全生产管理协议，明确各自的安全生产管理职责，并对承包单位的安全生产工作统一协调、管理，定期进行安全检查，发现安全问题及时督促整改。

2022 年桂林电科院未发生一般及以上生产安全事故、重大特种设备事故、重大火灾事故、重大爆炸事故、重大环境污染事故和社会影响较大的职业危害事故；未发生违反《中央企业安全生产禁令》的行为。安全生产形势总体保持稳定，较好地完成了国机集团和桂林市七星区政府下达的年度目标任务。在国机集团安全生产责任目标考核结果为合格，在国机集团中排名第二。

【党建工作】

1. 全面学习宣传贯彻党的二十大精神　桂林电科院组织召开党委会、党委理论中心组深入学习，发挥示范引领作用，通过集中培训、专题宣讲、学习研讨等方式迅速掀起学习宣传贯彻党的二十大精神热潮，紧密联系广大党员干部群众思想和工作实际，将学习成果切实转化为谋划发展、推动工作的实际行动。认真落实“第一议题”制度，建立落实工作台账，相关部门按季度检查工作推进、落实情况。坚持以上率下，持续提升领导班子的理论水平和工作能力。

2. 聚焦主责主业服务国家战略，确保公司朝着高质量发展持续迈进　一是全面完成年度经营目标。2022 年桂林电科院利润总额同比增长 69.66%，生产经营在质上实现有效提升；积极践行国家标准化战略，主持、参与多项国际标准，以标准创新引领行业发展。二是开展战略调整推动战略转型。桂林电科院根据优劣势调整发展战略，稳步发展电工材料业务，抓住机遇发展薄膜成套装备业务，发挥特色优势发展检测业务，适时调整聚酰亚胺薄膜业务发展方向，在新能源等战略新兴领域寻找新的发展机会。三是持续推进国企改革三年行动。对重点任务措施逐一对表对标，按进度计划持续推进，全面实现收官。

3. 持续深化全国国有企业党建工作会成果，不断完善中国特色现代企业制度　一是发挥党委领导核心作用。强化“把方向、管大局、促落实”，把加强党的领导和完善公司治理统一起来，切实做好“三重一大”决策前置工作。二是转变管理模式奠定未来发展基础。建立管控有力灵活高效的经营机制，减少管理层级，缩短管理链条；对各业务下放经营权，实行财务集中管理，使各业务更加灵活应对市场变化；将下属公司部门经理层等重点岗位人员纳入党委直管范围，建立三级管理干部架构，完善选人用人机制；调整工资总额结构，加大单列比例，为下一步人才激励工作奠定基础；出台成套装备业务核心技术人员专项激励政策，制定试点超额利润分享制度，积极探索新的激励模式。

4. 强化“三基”建设，服务“国之大者”，在中心任务中发挥党组织和党员作用　一是推进党建工作与生产经营“融合提升”专项行动。组织“一企一工程”主题活动，开展生产经营大讨论，组织党支部与“链上”单位党组织结对共建，促进资源共享，指导各党支部党员带头认领党建融合项目，广泛开展立足岗位建功活动，推动解决公司经营发展难题。二是强化“三基”建设，提升党组织服务功能。坚持党员教育常态化，落实经常性督查指导要求，开展党建专项工作清查整治，全面巩固党支部标准化规范化建设成果，承办自治区科研院所党组织书记党建经验交流活动。三是积极落实国机集团的决策部署。统筹新冠肺炎疫情防控和生产经营，全面落实疫情要防住、经济要稳住、发展要安全的要求；积极承担央企责任，推进落实乡村振兴。四是不断夯实群众基础。推动实施企业年金制度，优化食堂运营模式，组织开展各类慰问帮扶和职工文化娱乐活动，提高职工幸福感和归属感。

5. 深化管党治党，不断加强党风廉政建设，持之以恒反对“四风” 一是聚焦“关键少数”，抓好顶层设计，夯实主体责任，推动作风建设持续向好。同步部署党风廉政建设和反腐败工作，层层签订责任书，落实“一岗双责”；加强对各级领导干部作风建设的提醒、教育、监督，力戒形式和官僚主义；督促落实规范领导干部配偶、子女及其配偶经商办企业行为规定，教育引导党员领导干部严格家风家教。二是开展专项工作，促进企业健康发展。开展综合治理专项行动、境外腐败治理、靠企吃企问题整治等，细化工作安排，做好专项监督；围绕廉洁风险点重点问题，对落实中央八项规定情况开展专项检查，发送问题整改通知8份并跟踪整改，提出改进建议2项，加强监督执纪力度。三是做好日常监督，加大警示教育。回复廉政意见13份16人次；协助办理信访件5件，处置问题线索2件，规范处置流程，对问题线索集中管理、集体研究、及时处置，其中1件立案审查，收缴违纪所得7.5万元；推进廉洁文化进班组、上墙面、上桌面，开展监督执纪“每周一学”活动35期，引导党员干部知边界、明底线、讲规矩、守纪律。

【信息化与数字化建设】

桂林电科院积极落实“十四五”规划，启动智能化、数字化赋能工程，持续加强智能智造建设，积极开展工业互联网构建和基于工业互联网的管理优化系统建设，完成电子生产记录系统的研发与上线工作，实现英才低压车间生产记录无纸化；签订的实验室检测与管理系统项目合同，在桂林、柳州接触了多个SCADA、图像识别、非标自动化设备项目，制作相关项目方案8项，智能制造对外业务取得零的突破。2022年，该公司被认定为广西智能工厂示范企业。

2022年该公司费控系统项目打通了OA、NC、ERP系统，实现与OA费控系统的数据交互，提高了数据准确性；组织开展网络安全专项工作、保密信息系统建设以及国机集团司库系统建设，持续完善薄膜信息系统，开展英才园弱电工程整改和员工宿舍网络改造，公司信息化建设不断完善。

【履行社会责任】

桂林电科院积极履行社会责任，2022年投入帮扶资金16.5万元，积极参与四川广元朝天区扶贫工作，全年采购对口支持地区土特产44.2万元，助力乡村振兴；持续坚持到广西桂林龙胜县乐江乡西腰小学开展慰问帮扶，开展互动益智活动，捐赠爱心慰问品；积极开展常态化新冠肺炎疫情防控，保供重点防疫物资，实时了解员工健康信息，做到精准防控；组织抗击新冠肺炎疫情、学雷锋、创城志愿服务、国机爱心捐款等一系列精神文明和社会公益活动，体现央企担当。

国机海南发展有限公司

【基本概况】

国机海南发展有限公司（简称国机海南）成立于2020年11月20日，是国机集团为充分响应海南自贸港建设号召而设立的全资二级子公司，是国机集团海南区域总部。下设中国成套工程有限公司（简称中国成套）、中国国际农业投资有限公司（简称中农投）、中国机械工业海南股份有限公司（简称中机海南）等8家子公司。

国机海南以服务国家重大战略需求和海南自由贸易港建设为使命；围绕国内农产品和能源领域战略需求缺口，打造国际供应通道安全的“国家队”；围绕海南自贸港建设，打造海南区域发展及国机集团在海南业务协同的“指挥部”；致力于成为世界一流农产品和新能源产品供应链集成服务商。

国机海南与中国成套实行一体化经营管理。国机海南承接中国成套深度国际化的能力，在国际农产品贸易和海外工程建设领域业绩突出，在城市基础设施建设、农业综合开发和能源电力环保三大板块的工程管理方面具有丰富经验。

国机海南“十四五”战略规划根据外部宏观环境和公司经营实际调整为“4+4+1+2+2”，即致力于解决当今世界凸显的粮食安全、能源安全、民生发展（粮食、能源以外）、信息安全4类问题；开发国际农业工程与农产品贸易、新能源工程与能矿贸易、民生发展类工程与其他民生物资贸易、信息科技工程与服务4大业务；作为国际化公司，充分发挥深度国际化的特点和优势，深度耕耘国际市场和掌控国际资源；“工程+贸易”双轮驱动；从事畅通国内循环和国际循环的“双向业务”。

【主要指标】

2021—2022年国机海南主要经济指标完成情况见表1。

表1　2021—2022年国机海南主要经济指标完成情况

指标名称	2021年	2022年	同比增长（%）
资产总额（万元）	326 096.00	261 475.13	-19.82
净资产（万元）	81 721.00	93 146.21	13.98
营业收入（万元）	192 700.00	173 879.24	-9.77
利润总额（万元）	23 164.00	13 225.43	-42.91
技术开发投入（万元）	—	—	—
利税总额（万元）	26 002.00	16 566.97	-36.29
EVA值（万元）	12 417.00	3 869.34	-68.84
全员劳动生产率〔万元/（人·年）〕	154.34	109.97	-28.75
净资产收益率（%）	20.06	10.88	减少9.18个百分点
总资产报酬率（%）	7.02	4.65	减少2.37个百分点
国有资产保值增值率（%）	118.11	115.16	减少2.95个百分点

【业务发展】

国机海南努力克服新冠肺炎疫情、俄乌冲突等不利因素影响，稳步推进海外工程项目履约，持续深耕大宗农产品供应链业务，积极推进海南自由贸易港建设项目，稳住公司经营的基本盘。

1. 农产品大宗贸易 积极扩展大宗农产品贸易的体量和产品线。在 2021 年大宗农产品替代品贸易成功尝试的基础上，进一步巩固高粱、大麦、芝麻等存量业务，成功拓展小麦、木薯颗粒、木薯干、白米、北极虾、葵花油等新品类增量业务，共计 54 万 t，较上年增长 44%，金额约 16.38 亿元，较上年增长 41%；布局和推进国内粮食贸易及相关产业，顺利启动玉米收储业务；积极探索央企间协作的特殊贸易、粮食仓储战略性资源投资等新业务模式，实现大宗农产品供应链集成服务主业的新发展，保障国家粮食安全和重要农产品供给的能力稳步提高。

2. 国际工程承包 国机海南所属中国成套 2022年在手执行境外项目共13个（安哥拉12个、赞比亚 1 个），其中水利工程项目 7 个、道路工程项目 5 个、市政工程项目 1 个。2022 年，中国成套各项目组在国机集团大力支持下，努力克服新冠肺炎疫情等不利因素影响，有序推进各在手执行项目，其中安哥拉威拉省然巴供水系统扩建等多个项目实现完工或进入质保期，赞比亚医院项目顺利收尾，赞比亚供水项目实现复工及恢复收汇。

3. 助力海南自由贸易港建设 在海口、琼中、五指山、三亚、儋州等地深度布局：海口总部基地办公楼装修顺利完工，塑造国机集团在琼新形象；琼中湾岭农产品加工产业园区建设项目、五指山市医院心脏中心扩建项目中标签约，森林康养示范基地、海南天然橡胶产业集团股份有限公司工程升级改造、海南加钗投资控股发展有限责任公司职工保障性住房等项目力争尽快落地；与三亚崖州湾科技城保持商洽，围绕热带特色高效农业布局上下游产业链；开发儋州农光互补、渔光互补新模式，解决地方政府和电站业主痛点，助力自贸港绿色发展。先后与 13 家政府、企事业单位签署战略合作协议或达成合作意向，在琼“朋友圈”不断扩大。

【国际合作】

2022 年，国机海南努力克服俄乌冲突、新冠疫情等困难情况，持续深耕海外市场，积极融入全球发展格局。稳步推动非洲市场工程项目履约和贸易项目拓展，在手执行工程项目顺利履约，机电产品供应链合作稳步推进，莫桑比克芝麻、马达加斯加香草兰等项目顺利开发；与乌克兰方面保持密切沟通，做好恢复中乌粮贸合作和参与重建准备；积极拓展俄罗斯、东盟、南美、中亚等新市场，跟踪开发俄罗斯葵花油，泰国木薯、大米，巴西糖类，蒙古国煤炭、面粉，哈萨克斯坦油脂，以及南美冻品等一批契合国家政策、具备市场前景、特色鲜明的新项目。

【安全生产】

持续高度重视企业安全生产管理各项工作，不断建立健全安全生产管理制度，严格落实安全生产责任，切实贯彻落实全员安全生产责任制，并对安全生产责任进行分解落实，顺利完成安全生产责任目标考核。定期召开安全生产专题会议，积极组织开展风险分级管控和隐患排查治理双重预防机制培训，不断提升风险预判、识别、处置等各方面能力，同时开展老旧设施、高层建筑火灾风险排查整治等多个专项工作，全面加强各类安全风险的防范能力。

【党建工作】

1. 在政治引领上持续用力 强化“把方向、管大局、保落实”领导作用，持之以恒深化党的创新理论武装，牢牢把住意识形态主动权，坚决捍卫“两个确立”、增强“四个意识”、坚定“四个自信”、做到“两个维护”；严格落实“第一议题”制度，跟进学习习近平总书记在海南考察时的重要讲话和指示批示精神；全面学习贯彻党的二十大精神，用党的二十大精神统一思想、凝智聚力。

2. 在公司经营上深度融合 深入落实“一企一工程”党建品牌创建，出台《关于进一步推进党建工作与业务工作深度融合指导意见》，围绕“强基·筑链·双创”不断丰富党建体系化建设内容；探索基层党建与经营深度融合的途径和平台，开展“融合提升”专项行动，基层党组织提出并开展“合力+”等党建品牌创建活动。

3. 在组织建设上稳步推进 调整基层党支部设置，建立起更加适应公司发展实际的内部党组织架构；严格党员发展程序，先后组织 15 名党员发展对象参加国机集团培训，发展党员 5 名；组织开展“喜迎二十大，建功自贸港”“深化党建引领，助力生产经营”等主题党日活动，不断提升基层党建带动力、影响力。

4. 在压实责任中加强监督 整体推进党风廉政建设和反腐败工作，制定《党风廉政建设责任制暂行办法》《关于落实党风廉政建设监督责任的意见》，与各部门、子公司逐级签订党风廉政建设责任书，围绕佣金管理制度、境外腐败、利益输送等重点进行全面梳理。

【履行社会责任】

国机海南选派优秀年轻干部赴海南三亚担任驻村第一书记、到琼中挂职企业领导，全力助推乡村振兴；积极参与“央企富民兴疆消费帮扶行动”，为巩固脱贫成果贡献央企力量；为中小企业纾困解难减免租金近 20 万元，用实际行动体现央企“稳经济”排头兵和主力军的社会价值。

注重员工关怀，积极构建和谐企业，为员工购买涵盖意外身故、残疾、医疗、住院津贴四大项目的商业意外险，切实保障员工的生命财产安全；为困难职工申报国机集团爱心基金，走访慰问困难职工和患重病的退休老党员。

切实做好新冠肺炎疫情防控常态化各项工作，疫情防控期间，严格执行属地政府疫情防控政策，积极配合社区做好各项防控措施，筑牢国机海南大厦安全防线；组织志愿服务队支援三亚抗疫一线，获海南省委和三亚市政府表彰。

第四篇

规章制度选编

中国机械工业集团有限公司对外援助业务管理办法

国机管〔2022〕361 号

第一章　总　则

第一条　对外援助是国家对外交流与经济合作战略的重要组成部分。为贯彻党中央、国务院决策部署，加强对外援助业务的统筹协调，规范对外援助管理，提升对外援助效果，中国机械工业集团有限公司（简称国机集团）根据有关对外援助项目管理规定，制定本办法。

第二条　集团下属企业应规范开展对外援助业务，不断提升对外援助业务质量。下属企业开展对外援助业务适用本办法。

第三条　本办法所称对外援助业务是指有关下属企业参与使用政府对外援助资金，向受援方提供经济、技术、物资、人才、培训、管理等支持的项目、活动。

第四条　对外援助业务致力于帮助受援方减轻与消除贫困，改善受援方民生和生态环境，促进受援方经济发展和社会进步，增强受援方自主可持续发展能力，巩固和发展与受援方的友好合作关系，在受援方市场树立国机集团的良好形象，为促进两国传统友谊贡献国机力量。

第五条　执行对外援助业务应当坚持正确义利观和真实亲诚理念，相互尊重、平等相待、合作共赢；尊重受援国主权，量力而行、尽力而为、重信守诺、善始善终；共商共建、形式多样、注重实效。

第六条　下属企业应当定期向国家国际发展合作署（简称国合署）、商务部、外交部、驻外使领馆（团）等有关部门及集团报送工作简报，内容包括项目进展情况、取得的援助效果、为受援方带来的经济社会效益，以及项目执行过程中遇到的难题及解决措施、紧急突发事件的处理应对、有关项目是否延续的建议、下阶段工作计划和实施方案等。遇有重大质量安全问题和可能影响项目实施的突发事件应当及时专题报告。

第二章　对外援助业务种类

第七条　国机集团对外援助业务主要包括以下类型：

（一）工程承包、设计类项目：即通过组织或者设计、指导施工、安装和试生产全过程或者其中部分阶段，向受援方提供生产生活、公共服务等成套设备和工程设施并提供长效质量保证和配套技术服务的项目；

（二）物资援助类项目：即向受援方提供一般生产生活物资、技术性产品或者单项设备，并承担必要配套技术服务的项目；

（三）技术类援助项目：即综合采用选派专家、技术工人或者提供政策和技术咨询、设备等手段帮助受援方实现某一特定政策、管理或者技术目标的项目；

（四）人力资源培训开发合作项目：即为受援方人员提供各种形式的学历学位教育、研修培训、人员交流以及高级专家服务的项目；

（五）其他。

第八条　对外援助项目一般通过政府间援助方式实施，主要有以下方式：

（一）中方负责实施；

（二）中方与受援方按商定分工合作实施；

（三）在落实中方外部监督的前提下由受援方自主实施；

（四）中方也可以同其他国家、国际组织、非政府组织等合作实施。

第三章　对外援助业务实施管理

第九条　根据国合署、商务部、外交部、驻外使领馆（团）等有关部门要求，国机集团将会同下属企业建立对外援助业务协调机制，推动重大对外援助项目实施，统筹协调对外援助业务重大问题。

第十条　对外援助业务由国机集团运行管理部归口管理。

第十一条　国机集团督促下属企业按照业务类型对对外援助项目制定有关管理制度，落实主体责任，不得出现如下问题：

（一）将所承担的对外援助项目任务转包或者违法分包；

（二）经业主批准或不可抗力除外，未按对外援助项目实施合同履行义务或者延迟履行义务，影响项目正常实施，造成严重不良影响；

（三）挪用对外援助资金；

（四）未按规定保证外派对外援助人员工作和生活待遇，未提供人身意外伤害保障。

如出现上述及其他对国机集团形象造成负面影响的事项，被上级主管部门处以警告、通报批评、罚款等行政处罚，集团将对相关责任企业追加不低于同等力度的处罚；涉嫌违法犯罪的，依法移交司法机关处理。

第十二条　对于无偿援助和无息贷款项下的对外援助项目，下属企业按照商务部等对外援助执行部门要求，与对外援助执行部门商签对外援助项目实施合同，明确规定对外援助项目实施的具体事宜和双方权利义务。

第十三条　下属企业对外援助项目类型，应按照如下办法实施管理：

（一）工程承包类项目。按照国合署、商务部等相关部门（机构）要求，负责成套项目的勘察、设计、建设和调试运行全过程或其中部分阶段任务，以“交钥匙”形式交付受援方使用，并提供建成后长效质量保证和配套技术的管理。

（二）设计类项目。包含工程咨询、工程设计、城市规划、专项设计及专项深化设计等，设计质量要满足功能性、可信性、安全性、经济性、可实施性、适应性、时间性七个质量特性，除设计质量评定外，还要对除设计之外的采购、施工、安装、调试、试运行、性能试验和交付等过程质量以及最终工程质量进行质量评定。

（三）技术援助类项目。实施单位应当严格按照政府间协议、对外实施协议及与商务部订立的项目实施合同的规定，执行技术援助方案，确保整合提供人力、技术、管理、物资和工程服务等各项要素的质量和效率，在规定期限内实现技术援助目标，并承担责任范围内全部的经济、技术和法律责任。

（四）物资援助类项目。根据商务部相关规定以及合同约定，负责项目组货并运至受援国指定地点或提供可行性研究、配单、供货、货代服务。所供货物应满足技术成熟、质量优良、合理适用要求。

（五）人力资源培训开发合作项目。按照商务部、科技部等部委的委托要求，根据合同约定，制定项目实施方案，编制招生简章，严格执行已经批准的项目实施方案，做好项目实施期间的接待陪同、教学管理、后勤安保等工作，建立学员信息档案，与研修学院和驻外经商机构保持经常性沟通和联络。

第十四条　根据国合署的规定，从事对外援助业务的企业在执行项目过程中，除涉及国家实施出口管制的货物、技术、服务等物项外，对外援助物资出口不纳入配额和许可证管理。

第十五条　对外援助资金应当专款专用、单独核算，任何单位和个人不得挪作他用。

下属企业可以通过财务设立科目、辅助核算等方式，实现对外援助资金专款专用、单独核算，也可以单独开立账户，满足专款专用的要求，由企业自行选择，但要严格遵守国合署关于“任何单位和个人不得将资金挪作他用”的要求。

第十六条　因外交、国家安全或者承担的国际义务等原因，或者因不可抗力导致对外援助项目无法实施时，下属企业向国合署、商务部、国机集团报备后，按照国合署、商务部要求进行中断或者终止对外援助项目程序。

第十七条 对外援助项目执行完毕后，下属企业需提供“接收证书”“最终验收证书”、总结报告等材料向国机集团报备。

第四章 对外援助人员管理

第十八条 对外援助人员的选派，坚持党管干部的原则和正确的用人导向，严把政治关，坚决贯彻德才兼备、以德为先的基本要求，优先从中共党员、共青团员中选派。

（一）具有良好的政治素质，牢固树立“四个意识”，坚定“四个自信”，做到“两个维护”，认真贯彻执行党的基本路线和各项方针政策，思想健康，作风正派，遵章守纪，廉洁自律；

（二）具有较强的事业心和责任感，以大局为重，具有团结协作意识和奉献精神，工作勤奋，求真务实；

（三）具有相应的国际经贸或海外工程管理知识、政策理论水平和外语水平，熟悉项目所在地的业务情况、法律法规情况等；

（四）具备常驻境外所要求的身体条件、心理素质和适应能力；

（五）原则上应从企业在职工作一年以上人员中选派；

（六）对外援助项目负责人应具有大学本科及以上学历，具备政治敏感性和国际化管理创新及经营管理能力。

第十九条 具有下列情形之一的，一般不得批准执行常驻任务：

（一）属于退（离）休人员的；

（二）试用期未满的；

（三）夫妻、父（母）子（女）在同一时间派驻同一国家或地区的；

（四）受到党纪、政纪处分或组织处理的人员，影响期未满的；

（五）其他不适宜执行常驻任务的。

第二十条 派出企业对对外援助人员的管理负有第一责任，应加强对外援助人员的行前教育和任期管理。

（一）行前教育派出前，派出企业应对对外援助人员进行思想政治、安全保密、外事纪律和外事礼仪等教育。

（二）任期管理

1. 派出企业应及时掌握对外援助人员的思想动态和对外交往情况，如有紧急情况，应第一时间与驻外使领馆取得联络，对不宜继续在境外工作的人员应当及时调回；

2. 对外援助人员在受援方当地执行对外援助任务期间，要自觉接受我国驻外使领馆或机构的指导和监督，遵守我国和受援方的法律法规，尊重受援方的风俗习惯，不得参与赌博、色情等活动；

3. 对外援助人员在任期内，不得擅自离岗、兼职。

第二十一条 下属企业执行对外援助任务期间应持续加强对人员思想、工作、生活的管理和监督，按照有关规定及时掌握对外援助人员的思想动态，保证对外援助人员在外执行任务期间享有相应的工作和生活待遇及人身意外伤害保障。

第二十二条 根据国合署规定，下属企业对外援助人员不得出现如下行为：

（一）利用职务便利索取他人财物，或者非法收受他人财物为他人牟取利益的；

（二）滥用职权、玩忽职守或者徇私舞弊，致使国家利益遭受损失的；

（三）泄露国家秘密的。

国机集团将视情节轻重对相关责任人给予相应处分；涉嫌违法犯罪的，依法移交司法机关处理。

第二十三条 对外援助人员发生违纪违规等问题，情节较轻者，派出企业应给予批评教育，并责令作出检查；情节较重者，派出企业按照有关规定给予党纪、政纪处分。

第五章 对外援助业务监督和评估

第二十四条 对于工程承包类、设计类项目，下属企业项目中期验收和竣工验收，具体按照商务部经济合作事务局颁发的《援外项目执行实施指导书 EPC 部分》《对外援助成套项目检查验收标准（试行）》《对外援助成套项目主要设备材料产品行业推荐目录》《对外援助成套和技术援助项目宣传工作手册》等要求准备过程资料，验收结果上报国机集团。

第二十五条 对于培训类项目，下属企业做好项目总结、自评和后续联系工作，接受商务部对培训项目的巡检和考核评估，并将培训项目简介、项目实施方案等在规定时间内报送至商务部及国机集团，商务部审核通过后需要向国机集团报备。

第二十六条 对于技术援助类项目，下属企业要严格遵守国合署、商务部指定的对外援助项目管理机构的管理要求。

第六章 附 则

第二十七条 下属企业从事对外军事援助，按照国家和军队有关规定执行。

第二十八条 本办法自颁布之日起施行。

中国机械工业集团有限公司能源节约与生态环境保护监督管理办法（2022 年修订）

国机节〔2022〕260 号

第一章 总 则

第一条 为深入贯彻习近平生态文明思想，全面落实党中央、国务院关于生态文明建设的重大决策部署，切实履行中央企业能源节约与生态环境保护的主体责任，推动全面可持续发展，中国机械工业集团有限公司（简称国机集团）根据《中华人民共和国节约能源法》《中华人民共和国环境保护法》和《中央企业节约能源与生态环境保护监督管理办法》等有关法律法规和规章制度，特制定本办法。

第二条 本办法所称能源节约，是指加强用能管理，采取技术上可行、经济上合理以及环境和社会可以承受的措施，从能源生产到消费的各个环节，降低消耗、减少损失和污染物排放、制止浪费，有效、合理地利用能源；所称生态环境保护，是指为解决现实或潜在的生态环境问题，协调人与生态环境的关系，保障经济社会的可持续发展而采取的各种行动的总称。

第三条 能源节约与生态环境保护工作遵循以下原则：

（一）坚持绿色发展。必须践行绿水青山就是金山银山的理念，坚持生态优先，绿色发展，正确处理能源节约、生态环境保护与企业发展的关系，构建绿色低碳循环发展体系。

（二）坚持节约优先、保护优先。坚持节约资源和保护环境的基本国策。积极建设资源节约型和环境友好型企业，推动企业产业结构调整和转型升级，促进可持续发展。

（三）坚持依法合规。严格遵守国家能源节约与生态环境保护法律法规和有关政策，依法接受国家和地方人民政府能源节约与生态环境保护相关部门的监督管理。

（四）落实企业主体责任。下属企业是能源节约与生态环境保护的责任主体，党政主要负责人是本企业能源节约与生态环境保护工作的第一责任人，按照管发展、管生产、管行业必须管能源节约与生态环境保护的要求，把能源节约与生态环境保护工作贯穿生产经营的全过程。

第四条 本办法适用于国机集团下属企业。

第二章 分类管理

第五条 国机集团对下属企业能源节约与生态环境保护工作实行统筹协调、重点监控、分类指导、动态管理的方式进行。

第六条 根据能源消费总量和主要污染物排放量等指标实际完成情况，国机集团将二级企业划分为三类，分别为：

（一）重点类企业。具备以下条件之一的：

1. 年能源消费总量超过 8 000t（含）标准煤的企业；

2. 年二氧化硫排放量超过 20t（含）的企业；

3. 年化学需氧量排放量超过 20t（含）的企业。

（二）关注类企业。具备以下条件之一的：

1. 年能源消费总量在 1 000（含）至 8 000t 标准煤的企业；

2. 二氧化硫、化学需氧量等主要污染物排放总量处于二级企业中等水平。

（三）一般类企业。前两类以外的其他企业。

以上划分标准实行动态管理，将根据国务院国资委有关要求和国机集团发展变化适时进行调整（企业分类名单见附表）。

第三章 组织管理体系与职责

第七条 国机集团成立能源节约与生态环境保护工作领导小组，全面组织领导集团能源节约与生态环境保护工作，其主要职责为：

（一）负责贯彻国家有关能源节约与生态环境保护的方针政策，落实国务院国资委能源节约与生态环境保护工作要求和工作目标。

（二）审定国机集团能源节约与生态环境保护相关制度。

（三）负责国机集团并购、新建、改建、扩建等投资活动有关能源节约与生态环境保护的评审决策，确保投资行为符合国家有关能源节约与生态环境保护政策和要求。

（四）决定国机集团能源节约与生态环境保护奖惩事项。

（五）指导国机集团全系统能源节约与生态环境保护工作。

第八条 国机集团能源节约与生态环境保护工作领导小组下设能源节约与生态环境保护办公室，具体负责能源节约与生态环境保护工作，其主要职责为：

（一）贯彻执行国家能源节约与生态环境保护相关法律法规、政策和标准。

（二）负责制定国机集团能源节约与生态环境保护工作程序和管理制度，建立健全科学、规范的能源节约与生态环境保护工作的组织管理、统计监测和考核奖惩体系（简称三大体系）。

（三）负责建立健全能源节约与生态环境保护考核奖惩制度，对二级企业能源节约与生态环境保护工作实施考核并开展监督检查工作，建立问责制度。

（四）负责国机集团能源消耗和污染物排放的统计监测工作。

（五）负责定期向国务院国资委上报能源节约与生态环境保护工作完成情况，及时向有关部委上报能源节约与生态环境保护工作涉及的重大事项。

（六）负责能源节约与生态环境保护项目及配套专项资金的申报、预算编制、使用监督工作，组织开展能源节约与生态环境保护技术创新与技术改造工作。

（七）组织开展能源节约与生态环境保护的培训、交流和宣传工作。

第九条 能源节约与生态环境保护办公室日常工作由国机集团能源节约与生态环境保护管理部门负责；国机集团公司能源节约与生态环境保护工作由集团办公室负责。

第十条 下属企业应建立健全能源节约与生态环境保护领导机构，负责本企业能源节约与生态环境保护总体工作，研究决定能源节约与生态环境保护重大事项，建立工作制度。

（一）应按有关要求，设置或明确与企业生产经营相适应的能源节约与生态环境保护监督管理机构，明确管理人员。机构设置、人员任职资格和配备数量，应当符合国家和行业的有关规定，并与企业的生产经营内容和性质、管理范围、管理跨度等匹配。

（二）主要负责人是本企业能源节约与生态环境保护工作第一责任人，对本企业能源节约与生态环境保护工作负主要领导责任。负责逐级建立健全能源节约与生态环境保护责任制，统筹能源节约与生态环境保护和企业发展的关系，建立健全能源节约与生态环境保护三大体系，探索先进的能源节约与生态环境保护管理方式。分管领导是本企业能源节约与生态环境保护工作的组织者和直接责任人，负责本企业生产经营过程中各项能源节约与生态环境保护工作的统筹安排和组织落实。分析评价企业能源节约与生态环境保护状况，提出改进措施。

（三）应加强能源节约与生态环境保护专业队伍建设，组织开展能源节约与生态环境保护宣传和培训，提升全员意识，提高工作能力。

第四章　总体工作要求

第十一条　下属企业应严格遵守国家和地方人民政府能源节约与生态环境保护相关法律法规、政策和标准，自觉接受社会监督，有效控制能源消费总量，持续提升能源利用效率，减少污染物排放，控制温室气体排放，积极参与“碳达峰、碳中和”行动。境外生产经营活动也应严格遵守所在地生态环境保护法律法规。

第十二条　二级企业应根据分类管理的要求建立与生产经营相适应的能源节约与生态环境保护协调监督管理机构。

（一）重点类企业应当设置负责能源节约与生态环境保护协调、监督管理的职能部门，或者在有关职能部门中设置专职负责该项工作的内部机构并配备专职管理人员。

（二）关注类企业应当在有关职能部门中设置能源节约与生态环境保护专项工作岗位并配备专职管理人员，负责本企业能源节约与生态环境保护相关工作。

（三）一般类企业应当配备能源节约与生态环境保护兼职管理人员，落实相关工作责任。

第十三条　下属企业应建立能源节约与生态环境保护责任制，积极创建环境管理体系，建立和完善企业内部能源节约与生态环境保护考核与奖惩制度，并将能源节约与生态环境保护工作和目标实施纳入年度考核内容，考核结果应作为相关领导和人员综合考核评价的重要依据。

第十四条　下属企业应建立和完善能源节约与生态环境保护统计监测体系，全面、真实地反映企业的能源节约与生态环境保护工作现状，客观、公正、科学地评价能源节约与生态环境保护工作进展。

第十五条　下属企业应积极践行绿色低碳循环发展理念，建立能源节约与生态环境保护工作规划，纳入企业发展战略和规划，围绕主业有序发展节能环保产业。并定期编制能源节约与生态环境保护年度经费预算，加大投入力度，优化生产工艺和流程，逐步淘汰高污染、高耗能落后生产工艺、技术和装备。

第十六条　下属企业应加强并购重组企业源头管理，把能源节约和生态环境保护专项尽职调查作为并购重组的前置程序。

第十七条　下属企业应对本单位能源节约与生态环境保护工作进行监督检查，开展环境影响因素识别、风险点排查和隐患治理，防范环境污染事件。

第十八条　下属企业应积极推广应用节能低碳环保新技术、新工艺、新设备、新材料（简称“四新”），组织开展相关技术科研攻关。具备技术创新能力的企业，要加大科技投入和技术攻关力度，在能源节约与生态环境保护重点领域形成一批具有自主知识产权的核心技术，带头推广节能低碳环保“四新”运用。

第十九条　下属企业应有计划地组织开展能源节约与生态环境保护宣传和培训，提升全员意识，提高工作能力。

第二十条　下属企业应高效利用化石能源，积极发展非化石能源，推进能源结构清洁化、低碳化；积极开展能效对标、能源审计、节能诊断、清洁生产审核等工作。

第二十一条　下属企业生产经营活动应严格执行生态保护红线、环境质量底线、资源利用上线和环境准入负面清单要求，减少对生态环境扰动，积极开展生态修复。

第二十二条 下属企业新建、改建、扩建项目应依法开展环境影响评价、节能评估、水土保持评估和竣工环境保护、水土保持设施自主验收等工作，严格遵守环保设施与主体工程同时设计、同时施工、同时投入生产和使用的有关规定。

第二十三条 下属企业应严格执行国家排污许可制度。按照国家和地方要求规范危险废物的贮存、转移和处置工作。

第二十四条 下属企业应自觉履行环境信息强制性披露责任。严格按照法律法规要求的内容、方式和时限如实规范披露环境信息。

第二十五条 下属企业应自觉接受中央及地方生态环境保护督察，严格按照有关规定积极配合中央及地方生态环境保护督察组开展工作，如实反映情况和问题，抓好整改落实，加强边督边改、督察问责和信息公开工作。

第五章 统计监测与报告制度

第二十六条 下属企业应建立健全能源节约与生态环境保护统计监测体系。加强对生产经营过程中能源消耗、温室气体排放和污染物排放的统计和监测。加强能源节约与生态环境保护信息化建设，建立自下而上、逐级审核的能源节约与生态环境保护统计报送信息化系统。

第二十七条 下属企业应对各类能源消耗实行分级分类计量，合理配备和使用符合国家标准的能源计量器具，依法开展污染物排放自行监测。应按照国家和地方要求建立污染物排放和能耗监测系统，加强能源节约与生态环境保护定额、计量、统计等基础管理工作，依法建立健全能源消耗、二氧化碳排放、污染物排放等原始记录和统计台账，严格按照国家规定的口径、范围、折算标准和方法对能耗指标和污染物排放指标进行定期收集、定期汇总、定期分析。

第二十八条 下属企业应确保能源节约与生态环境保护统计数据的真实性、准确性和完整性，结合企业自我检查、第三方检测、内部审计、外部审计等多种形式对能源节约与生态环境保护效果进行评估和核定。

第二十九条 国机集团实施能源节约与生态环境保护工作报告制度。

（一）下属企业应建立健全企业内部能源节约与生态环境保护工作逐级汇总上报制度。

（二）二级企业按照季度和年度将汇总报表和总结分析报告上报国机集团能源节约与生态环境保护管理部门。年度汇总报表和总结分析报告应当于次年 1 月 20 日前报送；季度报表和总结分析报告应当于报告期满之次月 10 日前报送。

第三十条 下属企业应将本企业能源节约与生态环境保护年度实施方案、重大举措、重要科研成果、各级政府有关部门对本企业及下属单位年度考核情况、能源节约与生态环境保护重大违规和环保事故等重要事项及时报告国机集团。

第三十一条 二级企业发生突发环境事件或节能环保违法违规事件后，应按以下要求进行报告：

（一）发生突发环境事件，现场负责人应立即向本单位负责人报告，单位负责人接到报告后，应当于 1 小时内向上一级单位负责人报告，以后逐级报告至国机集团。必要时可越级上报，每级时间间隔不得超过 2 小时。

（二）发生环境违法违规事件被处以罚款且单笔罚款金额在 50 万元以上的，应在接到处罚通知 2 日内向国机集团报告，并在当年年度总结分析报告中说明情况。

（三）发生环境违法违规事件被责令停产整顿；责令停产、停业、关闭；暂扣、吊销许可证或行政拘留的，应在接到正式行政处罚决定书 2 日内向国机集团报告。

（四）未受到行政处罚，但被中央生态环境保护督察或省部级及以上（含省部级）主管部门作为违法违规典型案例公开通报或发生其他重大事件的，应在接到报告后 2 日内向国机集团报告。

（五）二级企业应当将政府有关部门对突发环境事件、环境违法违规事件的有关调查情况、有关整改和责任追究落实情况及时报告国机集团。

第六章　突发环境事件应急管理

第三十二条　下属企业应坚持预防为主、预防与应急相结合的原则开展突发环境事件应急管理工作。

第三十三条　下属企业应依法制定和完善突发环境事件应急预案，按要求报所在地生态环境主管部门备案，并定期开展应急演练。

第三十四条　下属企业应加强应急处置救援能力建设。定期进行突发环境事件应急知识和技能培训。

第三十五条　下属企业造成或者可能造成突发环境事件时，应立即启动相应级别突发环境事件应急预案。

第三十六条　下属企业在突发环境事件发生后，应开展环境应急监测，按要求执行停产、停排措施，积极配合事件调查，推动环境恢复工作。

第三十七条　下属企业应建立健全突发环境事件舆情应对工作机制。

第七章　监督与考核

第三十八条　下属企业能源节约与生态环境保护工作纳入企业负责人经营业绩考核体系，作为对企业负责人经营业绩考核的重要内容，每年进行考核。

第三十九条　二级企业应建立完善企业内部监督考核体系，结合国机集团下达的能源节约与生态环境保护考核指标和目标，逐级分解落实相关责任。年度工作考核按照下列程序进行：

（一）国机集团根据各单位能源节约与生态环境保护实际水平，对照国内外同行业先进水平，确定规划期内能源节约与生态环境保护指标，并通过签署《能源节约与生态环境保护目标责任书》的形式下达。

（二）每年度结束，二级企业要在上报能源节约与生态环境保护统计报表的基础上对目标完成情况及管理目标确定的内容进行总结分析，将报告报送国机集团。对与地方政府签订能源节约与生态环境保护考核目标责任书的企业，应在总结分析报告中进行专项说明。

（三）国机集团组成评价考核工作组通过审核二级企业能源节约与生态环境保护工作总结分析报告，结合日常管理，按照计分标准，对二级企业考核评价。

（四）对于规划期内企业有重组、并购等重大资产变更等情况，二级企业可向国机集团提出指标调整建议。

第四十条　国机集团对下属企业年度能源节约与生态环境保护考核的主要内容有：能源节约与生态环境保护目标完成情况、工作组织和领导情况、制度体系建设情况、目标分解与责任制、法律法规执行情况、技术开发和推广情况、基础管理工作等。

第四十一条　下属企业发生下列情形之一的，能源节约与生态环境保护考核结果按不合格处理，并对相关责任人进行追责问责，涉嫌违纪违法的，严肃查处。

（一）能源节约与生态环境保护统计数据严重不实，弄虚作假的。

（二）谎报、瞒报突发环境事件、节能环保违法违规事件的。

（三）发生较大及以上环境事件的。

（四）发生节能环保违法违规事件，被处以罚款（单笔罚款金额 500 万元及以上），责令停产、停业、关闭，暂扣、吊销许可证或行政拘留等行政处罚的；被中央生态环境保护督察、省部级及以上主管部门作为违法违规典型案例公开通报，造成重大不良影响的。

（五）在各级政府部门能源节约与生态环境保护督察和国机集团监督检查中，被责令改正而拒不改正的。

第八章　附　则

第四十二条　下属企业除遵照执行本办法规定外，还应严格遵守国家能源节约与生态环境保护法律法规和有关政策，依法接受国家及地方政府能源节约与生态环境保护主管部门的监督管理。

第四十三条　本办法自发布之日起施行，并由国机集团能源节约与生态环境保护管理部门负责解释。原《中国机械工业集团有限公司节能减排监督管理办法》（国机节〔2017〕251号）同时废止。

附表

二级企业能源节约与生态环境保护管理分类表

序号	企业名称
一、重点类企业	
1	国机重型装备集团股份有限公司
2	中国恒天集团有限公司
3	中国一拖集团有限公司
4	苏美达股份有限公司
5	中国农业机械化科学研究院集团有限公司
6	中国海洋航空集团有限公司
7	国机精工股份有限公司
8	中国机械工业建设集团有限公司
9	国机汽车股份有限公司
10	中国福马机械集团有限公司
二、关注类企业	
1	合肥通用机械研究院有限公司
2	中国电器科学研究院股份有限公司
3	国机集团科学技术研究院有限公司
4	中国联合工程有限公司
5	中国机械设备工程股份有限公司
6	中工国际工程股份有限公司
7	桂林电器科学研究院有限公司
8	中国浦发机械工业股份有限公司
9	中国地质装备集团有限公司
10	机械工业第六设计研究院有限公司
11	国机智能科技有限公司
三、一般类企业	
1	国机资产管理有限公司
2	国机财务有限责任公司
3	中国机械国际合作股份有限公司
4	国机资本控股有限公司
5	国机融资租赁有限公司
6	国机海南发展有限公司
7	国机集团北京教育咨询有限公司
8	国机集团北京共享服务中心有限公司
9	机械工业规划研究院有限公司

中国机械工业集团有限公司能源节约与生态环境保护统计监测规定（2021 年修订）

国机节〔2022〕6 号

第一章　总　则

第一条　为进一步加强和规范中国机械工业集团有限公司（简称国机集团）能源节约与生态环境保护统计监测工作，根据国家有关法律法规、技术标准及有关规定，结合国务院国资委有关工作要求，制定本规定。

第二条　本规定适用于国机集团下属企业。

第二章　基本要求

第三条　下属企业应建立健全能源节约与生态环境保护统计监测体系。加强对经营活动过程中能源消耗和污染物排放的统计和监测，加强能源节约与生态环境保护综合管理信息系统建设。

第四条　下属企业应夯实能源节约与生态环境保护定额、计量、统计等基础管理工作，建立能源消耗及污染物排放统计台账，严格按照国家规定的口径、范围、折算标准和方法，对能耗指标和污染物排放指标进行定期收集、定期汇总、定期分析。

第五条　二级企业的能源节约与生态环境保护统计监测范围应覆盖所有子公司、分公司、事业部、项目部、第三产业单位、办公辅助单位等。能耗与主要污染物排放的监测应符合国家有关标准要求。

第六条　下属企业应确保能源节约与生态环境保护统计数据的完整和准确，通过企业自我检查、第三方检测、内部审计、外部审计等多种形式对能源节约与生态环境保护效果进行评估和核定。

第七条　国机集团能源节约与生态环境保护统计监测工作实行统一考核、重点监督、分类管理的原则进行监督管理。

第三章　统计报表要求

第八条　下属企业应建立企业内部能源节约与生态环境保护监测报表逐级汇总上报制度。

第九条　能源消耗统计基本原则。

（一）谁消费、谁统计。

（二）何时投入使用，何时计算消费量。

（三）仅在第一次投入使用时计算其消费量，不应重复计算。

（四）耗能工质（如水、氧气、压缩空气等）不计入能源消费量。

第十条　能源统计数据来源和依据。

（一）单位能源统计台账。

（二）购进和调出能源的财务数据。

（三）能源结算单及其他能源消费结算凭证。

第十一条　下属企业的各独立核算单位，应按其业务范围和行业性质分别统计。在填报工业行业附表时，只有当对应行业的年总产值累计超过 2 000 万元时，方需填报；在填报非工业行业附表时，只有当对应行业的年营业收入累计超过 2 000 万元时，方需填报。未达到上述规模的行业，一并纳入“其他工业行业”或“其他非工业行业”附表填报。

第十二条　二级企业汇总统计报表后，按照报告期要求填报《统计监测总表》报送国机集团。

国家发展和改革委员会与下属企业签订万家企业节能目标的，需报送本年度考核目标完成情况。

第十三条 各类报表主要指标解释见附件2《主要指标解释》。

第四章 其 他

第十四条 本办法由国机集团能源节约与生态环境保护办公室负责解释。

第十五条 本办法自发布之日起施行。原《中国机械工业集团有限公司节能减排统计监测规定》（国机节〔2017〕251号）同时废止。

附件：1. 各种能源折标准煤参考系数

2. 主要指标解释

附件1

各种能源折标准煤参考系数

能源名称	参考发热量	折标准煤系数
原煤	—	—
其中：1. 无烟煤	6 000kcal/kg 以上	0.942 8tce/t
2. 炼焦烟煤	6 000kcal/kg 以上	0.9tce/t
3. 一般烟煤	4 500 ～ 5 500kcal/kg 以上	0.714 3tce/t
4. 褐煤	2 500 ～ 3 500kcal/kg 以上	0.428 6tce/t
洗精煤	6 000kcal/kg 以上	0.9tce/t
其他洗煤	2 500 ～ 4 000kcal/kg 以上	0.464 3tce/t
煤制品	3 000 ～ 5 000kcal/kg	0.528 6tce/t
焦炭	约 6 800kcal/kg	0.971 4tce/t
焦炭制气	约 3 900kcal/kg	5.571tce/ 万 m^3
焦炉煤气	4 000 ～ 4 300kcal/m^3	5.714 ～ 6.143tce/ 万 m^3
高炉煤气	约 900kcal/m^3	1.286tce/ 万 m^3
转炉煤气	约 1 900kcal/m^3	2.714tce/ 万 m^3
发生炉煤气	约 1 250kcal/m^3	1.786tce/ 万 m^3
天然气	约 9 300kcal/m^3	13.3tce/ 万 m^3
液化天然气（液态）	约 12 300kcal/kg	1.757 2tce/t
煤气层（煤田）	约 7 700kcal/m^3	11tce/ 万 m^3
原油	约 10 000kcal/kg	1.428 6tce/t
燃料油	约 10 000kcal/kg	1.428 6tce/t
汽油	约 10 300kcal/kg	1.471 4tce/t
煤油	约 10 300kcal/kg	1.471 4tce/t
柴油	约 10 200kcal/kg	1.457 1tce/t
液化石油气	约 12 000kcal/kg	1.714 3tce/t
炼厂干气	约 11 000kcal/kg	1.571 4tce/t
石脑油	约 10 500kcal/kg	1.5tce/t
润滑油	约 9 900kcal/kg	1.414 3tce/t
石蜡	约 9 550kcal/kg	1.364 8tce/t

（续）

能源名称	参考发热量	折标准煤系数
溶剂油	约 10 270kcal/kg	1.467 2tce/t
石油焦	约 7 640kcal/kg	1.091 8tce/t
石油沥青	约 9 310kcal/kg	1.330 7tce/t
其他石油制品	约 9 800kcal/kg	1.4tce/t
煤焦油	约 8 000kcal/kg	1.142 9tce/t
粗苯	约 10 000kcal/kg	1.428 6tce/t
热力（当量）	—	0.034 1tce/ 百万 kJ
电力（当量）	860kcal/kW・h	1.22 9tce/ 万 kW・h
煤矸石用于燃料	约 2 000kcal/kg	0.285 7tce/t
城市生活垃圾用于燃料	约 1 900kcal/kg	0.271 4tce/t
生物质废料用于燃料	约 3 500kcal/kg	0.5tce/t
余热余压	—	0.034 1tce/ 百万 kJ
其他工业废料用于燃	约 3 000kcal/kg	0.428 5tce/t
其他燃料	7 000kcal/kgce	1

注：此表平均低位发热量用千卡表示，如需换算成焦耳，只需乘上 4.181 6 即可。

附件 2

主要指标解释

一、能源消费总量

1. 工业企业 工业企业能源消费总量是指在统计报告期内企业实际消费的各种能源折标准煤之和。能源消费有两种形式，一种是一次性直接消费，又称终端消费；另一种是加工转换消费，又称中间消费。终端消费相对中间消费而言，是指能源不用于中间加工转换，而是直接投入各种加热、动力等设备，用于生产和非生产活动的消费。中间消费是指能源加工、转换企业（或车间）生产二次能源产品所消费的能源数量。计算公式如下：

能源消费总量 = 终端能源消费量折标准煤之和 + 能源加工转换投入量折标准煤之和 − 能源加工转换产出量折标准煤之和 − 回收利用能源折标准煤之和 + 能源损失量折标准煤之和。

能源中间消费量 = 能源加工转换投入量折标准煤之和 − 能源加工转换产出量折标准煤之和

能源消费总量包括工业企业在生产过程中用作燃料、动力、原料、辅助材料使用的能源以及工艺用能、非生产用能。

具体包括：

①用于本企业产品生产、工业性作业和其他生产性活动的能源；

②用于技术更新改造措施、新技术研究和新产品试制以及科学试验等方面的能源；

③用于经营维修、建筑及设备大修理、机电设备和交通运输工具等方面的能源；

④生产交通运输工具的企业（如造船厂、汽车制造厂），向成品轮船、汽车中添加动力用油，应算作企业的能源消费，不作为工业生产消费，应作为非工业生产消费和交通运输工具消费；

⑤用于劳动保护的能源，如一些特殊工种劳动保护耗能等；

⑥其他非生产消费的能源，如工业企业附属的、不从事工业生产活动且非独立核算的科研单位、农场、车队、学校、医院、食堂、托儿所等单位用能。

不包括以下各项：

①由仓库发到车间，但报告期最后一天并未消费的能源，这部分能源应在办理假退料手续后计入库存量，不能以拨代消；

②回收的余热、余气不作为能源消费量统计；

③调拨到外单位，委托外单位加工用的能源；

④调出本单位或借给外单位的能源。

2. 非工业企业 非工业企业能源消费总量是指企、事业单位在报告期内经营活动中实际消费的各种能源折标准煤之和，包括企、事业单位的各种耗能设备、照明、采暖制冷、车辆、炊事等消耗的能源。具体包括：

①用于生产经营活动的能源：如企业内各种机械与设备、照明、采暖与制冷等消耗的能源；

②用于技术更新改造措施、新技术研究以及科学试验等方面的能源；

③用于经营维修、建筑及设备大维修、机电设备和交通运输工具等方面的能源；

④用于劳动保护的能源；

⑤其他非生产消费的能源，如洗浴和炊事用能等。

注意事项：

①承包国外工程和消耗国外能源的不计入该统计范围，国外项目营业收入在总营业收入中暂不扣除；

②工程分包的能源消费不计入本企业能源消费，但劳务分包的能源消费应记入本企业的能源消费；

③设备租赁：企业租赁的机械设备和车辆所消耗的能源应计入本企业的消耗；

④生活附属设施能源：企业供给家属区的用电、用热应核减本单位的能源消费。

注意事项：行业附表中各种能源折标准煤之和等于能源消费总量。各种能源折标准煤参考系数参见附件1。

二、综合能源消费量

综合能源消费量是指报告期内工业生产活动中实际消费的各种能源折标准煤之和，并扣除本企业能源加工转换产出的能源折标准煤的汇总量。有能源回收利用的企业，在计算综合能源消费量时应扣除这部分回收利用的能源。计算公式如下：

综合能源消费量＝工业生产活动中实际消费的各种能源折标准煤之和－本企业能源加工转换产出的能源折标准煤之和－回收利用能源折标准煤之和。

公式中的“本企业能源加工转换产出的能源”主要包括火力发电、对外供热、洗煤生产、炼焦生产、石油炼油生产、煤气生产、煤制品加工产出的能源，不包括水电、核电、风电、太阳能发电产生的电量以及自产自用的热力。

三、万元产值综合能耗

万元产值综合能耗是指报告期内企业综合能源消费量与用能单位工业总产值的比值，计算公式如下：

万元产值综合能耗（tce/万元）＝综合能源消费量（tce）/工业总产值（万元）。

工业总产值是指工业企业在报告期内生产的、以货币形式表现的工业最终产品和提供工业劳务活动的总价值量。包括生产的成品价值、对外加工费收入、自制半成品在制品期末期初差额价值三部分，数据取自各企业财务报表。

根据计算工业总产值的价格不同，工业总产值又分为工业总产值（现价）和工业总产值（可比价），工业总产值（可比价）是指在计算不同时期工业总产值时，对同一产品采用同一时期的工业产品出厂价格作为计算总产值的基准，本报表制度采用的是2010年产品价格作为可比价计算基准。

可比价格的计算：

①有基期价格记录的企业，可以采用基期法计算可比价。

报告期工业总产值（可比价）＝报告期的产量×基期价格。

②没有基期价格记录或不能采用基期法的企业，可根据企业所处行业及主业结构选取相应价格指数，采用价格指数法计算可比价：

工业总产值（可比价）＝报告期工业总产值（现价）/基期下一年度到当年的所有价格指数连乘。

例如：2013年工业总产值（可比价）=2013年工业总产值（现价）/2011年价格指数×2012年价格指数×2013年价格指数。

四、万元增加值（综合）能耗

工业企业万元增加值综合能耗（t 标准煤 / 万元）= 综合能源消费量（tce）/ 增加值（万元）。

非工业企业万元增加值能耗（tce/ 万元）= 能源消费总量（tce）/ 增加值（万元）。

国机集团万元增加值（综合）能耗（tec/ 万元）= 工业企业综合能源消费量 + 非工业企业能源消费总量（tec）/ 增加值（万元）。

增加值是指企业在生产产品或提供服务过程中创造的新增价值和固定资产转移价值。增加值有两种计算方法，即生产法和收入法。

1. 生产法计算公式：增加值 = 工业总产值 - 中间投入 + 应交增值税，数据应取自各企业财务报表。

2. 收入法计算公式：增加值 = 劳动者报酬 + 生产税净额 + 固定资产折旧 + 营业盈余，数据应取自各企业财务报表。

劳动者报酬是指劳动者为企业提供服务获得的全部报酬。主要包括本年在成本费用中列支的工资（薪金）所得、职工福利费、社会保险费、公益金以及其他各种费用中含有和列支的个人报酬部分；固定资产折旧是指企业当年提取的固定资产折旧费；生产税净额是指国家对企业生产、销售产品和从事生产经营活动所征收的各种税金、附加费和规费等扣除生产补贴后的净额。各种税费主要有：本年应交的增值税、主营业务（产品销售）税金及附加在管理费用中列支的税费等。扣除的内容主要有：国家财政对企业的政策性亏损补贴、奖励、价格补贴、外贸企业的出口退税和补交往年税款等；规费是指国家和省级以上政府部门规定必须交纳的费用，如教育费附加、环境保护费、定额测定管理费、河道工程修建维护管理费等；营业盈余是指企业本年的营业利润加补贴，主要包括：企业营业利润、补贴收入等。

工业企业原则上按照“生产法”计算增加值，非工业企业原则按照“收入法”计算增加值。

增加值（可比价）= 增加值（现价）/ 基期下一年度到当年的所有价格指数连乘。

例如：2013 年增加值（可比价）=2013 年增加值（现价）/2011 年价格指数 ×2012 年价格指数 ×2013 年价格指数。

五、万元营业收入能耗

本报表制度非工业企业报送万元营业收入能耗，工业企业不统计该指标。

万元营业收入能耗（tce/ 万元）= 能源消费总量（tce）/ 营业收入（万元）。

营业收入是指企业在销售商品和提供劳务及让渡资产使用权等日常经营活动中所形成的经济利益的总流入，数据应取自各企业财务报表。

营业收入（可比价）= 报告期营业收入（现价）/ 基期下一年度到当年的所有价格指数连乘。

例如：2013 年营业收入（可比价）=2013 年营业收入（现价）/2011 年价格指数 ×2012 年价格指数 ×2013 年价格指数。

六、节能量

依据《企业节能量计算方法》（GB/T 13234—2009），企业节能量一般分为产品节能量、产值（收入）节能量、技术措施节能量、产品结构节能量和单项能源节能量等。本报表制度采用产值（收入）节能量、产品节能量或技术措施节能量。产值（收入）节能量由中央企业能源节约与生态环境保护统计监测系统计算，产品节能量或技术措施节能量由企业进行填报，如果难以计算可不填报。节能量按定比计算，以 2010 年为基期，即计算每报告期节能量时，均与基期进行比较，计算结果为负值时为节能。

产值（可比价）节能量 =（报告期企业万元产值综合能耗 - 基期企业万元产值综合能耗）× 报告期企业的总产值（可比价）。

单一产品节能量 =（报告期单位产品综合能耗 - 基期单位产品综合能耗）× 报告期产出的合格产品数量。

单项技术措施节能量 =（某种工艺或设备实施某项技术措施后其产品的单位产品能源消耗量 - 某种工艺或设备实施某项技术措施前其产品的单位产品能源消耗量）× 某种工艺或设备实施某项技术措施后其产品产量。

七、二氧化硫（SO_2）排放量

工业企业 SO_2 排放量 = 燃料燃烧过程中的 SO_2 排放量 + 生产工艺过程中的 SO_2 排放量。

非工业企业中有燃煤（油）锅炉的，原则上

应填报 SO_2 排放量，非工业 SO_2 排放量 = 燃料燃烧过程中的 SO_2 排放量。

企业 SO_2 排放量原则上按在线监测数据填报。如果企业尚未安装监测设备，可按下列公式测算：燃料燃烧过程中的 SO_2 排放量 = 原煤消费量 × 含硫率 ×0.8×2×（1- 脱硫率）

系数 0.8 是指燃烧过程中 SO_2 转化率；

系数 2 是指硫转化为 SO_2 后增重比例；

脱硫率采用脱硫措施的锅炉按检测数据取值计算，没有脱硫措施的锅炉脱硫率取 0。

不具备条件取得燃煤含硫率数据的，暂按 1.2% 含硫率计算。

八、化学需氧量（COD）排放量

COD 是指在一定的条件下，采用一定的强氧化剂处理水样时所消耗的氧化剂量。COD 排放量的测算方法可以采用实测法，通过实际测量的废水排放量及 COD 排放浓度，计算 COD 排放量，没有 COD 排放的可不填报。

$$COD排放量 = Q1 \times C1 \times T1 \times 10^{-9}$$

式中　COD 排放量——t；

Q1——单位时间废水排放量，m^3/h；

T1——废水排放时间，h；

C1——COD 排放浓度，mg/m^3。

若企业废水直接排放到外环境，COD 排放浓度为企业出厂界 COD 排放浓度；若企业废水达标排放到城市污水管网或生活污水处理设施的，有两种统计方法：①根据“十一五”时期 COD 排放统计方法计算；②企业 COD 排放量 = 污水处理厂处理后的 COD 排放浓度 × 废水排放量。污水处理厂处理后的 COD 排放浓度可向当地环保部门了解。方法①计算的 COD 排放量在统计监测报表中报送。方法②计算的 COD 排放量在总结分析报告中报送，并且每半年度报送一次。

九、二氧化碳（CO_2）排放量

按照国家发展改革委发布的《首批 10 个行业企业温室气体排放核算方法与报告指南（试行）》（发改办气候〔2013〕2526 号）、《第二批 4 个行业企业温室气体排放核算方法与报告指南（试行）》（发改办气候〔2014〕2920 号）、《第三批 10 个行业企业温室气体排放核算方法与报告指南（试行）》（发改办气候〔2015〕1722 号）进行统计核算。同时，要及时关注新增核算方法。

十、氮氧化物（NO_x）排放量

NO_x 是指由氮、氧两种元素组成的化合物。作为空气污染物的 NO_x 通常指 NO 和 NO_2。NO_x 排放大部分来自化石燃料的燃烧，如汽车、飞机、内燃机、工业窑炉的燃烧过程；也来自生产、使用硝酸的过程，如氮肥厂、有机中间体厂、有色及黑色金属冶炼厂等。

NO_x 的产生机理较为复杂，与燃烧温度、炉内烟气温度及氧浓度、燃料中氮组分转换率等因素有关，锅炉废气中 NO_x 排放量很难通过理论核算，一般通过实测烟气量和烟气中 NO_x 浓度来计算。

如果企业尚未安装监测设备，可由报告期内锅炉的煤炭消耗量乘以吨煤排污系数，计算 NO_x 排放量。

$$Enox=M \times Ef \times 10^{-3}$$

式中　Enox——报告期 NO_x 排放量，t；

M——报告期煤炭消耗量，t；

Ef——NO_x 排污系数，kg/tce。

NO_x 排污系数可参照《工业源产排污系数手册》中的产排污系数取值。如果实测浓度与排污系数折算浓度相差较大时，依据浓度比调整排污系数。

十一、氨氮排放量

氨氮是指水中以游离氨（NH_3）和铵离子（NH_4）形式存在的氮。氨氮主要来源于人和动物的排泄物、雨水径流以及农用化肥的流失，也存在于化工、冶金、石油石化、油漆颜料、煤气、炼焦、鞣革等工业废水中。氨氮排放量的测算可以采用实测法，通过实际测量废水排放量和氨氮排放浓度，计算氨氮排放量，没有氨氮排放的可不填报。

$$氨氮排放量 = Q2 \times C2 \times T2 \times 10^{-9}$$

式中　氨氮排放量——t；

Q2——单位时间废水排放量，m^3/h；

T2——废水排放时间，h；

C2——氨氮排放浓度，mg/m^3。

其中，对于氨氮排放浓度，如果报告期内产品结构无大变化，可采用多次测定结果的平均值。如果报告期内产品结构有很大调整或生产工艺、处理工艺有所改变，则应取不同情况下的测定值计算后进行累加。

若企业废水直接排放到外环境，氨氮排放浓度为企业出厂界氨氮排放浓度；若企业废水达标排放到城市污水管网或生活污水处理设施的，有两种统计方法：①根据“十一五”时期COD排放量统计方法计算；②企业氨氮排放量=污水处理厂处理后的氨氮排放浓度×废水排放量，污水处理厂处理后的氨氮排放浓度可向当地环保部门了解。方法①计算的氨氮排放量在统计监测报表中报送。方法②计算的氨氮排放量在总结分析报告中报送，并且每半年度报送一次。

十二、其他指标

1.万元产值新水用量（t/万元）=工业新用水量（t）/工业总产值（万元）

工业新水用量指企业报告期内新鲜水用量，即直接取自“自来水”“地下水”“地表水”及其他外购水及水产品的数量，不包括企业内部的重复利用水。

2.万元增加值新水用量（t/万元）=工业新用水量（t）/增加值（万元）

3.吨钢综合能耗（kgce/t）=1 000×企业净耗能源量（tce）/粗钢合格产出量（t）

分子项：企业净耗能源量。指报告期内钢铁工业生产直接消耗的各种能源及其辅助生产系统、直接为钢铁工业生产服务的附属生产系统实际消耗的各种能源总量，不包括非钢铁工业生产消耗的能源量和外销能源量。

4.企业净耗能源量=企业购入能源量+期初库存量-期末库存量-非钢铁工业生产消耗的能源量-外销能源量

钢铁工业生产，指铁、铬、锰等黑色金属矿物的采选、人造块矿、铁合金冶炼、炼铁、炼钢、钢加工、钢丝及其制品、焦炭、耐火材料制品、碳素制品和为钢铁工业生产服务的运输、机修、动力等生产。在这些之外的生产活动为非钢铁工业生产。

企业外销能源量，指企业向外销售的购入能源、企业生产的二次能源、下脚燃料及余热等。驻厂施工单位、独立核算的非工业生产单位和厂区（车间）以外的生活耗能（如服务公司、医院、学校、职工食堂等），凡有据可查的部分均可作为外销能源处理。

分母项：粗钢合格产出量。指报告期内，企业完成了粗钢生产过程，并符合产品质量要求的模铸钢锭、连铸钢坯、铸造用液态钢（铸钢水）产出量之和，包括订货者来料加工生产的产品，不包括委外加工生产的产品。

5.单位氧化铝综合能耗（kgce/t）=1 000×氧化铝生产综合能源消费量（tce）/实产氧化铝产量（t）

分子项：氧化铝生产综合能源消费量。包括氧化铝工艺用能和间接能源消耗，氧化铝工艺用能，指生产氧化铝所直接消耗的各项能源，包括煤、油、焦、汽、电、煤气、汽油、柴油等消耗；间接能源消耗，指企业辅助、附属部门能耗分摊量，能源转换损耗分摊量和企业内部能源正常损耗量。

分母项：实产氧化铝产量。包括冶金级氧化铝（指生产电解铝的原料）和化学品级氧化铝（折合量），如氢氧化铝系列商品折合量（普通氢氧化铝、特种氢氧化铝、白色氢氧化铝、填料氢氧化铝等）、氧化铝系列折合量（煅烧氧化铝、助燃剂用低温氧化铝、电工填料氧化铝等）、拟薄水铝石系列折合量等。

6.单位铝锭综合交流电耗（kW·h/t）=10 000×铝锭交流电消耗总量（万kW·h）/合格交库的铝锭产量（t）

分子项：铝锭交流电消耗总量为铝锭生产全部用电量，含电解工序交流电用量；电解工序、铸造工序的动力及照明用电，如电解的通风排烟和烟气净化设施，铸造的混合炉、熔炼炉、扒渣机、堆垛机、天车等设备用电；分摊的辅助、附属部门用电，如为电解服务的供电车间、机修车间、电维车间、计算机室、化验室等分摊的线路损失等。

分母项：合格交库的铝锭产量是指报告期内生产合格交库的铝锭产量，包括商品产量和自用量之和。

7. 火力发电供电煤耗（gce/kW・h）=100×发电耗用标准煤量（tce）/ 供电量（万 kW・h）

分子项：发电耗用标准煤量是指发电生产耗用的原煤、燃料油和燃气等燃料量折算为标准煤，不包括如下用能：

①新设备或大修后设备的烘炉、煮炉、暖风机、空载运行的用能；

②新设备在未移交生产前的带负荷试运行期间的用能；

③计划大修以及基建、更改工程施工的用能；

④发电机作调相运行时耗用的用能；

⑤自备机车、船舶等耗用的用能；

⑥升、降压变压器（不包括厂用电变压器）、变波机、调相机等消耗的用能；

⑦修配车间、车库、副业、综合利用、集体企业、外供及非生产用（食堂、宿舍、幼儿园、学校、医院、服务公司和办公室等）的用能。

分母项：供电量 = 火力发电量 - 厂用电量。其中火力发电量指报告期内火力发电厂生产的电量，扣除试运行期间的电量。厂用电量包括电厂动力、照明、通风、取暖及经常维修等用电量，以及属于电厂资产并由电厂负责其运行和检修的厂外输油管道系统、循环管道系统和除灰管道系统等用电量。厂用电量既包括本厂生产的电力用作生产耗用的电量，也包括购电量中用作发电厂厂用电的电量。

厂用电量不包括如下用电量：

①新设备或大修后设备的烘炉、煮炉、暖风机、空载运行的用电；

②新设备在未移交生产前的带负荷试运行期间耗用的用电；

③计划大修以及基建、更改工程施工用电；

④发电机作调相运行时的用电；

⑤自备机车、船舶等的用电；

⑥升、降压变压器（不包括厂用电变压器）、变波机、调相机等的用电；

⑦修配车间、车库、副业、综合利用、集体企业、外供及非生产用（食堂、宿舍、幼儿园、学校、医院、服务公司和办公室等）的用电。

8. 火力发电厂用电率（%）= 发电厂用电量（万 kW・h）/ 发电量（万 kW・h）×100%。

发电厂用电量和发电量均不含试运行电量，具体说明见火力发电供电煤耗的分母项。

9. 烟气脱硫机组容量占燃煤机组的比例（%）= 配备烟气脱硫装置的机组装机容量（万 kW）/ 燃煤机组装机容量（万 kW）×100%。

10. 烟气脱硝机组容量占燃煤机组的比例（%）= 配备烟气脱硝装置的机组装机容量（万 kW）/ 燃煤机组装机容量（万 kW）×100%。

中央企业涉及火电、核电、水电、风电、生物质、太阳能及其他非化石能源发电的，需填报发电装机容量及发电量。

注意事项：八和九指标每年度报送一次。

11. 线损率（%）= 线路损失电量（亿 kW・h）/ 供电量（亿 kW・h）×100%

分子项：线路损失电量 = 供电量 - 售电量。

分母项：供电量 = 发电量 - 厂用电量（发电、供热用）+ 购入电量 + 电网输入电量 - 电网输出电量。

废水排放量指报告期内经过企业厂区所有排放口排到企业外部的工业废水量。包括生产废水、外排的直接冷却水、超标排放的矿井地下水和与工业废水混排的厂区生活污水，不包括外排的间接冷却水（清污不分流的间接冷却水应计算在废水排放量内）。

12. 采区回采率（%）= 采区采出煤量（万 t）/ 采区动用储量（万 t）×100%

分子项：采区采出煤量。指采区内所有工作面采出煤量与掘进煤量之和。

分母项：采区动用储量。指采区采出煤量与损失煤量之和。

注意事项：该指标每半年度报送一次。

13. 吨水泥综合能耗（kgce/t）=1 000× 生产水泥综合能源消费量（tce）/ 水泥产量（t）。

分子项：生产水泥综合能源消费量。包括电力、原煤、洗精煤、焦炭、原油、重油（包括渣油）、汽油、煤油、柴油、天然气、煤气、液化气、蒸汽等。企业用自备锅炉，自备发电机组生产的蒸汽、电力，由本企业消耗的，只计算第一次能源消耗，不再重复计算蒸汽及电的消耗；余热发电亦不重复计算。依据分子分母对应原则，生产水泥综合能源消费量不应包括已销售的商品熟料所消耗的能源。

分母项：水泥产量。指报告期合格品产量，计量单位为吨。水泥是指加水拌和成塑性浆体，能胶结砂、石等适当材料并能在空气和水中硬化的粉状水硬性胶凝材料。企业在统计水泥产量时，不得将达不到水泥强度等级的废品水泥和已销售的商品熟料折合成水泥统计在水泥产量中。

14. 吨水泥熟料综合能耗（kgce/t）=1 000×生产水泥熟料综合能源消费量（tce）/ 水泥熟料产量（t）。

分子项：生产水泥熟料综合能源消费量。包括电力、煤炭、油品、天然气、煤气、液化气、蒸汽的消费。企业用自备锅炉，自备发电机组生产的蒸汽、电力、由本企业消耗的，只计算第一次能源消耗，不再重复计算蒸汽及电的消耗；利用余热发电亦不重复计算。

分母项：水泥熟料产量。指报告期合格品产量，计量单位为吨。凡是由本企业生产的水泥熟料，无论是作为商品熟料出售，还是作为水泥生产过程中的半成品出售，都应统计水泥熟料产量。外购的熟料不得统计为熟料产量。

15. 每重量箱平板玻璃综合能耗（kgce/ 重量箱）=1 000× 平板玻璃综合能源消费量（tce）/ 平板玻璃产量（重量箱）。

分子项：平板玻璃综合能源消耗量。包括生产平板玻璃直接消耗的各种能源、辅助生产系统和附属生产系统消耗的一次能源和二次能源，以及需要分摊的企业内部亏损能源。不包括用于基本建设、生活福利设施等非工业生产所消耗的能源和回收利用的余能等。

分母项：平板玻璃产量。包括浮法、垂直引上、格法、平拉等各种生产工艺生产的平板玻璃。计量单位为重量箱。

16. 千吨海里能耗（kgce/ 千吨海里）= 运输净耗能源量（tce）/ 运输总周转量（千吨海里）。

单位运输周转量油耗（吨航油/万吨公里）= 运输净耗航油量（吨航油）/ 运输总周转量（万吨公里）。

水运企业填报千吨海里能耗，航运企业填报单位运输周转量油耗。运输周转量是运输量和平均运距的乘积，分为货物周转量和旅客周转量两种。

中国机械工业集团有限公司能源节约与生态环境保护工作考核规定（2021 年修订）

国机节〔2022〕6 号

第一章　总　则

第一条　按照国务院国资委有关中央企业能源节约与生态环境保护工作的要求，为建立有效的约束激励机制，正确考核评价企业能源节约与生态环境保护工作，结合国家有关规定，制定本办法。

第二条　本办法是中国机械工业集团有限公司（简称国机集团）考核评价下属企业能源节约与生态环境保护工作的主要依据。本办法适用于国机集团二级企业。

第三条　考核评价工作在国机集团能源节约与生态环境保护工作领导小组统一领导下，由国机集团能源节约与生态环境保护工作办公室具体负责组织实施。

第二章　考核原则与主要内容

第四条　国机集团对二级企业能源节约与生态环境保护工作实行统一考核、分类评价、重点监管的原则。

（一）二级企业全部统一纳入考核评价体系。

（二）按照企业分类，有针对性地开展考核评价。

（三）对能源消费量和污染物排放量大的企业实行重点监控。

第五条　考核内容。

量化指标主要包括万元产值综合能耗、万元营业收入综合能耗、万元产值（收入）二氧化碳（CO_2）排放、二氧化硫（SO_2）排放量和化学需氧量（COD）排放量。

管理目标主要包括能源节约与生态环境保护工作的组织和领导情况、制度体系建设情况、目标分解与责任制、法律法规执行情况、教育培训情况、技术开发和推广情况、基础管理工作等。

第三章　考核评价方法

第六条　能源节约与生态环境保护量化指标的总分为 40 分。量化指标超过两项（含）以上的按平均分配权重计分。

第七条　能源节约与生态环境保护管理目标的总分为 60 分。详见附表。

第八条　综合量化指标和管理目标考核情况，评价结果分为合格和不合格两种情况。重点类企业得 60 分及以上的为合格，关注类企业得 65 分及以上的为合格，一般类企业得 70 分及以上的为合格，反之则为不合格。

第九条　二级企业发生下列情形之一的，能源节约与生态环境保护考核结果按不合格处理：

（一）能源节约与生态环境保护数据严重不实，弄虚作假的。

（二）发生重大环境污染事件，造成重大社会影响的。

（三）发生能源节约与生态环境保护重大违法违规事件，造成恶劣影响。

（四）被国家能源节约与生态环境保护主管部门通报，给国机集团造成严重影响的。

第四章　考核程序

第十条　二级企业年度能源节约与生态环境保护工作考核按照下列程序进行：

（一）规划期初，国机集团根据各单位能源节约与生态环境保护实际水平，对照国内外同行业先进水平，与二级企业协商确定规划期内每年度能源节约与生态环境保护量化指标，并通过签署《能源节约与生态环境保护目标责任书》的形式下达。

（二）每年度结束，二级企业要在上报能源节约与生态环境保护统计报表的基础上对目标完成情况以及管理目标确定的内容进行总结分析，将报告报送国机集团。对与地方政府签订能源节约与生态环境保护考核目标责任书的企业，应在总结分析报告中进行专项说明。

（三）国机集团组成评价考核工作组通过审核二级企业能源节约与生态环境保护工作总结分析报告，结合日常管理过程中的现场核查和重点抽查等结果，按照计分标准，对二级企业考核评价。

（四）对于规划期内企业有重组、并购等重大资产变更等情况，二级企业可在每年度工作报告中对剩余规划期量化指标进行调整。

第五章　奖惩措施

第十一条　能源节约与生态环境保护考核评价结果将在国机集团内发布，对不合格企业进行通报。

第十二条　能源节约与生态环境保护考核结果与二级企业负责人经营业绩考核挂钩。挂钩办法见国机集团经营业绩考核相关管理制度。

第十三条　二级企业发生重大环境污染事件或能源节约与生态环境保护重大违法违规事件，被国家能源节约与生态环境保护主管部门通报，造成重大社会恶劣影响的，考核上予以一票否决；情节严重者，对责任企业和个人给予行政或经济处罚。

第六章 附 则

第十四条 本办法由国机集团能源节约与生态环境保护办公室负责解释。

第十五条 本办法自发布之日起施行。原《中国机械工业集团有限公司节能减排工作考核规定》（国机节〔2017〕251号）同时废止。

附表：二级企业能源节约与生态环境保护工作考核评价计分表。

附表

二级企业能源节约与生态环境保护工作考核评价计分表

指标类别	序号	考核内容	评分标准	分值/分
否决项	1	二级企业发生下列情形之一的，能源节约与生态环境保护考核结果按不合格处理： 1. 能源节约与生态环境保护数据严重不实，弄虚作假的； 2. 发生重大环境污染事件，造成重大社会影响的； 3. 发生能源节约与生态环境保护重大违法违规事件，造成恶劣影响的； 4. 被国家能源节约与生态环境保护主管部门通报，给集团造成严重影响的		
定量指标（40分）	2	目标值完成情况	1. 完成本企业规划期内年度能源节约与生态环境保护目标责任书确定的量化指标，本考核项得满分； 2. 量化指标超过两项（含）以上的，按平均分配权重计分	40分
管理目标（60分）	3	工作组织和领导情况	1. 建立由企业主要负责人为组长的能源节约与生态环境保护工作领导小组并定期研究部署工作； 2. 建立与生产经营相适应的能源节约与生态环境保护协调监督管理机构，并提供工作保障； 3. 完善碳达峰碳中和推进工作机制，统筹推进碳达峰碳中和工作	2分
	4	制度体系建设与执行情况	1. 制订能源节约与生态环境保护工作规划并纳入企业发展规划； 2. 建立并落实企业能源节约与生态环境保护责任制度； 3. 积极创建环境管理体系，建立并执行企业能源节约与生态环境保护统计、监测和考核制度； 4. 建立并执行企业办公与生活区节能降耗管理办法； 5. 建立并执行能源节约与生态环境保护教育培训制度； 6. 建立并执行碳达峰碳中和推进工作方案	2分
	5	目标分解和落实情况	1. 按年度将能源节约与生态环境保护目标分解到下属单位、项目、车间、作业队、班组等； 2. 对能源节约与生态环境保护目标落实情况进行考评和奖惩	2分
	6	法律法规执行情况	1. 贯彻执行节约能源法及配套法律法规及地方性法规与政府规章，严格执行排污许可制度；按照国家和地方要求规范危险废物的贮存、转移和处置工作； 2. 自觉履行环境信息强制性披露责任。严格按照法律法规要求的内容、方式和时限如实规范披露环境信息； 3. 自觉接受中央及地方生态环境保护督察，严格按照有关规定积极配合中央及地方生态环境保护督察组开展工作，如实反映情况和问题； 4. 执行高耗能产品能耗限额标准，实施主要耗能设备能耗定额管理制度； 5. 新、改、扩建项目依法开展环境影响评价、节能评估、水土保持评估和竣工环境保护、水土保持设施自主验收等工作	2分

（续）

指标类别	序号	考核内容	评分标准	分值/分
管理目标（60分）	7	技术进步和技改实施情况	1. 安排能源节约与生态环境保护研发及管理专项资金并逐年增加； 2. 积极推广应用能源节约与生态环境保护新技术、新材料、新工艺、新设备； 3. 实施并完成年度能源节约与生态环境保护技改计划； 4. 按规定淘汰落后耗能工艺、设备和产品	2分
	8	基础管理工作情况	1. 企业技术管理方案、设备物资管理措施中包括制定能源节约与生态环境保护专项措施	2分
			2. 实行能源节约与生态环境保护审计或监测，并落实改进措施	2分
			3. 对能源节约与生态环境保护工作进行监督检查，开展环境影响因素识别、风险点排查和隐患治理，防范环境污染事件	4分
			4. 建立能源消耗、温室气体排放及污染物排放等相应原始记录和统计台账，定期收集、定期汇总、定期分析	2分
			5. 按时保质报送能源节约与生态环境保护季度、年度及专项总结报告和统计报表	4分
			6. 应对各类能源消耗实行分级分类计量，合理配备和使用符合国家标准的能源计量器具，依法开展污染物排放自行监测，按照国家和地方要求建立污染物排放和能耗监测系统	2分
			7. 有效开展“节能宣传周”“全国低碳日”等能源节约与生态环境保护宣传以及节能低碳技术培训工作，提升全员意识	4分
奖励项	9		1. 获得国家级能源节约和生态环境保护有关奖项	3分
			2. 获得省部级能源节约和生态环境保护有关奖项	2分
			3. 企业在“碳达峰碳中和”、能源节约与生态环境保护重点领域形成核心技术和重大科研成果，研发制造重大装备，获得优秀设计项目或示范工程案例等荣誉	0.5～2分

中国机械工业集团有限公司党委党员教育培训工作实施意见（2022年12月修订）

国机党〔2022〕125号

为深入学习贯彻习近平新时代中国特色社会主义思想和党的二十大精神，切实提高中国机械工业集团有限公司（简称国机集团）党员教育培训工作质量，努力建设政治合格、执行纪律合格、品德合格、作用发挥合格的党员队伍，根据《中国共产党章程》和《中国共产党党员教育管理工作条例》以及党内有关规定，制定本意见。

一、准确把握总体要求

（一）指导思想。以马克思列宁主义、毛泽东思想、邓小平理论、“三个代表”重要思想、科学发展观、习近平新时代中国特色社会主义思想为指导，落实新时代党的建设总要求和新时代党的组织路线，围绕企业高质量发展，以增强党性、提高素质为重点，开展全覆盖、常态化的党员教育培训，不断增强党员教育培训的针对性和有效性，全面提高党员队伍素质能力，推动广大党员发挥先锋模范作用，为将国机集团建设成为具有全球竞争力的世界一流企业提供坚强组织保证。

（二）基本原则。坚持党要管党、全面从严治党，将严的要求落实到党员教育培训工作全过程和各方面，党员领导干部带头接受教育。坚持以党的政治建设为统领，突出党性教育和政治理论教育，引导党员遵守党章党规党纪，不忘初心、牢记使命。坚持围绕中心、服务大局，紧紧围绕党和国家工作大局、国机集团改革发展中心任务谋划推进党员教育培训工作，保证党的理论和路线方针政策、党中央决策部署贯彻落实。坚持问题导向、系统思维，教育引导党员加强党性修养、严守纪律规矩、健全知识体系，提高党员解决实际问题、做好本职工作的能力。坚持形式灵活、精准施教，集中培训与经常性教育并重，突出重点、创新形式、分类指导。坚持顶层设计、基层为主，加强对党员教育培训工作的统筹规划，建立健全加强党员教育培训管理的长效机制，发挥好党支部教育管理党员的主体作用。坚持继承创新、注重实效，让党员作评价，从基层看效果。

（三）主要目标。党员教育是党的建设的重要基础工作和长期战略任务，在推进中国特色社会主义伟大事业和党的建设新的伟大工程中具有先导性、全局性、保障性作用。把用习近平新时代中国特色社会主义思想武装全党作为党员教育的首要政治任务，深刻领悟“两个确立”的决定性意义，增强“四个意识”、坚定“四个自信”、做到“两个维护”，以实际行动践行对党忠诚。坚持理论武装同常态化长效化开展党史学习教育相结合，引导党员不断学史明理、学史增信、学史崇德、学史力行，传承红色基因，赓续红色血脉。坚持集中教育和经常性教育相结合，采取集中轮训、党委理论学习中心组学习、理论宣讲、在线学习培训等方式，对广大基层党员进行教育培训，使广大党员理想信念进一步坚定，党性观念进一步增强，改革意识进一步强化，优良作风进一步发扬，履职服务能力进一步提高，先锋模范作用进一步发挥，不断增强党的生机活力。

要经过不懈努力，初步构建系统完备、科学规范、开放有序、务实高效的党员教育培训工作体系。形成党委统一领导、党建工作部门牵头抓总、有关部门各负其责、基层党组织为主实施的管理体制。

二、明确教育培训的基本任务

（一）加强习近平新时代中国特色社会主义思想和党的二十大精神的教育培训。坚持不懈用习近平新时代中国特色社会主义思想凝心铸魂，全面加强党的思想建设，加强理想信念教育，引导党员牢记党的宗旨，自觉做共产主义远大理想和中国特色社会主义共同理想的坚定信仰者和忠实实践者。要多层次全覆盖组织教育培训，把学习贯彻习近平新时代中国特色社会主义思想和党的二十大精神纳入各级党员教育培训计划。国机集团各级党组织要邀请党建专家深入基层开展专题培训，各级党员领导干部要带头深入所在支部、分管领域和联系点开展宣讲，引导广大党员深刻领会和准确把握习近平新时代中国特色社会主义思想和党的二十大精神实质，加深对习近平新时代中国特色社会主义思想、马克思主义中国化时代化、中国式现代化等重大问题的认识，深刻理解党的二十大对全面建设社会主义现代化国家作出的战略部署，切实把思想和行动统一到党中央精神上来，坚决维护习近平总书记党中央的核心、全党的核心地位，坚决维护党中央权威和集中统一领导。

（二）加强党章党规党纪教育培训。强化党章党规党纪教育，引导党员牢记入党誓词，坚持合格党员标准，自觉遵守党的纪律，带头践行社会主义核心价值观，培养高尚道德情操，培育良好思想作风、学风、工作作风、生活作风和家风。加强宪法法律法规教育，引导党员尊法学法守法用法。

（三）加强政治理论和形势政策教育培训。突出党的创新理论学习，组织党员学习党的基本理论、基本路线、基本方略，学习马克思主义基本原理和党的基本知识，引导党员坚定理想信念，增强党性修养，努力掌握并自觉运用马克思主义立场观点方法。突出政治教育和政治训练，严格党内政治生活锻炼，教育党员旗帜鲜明讲政治，提高政治觉悟和政治能力，严守政治纪律和政治规矩，永葆共产党人政治本色，做到“四个服从”，在思想上政治上行动上同以习近平同志为核心的党中央保持高度一致。围绕贯彻执行党中央决策部署和国家重大战略、推进落实重大任务，宣讲党的路线方针政策，解读世情国情党情，开展科技研发与服务、先进装备制造、工程承包与供应链等方面的形势任务报告和业务宣讲活动，回应党员关注的问题，引导党员正确认识形势，把思想和行动统一到党中央要求上来。

（四）加强党的宗旨教育和革命传统教育培训。引导党员践行全心全意为人民服务的根本宗旨，贯彻党的群众路线，提高群众工作本领，密切联系服务群众。引导党员学习党史、国史、改革开放史、社会主义发展史和中华优秀传统文化，铭记党的奋斗历程，弘扬党的优良传统，传承红色基因，践行共产党人价值观，激发爱国主义热情。

（五）加强业务知识和职业技能教育培训。围绕企业改革发展和党员岗位职责要求和工作需要，有针对性地开展经济、政治、文化、社会、生态文明和哲学、历史、科技、法律等方面知识特别是工业基础研发、先进装备制造、工程承包与供应链等主要领域新知识、新技术、新技能的教育培训，引导党员优化知识结构，提升综合素质和履职能力，增强服务本领。

三、抓好重点群体培训工作

采取分级分层、分期分批的办法，分专题对全体党员进行集中轮训，在普遍实施培训的基础上，突出抓好以下三个群体的教育培训：

（一）基层党组织书记培训。采取国机集团示范培训、二级企业普遍培训的形式，每年对基层党组织书记进行集中轮训，主要学习习近平新时代中国特色社会主义思想和党的二十大精神，重点开展党的创新理论、党建工作实务、群众工作、企业治理等教育培训，努力建设一支守信念、讲奉献、有本领、重品行的基层党组织带头人队伍。基层党组织换届后，要对新任党组织书记进行任职培训。基层党组织书记的集中轮训和任职培训，按照党组织隶属关系，由上级党委党建工作部门负责组织实施，时间一般不少于56学时。

（二）新党员培训。结合贯彻落实《中国共产党发展党员工作细则》，着眼于帮助新党员强化思想入党，提升政治觉悟和理论素养，通过集中学习、党课教育、主题活动等方式，在党员入党后一年内组织一次集中培训，主要学习习近平新时代中国特色社会主义思想，重点开展党的基本知识、党性党风党纪、党的优良传统等教育培训，强化思想入党，提升他们的政治觉悟和理论素养。新党员的集中培训按照党组织隶属关系和区域分布，由国机集团党委或京外二级企业党建工作部门负责组织实施，时间一般不少于32学时。

（三）境外党员教育培训。落实国机集团党委境外党建工作的相关规定，充分利用现代信息及保密技术等手段，着眼于增强党员意识、发挥先锋模范作用，加强党员党性教育、形势任务教育、法治教育、外事纪律教育、安全保密教育和警示教育，努力打造“特别能战斗、特别能创新、特别能担当、特别能奉献”的国机境外铁军。境外党员日常培训由相关企业境外党组织负责。必须高度关注境外党员的思想动态，由境外党组织负责人落实“四必谈”的要求，定期开展谈心谈话。派出单位要结合境外党员回国出差、述职、休假等安排，加强对境外党员的教育引导，尽可能协调安排境外党员参加党员集中轮训，派出单位党员负责人要与境外党员及时开展谈心谈话。境外党员每年至少向派出单位党组织进行一次思想工作情况汇报。

四、不断强化培训措施

（一）改进方式方法。优化集中教育、脱产培训、集体学习、网络培训、自主选学、个人自学等方式，运用专题辅导、报告会、案例分析、现场观摩、现身说法、交流研讨、结对帮学等方法开展教育培训。国机集团各级党组织要根据党中央要求和企业实际，确定特色鲜明的党日主题，组织党员开展学习培训和实践活动；要建立集团基层党组织和共产党员先进典型库，采用巡回报告、在线互动、观看电视片等方式，组织党员学习先进典型，同时运用违纪违法的反面典型教育警示党员；要组织党员领导干部和基层党组织负责同志定期为党员讲党课；要积极发挥集团党委讲师团党务干部讲师队伍作用，不断提高培训工作质量。

（二）创新载体手段。适应时代发展要求，充分运用互联网技术和信息化手段，改进党员教育培训工作，推进基层党建传统优势与信息技术深度融合。加快国机集团党员干部远程教育平台建设，实现远程教育由单一教育平台向综合服务平台转变，促进共建共享，提高学用水平；推动在企业网站、内刊以及“两微一端”等新媒体开设党员教育培训专栏，实现全媒体覆盖；基层党组织要组织党员上网学习、参加在线学习培训，探索建立“网上党校”“网络课堂”，完善学用功能，探索适应基层一线党员、流动党员等特点的教育培训有效方式。

（三）加强制度建设。建立健全党员教育培训基本制度。坚持和完善“三会一课”、谈心谈话、主题党日、民主生活会和组织生活会、民主评议党员等制度。建立健全集中轮训机制，分期分批组织实施。建立党员教育培训学时制度，党员每年集中学习培训时间一般不少于 32 学时，基层党组织书记和班子成员每年集中学习培训时间不少于 56 学时，至少参加 1 次集中培训。建立党员教育培训工作台账制度，严格按照党组织隶属关系，实现培训考勤、学时登记、培训内容台账化管理，提升党员自觉接受教育培训意识，上级组织调训统一纳入党员所在党组织教育培训工作台账。建立党员教育培训考核评估机制，加强党员教育培训工作考核结果运用，将考评结果作为党组织和党员评先评优的重要依据。

（四）加强学风建设。认真落实党中央关于加强学风建设的要求，坚持从严治教、从严治学，厉行节约、勤俭办班，严格执行规章制度，加强对教育培训的管理，联系实际开展教育培训。党员要自觉接受教育培训，增强自主学习的意识和能力，端正学习态度，严守培训纪律，联系实际学、带着问题学，做到真学真懂真信真用。

五、切实加强组织领导

（一）落实领导责任。各级党委要高度重视党员教育培训工作，将其列入重要议事日程，纳入党建工作责任制，作为党建工作述职、评议、考核的重要内容，一级抓一级、层层抓落实。基层党组织要履行抓党员教育培训的基本职责，推动落实上级党组织工作安排，具体组织落实各项教育培训任务。

（二）明确各级职责。党员的教育培训，由所在企业党建工作部门负责组织实施。基层党组织书记的教育培训，按照党组织隶属关系，由上级党建工作部门负责组织实施。国机集团党委工作部负责指导和推动面上培训工作开展，每年会同集团党校等有关单位举办基层党组织书记、党建工作部门负责人教育培训示范班。

（三）提供经费保障。国机集团各企业要按照《中国机械工业集团有限公司党组织工作经费管理办法》《中国机械工业集团有限公司关于党费收缴、使用和管理的实施细则》要求，为党员教育培训提供经费保障。

（四）强化督导检查。各级党组织要加强对下级党组织党员教育培训工作的督导检查，实现督导检查常态化、制度化，每年要向上级党组织报告党员教育培训工作情况。对在党员教育培训中失职失责的，按照有关规定予以追责问责。

本意见主要对国机集团基层党员和基层党组织负责人的教育培训作出总体安排。纳入各级党委干部教育培训范围的党员领导干部，除认真执行干部教育培训的有关规定外，还应带头参加所在单位的党员教育培训，做刻苦学习、学以致用的模范。

各二级企业要根据本实施意见，结合企业实际制定贯彻落实的具体意见和年度计划。

第五篇

荣誉汇编

2022 年全国及省部级、中央企业和国机集团先进集体及先进个人

中国机械工业集团有限公司主要排名及荣誉

1. 综合排名

世界 500 强企业排名第 279 位

中国 500 强企业排名第 82 位

2. 机械行业排名

中国机械工业企业百强第 1 名

3. 对外贸易排名

中国对外贸易企业 500 强第 24 位

4. 汽车贸易和服务

中国最大的汽车贸易和服务商

5. 国际工程设计公司排名

ENR“国际工程设计公司 225 强”第 64 位

ENR“全球工程设计企业 150 强”第 39 位

6. 国际工程承包商排名

ENR“全球 250 家”最大国际工程承包商第 33 位

7. 国务院国资委考核

国资委中央企业业绩考核 A 级企业

全国及省部级、中央企业和国机集团先进集体及个人

一、全国先进集体

1. 科改示范企业

中国电器科学研究院股份有限公司

2. 全国工人先锋号

中国三安建设集团有限公司张家港分公司热卷板车间检修班组

3. 全国五四红旗团支部

经纬智能公司棉纺机械总装厂团支部

4. 全国青年文明号

二重装备重机公司重机厂 FAF260 数控镗床班、铸锻公司炼钢厂 80 吨电炉班组

5. 全国青年安全生产示范岗

中国一拖集团有限公司大拖公司机一车间 100 后箱班

6. 2022 年中国地理信息产业百强企业

机械工业勘察设计研究院有限公司

7. 2022 年中国地理信息产业最具成长性企业

机械工业勘察设计研究院有限公司

8. 国家中小企业公共服务示范平台

桂林电器科学研究院有限公司

9. 2022 年机械工业优质品牌

ZYS 品牌（洛阳轴承研究所有限公司）

10. 第四批服务型制造示范企业

中国一拖集团有限公司

11. 制造业单项冠军示范企业

中国一拖集团有限公司

12. 2022 年制造业数字化转型暨两化融合管理体系贯标“最佳案例”

中国一拖集团有限公司

13. 2022 年工业互联网平台创新领航应用案例

第一拖拉机股份有限公司

14. 2022 年度企业文化与经营管理深度融合典型经验

机械工业第六设计研究院有限公司

15. 全国纺织行业党建工作先进单位

经纬纺织机械股份有限公司

中国纺织对外经济技术合作有限公司

经纬智能纺织机械有限公司

16. 中国外贸出口先导指数样本企业

苏美达国际技术贸易有限公司

17. 2022 年度优秀钢铁国际贸易企业

苏美达国际技术贸易有限公司

18. 中国汽车经销商集团百强

国机汽车股份有限公司排名第 10 名

19. 2022 汽车金扳手服务百强质选店

宁波宁兴丰田汽车销售服务有限公司

20. 2022 年度优秀经营奖

北京中汽京田汽车贸易有限公司

21. 全国“安康杯”竞赛安全文化宣传活动先进单位

中国三安建设集团有限公司

22. 全国“安康杯”竞赛优胜集体

中国机械工业第四建设工程有限公司

中国机械工业机械工程有限公司

二、全国先进个人

1. 全国五一劳动奖章

裴宝林　经纬智能纺织机械有限公司

车社海　青岛宏大纺织机械有限责任公司

郭　超　恒天重工股份有限公司

2. 全国优秀共青团干部

陈子尧　苏美达股份有限公司

3. 全国优秀工会工作者

王文波　中国三安建设集团有限公司

4.“全国技术能手”称号

李　正　合肥通用机械研究院有限公司

5. 中国科协青年人才托举工程

王　哲　合肥通用机械研究院有限公司

6. 机械工业优秀科技工作者

陈永东　合肥通用机械研究院有限公司

周利明　包德胜　中国农业机械化科学研究院集团有限公司

7. 机械工业科技创新领军人才

张德友　樊海彬　刘孝亮　合肥通用机械研究院有限公司

周海燕　中国农业机械化科学研究院集团有限公司

8. 机械工业优秀工匠

赵　铭　尚修鑫　赵自成　洛阳轴承研究所有限公司

9. 机械工业优秀质量品牌工作者

张俊国　中国农业机械化科学研究院集团有限公司

三、中央企业先进集体

1. 中央企业先进基层党组织

中国一拖集团有限公司大拖公司党委

2. 中央企业团工委五四红旗团支部

广州机械科学研究院有限公司检测团支部

3. 中央企业五四红旗团支部

中国电研广州擎天材料科技有限公司第二团支部

四、中央企业先进个人

1. 中央企业优秀共青团干部

孙　姗　中国农业机械化科学研究院集团有限公司

王涵涵　中国电研职能团支部

2. 中央企业优秀共青团员

叶　康　威凯检测技术有限公司微生物检验

3. 央企攻坚工程突出贡献个人

丁思云　合肥通用机械研究院有限公司

4. 2022 年机械工业优秀工匠

袁　霄　娄超雨　中国机械工业第四建设工程有限公司

五、省部级先进集体

1. 陕西省国资委先进基层党组织

中国三安建设集团有限公司党支部

2. 海南省国资系统新冠肺炎疫情防控工作先进基层党组织

中共中国机械工业海南股份有限公司委员会

3. 江苏省工人先锋号

江苏苏美达集团成套可降解塑料开发和执行团队

4. 河南省住房和城乡建设系统工人先锋号

中国机械工业第四建设工程有限公司　内黄县文化体育图书馆建设施工总承包项目

5. 陕西省工人先锋号

中国三安建设集团有限公司凯明钢结构施工班组

6. 江苏省文明单位

苏美达国际技术贸易有限公司

7. 安徽省五四红旗团委

合肥通用机械研究院有限公司团委

8. 江苏省共青团工作先进单位

苏美达股份有限公司团委

9. 陕西省优秀先进职工小家

中国三安建设集团有限公司西安凯明分工会

10. 安徽省省直机关五四红旗团（总）支部

合肥通用机电产品检测院团支部

11. 2022 年河南省制造业头雁企业

第一拖拉机股份有限公司

12. 交通运输部重点联系道路运输企业经济运行分析工作先进单位

天津市良好投资发展有限公司

13. 汽车租赁行业 2021 年度质量信誉考核优秀企业

中进汽贸服务有限公司

14. 河南省创新龙头企业

机械工业第六设计研究院有限公司

15. 广西智能工厂示范企业

桂林电器科学研究院有限公司

16. 广西质量提升示范企业

桂林电器科学研究院有限公司

17. 陕西省土木建筑科技创新先进集体奖

机械工业勘察设计研究院有限公司

18. 2022 年度“安全管理标准化班组”

南京苏美达服装技术研发有限公司打样一部班组

江苏苏美达纺织有限公司家纺厂 BK 吊挂生产线班组

江苏苏美达机电科技有限公司汽油机分厂仓储物流班组

江苏苏美达电力运营有限公司鹏辉班组

新大洋造船有限公司制造部支援作业区起重班组

新大洋造船有限公司涂装部船体油漆班组

新大洋造船有限公司总装部工装自动焊班组

南京苏美达智能技术有限公司总装班组

江苏苏美达铝业有限公司备模班组

六、省部级先进个人

1. 陕西省国资委优秀党务工作者

邓　军　中国三安建设集团有限公司

2. 江苏省五一劳动奖章

钟希钟　苏美达股份有限公司

3. 天津市五一劳动奖章

殷元生　中国汽车工业工程有限公司

4. 陕西省五一劳动奖章

王贵峰　中国三安建设集团有限公司

5. 河南省五一劳动奖章

杨　虎　洛阳轴承研究所有限公司

刘尚宏　王　坤　中国一拖集团有限公司

6. 天津市科技系统五一劳动奖章

王志平　中国汽车工业工程有限公司

7. 陕西省劳动模范

张建山　机械工业勘察设计研究院有限公司

杨纪文　向　斌　中国三安建设集团有限公司

8. 安徽省劳动模范

董　杰　合肥通用机械研究院有限公司

9. 河南省五一巾帼标兵

马小梅　洛阳轴承研究所有限公司

10. 天津市最美科技巾帼奖

周艳莉　中国汽车工业工程有限公司

11. 河南省建设劳动奖章

姚绍辉　中国机械工业第四建设工程有限公司

李叶茂　中国机械工业第四建设工程有限公司

12. 江苏省优秀共青团干部

邵　汉　江苏苏美达机电有限公司团委

13. 江苏省省部属文明职工

姚　楠　苏美达股份有限公司

14. 河南省青年岗位能手

张　锋　王　源　闫成峰　孙浩瀚　中国一拖集团有限公司

15. 河南省优秀工会工作者

乐　勇　中国一拖集团有限公司

16. 江苏省共青团工作先进工作者

陈子尧　苏美达股份有限公司

17. 陕西省优秀工会工作者

王晓红　刘　苗　中国三安建设集团有限公司

18. 河南省工程建设先进个人

李叶茂　中国机械工业第四建设工程有限公司

19. 陕西省产业工匠人才

张国华　中国三安建设集团有限公司

20. 陕西省特支计划领军人才

张继文　机械工业勘察设计研究院有限公司

21. 陕西省土木建筑优秀总工程师

郑建国　机械工业勘察设计研究院有限公司

22. 陕西省中青年科技领军人才

曹　杰　机械工业勘察设计研究院有限公司

23. 安徽省优秀青年科技人才

刘孝亮　合肥通用机械研究院有限公司

24. 陕西省青年科技新星

乔建伟　机械工业勘察设计研究院有限公司

25. 陕西省科技创新创业人才

杨永林　机械工业勘察设计研究院有限公司

26. 安徽省直机关十大杰出青年

樊海彬　合肥通用机械研究院有限公司

27. 陕西省土木建筑青年科技奖

乔建伟　机械工业勘察设计研究院有限公司

28. 第四届中国中西部土木建筑杰出工程师

王竞革　机械工业勘察设计研究院有限公司

29. 陕西省优秀青年建筑师

史晓军　机械工业勘察设计研究院有限公司

30. 陕西省劳动竞赛优秀个人

潘东峰　机械工业勘察设计研究院有限公司

31. 安徽省统战系统先进个人

王宝成　合肥通用机械研究院有限公司

32. 安徽省省直机关青年学习标兵

孙　李　合肥通用机械研究院有限公司

33. 安徽省省直机关三八红旗手

刘春娇　合肥通用机械研究院有限公司

34. 2022 年河南省质量工匠

张长喜　中国一拖集团有限公司

35. 第一届中原杰出青年勘察设计人才

王　邦　吴国曾　机械工业第六设计研究院有限公司

36. 重庆英才·创新创业领军人才

张十庆　重庆材料研究院有限公司

37. 2022 年河南省质量推进者

郭广伟　中国一拖集团有限公司

38. 河南省工程勘察设计行业协会 2022 年度优秀院长

孟庆利　机械工业第六设计研究院有限公司

39. 河南省勘察设计协会优秀青年勘察设计师

李龙雨　吕燕红　苏　源　机械工业第六设计研究院有限公司

40. 山东省轻纺行业工匠

秦　磊　青岛宏大纺织机械有限责任公司

41. 2022 年机械工业现代化企业管理示范工程

“优秀领航企业家”刘继国　中国一拖集团有限公司

“优秀开拓企业家”游　海　中国一拖集团有限公司

“优秀车间及优秀车间主任”李贺力　中国一拖集团有限公司

42. 2022 年度安全管理标准化班组长

陈光奎　王乃华　苏美达股份有限公司

七、其他

1. 陕西省土木建筑科学技术奖科技创新先进集体奖

机械工业勘察设计研究院有限公司

2. 2022 中国地理信息产业百强企业

机械工业勘察设计研究院有限公司

3. 2022 地理信息产业最具成长性企业

机械工业勘察设计研究院有限公司

4. 2022 年中国工程设计企业 60 强

中机国际工程设计研究院有限责任公司

5. 2022 年湖南省最美公益普法集体

中机国际工程设计研究院有限责任公司

6. 国家知识产权优势企业

中机国际工程设计研究院有限责任公司

7. 2022 年度区域经济发展突出贡献奖

中机国际工程设计研究院有限责任公司

8. 2022 湖南服务业企业 50 强

中机国际工程设计研究院有限责任公司

八、国机集团先进单位、先进个人及单项奖

（一）2022 年度先进单位

苏美达股份有限公司

中国联合工程有限公司

中国电器科学研究院股份有限公司

合肥通用机械研究院有限公司

中国一拖集团有限公司

国机精工股份有限公司

（二）2022 年度单项奖

科技创新奖

合肥通用机械研究院有限公司

中国农业机械化科学研究院集团有限公司

国机精工股份有限公司

国机重型装备集团股份有限公司

中国电器科学研究院股份有限公司

链长创新贡献奖

中国一拖集团有限公司

中国农业机械化科学研究院集团有限公司

中国福马机械集团有限公司

改革推动奖

中国机械工业工程集团有限公司

国机精工股份有限公司

数字化转型奖

苏美达股份有限公司

安全生产奖

中国一拖集团有限公司

中国联合工程有限公司

中国机械工业建设集团有限公司

两金管理奖

中国一拖集团有限公司

国机精工股份有限公司

（三）2022 年度总部先进集体

人力资源部（党委组织部）

科技发展部（军工管理办公室）

党委工作部（党委宣传部　党委统战部　企业文化部　工会工作办公室）

纪委监察专员

（四）2021 年度总部先进个人

刘祖晴　闫卫红　王玮玲　李赐犁　张晶晶
毕　磊　王　刚　刘　英　田保伟　徐　惠
刘　跃　吴　祎　冯雪峰　田丽娜　王巍娜
张　翼　谢胡萍　徐　绅　王　晖　曹建红
董超然　王　赟　王　恒　刘　军　张永君
马　勇　焦迪清　李　伟　郝建新　张晓东
陈　曦　吴长林　李良寿　常　乐　王谟卫
吴　璇　陈　欢　李　鑫　岳德高　王钰薇
刘　婷　王　蕾　刘　垚

2022 年全国、机械行业及省部级科学技术奖

一、制造业单项冠军产品

客运脱挂架空索道　北京起重运输机械设计研究院有限公司

二、2022 年机械工业优质品牌产品

脱挂式客运架空索道　北京起重运输机械设计研究院有限公司

三、2022 年中国重型机械工业协会“行业专精特新成果”

大型医药工厂无人化高效仓储物流系统、农林废弃物综合利用工程厂内原料智能化储运系统技术及应用、超长距离大跨距脱挂式客运索道关键技术　北京起重运输机械设计研究院有限公司

四、“十三五”机械工业优秀创新平台

机械工业物料搬运工程研究中心　北京起重运输机械设计研究院有限公司

五、“华中数控”杯全国机械工业产品质量创新大赛

全自动垃圾搬运起重系统　北京起重运输机械设计研究院有限公司

六、2022 年度“金砖国家可持续发展目标解决方案”环境保护和清洁能源利用类

二等奖

上海蓝滨南非红石太阳能电厂熔盐罐工程项目　上海蓝滨石化设备有限责任公司

七、金砖国家工业创新大赛

二等奖

机械行业智能制造运营管理平台　国机智能技术研究院有限公司

八、2022 年度机械工业科学技术奖

一等奖

基于安全可靠性的消防给水系统关键技术研究与应用　中国中元国际工程有限公司

高端精品带钢高效冷轧数智化生产关键核心技术攻关与产业化　中国重型机械研究院股份公司

长寿命低成本锻模制造与再制造关键技术及应用　中国第二重型机械集团德阳万航模锻有限责任公司

大型乙烯裂解管式反应器智能制造与运维技术　合肥通用机械研究院有限公司

空气压缩机系统能效提升系列标准　合肥通用机械研究院有限公司

机器人用精密轴承研制及应用示范　洛阳轴承研究所有限公司

制冷类家电易拆解可回收绿色关键技术研究与产业化　中国电器科学研究院股份有限公司

海洋湿热环境对电力设备外绝缘影响机理及其防治技术研究及应用　中国电器科学研究院股份有限公司

二等奖

垃圾资源化核心转运系统创制与产业化应用　北京起重运输机械设计研究院有限公司

高可靠性银基电触头材料研究及产业化　桂林电器科学研究院有限公司

大型厚壁膨胀节设计与制造关键技术研究与应用　合肥通用机械研究院有限公司

3～7MW 风电机组主轴轴承关键技术研究及应用　洛阳轴承研究所有限公司

大承重比高速滚珠轴承延寿设计技术与新产品开发　洛阳轴承研究所有限公司

高端装备主轴单元系统关键技术研究及应用　洛阳轴承研究所有限公司

关键基础件用特种合金材料技术研发及应用　洛阳轴承研究所有限公司

功能微结构精密磨削用金刚石仿形砂轮关键技术及应用　郑州磨料磨具磨削研究所有限公司

主要饲草料收获关键技术及智能化装备　中国农业机械化科学研究院集团有限公司

川渝丘陵山地小麦、玉米生产技术与关键装备创制　中国农业机械化科学研究院集团有限公司

汽车制造业 AGV 柔性连接岛式装配关键技术研发及应用　中国汽车工业工程有限公司

全模块化汽车柔性焊接生产系统关键技术研发与应用　中国汽车工业工程有限公司

工业机器人核心部件性能评价方法与技术应用　广州机械科学研究院有限公司、中汽检测技术有限公司

航发优材（镇江）钛合金精密成型有限公司年产 1 000 台（套）钛合金中介机匣等航空关键零部件智能制造项目（一期）　中国联合工程有限公司

高端控制阀智能制造关键技术及产业化　中国联合工程有限公司

三等奖

北京新机场地源热泵工程　中国中元国际工程有限公司

《圆草捆缠膜机》GB/T 37924—2019　中国农业机械化科学研究院呼和浩特分院有限公司

《农业机械》　农业机械杂志社

面向欧美法规的多功能用途车成套装备关键技术研发及产业化　江苏林海动力机械集团有限公司

定向结构板大型长材刨片系统研发及应用　镇江中福马机械有限公司

高耐蚀船用高效烟气脱硫系统　甘肃蓝科石化高新装备股份有限公司

乘用车多材质车身高效柔性涂装生产线　中国汽车工业工程有限公司

北京顺义科技创新集团有限公司顺义新城第四街区汽车厂房改扩建项目　中国汽车工业工程有限公司

《润滑与密封》　广州机械科学研究院有限公司

中集车辆（集团）股份有限公司涂装线数字化工厂升级改造工程　中国联合工程有限公司

3 000m 海底用脐带缆超级双相钢管智能立体库　中国联合工程有限公司

九、第七届中国工业大奖

航空万吨级铝合金板张力拉伸装备　中国重

型机械研究院股份公司

十、全国质量奖

卓越项目奖

“华龙一号”示范工程福清6号机组ACP1000主管道　二重（德阳）重型装备有限公司

优秀奖

机器人用精密谐波减速器质量提升技术研究与应用　中汽检测技术有限公司

十一、2022年度中国工程建设标准化协会标准创新奖

一等奖

《工程隔振设计标准》GB 50463—2019　中国中元国际工程有限公司

Requirements and recommendations for the construction of emergency medical facilities　中国中元国际工程有限公司

《建筑与工业给排水系统安全评价标准》GB/T 51188—2016　中国中元国际工程有限公司

三等奖

《车库建筑设计规范》　中国中元国际工程有限公司

十二、中国安全生产协会第三届安全科技进步奖

二等奖

典型机械设备安全监理技术体系及应用　北京起重运输机械设计研究院有限公司

十三、第十二届中国消防协会科学技术创新奖

一等奖

站城一体化灭火救援作战编成及实战能力评估研究与示范应用　中国中元国际工程有限公司

十四、华夏建设科学技术奖

二等奖

预应力混凝土结构抗震设计标准　中国中元国际工程有限公司

十五、中国质量协会质量技术奖

一等奖

恶劣工况粉煤控制阀质量提升技术研究与应用　合肥通用机械研究院有限公司　合肥通用环境控制技术有限责任公司

二等奖

半导体芯片高效精密划切超薄磨具质量提升关键技术研究与应用　郑州磨料磨具磨削研究所有限公司

十六、农业机械科学技术奖

二等奖

智能化好氧发酵堆肥装备系统　中国农业机械化科学研究院集团有限公司所属中机华丰（北京）科技有限公司

马铃薯标准化初制加工技术与智能化装备开发　中国农业机械化科学研究院集团有限公司所属机电技术应用研究所

果园高效精准施药技术及系列化风送喷雾装备　中国农业机械化科学研究院集团有限公司

三等奖

中高密度系列方草捆压捆技术装备研发与示范　中国农业机械化科学研究院呼和浩特分院有限公司

农机关键部件表面增材制造低成本/长寿命耐磨层技术　中国农业机械化科学研究院集团有限公司所属新材料技术与装备研究所

十七、中国纺织工业联合会科学技术进步奖

一等奖

基于10万t级生产线无机/有机复合阻燃纤维素纤维技术集成研究　潍坊欣龙生物材料有限公司

二等奖

高速高杂智能化水刺法非织造布成套设备　恒天重工股份有限公司

JWF1580超长智能型细纱机　经纬智能纺织机械有限公司

高效短流程帘子线装备及智能生产系统　宜昌经纬纺机有限公司

智能型自动落纱粗纱机　天津宏大纺织科技有限公司

GB 50514—2020《非织造布工厂技术标准》　恒天重工股份有限公司、宏大研究院有限公司

高蓬松弹性抗菌聚丙烯双组分纺粘非织造材料的研究及产业化　恒天嘉华非织造有限公司

十八、自主创新十佳

SE-WK007数控电火花精密微孔加工机床

苏州电加工机床研究所有限公司

十九、中国专利奖

金奖

一种高纯氯化锂的提取装置（ZL201610550355.7） 合肥通用机械研究院有限公司

优秀奖

一种白玻璃红外截止滤光片切割砂轮的制备方法 郑州磨料磨具磨削研究所有限公司

一种自动络筒机插管装置及插管方法 青岛宏大纺织机械有限责任公司

实用新型专利

一种建筑机电设备安装用固定装置 中国机械工业第二建设工程有限公司

一种建筑机电安装用吊装辅助装置 中国机械工业第二建设工程有限公司

一种基于BIM技术的塔吊布置模型 中国机械工业第二建设工程有限公司

一种住宅楼采暖系统中盘管的防护装置 中国机械工业第二建设工程有限公司

一种基于BIM技术的大型地下室机电安装用基层清理设备 中国机械工业第二建设工程有限公司

一种钢纤维混凝土制备用原料混合设备 中国机械工业第二建设工程有限公司

一种大型设备安装地基的防沉降结构 中国机械工业第二建设工程有限公司

一种大型设备基础深基坑施工用排水设备 中国机械工业第二建设工程有限公司

一种高矩形现浇混凝土烟囱滑模施工垂直运输装置 中国机械工业第二建设工程有限公司

一种用于外墙板安装的连接组件 中国机械工业第二建设工程有限公司

一种高层建筑用泵管支架 中国机械工业第二建设工程有限公司

一种高跨度梁的简易起拱装置 中国机械工业第二建设工程有限公司

一种脚手架底部支撑结构 中国机械工业第二建设工程有限公司

一种结合BIM技术的群塔工作协调器 中国机械工业第二建设工程有限公司

一种建筑施工预留孔洞防护装置 中国机械工业第一建设有限公司

一种用于管道表面喷砂除锈装置 中国机械工业第一建设有限公司

一种用于安装钢箱梁桥装饰板的辅助装置 中国机械工业第一建设有限公司

一种用于市政工程管道施工用管道搬运装置 中国机械工业第一建设有限公司

一种潜水排污泵用安装辅助设备 中国机械工业第二建设工程有限公司

一种用于大管径钢管焊接翻转装置 中国机械工业第二建设工程有限公司

一种钢结构管廊施工用管道焊接封堵装置 中国机械工业第二建设工程有限公司

一种大体积混凝土筏板钢筋支架 中国机械工业第二建设工程有限公司

一种大体积混凝土筏板基础施工用测温装置 中国机械工业第二建设工程有限公司

一种多功能可调节的大型机电设备运输用固定装置 中国机械工业第二建设工程有限公司

一种建筑工程砌块水平灰缝铺浆工具 中国机械工业第二建设工程有限公司

一种新旧混凝土施工接搓处防水结构 中国机械工业第二建设工程有限公司

一种用于消防管道的固定机构 中国机械工业第二建设工程有限公司

一种用于住宅楼采暖系统中盘管的防护装置 中国机械工业第二建设工程有限公司

二十、中国安装协会科学技术进步奖

二等奖

大型工业模块分层建造技术 中国机械工业机械工程有限公司

三等奖

大型干式船坞中间水密闸门建造技术 中国机械工业机械工程有限公司

特大型垃圾发电厂房曲面装配式施工关键技术研究与应用 中国机械工业建设集团有限公司

二十一、四川省科学技术进步奖

三等奖

用于难加工金属材料的高性能硬质合金刀具关键技术及应用 成都工具研究所有限公司

二十二、山东省机械工业科学技术进步奖

一等奖

SG10×550数控柔性汽车纵梁悬臂辊型生产线　国机铸锻机械有限公司

二等奖

GSL-5×1850高强钢数控开卷纵剪生产线　国机铸锻机械有限公司

二十三、江苏省科学技术进步奖

二等奖

航空航天关键部件先进电火花加工制造技术与装备　国机智能股份有限公司下属苏州电加工机床研究所有限公司

二十四、河南省科学技术进步奖

一等奖

超声加工关键技术与装备产业化　郑州磨料磨具磨削研究所有限公司

低摩擦高性能轴承关键技术及应用

二等奖

高性能陶瓷精密磨削用复相增韧金刚石砂轮关键技术及应用　郑州磨料磨具磨削研究所有限公司

特殊环境钎缝抗腐蚀技术开发与应用　洛阳轴承研究所有限公司

三等奖

精密成型磨削用长寿命CBN砂轮及其高效磨削技术与应用　郑州磨料磨具磨削研究所有限公司

种苗高效栽插与精量智能播种技术装备　中国农业机械化科学研究院集团有限公司所属机电技术应用研究所

二十五、低温乙烯储罐关键技术研究与示范

二等奖

低温乙烯储罐关键技术研究与示范　甘肃蓝科石化高新装备股份有限公司

三等奖

高H_2S、CO_2、CL——天然气净化装置长周期运行关键技术开发　甘肃蓝科石化高新装备股份有限公司

二十六、浙江省科学技术进步奖

二等奖

低温环境用高参数流体高精度高可靠性智能测控关键技术及产业化　合肥通用机械研究院有限公司

三等奖

危化行业多源数字化智慧管控和事故预防关键技术及系统　苏美达股份有限公司

二十七、山西省科学技术进步奖

三等奖

JWF1386型条并卷机　经纬智能纺织机械有限公司

二十八、河北省科学技术进步

一等奖

大型风敏感结构的风效应及控制优化技术　中国中元国际工程有限公司

二十九、黑龙江省科学技术奖

一等奖

面向绿色性能的建筑计算性设计关键技术研究与应用　中国中元国际工程有限公司

三十、广东省土木建筑科学技术奖

二等奖

绿色低碳房间空调器关键技术研发及应用　中国电器科学研究院股份有限公司

电子废物有毒有价组分绿色解离、分离、高值转化关键技术与装备　中国电器科学研究院股份有限公司

三十一、陕西省土木建筑科学技术奖

一等奖

地铁运营线路智能监控系统研发与应用　机械工业勘察设计研究院有限公司

二等奖

湿陷性黄土地区城镇综合管廊监测技术研究与应用　机械工业勘察设计研究院有限公司

三等奖

长螺旋钻孔压灌桩技术在复杂场地大型公共建筑中的研发与创新应用　机械工业勘察设计研究院有限公司

三十二、2022年度广东省工程勘察设计行业协会科学技术奖

一等奖

基于大数据与仿真模拟的站城一体化消防关键技术研究与应用　中国中元国际工程有限公司

三十三、2022年度江苏省职工十大科技创新成果

高集成度轻量化稀土永磁节能电机系统研发　江苏苏美达五金工具有限公司

三十四、江苏省部属企业职工十大科技创新成果

高集成度轻量化稀土永磁节能电机系统研发　江苏苏美达五金工具有限公司

三十五、安徽省质量管理小组

三等成果奖

提高垃圾焚烧锅炉钢构制作合格率　中国机械工业第五建设有限公司

三十六、中国石油化工集团有限公司科技进步奖

二等奖

高含硫天然气净化装置主吸收塔检测评价与修复技术研究　甘肃蓝科石化高新装备股份有限公司

重油沸腾床加氢装置关键装备　甘肃蓝科石化高新装备股份有限公司

三十七、2022年上海市重点产品质量攻关

三等奖

400万t/a煤制油装置关键设备循环换热分离器国产化质量攻关　上海蓝滨石化设备有限责任公司

三十八、标准创新贡献奖

三等奖

钎焊板式热交换器（NB/T 47045—2019）　上海蓝滨石化设备有限责任公司

三十九、中国机械行业企业管理现代化创新成果

三等奖

科技型企业高质量发展管理体系建设　国机精工股份有限公司

四十、安徽省专利奖

优秀奖

一种多种烃混合冷剂换热器传热与流动特性测试系统（ZL201710223836.1）　合肥通用机械研究院有限公司

制冷压缩机低吸气过热度性能测试装置（ZL201210424408.2）　合肥通用机械研究院有限公司

四十一、江苏省部属企业职工十大发明专利

一种SE电池的制备方法　江苏辉伦太阳能科技有限公司

一种发动机驱动的发电机组　江苏苏美达机电有限公司

2022年全国及行业、省区市优秀工程奖

全国及行业奖项

一、国家优质工程

2022年度中国建设工程鲁班奖

光明文化艺术中心项目　中国机械工业建设集团有限公司

金奖

深圳市东部环保电厂项目　中国机械工业建设集团有限公司

中安联合煤化有限责任公司煤制170万t/a甲醇及转化烯烃项目　中国联合工程有限公司

2022年度国家优质工程奖

机械工业第六设计研究院有限公司高科技信息园项目（一期）　机械工业勘察设计研究院有限公司

永威·时代中心　机械工业勘察设计研究院有限公司

未央国际　机械工业勘察设计研究院有限公司

凤城一路停车场项目　机械工业勘察设计研究院有限公司

丰台区丽泽金融商务区 E-18 地块商业金融项目　中国三安建设集团有限公司

上汽通用五菱汽车技术中心实验室建设项目——试制中心　中国三安建设集团有限公司

攀枝花市生活垃圾焚烧发电工程　中国联合工程有限公司

海宁市绿能环保项目　中国联合工程有限公司

精密工具产业园建设项目传统刀片、数控刀具厂房及配套辅助工程　中国联合工程有限公司

绍兴市博雅学校工程　中国联合工程有限公司

二、2022 年度全国优秀测绘工程奖

银奖

2016—2019 年度合蚌高速铁路运营期基础变形监测和精测网复测　机械工业勘察设计研究院有限公司

铜奖

老挝南俄 4 水电站工程地形测量（施工设计阶段）　机械工业勘察设计研究院有限公司

三、2022 年度有色金属建设行业优秀工程设计奖

一等奖

车用锂电池正极材料扩产一期项目　中机国际工程设计研究院有限责任公司

四、2022 年（第二届）信息技术服务业应用技能大赛

宁波卷烟厂易地技术改造项目全生命周期 BIM 技术应用　机械工业第六设计研究院有限公司

五、2022 年度中国电力优质工程

深圳市东部环保电厂项目　中国机械工业建设集团有限公司

六、第十一届“龙图杯”全国 BIM 大赛

二等奖

BIM 助力亚运保障项目——杭州临江环境能源垃圾焚烧发电设计施工综合应用　中国联合工程有限公司

七、第五届“优路杯”全国 BIM 技术大赛

铜奖

BIM+ 智慧工地在浙商数字产业园项目管理中的集成应用（年组装 2 万套数字设备项目）　中国联合工程有限公司

八、2022 年度“创新杯”建筑信息模型（BIM）应用大赛工程建设综合 BIM 应用

三等奖

杭州市良渚新城第一小学 EPC 工程　中国联合工程有限公司

九、2022 年度机械工业优秀工程勘察设计咨询成果奖

一等奖

黄河源水电站拆除环境影响专题研究报告　机械工业勘察设计研究院有限公司

原阳县县域教育信息化 PPP 项目可行性研究报告　机械工业第六设计研究院有限公司

陕西灞河流域马楼幅（149E011006）地质灾害调查专题研究报告　机械工业勘察设计研究院有限公司

陕煤研究院泾河新城新能源产业基地项目（一期）可行性研究报告　机械工业勘察设计研究院有限公司

中联重科高空作业机械智能制造项目可行性研究报告　机械工业勘察设计研究院有限公司

时代电气创新实验平台建设工程项目可行性研究报告　中机国际工程设计研究院有限责任公司

湖南望城经开区铜官循环经济工业基地环境影响跟踪评价报告书　中机国际工程设计研究院有限责任公司

城南污水处理厂扩建（三期）工程项目可行性研究报告　中机国际工程设计研究院有限责任公司

广州南沙空天高科技产业有限公司中科空天飞行科技产业基地项目可行性研究报告　机械工业第六设计研究院有限公司

郑州市卷烟物流配送中心（工商一体化）项目申请报告　机械工业第六设计研究院有限公司

郑州机动车质量检测认证技术研究中心智能网联测试基地可行性研究报告　机械工业第六设计研究院有限公司

福建福海创石油化工有限公司古雷石化基地热电联产南部二期项目可行性研究报告　中国联

合工程有限公司

二等奖

陕西恒润化学工业有限公司年产 7 000t 新型绿色农药杀菌剂项目环境影响评价　机械工业勘察设计研究院有限公司

青海泰丰先行锂能科技有限公司年产 16 万 t 高能密度锂电材料智能制造基地项目　中机国际工程设计研究院有限责任公司

宁夏宝丰新能源材料科技有限公司 100GW·h 磷酸铁锂电池全产业链项目　中机国际工程设计研究院有限责任公司

望城经开区海绵城市建设专项规划　中机国际工程设计研究院有限责任公司

肇庆新区文化产业园区基础设施配套工程可行性研究报告　中机国际工程设计研究院有限责任公司

兆瓦级氢燃机研发试验平台可行性研究报告　中国联合工程有限公司

舟山绿色石化基地海水淡化项目二期工程可行性研究报告　中国联合工程有限公司

无锡华光环保能源集团股份有限公司智能制造基地建设项目可行性研究报告　中国联合工程有限公司

济南市厨余垃圾处理项目可行性研究报告　中国联合工程有限公司

三等奖

西安地铁五号线、六号线、八号线工程试坑浸水试验专题综合研究　机械工业勘察设计研究院有限公司

安宁市中心城区污水处理提质增效项目　中机国际工程设计研究院有限责任公司

南京市建邺区城市内涝治理系统化实施方案　中机国际工程设计研究院有限责任公司

中国北方稀土（集团）高科技股份有限公司稀土永磁高效电机产业项目　中机国际工程设计研究院有限责任公司

东方电气集团东方电机有限公司东方电气风电电机项目可行性研究报告　中机国际工程设计研究院有限责任公司

城东（黄花）污水处理厂新建工程可行性研究报告　中机国际工程设计研究院有限责任公司

广东华电高要南岸 100MW 光伏发电项目可行性研究报告　中机国际工程设计研究院有限责任公司

醴陵市陶子湖水环境治理评估方案　中机国际工程设计研究院有限责任公司

张家港市第三污水处理厂扩建及一期提标改造工程可行性研究报告　中机国际工程设计研究院有限责任公司

基于建设方案的株洲数字智造产业园（C、D 地块）土壤污染治理工程　中机国际工程设计研究院有限责任公司

开化县呑滩人行桥建设项目可行性研究报告　中国联合工程有限公司

高碑店市生活垃圾焚烧发电项目项目申请报告　中国联合工程有限公司

德清航空航天产业工程师协同创新中心 2.0 构建优化方案　中国联合工程有限公司

浙江飞剑工贸有限公司老厂区智能制造整体规划咨询报告　中国联合工程有限公司

基于兰石云工业互联网平台的能源装备离散型制造与现代服务业融合发展项目资金申请报告　中国联合工程有限公司

西湖云栖小镇特色产业风貌区建设方案　中国联合工程有限公司

十、2022 年度工程勘察设计质量管理小组活动大赛

一等奖

沉降观测水准尺底座的研制　机械工业勘察设计研究院有限公司

提高卵石层大型原位剪切试验合格率　机械工业勘察设计研究院有限公司

三等奖

自动化智能测斜仪的研制　机械工业勘察设计研究院有限公司

十一、2022 年度机械工业优秀工程勘察设计奖

一等奖

中科院安全可控信息技术产业化基地一期厂房项目　机械工业第六设计研究院有限公司

金水建业凯旋广场　机械工业第六设计研究院有限公司

GB/T 51362—2019《制造工业工程设计信息模型应用标准》 机械工业第六设计研究院有限公司

武汉云景山医院项目工程勘察 中机三勘岩土工程有限公司

洪山村城中村改造开发用地 K2 地块（诚功大厦）项目基坑支护设计 中机三勘岩土工程有限公司

汉正街东片 C2 地块新建居住项目深基坑支护设计 中机三勘岩土工程有限公司

二等奖

汉寿县人民医院异址新建项目 中机国际工程设计研究院有限责任公司

张家界市阳湖坪污水处理厂 中机国际工程设计研究院有限责任公司

福星惠誉东湖城 K2 地块建设项目工程勘察 中机三勘岩土工程有限公司

上海通用汽车有限公司设计与工程技术中心金桥基地暨金桥扩能项目——研发单元工程勘察 中机三勘岩土工程有限公司

公园绿地复合公共停车场库及供应设施项目深基坑支护设计 中机三勘岩土工程有限公司

三等奖

电磁能高端装备产业化基地建设项目（一期工程） 中机国际工程设计研究院有限责任公司

新建居住、商业、小学防护绿地和公园绿地项目一期（BD 地块）工程勘察 中机三勘岩土工程有限公司

金银湖大厦建设项目基坑支护设计 中机三勘岩土工程有限公司

中皓常青五路项目基坑支护设计 中机三勘岩土工程有限公司

绿岛广场项目基坑支护设计 中机三勘岩土工程有限公司

江苏万达特种轴承有限公司轴承（非 P0 级，直径 60mm 以上）生产项目 中机十院国机工程有限公司

十二、2022 年度机械工业优秀工程咨询成果奖

一等奖

浙江吉利汽车有限公司湖州分公司年产 15 万台乘用车项目 中国汽车工业工程有限公司

青岛城鑫产业园投资建设有限公司青岛城鑫汽车零部件产业园建设项目 中国汽车工业工程有限公司

济源市工业废弃物综合处置中心环境影响报告书 中国汽车工业工程有限公司

二等奖

宜宾国际高职园凤凰组团基础设施项目（一期）可行性研究报告 中国联合工程有限公司（中机中联工程有限公司）

启动区干线综合管廊（二期）工程预可行性研究报告 中国联合工程有限公司（中机中联工程有限公司）

国能长武农光互补光伏发电项目可行性研究报告 中国联合工程有限公司（中机中联工程有限公司）

黑龙江省双鸭山市宝清县国能宝清煤电化有限公司 20MW$_p$ 分布式光伏发电项目可行性研究报告 中国联合工程有限公司（中联西北工程设计研究院有限公司）

兰州新区城市矿产与表面处理产业园产业规划 中国联合工程有限公司（中联西北工程设计研究院有限公司）

三等奖

南昌智能新能源汽车研究院项目（一期工程）可研报告 中国汽车工业工程有限公司

泰国金鹭硬质合金生产基地二期项目可行性研究报告 中国汽车工业工程有限公司

潍柴动力股份有限公司试验中心三期项目项目申请报告 中国联合工程有限公司（中机中联工程有限公司）

重庆医科大学附属第一医院第一分院改扩建工程实施天然气分布式能源及合同能源管理项目可行性研究 中国联合工程有限公司（中机中联工程有限公司）

重庆市工业厂房库房消防安全专项排查标准制定、软件开发与部分工业园区消防安全风险分析 中国联合工程有限公司（中机中联工程有限公司）

富阎产业合作园区规划管控技术规定（试行） 中国联合工程有限公司（中机中联工程有限公司）

共同村民安置项目用地预审与选址论证报告　中国联合工程有限公司（中机中联工程有限公司）

三星环新（西安）动力电池有限公司一工厂扩能升级改造项目　中国联合工程有限公司（中机中联工程有限公司）

泾阳临空示范区滨河路项目　中国联合工程有限公司（中机中联工程有限公司）

神木农业高新技术产业示范区第二核心区基础设施项目可行性研究报告　中国联合工程有限公司（中机中联工程有限公司）

十三、第二届工程建设行业 BIM 大赛

三等奖

深圳光明文化艺术中心项目 BIM 应用　中国机械工业建设集团有限公司

十四、2022 年度全国优秀焊接工程奖

一等奖

宁波金海晨光化学股份有限公司 18 万 t/a 碳五分离项目　中国机械工业机械工程有限公司

福建百宏石化有限公司年产 250 万 t 精对苯二甲酸项目　中国机械工业第一建设有限公司

东风汽车集团股份有限公司乘用车扩建项目动力外网工程　中国机械工业第二建设工程有限公司

华越镍钴项目选冶主体工程项目　中国机械工业第五建设有限公司

宁波金海晨光化学股份有限公司 18 万 t/a 碳五分离项目　中国机械工业机械工程有限公司

常山县城南小区道路及配套工程一期　中国机械工业建设集团有限公司

三等奖

徐圩新区干散货输送栈桥一期项目工程　中国机械工业第四建设工程有限公司

优秀奖

徐圩新区干散货输送栈桥一期项目工程　中国机械工业建设集团有限公司

十五、首届工程建造微创新技术大赛

优胜成果奖

日照威奕汽车有限公司土建总包（一标段）工程——钢纤维混凝土地坪施工工法　中国机械工业第二建设工程有限公司

八角电厂热力管网配套项目——热水管道（八角电厂—青岛大街）工程　中国机械工业第二建设工程有限公司

三等奖

一种用于弧面垫圈批量加工的组合式固定结构　中国机械工业第五建设有限公司

十六、第六届国际 BIM 大奖

优秀奖

威盛（武汉）研发中心项目 BIM 应用　中国机械工业第二建设工程有限公司

三等奖

BIM 技术在内黄县文化体育图书馆项目中的综合应用　中国机械工业第四建设工程有限公司

蚌埠市沫河口镇污水处理三期工程项目 BIM 技术在污水厂 EPC 总承包中的应用　中国机械工业第五建设有限公司

十七、2022 年度湖南省优秀工程勘察设计奖

二等奖

浏阳市永安污水处理厂改扩建工程　中机国际工程设计研究院有限责任公司

云浮市新区水厂一期工程（首期）

长沙经济技术开发区星沙污水处理厂扩容（四期）提标工程　中机国际工程设计研究院有限责任公司

吉首市海绵城市（新区）PPP 项目（乾州新区排水系统及路面提质改造项目）　中机国际工程设计研究院有限责任公司

长沙保利西海岸项目 CD 区　中机国际工程设计研究院有限责任公司

湘潭市岳塘区湖湘学校项目　中机国际工程设计研究院有限责任公司

珠海市斗门区珠峰科创中心　中机国际工程设计研究院有限责任公司

湖南安化中国黑茶博物馆　中机国际工程设计研究院有限责任公司

伊拉克 SAMAN 50MW 重油电站项目　中机国际工程设计研究院有限责任公司

伏龙洲旅游综合开发项目规划设计　中机国际工程设计研究院有限责任公司

梅溪湖国际新城区域能源站项目基坑支护　中机国际工程设计研究院有限责任公司

湘宾项目古建加固及平移工程（工程总承

包） 中机国际工程设计研究院有限责任公司

株洲汽车博览园汽车贸易板块装修装饰工程设计（建筑装饰工程） 中机国际工程设计研究院有限责任公司

中车株洲电机有限公司永磁牵引电机试验系统设备采购项目（工程总承包） 中机国际工程设计研究院有限责任公司

保靖县芙蓉学校建设项目（全过程工程咨询） 中机国际工程设计研究院有限责任公司

三等奖

2019年首阳山项目热再抽汽综合利用改造EPC总承包工程 中机国际工程设计研究院有限责任公司

入园新区搬迁项目 中机国际工程设计研究院有限责任公司

十堰市餐厨垃圾无害化处理建设项目 中机国际工程设计研究院有限责任公司

景德镇市自来水公司洋湖水厂搬迁建设项目 中机国际工程设计研究院有限责任公司

大厂、盘城街镇片区雨污分流工程EPC工程总承包 中机国际工程设计研究院有限责任公司

韶山市污水处理厂改扩建工程（水系统） 中机国际工程设计研究院有限责任公司

定远县南城河水环境治理工程EPC+O（设计、采购、施工+运营维护）总承包项目（生态治理） 中机国际工程设计研究院有限责任公司

常德市污水净化中心PPP项目（更新改造工程）（工程总承包） 中机国际工程设计研究院有限责任公司

大厂、盘城街镇片区雨污分流工程EPC工程总承包（工程总承包） 中机国际工程设计研究院有限责任公司

象房村净水站工程总承包 中机国际工程设计研究院有限责任公司

江苏沙钢集团有限公司36MW屋顶分布式光伏电站项目（工程总承包） 中机国际工程设计研究院有限责任公司

十八、2022年度陕西省工程勘察设计质量管理小组活动成果大赛

一等奖

黄土湿陷性试验加水装置研发 机械工业勘察设计研究院有限公司

二等奖

提高基坑监测点一次埋设的使用率 机械工业勘察设计研究院有限公司

提高地锚反力法地基静载试验用地锚的抗拔承载力 机械工业勘察设计研究院有限公司

建筑筏板内高水压降水井封闭技术研究 机械工业勘察设计研究院有限公司

三等奖

提高已建天然气管线地质灾害排查效率 机械工业勘察设计研究院有限公司

十九、2022年度江苏省城乡建设系统优秀勘察设计奖

一等奖

张家港市第三污水处理厂扩建及一期提标改造工程 中机国际工程设计研究院有限责任公司

徐圩新区液化天然气储配站项目（一期工程） 中机国际工程设计研究院有限责任公司

二等奖

华电至实友化工、大连化工蒸汽管道工程 中机国际工程设计研究院有限责任公司

大丰市通榆河取水口提升及强化预处理工程 中机国际工程设计研究院有限责任公司

常熟市农村分散式污水处理一期项目 中机国际工程设计研究院有限责任公司

二十、2022年度河南省优秀勘察设计奖

一等奖

二重装备飞轮储能装置智能工厂建设项目 机械工业第六设计研究院有限公司

二十一、2022年度河南省工程勘察设计行业奖

一等奖

高性能陶瓷磨具智能混配料技术及应用 机械工业第六设计研究院有限公司

黑龙江烟草工业有限责任公司“十一·五”哈尔滨卷烟厂易地搬迁技术改造 机械工业第六设计研究院有限公司

中移（杭州）信息技术有限公司一期二阶段机电配套工程 机械工业第六设计研究院有限公司

浙江省烟草公司台州市公司卷烟物流配送中

心易地技术改造项目　机械工业第六设计研究院有限公司

平顶山新华区文化中心、图书馆、档案馆、体育馆以及区委党校规划方案设计　机械工业第六设计研究院有限公司

河南中医药大学鹤壁教育基地项目规划建筑设计方案　机械工业第六设计研究院有限公司

正商国际大厦　机械工业第六设计研究院有限公司

国家标准图集《19K112 金属、非金属风管支吊架（含抗震支吊架）》　机械工业第六设计研究院有限公司

二十二、2022 年度河南省优秀勘察设计奖

一等奖

机械工业第六设计研究院有限公司高科技信息园项目（一期）　机械工业第六设计研究院有限公司

新乡市中心医院东区医院新建项目　机械工业第六设计研究院有限公司

西北国际中医药产业园项目　机械工业第六设计研究院有限公司

南阳名人馆（暂命名）文创综合体项目概念性建筑设计方案　机械工业第六设计研究院有限公司

平顶山市妇幼保健院（第四人民医院）新院区项目设计方案　机械工业第六设计研究院有限公司

洛阳职业技术学院新校区一期一组团图文信息中心及地下车库（一）一期　机械工业第六设计研究院有限公司

洛阳市职业技术学院新校区一期一组团图文信息中心及地下车库（一）一期　机械工业第四设计研究院有限公司

二等奖

吉利临海二期涂装厂生产设备总承包项目　机械工业第四设计研究院有限公司

河南科技大学第一附属医院新区医院二期项目（肿瘤医院）　机械工业第四设计研究院有限公司

三等奖

中科洛阳信息产业园项目　机械工业第四设计研究院有限公司

中原节能环保产业园启动区一期工程　机械工业第四设计研究院有限公司

梦灏·御园房地产开发项目　机械工业第四设计研究院有限公司

宜阳国康骨科医院项目　机械工业第四设计研究院有限公司

洛阳空港国际现代服务业科技园区文化产业创意园　机械工业第四设计研究院有限公司

上海汽车集团股份有限公司新建年产 24 万台乘用车宁德产能项目　机械工业第四设计研究院有限公司

碧桂园·山河城项目二期（25#、30#、36#～39#、50#～52#、56#～59#、63#、65#～68#楼）　机械工业第四设计研究院有限公司

洛阳大河荟项目基坑支护设计　机械工业第四设计研究院有限公司

二十三、2022 年度河南省建筑行业质量管理小组优秀活动成果奖

一等奖

提高阶梯看台踏步砼浇筑一次合格率　中国机械工业第四建设工程有限公司

提高大跨度后张法预应力梁施工一次合格率　中国机械工业第四建设工程有限公司

二等奖

提高二次结构构造柱浇筑成型一次合格率　中国机械工业第四建设工程有限公司

提高蒸压加气块墙体施工合格率　中国机械工业第四建设工程有限公司

三等奖

提高阶梯看台踏步砼浇筑一次合格率　中国机械工业第四建设工程有限公司

二十四、2022 年度河南省建设工程中州杯省优质工程

洛阳职业技术学院新校区一期一组团图文信息中心地下车库（一）一期　机械工业第六设计研究院有限公司

二里头遗址博物馆　机械工业第六设计研究院有限公司

驻马店市青少年宫科技馆综合体　机械工业第六设计研究院有限公司

恒达·阳光城—阳光美园13#楼　机械工业第六设计研究院有限公司

锦华苑小区（四季花城）商业广场商业及地下室　机械工业第六设计研究院有限公司

二十五、2022年“海河杯”天津市优秀勘察设计奖

一等奖

天津国安盟固利新能源有限公司新建年产3亿A·h锂离子动力电池项目　中国汽车工业工程有限公司

二等奖

宜宾市新能源汽车及零部件产业园基础设施一期项目　中国汽车工业工程有限公司

三等奖

宁波杭州湾吉利汽车部件有限公司双班年产30万套车身部件项目涂装车间　中国汽车工业工程有限公司

二十六、2022年度浙江省勘察设计行业优秀勘察设计成果建筑工程设计成果奖

一等奖

中国人寿大厦　中国联合工程有限公司

杭州市萧山区威雅实验学校（一期）　中国联合工程有限公司

杭州临江环境能源工程　中国联合工程有限公司

嘉兴市秀创新能源科技有限公司年产5GW光伏组件配套项目　中国联合工程有限公司

遂昌县环城南路工程（一期、二期）　中国联合工程有限公司

望江单元SC0403-A33-11地块48班九年一贯制学校建设项目　中国联合工程有限公司

二等奖

中电海康集团总部基地建设项目　中国联合工程有限公司

年产1.5亿台（套）新型高端有机薄膜电容器生产线　中国联合工程有限公司

松阳江滨路二期及地下停车场工程　中国联合工程有限公司

梅城小城镇综合整治工程设计采购施工（EPC）总承包　中国联合工程有限公司

神华榆林循环经济煤炭综合利用项目（一阶段工程）动力装置设计、采购、施工（EPC）总承包工程　中国联合工程有限公司

三等奖

瑞安万松城市综合体三号地块（04-07）工程　中国联合工程有限公司

二十七、2021年度浙江省勘察设计行业优秀勘察设计成果专业专项类

二等奖

杭政储出【2008】49号地块文化娱乐兼商业金融兼教育科研设计用房　中国联合工程有限公司

萧政储出（2011）45号地块　中国联合工程有限公司

三等奖

杭政储出【2015】36号地块商品住宅（设配套公建）项目（一期工程）　中国联合工程有限公司

二十八、2022浙里未来·与邻有约——社区邻里中心创新设计大赛

一等奖

编辑绿地，重启邻里生活　中国联合工程有限公司

二等奖

缝合与生长　中国联合工程有限公司

二十九、2022年度浙江省建设工程钱江杯奖优质工程

海宁市绿能环保项目　中国联合工程有限公司

温岭市东部新区金塘中路市政道路（金墨桥—十四街）　中国联合工程有限公司

办公研发楼、食堂、展厅、五金库、成品库、检测厂房、总装厂房（含连廊）、主门卫、南门卫、东2门卫　中国联合工程有限公司

祥符单元GS0905-A33-08九年一贯制学校及社会停车库（一期）　中国联合工程有限公司

三十、2022年度浙江省优秀国土空间规划设计奖

二等奖

“三江汇·创谷”产业园（原闻堰黄山工业园区）产业与改造提升规划研究　中国联合工程有限公司

三等奖

衢州常山渡口社区更新规划设计　中国联合工程有限公司

三十一、2022 年度重庆市优秀勘察设计

一等奖

重庆市云阳天下龙缸·云端廊桥　中国联合工程有限公司（中机中联工程有限公司）

重庆鲁能美丽乡村田园亲子乐园深化设计　中国联合工程有限公司（中机中联工程有限公司）

悦来新城会展公园——悦来海绵生态展示中心绿色建筑设计　中国联合工程有限公司（中机中联工程有限公司）

悦来新城会展公园——悦来海绵生态展示中心　中国联合工程有限公司（中机中联工程有限公司）

二等奖

山地城市室外排水管渠设计标准　中国联合工程有限公司（中机中联工程有限公司）

旭宇华锦悦来 065 项目 C81/05 地块及 C82/05 地块工程　中国联合工程有限公司（中机中联工程有限公司）

青岛海尔中德生态园太阳能新工厂项目　中国联合工程有限公司（中机中联工程有限公司）

重庆市永川区人民医院（红河院区）分布式能源项目　中国联合工程有限公司（中机中联工程有限公司）

悦来会展中心北辰项目一期（C09-2/06 号地块）海绵城市专项　中国联合工程有限公司（中机中联工程有限公司）

跳蹬河综合整治（二期）项目　中国联合工程有限公司（中机中联工程有限公司）

重庆两江创业创新城（原两江总部经济片区 P6-1 项目）智能化系统设计　中国联合工程有限公司（中机中联工程有限公司）

綦江县体育中心　中国联合工程有限公司（中机中联工程有限公司）

宝莲国际都会项目　中国联合工程有限公司（中机中联工程有限公司）

重庆复地金融中心（重庆解放碑兰家巷项目）结构专项　宝莲国际都会项目　中国联合工程有限公司（中机中联工程有限公司）

重庆市工程建设标准《现浇混凝土空心楼盖结构技术标准》DBJ50-359-2020　中国联合工程有限公司（中机中联工程有限公司）

重庆工业博物馆主展馆　中国联合工程有限公司（中机中联工程有限公司）

中机中联 BIM 云平台工程管理软件　中国联合工程有限公司（中机中联工程有限公司）

三等奖

重庆市北碚区蔡家组团 B 分区 B30-1/04 地块号项目　中国联合工程有限公司（中机中联工程有限公司）

瀚置招商礼嘉项目　中国联合工程有限公司（中机中联工程有限公司）

阳江高新区明阳风机装备制造整机项目　中国联合工程有限公司（中机中联工程有限公司）

彭水县污水处理厂二期扩建工程（异地）中国联合工程有限公司（中机中联工程有限公司）

重庆仙桃数据谷三期一标段项目　中国联合工程有限公司（中机中联工程有限公司）

重庆复地金融中心（重庆解放碑兰家巷项目）　中国联合工程有限公司（中机中联工程有限公司）

水木华庭　中国联合工程有限公司（中机中联工程有限公司）

融堃·彩云里　中国联合工程有限公司（中机中联工程有限公司）

三十二、2022 年度陕西省“十三五”医院建设优秀工程设计奖

三等奖

西乡县人民医院整体搬迁（含精神病医院建设）项目工程设计　机械工业勘察设计研究院有限公司

三十三、2022 年度陕西省优秀城市规划设计奖

一等奖

富阎产业合作园区规划管控技术规定　中国联合工程有限公司（中联西北工程设计研究院有限公司）

三等奖

子洲县精营城市前期策划及重点项目初步设计　中国联合工程有限公司（中联西北工程设计

研究院有限公司）

优秀奖

子洲县大理路街景改造提升规划　中国联合工程有限公司（中联西北工程设计研究院有限公司）

长安区秦岭北麓峪口保护站和智慧化管控项目规划设计　中国联合工程有限公司（中联西北工程设计研究院有限公司）

府谷县新府山片区提升项目概念规划　中国联合工程有限公司（中联西北工程设计研究院有限公司）

共同村民安置项目用地预审与选址论证报告　中国联合工程有限公司（中联西北工程设计研究院有限公司）

航空基地北屯社区安置房二期（城中村）项目用地预审与选址论证报告　中国联合工程有限公司（中联西北工程设计研究院有限公司）

三十四、2022 年度安徽省建设工程奖

黄山杯奖

定远县南城河水环境治理工程 EPC+O（设计、采购、施工 + 运营维护）总承包项目　中机国际工程设计研究院有限责任公司

三十五、2022 年广东省建设工程

优质奖

光明文化艺术中心项目　中国机械工业建设集团有限公司

金匠奖

光明文化艺术中心项目　中国机械工业建设集团有限公司

三十六、2022 年广东省建筑业绿色施工示范工程

深圳光明文化艺术中心主体工程　中国机械工业建设集团有限公司

三十七、2022 年度山东省建筑工程施工安全文明标准化工地

万华孵化基地Ⅱ标段项目　中国机械工业建设集团有限公司

三十八、2022 年度安徽省建筑安全生产标准化示范工地

蚌山区高新电子信息产业园基础设施（一期）项目工程　中国机械工业建设集团有限公司

三十九、2022 年度江苏省建筑施工标准化星级工地

连云港徐圩新区干散货输送栈桥项目　中国机械工业建设集团有限公司

四十、2022 年度广东省绿色施工示范工程

光明文化艺术中心项目　中国机械工业建设集团有限公司

2022 年先进个人事迹

2022 年全国五一劳动奖章——裴宝林

裴宝林，经纬智能纺织机械有限公司（简称经纬智能）锭子厂工具设备修配班班长、高级技师。

裴宝林从 1990 年进入经纬智能工作至今 32 年，凭着勤于学习、勇于改变、敢于挑战的工匠精神，在日积月累中练就技艺绝活，在持续革新中催生免检产品，在克难攻坚中成就匠人团队，从一名普通的车工成长为加工难题的“终结者”、创新创效的带头人、培养新人的老师傅，成为晋中市劳动模范、经纬智能第一个省级劳模创新工作室带头人、国机集团“首席技师”、中国恒天十大工匠、全国纺织行业劳动模范、全国纺织行业技术能手、中国纺织大工匠、全国机械冶金建材行业示范性创新工作室带头人、全国技术

能手，享受国务院政府特殊津贴。2022年4月，又获得全国五一劳动奖章。

裴宝林始终坚持“创新来自现场、现场决定市场”的准则，立足现场创新改善，他负责的近20项自主改善项目获得各级嘉奖，并带头成立了裴宝林创新工作室，以思想创新和项目创效作为“抓手”，把传承弘扬劳模工匠精神和做好导师带徒作为机制，在经纬智能锭子工艺技术攻坚、产品生产等重点工作中发挥了不可替代的作用。

裴宝林亲自设计改造4部闲置简易数控，实现3个工序的合并；设计锭胆结合件流水工作线，提高工作效率；改造装配锭脚清洗机，彻底解决故障频发问题；设计制作弹性管去毛刺专机，被公司授予“裴宝林去毛刺操作法”；设计制作夹纱器自动压专机和双弹性锭子防尘盖自动压装机，实现少人化，实现创新成果100余项，累计为企业创造经济价值400余万元，培养各类技术人才20余名，带领创新工作室完成了7项自动化项目，创造了企业自主改善从小改小革到自动化智能化的巨变。

如今，他又站位全局，充分发挥自己直击现场、终结问题的特长，投入经纬智能的精益改善工作中，为现场智能化、自动化的升级改造贡献力量，不负韶华、匠心逐梦。

2022年全国五一劳动奖章——车社海

车社海，青岛宏大纺织机械有限责任公司（简称青岛宏大）总设计师、正高级工程师。

车社海理想信念坚定，事业心强，始终刻苦钻研技术。自参加工作以来，他一直从事纺织机械产品研发工作，曾先后设计了针织机、梳棉机、自动络筒机等10多种新产品，先后独立编写了18篇论文和专业技术报告，有58项专利，其中9项中国发明专利和7项国际发明专利，21项国内外发明专利处于实审阶段。曾获国务院政府特殊津贴、山东省泰山产业领军人才、山东省五一劳动奖章、中国纺织大工匠等荣誉称号，是纺机行业优秀的科技带头人。

2007年，车社海带领团队成功研发细络联型自动络筒机，作为“十一五”期间国家重点支持的纺织机械十项新型成套关键装备之一，2011年代表中国纺织企业在国家会议中心参加了“十一五”国家重大科技成就展。

近几年，车社海带领团队持续攻关，取得了几项具有里程碑意义的成绩。一是高效插管装置，该装置技术填补了国内外空白，属于国际领先水平。二是落筒小车，属于高端智能化装备，填补国内空白，打破了国际垄断。三是单锭自助生头装置，该装置属于国内外首创，解决了某种原因造成的单锭排满管现象以及排满管造成的整机回丝缠绕问题，同时解决了管纱输送过程中的卡堵现象，提高了整机供管效率和整机的生产效率，大大减少了设备的维护工作量。

车社海主持研发的VCRO型自动络筒机荣获中国纺织工业联合会科技进步奖一等奖和青岛市科技进步奖一等奖。他率领团队设计的新一代全自动化VCRO-PLUS型自动络筒机，利用RFID技术开发了双品种和一拖三自动络筒机，减少了纺织厂的投资成本及用工成本，引领了行业发展。近十年，车社海研制的各种型号自动络筒机已实现销售近5 000台，为纺织行业转型升级做出了重要贡献。

2022年全国五一劳动奖章——郭超

郭超，恒天重工股份有限公司（简称恒天重工）加工事业部焊工班班长、高级技师。

郭超是来自恒天重工加工事业部焊工班的一名青年焊工，一名从工人队伍中成长起来的优秀共产党员，是公司特种设备操作技能教师，焊接高级技师，2016—2020年连续5年被聘为公司“首席员工”，2021年被聘为公司首批“首席技师”，现任加工事业部二工部焊工班班长、郑州市总工会第十四届委员会副主席（兼职）。他始终坚守在一线焊工岗位上，用勤学苦练、硬核技术和担当奉献，生动诠释了劳模精神、劳动精神、工匠精神，用一身技艺努力为公司高质量发展添砖加瓦，也为平凡的焊接工种展示出年轻技术能手的风采。

郭超通过竞技淬炼焊接技能，与其他高技能人才在焊花四溅中交流技术、突破技术瓶颈，在恒天集团第五届、第七届技能大赛焊工组比赛中取得优异成绩，在第14届“振兴杯”全国职业技能大赛河南省选拔赛中取第五名的优异成绩。近年来，他先后被授予国机集团技术能手、中国恒天青年技术能手、中国恒天大工匠、河南省纺织大工匠、中国纺织大工匠、郑州市五一劳动奖章、河南省五一劳动奖章、河南省劳动模范等荣誉称号。

近年来，面对公司繁重的生产加工任务，郭超带领焊工班全体成员，组建先锋突击队，科学编排焊接生产计划，加班加点连轴转，突击队成员月均加班达到85小时，人均完成入库工时量达到惊人的1 500小时，是其他班组平均数的1.5倍，高标准完成了公司下达的突击生产任务，为缓解出产压力做出重要贡献。2020年年初，面对工业和信息化部下达的10天之内造出医用防护服压条机的生产任务，郭超和压条机攻关组全体人员连续奋战，仅用8天时间就研发生产出首批10台医用防护服压条机样机，先后完成3批共160台医用防护服压条机总装调试工作，圆满完成防护服压条机统筹调拨任务。

2018年，“郭超劳模创新工作室”成立，郭超团结带领工作室成员，发扬工匠精神和劳模精神，通过冷焊组、车磨组、镗铣组、特种工艺组4个攻关小组的共同努力，截至目前，共完成创新成果56项，成果转化47项，形成工作方法7项，操作规程6项，推进多项高精尖制造加工技术运用到纺机产品的制造，为公司降本增效经济价值1 000余万元，工作室先后被评为郑州市示范性“劳模和工匠人才创新工作室”、河南省示范性“劳模和工匠人才创新工作室”。

全国技术能手——李正

李正，中共党员，高级技师，自2006年毕业参加工作以来，一直在合肥通用机械研究院有限公司所属合肥通用职业技术学院任实习指导教师一职。在10多年的工作实践中，对自己高标准、严要求，业务上不断进步，精益求精。2022年，获全国技术能手。

1. 潜心教学，指导学生的技能实践 李正在教学过程中，不断地总结经验，改进教学方法，在教学中不断探索新的授课形式，真正做到寓教于乐，提高学生学习兴趣，提高课堂效率。在实训教学中，他注重培养学生良好的心理素质和科学正确的操作技法，共培训出数控车工、数控铣工、加工中心操作工等工种中级工 3 000 多人次，高级工 400 多人次，金工实习 6 000 多人次，受到了学生们的一致拥戴。

2. 努力探索，寻求自身技能水平的进步 自 2006 年参加工作以来，李正在做好本职工作的基础上，多次协助研究院其他部门完成高精度、高难度产品零部件的试制加工，例如 2006 年加工完成通用机械研究院特泵厂的叶轮、左右管板等产品；2009 年加工完成通用机械研究院阀片厂的阀片、偏心块；2011 年加工完成出水段、导叶等产品；2008 年至今多次完成中国电子集团三十八所等兄弟单位复杂零部件的数控加工。2018 年还参与新产品研发试制工作，实现了超低压高转速微型电子泵的国有化生产。

3. 拓展领域，全面提高业务能力和水平 2009 年李正获得安徽省职业资格鉴定加工中心操作工考评员资格并参与多个数控项目的理论和实操试题库建设；还参与了《数控机床操作与实训》和《典型模具零件的数控加工一体化教程》的编写工作。2006 年获得安徽省第二届数控技能大赛高职组第二名，2010 年获得安徽省第四届数控技能大赛教师组第三名，同时获得安徽省优秀实习指导教师称号，2012 年获得安徽省第五届数控技能大赛职工组第一名。李正先后获得安徽省五一劳动奖章（2013 年）、安徽省青年岗位能手（2013 年）、安徽省技术能手（2012 年）、安徽省优秀实习指导教师（2011 年）、合肥通用机械研究院五四青年奖（2013 年）、中国机械工业集团技术能手（2019 年）、安徽省教坛新秀（2022 年）等荣誉称号。历年来主持或参与申报专利 4 项，获立项 4 项。2015 年以来获聘为中国机械工业集团首席技师，2020 年成立李正技术技能型大师工作室。历年来多次参加安徽省以及市级职业技能大赛中职组竞赛的评审工作，参与指导的学生获得国家级或者省部级以上奖项 10 余项。

河南省五一劳动奖章——刘尚宏

刘尚宏，中国一拖集团有限公司特专车公司产品工艺部部长，高级工程师。2022 年以来他带领产品研发团队，聚焦新能源系列纯电动专用车产品研发，积极进行科技创新，为企业振兴发展做出突出贡献。主要业绩如下：

1. 勇于挑战，带领团队研发新能源专用车产品 刘尚宏 2022 年负责研发系列新能源纯电动环卫产品 3 大类 13 个车型产品，新产品实现收入 8 541.8 万元，实现利润 1 665 万元，新产品贡献率达 86%。通过国家产品定型鉴定 9 项，获得中国一拖科技创新奖一等奖 1 项、中国一拖科技创新奖三等奖 1 项。

2. 攻坚克难，实现企业“节能环保绿色”发展 刘尚宏带领研发团队先后实施开发纯电动环卫车辆、纯电动工程车、纯电动物流运输车、纯电动叉车等系列新能源产品，产品数量达到 25 个，形成公司新能源产品构架，实现公司整机产品向“节能环保绿色”的升级换代，新能源产品销量占比超过 70%，成为企业新的支柱产品。

3. 积极创新，推进实施 50 多项重大技术革新 2022 年，刘尚宏工作中积极创新，实施 20 余项重大技术改进创新项目，组织实施 30 多项技术降本工作，累计实现降本超过 315 万元；累计申报专利达 40 余项，其中，发明专利 2 项，外观专利 7 项，实用新型专利 30 多项。产品核心竞争力不断增强，系列纯电动洗扫车产品销量跃居行业前列，为中国一拖特专车公司的高质量发展做出突出贡献。

4. 爱岗敬业，带领团队技术攻关 刘尚宏作为“劳模创新工作室”带头人，通过传帮带，带领团队年轻骨干快速成长，2022 年全年指导徒弟完成重大技术攻关 40 多项。为市场急需新能源纯电动环卫车研发项目的完成，他带领研发团队和徒弟主动放弃节假日休息，创下中国一拖汽车史单月完成研制 10 款新产品的最高纪录。2021 年他获得“洛阳市五一劳动奖章”荣誉称号。在他的引领下，刘尚宏劳模创新工作室年轻骨干多人获得中国一拖青年科技创新成果奖、青年岗位能手、新能源环卫车开发青年突击队、青年文明号、国机集团青年岗位能手等荣誉称号。

河南省五一劳动奖章——王坤

王坤，中国一拖集团有限公司福莱格公司冲压工部维修组班长、维修电工技师，在工作中能积极主动学习先进电气自动化技术，并运用到生产一线中去，为企业设备电气改造及自动化的推广做出贡献。主要工作业绩如下：

1. 主动提升，在竞赛中获得较好成绩 王坤积极地提升技能，在工作之余参与行业先进的电气技术培训，把掌握的技术灵活地运用到工作中去。为将冲压自动化线投入满负荷生产，他编写作业指导书，现场指导操作，实现操作人员减少浪费、效率提升的目的，一条线原 8 人现仅需两人操作即可完成。王坤把成功案例在公司进行经验交流和推广，多次获得本公司“明星员工”和“标杆示范岗”荣誉。2020 年在洛阳市职工职业技能竞赛维修电工（二类）比武中获得第一名，被授予“洛阳市五一劳动奖章”荣誉称号。

2. 学以致用，带领团队自主攻关 王坤针对公司老设备技术落后、故障率高、安全性差、无法满足现代化生产需求的缺陷，带领团队自主设计并实施 109 台大中型冲压设备智能化改造；通过升级改造，极大地提高冲压生产线的运行性能和工作效率；实现维修报警信息化，节约维修时间 73%。他将设备信息化与预修计划相匹配，通过编写 PLC 程序来统计设备运行数据，计算核心部件使用寿命，使设备故障率降低 60%。

3. 创新思考，推进重大技术革新项目实施 王坤立足岗位进行创新创效活动，共主持或参与实施完成创新项目 211 项，创效金额 492 余万元，有效提高设备的运行稳定性和安全性。他主导实施的“冲压机械手”自动化项目，实现 4 轴冲压机械手在公司压力机上的应用，实现多工序冲压生产无人操作，既降低生产操作人员劳动强度和安全，同时还提高效率降低生产成本。在焊接人工转自动化焊接项目中，他实现零件自动化焊接效率提升 3 ～ 5 倍。

4. 践行工匠精神，做好技能传承 王坤认真践行“工匠精神”，做好经验交流和技能传承，开展维修技能培训，提升班组职工技能素质；制作课件编制现场操作类和维修类作业指导书 33 份，对生产班组进行设备保养、常见电气故障等相关知识培训 1 280 人次，班组整体维修技能得到大幅提升，多名徒弟获得技能竞赛前 3 名，为企业发展做出积极贡献。

河南省优秀工会工作者——乐勇

乐勇，经济师，中共党员，中国一拖集团有限公司工会副主席。近年来，他坚持贯彻落实中华全国总工会、河南省总工会和洛阳市总工会的决策部署，在国机集团工会和中国一拖党委领导下，锐意开拓创新，主动担当作为，为企业改革振兴和工会工作创新发展做出突出贡献。主要工作业绩如下：

1. 深入基层，持续完善企业工会工作体系 乐勇坚持把牢政治方向，把深入学习贯彻习近平新时代中国特色社会主义思想和习近平总书记关于工人阶级和工会工作重要论述精神，贯穿到工会工作的全过程，注重提高工会干部队伍的整体素质，促进企业工会工作水平和效率。他坚持源头参与，依法履行民主程序，审议涉及职工权益相关的制度文件，围绕重点工作和热点问题，制定《关于在质量改进工作中进一步发挥民主管理作用的通知》等制度。在产业工人队伍建设改革工作推进过程中，他坚持把产业工人队伍建设作为企业高质量发展的重要支撑和基础保障。制定《中国一拖新时期职工队伍建设改革方案》，在产业工人队伍建设改革的新模式新路径方面进行积极探索，在实践中持续推动中国一拖产业工人队伍发展壮大和职工整体素质的全面提升。

2. 身先士卒，积极推动新冠肺炎疫情防控复工复产取得实效 面对突如其来的新冠肺炎疫情，乐勇坚决贯彻党中央和公司党委的决策部署，全力推动疫情防控与复工复产工作。一是全心全力抓保障，确保抗疫物资及时到位。二是找准重点解难题，面对加班加点职工就餐困难问题，及时组织采购食品，带队送关爱到一线，慰问驻外职工家属，全面增强职工抗疫和完成经营目标的信心和决心。三是组织开展“战疫情，保春耕”专项劳动竞赛，有力保障疫情期间春耕亟需产品的生产和供应；在公司职工中征集 274 个战疫情“金点子”，以项目策划书和合理化建议的形式提出战胜疫情的办法和措施，组织劳模及大工匠围绕疫情期间的生产难点，开展联盟攻关活动，解决生产过程中的一系列难题。

3. 搭建平台，有效促进企业创新发展和职工成长成才 在乐勇亲自策划下，公司工会根据企业发展和职工成长需求，积极谋划搭建平台。一是公司广泛开展“六夺三争”劳动竞赛，紧扣企业各阶段工作重点，有针对性地开展专项竞赛。二是技能竞赛广泛深入，公司开展维修电工、三维 CAD、冲压工、模锻工通用技能竞赛活动，公司两级单位组织 90 场技术比武自赛活动，参赛职工 3 000 多人；组队参加省、市电焊工、数控车工、装配钳工和 CAD 应用等技能大赛，7 名选手获得优异名次。承办并参加河南机冶建材行业电焊工技术比武活动，并获得竞赛一等奖。三是带领工会干部把企业“双创”活动引向深入；组织全体职工聚焦转型升级重点工作，通过将创新项目现场发布、成果交流、专家点评、网上双创、优秀成果荟萃等方式创新活动形式，每年立项 15 000 项，创效超过 4 000 万元，有效地促进企业创新发展和职工成长成才。

4. 创新思路，推进劳模创新工作室取得新成果 为更好发挥东方红劳模创新工作室创新基地作用，乐勇组织 14 个基层劳模工作室立项攻关 181 项，72 个重点项目完成率 98%，签订师徒协议 121 对，工作室跨单位联合攻关 51 项；搭建以智控为主攻方向的“创客”平台，通过“创客沙龙”活动，催生 9 个项目的前沿技术研究；创新导师带徒方式，6 名“大工匠”导师跨单位跨部门带徒 18 名，开展立项 24 项，“导师制”高技能跨单位培训体系持续发挥作用；公司所有劳模创新工作室均加入省市创新工作室联盟，创新创效工作受到中华全国总工会及河南省总工会的充分肯定。

5. 关心员工，充分发挥工会维权服务职能作用 乐勇每年负责组织召开职工代表大会，审议公司工资集体协议等履行情况报告；召集职工代表、职工监事履职尽责发挥作用。近 3 年，他参与审议表决 30 余项企业重大决策；深化工资集体协议工作，指导 22 家二级单位规划集体合同的协商内容和程序，责成 9 家单位重新修改合同文本，二级单位工资集体协议签订率 100%。在构建和谐劳动关系建设方面，他针对群访事件，积极协调相关职能部门，及时进行政策解读，化解矛盾；畅通职工维权诉求渠道，落实工会主席接待日制度，接待职工来信来访劳动争议案件 8 起，调处率 100%。统筹协调中国一拖 6 项帮扶救助基金使用，为职工解决实际困难。组织开展“金秋助学”大学生暑期社会实践活动和“双节”慰问困难企业、困难职工；组织策划金秋助学感恩活动，每年为考入大学的 200 余名职工子女发放行李箱；对 30 名困难职工子女发放东方红未来基金。

乐勇先后被授予洛阳市优秀工会工作者、劳动竞赛先进个人、厂务公开民主管理工作先进个人等多项荣誉，他本人以较高的人格魅力、良好的职业道德、务实的工作作风，赢得公司上下一致好评。

2022 年度国机集团高层次人才——宋文明

宋文明，正高级工程师，研究生学历，工学博士，毕业于兰州理工大学先进材料及其制备技术专业，现任中国浦发机械工业股份有限公司所属机械工业上海蓝亚石化设备检测所有限公司副总经理。

宋文明先后参加由中国特种设备检验协会组织的承压设备用流量计（壳体）监督检验规范团体标准审查技术交流活动；由中国特种设备检验协会团体标准工作委员会压力容器检验标准化工作组组织的《湿硫化氢腐蚀环境下使用的钢制固定式压力容器定期检验规范》团体标准审查技术交流活动；由中国石化集团石油化工设备防腐蚀研究中心（洛阳技术研发中心）组织的 2021 年能源化工腐蚀控制技术交流活动；由中石油西南油气田川东北作业分公司组织的奥氏体粗晶焊接接头全聚焦相控阵超声检测技术交流会技术交流活动；由中国特种设备检验协会组织的压力管道安全技术培训活动，并作煤气化装置工艺及检验要点学术报告；由中国特种设备安全与节能促进会组织的化工产业转移承接地特种检验检测人员能力提升培训活动，并作典型承压设备损伤模式及检验案例解析学术报告。

宋文明于 2017 年参加了 GB/T 20663—2017《蓄能压力容器》标准的制定工作；2018 年主持了 T/OO CPASE PT 001—2018《承压设备系统安全管理评价》标准的制定工作；2019 年参加了中国石油化工集团有限公司、中国石油化工股份有限公司 SHS 05037—2019《粉煤上行气化炉维护检修规程》标准的制定工作；先后参与编写论著 5 部，发表论文 39 篇，其中 SCI/EI/ISTP 国际权威三大检索论文 14 篇。

2022 年度国机集团高层次人才——郭志军

郭志军，正高级工程师，大学本科，学士学位，毕业于湖南大学金属腐蚀与防护专业，现任中国浦发机械工业股份有限公司所属机械工业上海蓝亚石化设备检测所有限公司专务。

郭志军历年来在《材料保护》《腐蚀与防护》《电镀与环保》《电镀与涂饰》《石油化工设备腐蚀与防护》《石油化工设备》《石油化工设备技术》等刊物上发表论文 49 篇。编写了《压力容器技术》（第一版）丛书第五册《压力容器安全监察与管理》（化学工业出版社，2006 年）第八章“失效分析”，总字数约6.1万字。《压力容器技术》（第二版）丛书第五册《压力容器安全监察与管理》第十章“失效分析”，总字数约 10 万字。主编了《压力容器技术丛书》（第二版）第六册《力容器腐蚀控制》（化学工业出版社，2016 年），总字数约 98 万字。

第六篇

重大经营项目汇编

工程承包

（2022年完工，合同金额5 000万美元以上）

一、尼泊尔博克拉国际机场项目

承建单位：中工国际工程股份有限公司。

签约时间：2014年5月22日。

项目概况：该项目被尼泊尔政府列为“国家荣誉工程”。2016年，中国政府向尼泊尔政府提供了援助性质的资金，项目才得以顺利开工建设。

2014年5月22日，中工国际与尼泊尔民航局签署项目总承包合同，合同金额为2.44亿美元。2016年3月21日，中尼双方签署项目的融资协议。2017年5月31日，项目合同生效。2017年7月11日，项目开工建设。2022年3月26日，时任国务委员兼外交部部长王毅出席典礼并向尼方递交了象征竣工的“金钥匙”。2022年12月29日，中尼双方政府签署项目交接证书。2023年1月1日，机场投入商业运营，尼泊尔总理普拉昌达出席投运仪式并向公司颁发了亲笔签署的感谢状。

该项目采用EPC模式新建一座4D级国际机场。飞行区主要设施包括2 500m跑道、滑行道、联络道、停机坪等；航站区主要设施包括约15 000m^2的航站楼、控制塔台、机库、货运站、停车场、消防救援站等；同时配备相应的给排水、消防、供电、通信、导航、气象、监视系统等设施。

项目采用中国标准建设并符合国际民航组织（ICAO）和国际航空运输协会（IATA）的标准及规范。机场建设采用了国内最新技术和先进的设施、设备，在尼泊尔机场建设领域创造了多项“首次”。航站楼采用大空间钢结构和玻璃幕墙设计方案，在现代化的机场设计中巧妙地融入尼泊尔本地元素，比如航站楼屋顶造型像一只展翅翱翔的雄鹰，让机场自然融入博克拉的山水画卷之中；机场的佛像、石雕喷水龙头、金色国鸟雕塑等元素都展现着尼泊尔的文化。新机场造型新颖独特，建成后成为尼泊尔新地标和诸多百姓前来拍照打卡的“网红工程”。

经济或社会效益：项目实施期间，累计创造了1 000多个就业岗位，培养了大批尼泊尔工程建设管理人员和技术人员，为尼泊尔带去了现代化机场建设技术和EPC项目管理经验，为当地社区生产、生活、教育、医疗、安全、文化娱乐提供多方位的支持和帮助。机场投运后将逐步创造100多个运营岗位和大量间接就业机会，带动尼泊尔民航事业、旅游业和对外经贸的发展，造福尼泊尔人民。

博克拉国际机场项目是迄今中国政府援助尼泊尔的最大项目，是建设跨喜马拉雅立体互联互通网络、高质量共建中尼“一带一路”的重要组成部分。机场建成投运为尼泊尔与中国乃至世界的沟通架起一座美丽的空中桥梁，将助力尼泊尔从“陆锁国”变“陆联国”，为尼泊尔经济社会发展插上翅膀，为构建中尼命运共同体做出重要贡献。该项目获评中国对外承包工程商会2022年度“中国境外可持续基础设施项目”。

二、仓前街道梦想小镇安置区块一、二期项目

承建单位：中工国际工程股份有限公司。

签约时间：2019年4月15日。

项目概况：该项目于2019年4月15日签署工程总承包合同。一期于2019年6月21日正式开工，二期于2019年7月26日正式开工。合同金额78 050.05万元。2022年11月22日完成竣

工备案。11 月 24 日完成分房安置工作。

该项目建设地点位于杭州市余杭区仓前街道梦想小镇以北。工程建设规模：仓前街道梦想小镇安置区块总用地面积约 104.73 亩（1 亩≈666.67m^2），一期用地面积 33.55 亩；二期用地面积 71.18 亩。总建筑面积约 266 967.15m^2（其中一期建筑面积约 85 779.32m^2，地上面积为 51 618.71m^2，地下面积为 34 160.61m^2；二期约 181 187.83m^2，地上面积为 116 066.52m^2，地下面积为 65 121.31m^2）。一期：5 幢 13 至 15 层的住宅用房，两层连通地下室，一层连通商铺。二期：8 幢 18 层的住宅用房，两层连通地下室，一层连通商铺。1 幢 4 层的红事用房。新建拆迁安置用房，总建设套数：1 342 套；拟安置户数：308 户；其中一期建设套数：424 套；拟安置户数：97 户；施工许可证取得时间：2019 年 6 月 5 日。二期建设套数：918 套；拟安置户数：211 户。

经济或社会效益：该项目属于国家民生工程，能进一步解决中低收入人群以及被拆迁住户的居住问题，促进城市化建设的不断发展。有利于控制高房价，有利于更好地落实房价调整的政策目标，减少来自刚性需求的恐慌性需求，有利于防止房价和住房销量的暴涨暴跌。

三、西昌市餐厨垃圾项目

承建单位：中工国际工程股份有限公司。

签约时间：2020 年 5 月 18 日。

项目概况：餐厨垃圾和地沟油处理主体工程和配套公用工程建设；项目一期建设规模为餐厨垃圾收运处理 100t/d、地沟油收运处理 10t/d，二期建设规模为餐厨垃圾收运处理 200t/d、地沟油收运处理 20t/d。项目类型为 BOT，占地面积 23.59 亩，特许经营期 30 年（含建设期 1 年）。项目于 2021 年 1 月 18 日开工建设，于 2022 年 1 月 14 日投入运营。

该项目采用多种国际领先、国内先进的资源化技术，全方位整合智能称重、预处理、三相提油、湿式厌氧、沼气回用提纯、污水处理、浓缩液浸没燃烧、沼渣脱水、全封闭三级除臭九大子系统，达到一级 A 排放标准，是一座集约型、节能型、现代化、智能化的餐厨垃圾处理厂。

经济或社会效益：西昌市餐厨垃圾处理项目通过“资源化、减量化、无害化”的方式，集中处理西昌市中心城区产生的餐厨垃圾和废弃食用油脂，有效推动了当地垃圾分类处置的体系化建设，惠及当地约 60 万居民。

该项目自 2022 年 1 月投运，共处理餐厨垃圾超 2 万 t，缓解了餐厨垃圾对城市环境和邛海水系造成的污染；同时也遏制了餐厨垃圾流入餐饮业和养殖业的情况发生，降低地沟油回流餐桌风险，降低非洲猪瘟隐患，是西昌生态文明建设发展工作中不可或缺的一环。

四、濮阳县御井片区二期（新华、蔡寨）**城中村改造项目**（EPC 模式）

承建单位：中国机械工业建设集团有限公司。

签约时间：2018 年 4 月。

项目概况：该项目的建设范围包括工程地质勘查、规划设计、方案设计、初步设计、设计概算、施工图设计、在施工期间提供相关技术服务等，以及项目施工总承包直至竣工验收、质量缺陷责任期内的缺陷修复和保修工作，项目位于濮阳县站南路与御井路交汇处，建设安置房 12 栋，包括 1# ～ 12# 楼的土建、装饰、安装及地下车库、人防工程、物业用房、幼儿园配套工程，共 159 144.41m^2。项目于 2022 年 8 月完工。

经济或社会效益：濮阳县御井片区二期项目为濮阳县重点民生项目，建筑面积达 15 万余 m^2，安置村民 900 余户 2 900 人，有效合理地改善了新华、蔡寨村村民的住房条件，提高了村民的幸福指数。

五、商丘市睢阳区南部新城安置区 B07、B13、B14、B16 地块项目

承建单位：中国机械工业建设集团有限公司。

签约时间：2018 年 11 月。

项目概况：商丘古城文化产业园区棚户区改造项目（一期）安置一区（B07 地块）、商丘市睢阳区重点街区棚户区改造项目（一期）安置 A 区（B13 地块、B14 地块）、商丘市睢阳区重点截取棚户区改造项目（一期）安置 C 区（B16 地块）。主要建设内容包括住宅楼、公共服务设施、商业用房等；总规划用地面积约 207 331.49m^2，总建筑面积约 799 717.35m^2，其中地上建筑面积约 590 174.47m^2，地下建筑面积约 209 542.88m^2。项目于 2022 年 6 月完工。

经济或社会效益：按照睢阳区“一古两新一带多节点”的战略发展思路，将把南部安置区打造成集居住、商业、娱乐于一体的容纳 10 万人的现代化美丽新城。棚户区改造后，睢阳区将快速推进城市化进程，提高城市品位，推动经济又好又快发展，奋力实现睢阳“三年大变，五年巨变”的跨越发展宏伟目标。

六、北京奔驰顺义工厂总装输送、工艺设备及立体库项目

承建单位：国机汽车股份有限公司。

签约时间：2019 年 1 月。

项目概况：该项目为戴姆勒最新规划承载当前最先进技术的高柔性、智能化工厂。国机汽车下属中国汽车工业工程有限公司（简称中汽工程）承担了土建、立体库、工艺设备和总装车间完整输送线的总承包。产能 42JPH，产品涵盖戴姆勒旗下所有乘用车和电动车。该项目采用戴姆勒最新输送机 Integra6 标准，预内饰线采用可升降 AGV 系统，内饰线采用电动升降滑板、底盘线采用重载 EMS 升降吊具、车门线和发动机线采用 EMS 系统，代表了当今输送机最新最先进的技术。其中内饰滑板线、底盘 3&4 板式链以及合装 CDU 线跨物流通道设备均采用全新的结构和设计理念，在地面上完成转接，无需地坑，不影响物流车辆的正常通行，为后续行业内大量投入物流 AGV 创造了必要的条件，引领行业发展、达到国际先进水平。预内饰线采用了国内首条低车身可升降 AGV 生产线，具有智能化、柔性化、极易扩充等优势，引领未来总装线的发展，达到国际先进水平。

经济或社会效益：北京奔驰顺义工厂作为全球领先的现代化生产基地之一，是奔驰发力高端制造的前沿阵地，工艺满足梅赛德斯－奔驰前驱车、后驱车、电动车三大车型平台。在梅赛德斯－奔驰全球生产网络中，北京奔驰顺义工厂所拥有的全球领先的高端制造技术，不仅将为首款基于 EVA 平台研发的国产车型以及后续投产的纯电产品提供品质保障，而且还是奔驰加速通往“全面电动”未来的关键所在。“数字化、柔性化、高效、可持续”的价值理念，贯彻到研发、物流、生产、质量等全流程，推进生产制造与质量管理的提质增效。全新工厂、全新电动化平台、全新车型，标志着奔驰在华“全面电动”转型战略加速。

七、吉利汽车西安基地涂装厂生产设备总承包项目

承建单位：国机汽车股份有限公司。

签约时间：2018 年 5 月。

项目概况：该项目坐落于西安经济技术开发区泾渭新城，占地面积 2 260 亩，建有冲压、焊装、涂装和总装四大车间，主要承担 CMA 与 SEA 等架构车型的生产制造，生产线及制造体系的建设完全满足欧盟标准。涂装车间前处理电泳采用阴极电泳技术与高泳透力电泳漆，对应摆杆输送采用中间返回结构，设备操作维护更加便捷。喷涂采用国际最先进的水性 B1B2 工艺，节能、减排、降耗，VOC 较传统工艺减排约 30%。涂胶及喷涂工艺全部采用机器人，大幅提升效率，车身外观、油漆感官效果媲美世界一流豪华品牌。该项目也是吉利汽车目前智能化程度最高的整车生产基地，集数字化、自动化、智能化、柔性化为一体，可实现黑灯化无人生产。

经济或社会效益：该项目累计生产整车超 27.8 万辆，产值突破 330 亿元，带动 21 家零部件企业入驻和产业链上下游 8 000 余人就业，有效实现产业链延链、补链、强链。其产品“中国星”星越 L 市场反响良好；奔驰 SMART 系列搭乘中欧班列“出海”，仅 2022 年，吉利汽车在“一带一路”沿线国家的出口量为 25 177 辆，出口额达到 25.17 亿美元。

八、青岛城鑫汽车零部件产业园建设全过程咨询与涂装、总装产线装备供货项目

承建单位：国机汽车股份有限公司。

签约时间：2021 年 2 月。

项目概况：该项目占地面积 50 万 m^2，建筑面积 26 万 m^2，涵盖冲压、焊装、涂装、总装四大工艺柔性生产车间及动力中心、污水处理站、食堂、办公楼、研发中心，集研发、生产、办公于一体，是青岛汽车产业新城建成投产的第4个整车项目，也是奇瑞集团最先建成、配置最高、要求最严、投产即量产的超级工厂。国机汽车股份有限公司承接了该项目全过程工程咨询服务与涂装、总装产线装备供货，引领和示范意义重大。

经济或社会效益：涂装车间拥有全球领先的“零碳”智造、极致节能环保技术，关键工序全自动化操作，采用节能环保紧凑型水性漆工艺，可减少22%的燃气需求。总装车间拥有全球领先的智慧高精技术，具有短流程、模块化、智能化等优点，在线外观间隙面差检测机器人精度高达0.02mm。

九、安哥拉甘德拉布罗水厂三期建设项目

承建单位：中国机械设备工程股份有限公司。

签约时间：2016年9月23日。

项目概况：该项目合同金额1.2亿美元，工期30个月，质保期36个月。2019年9月29日合同生效，2022年3月31日如期竣工，2022年10月获得临时验收证书。建设内容包括净水厂、提升泵房、污泥水处理系统、SCADA、变电站、输电线路和综合楼等。项目施工全周期无安全、质量事故，无劳动和劳资纠纷。

经济或社会效益：该项目是安哥拉重大民生工程，中非合作九项工程之一。投运后，为首都罗安达200多万人提供清洁用水，显著改善当地民众的生活质量。同时，也为首都经济特区和工业园区的生产用水提供保障，促进了当地的经济发展。项目为当地创造就业岗位486个，培训中高级技术和管理人员30名，为当地培养研究生1名，本科生2名。

2022年8月，中国中央电视台对项目进行专访，作为中非合作九项工程成果之一，在国际和国内频道播出。安哥拉国家电视台、广播电台，安哥拉日报、安哥拉通讯社、政府门户网站等主流媒体对项目多次进行专题报道。

十、塔尔煤田二区块露天煤矿扩建项目

承建单位：中国机械设备工程股份有限公司。

签约时间：2017年12月21日。

项目概况：该项目于2020年1月生效，2022年9月获得TOC证书。项目将塔尔煤田年产380万t煤矿扩能至年产760万t，工程范围包括设计、载货汽车和挖掘机等设备的采购、土方剥离和采煤等工作，工期33个月。在项目执行过程中无任何质量、安全事故，项目按时完工。

经济或社会效益：该项目累计土方剥离超2.44亿m^3，采煤超1 200万t，未发生重伤及以上安全事故，打造出花园式标准化的煤矿项目。

十一、伊拉克巴士拉650MW燃机联合循环扩建电站项目

承建单位：中国机械设备工程股份有限公司。

签约时间：2016年10月12日。

项目概况：该项目建设内容为将一座已有的单循环燃机电站扩建为联合循环电站，为电站增加10台余热锅炉、5台汽轮机发电机组和电站辅助设施，将电站的整体装机容量由125万kW提升至190万kW。该项目于2019年2月现场开工建设，2022年2—12月连续取得5台机组的接收证书，完成了项目的整体移交。该项目在执行期内，受到了新冠肺炎疫情的重大影响，公司一手抓防疫，一手促生产，克服了人员调遣、设备生产、物流运输等方面的影响，完成了项目的建设工作，实现了1年之内5台机组全部移交的良好结果。

经济或社会效益：该项目位于伊拉克南部巴士拉市市郊，属于伊拉克南部电网的骨干电站。伊拉克一直处于电力短缺的状态，项目的顺利建设，提高了当地的发电能力，满足了当地生产和生活用电的需求，促进了当地经济的发展。

十二、斯里兰卡布罗德兰水电站

承建单位：中国电力工程有限公司。

签约时间：2010年10月20日。

项目概况：该项目于2013年8月15日生效，2022年10月11日获得临时验收证书，2022年2月15日正式进入为期2年的质保期。布罗德兰水电站位于Maskeliya河已建的波尔皮提亚电站下游，为径流引水式电站，毛水头61.8m，有效水头56.9m，总装机35MW，机组形式为立轴混流式，单机出力 17.5MW。主坝为混凝土重力坝，坝高 24m，坝顶长 96m；引水隧洞为马蹄形断面，直径 5.4 ～ 7.1m，总长 3 216m。项目执行过程中无任何质量、安全事故。该项目是中国电力工程有限公司在斯里兰卡首次承接的 EPC 项目，打开了斯里兰卡市场，为开拓斯里兰卡及周边市场打下基础。

经济或社会效益：布罗德兰水电站于 2022 年 2 月并网发电，该项目采用中国标准、中国技术及中国设备，建设高峰时聘用当地工人 400 余人，带动了当地就业及相关产业发展，为稳定当地经济做出了突出贡献；同时，管理团队也积极落实属地化管理，聘用当地施工队伍，为其输出了水电站施工建设相关的技术。

该项目是绿色能源项目，年平均发电量约为 126GW・h，根据中国商务部的统计，斯里兰卡人均年用电量约为 700kW・h，布罗德兰项目年发电量满足当地 18 万人的年用电需求，约为 4.5 万个家庭提供了电力保障，在一定程度上缓解了当地的用电荒。

十三、冈比亚河流域组织四国电力互通互联工程项目（OMVG）L4B 标段 225kV 输电线路项目

承建单位：苏美达股份有限公司。

签约时间：2017 年 3 月 9 日。

项目概况：作为 OMVG 所有部分中地形环境最复杂、施工难度极大的标段，L4B 全线路位于复杂山区，约 70% 区域处于无人区，跨越几内亚境内最大两条河流，线路 60% 区域处于黑猩猩保护区内，环保要求极高。项目自 2019 年 12 月开始基础施工，至 2022 年 5 月主体工程完工，执行期间先后克服新冠肺炎疫情、因动物保护区停工、矿区影响改线路、漫长雨季等问题的影响，历经 1 309 天，比 Eiffage，Vinci，Elecnor，KEC，Cegelec 等法国、西班牙、印度、摩洛哥顶级承包商率先完成通电。

经济或社会效益：打造特色的中国方案。提出将大开挖基础方案改为施工爆破量更小、更有利于保护当地原生态环境的挖掏基础方案，使得综合开挖效率提升 80%，基础施工效率提升 100%，极大地促进了项目进展，减少了水土流失，更好地保护了当地环境。

十四、为永润薄膜制品项目引进的首条 BOPP 薄膜生产线正式投产

承建单位：苏美达股份有限公司。

签约时间：2021 年 9 月。

项目概况：该项目是湖北省重点项目、永润薄膜制品项目的第一条生产线。生产线拥有全球单线产能效率高、设备自动化水平强、节能环保性能优等特点，8.7m 的宽度、450m/min 的卷绕机线速度、五层的配置能大幅降低生产成本，提升能源和原材料效率，尽可能满足薄膜生产的可持续性要求。

经济或社会效益：该项目计划安装 4 条 BOPP 薄膜生产线，均由德国布鲁克纳机械有限公司引进，生产线全部投产后可实现年产 BOPP 薄膜 20 万 t，主要生产珠光膜、标签膜、美容面膜、通用热封膜、合成印刷膜等系列产品，广泛应用于印刷、包装、装潢、胶粘带和香烟包装等行业。

十五、为英国船东 OAL 建造的第 2 艘皇冠 63 船型交付

承建单位：苏美达股份有限公司。

签约时间：2020 年 8 月 6 日。

项目概况：新大洋造船有限公司（简称新大洋造船）是苏美达股份旗下成员企业，2022 年 2 月 22 日，为英国船东 OAL 建造的 2 艘 63 500 载重吨散货船顺利交付。OAL 是一家成立于 1993 年的航运及船舶管理公司，该公司目前拥有并管理着一支拥有 15 艘船的散货船船队。该公司船队船只基本在日本和中国建造，其中在原大洋船厂建造了 2 艘 CROWN58，4 艘 CROWN63。新大洋公司成立后，OAL 作为新大洋公司第一个国外客户下单。

CROWN63 型船总长 199.99m，型宽 32.26m，型深 18.50m，设计吃水 11.30m，航速 14.2 节。该船通过船体线型优化、采用大直径螺旋桨及节能舵球等先进设计，将船舱节能和运载效率提升到极致，并且顺应绿色环保的大趋势，新一代船型已能满足国际海事组织 IMO 船舶能效设计指数 EEDIPhase Ⅲ的要求，取得“GreenPassport”环保认证，将环保理念应用到船舶从建造到拆解的整个生命周期。凭借其高度的通用、可靠、节能等性能，CROWN63 赢得了船东口碑，在国际航运市场上具备很强的吸引力。

经济或社会效益：该批订单的交付，是新大洋造船践行国内、国际双循环市场的典型案例，为公司带来约 5 000 万美元的营业收入，也为当地带来新的税收和就业机会。

十六、51 000t 内贸散货船交船

承建单位：苏美达股份有限公司。

签约时间：2020 年 7 月 16 日。

项目概况：2022 年 7 月 27 日，新大洋造船为浙江省海运集团股份有限公司建造的第 2 艘 51 000 载重吨内贸散货船顺利签字交付。该船是新大洋造船融入国内国际双循环新发展格局，加快内外贸一体化发展，与船东合作打造的一款面向未来的数字化船型。

经济或社会效益：该项目的交付，可为新大洋造船带来超过 3 亿元的营业收入，同时为当地带来新的税收和就业机会。

十七、59 990 载重吨内贸散货船顺利交付

承建单位：苏美达股份有限公司。

签约时间：2020 年 11 月 19 日。

项目概况：2022 年 9 月 20 日，新大洋造船为南京两江海运股份有限公司承建的第二艘 59 990t 散货船“长欣门”轮顺利交付。该船是苏美达股份践行内外贸协同发展的又一成果。南京江海集团有限公司是目前江苏省同时具有远洋、沿海、长江、码头中转综合运输能力的企业，拥有运力近 150 万载重吨，航线辐射中国长江沿线、沿海和亚洲、欧洲、大洋洲、非洲、美洲等国家和地区，拥有高素质、高学历和从业经验丰富的专业管理队伍，具备优秀的企业管理水平和创新能力。

该船水下建造期间，正值超长的伏天，连续高温天气多年罕见。所有人勠力同心、克服万难，通过错时上班，增加降温设施等办法保节点、保交船，将高温天气的影响降到最低。该船码头周期仅用 47 天，打破了同型船码头周期记录。

经济或社会效益：该项目的交付，该批两艘船可为船舶公司带来超过 3 亿元的营业收入，为当地带来新的税收和就业机会。

十八、首制 22 500 载重吨内贸散货船顺利交付

承建单位：苏美达股份有限公司。

签约时间：2020 年 12 月 1 日。

项目概况：2022 年 10 月 27 日，新大洋造船为海南安丰海运有限公司建造的首制 22 500 载重吨内贸散货船顺利交付，该船是新大洋造船 2022 年交付的第 16 艘、累计交付的第 300 艘船。海南安丰海运有限公司是新大洋造船的友好合作伙伴之一，已在新大洋造船下单建造 4 艘内贸船。该船是新大洋造船为该公司建造的第 2 艘 22 500 载重吨散货船，此前已为其建造交付 2 艘 75 000 载重吨散货船。

该船总长 153.0m，型宽 23.4m，型深 13.1m，设计吃水 9.4m，最大载货量 22 500t，是针对近海航区卷筒钢等特殊重货运输需求设计开发的新型轻便型双壳散货船。该船配备 350kW 高速轴带发电机，能够在船舶营运过程中降低能耗，节省物流成本，实现节能减排，推进绿色航运，为船东带来更加丰厚的经济收益。该船燃油消耗及性能数据可由通信系统传送至岸基服务器，再通过网络传输至客户电脑端，实现船舶远程实时监测，进而提高船舶管理效率。

经济或社会效益：该项目的交付，将为新大洋造船带来超过 7 000 万元的营业收入，为当地带来新的税收和就业机会。

十九、杭州市萧山区威雅实验学校项目工程总承包

承建单位：中国联合工程有限公司。

签约时间：2018 年 10 月。

项目概况：作为萧山地区独特的标志性建筑和 21 世纪现代化教学机构的范例，该项目设计理念借鉴了英国本土学校和萧山区当地的文化背景与底蕴，是一所高品质的创新型国际学校。威雅实验学校是中国联合在文教领域又一标志性项目，它的交付使用不仅为萧山带来优质的教育资源，为萧山区教育事业发展注入新的活力，也为中国联合在萧山区的发展奠定了更加坚实的基础。杭州市萧山区威雅实验学校矗立在钱塘江南岸，成为戴村镇一张崭新耀眼的名片。

经济或社会效益：该项目于2021年3月获得2020年度下半年杭州市建设工程“西湖杯”结构优质奖；2021年12月获得2021年度萧山区“湘湖杯”优质工程；2022年3月获得2021年度杭州市建设工程“西湖杯”优质工程奖。

二十、苍南县县城新区祥和小区安置房工程总承包

承建单位：中国联合工程有限公司。

签约时间：2018年8月。

项目概况：作为浙江省温州市苍南县的首个EPC总承包项目，该项目是遵循国家政策推进EPC总承包的试点项目。项目共计14幢高层建筑，由住宅及公共服务设施配套组成。总建筑面积253 154.54m^2，其中地上建筑面积205 074.78m^2，地下建筑面积48 079.76m^2，架空层1 546.98m^2。项目总户数2 082户，容积率3.0，建筑密度17.44%，机动车停车位1 200个，其中地上机动停车位82个，地下机动车停车位1 118个，包含无障碍停车位24个。

经济或社会效益：该项目于2020年6月荣获温州市“优质桩基”结构工程奖，2022年10月荣获苍南县“玉苍杯”，2022年12月荣获温州市“瓯江杯”，获得中国联合2022年度进度管理先进项目部第一名，获得2022年度中国联合优秀项目二等奖。

二十一、衢州市文化艺术中心和便民服务中心项目工程总承包

承建单位：中国联合工程有限公司。

签约时间：2018年6月。

项目概况：该项目是贯彻落实衢州市委“1433”发展战略体系的重点项目，是体现“活力新衢州、美丽大花园”建设的一件重大事项，也是提升衢州城市文化内涵、展现城市品牌的重大民生工程，与“南孔圣地，衢州有礼”的城市品牌相得益彰，有力推进衢州市的经济建设和精神文明建设，成为带动衢州转型升级的强力引擎。

该项目地处衢州市柯城区，东至紫桂路，南到三江东路，西临紫薇中路，北靠花园东大道。规划用地面积为90 866m^2，总建筑面积253 886.48m^2，总投资约23.7亿元。主要由行政服务中心、配套交流中心、剧院演艺中心、文化艺术中心、中心大堂五大部分组成。

经济或社会效益：该项目提前10个月完工，保障了衢州市党代会及“两会”的顺利召开。目前项目已获北京市结构长城杯、浙江省钢结构金刚奖、浙江省第三届“建工杯”BIM应用大赛创新成果奖和综合组银奖、住房和城乡建设部绿色施工科技示范工程。项目建成后成为衢州市新时代的标志性建筑，成为新的网红打卡点，总造价控制在合理的水平上，取得了显著的社会效益和经济效益，为中国联合实施总承包项目积累了经验和业绩，为中国联合承接总承包类项目和文化剧场类项目打下了良好的基础。

二十二、湖北中烟卷烟材料厂易地技术改造项目（一期）

承建单位：机械工业第六设计研究院有限公司。

签约时间：2022年7月。

项目概况：该项目是武汉市重点项目，总投资约3.62亿元，总建筑面积约5.08万m^2，主要建设内容包括联合厂房、生产管理用房、动力中心、废品中心、主大门及门卫室、物流大门及门卫室6幢建筑物及相关配套设施。

经济或社会效益：该项目符合国家产业政策和烟草行业发展战略，建成后能够调整烟草产业结构，提高产品技术含量，全面推进湖北中烟工业有限责任公司生产力布局。

设计、咨询、勘察项目

（2022 年完工，合同金额 500 万元以上）

一、中央援港应急医院和落马洲方舱设施

设计单位：中工国际工程股份有限公司。

签约时间：2022 年 3 月。

项目概况：该项目建设历时 51 天，于 2022 年 5 月竣工交付。项目总用地面积近 50 万 m^2。中央援港应急医院可提供 1 000 张负压床位（含 100 张 ICU 病床），包含 3 间手术室和放射科、检验科、中心供应室、输血科等医技设施。中央援港落马洲方舱隔离设施可提供 10 056 张床位，包含入院楼、出院楼、卫生通过区、检验中心及 CT 室等配套设施。中工国际子公司中国中元国际工程有限公司完成项目规划方案、初步设计、施工图设计等全部设计任务及施工期间的技术服务工作。

经济或社会效益：该项目是在中国香港遭遇第五波新冠肺炎疫情侵袭的形势下，为进一步提升香港救治能力、保障香港市民安全健康和经济民生的重要工程。

二、滇东北区域中心医院

设计单位：中工国际工程股份有限公司。

签约时间：2022 年 11 月。

项目概况：该项目总建筑面积近 69 万 m^2，一期规划建设 1 800 张床位，总建筑面积近 27 万 m^2，二期规划建设 3 200 张床位，总建筑面积近 42 万 m^2。该项目于 2022 年 7 月正式开业，是云南省 4 个省级区域医疗中心之一，是集肿瘤、心血管、神经、呼吸、创伤五大专科医院的专科集群，是面向滇东北、辐射滇川黔的云南省滇东北区域专科医疗中心。

经济或社会效益：该项目对提升滇东北区域医疗服务水平，全面增进该地区人民群众健康福祉具有重要意义。

三、中关村生命科学园研究型国际医疗产业转化平台项目

设计单位：中工国际工程股份有限公司。

签约时间：2020 年 6 月。

项目概况：该项目于 2020 年奠基开工，于 2022 年 5 月完成竣工验收，历时 2 年 2 个月。项目位于北京市昌平区中关村生命科学园内，总建筑面积 9.74 万 m^2，总床位数 500 床。中国中元国际工程有限公司充分发挥医疗建筑和实验室设计领域的技术优势，服务贯穿项目设计阶段、项目开工建设阶段、竣工验收阶段，保障项目各重要节点工作任务的顺利完成。

经济或社会效益：该项目将充分发挥医疗运营方医疗资源和资本运作优势，重点布局实体肿瘤、血液病等优势领域，引入与世界顶尖水平接轨的临床医学研究体系、服务体系和人才培养体系，破解医药健康企业临床研究阶段面临的各类难题，承载全球疑难重症的诊疗及研究等功能。

四、佛山市应急医院

设计单位：中工国际工程股份有限公司。

签约时间：2021 年 12 月。

项目概况：该项目于 2022 年 7 月揭牌，位于广东省佛山市南海区里水镇，新建建筑面积 1.8 万 m^2，包括住院楼、发热门诊等主要部分以及相关附属用房，设有 4 个负压病房病区、200 张床位，内含 7 间重症病房。

经济或社会效益：该项目将增加优质医疗卫生资源供给，承担佛山市及华南地区医疗应急任务，并以此为新起点，打造高水平的三级综合性医院，成为华南区的重要应急医疗力量。

五、横琴粤澳深度合作区“二线”海关监管作业场所主体工程

设计单位：中工国际工程股份有限公司。

签约时间：2017 年 2 月。

项目概况：该项目主体工程于 2022 年 9 月落成。项目总建筑面积约 2.88 万 m^2，包含共 5 个“二线”通道的 7 个海关监管作业场所，分别位于横琴大桥、横琴隧道、深井通道、横琴码头、广珠城轨延长线横琴北站、横琴站、珠海长隆站。中国中元国际工程有限公司开创性地提出“二线关”总体设计方案，克服项目建设现场诸多困难，保证项目顺利竣工。

经济或社会效益：该项目是践行习近平总书记关于做好粤澳合作开发横琴这篇大文章的重要指示精神，贯彻落实党中央《横琴粤澳深度合作区建设总体方案》的重要举措。项目的落成对海南自贸岛的系列“二线关”项目具有重要的示范引领作用，为中国澳门更好融入国家发展大局、丰富“一国两制”实践注入新动能。

六、中央歌剧院

设计单位：中工国际工程股份有限公司。

签约时间：2011 年 11 月。

项目概况：从 2011 年方案中标，到 2013 年破土奠基，再到 2022 年 3 月竣工验收，项目建设历时十余年。该项目位于北京市东城区东中街，建筑面积共计 4 万 m^2，观众厅由 1 层池座与 4 层楼座组成，共计 1 201 座位。中国中元国际工程有限公司作为设计总承包方，负责从方案阶段的各种论证到施工阶段的现场配合，为项目整体提供了综合、优质的技术方案和设计管理服务。

经济或社会效益：该项目是国内首个歌剧驻场剧院，也是国内目前最高等级的歌剧演出场所，展现中国文化与欧洲歌剧文化相融合的艺术舞台，是新时代首都文化和历史的新名片，向世界展现中国的文化之窗。

七、国家版本馆（北京中央总馆、西安分馆）

设计单位：中工国际工程股份有限公司。

签约时间：2019 年 5 月。

项目概况：该项目于 2022 年 7 月落成。中国中元国际工程有限公司承担中央总馆文瀚阁、西安分馆文济阁两个项目前期决策阶段的可行性研究咨询工作。主要服务内容包括需求与定位、项目的必要性及可行性分析、工艺研究、建设内容和规模测算、建设场址选择、建设方案、投资估算、社会稳定风险分析等多个方面，对项目全生命周期的建设工作起到了积极的指导及支撑作用。

经济或社会效益：国家版本馆是国家站在文化安全和文化复兴战略高度上谋划的，用以存放保管文明“金种子”的“库房”，是中华文明种子基因库。建设国家版本馆是以习近平同志为核心的党中央批准实施的重大文化工程，充分体现了我们党传承发展中华文化的高度自觉、汲取历史智慧更好走向未来的历史主动。

八、阿富汗喀布尔大学综合教学楼和礼堂

设计单位：中工国际工程股份有限公司。

签约时间：2016 年 9 月。

项目概况：该项目于 2022 年 7 月正式启用。项目位于阿富汗首都喀布尔市中心，总建筑面积约 1.4 万 m^2，由一个可容纳 1 500 人的礼堂、一个可容纳 150 人的学术报告厅和一栋教学楼组成，是近年来中国援阿富汗最大的单体建筑。项目由中国政府无偿援助建设，中国中元国际工程有限公司承担项目的勘察、设计、工程监理和项目管理工作，涵盖从前期考察至竣工移交的项目建设全生命周期的实施和管理。

经济或社会效益：该项目是由中国政府向喀布尔大学援建，是中阿友好合作在教育领域的标志性体现。项目的建成解决了喀布尔大学对大型礼堂的需求，改善了教学条件，为学校增添了一座实用、优美的精美建筑。

九、援莫桑比克莫中文化中心项目

设计单位：中工国际工程股份有限公司。

签约时间：2016 年 10 月。

项目概况：2017 年 10 月 4 日正式开工建设，2022 年 3 月竣工验收，质量等级评定为优良。项目位于莫桑比克首都马普托市区蒙德拉内大学校园内，包括一个 1 500 座的多功能大型剧场、一个500座的小剧场及剧场技术用房、接待厅、艺术展厅等。中国中元国际工程有限公司于设计上充分考虑莫桑比克当地具体情况，为项目整体提供综合、优化的技术和管理方案，克服海外新冠肺炎疫情对项目实施的种种不利影响，确保项目建设顺利完成。

经济或社会效益：项目的建成不仅将改善莫桑比克文化基础设施和技术，更将极大丰富当地民众文化生活，推动中莫文化领域交流和了解，是我国援外事业上一座新的丰碑。

十、北京大兴国际机场综合保税区

设计单位：中工国际工程股份有限公司。

签约时间：2020 年 9 月。

项目概况：该项目于 2022 年 4 月正式投入运营使用。中国中元国际工程有限公司主要负责项目总体策划、选址及空间规划、一期工程设计、施工配合全过程服务工作。

经济或社会效益：该项目是京津冀协同发展的典型示范性工程、北京市和河北省的重点工程，将发挥开放型经济重要平台的作用，有效连接国际、国内两个市场，全力打造全球创新资源接驳地，主动融入新发展格局。

十一、河南科技大学第一附属医院（肿瘤医院）**新区医院二期项目**

设计单位：中国汽车工业工程有限公司。

签约时间：2021 年 7 月。

项目概况：该项目位于河南省洛阳市洛龙区关林路以北，学府街以西，北侧为河南科技大学。2019 年 3 月，河南科技大学第一附属医院根据需要，启动肿瘤楼建设项目。2020 年 3 月，河南省委常委、洛阳市委书记李亚专门对项目做出“支持项目建设落地，及早开工实施”的批示。2020 年 5 月项目的规划设计方案通过审批。2021 年 1 月项目进行招投标，机械工业第四设计研究院有限公司和中国建筑第五工程局有限公司联合 EPC 中标。本项目定位于研究型和智慧型医院，要建成国内一流、省内领先、独具特色的现代化肿瘤医院。医院内配置有血管造影机、高端 CT 机、大孔径 3.0T 磁共振等先进设备，核医学科室配置用于放射治疗的射波刀、全数字化直线加速器等，均为目前国内外先进的肿瘤治疗大型设备。同时医院设置了生物样本库、生物治疗分子实验室、病理科、核医学科等诊疗研究一体化机构。

经济或社会效益：该项目先进的医疗环境和设施促使医院诊疗和研究水平显著提升，让洛阳及周边居民可就近享受到国内顶尖的优质医疗资源和服务。该项目是洛阳市重大民生工程，建成后将极大地改善城市肿瘤防治能力，提高救治能力和就医环境，降低就医成本，缓解本辖区及辐射地区广大人民群众“看病难、看病贵”的难题，同时满足人民群众日益提高的医疗、预防、保健需求，给区域性经济发展和生产力提高提供强有力的医疗保障，为洛阳市卫生事业的健康发展注入新的活力。该项目荣获“河南省优秀勘察设计奖二等奖”。

十二、高栏港装备制造区平沙电子电器产业园

设计单位：国机汽车股份有限公司。

签约时间：2022 年 6 月 24 日。

项目概况：该项目建设地点位于广东珠海高栏港经济区装备制造北区三虎大道西南侧，厂区总用地面积 31.69hm^2。总建筑面积 71.89 万 m^2，容积率 2.55，项目总投资 28.96 亿元。已完成所有建筑单体及厂区的竣工验收。

为贯彻落实珠海市政府“产业第一、制造业优先”的决策部署，优化生产力布局，促进产业集聚，全面推进工业厂房及片区市政配套项目拓展及建设工作，建设高栏港装备制造区平沙电子电器产业园。该项目建成后为国际一流的产业园区。该项目整体工期为 180 天，为如期完成建设重任，厂房的梁、板、楼梯、外墙等结构大规模采用预制构件拼装建造，梁板体系采用 100% 全装配。该项目 2022 年 5 月立项，设计人员与业主充分沟通，积极优化设计，多方案比较，保质保量完成进度。

经济或社会效益：该项目是珠海市在建规模最大、配套最齐全的 5.0 产业新空间项目。项目于 2023 年年初交付使用，为珠海产业高质量发展提供载体空间与配套服务。

十三、常德高新区标准化厂房（四期）-B地块中联农机项目工程总承包

设计单位：中机国际工程设计研究院有限责任公司。

签约时间：2022年10月27日。

项目概况：该项目在常德高新技术产业园区新征用地面积297.29亩，建设1#联合厂房、整机停放棚、标准厂房、精饰发运厂房等生产设施，配套建设公共站房、固废站、供气站、油化站、危化库等辅助设施，新建建筑面积167 865.32m²。

经济或社会效益：该项目年产抛秧机、水田拖拉机、水稻收割机、果园机、茶油果机共3.2万台/a。项目总投资8.18亿元，年产值38亿元。

十四、电池材料产业链示范项目——年产24万t磷酸铁装置及年产25万t磷酸铁锂装置设计

设计单位：中机国际工程设计研究院有限责任公司。

签约时间：2022年2月28日。

项目概况：该项目位于银川市宁东工业园内，厂区总用地面积526 826m²，合计790.240亩，总建筑面积323 431.08m²。宝丰电池材料产业链示范项目总体规划新建年产24万t的磷酸铁生产线，年产25万t的磷酸铁锂生产线，共实现年产值约353亿元。

该项目包含以下单体建筑：1#～8#生产厂房、污泥脱水间、氨储罐及氨液加药间、过滤器间、膜浓缩车间、酸碱储罐间、蒸发浓缩车间、蒸发结晶车间、回用水泵房、中试车间、检测研发及机修车间、公用站房、固废库、危废库、110kV变电站10kV配电室装置、110kV变电站电容器室、1#办公楼、110kV变电站综合楼、数控中心及食堂、门卫室等。

经济或社会效益：项目建成后，将形成千亿级清洁能源产业集群，有效填补地区新型储能产业空白，为宁夏及西部乃至全国新能源、高端制造业高质量发展提供强有力支撑，在“双碳”目标背景下，项目的实施不仅有利于优化宁夏回族自治区及银川市产业结构，推进产业转型升级及高质量发展，还将带动区域经济社会快速发展，为当地提供近万个就业岗位，对增加地方税收也将起到积极的促进作用。

十五、年产能12GW·h动力电池项目

设计单位：中机国际工程设计研究院有限责任公司。

签约时间：2022年8月4日。

项目概况：该项目位于浙江省杭州市桐庐县经济开发区，占地面积536.63亩。根据工艺流程和生产需求，生产区布置电芯联合厂房、原料库、模组Pack车间及配套附属设施用房，总建筑面积442 783.26m²。

经济或社会效益：该项目投产后计划年产动力电池12GW·h，实现年产值约100亿元、年利税约8亿元。

十六、长株潭生产服务型物流枢纽项目

设计单位：中机国际工程设计研究院有限责任公司。

签约时间：2021年5月。

项目概况：该项目于2021年4月进行投标设计，2022年10月完成项目地块整体规划设计并报九华片区自然资源局规委会通过方案审批。项目基地位于湘潭九华经济技术开发区，位于长沙、湘潭、株洲3个城市之间居中的位置，基地对外交通便捷，是长株潭一体化发展重要组成部分。项目总用地面积365 961.22m²，约548.94亩，总投资65亿元。项目作为新一代钢铁供应链流通平台和产业链集成服务平台，所需用地面积较大，项目采取分批拿地、整体规划、分期实施的发展策略，分为五期用地，其中一期用地主要功能为产品展示区；二期用地主要功能为铁路到发线作业区；三期用地主要功能为VIP仓储区；四期用地主要功能为配套服务区及零部件产业区；五期用地主要功能为公共物流区。2022年年底项目已经顺利完成一期、三期地块的施工图设计，并进入四期用地施工图设计的启动阶段。

经济或社会效益：该项目作为“钢铁供应链一体化协同服务”的重要平台，是“长株潭一体化三十大标志工程”之一，已由湖南省发展改革委和交通厅（湘发改〔2020〕192 号）联合申报为“长株潭生产服务型国家物流枢纽”承载项目，并列入国家发展改革委、交通运输部“十四五”重点支持项目。项目深度融入湘潭市“一城一港”发展战略，依托公铁水联运交通优势，打造“通道 + 枢纽 + 网络”物流体系，促进物流业与制造业升级联动，以大物流、大市场助推湘潭市临港产业新城建设，加快长株潭一体化发展步伐。项目建设顺应国家发展改革委、交通运输部联合发布的规划布局，力求打造国家生产服务型物流枢纽，共创长株潭钢铁物流产业集群。

十七、湘烨滨江项目（暂定名）（已签合同暂未启动设计）

设计单位：中机国际工程设计研究院有限责任公司。

签约时间：2022 年 11 月 29 日。

项目概况：该项目于 2022 年 11 月 29 日生效。项目总规划净用地面积为 401.1 亩（含一、二、三期），其中一期（A\B）总建筑面积 191 955.00m^2，二期（I\D）总建筑面积 226 790.00m^2，三期（C\E）总建筑面积 796 915.00m^2。

经济或社会效益：项目的建设加速和提升了城市建设档次和投资环境，对增加地方财政收入，解决农民工就业，推动区域经济的增长和繁荣有着积极的影响。项目建成可以带动周边经济贸易的发展，它涉及的交通运输、农业生产、邮电通信、配套商业、饮食服务、财政金融、文化卫生等行业又为城镇就业创造大量的工作岗位。因此，该项目的建设一方面可以提高城镇人民生活质量；另一方面可以促进地方经济增长，不断增加区域人口经济收入，有利于当地居民增产增收，脱贫致富，提高地方人民生活水平和质量。

十八、温岭市工商业屋顶分布式光伏项目（一期）**全过程咨询采购合同**

设计单位：中机国际工程设计研究院有限责任公司。

签约时间：2022 年 11 月 2 日。

项目概况：该项目于 2022 年 12 月生效，由联合体，即中机国际工程设计研究院有限责任公司（牵头人）、浙江江南工程管理股份有限公司、莱茵技术（上海）有限公司承建。该项目为总装机容量约 120MW$_p$ 的分布式光伏，一期共涉及温岭市辖太平、城东、城西、城北、横峰 5 个街道，泽国、大溪、松门、箬横、新河、石塘、滨海、温峤、城南、石桥头、坞根 11 个镇，东部新区 1 个经开区的工业厂房屋顶约 500 个，分项目分别立项，分期实施。联合体负责实施项目建设全过程的工程咨询服务。包括项目设计、基础性施工预算、项目实施管理、项目监理、光伏电站建成后的性能测试等全过程工程咨询、技术服务等。项目计划于 2023 年 12 月底完成。

经济或社会效益：该项目所在地属我国第三类太阳能资源区域，太阳能资源丰富，适合开展光伏电站的建设。该项目为整市（市、区）屋顶分布式光伏建设项目，有利于整合资源实现集约开发，有利于削减电力尖峰负荷、节约优化电网投资。项目建成后的年均发电量约为 10 220.35 万 kW · h，每年可节约标准煤约 3.26 万 t。

十九、四川蜀能矿产有限责任公司 5 万 t/a 磷酸铁锂新材料项目

设计单位：中机国际工程设计研究院有限责任公司。

签约时间：2022 年 7 月 7 日。

项目概况：该项目合同于 2022 年 7 月生效，2022 年 12 月施工图送审通过，2023 年 5 月各子项主体结构基本施工完成。项目范围包括：5 万 t 磷酸铁锂厂房、仓库、污水站、综合楼、制氮站、110kV 变电站、消防泵房及水池、初期雨水池及事故池、LNG 瓶组气化站区、门卫室一、门卫室二，总建筑面积 46 417.61m^2。

经济或社会效益：项目将建成先进的锂离子动力电池正极材料生产基地，形成产品上下游一体化产业链，生产工艺、产品质量、作业环境将达到国内同行先进水平。

二十、年产 15 万 t 纳米磷酸铁锂正极材料生产项目

设计单位：中机国际工程设计研究院有限责任公司。

签约时间：2022 年 6 月 16 日。

项目概况：该项目分两期建设，一期总建筑面积4.7万m^2，包括一栋生产厂房及公辅站房和仓储配套，已于2023年5月完成竣工验收，目前正在设备调试阶段，计划2023年6月投产，投产后磷酸铁锂产能约8万t。二期总建筑面积15万m^2，包括3栋生产厂房及公辅配套和厂前区，计划2024年启动建设。

经济或社会效益：该项目是云南省本土企业投资建设的第一个磷酸铁锂材料生产项目，是玉溪市重点项目，投产后预计容纳就业人员800余人，工业产值可达200多亿元。

二十一、四川时代动力电池生产基地P5项目

设计单位：中机国际工程设计研究院有限责任公司。

签约时间：2022年2月10日。

项目概况：该项目由中国机械国际合作股份有限公司下属中机国际先进电池与储能材料工程院承担总图、建筑、结构、强电、弱电、自控、空调、动力、给排水、BIM设计工作。

项目位于四川省宜宾市三江新区长江工业园内。规划总用地面积1 383 673m^2，约2 076亩，年产能60GW·h动力电池；规划设计总建筑面积1 661 281.34m^2。项目分为生产区及生活区两部分。

生产区设计为东西两个生产单元，每个生产单元主要包括电芯、极片、模组等生产厂房。厂房整体布置紧凑、流线清晰，在减少用地的同时，保证生产顺畅。两个生产单元之间布置生产辅助用房，供两个生产单元共同使用，使得物流运输更便捷，可降低产线生产成本。生活区单独设置，规划有22栋倒班宿舍，一栋活动中心用房及各种体育设施场所，为员工提供舒适的生活环境和健身场地。

经济或社会效益：该项目的成功执行为中机国际在电池行业又增添了新的业绩。

二十二、华景新材料零碳产业园建设项目（EPC模式）

设计单位：中机国际工程设计研究院有限责任公司。

签约时间：2022年9月7日。

项目概况：该项目位于内蒙古自治区鄂尔多斯市伊金霍洛旗蒙苏经济开发区，项目总用地面积635.00亩，总建筑面积为345 510.57m^2。项目分四期实施，一期项目建筑面积112 517.73m^2，项目建设内容为：磷酸铁锂生产车间一、综合楼、倒班楼（一、二、三、四）、220kV变电站、35kV变电站、空压机房、检测中心、备品库/机修车间、站房、污水处理站、门卫室（一、二、三）、生活垃圾站、甲类库、停车场等生活设施，配套公用工程改造道路，强电弱电线路整理，移动通信管网，供水管道，污水雨水管网，绿化工程等；二期项目建筑面积54 794.64m^2，项目建设内容为磷酸铁锂生产车间二；三期项目建筑面积54 794.64m^2，项目建设内容为磷酸铁锂生产车间三；四期项目建筑面积54 794.64m^2，项目建设内容为磷酸铁锂生产车间四。项目建设期为2年，自2023年5月至2024年6月。

经济或社会效益：近年来，鄂尔多斯坚持以生态优先、绿色发展为导向，以落实“双碳”目标为引领，以构建全产业链为核心，以建设零碳产业园为载体，同步引进“风光氢储车”头部企业和上下游配套项目，全力推动产业链、创新链、供应链融合发展，加快打造千亿级新能源产业集群，率先蹚出一条绿色低碳发展新路子。该项目的开工建设，是政企合力延伸产业链条，推动绿色低碳发展的具体行动，对于建设零碳先行区、打造北疆绿氢城具有重要意义。

二十三、中创新航锂电正极材料项目

设计单位：中机国际工程设计研究院有限责任公司。

签约时间：2022年4月6日。

项目概况：该项目于2023年5月主体竣工验收。项目范围包括1栋磷酸铁厂房、2栋磷酸铁锂厂房，以及配套仓库、公辅用房、综合办公楼等，工期12个月。在项目执行过程中无任何质量、安全事故。

经济或社会效益：该项目完工后可年产8万t磷酸铁、10万t磷酸铁锂。

二十四、年产 30 万 t 新能源电池材料项目

设计单位：中机国际工程设计研究院有限责任公司。

签约时间：2022 年 12 月 2 日。

项目概况：该项目位于河北省唐山市曹妃甸区装备园区，地块位于兴港南三路南侧、通港西一路东侧、通港西路西侧，规划生产规模及产品方案为：一期 20 万 t/a 磷酸铁；二期 10 万 t/a 磷酸铁锂（其中一期磷酸铁的 10 万 t/a 作为二期项目的原料自用）；三期 5 万 t/a 磷酸盐前驱体 + 5 万 t/a 磷酸盐正极材料。工程总投资约 500 000 万元，工程总占地面积约 366 458.52m^2（约合 550 亩），总建筑占地面积 207 419.51m^2，总建筑面积 359 288.48m^2。整个厂区包括厂前区、公用工程区、生产区（含预留生产区）和仓储区。厂前区包括办公楼、食堂、淋浴中心等；生产区包括溶解一、二车间，磷酸铁一、二车间，中水一、二车间，铁源车间，磷酸铁锂一、二车间，磷酸盐正极材料车间，磷酸盐前驱体车间等；仓储区包括丁类仓库、危废库、丙类仓库、乙类仓库和原料罐组一、二，预留罐组一、二、三等；公用工程区包括 110kV 变电站、中央控制室、动力中心、消防泵站、事故水池/初期雨水池、机修车间、废水站、液氮等。

经济或社会效益：该项目符合国家及地方产业发展方向，满足锂电行业的市场需求，实现企业效益最大化及社会效益多元化。项目符合国家发展改革委《产业结构调整指导目录》（2019 年版，自 2020 年 1 月 1 日起施行）鼓励类第十九项轻工第 14 款“锂离子电池用三元和多元、磷酸铁锂等正极材料、中间相炭微球和硅碳等负极材料、单层与三层复合锂离子电池隔膜、氟代碳酸乙烯酯（FEC）等电解质与添加剂”的产业政策，也是《国家重点支持的高新技术领域》重点支持发展的新材料。项目落地唐山市曹妃甸区装备园区，不仅扩大了中机国际在锂电材料生产上的业务范围，增强了中机国际抗风险的能力，同时在增加地方财政收入、解决就业、优化完善地方经济产业结构等方面也产生积极的推动作用。

二十五、湖北兴友新能源科技有限公司 30 万 t/a 电池级磷酸铁项目一期工程

设计单位：中机国际工程设计研究院有限责任公司。

签约时间：2022 年 1 月 12 日。

项目概况：项目总用地面积 283 亩，总建筑面积 20 万 m^2。该项目于 2022 年 1 月生效，2022 年 3 月完成可行性研究报告，2022 年 3 月获得项目备案证，2022 年 9 月完成方案文本，2022 年 9 月获得规划许可证。2023 年 3 月完成一期所有单体的施工图设计，目前已经完成一期主体工程封顶。

经济或社会效益：该项目在提高企业的科技创新能力、形成新的经济增长点的同时，积极推动产业升级，项目经济效益、社会效益显著，抗风险能力强，对促进我国新能源行业的发展将发挥重要作用。

二十六、乐山国家高新区东西部协作绿色产业基础设施及配套标准化厂房建设项目

设计单位：中机国际工程设计研究院有限责任公司。

签约时间：2022 年 8 月 18 日。

项目概况：该项目于 2022 年 7 月启动方案设计，四川省乐山市华鑫园区科技发展有限责任公司代建土建，建成后移交乐山协鑫储能材料科技有限公司，本次设计主要包括 1# 标准厂房、2# 标准厂房、生产性配套用房 1、生产性配套用房 2、生产性配套用房 3、生产性配套用房 4、110kV 变电站、雨水收集池及事故池、研发楼、办公楼、倒班宿舍、门卫室一～三设计建筑面积 131 134.05m^2。目前已经完成施工图设计，现场施工中。

经济或社会效益：该项目的顺利实施有助于提高 CMIE 在新能源材料行业的市场占有率，符合国家新能源汽车行业的发展规划。项目由乐山市高新区投资公司代建土建，同时申请东西部协作基金，有助于当地社会经济发展。

二十七、20 万 t/a 磷酸铁生产 &5 万 t/a 磷酸铁锂回收项目

设计单位：中机国际工程设计研究院有限责

任公司。

签约时间：2022 年 10 月 25 日。

项目概况：20 万 t/a 磷酸铁生产 &5 万 t/a 磷酸铁锂回收项目分三期建设投产，一期 10 万 t 磷酸铁，计划 2023 年 10 月建成，二期 10 万 t 磷酸铁，计划 2024 年 12 月建成，三期 5 万 t 锂电池回收项目，预计 2025 年 12 月建成。

经济或社会效益：项目建成投产后，估计可实现年产值 50 亿元，将为云南省曲靖市新能源电池产业发展增添新活力。

二十八、四川仁寿经济开发区园区及基础设施建设项目

设计单位：中机国际工程设计研究院有限责任公司。

签约时间：2022 年 11 月。

项目概况：该项目于 2022 年 11 月开工。项目设计范围含 1#、2# 标准厂房、生产性配套用房 1 ～ 4、初期雨水池、厂前区（含研发楼、办公楼、生活楼三栋）及配套的门卫室等，总用地面积 349.5 亩，总建筑面积 15.63 万 m^2，总占地面积 12.5 万 m^2，建筑密度 53.62%，总计容面积 24.74 万 m^2，容积率 1.06。

经济或社会效益：该项目主要为四川协鑫锂电科技有限公司提供磷酸铁锂正极材料生产厂房及配套设施，年产能达到 12 万 t，项目符合国家及地方产业发展方向，满足锂电行业的市场需求，实现企业效益最大化及社会效益多元化。该项目成功建成运行需定员 600 人，所需人员由公司在当地通过对外招聘及内部调配等途径解决，因此，项目落地四川仁寿经济开发区，不仅扩大了协鑫（集团）控股有限公司在锂电材料生产上的业务范围，增强了公司抗风险的能力，同时在增加地方财政收入、解决就业、优化完善地方经济产业结构方面也会产生积极的推动作用。

二十九、宁波图锐新材料科技有限公司 7.5 万 t/a 电池级磷酸铁及 1.2 万 t/a 磷酸铁锂项目

设计单位：中机国际工程设计研究院有限责任公司。

签约时间：2022 年 7 月 29 日。

项目概况：该项目于 2022 年 8 月生效。该项目在宁波市镇海区石化经济技术开发区规划总用地面积 61 111.73m^2，约 91.67 亩，建设 7.5 万 t/a 磷酸铁和 0.6 万 t/a 磷酸铁锂联合生产车间、7.5 万 t/a 磷酸铁配套的亚铁净化车间、1# 仓库、2# 仓库、35kV・A 高配房、门卫室、污水处理站、办公研发楼、罐区等。项目建设以满足 7.5 万 t/a 磷酸铁及 0.6 万 t/a 的磷酸铁锂基本工艺而配置生产设施及相应的配套设施。

经济或社会效益：该项目充分利用宁波图锐新材料科技有限公司生产的上游钛白粉副产品硫酸亚铁，采用最适宜企业的“钠盐法”生产技术，与同类企业比能大大降低成本，真正实现企业经营的良性循环，为宁波市经济社会发展做出新贡献。项目建成达产后，可实现年营业收入（含增值税）260 907 万元、附加税 1 618 万元、增值税 13 484 万元、利润总额 74 261 万元、净利润 55 696 万元，项目投资财务内部收益率（税后）为 49.80%。项目具有较强的抗风险能力，经济效益和社会效益显著。

三十、攀枝花安宁新能源科技有限公司 20 万 t 电池级磷酸铁及磷酸铁锂生产项目

设计单位：中机国际工程设计研究院有限责任公司。

签约时间：2022 年 4 月 11 日。

项目概况：该项目于 2022 年 5 月生效，选址于四川米易白马工业园区一枝山工业园 B 区，总用地面积 507 019.79m^2（约 760.53 亩），总建筑面积 308 680.74m^2，分三期建设。一期建设内容包括建筑 1# 亚铁厂房、2# 磷酸铁厂房、3# 硫酸铵厂房、5# 污水处理站、6# 生产指挥研发中心、7# 罐区、8# 办公楼、9# 食堂、10# 宿舍、门卫室和地磅房，以及 2 万 t 磷酸铁锂厂房。建设年产 5 万 t 磷酸铁产线和 2 万 t 磷酸铁锂产线并配套相应的公辅设施系统。

经济或社会效益：该项目通过硫酸亚铁制备电池级磷酸铁，将其转化为附加值较高的产品。项目建成达产后，可实现年营业收入 346 400 万元（含税）、年均利润总额 70 482.41 万元、年均所得税 17 620.6 万元、年均净利润 52 861.81 万元，项目总投资利润率为 29.57%，投资利税率 31.58%。项目具有较强的抗风险能力，经济效益和社会效益显著。

三十一、宜昌新洋丰肥业有限公司 10 万 t/a 磷酸铁、5 万 t/a 磷酸铁锂及配套项目一期

设计单位：中机国际工程设计研究院有限责任公司。

签约时间：2022 年 3 月 23 日。

项目概况：项目选址于湖北省宜昌宜都市枝城工业园，建设年产 10 万 t 磷酸铁、5 万 t 吨磷酸铁锂产线。分两期进行建设，其中一期建设年产 5 万 t 磷酸铁及配套公辅设施，二期建设年产 5 万 t 磷酸铁及 5 万 t 磷酸铁锂产线及配套公辅设施。规划总用地面积约 333 亩，建筑面积 135 176.56m^2。新建 110kV 变压站、亚铁净化及磷盐溶解厂房、生产检验楼、磷铁合成厂房、综合站房、污水处理站、机修间及备件间、磷酸铁锂厂房及成品库、制氮站、危废间、固废间、应急物品存储室、消防泵房、门岗、罐区等。

经济或社会效益：该项目建成达产后，可实现年营业收入（含增值税）945 160 万元，不含税收入 837 079 万元，建成达产后第 5 年可实现附加 3 345 万元、增值税 27 873 万元、利润总额 62 314 万元、净利润 46 735 万元，工业增加值 110 457 万元，项目投资财务内部收益率（税后）为 21.09%，项目投资回收期（税后，含建设期）为 7.14 年，盈亏平衡点为 64.8%。项目具有较强的抗风险能力，经济效益和社会效益显著。

三十二、湖北兴友新能源科技有限公司 30 万 t/a 电池级磷酸铁项目一期工程

设计单位：中机国际工程设计研究院有限责任公司。

签约时间：2022 年 1 月 12 日。

项目概况：项目总用地面积 283 亩，总建筑面积 20 万 m^2。该项目于 2022 年 1 月生效，2022 年 3 月完成可研报告，2022 年 3 月获得项目备案证，2022 年 9 月完成方案文本，2022 年 9 月获得规划许可证。2023 年 3 月完成一期所有单体的施工图设计，目前已经完成一期主体工程封顶。

经济或社会效益：该项目取得了重大的社会效益，在提高企业的科技创新能力、形成新的经济增长点的同时，积极推动产业升级，项目经济效益、社会效益显著，抗风险能力强。

三十三、曾家片区小学

设计单位：中机国际工程设计研究院有限责任公司。

签约时间：2022 年 12 月 12 日。

项目概况：该项目位于重庆市西部科学城曾家片区，为西部（重庆）科学城未来校园国际设计竞赛第二季 C 组第一名中标项目。项目占地面积 47.25 亩，计划办学小学 48 个班级，总建筑面积约 5.1 万 m^2，计划投资（建安费）3.36 亿元。

经济或社会效益：该项目设计具有鲜明的重庆地域和文化特色，整个学校设计立体、生态、空间丰富，具有极强的山城特点。同时在设计上推陈出新，对未来校园设计进行了大胆的创新和探索，为打造重庆西部科学城的“西部教育高地引领区”作出了积极的贡献。

三十四、龙岗区养老护理院重新选址建设工程

设计单位：中机国际工程设计研究院有限责任公司。

签约时间：2022 年 5 月 19 日。

项目概况：该项目位于广东省深圳市龙岗区，总用地面积 5 028.20m^2，总建筑面积 26 336m^2，其中地上建筑面积 19 042m^2，地下建筑面积 7 294m^2。建设内容需满足 70 个普通床位、280 个护理型床位的生活、体检、康复、文娱、服务、管理以及其他附属功能。工程投资额约 21 683.92 万元。

经济或社会效益：该项目的设计紧紧围绕顺光生长、垂直森林、立体社区三大设计理念，除了打造广东省首个充满阳光、充满绿植、充满欢声笑语的医养融合示范性标杆——森林魔方，更是富有创新地引领了具有时代性和前瞻性的综合养老护理院设计探索，为未来深圳养老建筑设计打造了一个高起点的开篇。旨在实现公办养老机构转型升级广东新模式，打造首个区级“医养融合”示范性标杆。

三十五、岳阳洞庭文旅国际会展中心建筑方案设计及初步设计

设计单位：中机国际工程设计研究院有限责任公司。

签约时间：2022 年 2 月 23 日。

项目概况：该项目位于湖南省岳阳市湖滨大道以东，枫树山路以南，船形山以北，曾家庄路以西，西临洞庭湖畔，背靠船形山与枫树山。项目净用地面积约为 420 亩，地上总建筑面积约为 14.5 万 m^2，为满足岳阳会展业发展需求，打造城市新名片，计划建设集会展、会议、酒店于一体的综合性国际会展中心。

经济或社会效益：项目建成后将成为岳阳南湖新区核心地标，填补公司会展建筑设计领域的空白，成为该领域开拓市场的新名片。

三十六、世界计算·长沙智谷项目第二区、第三区设计、采购、施工（EPC）工程总承包

设计单位：中机国际工程设计研究院有限责任公司。

签约时间：2022 年 1 月。

项目概况：世界计算 • 长沙智谷位于梅溪湖北部，规划范围为望雷大道东部区域，总规划用地面积约 60.87hm^2，具体范围为东至雷高路，西至汇智路，北至通号产业园，南至长延路。世界计算 • 长沙智谷项目是产城融合模式的探索，项目定位对标超越深圳、成都、西安等地的国内一流园区，落实“四精五有，产城融合”理念，打造“青年向往”的产业之城、融合之城、创新之城、智慧之城。其中，E06 地块总用地面积 118 773.69m^2，约 178.16 亩，净用地面积 98 879.67m^2，总建筑面积 403 974.50m^2。E06 地块位于世界计算 • 长沙智谷项目中部，北倚长兴路，南抵长营路，西临岭长路，东靠雷锋河路。E02-3 地块总用地面积 106 236.00m^2，约 159.35 亩，净用地面积 100 629m^2，总建筑面积 427 250.48m^2。E02-3 地块位于世界计算 • 长沙智谷项目北侧中部，北倚兴发路，南抵长兴路，西临岭长路，东靠雷锋路。

经济或社会效益：世界计算 • 长沙智谷将以排头兵的担当成为国家、省、市、区产业发展政策的坚定执行者，将从人才需求、企业服务角度出发成为制度创新的探路者，以应用场景拓展为抓手，依托“1+N”的平台服务体系支撑，以实现千亿产值为目标，为长沙数字产业布局提供强力支撑。

三十七、城发恒伟会展花园项目一期工程全过程工程咨询项目

设计单位：中机国际工程设计研究院有限责任公司。

签约时间：2022 年 5 月 9 日。

项目概况：该项目于 2022 年 4 月 19 日中标，涵盖 16 个专业的设计，为民建项目设计总包的一种新尝试。项目位于湖南省长沙市长沙县黄兴镇，总建筑面积 28.2 万 m^2。

经济或社会效益：该项目一期以现代住宅建筑文化为起点，采用现代新中式造型，将创造出集居住环境优美、公共设施共享的现代生态化小区，打造一种集多元化功能于一体的新青年活力社区。项目建成后将提高该片区现代化国际高端商务区形象，营造丰富的多元化功能空间，满足不同人群的消费需求。

三十八、湖南长沙寰宇天下（新城 485）B、C、D 地块施工图设计

设计单位：中机国际工程设计研究院有限责任公司。

签约时间：2022 年 4 月 22 日。

项目概况：该项目建设用地面积为 230 068.71m^2，基地北临环保大道、西临港子河路、南临新电路、东临托子冲南路，为商住混合用地，规划计容建筑面积约为 512 391.38m^2，不计容面积约为 143 206.69m^2，总建筑面积约为 655 598.07m^2。

经济或社会效益：该项目紧邻长沙理工大学，北侧为友阿奥特莱斯和三甲医院，交通畅通、配套完善、景观优越。该项目为中海南部大区重点项目，定位为改善 + 享悦型住宅社区。优越的自然景观和通畅的交通条件是项目的优势所在。

三十九、保靖产业开发区创新创业园产业综合体全过程工程咨询（含勘察、设计、监理、造价、工程）**全过程咨询合同**

设计单位：中机国际工程设计研究院有限责任公司。

签约时间：2022 年 6 月 28 日。

项目概况：该项目用地面积 52.65 亩，总建筑面积 43 740.94m^2，新建 3 栋 5 层标准厂房、2 栋 3 层物流仓库、1 栋 6 层产业服务综合体，功能为企业服务、技术研发、产业孵化、检验检测等。

经济或社会效益：该项目的顺利实施有助于促进保靖产业开发区创新创业园的发展，提高其招商引资的吸引力。

四十、湖南省长沙市长善垸污泥处理中心二期工程全过程工程咨询

设计单位：中机国际工程设计研究院有限责任公司。

签约时间：2021 年 12 月。

项目概况：长沙市长善垸污泥处理中心二期工程主要建设内容为：新建 1 座高压带式脱水车间及相关配套设施；对现有一期工程的低温干化车间及相关设施进行改扩建。长善垸污泥处理中心一期建设规模为 300t/d（按含水率 80% 污泥计），本次二期工程新增处理规模 350t/d（按含水率 80% 污泥计），总处理规模为 650t/d（按含水率 80% 污泥计），污泥含水率从 80% 降至 40%。该项目于 2021 年 12 月签约，全过程工程咨询服务内容包括勘察、初步设计、造价咨询、工程监理服务等。2023 年 5 月完成全过程工程咨询内容，项目顺利通过验收。

经济或社会效益：该项目的建设符合长沙市污泥处理需要，作为城市基础设施项目，建成投产后将改善本地区的投资环境，促进经济发展，提高人民生活水平，其社会效益显著。

四十一、德赛电池储能电芯项目

设计单位：中机国际工程设计研究院有限责任公司。

签约时间：2022 年 5 月 5 日。

项目概况：该项目位于湖南省长沙市望城经济技术开发区，净用地面积约 195.79 亩，CMIE 承担了一期新建 4GW・h 磷酸铁锂电池厂房、原材料车间、检测试验中心、综合站房、办公室、宿舍、食堂及相关辅助设施等设计任务，项目一期投资 16 亿元，三期全面投产后预计可实现年产值 120 亿元。

经济或社会效益：德赛电池储能电芯项目为湖南省十大重点产业项目之一、望城经济技术开发区园区的智能化标杆和亩均效益样板工程，项目一期已于 2023 年 5 月 19 日正式投产运营。项目签约落户园区 17 天后便开工建设，在一年时间内即完成“建设、调试、量产”的全流程，创造了长沙产业项目建设的又一奇迹，该项目的投产奠定了 CMIE 在湖南电芯行业设计的坚实基础。

四十二、桂平市旧城区劣质管网改造、排水沟雨污分流、污水混错接 PPP 项目

设计单位：中机国际工程设计研究院有限责任公司。

签约时间：2022 年 3 月 14 日。

项目概况：该项目于 2022 年 3 月生效，2022 年 5 月完成项目初步设计并完成相关审批手续，已报送至财政部 PPP 项目储备库，建设方按照 PPP 项目建设程序要求在组织推进社会资本方招标等手续，暂未进入实际建设阶段。项目包含广西桂平市旧城区主要市政道路上排水劣质管网改造、排水沟雨污分流、污水混错接工程，该项目是公司近年来在广西地区首次承接的大型城区排水管网改造项目。

经济或社会效益：该项目的顺利实施有助于提高当地市政基础设施效能、改善当地水环境和自然生态环境，满足项目沿线居民生产生活需求。项目执行期间设计团队多次受到业主肯定与赞赏。该项目的成功执行为公司在广西地区增添了一个新的市场和收入增长点。

四十三、宁东基地现代煤化工产业区中水回用项目

设计单位：中机国际工程设计研究院有限责任公司。

签约时间：2022 年 12 月 23 日。

项目概况：该项目位于宁东能源基地现代煤化工产业区，该产业区是国务院批准的国家重点开发区和国家能源“金三角”重要一极。项目污水设计处理规模为20 000m^3/d，投资约7.57亿元，污水经处理后实现“中水回用”和“零排放”的双重目标，其中回用水质需达到企业中水回用要求以及GB 3838—2002《地表水环境质量标准》的Ⅳ类标准，满足园区企业回用的同时，可作生态补水使用。项目处理规模及处理标准要求均列国内同类项目前列。

经济或社会效益：该项目作为宁东能源基地现代煤化工产业区的基础设施项目，其实施满足了园区企业废水处理的需求，有力保障了宁东国家重要能源基地和工业园区的供水安全，为宁夏黄河流域生态保护和高质量发展先行区建设提供了坚实的水资源保障。

四十四、老挝南乌江二期230kV输变电项目

设计单位：中机国际工程设计研究院有限责任公司。

签约时间：2019年3月4日。

项目概况：该项目签署于2019年3月，由中国机械设备工程股份有限公司（简称CMEC）承建、机械工业勘察设计研究院有限公司勘察。2019年4月完成现场勘察、测绘工作。项目范围包括230kV输电线路3条，计118km；115kV输电线路1条，计100km；扩建变电站3座。该项目覆盖老挝北部乌多姆赛省、琅勃拉邦省及丰沙里省，为中国企业投资乌江梯级电站配套输电线路项目。项目施工历时6个月，在项目执行过程中无任何质量、安全事故。

经济或社会效益：该项目覆盖区域广，涉及县市多，项目的建成极大地提高老挝北部山区电力输送能力，乌江梯级发电站能源有效快速输出，乌江梯级项目按期竣工可为老挝国家发展提供绿色能源。该项目的顺利执行成为公司在老挝区域的代表性项目之一。

四十五、武汉天河机场第三跑道飞行区岩土工程勘察项目

勘察单位：中国农机院所属中机三勘岩土工程有限公司。

签约时间：2022年2月。

项目概况：该项目勘察等级为甲级，项目面积广、工程量大、工期紧、场内地形复杂、外业协调难度大，涉及机场内不停航施工、陆上和水上作业等，项目难度系数、安全及质量要求均较高。中机三勘岩土工程有限公司在两个月的时间内共完成钻孔1 737个，总进尺42 560.6m，各类原位测试共计12 768.1m/6 513次，室内试验共计4 430组，同时完成踏勘、调查与测绘、技术及质量监督、资料整理、审核、审定等技术工作。

经济或社会效益：天河机场位于湖北省武汉市，是我国八大区域性枢纽机场之一，在加快打造“门户枢纽、窗口形象、开放高地”，在国际化、现代化、生态化大武汉建设中发挥着支撑作用，在综合交通运输体系、多式联运中发挥着引领作用。

四十六、网安基地共享中心二期岩土工程勘察项目

勘察单位：中国农机院所属中机三勘岩土工程有限公司。

签约时间：2022年6月。

项目概况：该项目工期紧、任务重；场地有水塘，尚未整平；靠近公路侧地下分布有管线；该场地浅部土层具有特殊性岩土——膨胀土。中机三勘岩土工程有限公司查明了地层分布情况，提供了合理设计参数，提交了优质合格岩土工程勘察成果资料，快速高效完成了勘察任务，得到业主及建设相关方好评。

经济或社会效益：该项目位于武汉市东西湖区国家网络安全人才与创新基地核心区，是经中央网络安全和信息化委员会办公室批准、推进我国网络安全战略实施的重大项目，也是武汉市临空港区域千亿产业大集群之一。

四十七、开封市中医院国家中医药传承创新工程暨自贸区医院建设项目

设计单位：中机十院国际工程有限公司。

签约时间：2019年10月。

该项目位于河南省开封市十八大街以西、自

贸区南边界以北，总占地面积 120 亩，总建筑面积 22.6 万 m^2，总投资额约 10 亿元。项目主要涵盖六大版块，分别是国家中医药传承创新工程、国家内分泌区域诊疗中心、国家中医药健康旅游示范基地、中医特色重点医院病房楼、中医药制剂研发中心、重大疫情应急救治基地。

经济或社会效益：该项目在 2019 年被列入开封市委市政府医疗卫生健康领域“十大重点工程”，同时也被开封市委市政府列入重大民生工程之一。该项目融入大健康产业，弘扬大宋中医药文化，坚持“特色、内涵、开放、转型”发展理念，持续打造中医特色优势核心体系圈、完善医院现代技术支撑体系圈、拓展中医药产业促进发展体系圈，靠中医特色立院、靠重点学科强院、靠技术体系兴院，让中医药元素在与现代科技手段和现代诊疗设备的结合运用中表达得更加充分，健康综合服务水平得到提升。

四十八、中国国家版本馆杭州分馆建设工程（一期）全过程工程咨询项目

设计单位：中国联合工程有限公司。

签约时间：2021 年 10 月。

项目概况：该项目是习近平总书记亲自批示、国家重点规划布局的重大工程，承担赓续中华文脉、坚定文化自信、展示大国形象、推动文明对话的重要使命。国家版本馆由“1 个中央总馆和 3 个具备灾备功能的地方分馆”构成，中央总馆建于北京，3 个分馆分别建于杭州、西安、广州。本项目为杭州分馆，是展示文化自信、弘扬中华文化和浙江传统文化、彰显浙江精神、推进文化浙江建设的重要举措。

该项目全咨服务由四大板块、十一大服务内容构成。四大板块即综合管理、设计管理、投资管理、施工管理，十一大具体服务内容，即外部管理、内部协调、招标采购、合同管理、信息管理、设计协调、技术咨询、投资管理、安全管理、质量管理、进度管理。

经济或社会效益：该项目已获得杭州市建设工程结构优质奖、余杭区建设工程结构优质奖和余杭区建设工程“综合优质工程”（良渚杯），正在进行西湖杯、钱江杯及鲁班奖评奖申报准备工作。

四十九、衢州市文化艺术中心和便民服务中心项目

设计单位：中国联合工程有限公司。

签约时间：2018 年 6 月。

项目概况：该项目用地位于浙江衢州市西区，周边有衢州市政府、公共资源交易中心等重要公共建筑，承载着现代衢州活力创新之精神。整体项目设计依据上位城市规划和衢州市民家园的精神主题，打造衢州新时代的标志性节点、补齐衢州新城市之心的关键密钥。

该项目在设计中对建筑体量进行细致审视，结合功能分区将建筑体量化整为零，向城市多角度展示，使建筑显得更为灵动，并具鲜明特色；使建筑与城市关系和谐、空间体验真实。各版块主要人流由外围各个方向进入，通过公共竖向交通有效组织地下、地面和空中交通，并由中心大堂串联其余四大功能组团形成四方交汇、三位一体的人流组织和公共空间。

经济或社会效益：该项目荣获中国联合工程有限公司 2022 年度优秀项目奖一等奖。

五十、四川时代动力电池项目一期

设计单位：中国联合工程有限公司。

签约时间：2019 年 10 月。

项目概况：该项目为了适应锂电池生产工艺复杂多变的特点，建筑设计时充分考虑了建筑物空间和造型设计对生产工艺的适应性和可改造性，如采用大跨度的钢结构形式、构造简洁的外立面设计等。锂电池厂房内部房间错综复杂，房间穿套犹如迷宫，在室内疏散设计时，结合工艺生产流线，尽可能保证疏散路线的清晰明了，以满足厂房内的安全疏散要求。在项目设计中，需要满足工艺对于地坪沉降控制的严苛要求，采取桩基 + 结构地坪的设计方案。为满足复杂的工艺管线设置要求，采用了吊顶转换层的结构方案，同时为满足管线的布置空间要求，对部分区域的转换层采用斜拉杆形式。

经济或社会效益：该项目荣获中国联合工程有限公司 2022 年度优秀项目奖一等奖。

五十一、佛山市生活垃圾资源化处理提质改造项目

设计单位：中国联合工程有限公司。

签约时间：2020 年 1 月。

项目概况：该项目是广东省重点项目和佛山市重点项目。该项目在集约用地与去工业化方面进行了重点打造，首次在行业内创新设计为顺列式布置方案，尽可能减少占地面积，与同规模的常规项目相比主厂房占地面积可节约 12% 以上，最大限度预留扩建用地和园区休闲绿化空间，并由何镜堂院士团队操刀建筑方案创作，结合地域特色及生态保护理念，成功打造了“工业旅游、循环经济、环保示范、科普教育、党建教育”五大基地，成为世界级的新标杆。该项目主要工艺采用最适合中国垃圾处理的机械炉排和优化后的全工艺烟气处理系统，解决了各类因污泥和工业垃圾掺烧而引起的技术难题，保证了烟气排放不仅满足 GB 18485—2014《生活垃圾焚烧污染控制标准》的要求，同时满足 2010 年欧盟标准（2010/75/EC），总体技术水平达到国内领先、国际先进。

经济或社会效益：该项目荣获中国联合工程有限公司 2022 年度优秀项目奖二等奖。

五十二、长垣市集中供热管网工程

设计单位：机械工业第六设计研究院有限公司。

签约时间：2013 年 12 月。

项目概况：该项目位于河南省长垣市中心城区，建设内容包含一座规模为 660MW 的换热首站、小区二次网换热站 138 座，市政一次热力管网 62km，工程总投资额约 4.8 亿元。

经济或社会效益：该项目为节能减排项目，项目建成后可以为中心城区约 1 200 万 m^2 建筑供暖，减少分散小锅炉的使用，每年可节约标准煤 7.46 万 t，烟尘减排 604t，二氧化硫减排 2 953t。

五十三、焦作市城区黑臭水体综合整治白马门水生态治理工程

设计单位：机械工业第六设计研究院有限公司。

签约时间：2019 年 1 月。

项目概况：白马门河段全长 12.5km，是河南省焦作市西郊林水生态廊道和矿坑生态修复示范区。

经济或社会效益：该项目显著提高了白马门河的防洪除涝能力，保障城市安全，确保生产、生活的正常进行；改善了区域生态环境，调节局部地区气候，促进生物多样性恢复；改善了区域环境，提高居民生活环境质量，推进生态文明城市建设。

五十四、庐江县礤桥安置房三期工程和廉政教育基地

设计单位：机械工业第六设计研究院有限公司。

签约时间：2017 年 3 月。

项目概况：该项目位于安徽省合肥市庐江县泥河西路以南、合铜路以西、文翁路以北、官塘路以东，总建筑面积约 21.8 万 m^2。

经济或社会效益：项目的建成将改善居民居住环境，提高居民生活水平，有利于改善城市形象，提升城市品位。

五十五、援纳米比亚 4 所学校项目

设计单位：机械工业第六设计研究院有限公司。

签约时间：2019 年 5 月。

项目概况：该项目位于纳米比亚赞比西省和西卡万戈省，主要建设内容包括办公楼、实验室、图书馆、礼堂、行政用房、学生宿舍、教室、食堂及辅助用房等，总建筑面积约 8 400m^2。

经济或社会效益：该项目包括位于纳米比亚赞比西省和西卡万戈省的 4 所中小学，是中国援助纳米比亚的重要民生工程。

五十六、郑州市金水区邻客商业中心项目

设计单位：机械工业第六设计研究院有限公司。

签约时间：2020 年 12 月。

项目概况：该项目占地面积约 5 万 m^2，建筑面积约 30.7 万 m^2，建设内容包括公寓、商业、地下车库及配套设施。

经济或社会效益：该项目引入复合功能的概

念，营造了一个更加开放和谐、环境友好的年轻化的生活圈，改善了当地居民居住和购物需求。

五十七、湖北中烟工业园区总体规划及武汉卷烟厂易地技改项目

设计单位：机械工业第六设计研究院有限公司。

签约时间：2020 年 8 月。

项目概况：该项目占地 1 400 亩，总建筑面积 33.4 万 m^2，总投资 37.62 亿元，建设内容包括联合工房、动力中心、生产指挥办公楼、物流调度中心、原料备货库、材料库、原料醇化库等。

经济或社会效益：该项目为湖北中烟武汉卷烟厂打造的“国内领先、国际一流”的创新性卷烟生产制造基地，具有良好的品牌示范作用。

五十八、惠州离子科学研究中心中科院两大科学装置配套工程总部区首期工程

设计单位：机械工业第六设计研究院有限公司。

签约时间：2018 年 4 月。

项目概况：该项目位于广东省惠州市惠城区河南岸河桥片区，是“先进能源科学与技术广东省实验室”核心总部区一期项目，核心承载区占地面积 128 亩，总建筑面积约 5.2 万 m^2，项目总投资约 4.15 亿元，建设内容包括科研办公楼、科研实验楼、学术交流中心、职工食堂、科研配套服务中心及园区配套设施。

经济或社会效益：该项目为国家建设世界领先的重离子加速器服务，推动珠三角科技创新、提高综合国力和国家科技竞争力，推动惠州着力突破先进能源领域重大科学问题与关键“卡脖子”技术、助力惠州迈向国际核科学技术研究中心。

五十九、郑州中原新区柳沟片区安置区建设项目

设计单位：机械工业第六设计研究院有限公司。

签约时间：2019 年 4 月。

项目概况：该项目位于郑州市中原区百泉路以南、泉州路以西、金麟路以北、须水河以东区域，占地面积约 4.5 万 m^2，规划建筑面积约 21 万 m^2，投资额约 7.7 亿元。

经济或社会效益：该项目是须水街道首个回迁的安置房项目，是中原新区安置房建设的典范之一。

六十、十堰万达广场项目

设计单位：机械工业第六设计研究院有限公司。

签约时间：2020 年 4 月。

项目概况：该项目位于湖北省十堰市张湾区北京北路与发展大道交汇西侧，总规划用地约 17.07hm^2，投资额约 65 亿元，总建筑面积 83.42 万 m^2，主要建设内容为购物中心、住宅、公寓、酒店、物管用房、底商和住宅配套。

经济或社会效益：该项目为十堰市重量级城市综合体项目，对完善城市功能、提升城市品位、增强城市综合竞争力有积极而深远的影响。

六十一、正商金域世家项目

设计单位：机械工业第六设计研究院有限公司。

签约时间：2017 年 3 月。

项目概况：该项目位于河南省郑州市西站路北、化肥东路东，占地面积 10.6 万 m^2，总建筑面积约 47.6 万 m^2，建设内容包括 10 栋 8 层住宅楼、9 栋 34 层住宅楼、2 栋 34 层公租房、幼儿园及配套设施。

经济或社会效益：该项目为郑州市建设规模较大的改善性住房项目，能够有效提升当地的居住品质。

贸易项目

（2022 年完成，合同金额 5 000 万元以上）

一、越南地板生产线设备供货项目

实施单位：中工国际工程股份有限公司。

签约时间：2021 年 2 月 22 日。

项目概况：石塑复合地板生产线及配套设备于 2021 年 11 月全部发运完毕，木塑复合地板生产线及配套设备于 2022 年 11 月全部发运完毕。两生产线均已投产，运行稳定、产品质量合格。

该项目位于越南北部主要经济区交通轴交汇处——越南北江省合富工业园区。根据合同约定，中工国际所属中国工程与农业机械进出口有限公司完成石塑复合地板生产线、木塑复合地板生产线及配套设备供货。

经济或社会效益：项目中采用的国产设备，通过采取智能化手段，生产线可实现标准化、自动化和数控化生产作业，降低人工依赖性，提高生产效率。

二、印度尼西亚中青高冰镍设备供货项目

实施单位：中工国际工程股份有限公司。

签约时间：2021 年 12 月。

项目概况：该项目由中工国际与国内三元前驱体电池生产的龙头企业中伟新材料股份有限公司（简称中伟股份）合作，为中伟股份在印度尼西亚青山工业园内投资建设的高冰镍生产线提供设备及配套物料的集成和采买服务。该项目执行过程中，中工国际所属中工资源贸易有限公司（简称中工资源）为业主方提供了包括机电商会支持函申请、危化品采购、两用物项等特殊产品的出口许可申请、设备集成、物流运输等一系列服务，打通了包括产品出口、返修清关等多个贸易难点，保障了成套设备的顺利出运。

经济或社会效益：中工资源为印度尼西亚中青供给的高冰镍设备是促成高冰镍生产线投产的关键，产出的高冰镍是制造高纯度硫酸镍的原材料，而高纯度硫酸镍是三元前驱体不可或缺的核心材料。项目的落成不仅能吸纳更多当地居民就业，改善其生活水平，增加地方税收，更将为中伟股份业务的发展提供可靠的资源保障，进一步推进锂电新能源产业的发展。

三、JW-VIP-2021006 雅安圣善项目

实施单位：经纬纺织机械股份有限公司。

签约时间：2021 年 6 月。

项目概况：2020 年经纬纺机与四川省雅安市芦山县县政府开展纺织工业园招商引资活动，2020 年年底深圳前海升华投资发展有限公司确认入驻芦山县纺织工业园，并成立雅安圣善纺织科技有限公司（简称雅安圣善），2021 年 3 月经纬纺机与雅安圣善技术团队开展技术对接，2021 年 6 月经纬纺机与雅安圣善签订产品购销合同，合同金额 51 800 万元，截至 2021 年 9 月，雅安圣善按照合同约定支付定金及提货款 13 013 万元。2021 年 9 月，经纬纺机开始发货，并于 2022 年 3 月完成发货。自 2022 年 1 月开始，雅安圣善开始按月还款，无违约。

经济或社会效益：该项目作为纺织工业园合作模式下的第一家企业，不仅是全套采用了经纬纺机棉纺成套设备的项目，更是远程运维、全自动打包机等新技术应用的项目。项目的成功落地为经纬纺机在西南片区乃至全国树立了样板工厂，同时该项目落地于芦山县，更是经纬纺机践行国企责任，支援芦山县更好发展的强有力证明。

四、JW-VIP-2022005 新疆睿格项目

实施单位：经纬纺织机械股份有限公司。

签约时间：2022 年 8 月。

项目概况：2022 年新疆睿格纺织有限公司（简称新疆睿格）在阿拉尔市投资建厂，规模 30 万锭。2022 年 8 月与经纬纺机签订产品购销合同，合同金额 52 847 万元。截至 2022 年年底，新疆睿格按照合同支付定金及提货款，经纬纺机于 2022 年 9 月开始发货，并于 2023 年 1 月完成设备发货。

经济或社会效益：作为经纬纺机与数智世界工业科技有限公司第二个深入合作的棉纺成套项目，其纺织规模远超雅安圣善项目。该项目的顺利进行，标志着经纬纺机得到客户充分信任，同时在新冠肺炎疫情冲击、订单下滑的情况下，极大地缓解了订单压力，为 2022 年经纬纺机完成销售任务中起到了举足轻重的作用。

五、JW-VIP-2022006 新疆睿灏项目

实施单位：经纬纺织机械股份有限公司。

签约时间：2022 年 9 月。

合同金额：42 916 万元

项目概况：2022 年新疆睿沣收购喀什中泰纺织服装有限公司，并改名为新疆睿灏纺织有限公司（简称新疆睿灏），而后新疆睿灏与经纬纺机签订产品购销合同，合同金额 42 916 万元，2022 年年底新疆睿灏合计支付定金及提货款 19 646 万元，在收到相应货款后经纬纺机于 2022 年 10 月开始发货，2023 年 1 月因设备安装地面塌陷问题，新疆睿灏停止提货，经过 1 个月的修复，2023 年 2 月重新提货，2023 年 6 月完成提货并开始偿还赊销欠款，暂无违约。

经济或社会效益：该项目是数智世界再度与经纬纺机联手合作的 26.4 万锭经纬棉纺成套项目，采用经纬纺机绿色智能化、高端数字化设备，项目产能约为 35 000t/a 棉纱，直接经济效益约 10 亿元，较好地解决了当地就业等民生问题。数智世界和经纬纺机是长期的战略合作伙伴，双方在持续推动新疆地区高端化智能化纺纱产业等方面得到了业内的称赞。近几年由内地向新疆转移的纺纱企业大都以此项目为标杆，在一定程度上奠定了经纬纺机在新疆地区的市场地位。

六、捷豹路虎进口汽车项目

实施单位：中国进口汽车贸易有限公司。

签约时间：2022 年 7 月。

项目概况：中国进口汽车贸易有限公司（简称中进汽贸）为捷豹路虎（中国）投资有限公司提供车辆进口、自理 / 代理清关、仓储、物流服务并在此基础上不断探讨业务延伸的可能。

经济或社会效益：2022 年该项目实现营业收入 58.66 亿元。

七、阿斯顿马丁认证、进口、物流服务项目

实施单位：中国进口汽车贸易有限公司。

签约时间：2020 年 5 月。

项目概况：中进汽贸作为阿斯顿马丁品牌国内唯一授权进口商，为阿斯顿马丁公司提供车辆的车型认证、一般贸易车辆进口、物流及特殊车辆进口服务，并提供 CCC 认证及目录维护管理服务。

经济和社会效益：2022 年该项目实现营业收入 16.76 亿元。

八、特斯拉物流服务项目

实施单位：中国进口汽车贸易有限公司。

签约时间：2022 年 4 月。

项目概况：2022 年，中国进口汽车贸易有限公司继续为特斯拉中国提供国产车物流服务，并根据厂家需求提供天津港、上海港进口特斯拉车辆的清关、商检、仓储、检测、车辆维护、运输服务。

经济和社会效益：2022 年该项目实现营业收入 1.18 亿元。

九、菲克进口汽车项目

实施单位：中国进口汽车贸易有限公司。

签约时间：2022 年 1 月。

项目概况：2022 年中进汽贸积极应对新冠肺炎疫情带来的多方影响，联合菲克厂家推出大切诺基、牧马人车型销售方案，收获了较好的市场反响并配合菲克厂家确定采购和销售进度计划。同时，开拓与阿尔法罗密欧、DS 等品牌的合作，持续深耕清关、商检、PDI 检测、仓储、批售、物流运输等各环节服务。

此外，中进汽贸受邀参与 Stellantis 集团新业务模式的合作，与厂家一同推进从经销商授权经营模式过渡到直销 + 代理商服务模式，为 Stellantis 集团未来在华市场推广及双方的战略合作奠定坚实基础。

经济或社会效益：2022 年该项目实现营业收入 37 亿元。

十、大众进口汽车项目

实施单位：中国进口汽车贸易有限公司。

签约时间：2022 年 6 月。

项目概况：2022 年，中进汽贸与大众汽车（中国）销售有限公司签署 2022 年 6 月至 2026 年 12 月的首个批售贸易服务长期合作协议，配合大众汽车（中国）销售有限公司提升、完善批售管理能力体系，加强资金风险、合同风险等管控，协助其完成年度销售目标。

经济和社会效益：2022 年该项目实现营业收入 60 亿元。

十一、依维柯改装车项目

实施单位：中国进口汽车贸易有限公司。

签约时间：2022 年 11 月。

项目概况：2022 年中进汽贸与依维柯（中国）商用车销售有限公司签订 5 年战略合作备忘录，在救护车、商务车、房车、汽车金融等多领域开展全面合作。

经济和社会效益：2022 年该项目实现含税销售收入 5 000 万元。

十二、保时捷天津港综合物流服务项目

实施单位：中国进口汽车贸易有限公司。

签约时间：2022 年 9 月。

项目概况：2022 年，中进汽贸再次中标保时捷天津港综合物流服务项目，继续为保时捷（中国）汽车有限公司提供车辆进口清关、仓储、物流服务，合同期限 3 年。

经济和社会效益：2022 年该项目实现营业收入 1.28 亿元。

十三、进口福特、林肯整车批售项目

实施单位：中进汽贸（天津）进口汽车贸易有限公司。

签约时间：2021 年 2 月 1 日。

项目概况：中进汽贸（天津）进口汽车贸易有限公司（简称中进进口）在 2021 年 2 月 1 日与福特中国签订“福特、林肯品牌进口整车分销合同”，作为福特及林肯全系进口车型国内唯一分销商，从事福特、林肯进口车分销工作。合同有效期至 2023 年 12 月 31 日。

经济或社会效益：2022 年销售 3 615 台（进口林肯、福特），实现销售收入 28.8 亿元。

十四、进口福特、林肯整车港口服务项目

实施单位：中进汽贸（天津）进口汽车贸易有限公司。

签约时间：2022 年 1 月 1 日。

项目概况：中进进口完成与福特中国进口汽车（福特及林肯品牌）港口服务合同续签，为福特中国提供报关报检、仓储、整备、质量提升、物流等服务。中进进口不断完善设施建设和港口布局，打造适合于整车流通的国内外全方位服务与能力体系。

经济或社会效益：2022 年该项目共计到港 5 101 台，完成整备 4 356 台，质量提升 4 460 台，保养 12 405 台，发运 3 651 台。

十五、博世汽车零配件业务项目

实施单位：中国汽车工业进出口有限公司。

签约时间：2022 年 1 月 1 日。

项目概况：中国汽车工业进出口有限公司从 2007 年开始向丹麦的 HOLGER CHRISTENSEN 公司出口汽车零配件产品，至 2022 年已有 15 年历史，贸易额从最初的几千美元，逐年递增，2022 年出口金额达到 1 200 万美元。从 2019 年开始，中国汽车工业进出口有限公司作为丹麦 HOLGER CHRISTENSEN 公司电机第一大供应商，参与其母公司博世集团的电机项目。

经济和社会效益：2022 年该项目出口总金额达到 1.9 亿元。

十六、凌云公司汽车钢板供货项目

实施单位：中国机械国际合作股份有限公司。

签约时间：2022 年 1 月。

项目概况：该项目货物买方为凌云工业股份

有限公司各子分公司（简称凌云公司），隶属中国兵器工业集团，是国企上市公司，凌云公司是大众、福特、通用、长安、北汽、上汽等汽车主机厂的一级零部件生产配套企业，主要生产汽车的防撞梁、保险杠、门槛等部件。中机国际下属中经东源进出口有限责任公司（简称东源公司）自 2013 年起成为凌云公司合格供应商，与凌云公司各子（分）公司签订供货合同。对凌云各子（分）公司投保中信保贸易险进行风险管控。

经济或社会效益：该项目已顺利执行 10 年，2022 年经营额 2.5 亿元，其中进口材料 1 亿元，国产材料 1.5 亿元，利润 1 600 万元，资金周转率 3.2%，经济效益正常。

十七、大唐托克托项目偏变轴承

实施单位：国机精工股份有限公司。

签约时间：2022 年 7 月 7 日。

项目概况：国机精工下属企业洛阳轴研科技有限公司（简称轴研科技）与东方电气风电股份有限公司（简称东方风电）签订“大唐托克托项目偏变轴承买卖合同”，合同标的金额含税 85 576 000.00 元。轴研科技需按照合同约定的时间交付标的物风电偏航轴承 152 件、变桨轴承 456 件。该轴承用于东方风电 6.25MW 风电机组，交付完成后，可以满足 152 台风电机组使用需求。

经济或社会效益：该项目的实施一方面可以给国机精工带来一定的经济效益，另一方面也是国机精工践行国家战略的体现，为国家“双碳”目标的实现做出贡献。

十八、6.6 万 t 阿根廷大麦拼高粱进口 5 个大宗农产品贸易项目

实施单位：国机海南发展有限公司。

签约时间：2022 年 1 月。

项目概况：2022 年 1 月，国机海南发展有限公司（简称国机海南）与香港恒通资源有限公司、厦门市明穗粮油贸易有限公司达成 6.6 万 t 阿根廷大麦拼高粱进口贸易项目（大麦 3.6 万 t，高粱 3 万 t）合作协议，合同总金额 1.69 亿元。2022 年 5 月货物全部到港，7 月完成提货结算。2022 年 1 月，国机海南与广西铭迈生物科技有限公司、广西楚泽进出口有限公司达成 2 万 t 饲料进口贸易项目合作协议，合同总金额 5 210 万元，2022 年 5 月货物完成交付。2022 年 3 月，国机海南与澳大利亚谷物有限公司、厦门市明穗粮油贸易有限公司达成 5 万 t 澳大利亚高粱进口贸易项目合作协议，合同总金额 1.31 亿元，2022 年 7 月货物全部如期到港，11 月顺利完成出清。2022 年 5 月，国机海南与蔚特商贸（上海）有限公司、中粮贸易（香港）有限公司达成 3.8 万 t 阿根廷高粱进口贸易项目合作协议，合同总金额 1.45 亿元，同月货物顺利到港并完成出清。2022 年 6 月，国机海南与澳大利亚谷物有限公司、深圳市福加德谷物有限公司达成 5.5 万 t 澳大利亚高粱进口贸易项目合作协议，合同总金额 1.62 亿元，2022 年 11 月，货物全部到港，12 月顺利完成提货出清。

经济或社会效益：2022 年，国机海南克服俄乌冲突、新冠肺炎疫情、国际国内粮食价格倒挂、人民币兑美元汇率下跌等困难和不利因素，进一步集中优势资源深耕大宗农产品供应链集成贸易服务业务，全年实现新签贸易合同 26 宗，贸易量逾 42 万 t，累计合同金额约 1.5 亿美元，实现了大宗农产品供应链集成贸易服务业务新发展，为稳住国机海南经营基本盘作出重大贡献。

第七篇

大事记

2022 年中国机械工业集团有限公司大事记

1 月 12 日

国机集团召开党史学习教育总结会议，深入学习贯彻党的十九大和十九届历次全会精神，贯彻落实习近平总书记重要指示和中央党史学习教育总结会议精神，全面总结集团党史学习教育工作开展情况和成效。

1 月 13 日

安徽省人民政府副省长、党组成员张曙光一行赴国机集团中国农业机械化科学研究院集团有限公司调研，围绕安徽省农机装备补短板及相关需求对接开展交流。

1 月 14 日

国机集团党委书记、董事长张晓仑在总部会见来访的重庆市永川区委书记张智奎一行，双方就推进落实国机集团与重庆市政府 2021 年签署的战略合作协议，进一步深化合作领域进行探讨。

1 月 20 日

由国机集团国机资产管理有限公司参与出资的国启资产管理有限公司在北京国投大厦举行揭牌仪式。

1 月 23 日

国机集团党委召开领导班子党史学习教育专题民主生活会。会议以中央政治局民主生活会为标杆，聚焦主题，查摆问题，剖析原因，严肃认真开展批评和自我批评。

1 月 25 日

中国机械工业集团有限公司 2022 年面向专业投资者公开发行公司债券（第一期）完成簿记，发行规模 10 亿元，期限 1 年，票面利率 2.50%，全场认购倍数 3.26 倍。

2 月 4 日

正在北京参加冬奥会开幕式的厄瓜多尔总统吉列尔莫·拉索组织召开座谈会，围绕深化中厄合作与中国企业家进行深入交流。国机集团党委书记、董事长张晓仑应邀参加，并作为中方企业家代表在会上发言。

2 月 11 日

国机集团党委召开 2022 年全面从严治党工作会，系统总结 2021 年集团党的建设、党风廉政建设和反腐败工作，安排部署 2022 年重点任务。

2 月 22 日

国机集团党委书记、董事长张晓仑在总部会见来访的江西省委副书记、赣州市委书记吴忠琼一行，双方就在赣州落地的合作项目进行深入沟通，就深化合作助力赣州振兴发展进行深入探讨。

2 月 23 日

国机集团党委书记、董事长张晓仑率队拜访国家国际发展合作署，和国家国际发展合作署党组书记、署长罗照辉举行会谈。双方就参与援外和国际发展合作等方面进行深入交流。

2 月 24 日

国机集团和招商局集团以视频形式召开中白工业园项目第六次高层协调会，听取园区开发公司 2021 年工作总结和 2022 年重点工作计划、园区当前面临的发展形势和应对举措，围绕中白产业投资基金运作、央企市场化入园政策等多项议题交换意见。

2 月 25 日

国机集团党委书记、董事长张晓仑在总部会见来访的黑龙江省副省长王一新一行，双方就进一步贯彻落实习近平总书记关于“三农”工作的重要指示批示精神，深化合作助力黑龙江省振兴发展进行深入探讨。

2 月 27 日

国机集团中国农业机械化科学研究院集团有限公司与北京市昌平区人民政府、北京师范大学、北京邮电大学，就推进北京农机试验站现址地块建设与开发签署四方框架协议。

3 月 1 日

科技部、国务院国资委举行会商会议暨共同培育建设科技领军企业工作座谈会，共同就加强中央企业科技创新政策引导与规划设计、支持参与国家重大科研任务、强化科技人才队伍建设等重点工作听取中央企业的意见建议，研究部署政策措施。国机集团党委书记、董事长张晓仑参加会议并作交流发言。

3 月 7—9 日

安徽省政府副省长、党组成员张曙光一行赴国机集团中国福马机械集团有限公司、中国一拖集团有限公司调研。期间，国机集团党委常委、副总经理丁宏祥与张曙光围绕深化农机装备战略合作进行座谈交流。

3 月 9 日

国机集团党委书记、董事长张晓仑应邀赴古巴共和国驻华使馆与卡洛斯·米格尔·佩雷拉大使进行会谈，双方就进一步深化经贸合作进行沟通交流。

3 月 11 日

国机集团举行全国两会代表委员座谈会。集团领导在总部与刚刚参加完全国两会的代表委员齐聚一堂，传达学习全国两会精神，聚焦热点议题和集团高质量发展进行座谈交流。

3 月 11 日

国机集团召开司库体系建设专题会，部署落实国务院国资委关于推进中央企业加快司库体系建设，进一步加强资金管理的要求，推进集团司库体系及司库信息系统建设工作。

3 月 15 日

国务院国资委党委书记、主任郝鹏视频连线中央企业承建的中央援港疫情防控设施项目建设现场，对国资央企贯彻落实中央援港抗疫举措进行再部署、再推进。集团下属企业中国中元国际工程有限公司在视频连线中汇报了相关工作情况。

3 月 16 日

国机集团党委书记、董事长张晓仑在总部会见了来访的哈尔滨电气集团有限公司党委书记、董事长曹志安一行，双方就深化多个领域的战略合作进行探讨、交流。

3 月 24 日

国务院国有企业改革领导小组办公室公布最新“科改示范企业”名单。国机集团新增 2 家单位，至此，国机集团共有 4 家单位入选“科改示范企业”名单，分别是洛阳轴研科技股份有限公司、中国重型机械研究院股份公司、中国电器科学研究院股份有限公司、中机试验装备股份有限公司。

3 月 26 日

国机集团承建的尼泊尔博克拉国际机场项目建安工程竣工典礼顺利举行。国务委员兼外长王毅，尼泊尔总理德乌帕，外长卡德加，文化、旅游和民航部部长阿里，民航局局长普拉迪普，以及中国驻尼泊尔大使侯艳琪、经济商务参赞谢宇出席典礼活动。

3 月 30 日

陕西省委书记、省人大常委会主任刘国中一行调研国机集团中国重型机械研究院股份公司，详细了解企业基本情况、历史沿革、专业发展等相关情况，听取了企业在市场化改革、科技创新、攻克“卡脖子”关键核心技术以及满足国家重大战略需求方面开展工作的汇报。

4 月 2 日

国机集团召开安全生产工作会议，深入学习贯彻习近平总书记关于安全生产的重要指示批示精神，全面落实全国安全生产电视电话会议和中央企业安全生产工作视频会议要求，分析集团安全生产面临的形势和存在的问题，对集团安全生产工作进行再强调、再动员、再部署。

4 月 2 日

国务院国资委以视频形式召开中央企业创新联合体工作会议，深入学习贯彻习近平总书记关于科技创新重要论述，总结回顾两年来中央企业创新联合体实践探索，研究部署下一步工作。国机集团党委书记、董事长张晓仑参加会议并作交流发言。

4 月 14 日

国机集团 2022 年面向专业投资者公开发行公司债券（第二期）完成簿记。本期 2 个品种共满额发行 20 亿元，其中 3 年期发行规模 10 亿元，票面利率 2.99%，全场认购倍数 3.04 倍；5+2 年期发行规模 10 亿元，票面利率 3.40%，全场认购倍数 3.47 倍。

4 月 22 日

国机集团召开领导班子（扩大）会议。受中央组织部领导委托，中央组织部有关干部局负责同志宣布了中央关于中国机械工业集团有限公司总经理调整的决定：罗乾宜同志任中国机械工业集团有限公司董事、总经理、党委副书记，免去其国家电网有限公司董事、党组副书记职务；免去吴永杰同志的中国机械工业集团有限公司董事、总经理、党委副书记职务。相关职务任免，按有关法律和章程的规定办理。

4 月 22 日

国家市场监管总局党组成员、副局长，国家标准委主任田世宏一行到国机集团总部调研标准化、质量技术服务、特种设备检验等工作。

4 月 24 日

国务院国资委党委委员、副主任任洪斌调研国机集团在沪企业，指导疫情防控和复工复产工作，并向全体干部职工特别是复工复产人员表示亲切慰问。

5 月 5 日

国机集团 2022 年面向专业投资者公开发行公司债券（第三期）完成簿记。本期 2 个品种共满额发行 20 亿元，其中 3 年期发行规模 15 亿元，票面利率 2.97%，全场认购倍数 3.0 倍；5+2 年期发行规模 5 亿元，票面利率 3.45%，全场认购倍数 3.2 倍。

5 月 10 日

中国智造品牌论坛暨中央企业装备制造创新成就云展览在北京举行。国机集团党委书记、董事长张晓仑应邀出席论坛并作经验成果分享。

5 月 17 日

国机集团以视频形式召开学习贯彻习近平总书记在庆祝中国共产主义青年团成立 100 周年大会上重要讲话精神大会，进一步深入学习贯彻习近平总书记重要讲话精神，进一步加强党建带团建工作，引领广大团员青年始终听党指挥、跟党奋斗、勇挑重担、奋勇前进，为把集团建设成为世界一流企业贡献青春力量。

5 月 19 日

国机集团以线上和线下结合的形式召开农机装备高质量发展推进会，深入贯彻落实习近平总书记关于“提高农机装备水平”重要指示精神，邀请政府主管部门，行业专家等，研究行业未来发展趋势，共绘我国农业机械化发展蓝图。

5 月 19 日

国机集团现代农业装备战略研究中心正式揭牌。该战略研究中心由集团下属企业中国农业机械化科学研究院集团有限公司牵头，联合中国一拖集团有限公司、中国福马机械集团有限公司、机械工业规划研究院有限公司等单位共同成立，同时吸纳了农业装备产业技术创新战略联盟、行业协会学会、高校院所和企业等优势力量。

5 月 20 日

国务院国资委党委委员、副部长级干部周国平带领第七督促指导组一行到国机集团督促指导“稳增长、防风险、促改革、保安全、强党建”工作。

5 月 25 日

由白俄罗斯经济部主办的中白经贸发展杰出贡献奖颁授仪式在中白工业园举行，仪式上国机集团获颁中白经贸发展杰出贡献奖，成为首批获此殊荣的中资企业。

6 月 1 日

国机集团以线上和线下结合的形式召开重点实验室优化推进工作会，对集团重点实验室进行点评，并部署下一步工作。

6 月 7 日

国机集团召开稳增长工作会，全面贯彻落实习近平总书记关于“疫情要防住、经济要稳住、发展要安全”的重要指示精神和国务院“全国稳住经济大盘电视电话会议”决策部署，传达学习国务院国资委关于稳增长工作的部署安排，通报集团当前经营情况，研究部署稳增长工作推进措施。

6 月 20 日

国机集团中国机械工业工程集团有限公司承建的马尔代夫住房三期项目举行项目移交仪式。联合国大会主席阿卜杜拉·沙希德在联合国总部发表视频讲话，对马尔代夫住房三期项目顺利移交表示祝贺。

6 月 21 日

国际电工委员会标准化管理局（IEC/SMB）公布 2022 年 IEC 托马斯·爱迪生奖获奖名单，国机集团下属企业中国电器科学研究院股份有限公司标准法规首席专家黄文秀获此殊荣。

6 月 24 日

国机集团召开改革三年行动推进会，深入贯彻落实党中央、国务院关于国企改革的各项工作部署，紧紧围绕国企改革三年行动落地见效，总结工作、交流经验、部署任务，为确保集团改革总体任务 2022 年 6 月基本完成、年底实现高质量收官进行再督导、再推动。

6 月 27 日

国机集团总经理、党委副书记罗乾宜在集团总部会见了来访的中国一重集团有限公司党委书记、董事长刘明忠一行，双方就发挥各自所长，在农机装备、农产品服务等领域开展深化合作进行交流探讨。

7 月 1 日

国机集团召开“党建引领促发展，砥砺奋进启新程——国机集团庆祝中国共产党成立 101 周年”大会，重温辉煌历史，展望美好未来。

7 月 6 日

由白俄罗斯政府官方独家授权、中白工业园开设的电商“白俄罗斯国家馆”正式开幕。开幕仪式在白俄罗斯中白工业园举行。白俄罗斯第一副总理斯诺普科夫在开幕仪式上发表视频致辞。

7 月 15 日

国机集团总经理、党委副书记罗乾宜在总部会见了来访的商务部党组成员、副部长盛秋平一行。双方就落实好第五届中国国际进口博览会相关工作进行深入交流。

8 月 3 日

国机集团召开 2022 年年中工作会，传达学习贯彻习近平总书记在省部级主要领导干部专题研讨班上的重要讲话精神，总结集团上半年工作，部署下半年任务。

8 月 5 日

国机集团机械工业纪念日暨 2021 年社会责任报告发布会以现场加视频直播形式在北京举行。会上正式发布了《中国机械工业集团有限公司 2021 年社会责任报告》。

8 月 9 日

国机集团人才工作会议在京召开。会议总结工作，分析形势，交流经验，并部署今后一段时期集团人才工作重点、目标任务。

8 月 17 日

国机集团与安徽省人民政府在京签署《推进“两强一增”行动合作协议》。集团党委书记、董事长张晓仑，安徽省副省长张曙光举行会谈并出席签约仪式。集团党委常委、副总经理、总工程师、中国工程院院士陈学东与张曙光代表双方签约。

8 月 19 日

国机集团总经理、党委副书记罗乾宜在总部会见了来访的中国电气装备集团有限公司党委副书记、董事、总经理周群一行。双方就深化合作、业务拓展等进行深入交流。

8 月 24 日

《财富》世界 500 强榜单发布，国机集团位列第 224 位，较 2021 年提升 60 位。

8 月 26 日

国机集团党委书记、董事长张晓仑率队访问中国东方电气集团有限公司，参观智能化、数字化制造车间，与东方电气集团党组书记、董事长俞培根举行会谈。双方就科技创新、数字化转型、产业链高级化等议题进行深入沟通。

8 月 26 日

国机集团党委书记、董事长张晓仑在四川德

阳拜会四川省委书记王晓晖。双方围绕抢抓成渝地区双城经济圈建设机遇，优化在川装备制造产业布局，推动高端重型装备持续做大做强，助力四川加快打造世界级重大装备制造产业集群等交换了意见。

8 月 27 日

由四川省人民政府、工业和信息化部共同主办的 2022 世界清洁能源装备大会在四川德阳开幕。全国人大常委会副委员长、民盟中央主席丁仲礼致辞并宣布开幕。国机集团党委书记、董事长张晓仑应邀出席开幕式并在大会主论坛上作主题演讲。

8 月 31 日

美国《工程新闻纪录》杂志（ENR）2022 年各项排名结果揭晓，国机集团在全球最大 250 家国际承包商排名中位列第 28 位，较 2021 年提升了 7 位，在 79 家上榜中国企业中位列第 8 位。在全球最大 225 家国际工程设计公司排名中，国机集团位列第 61 位，较 2021 年提升了 8 位，在 23 家上榜中国企业中位列第 6 位。

9 月 6 日

中国企业联合会、中国企业家协会在北京举办新闻发布会，向社会发布“2022 中国企业 500 强”榜单。国机集团位列第 70 位，较 2021 年提升 13 位。

9 月 7 日

国机集团向四川省慈善联合总会捐款 1 000 万元，为支持抗震救灾和尽快恢复灾区生产生活秩序贡献国机力量。

9 月 16 日

国家主席习近平在撒马尔罕国际会议中心出席上海合作组织成员国元首理事会第二十二次会议并发表重要讲话。国机集团积极学习贯彻习近平总书记出访期间的重要讲话精神，抓住上合组织团结协作带来的历史性机遇，与上合组织成员国乌兹别克斯坦、哈萨克斯坦等国家有关部门、企业签署了化工、天然气、索道旅游设施等领域的合作协议。

9 月 20 日

由工业和信息化部、科技部、商务部、安徽省人民政府等共同主办的 2022 世界制造业大会在安徽合肥开幕。国机集团受邀担任大会支持单位，在大国制造展区设置展台，下属 14 家二级企业协同合作积极参展，共展出产品 36 件，展出面积近 2 000m^2，集中展示集团科技创新新成果。

10 月 16 日

中国共产党第二十次全国代表大会在北京隆重开幕。习近平代表第十九届中央委员会向大会作报告。国机集团党委书记、董事长张晓仑，集团下属企业恒天重工股份有限公司机加工专项组班组长、高级技师李会东作为党的二十大代表参加大会。

10 月 20 日

中国机械工业学会与中国机械工业联合会公布了 2022 年度中国机械工业科学技术奖获奖名单，国机集团获各类奖项 43 项，其中一等奖 8 项、二等奖 21 项、三等奖 14 项。

10 月 29 日

安徽省委书记郑栅洁到国机集团合肥通用机械研究院有限公司调研，先后考察调研了压缩机技术国家重点实验室、先进能源装备工程研究中心、国家压力容器与管道安全工程技术研究中心，看望慰问了一线科研人员，宣讲党的二十大精神。

11 月 1 日

国机集团召开数字化转型推进大会，理解数字化转型重大意义，主动把握数字经济发展新机遇，开启“数字国机”建设新征程，打造集团发展新优势新动能。

11 月 4 日

第五届中国国际进口博览会在上海举行。国机集团第五次深度参与其中，开展国际采购、交流等工作，采购金额超 20 亿美元。期间，中国国际进口博览局与国机集团及下属企业苏美达股份有限公司签署进博会数字展会平台合作协议，并授予国机集团“进博会数字展会合作伙伴”荣誉称号。

11 月 8 日

国机集团学习贯彻党的二十大精神培训班正式开班。党的二十大代表，国机集团党委书记、董事长张晓仑进行开班动员并以“坚定历史自信 增强历史主动 奋力谱写全面建设社会主义现代化国家新篇章”为题讲授专题党课。

12 月 27 日

国机集团司库信息系统启动上线，圆满完成 2022 年建设任务，初步建成可上线运行的司库信息系统。

12 月 28 日

国机集团所属“白俄罗斯永诚有限公司”入驻中白工业园签约仪式举行。至此，园区居民企业数量正式突破 100 家。

12 月 28 日

中国机械工业联合会和中国汽车工业协会联合发布了 2022 年中国机械工业百强企业、汽车工业整车二十强企业、零部件三十强企业名单。国机集团位列 2022 年中国机械工业百强企业榜首。

12 月 29 日

国机集团召开 2023 年工作会议，总结 2022 年工作，全面分析新形势新任务，部署集团 2023 年重点工作。会上还同时发布了“国机集团 2022 年十件大事”。

第八篇

附录

中共中央办公厅　国务院办公厅印发《关于进一步加强财会监督工作的意见》

中共中央办公厅、国务院办公厅印发了《关于进一步加强财会监督工作的意见》，并发出通知，要求各地区各部门结合实际认真贯彻落实。《关于进一步加强财会监督工作的意见》全文如下。财会监督是依法依规对国家机关、企事业单位、其他组织和个人的财政、财务、会计活动实施的监督。近年来，财会监督作为党和国家监督体系的重要组成部分，在推进全面从严治党、维护中央政令畅通、规范财经秩序、促进经济社会健康发展等方面发挥了重要作用，同时也存在监督体系尚待完善、工作机制有待理顺、法治建设亟待健全、监督能力有待提升、一些领域财经纪律亟需整治等问题。为进一步加强财会监督工作，更好发挥财会监督职能作用，现提出如下意见。

一、总体要求

（一）指导思想

以习近平新时代中国特色社会主义思想为指导，深入贯彻党的二十大精神，完整、准确、全面贯彻新发展理念，加快构建新发展格局，着力推动高质量发展，更好统筹发展和安全，坚持以完善党和国家监督体系为出发点，以党内监督为主导，突出政治属性，严肃财经纪律，健全财会监督体系，完善工作机制，提升财会监督效能，促进财会监督与其他各类监督贯通协调，推动健全党统一领导、全面覆盖、权威高效的监督体系。

（二）工作要求

坚持党的领导，发挥政治优势。坚持加强党的全面领导和党中央集中统一领导，把党的领导落实到财会监督全过程各方面，确保党中央、国务院重大决策部署有效贯彻落实。

坚持依法监督，强化法治思维。按照全面依法治国要求，健全财经领域法律法规和政策制度，加快补齐法治建设短板，依法依规开展监督，严格执法、严肃问责。

坚持问题导向，分类精准施策。针对重点领域多发、高发、易发问题和突出矛盾，分类别、分阶段精准施策，强化对公权力运行的制约和监督，建立长效机制，提升监督效能。

坚持协同联动，加强贯通协调。按照统筹协同、分级负责、上下联动的要求，健全财会监督体系，构建高效衔接、运转有序的工作机制，与其他各类监督有机贯通、相互协调，形成全方位、多层次、立体化的财会监督工作格局。

（三）主要目标

到2025年，构建起财政部门主责监督、有关部门依责监督、各单位内部监督、相关中介机构执业监督、行业协会自律监督的财会监督体系；基本建立起各类监督主体横向协同，中央与地方纵向联动，财会监督与其他各类监督贯通协调的工作机制；财会监督法律制度更加健全，信息化水平明显提高，监督队伍素质不断提升，在规范财政财务管理、提高会计信息质量、维护财经纪律和市场经济秩序等方面发挥重要保障作用。

二、进一步健全财会监督体系

（一）加强党对财会监督工作的领导

各级党委要加强对财会监督工作的领导，保障党中央决策部署落实到位，统筹推动各项工作有序有效开展。各级政府要建立财会监督协调工作机制，明确工作任务、健全机制、完善制度，加强对下级财会监督工作的督促和指导。

（二）依法履行财会监督主责

各级财政部门是本级财会监督的主责部门，

牵头组织对财政、财务、会计管理法律法规及规章制度执行情况的监督。加强预算管理监督，推动构建完善综合统筹、规范透明、约束有力、讲求绩效、持续安全的现代预算制度，推进全面实施预算绩效管理。加强对行政事业性国有资产管理规章制度、政府采购制度实施情况的监督，保障国有资产安全完整，规范政府采购行为。加强对财务管理、内部控制的监督，督促指导相关单位规范财务管理，提升内部管理水平。加强对会计行为的监督，提高会计信息质量。加强对注册会计师、资产评估和代理记账行业执业质量的监督，规范行业秩序，促进行业健康发展。

（三）依照法定职责实施部门监督

有关部门要依法依规强化对主管、监管行业系统和单位财会监督工作的督促指导。加强对所属单位预算执行的监督，强化预算约束。按照职责分工加强对政府采购活动、资产评估行业的监督，提高政府采购资金使用效益，推动资产评估行业高质量发展。加强对归口财务管理单位财务活动的指导和监督，严格财务管理。按照会计法赋予的职权对有关单位的会计资料实施监督，规范会计行为。

（四）进一步加强单位内部监督

各单位要加强对本单位经济业务、财务管理、会计行为的日常监督。结合自身实际建立权责清晰、约束有力的内部财会监督机制和内部控制体系，明确内部监督的主体、范围、程序、权责等，落实单位内部财会监督主体责任。各单位主要负责人是本单位财会监督工作第一责任人，对本单位财会工作和财会资料的真实性、完整性负责。单位内部应明确承担财会监督职责的机构或人员，负责本单位经济业务、财会行为和会计资料的日常监督检查。财会人员要加强自我约束，遵守职业道德，拒绝办理或按照职权纠正违反法律法规规定的财会事项，有权检举单位或个人的违法违规行为。

（五）发挥中介机构执业监督作用

会计师事务所、资产评估机构、税务师事务所、代理记账机构等中介机构要严格依法履行审计鉴证、资产评估、税收服务、会计服务等职责，确保独立、客观、公正、规范执业。切实加强对执业质量的把控，完善内部控制制度，建立内部风险防控机制，加强风险分类防控，提升内部管理水平，规范承揽和开展业务，建立健全事前评估、事中跟踪、事后评价管理体系，强化质量管理责任。持续提升中介机构一体化管理水平，实现人员调配、财务安排、业务承接、技术标准、信息化建设的实质性一体化管理。

（六）强化行业协会自律监督作用

注册会计师协会、资产评估协会、注册税务师协会、银行业协会、证券业协会等要充分发挥督促引导作用，促进持续提升财会信息质量和内部控制有效性。加强行业诚信建设，健全行业诚信档案，把诚信建设要求贯穿行业管理和服务工作各环节。进一步加强行业自律监管，运用信用记录、警示告诫、公开曝光等措施加大惩戒力度，完善对投诉举报、媒体质疑等的处理机制，推动提升财会业务规范化水平。

三、完善财会监督工作机制

（一）加强财会监督主体横向协同

构建财政部门、有关部门、各单位、中介机构、行业协会等监督主体横向协同工作机制。各级财政部门牵头负责本级政府财会监督协调工作机制日常工作，加强沟通协调，抓好统筹谋划和督促指导；税务、人民银行、国有资产监管、银行保险监管、证券监管等部门积极配合、密切协同。建立健全部门间财会监督政策衔接、重大问题处理、综合执法检查、监督结果运用、监督线索移送、监督信息交流等工作机制，形成监督合力，提升监督效能。建立部门与行业协会联合监管机制，推动行政监管与自律监管有机结合。相关中介机构要严格按照法律法规、准则制度进行执业，并在配合财会监督执法中提供专业意见。中介机构及其从业人员对发现的违法违规行为，应及时向主管部门、监管部门和行业协会报告。各单位应配合依法依规实施财会监督，不得拒绝、阻挠、拖延，不得提供虚假或者有重大遗漏的财会资料及信息。

（二）强化中央与地方纵向联动

压实各有关方面财会监督责任，加强上下联动。国务院财政部门加强财会监督工作的制度建设和统筹协调，牵头组织制定财会监督工作规划，明确年度监督工作重点，指导推动各地区各部门各单位组织实施。县级以上地方政府和有关部门依法依规组织开展本行政区域内财会监督工作。国务院有关部门派出机构依照法律法规规定和上级部门授权实施监督工作。地方各级政府和有关部门要畅通财会监督信息渠道，建立财会监督重大事项报告机制，及时向上一级政府和有关部门反映财会监督中发现的重大问题。

（三）推动财会监督与其他各类监督贯通协调

建立健全信息沟通、线索移送、协同监督、成果共享等工作机制。开展财会监督要自觉以党内监督为主导，探索深化贯通协调有效路径，加强与巡视巡察机构协作，建立重点监督协同、重大事项会商、线索移交移送机制，通报财会监督检查情况，研究办理巡视巡察移交的建议；加强与纪检监察机关的贯通协调，完善财会监督与纪检监察监督在贯彻落实中央八项规定精神、纠治“四风”、整治群众身边腐败和不正之风等方面要求贯通协调机制，加强监督成果共享，发现党员、监察对象涉嫌违纪或职务违法、职务犯罪的问题线索，依法依规及时移送纪检监察机关；发挥财会监督专业力量作用，选派财会业务骨干参加巡视巡察、纪委监委监督检查和审查调查。强化与人大监督、民主监督的配合协同，完善与人大监督在提高预算管理规范性、有效性等方面贯通协调机制。增强与行政监督、司法监督、审计监督、统计监督的协同性和联动性，加强信息共享，推动建立健全长效机制，形成监督合力。畅通群众监督、舆论监督渠道，健全财会监督投诉举报受理机制，完善受理、查处、跟踪、整改等制度。

四、加大重点领域财会监督力度

（一）保障党中央、国务院重大决策部署贯彻落实

把推动党中央、国务院重大决策部署贯彻落实作为财会监督工作的首要任务。聚焦深化供给侧结构性改革，做好稳增长、稳就业、稳物价工作，保障和改善民生，防止资本无序扩张，落实财政改革举措等重大部署，综合运用检查核查、评估评价、监测监控、调查研究等方式开展财会监督，严肃查处财经领域违反中央宏观决策和治理调控要求、影响经济社会健康稳定发展的违纪违规行为，确保党中央政令畅通。

（二）强化财经纪律刚性约束

加强对财经领域公权力行使的制约和监督，严肃财经纪律。聚焦贯彻落实减税降费、党政机关过紧日子、加强基层保基本民生保工资保运转工作、规范国库管理、加强资产管理、防范债务风险等重点任务，严肃查处财政收入不真实不合规、违规兴建楼堂馆所、乱设财政专户、违规处置资产、违规新增地方政府隐性债务等突出问题，强化通报问责和处理处罚，使纪律真正成为带电的“高压线”。

（三）严厉打击财务会计违法违规行为

坚持“强穿透、堵漏洞、用重典、正风气”，从严从重查处影响恶劣的财务舞弊、会计造假案件，强化对相关责任人的追责问责。加强对国有企业、上市公司、金融企业等的财务、会计行为的监督，严肃查处财务数据造假、出具“阴阳报告”、内部监督失效等突出问题。加强对会计信息质量的监督，依法严厉打击伪造会计账簿、虚构经济业务、滥用会计准则等会计违法违规行为，持续提升会计信息质量。加强对会计师事务所、资产评估机构、代理记账机构等中介机构执业质量监督，聚焦行业突出问题，加大对无证经营、挂名执业、违规提供报告、超出胜任能力执业等违法违规行为的整治力度，强化行业日常监管和信用管理，坚决清除害群之马。

五、保障措施

（一）加强组织领导

各地区各有关部门要强化组织领导，加强协同配合，结合实际制定具体实施方案，确保各项工作任务落地见效。将财会监督工作推进情况作为领导班子和有关领导干部考核的重要内容；对于贯彻落实财会监督决策部署不力、职责履行不到位的，要严肃追责问责。

（二）推进财会监督法治建设

健全财会监督法律法规制度，及时推动修订预算法、会计法、注册会计师法、资产评估法、财政违法行为处罚处分条例等法律法规。健全财政财务管理、资产管理等制度，完善内部控制制度体系。深化政府会计改革，完善企业会计准则

体系和非营利组织会计制度，增强会计准则制度执行效果。

（三）加强财会监督队伍建设

县级以上财政部门应强化财会监督队伍和能力建设。各单位应配备与财会监督职能任务相匹配的人员力量，完善财会监督人才政策体系，加强财会监督人才培训教育，分类型、分领域建立高层次财会监督人才库，提升专业能力和综合素质。按照国家有关规定完善财会监督人才激励约束机制。

（四）统筹推进财会监督信息化建设

深化“互联网＋监督”，充分运用大数据和信息化手段，切实提升监管效能。依托全国一体化在线政务服务平台，统筹整合各地区各部门各单位有关公共数据资源，分级分类完善财会监督数据库，推进财会监督数据汇聚融合和共享共用。构建财会领域重大风险识别预警机制。

（五）提升财会监督工作成效

优化监督模式与方式方法，推动日常监督与专项监督、现场监督与非现场监督、线上监督与线下监督、事前事中事后监督相结合，实现监督和管理有机统一。加大对违法违规行为的处理处罚力度，大幅提高违法违规成本，推动实施联合惩戒，依法依规开展追责问责。加强财会监督结果运用，完善监督结果公告公示制度，对违反财经纪律的单位和人员，加大公开曝光力度，属于党员和公职人员的，及时向所在党组织、所在单位通报，发挥警示教育作用。

（六）加强宣传引导

加强财会监督法律法规政策宣传贯彻，强化财会从业人员执业操守教育。在依法合规、安全保密等前提下，大力推进财会信息公开工作，提高财会信息透明度。鼓励先行先试，强化引领示范，统筹抓好财会监督试点工作。加强宣传解读和舆论引导，积极回应社会关切，充分调动各方面积极性，营造财会监督工作良好环境。

〔来源：中国政府网〕

关于进一步优化外商投资环境加大吸引外商投资力度的意见

国发〔2023〕11号

积极吸引和利用外商投资，是推进高水平对外开放、构建开放型经济新体制的重要内容。为进一步优化外商投资环境，提高投资促进工作水平，加大吸引外商投资力度，现提出如下意见。

一、总体要求

以习近平新时代中国特色社会主义思想为指导，全面贯彻落实党的二十大精神，坚持稳中求进工作总基调，完整、准确、全面贯彻新发展理念，构建新发展格局，推动高质量发展，更好统筹国内国际两个大局，营造市场化、法治化、国际化一流营商环境，充分发挥我国超大规模市场优势，更大力度、更加有效吸引和利用外商投资，为推进高水平对外开放、全面建设社会主义现代化国家作出贡献。

二、提高利用外资质量

（一）加大重点领域引进外资力度

支持外商投资在华设立研发中心，与国内企业联合开展技术研发和产业化应用，鼓励外商投资企业及其设立的研发中心承担重大科研攻关项目。在符合有关法律法规的前提下，加快生物医药领域外商投资项目落地投产，鼓励外商投资企业依法在境内开展境外已上市细胞和基因治疗药品临床试验，优化已上市境外生产药品转移至境内生产的药品上市注册申请的申报程序。支持先进制造、现代服务、数字经济等领域外商投资企业与各类职业院校（含技工院校）、职业培训机构开展职业教育和培训。

（二）发挥服务业扩大开放综合试点示范引领带动作用

对接国际高标准经贸规则，加大服务业扩大开放综合试点示范先行先试力度。鼓励开展知识产权、股权及相关实体资产组合式质押融资，支持规范探索知识产权证券化。有序增加股权投资和创业投资份额转让试点地区。稳妥增加国内互联网虚拟专用网业务（外资股比不超过50%）、信息服务业务（仅限应用商店，不含网络出版服务）、互联网接入服务业务（仅限为用户提供互联网接入服务）等增值电信业务开放试点地区。

（三）拓宽吸引外资渠道

鼓励符合条件的外国投资者设立投资性公司、地区总部，相关投资性公司投资设立的企业，可按国家有关规定享受外商投资企业待遇。深入实施合格境外有限合伙人（QFLP）境内投资试点，建立健全QFLP外汇管理便利化制度，支持以所募的境外人民币直接开展境内相关投资。

（四）支持外商投资企业梯度转移

依托自由贸易试验区、国家级新区、国家级开发区等各类开放平台，鼓励东部地区与中西部和东北地区、沿边地区探索通过产值、利益等分享机制，结对开展产业转移协作。对在中国境内进行整体性梯度转移的外商投资企业，按照原所在地区已取得的海关信用等级实施监督。

（五）完善外资项目建设推进机制

健全重大和重点外资项目工作专班机制，加强要素支撑、政策支持和服务保障，推动外资项目早签约、早落地、早开工、早投产。出台促进绿色电力消费政策措施，支持外商投资企业更多参与绿证交易和跨省跨区绿色电力交易。

三、保障外商投资企业国民待遇

（一）保障外商投资企业依法参与政府采购活动

尽快出台相关政策措施，进一步明确“中国境内生产”的具体标准。研究创新合作采购方式，通过首购订购等措施，支持外商投资企业在我国创新研发全球领先产品。推动加快修订政府采购法。开展保障经营主体公平参与政府采购活动专项检查，依法查处对外商投资企业实行差别待遇等违法违规行为，适时通报典型案例。外商投资企业如认为政府采购活动使其权益受到损害，可依规提起质疑和投诉，各级财政部门应依法受理并公平处理。

（二）支持外商投资企业依法平等参与标准制定工作

推进标准制定、修订全过程信息公开，保障外商投资企业与内资企业依法平等参加标准化技术委员会及标准制定工作。鼓励外商投资企业自行制定或与其他企业联合制定企业标准，开展标准化服务。在服务业扩大开放综合试点示范地区推进国家级服务业标准化试点。

（三）确保外商投资企业平等享受支持政策

各地出台的支持产业发展、扩大内需等政策，除法律法规有明确规定或涉及国家安全领域外，不得通过限定品牌或以外资品牌为由排斥或歧视外商投资企业及其产品和服务，不得对外商投资企业及其产品和服务享受政策设置额外条件。

四、持续加强外商投资保护

（一）健全外商投资权益保护机制

完善国际投资争端应对工作机制，压实主体责任，强化争端预防，妥善处理国际投资争端。坚决打击通过网络发布、传播虚假不实和侵权信息等侵害外商投资合法权益的恶意炒作行为，依法严肃查处相关责任机构和责任人。建立健全省级外商投资企业投诉协调工作机制，推动解决涉及多部门事项或政策性、制度性问题。

（二）强化知识产权行政保护

完善专利侵权纠纷行政裁决制度，加大行政裁决执行力度。支持各地区依托展会知识产权工作站，受理参展产品版权、专利、商标等知识产权申请，提供有效预防侵权措施。加强药品和医用耗材采购领域知识产权保护，企业参加采购活动须自主承诺不存在违反专利法等法律法规的情形。对涉及知识产权纠纷的产品，有关部门要加强沟通会商，依法依规开展采购活动；对经知识产权部门行政裁决或人民法院生效判决认定为专利侵权的产品，及时采取不予采购、取消中选资格等措施。

（三）加大知识产权行政执法力度

坚决打击侵犯外商投资企业知识产权行为，针对跨区域、链条化侵权违法行为开展专项执法行动。健全知识产权快速协同保护机制，对事实清楚、证据确凿的案件依法加快办理进度，建立完善线上线下一体化执法机制，适当简化程序性要求。

（四）规范涉外经贸政策法规制定

制定各类涉外经贸政策措施应注重增强透明度和可预期性，依法听取外商投资企业意见，新出台政策措施应合理设置过渡期。

五、提高投资运营便利化水平

（一）优化外商投资企业外籍员工停居留政策

持续优化入出境政策措施，为外商投资企业的外籍高管、技术人员本人及家属提供入出境、停居留便利。指导我国驻重点引资国家或地区使领馆继续为跨国公司高管申请签证提供便利，通过驻外经商机构及时宣介我国入境政策。为符合条件的外商投资企业聘雇并推荐的外籍高级管理、技术人才申请永久居留提供便利。提高外国人永久居留身份证在公共交通、金融服务、医疗保障、互联网支付等场景应用的便利度。

（二）探索便利化的数据跨境流动安全管理机制

落实网络安全法、数据安全法、个人信息保护法等要求，为符合条件的外商投资企业建立绿色通道，高效开展重要数据和个人信息出境安全评估，促进数据安全有序自由流动。支持北京、天津、上海、粤港澳大湾区等地在实施数据出境安全评估、个人信息保护认证、个人信息出境标准合同备案等制度过程中，试点探索形成可自由流动的一般数据清单，建设服务平台，提供数据跨境流动合规服务。

（三）统筹优化涉外商投资企业执法检查

统筹推进“双随机、一公开”监管与信用风险分类管理，对信用风险低的外商投资企业进一步降低抽查比例和频次。支持有条件的地区统筹安全生产、环境保护、产品质量等涉企执法检查事项，实现“进一次门、查多项事”。

（四）完善外商投资企业服务保障

建立健全外商投资企业圆桌会议制度。各级重大和重点外资项目工作专班建立健全联动协调机制，及时协调解决项目签约、建设、投产中遇到的困难和问题。做好自由贸易协定原产地证书签证工作，为外商投资企业享受关税减免政策提供便利。

六、加大财税支持力度

（一）强化外商投资促进资金保障

通过中央外经贸发展专项资金统筹加大对外资标志性项目的支持力度，促进项目尽快落地实施。完善地方各级政府外商投资促进资金使用，加大重点产业链引资服务力度。支持各地区在法定权限范围内对重点跨国公司的投资项目给予支持。

（二）鼓励外商投资企业境内再投资

落实外国投资者境内取得利润再投资暂不征收预提所得税政策，加大宣传辅导力度，指导地方各级商务、税务等部门细化政策适用范围、申报材料、办理程序，做好具体实施工作。

（三）落实外商投资企业相关税收优惠政策

辅导帮助外籍个人按照国家有关规定享受住房补贴、语言训练费、子女教育费等津补贴免税优惠政策。指导帮助外资研发中心按照国家有关规定享受支持科技创新进口税收政策和采购国产设备增值税退税政策。

（四）支持外商投资企业投资国家鼓励发展领域

支持各地区在法定权限范围内，对符合鼓励外商投资产业目录规定的外商投资企业实施配套奖励措施。做好鼓励类外商投资项目进口设备免税工作有关配套政策措施落实。

七、完善外商投资促进方式

（一）健全引资工作机制

开展“投资中国年”系列活动，持续打造“投资中国”品牌，建立健全工作机制，指导服务地方开展外商投资促进工作。鼓励有条件的地区与相关国家或地区建立投资促进合作机制，采取多种形式构建投资促进平台。鼓励各地区探索对外商投资促进部门和团队的非公务员、非事业编制岗位实行更加有效灵活的用人机制和薪酬制度，通过跨地区跨层级跨部门调剂等方式，加强外商投资促进人员配备，加快建立多元化外商投资促进工作体系，推动形成政府、引资机构、商协会、中介机构、产业链龙头企业等多方参与、灵活高效的外商投资促进协调联动机制。

（二）便利境外投资促进工作

支持各地区投资促进团组常态化赴境外开展招商引资、参会参展等活动，邀请外商来华投资洽谈。对重大和重点外资项目，按工作需要为项目相关外方人员签发多次往返商务签证。

（三）拓展外商投资促进渠道

加强我国使领馆与驻在国家或地区重点企业的联系，宣介中国投资机遇。支持各地区加强与商务部、中国国际贸易促进委员会驻外经贸和投资促进机构的沟通，更好发挥本地区设立在境外的投资促进机构（代表处）作用，强化与境外经贸和投资促进机构的联系合作。

（四）优化外商投资促进评价

建立健全外商投资促进成效评价体系，注重引资对经济社会发展的实际贡献，防止简单以引资规模和实际到资金额统计数据作为考核和相关企业、人员奖惩的依据，切实防止外商投资促进“注水”造假和恶性竞争行为。

八、加强组织实施

各地区、各部门和有关单位要坚决落实党中央、国务院决策部署，提高政治站位，切实做好进一步优化外商投资环境、加大吸引外商投资力度工作，全力实现利用外资促稳提质目标。鼓励各地区因地制宜出台配套举措，增强政策协同效应。商务部要会同有关部门和单位加强指导协调，做好政策宣介，及时落实政策措施，为外国投资者营造更加优化的投资环境，有效提振外商投资信心。

国务院

2023年7月25日

（本文有删减）

〔来源：中国政府网〕

关于推动外贸稳规模优结构的意见

国办发〔2023〕10号

外贸是国民经济的重要组成部分，推动外贸稳规模优结构，对稳增长稳就业、构建新发展格局、推动高质量发展具有重要支撑作用。为全面贯彻落实党的二十大精神，更大力度推动外贸稳规模优结构，确保实现进出口促稳提质目标任务，经国务院同意，现提出以下意见。

一、强化贸易促进拓展市场

（一）优化重点展会供采对接

推动国内线下展会全面恢复。办好中国国际进口博览会、中国进出口商品交易会、中国国际服务贸易交易会、中国国际消费品博览会等重点展会。支持中国进出口商品交易会优化展区设置和参展企业结构，常态化运营线上平台。各地方和贸促机构、商协会进一步加大对外贸企业参加各类境外展会的支持力度，加强组织协调和服务保障，持续培育境外自办展会、扩大办展规模。

（二）便利跨境商务人员往来

加强对外沟通，提高APEC商务旅行卡办理效率，加大工作力度推动其他国家畅通我国商务人员申办签证渠道、提高办理效率。继续为境外客商办理来华签证提供便利。研究优化远端检测措施。尽快推进国际客运航班特别是国内重点航空枢纽的国际客运航班稳妥有序恢复，推动中外航空公司复航增班，更好为商务人员往来提供航空运输保障。

（三）加强开拓市场服务保障

我国驻外使领馆通过完善合作机制、加强信息交流、推介重点展会等举措，创造更多贸易机会，加大对外贸企业特别是中小微外贸企业开拓市场的支持力度。发挥贸促机构驻外代表处作用，做好信息咨询、企业对接、商事法律等方面服务。发布相关国别贸易指南，想方设法稳住对发达经济体出口，引导企业深入开拓发展中国家市场和东盟等区域市场。支持外贸大省发挥好稳外贸主力军作用。

二、稳定和扩大重点产品进出口规模

（一）培育汽车出口优势

各地方、商协会组织汽车企业与航运企业进行直客对接，引导汽车企业与航运企业签订中长期协议。鼓励中资银行及其境外机构在依法合规、风险可控前提下，创新金融产品和服务，为汽车企业在海外提供金融支持。各地方进一步支持汽车企业建立和完善国际营销服务体系，提升在海外开展品牌宣传、展示销售、售后服务方面的能力。

（二）提升大型成套设备企业的国际合作水平

加大出口信用保险支持力度，更好服务大型成套设备项目。金融机构在加强风险防控基础上，统筹考虑项目具体情况，保障大型成套设备项目合理资金需求。鼓励各地方通过开展招聘服务等方式，保障企业用工需求，加强岗位技能培训，确保履约交付，推动行业长期健康发展。

（三）扩大先进技术设备进口

加快修订鼓励进口技术和产品目录，进一步提高进口贴息政策精准性，引导企业扩大国内短缺的先进技术设备进口。

三、加大财政金融支持力度

（一）用足用好中央财政资金政策

开展第二批外经贸提质增效示范工作。研究设立服务贸易创新发展引导基金二期。

（二）加大进出口信贷支持

商业性金融机构进一步提升中西部地区分支机构在贸易融资、结算等业务方面的服务能力。鼓励银行和保险机构扩大保单融资增信合作，加大对中小微外贸企业的融资增信支持力度。在依法合规、风险可控前提下，鼓励国有大型金融机构加大资源倾斜，积极满足中小微企业外贸融资需求。鼓励政府性融资担保机构为符合条件的小微外贸企业提供融资增信支持。

（三）更好发挥出口信用保险作用

进一步扩大出口信用保险承保规模和覆盖面。加大对跨境电商等新业态新模式的支持力度，加快拓展产业链承保，进一步扩大对中小微外贸企业的承保覆盖面，优化承保和理赔条件。

（四）优化跨境结算服务

鼓励金融机构创新完善外汇衍生品和跨境人民币业务，进一步扩大跨境贸易人民币结算规模，更好满足外贸企业汇率避险和跨境人民币结算需求。支持各地方加强政策宣介、优化公共服务，推动银企精准对接、企业充分享惠。

四、加快对外贸易创新发展

（一）稳定和提升加工贸易

强化用工、用能、信贷等要素保障，引导加工贸易向中西部、东北地区梯度转移，促进加工贸易持续健康发展和产业链供应链稳定。新认定一批国家加工贸易产业园。办好中国加工贸易产品博览会，支持东中西部产业交流对接。加快推进一批“两头在外”重点保税维修试点项目落地，强化全生命周期服务保障。

（二）完善边境贸易支持政策

做大沿边省份对外贸易。有力有序推进边民互市贸易进口商品落地加工试点工作。探索建设边民互市贸易进口商品数据监测平台。修订出台边民互市贸易管理办法，优化边民互市贸易多元化发展的政策环境，增加自周边国家进口的商品。

（三）推进贸易数字化

支持大型外贸企业运用新技术自建数字平台，培育服务中小微外贸企业的第三方综合数字化解决方案供应商。支持粤港澳大湾区全球贸易数字化领航区发展，加快贸易全链条数字化赋能，充分发挥先行示范效应，适时总结发展经验。在粤港澳大湾区、长三角地区，于2023—2025年每年遴选5～10个数字化推动贸易高质量发展的典型案例，并推广应用。

（四）发展绿色贸易

指导商协会等行业组织制修订外贸产品绿色低碳标准，支持相关产品进一步开拓国际市场。组织开展重点行业企业培训，增强企业绿色低碳发展意识和能力。

（五）推动跨境电商健康持续创新发展

支持外贸企业通过跨境电商等新业态新模式拓展销售渠道、培育自主品牌。鼓励各地方结合产业和禀赋优势，创新建设跨境电商综合试验区，积极发展“跨境电商＋产业带”模式，带动跨境电商企业对企业出口。加快出台跨境电商知识产权保护指南，引导跨境电商企业防范知识产权风险。建设跨境电商综合试验区线上综合服务平台并发挥好其作用，指导企业用好跨境电商零售出口相关税收政策措施。持续完善跨境电商综合试验区考核评估机制，做好评估结果应用，充分发挥优秀试点示范引领作用。

五、优化外贸发展环境

（一）妥善应对国外不合理贸易限制措施

加强对地方和外贸企业的培训指导，对受影响的重点实体帮扶纾困。发挥好预警体系和法律服务机制作用，支持各级应对贸易摩擦工作站和预警点提升公共服务能力，帮助企业积极应对不合理贸易限制措施。发挥贸促机构作用，做好风险评估和排查。

（二）提升贸易便利化水平

深入推进“单一窗口”建设，扩大“联动接卸”“船边直提”等措施应用范围，提高货物流转效率。稳步实施多元化税收担保，助力企业减负增效。加大对外贸企业的信用培育力度，使更多符合认证标准的外贸企业成为海关“经认证的经营者”（AEO）。进一步便利出口退税办理，推动实现出口退税申报报关单、发票“免填报”，更好服务广大外贸企业。各地方做好供需对接和统筹调度，健全应急运力储备，完善应急预案，保障外贸货物高效畅通运输。提升口岸通关效率、强化疏导分流、补齐通道短板、提升口岸过货能力。

（三）更好发挥自由贸易协定效能

高质量实施已生效的自由贸易协定，编发重点行业应用指南，深入开展《区域全面经济伙伴关系协定》（RCEP）等专题培训，组织论坛等多种形式的交流活动，加强地方和企业经验分享，提高对企业的公共服务水平，不断提升自由贸易协定的综合利用率。鼓励和指导地方组织面向RCEP等自由贸易伙伴的贸易促进活动。

六、加强组织实施

各地方、各相关部门和单位要以习近平新时代中国特色社会主义思想为指导，全面贯彻党的二十大精神，坚决落实党中央决策部署，高度重视、切实做好推动外贸稳规模优结构工作，全力实现进出口促稳提质目标任务。鼓励各地方因地制宜出台配套支持政策，增强政策协同效应。商务部要会同各相关部门和单位密切跟踪外贸运行情况，分析形势变化，针对不同领域实际问题，不断充实、调整和完善相关政策，加强协作配合和政策指导，实施好稳外贸政策组合拳，帮助企业稳订单拓市场。

国务院办公厅

2023年4月11日

（本文有删减）

〔来源：中国政府网〕

中共中央 国务院印发《质量强国建设纲要》

中共中央、国务院印发了《质量强国建设纲要》，并发出通知，要求各地区各部门结合实际认真贯彻落实。

《质量强国建设纲要》主要内容如下。

建设质量强国是推动高质量发展、促进我国经济由大向强转变的重要举措，是满足人民美好生活需要的重要途径。为统筹推进质量强国建设，全面提高我国质量总体水平，制定本纲要。

一、形势背景

质量是人类生产生活的重要保障。党的十八大以来，在以习近平同志为核心的党中央坚强领导下，我国质量事业实现跨越式发展，质量强国建设取得历史性成效。全民质量意识显著提高，质量管理和品牌发展能力明显增强，产品、工程、服务质量总体水平稳步提升，质量安全更有保障，一批重大技术装备、重大工程、重要消费品、新兴领域高技术产品的质量达到国际先进水平，商贸、旅游、金融、物流等服务质量明显改善；产业和区域质量竞争力持续提升，质量基础设施效能逐步彰显，质量对提高全要素生产率和促进经济发展的贡献更加突出，人民群众质量获得感显著增强。

当今世界正经历百年未有之大变局，新一轮科技革命和产业变革深入发展，引发质量理念、机制、实践的深刻变革。质量作为繁荣国际贸易、促进产业发展、增进民生福祉的关键要素，越来越成为经济、贸易、科技、文化等领域的焦点。当前，我国质量水平的提高仍然滞后于经济社会发展，质量发展基础还不够坚实。

面对新形势新要求，必须把推动发展的立足点转到提高质量和效益上来，培育以技术、标准、品牌、质量、服务等为核心的经济发展新优势，推动中国制造向中国创造转变、中国速度向中国质量转变、中国产品向中国品牌转变，坚定不移推进质量强国建设。

二、总体要求

（一）指导思想

以习近平新时代中国特色社会主义思想为指导，立足新发展阶段，完整、准确、全面贯彻新发展理念，构建新发展格局，统筹发展和安全，以推动高质量发展为主题，以提高供给质量为主攻方向，以改革创新为根本动力，以满足人民日益增长的美好生活需要为根本目的，深入实施质量强国战略，牢固树立质量第一意识，健全质量政策，加强全面质量管理，促进质量变革创新，着力提升产品、工程、服务质量，着力推动品牌建设，着力增强产业质量竞争力，着力提高经济发展质量效益，着力提高全民质量素养，积极对接国际先进技术、规则、标准，全方位建设质量强国，为全面建设社会主义现代化国家、实现中华民族伟大复兴的中国梦提供质量支撑。

（二）主要目标

到 2025 年，质量整体水平进一步全面提高，中国品牌影响力稳步提升，人民群众质量获得感、满意度明显增强，质量推动经济社会发展的作用更加突出，质量强国建设取得阶段性成效。

经济发展质量效益明显提升。经济结构更加优化，创新能力显著提升，现代化经济体系建设取得重大进展，单位 GDP 资源能源消耗不断下降，经济发展新动能和质量新优势显著增强。

产业质量竞争力持续增强。制约产业发展的质量瓶颈不断突破，产业链供应链整体现代化水平显著提高，一、二、三产业质量效益稳步提高，农业标准化生产普及率稳步提升，制造业质量竞争力指数达到 86，服务业供给有效满足产业转型升级和居民消费升级需要，质量竞争型产业规模显著扩大，建成一批具有引领力的质量卓越产业集群。

产品、工程、服务质量水平显著提升。质量供给和需求更加适配，农产品质量安全例行监测合格率和食品抽检合格率均达到 98% 以上，制造业产品质量合格率达到 94%，工程质量抽查符合率不断提高，消费品质量合格率有效支撑高品质生活需要，服务质量满意度全面提升。

品牌建设取得更大进展。品牌培育、发展、壮大的促进机制和支持制度更加健全，品牌建设水平显著提高，企业争创品牌、大众信赖品牌的社会氛围更加浓厚，品质卓越、特色鲜明的品牌领军企业持续涌现，形成一大批质量过硬、优势明显的中国品牌。

质量基础设施更加现代高效。质量基础设施管理体制机制更加健全、布局更加合理，计量、标准、认证认可、检验检测等实现更高水平协同发展，建成若干国家级质量标准实验室，打造一批高效实用的质量基础设施集成服务基地。

质量治理体系更加完善。质量政策法规更加健全，质量监管体系更趋完备，重大质量安全风险防控机制更加有效，质量管理水平普遍提高，质量人才队伍持续壮大，质量专业技术人员结构和数量更好适配现代质量管理需要，全民质量素养不断增强，质量发展环境更加优化。

到 2035 年，质量强国建设基础更加牢固，先进质量文化蔚然成风，质量和品牌综合实力达到更高水平。

三、推动经济质量效益型发展

（三）增强质量发展创新动能

建立政产学研用深度融合的质量创新体系，协同开展质量领域技术、管理、制度创新。加强质量领域基础性、原创性研究，集中实施一批产业链供应链质量攻关项目，突破一批重大标志性质量技术和装备。开展质量管理数字化赋能行动，推动质量策划、质量控制、质量保证、质量改进等全流程信息化、网络化、智能化转型。加强专利、商标、版权、地理标志、植物新品种、集成电路布图设计等知识产权保护，提升知识产权公共服务能力。建立质量专业化服务体系，协同推进技术研发、标准研制、产业应用，打通质量创新成果转化应用渠道。

（四）树立质量发展绿色导向

开展重点行业和重点产品资源效率对标提升行动，加快低碳零碳负碳关键核心技术攻关，推动高耗能行业低碳转型。全面推行绿色设计、绿色制造、绿色建造，健全统一的绿色产品标准、认证、标识体系，大力发展绿色供应链。优化资源循环利用技术标准，实现资源绿色、高效再利用。建立健全碳达峰、碳中和标准计量体系，推动建立国际互认的碳计量基标准、碳监测及效果评估机制。建立实施国土空间生态修复标准体系。建立绿色产品消费促进制度，推广绿色生活方式。

（五）强化质量发展利民惠民

开展质量惠民行动，顺应消费升级趋势，推动企业加快产品创新、服务升级、质量改进，促进定制、体验、智能、时尚等新型消费提质扩容，满足多样化、多层级消费需求。开展放心消费创建活动，推动经营者诚信自律，营造安全消费环境，加强售后服务保障。完善质量多元救济机制，鼓励企业投保产品、工程、服务质量相关保险，健全质量保证金制度，推行消费争议先行赔付，开展消费投诉信息公示，加强消费者权益保护，让人民群众买得放心、吃得安心、用得舒心。

四、增强产业质量竞争力

（六）强化产业基础质量支撑

聚焦产业基础质量短板，分行业实施产业基础质量提升工程，加强重点领域产业基础质量攻关，实现工程化突破和产业化应用。开展材料质量提升关键共性技术研发和应用验证，提高材料质量稳定性、一致性、适用性水平。改进基础零部件与元器件性能指标，提升可靠性、耐久性、先进性。推进基础制造工艺与质量管理、数字智能、网络技术深度融合，提高生产制造敏捷度和精益性。支持通用基础软件、工业软件、平台软件、应用软件工程化开发，实现工业质量分析与控制软件关键技术突破。加强技术创新、标准研制、计量测试、合格评定、知识产权、工业数据等产业技术基础能力建设，加快产业基础高级化进程。

（七）提高产业质量竞争水平

推动产业质量升级，加强产业链全面质量管理，着力提升关键环节、关键领域质量管控水平。开展对标达标提升行动，以先进标准助推传统产业提质增效和新兴产业高起点发展。推进农业品种培优、品质提升、品牌打造和标准化生产，全面提升农业生产质量效益。加快传统制造业技术迭代和质量升级，强化战略性新兴产业技术、质量、管理协同创新，培育壮大质量竞争型产业，推动制造业高端化、智能化、绿色化发展，大力发展服务型制造。加快培育服务业新业态新模式，以质量创新促进服务场景再造、业务再造、管理再造，推动生产性服务业向专业化和价值链高端延伸，推动生活性服务业向高品质和多样化升级。完善服务业质量标准，加强服务业质量监测，优化服务业市场环境。加快大数据、网络、人工智能等新技术的深度应用，促进现代服务业与先进制造业、现代农业融合发展。

（八）提升产业集群质量引领力

支持先导性、支柱性产业集群加强先进技术应用、质量创新、质量基础设施升级，培育形成一批技术质量优势突出、产业链融通发展的产业集群。深化产业集群质量管理机制创新，构建质量管理协同、质量资源共享、企业分工协作的质量发展良好生态。组建一批产业集群质量标准创新合作平台，加强创新技术研发，开展先进标准研制，推广卓越质量管理实践。依托国家级新区、国家高新技术产业开发区、自由贸易试验区等，打造技术、质量、管理创新策源地，培育形成具有引领力的质量卓越产业集群。

（九）打造区域质量发展新优势

加强质量政策引导，推动区域质量发展与生产力布局、区位优势、环境承载能力及社会发展需求对接融合。推动东部地区发挥质量变革创新的引领带动作用，增强质量竞争新优势，实现整体质量提升。引导中西部地区因地制宜发展特色产业，促进区域内支柱产业质量升级，培育形成质量发展比较优势。推动东北地区优化质量发展环境，加快新旧动能转换，促进产业改造升级和质量振兴。健全区域质量合作互助机制，推动区域质量协同发展。深化质量强省建设，推动质量强市、质量强业向纵深发展，打造质量强国建设标杆。

专栏 1　区域质量发展示范工程

建设国家质量创新先导区。在质量治理理念先进、质量变革创新活跃、产业质量优势显著、城乡质量发展均衡的区域，依托中心城市、城市群开展质量协同发展试点，建设国家质量创新先导区，探索构建新型质量治理体制机制和现代质量政策体系，率先探索有特色的质量效益型发展路径。

打造质量强国标杆城市。推动不同类型城市立足自身定位和资源要素优势，制定实施城市质量发展战略，支持城市导入全面质量管理方法，运用数字技术和标准手段推动城市管理理念、方法、模式创新，推动城市建设与质量发展融合共进，促进城市精细化、品质化、智能化发展。

创建质量品牌提升示范区。鼓励产业园区、产业集聚区等创造性开展质量提升行动，制定和实施先进质量标准，通过质量人才培养、质量品牌建设、质量基础设施服务，培育一批产业集群商标和区域品牌，提升产业质量效益。

五、加快产品质量提档升级

（十）提高农产品食品药品质量安全水平

严格落实食品安全“四个最严”要求，实行全主体、全品种、全链条监管，确保人民群众“舌尖上的安全”。强化农产品质量安全保障，制定农产品质量监测追溯互联互通标准，加大监测力度，依法依规严厉打击违法违规使用禁限用药物行为，严格管控直接上市农产品农兽药残留超标问题，加强优质农产品基地建设，推行承诺达标合格证制度，推进绿色食品、有机农产品、良好农业规范的认证管理，深入实施地理标志农产品保护工程，推进现代农业全产业链标准化试点。深入实施食品安全战略，推进食品安全放心工程。调整优化食品产业布局，加快产业技术改造升级。完善食品安全标准体系，推动食品生产企业建立实施危害分析和关键控制点体系，加强生产经营过程质量安全控制。加快构建全程覆盖、运行高效的农产品食品安全监管体系，强化信用和智慧赋能质量安全监管，提升农产品食品全链条质量安全水平。加强药品和疫苗全生命周期管理，推动临床急需和罕见病治疗药品、医疗器械审评审批提速，提高药品检验检测和生物制品（疫苗）批签发能力，优化中药审评机制，加速推进化学原料药、中药技术研发和质量标准升级，提升仿制药与原研药、专利药的质量和疗效一致性。加强农产品食品药品冷链物流设施建设，完善信息化追溯体系，实现重点类别产品全过程可追溯。

（十一）优化消费品供给品类

实施消费品质量提升行动，加快升级消费品质量标准，提高研发设计与生产质量，推动消费品质量从生产端符合型向消费端适配型转变，促进增品种、提品质、创品牌。加快传统消费品迭代创新，推广个性化定制、柔性化生产，推动基于材料选配、工艺美学、用户体验的产品质量变革。加强产品前瞻性功能研发，扩大优质新型消费品供给，推行高端品质认证，以创新供给引领消费需求。强化农产品营养品质评价和分等分级。增加老年人、儿童、残疾人等特殊群体的消费品供给，强化安全要求、功能适配、使用便利。对标国际先进标准，推进内外贸产品同线同标同质。鼓励优质消费品进口，提高出口商品品质和单位价值，实现优进优出。制定消费品质量安全监管目录，对质量问题突出、涉及人民群众身体健康和生命财产安全的重要消费品，严格质量安全监管。

（十二）推动工业品质量迈向中高端

发挥工业设计对质量提升的牵引作用，大力发展优质制造，强化研发设计、生产制造、售后服务全过程质量控制。加强应用基础研究和前沿技术研发，强化复杂系统的功能、性能及可靠性一体化设计，提升重大技术装备制造能力和质量水平。建立首台（套）重大技术装备检测评定制度，加强检测评定能力建设，促进原创性技术和成套装备产业化。完善重大工程设备监理制度，保障重大设备质量安全与投资效益。加快传统装备智能化改造，大力发展高质量通用智能装备。实施质量可靠性提升计划，提高机械、电子、汽车等产品及其基础零部件、元器件可靠性水平，促进品质升级。

专栏 2 重点产品质量阶梯攀登工程

关键基础材料。推进特种材料、功能材料、复合材料等设计制造技术研发和质量精确控制技术攻关。加强新材料的质量性能研发。运用质量工程技术，缩短研发、工程化、产业化周期，提升制造质量水平。

基础零部件及元器件。强化通用型基础零部件质量攻关，加快发展核心元器件，依靠技术进步、管理创新、标准完善，提升零部件及 元器件精确性、耐久性、通用性。

重点消费品。加强创新创意设计，加快新技术研发应用，推动纺织品、快速消费品、家电家居用品等升级迭代和品牌化发展。加大健身器材和运动用品优质供给，提升移动终端、可穿戴设备、新能源汽车与智能网联汽车等新型消费产品用户体验和质量安全水平。强化玩具、文具等儿童和学生用品益智性、舒适性、安全性，加强养老产品、康复辅助器具等特殊消费品的研发和质量设计。针对家电、家具、可穿戴设备等产品，推广人体工效学设计，加强人体工效基础研究与产品标准研制。

重大技术装备。加快基础共性技术和增材制造、智能制造等前沿技术研究，推动品质性能升级和新产品规模化应用。提升轨道交通装备、工程机械等质量可靠性。加强仪器仪表、农机装备等领域关键部件及整机装备的技术研发和质量攻关，保障产业链供应链安全稳定。开展关键承压类特种设备技术攻关，提升机电类特种设备安全可靠性。

六、提升建设工程品质

（十三）强化工程质量保障

全面落实各方主体的工程质量责任，强化建设单位工程质量首要责任和勘察、设计、施工、监理单位主体责任。严格执行工程质量终身责任书面承诺制、永久性标牌制、质量信息档案等制度，强化质量责任追溯追究。落实建设项目法人责任制，保证合理工期、造价和质量。推进工程质量管理标准化，实施工程施工岗位责任制，严格进场设备和材料、施工工序、项目验收的全过程质量管控。完善建设工程质量保修制度，加强运营维护管理。强化工程建设全链条质量监管，完善日常检查和抽查抽测相结合的质量监督检查制度，加强工程质量监督队伍建设，探索推行政府购买服务方式委托社会力量辅助工程质量监督检查。完善工程建设招标投标制度，将企业工程质量情况纳入招标投标评审，加强标后合同履约监管。

（十四）提高建筑材料质量水平

加快高强度高耐久、可循环利用、绿色环保等新型建材研发与应用，推动钢材、玻璃、陶瓷等传统建材升级换代，提升建材性能和品质。大力发展绿色建材，完善绿色建材产品标准和认证评价体系，倡导选用绿色建材。鼓励企业建立装配式建筑部品部件生产、施工、安装全生命周期质量控制体系，推行装配式建筑部品部件驻厂监造。落实建材生产和供应单位终身责任，严格建材使用单位质量责任，强化影响结构强度和安全性、耐久性的关键建材全过程质量管理。加强建材质量监管，加大对外墙保温材料、水泥、电线电缆等重点建材产品质量监督抽查力度，实施缺陷建材响应处理和质量追溯。开展住宅、公共建筑等重点领域建材专项整治，促进从生产到施工全链条的建材行业质量提升。

（十五）打造中国建造升级版

坚持百年大计、质量第一，树立全生命周期建设发展理念，构建现代工程建设质量管理体系，打造中国建造品牌。完善勘察、设计、监理、造价等工程咨询服务技术标准，鼓励发展全过程工程咨询和专业化服务。完善工程设计方案审查论证机制，突出地域特征、民族特点、时代风貌，提供质量优良、安全耐久、环境协调、社会认可的工程设计产品。加大先进建造技术前瞻性研究力度和研发投入，加快建筑信息模型等数字化技术研发和集成应用，创新开展工程建设工法研发、评审、推广。加强先进质量管理模式和方法高水平应用，打造品质工程标杆。推广先进建造设备和智能建造方式，提升建设工程的质量和安全性能。大力发展绿色建筑，深入推进可再生能源、资源建筑应用，实现工程建设全过程低碳环保、节能减排。

专栏 3　建设工程质量管理升级工程

推进建设工程质量管理标准化。加强对工程参建各方主体的质量行为和工程实体质量控制的标准化管理，制定质量管理标准化手册，明确企业和现场项目管理机构的质量责任和义务，规范重点分项工程、关键工序做法及管理要求。大力推广信息技术应用，打造基于信息化技术、覆盖施工全过程的质量管理标准体系。建立基于质量行为标准化和工程实体质量控制标准化为核心内容的指标体系和评价制度，及时总结具有推广价值的质量管理标准化成果。

严格质量追溯。明确工程项目及关键部位、关键环节的质量责任，建立施工过程质量责任标识制度，严格施工过程质量控制。加强施工记录和验收资料管理，推行工程建设数字化成果交付、审查、存档，保证工程质量的可追溯性。推进工程建设领域质量信用信息归集共享，对违法违规的市场主体实施联合惩戒。健全建设工程质量指标体系和评价制度。

实施样板示范。以现场示范操作、视频影像、实物展示等形式展示关键部位与工序的技术、施工要求，引导施工人员熟练掌握质量标准和具体工艺。积极实施质量管理标准化示范工程，发挥示范带动作用，推动工程建设领域优质化、品牌化发展。推动精品建造和精细管理，建设品质工程。

七、增加优质服务供给

（十六）提高生产服务专业化水平

大力发展农业社会化服务，开展农技推广、生产托管、代耕代种等专业服务。发展智能化解决方案、系统性集成、流程再造等服务，提升工业设计、检验检测、知识产权、质量咨询等科技服务水平，推动产业链与创新链、价值链精准对接、深度融合。统筹推进普惠金融、绿色金融、科创金融、供应链金融发展，提高服务实体经济质量升级的精准性和可及性。积极发展多式联运、智慧物流、供应链物流，提升冷链物流服务质量，优化国际物流通道，提高口岸通关便利化程度。规范发展网上销售、直播电商等新业态新模式。加快发展海外仓等外贸新业态。提高现代物流、生产控制、信息数据等服务能力，增强产业链集成优势。加强重大装备、特种设备、耐用消费品的售后服务能力建设，提升安装、维修、保养质量水平。

（十七）促进生活服务品质升级

大力发展大众餐饮服务，提高质量安全水平。创新丰富家政服务，培育优质服务品牌。促进物业管理、房屋租赁服务专业化、规范化发展。提升旅游管理和服务水平，规范旅游市场秩序，改善旅游消费体验，打造乡村旅游、康养旅游、红色旅游等精品项目。提升面向居家生活、户外旅游等的应急救援服务能力。大力发展公共交通，引导网约出租车、定制公交等个性化出行服务规范发展。推动航空公司和机场全面建立旅客服务质量管理体系，提高航空服务能力和品质。积极培育体育赛事活动、社区健身等服务项目，提升公共体育场馆开放服务品质。促进网络购物、移动支付等新模式规范有序发展，鼓励超市、电商平台等零售业态多元化融合发展。支持有条件的地方建设新型消费体验中心，开展多样化体验活动。加强生活服务质量监管，保障人民群众享有高品质生活。

（十八）提升公共服务质量效率

围绕城乡居民生活便利化、品质化需要，加强便民服务设施建设，提升卫生、文化等公共设施服务质量。推动政务服务事项集成化办理、一窗通办、网上办理、跨省通办，提高服务便利度。建设高质量教育体系，推动基本公共教育、职业技术教育、高等教育等提质扩容。大力推动图书馆、博物馆等公共文化场馆数字化发展，加快线上线下服务融合。加强基层公共就业创业服务平台建设，强化职业技能培训、用工指导等公共就业服务。加强养老服务质量标准与评价体系建设，扩大日间照料、失能照护、助餐助行等养老服务有效供给，积极发展互助性养老服务。健全医疗质量管理体系，完善城乡医疗服务网络，逐步扩大城乡家庭医生签约服务覆盖范围。完善突发公共卫生事件监测预警处置机制，加强实验室检测网络建设，强化科技标准支撑和物资质量保障。持续推进口岸公共卫生核心能力建设，进一步提升防控传染病跨境传播能力。加强公共配套设施适老化、适儿化、无障碍改造。

专栏4 服务品质提升工程

开展优质服务标准建设行动。健全服务质量标准体系，推行优质服务承诺、认证、标识制度，推动服务行业诚信化、标准化、职业化发展，培育一批金牌服务市场主体和现代服务企业。大力发展标准认证、检验检测等高技术服务业。

推行服务质量监测评价。加强服务质量监测评价能力建设，构建评价指标体系，培育市场化、专业化第三方监测评价机构，逐步扩大服务质量监测覆盖面。应用人工智能、大数据、自动语音识别调查等方式，开展服务质量监测评价，定期发布监测评价结果，改善群众服务消费体验。

实施服务品质升级计划。在物流、商务咨询、检验检测等生产性服务领域，开展质量标杆企业创建行动。在健康、养老、文化、旅游、体育等生活性服务领域，开展质量满意度提升行动。加快工业设计、建筑设计、服务设计、文化创意协同发展，打造高端设计服务企业和品牌。

八、增强企业质量和品牌发展能力

（十九）加快质量技术创新应用

强化企业创新主体地位，引导企业加大质量技术创新投入，推动新技术、新工艺、新材料应用，促进品种开发和品质升级。鼓励企业加强质量技术创新中心建设，推进质量设计、试验检测、可靠性工程等先进质量技术的研发应用。支持企业牵头组建质量技术创新联合体，实施重大质量改进项目，协同开展产业链供应链质量共性技术攻关。鼓励支持中小微企业实施技术改造、质量改进、品牌建设，提升中小微企业质量技术创新能力。

（二十）提升全面质量管理水平

鼓励企业制定实施以质取胜生产经营战略，创新质量管理理念、方法、工具，推动全员、全要素、全过程、全数据的新型质量管理体系应用，加快质量管理成熟度跃升。强化新一代信息技术应用和企业质量保证能力建设，构建数字化、智能化质量管控模式，实施供应商质量控制能力考核评价，推动质量形成过程的显性化、可视化。引导企业开展质量管理数字化升级、质量标杆经验交流、质量管理体系认证、质量标准制定等，加强全员质量教育培训，健全企业首席质量官制度，重视质量经理、质量工程师、质量技术能手队伍建设。

（二十一）争创国内国际知名品牌

完善品牌培育发展机制，开展中国品牌创建行动，打造中国精品和“百年老店”。鼓励企业实施质量品牌战略，建立品牌培育管理体系，深化品牌设计、市场推广、品牌维护等能力建设，提高品牌全生命周期管理运营能力。开展品牌理论、价值评价研究，完善品牌价值评价标准，推动品牌价值评价和结果应用。统筹开展中华老字号和地方老字号认定，完善老字号名录体系。持续办好“中国品牌日”系列活动。支持企业加强品牌保护和维权，依法严厉打击品牌仿冒、商标侵权等违法行为，为优质品牌企业发展创造良好环境。

专栏 5　中国品牌建设工程
实施中国精品培育行动。建立中国精品质量标准体系和标识认证制度，培育一批设计精良、生产精细、服务精心的高端品牌。推广实施智能制造、绿色制造、优质制造。在金融、商贸、物流、文旅、体育 等领域，推动标准化、专业化、品牌化发展，培育一批专业度高、覆盖面广、影响力大、放心安全的服务精品。 提升品牌建设软实力。鼓励企业加强产品设计、文化创意、技术创新与品牌建设融合，建设品牌专业化服务平台，发展品牌建设中介 服务机构，引导高等学校、科研院所、行业协会等加强品牌发展与传播理论研究，支持高等学校开设品牌相关课程，加大品牌专业人才队伍建设力度，支撑品牌创建、运营及管理。积极参与品牌评价国际标准制定。 办好“中国品牌日”系列活动。定期举办中国品牌博览会，全方位展示品牌发展最新成果。举办中国品牌发展国际论坛，拓展质量品牌交流互鉴平台。鼓励地方开展特色品牌创建活动，不断提高本地品牌知名度。加强中国品牌宣传推广和传播，讲好中国品牌故事。

九、构建高水平质量基础设施

（二十二）优化质量基础设施管理

建立高效权威的国家质量基础设施管理体制，推进质量基础设施分级分类管理。深化计量技术机构改革创新，推进国家现代先进测量体系建设，完善国家依法管理的量值传递体系和市场需求导向的量值溯源体系，规范和引导计量技术服务市场发展。深入推进标准化运行机制创新，优化政府颁布标准与市场自主制定标准二元结构，不断提升标准供给质量和效率，推动国内国际标准化协同发展。深化检验检测机构市场化改革，加强公益性机构功能性定位、专业化建设，推进经营性机构集约化运营、产业化发展。深化检验检测认证机构资质审批制度改革，全面实施告知承诺和优化审批服务，优化规范检验检测机构资质认定程序。加强检验检测认证机构监管，落实主体责任，规范从业行为。开展质量基础设施运行监测和综合评价，提高质量技术服务机构管理水平。

（二十三）加强质量基础设施能力建设

合理布局国家、区域、产业质量技术服务机构，建设系统完备、结构优化、高效实用的质量基础设施。实施质量基础设施能力提升行动，突破量子化计量及扁平化量值传递关键技术，构建标准数字化平台，发展新型标准化服务工具和模式，加强检验检测技术与装备研发，加快认证认可技术研究由单一要素向系统性、集成化方向发展。加快建设国家级质量标准实验室，开展先进质量标准、检验检测方法、高端计量仪器、检验检测设备设施的研制验证。完善检验检测认证行业品牌培育、发展、保护机制，推动形成检验检测认证知名品牌。加大质量基础设施能力建设，逐步增加计量检定校准、标准研制与实施、检验检测认证等无形资产投资，鼓励社会各方共同参与质量基础设施建设。

（二十四）提升质量基础设施服务效能

开展质量基础设施助力行动，围绕科技创新、优质制造、乡村振兴、生态环保等重点领域，大力开展计量、标准化、合格评定等技术服务，推动数据、仪器、设备等资源开放共享，更好服务市场需求。深入实施“标准化 +”行动，促进全域标准化深度发展。实施质量基础设施拓展伙伴计划，构建协同服务网络，打造质量基础设施集成服务基地，为产业集群、产业链质量升级提供“一站式”服务。支持区域内计量、标准、认证认可、检验检测等要素集成融合，鼓励跨区域要素融通互补、协同发展。建设技术性贸易措施公共服务体系，加强对技术性贸易壁垒和动植物卫生检疫措施的跟踪、研判、预警、评议、应对。加强质量标准、检验检疫、认证认可等国内国际衔接，促进内外贸一体化发展。

专栏 6 质量基础设施升级增效工程
打造质量技术机构能力升级版。加强计量、标准化、检验检疫、合格评定等基础理论、应用技术研究，推动专业技术能力升级和研究领域拓展，加快国家产业计量测试中心、国家产品质量检验检测中心规划建设，加快重大科研装备和实验室设施更新改造，强化从业人员专业化、职业化水平，实现计量、标准化、认证认可、检验检测、特种设备等质量技术机构的科研实力、装备水平、管理效能、人员素质全面提升。 建设国家级质量标准实验室。依托高等学校、科研院所、质检中心、技术标准创新基地、国家级标准验证点和专业技术创新中心等，建设一批高水平国家级质量标准实验室，承担质量标准基础科学与应用研究，加强关键性、前瞻性、战略性质量共性技术攻关，研究解决质量创新、安全风险管控、质量治理重要问题，培养质量标准领军人才，加快质量科研成果转化。 创建质量基础设施集成服务基地。以产业园区、头部企业、国家质检中心为骨干，以优化服务、提高效率、辐射带动为导向，健全质量基础设施运行机制，加强计量、标准、认证认可、检验检测等要素统筹建设与协同服务，推进技术、信息、人才、设备等向社会开放共享，支撑中小微企业质量升级，推动产业集群、特色优势产业链质量联动提升。 完善技术性贸易措施公共服务。推动国内外规制协调、标准协同以及合格评定结果互认，参与技术性贸易措施国际规则制定。完善技术性贸易措施通报、评议、研究及预警应对工作机制，强化部际协调、基层技术支撑和专家队伍建设。优化国家技术性贸易措施公共信息和技术服务，加强通报咨询中心和研究评议基地建设。

十、推进质量治理现代化

（二十五）加强质量法治建设

健全质量法律法规，修订完善产品质量法，推动产品安全、产品责任、质量基础设施等领域法律法规建设。依法依规严厉打击制售假冒伪劣商品、侵犯知识产权、工程质量违法违规等行为，推动跨行业跨区域监管执法合作，推进行政执法与刑事司法衔接。支持开展质量公益诉讼和集体诉讼，有效执行商品质量惩罚性赔偿制度。健全产品和服务质量担保与争议处理机制，推行第三方质量争议仲裁。加强质量法治宣传教育，普及质量法律知识。

（二十六）健全质量政策制度

完善质量统计指标体系，开展质量统计分析。完善多元化、多层级的质量激励机制，健全国家质量奖励制度，鼓励地方按有关规定对质量管理先进、成绩显著的组织和个人实施激励。建立质量分级标准规则，实施产品和服务质量分级，引导优质优价，促进精准监管。建立健全强制性与自愿性相结合的质量披露制度，鼓励企业实施质量承诺和标准自我声明公开。完善政府采购政策和招投标制度，健全符合采购需求特点、质量标准、市场交易习惯的交易规则，加强采购需求管理，推动形成需求引领、优质优价的采购制度。健全覆盖质量、标准、品牌、专利等要素的融资增信体系，强化对质量改进、技术改造、设备更新的金融服务供给，加大对中小微企业质量创新的金融扶持力度。将质量内容纳入中小学义务教育，支持高等学校加强质量相关学科建设和专业设置，完善质量专业技术技能人才职业培训制度和职称制度，实现职称制度与职业资格制度有效衔接，着力培养质量专业技能型人才、科研人才、经营管理人才。建立质量政策评估制度，强化结果反馈和跟踪改进。

（二十七）优化质量监管效能

健全以“双随机、一公开”监管和“互联网+监管”为基本手段、以重点监管为补充、以信用监管为基础的新型监管机制。创新质量监管方式，完善市场准入制度，深化工业产品生产许可证和强制性认证制度改革，分类放宽一般工业产品和服务业准入限制，强化事前事中事后全链条监管。对涉及人民群众身体健康和生命财产安全、公共安全、生态环境安全的产品以及重点服务领域，依法实施严格监管。完善产品质量监督抽查制度，加强工业品和消费品质量监督检查，推动实现生产流通、线上线下一体化抽查，探索建立全国联动抽查机制，对重点产品实施全国企业抽查全覆盖，强化监督抽查结果处理。建立健全产品质量安全风险监控机制，完善产品伤害监测体系，开展质量安全风险识别、评估和处置。建立健全产品质量安全事故强制报告制度，开展重大质量安全事故调查与处理。健全产品召回管理体制机制，加强召回技术支撑，强化缺陷产品召回管理。构建重点产品质量安全追溯体系，完善质量安全追溯标准，加强数据开放共享，形成来源可查、去向可追、责任可究的质量安全追溯链条。加强产品防伪监督管理。建立质量安全“沙盒监管”制度，为新产品新业态发展提供容错纠错空间。加强市场秩序综合治理，营造公平竞争的市场环境，促进质量竞争、优胜劣汰。严格进出口商品质量安全检验监管，持续完善进出口商品质量安全风险预警和快速反应监管机制。加大对城乡结合部、农村等重点区域假冒伪劣的打击力度。强化网络平台销售商品质量监管，健全跨地区跨行业监管协调联动机制，推进线上线下一体化监管。

（二十八）推动质量社会共治

创新质量治理模式，健全以法治为基础、政府为主导、社会各方参与的多元治理机制，强化基层治理、企业主责和行业自律。深入实施质量提升行动，动员各行业、各地区及广大企业全面加强质量管理，全方位推动质量升级。支持群团组织、一线班组开展质量改进、质量创新、劳动技能竞赛等群众性质量活动。发挥行业协会商会、学会及消费者组织等的桥梁纽带作用，开展标准制定、品牌建设、质量管理等技术服务，推进行业质量诚信自律。引导消费者树立绿色健康安全消费理念，主动参与质量促进、社会监督等活动。发挥新闻媒体宣传引导作用，传播先进质量理念和最佳实践，曝光制售假冒伪劣等违法行为。引导社会力量参与质量文化建设，鼓励创作体现质量文化特色的影视和文学作品。以全国“质量月”等活动为载体，深入开展全民质量行动，弘扬企业家精神和工匠精神，营造政府重视质量、企业追求质量、社会崇尚质量、人人关心质量的良好氛围。

（二十九）加强质量国际合作

深入开展双多边质量合作交流，加强与国际组织、区域组织和有关国家的质量对话与磋商，开展质量教育培训、文化交流、人才培养等合作。围绕区域全面经济伙伴关系协定实施等，建设跨区域计量技术转移平台和标准信息平台，推进质量基础设施互联互通。健全贸易质量争端预警和协调机制，积极参与技术性贸易措施相关规则和标准制定。参与建立跨国（境）消费争议处理和执法监管合作机制，开展质量监管执法和消费维权双多边合作。定期举办中国质量大会，积极参加和承办国际性质量会议。

专栏 7　质量安全监管筑堤工程

完善产品质量监督抽查制度。加大消费投诉集中产品、质量问题多发产品的抽查力度，聚焦网络交易平台、农村和城乡结合部消费市场，强化流通领域产品质量监督抽查。推行“即抽、即检、即报告、即处置”工作模式，及时发现、精准处理质量安全问题。开展国家与地方联动抽查、地方跨区域联动抽查。推动产品质量监督抽查全国一体化建设，实现全国监督抽查数据有效整合、信息共享。推动实施快速检验机制，大力发展快检技术和装备。实行产品质量责任生产流通双向追查，严查不合格产品流向。开展监督抽查不合格结果处理督导检查。

加强产品伤害监测。健全全国统一产品伤害监测系统，合理布局产品伤害哨点监测医院，拓宽学校、社区等伤害监测渠道，实时监测产品安全状况。建立健全国家产品伤害数据库，加强产品伤害统计分析与经济社会损失评估。

完善重点产品事故报告与调查制度。实施汽车、电动自行车、电子电器、儿童和学生用品等产品事故强制报告制度。健全产品事故调查机制，组建专家队伍，开展重大事故深度调查。在全国布局一批产品质量安全事故调查站点，建立统一的质量安全事故基础数据库。

开展产品质量安全风险评估。建立全国统一的产品质量安全风 险监测平台，完善产品危害识别和试验验证体系，加强产品缺陷与失效分析、事故复现与场景重构等能力建设，开展损伤机理、有毒有害物质慢性危害研究评估。制定产品质量安全风险评估技术规则，建立风险评估模型，强化风险信息研判，综合评定伤害程度、影响、风险等级，分类实施预警、下架、召回等措施。

十一、组织保障

（三十）加强党的领导

坚持党对质量工作的全面领导，把党的领导贯彻到质量工作的各领域各方面各环节，确保党中央决策部署落到实处。建立质量强国建设统筹协调工作机制，健全质量监督管理体制，强化部门协同、上下联动，整体有序推进质量强国战略实施。

（三十一）狠抓工作落实

各级党委和政府要将质量强国建设列入重要议事日程，纳入国民经济和社会发展规划、专项规划、区域规划。各地区各有关部门要结合实际，将纲要主要任务与国民经济和社会发展规划有效衔接、同步推进，促进产业、财政、金融、科技、贸易、环境、人才等方面政策与质量政策协同，确保各项任务落地见效。

（三十二）开展督察评估

加强中央质量督察工作，形成有效的督促检查和整改落实机制。深化质量工作考核，将考核结果纳入各级党政领导班子和领导干部政绩考核内容。对纲要实施中作出突出贡献的单位和个人，按照国家有关规定予以表彰。建立纲要实施评估机制，市场监管总局会同有关部门加强跟踪分析和督促指导，重大事项及时向党中央、国务院请示报告。

〔来源：中国政府网〕

电子信息制造业 2023—2024 年稳增长行动方案

工信部联电子〔2023〕132 号

电子信息制造业是国民经济的战略性、基础性、先导性产业，规模总量大、产业链条长、涉及领域广，是稳定工业经济增长、维护国家政治经济安全的重要领域。为贯彻落实党的二十大和中央经济工作会议精神，更好发挥电子信息制造业在工业行业中的支撑、引领、赋能作用，助力实现工业经济发展主要预期目标，特制定本方案，实施期限为 2023—2024 年。本方案所指电子信息制造业包含计算机、通信和其他电子设备制造业以及锂离子电池、光伏及元器件制造等相关领域。

一、总体要求

（一）指导思想

以习近平新时代中国特色社会主义思想为指导，完整、准确、全面贯彻新发展理念，坚持扩大内需战略同深化供给侧结构性改革有机结合，强化问题导向、目标导向、结果导向，提升产业链供应链韧性和安全水平，保持电子信息制造业经济运行在合理区间，为工业经济稳增长提供有力支撑。

（二）基本原则

坚持有为政府与有效市场相结合。充分发挥

市场对资源配置的决定性作用，激发电子信息企业活力。更好发挥政府作用，将市场机制和举国体制优势结合，形成市场作用和政府作用有机统一、相互补充、相互协调、相互促进的格局。

坚持有效供给与扩大需求相结合。统筹扩大内需同深化供给侧结构性改革，着力释放国内市场需求，合理引导产业资金流向，提高资源配置和利用效率，不断提升电子信息产品供给质量水平，满足人民对美好生活向往。

坚持继承巩固与创新发展相结合。优化产业政策环境，巩固已有产业规模，推进产业国内梯度转移，稳住外贸基本盘。深入实施创新驱动发展战略，培育壮大新兴领域热点，推动产业高端化智能化绿色化发展。

坚持立足自身与国际合作相结合。统筹国内和国际两个循环，以更高水平的开放深度嵌入全球电子信息制造业分工体系，保持对全球企业、资源的强大吸引力。立足自身资源，加强基础前瞻领域技术研究，推动产业高质量发展。

二、主要目标

2023—2024 年计算机、通信和其他电子设备制造业增加值平均增速 5% 左右，电子信息制造业规模以上企业营业收入突破 24 万亿元。2024 年，我国手机市场 5G 手机出货量占比超过 85%，75in 及以上彩色电视机市场份额超过 25%，太阳能电池产量超过 450GW，高端产品供给能力进一步提升，新增长点不断涌现；产业结构持续优化，产业集群建设不断推进，形成上下游贯通发展、协同互促的良好局面。

三、工作举措

（一）坚定实施扩大内需战略，激发市场潜力

促进传统领域消费升级。依托技术和产品形态创新提振手机、电脑、电视等传统电子消费，不断释放国内市场需求。推动手机品牌高端化升级，培育壮大折叠屏手机产业生态，从优化成本、改善技术、加大适配等角度促进折叠屏手机生态成熟。以智能化、信息化手段服务全民体育健身需求，宣传推广智能体育典型案例。积极应对人口老龄化加速问题，做好智慧健康养老产业发展引导规范工作，发布智慧健康养老产品和服务推广目录，开展智慧健康养老应用试点示范，持续提高试点示范工作规范化体系化水平。

培育壮大新增长点。虚拟现实。落实《虚拟现实与行业应用融合发展行动计划（2022—2026年）》，紧抓战略窗口期，提升虚拟现实产业核心技术创新能力，推动虚拟现实智能终端产品不断丰富。深化虚拟现实与工业生产、文化旅游、融合媒体等行业领域有机融合，开展虚拟现实典型应用案例征集和产业对接活动，推动虚拟现实产业走深走实。

视听产业。研究制定新一轮支持视听产业发展的接续政策，加快培育视听消费新增长点，促进车载视听、商用显示等新兴领域高质量发展，加快培育 OLED TV、Mini LED、8K、75in 及以上高端显示整机产品消费需求，引领彩色电视机新型技术发展，提升盈利水平。

先进计算。推动先进计算产业发展和行业应用，开展先进计算在工业、城市管理等领域应用案例征集和应用对接，举办先进计算技术创新大赛等活动，加快先进技术和产品落地应用。鼓励加大数据基础设施和人工智能基础设施建设，满足人工智能、大模型应用需求。

北斗应用。落实《关于大众消费领域北斗推广应用的若干意见》，增强北斗产业供给能力，打造大众消费领域北斗应用示范场景，提高北斗应用普及率，推动北斗产业化、市场化、规模化发展。

新型显示。面向新型智能终端、文化、旅游、景观、商显等领域，推动 AMOLED、Micro-LED、3D 显示、激光显示等扩大应用，支持液晶面板、电子纸等加快无纸化替代应用。

智能光伏。深入实施《智能光伏产业创新发展行动计划（2021—2025 年）》，推动“智能光伏+储能”在工业、农业、建筑、交通及新能源汽车等领域的创新应用，发布第四批智能光伏试点示范名单。

（二）加大投资改造力度，推动高端化绿色化智能化发展

支持重大项目建设。充分调动各类基金和社会资本积极性，进一步拓展有效投资空间，有序推动集成电路、新型显示、通信设备、智能硬

件、锂离子电池等重点领域重大项目开工建设，加强能源资源、用工用地等生产要素保障，积极吸引各方资源，提升有效产能供给能力，力争早投产、早见效，带动全行业投资稳步增长。

推动产业逆周期升级改造。加快产业转型升级向高质量发展迈进，鼓励企业开展逆周期投资，增强产业竞争力。支持企业加快产线技术改造升级力度，依法依规淘汰落后产能，提升中高端产品比重。

促进绿色制造和智能化升级。鼓励建设电子信息制造业绿色工厂，按照《电子信息制造业绿色工厂评价导则》开展绿色工厂评价，推进产业资源利用循环化，大力开发推广具备能源高效利用、污染减量化、废弃物资源化利用和无害化处理等功能的工艺技术和设备。面向碳达峰碳中和，推动光伏产业智能转型升级，支持智能光伏关键技术突破、产品创新应用、公共服务平台建设。推动LED产业升级发展，促进健康照明产品等扩大应用。

（三）稳住外贸基本盘，提升行业开放合作水平

稳定出口市场。引导电子整机行业优化出口产品结构，提升高附加值产品出口比例，打造品牌国际竞争力。鼓励支持企业积极参加国际展览展示活动，引导企业抓住数字贸易机遇，持续推动出口企业开展跨境电商业务，深挖线上线下国际市场潜力。会同有关部门和重点省市助力企业用足出口退税政策，提高进出境物流效率，推动物流要素高效整合。

积极开展国际交流合作。坚持扩大开放、合作共赢，持续优化外资营商环境，鼓励外资企业在我国扩大电子信息领域投资。在集成电路、新型显示、智慧健康养老、超高清视频、北斗应用等领域建立与有关国家（地区）间常态化交流合作机制。贯彻落实“一带一路”倡议，利用光伏、锂电等产业外向型发展优势和全球能源革命机遇，开展双边及多边交流，推动国际产能和应用合作进程。

（四）深化供给侧结构性改革，提升行业供给水平

提升创新发展水平。加快信息技术领域关键核心技术创新和迭代应用，加强Micro-LED、印刷显示等前瞻性产业布局。面向个人计算、新型显示、VR/AR、5G通信、智能网联汽车等重点领域，推动电子材料、电子专用设备和电子测量仪器技术攻关，研究建立电子材料产业创新公共服务平台，发挥好集成电路材料生产应用示范平台、国家新材料测试评价平台、电子材料行业中心等公共服务功能。推动能源电子产业创新发展，实施《关于推动能源电子产业发展的指导意见》，加快太阳能光伏、新型储能产品、重点终端应用、关键信息技术融合创新发展。

全面提升供给能力。落实《新时期促进集成电路产业和软件产业高质量发展的若干政策》及各项细则，落实集成电路企业增值税加计抵减政策，协调解决企业在享受优惠政策中的问题。着力提升芯片供给能力，积极协调芯片企业与应用企业的对接交流。面向数字经济等发展需求，优化集成电路、新型显示等产业布局并提升高端供给水平，增强材料、设备及零配件等配套能力。统筹资源加大锂电、钠电、储能等产业支持力度，加快关键材料设备、工艺薄弱环节突破，保障高质量锂电、储能产品供给。

（五）保持产业链供应链顺畅，打造协同发展产业生态体系

提升产业链现代化水平。聚焦集成电路、新型显示、服务器、光伏等领域，推动短板产业补链、优势产业延链、传统产业升链、新兴产业建链，促进产业链上中下游融通创新、贯通发展，全面提升产业链供应链稳定性。落实《关于促进光伏产业链供应链协同发展的通知》《关于做好锂离子电池产业链供应链协同稳定发展工作的通知》，促进光伏、锂电产业链上下游加强对接、协同发展，建设统一大市场。

推动大中小企业融通发展。支持龙头企业做大做强，持续发挥引领支撑效应。鼓励龙头骨干企业围绕主营业务方向，与创新型中小微企业、高等院校、科研机构和各类创客群体有机结合、形成规模。围绕产业上下游及存在共性技术的相关领域，培育和吸引一批专注细分市场、丰富产业链体系的优势企业。进一步加快培育电子信息制造业专精特新“小巨人”企业、制造业单项冠

军企业和中小企业特色产业集群，鼓励地方对符合条件的企业和集群给予支持。

优化产业布局。发挥“链主”企业作用，优化产业链资源配置，培育一批有国际竞争力的先进制造业集群。鼓励产业优化重组，合理开展企业并购重组、海外并购等，推动市场有序竞争。支持优势电子整机制造地区建立重点电子整机及上游供应链企业名单，做好服务保障工作。落实《关于促进制造业有序转移的指导意见》和《制造业转移发展指导目录（2022 年本）》，通过举办 1+N 产业转移对接活动，鼓励企业优先向中西部地区梯次转移。

（六）优化完善产业政策环境，促进产业经济平稳运行

推动标准制修订工作。持续做好电子信息技术标准工作，强化先进技术和标准融合，以高标准助力高技术创新。梳理基础电子元器件、半导体器件、光电子器件、电子材料、新型显示、集成电路、智慧家庭、虚拟现实等标准体系，加快重点标准制定和已发布标准落地实施。加强《电能存储系统用锂蓄电池组安全要求》等强制性标准宣贯实施。优化智能电视用户收视体验相关标准制定。深度参与全球电子信息领域标准化活动，推动中国标准“走出去”。

加大财政金融支持力度。落实高新技术企业税收优惠、研发费用加计扣除、股权奖励递延纳税等政策，减轻企业负担，激励企业加大研发投入。用好首台（套）、首批次政策，推动电子装备、电子材料示范应用。引导社会资本加大对电子信息制造业投入，支持符合条件的企业用好在境内外上市融资、发行各类债券等融资工具。推动各地高质量建设区域性股权市场“专精特新”专板，提升多层次资本市场服务专精特新中小企业水平。组织各地开展“一链一策一批”中小微企业融资促进行动，制定精准匹配链上中小微企业融资需求的系统性解决方案。

强化科技人才支撑。紧跟信息技术发展前沿，支持建立产学密切结合的专业技能人才培养模式，鼓励企业与高校开展订单式人才培养、现代学徒制试点计划。加快自主培养人才队伍，支持重点高校开展“集成电路科学与工程”一级学科和集成电路学院建设，扩大招生和专项培养规模。营造促进人才发展的良好环境，搭建企业家、各类专业人才交流平台，营造人才吸引及留驻的良好氛围。

四、保障措施

（一）加强组织保障

各地有关部门要结合实际，完善有关政策配套措施，稳住重点领域、重点企业发展，构建各具特色、优势互补的行业增长引擎，力争达到预期目标。各地工业和信息化主管部门、有关全国性行业协会于每年 11 月底分别报送本地区、本行业稳增长工作措施进展情况。

（二）完善统筹协调

各有关行业协会、学会、商会等行业组织要积极搭建交流展示平台，定期发布行业运行情况，及时反映并帮助企业纾困解难。各有关高校、科研院所要及时研判国内外形势对本行业本领域的影响，强化预期管理，共同为电子信息制造业稳增长工作建言献策、出力出智。

（三）强化运行调度

建立电子信息制造业重点省市、行业协会运行调度机制，加强重点地区、重要领域、主要企业运行监测。每季度组织召开行业运行座谈会，对苗头性、倾向性、潜在性问题进行预警分析，做好政策储备。每季度开展稳增长专题调研，动态掌握行业发展趋势，协调解决实际困难。及时推广地方经验做法。

（四）营造良好氛围

开展多种形式宣讲培训和政策解读。利用世界超高清视频产业发展大会、世界集成电路大会、世界显示产业大会、世界计算大会、世界 VR 产业大会等国际性会议契机，加强产学研用深入交流，凝聚行业发展共识，形成共同推动行业发展良好氛围。

工业和信息化部

财政部

2023 年 8 月 10 日

〔来源：工业和信息化部官网〕

关于推动铸造和锻压行业高质量发展的指导意见

工信部联通装〔2023〕40号

铸造和锻压是装备制造业不可或缺的工艺环节，是众多主机产品和高端装备创新发展的重要支撑和基础保障，关乎装备制造业产业链供应链安全稳定。为更好推动铸造和锻压行业高质量发展，持续提升对装备制造业的支撑和保障作用，现提出如下意见。

一、总体要求

（一）指导思想

以习近平新时代中国特色社会主义思想为指导，全面贯彻党的二十大和二十届一中、二中全会精神，坚持有效市场和有为政府更好结合，以推动铸造和锻压行业高质量发展为主题，以保障装备制造业产业链供应链安全稳定为根本，着力提高铸造和锻压行业自主创新能力，引导行业规范发展，促进生产方式绿色化智能化变革，提升行业质量效率，全面增强产业链竞争力，为加快推进新型工业化、建设制造强国提供坚实支撑。

（二）基本原则

坚持创新驱动。把科技创新摆在核心位置，强化企业创新主体地位，推动企业主导的产学研深度融合，突破一批关键核心技术，加快高端化智能化改造，提升自主创新水平。

坚持市场导向。充分发挥市场在资源配置中的决定性作用，尊重企业市场主体地位和自主决策权。更好发挥政府作用，构建公平有序的市场竞争秩序，营造良好发展环境。

坚持绿色发展。树牢系统思维，立破并举，协同推进降碳减污扩绿增长，实施节能减排、节水减污、节材降耗升级改造，将绿色理念贯穿铸造和锻压生产全流程。

坚持质量为先。发挥标准引领作用，强化企业质量主体责任，提升生产全流程质量控制能力，提高产品质量，实现行业质量效益提升，保障产业链供应链安全稳定。

（三）发展目标

到2025年，铸造和锻压行业总体水平进一步提高，保障装备制造业产业链供应链安全稳定的能力明显增强。产业结构更趋合理，产业布局与生产要素更加协同。重点领域高端铸件、锻件产品取得突破，掌握一批具有自主知识产权的核心技术，一体化压铸成形、无模铸造、砂型3D打印、超高强钢热成形、精密冷温热锻、轻质高强合金轻量化等先进工艺技术实现产业化应用。建成10个以上具有示范效应的产业集群，初步形成大中小企业、产业链上中下游协同发展的良好生态。智能化改造效应凸显，打造30家以上智能制造示范工厂。培育100家以上绿色工厂，铸造行业颗粒物污染排放量较2020年减少30%以上，年铸造废砂再生循环利用达到800万t以上，吨锻件能源消耗较2020年减少5%。

到2035年，行业总体水平进入国际先进行列，形成完备的产业技术体系和持续创新能力，产业链供应链韧性显著增强，绿色发展水平大幅提高，培育发展一批世界级优质企业集团，培育形成有国际竞争力的先进制造业集群。

二、重点任务

（一）提高行业创新能力

1. 开展关键核心技术攻关。推进以企业为主体，产学研用相结合的技术创新体系建设。鼓励企业与上游主机装备企业、高校、科研院所开展协同攻关，推动产业链上中下游协同创新、大中小企业融通创新和科技成果转化应用。聚焦国家战略和产业发展需求，通过实施产业基础再造工程，支持关键核心技术攻关，突破行业急需的先进基础工艺和装备、关键基础材料、关键软件等，补齐产业链短板，着力提高装备制造业产业链供应链韧性，增强产业体系抗冲击能力。

2.发展先进铸造工艺与装备。重点发展高紧实度黏土砂自动化造型、高效自硬砂铸造、精密组芯造型、壳型铸造、离心铸造、金属型铸造、铁模覆砂、消失模/V法/实型铸造、轻合金高压/挤压/差压/低压/半固态/调压铸造、硅溶胶熔模铸造、短流程铸造、砂型3D打印等先进铸造工艺与装备。

3.发展先进锻压工艺与装备。重点发展精密结构件高速冲压、超高强板材深拉深、高强轻质合金板材冲击液压成形、复杂异型结构旋压、高速精密多工位锻造、冷热径向锻造、冲锻复合近净成形、短流程模锻及自由锻、精密锻造、粉末精密锻造、数字化钣金制作成形中心、数字化高效通用零件加工中心等先进锻压工艺与装备。

4.强化创新服务平台建设。优化提升现有研发创新机构建设水平，建设一批产业技术基础公共服务平台，推动标准、计量、认证认可、检验检测、试验验证、产业信息、知识产权、成果转化等技术基础要素体系融合发展，增强面向行业的共性技术服务能力。建设材料、工艺等数据库，开展工艺数据分析和优化服务。鼓励有条件的企业和科研院所整合创新资源，布局建设基础研究机构，提升共性技术供给能力。

（二）推进行业规范发展

1.推进产业结构优化。严格执行节能、环保、质量、安全技术等相关法律法规标准和《产业结构调整指导目录》等政策，依法依规淘汰工艺装备落后、污染物排放不达标、生产安全无保障的落后产能。鼓励大气污染防治重点区域加大淘汰落后力度。铸造企业不得采用无芯工频感应电炉、无磁轭（≥0.25t）铝壳中频感应电炉、水玻璃熔模精密铸造氯化铵硬化模壳、铝合金六氯乙烷精炼等淘汰类工艺和装备。加快存量项目升级改造，推进企业合理选择低污染、低能耗、经济高效的先进工艺技术，提升行业竞争能力。强化铸造和锻压与装备制造业协同布局，引导具备条件的企业入园集聚发展，提升产业链供应链协同配套能力，构建布局合理、错位互补、供需联动、协同发展的产业格局。

2.支持高端项目建设。推动落实全国统一大市场建设，打通制约行业发展的关键堵点。引导各地结合实际谋划新建或改造升级的高端建设项目落地实施，支持企业围绕主机厂或重大项目配套生产，保障装备制造业产业链供应链安全稳定。严格审批新建、改扩建项目，确保项目备案、环评、排污许可、安评、节能审查等手续清晰、完备，项目建设符合国家相关法律法规标准要求。严格落实主要污染物排放总量控制、能源消耗总量和强度调控制度，坚决遏制不符合要求的项目盲目发展和低水平重复建设，防止产能盲目扩张，切实推进产业结构优化升级。

3.规范行业监督管理。系统科学有序推进行业转型升级，避免政策执行“一刀切”和“层层加码”。充分发挥行业自治作用，加强行业自律建设。推动修订《铸造企业规范条件》（T/CFA 0310021），鼓励地方参照该条件引导铸造企业规范发展。严格区分锻压行业和钢铁行业生产工艺特征特点，避免锻压配套的炼钢判定为钢铁冶炼生产，也严禁以铸造和锻压名义违规新增钢铁产能、违规生产钢坯钢锭及上市销售。

（三）加快行业绿色发展

1.加快绿色低碳转型。推进绿色方式贯穿铸造和锻压生产全流程，开发绿色原辅材料、推广绿色工艺、建设绿色工厂、发展绿色园区，深入推进园区循环化改造。推动企业依法披露环境信息，接受社会监督。积极开展清洁生产，做好节能监察执法、节能诊断服务工作，深入挖掘节能潜力。鼓励企业采用高效节能熔炼、热处理等设备，提高余热利用水平。推广短流程铸造，鼓励铸造行业冲天炉（10t/h及以下）改为电炉。推进铸造废砂再生处理技术应用、废旧金属循环再生与利用。推广整体化大型化短流程低成本锻压技术，推广环保润滑介质应用，加大非调质钢使用比例等。

2.提升环保治理水平。依法申领排污许可证，严格持证排污、按证排污并按排污许可证规定落实自行监测、台账记录、执行报告、信息公开等要求。综合考虑生产工艺、原辅材料使用、无组织排放控制、污染治理设施运行效果等，建设一批达到重污染天气应对绩效分级A级水平的环保标杆企业，带动行业环保水平提升。铸造企业严格执行《铸造工业大气污染物排放标准》（GB 39726）及地方排放标准，加强无组织排放控制，不能稳定达标排放的，限期完成设施升级改造，不具备改造条件及改造后仍不能达标的，依法依规进行淘汰。鼓励铸造用生铁企业参照钢铁行业超低排放改造要求开展有组织、无组织和清洁运输超低排放改造，支持行业协会公示进展情况。

（四）推进行业智能化改造

加快新一代信息技术与铸造和锻压生产全过程、全要素深度融合，支持企业利用数字化技术改造传统工艺装备及生产线，引导重点企业开展远程监测、故障诊断、预测性维护、产品质量控制等服务，加强数值模拟仿真技术在工艺优化中的应用，推动行业企业工艺革新、装备升级、管理优化和生产过程智能化。鼓励装备制造业龙头企业开放应用场景，加大国产工业软件应用创新，建设数字化协同平台，带动上下游企业同步实施智能制造，引导中小企业上云用平台，推进供应链协同制造和新技术新模式创新应用。大力开展智能制造示范推广，梳理遴选一批铸造和锻压领域智能制造典型场景，建设一批智能制造示范工厂，培育一批优质系统解决方案供应商。强化铸造和锻压行业智能制造标准体系建设，鼓励企业开展智能制造能力成熟度评估。

（五）支持优质企业发展

1. 培育优质企业。围绕重点装备制造企业培育建设一批产业链供应链核心企业，推动企业深耕细分领域，加强专业化、差异化发展，在铸造和锻压行业带动形成一批专精特新“小巨人”企业和制造业单项冠军企业。支持行业骨干企业增强内生发展动力，在汽车、内燃机、能源动力装备等领域培育一批具有核心竞争力的制造业领航企业。充分发挥优质企业在保障产业链供应链安全稳定中的中坚作用，组织参与装备制造业强链补链行动，做强长板优势，补齐短板弱项，提升产业链供应链稳定性和竞争力。发挥国家产融合作平台作用，引导金融机构向铸造和锻压行业企业提供精准支持。

2. 打造特色产业集群。鼓励地方围绕装备制造业布局培育铸造和锻压特色产业集群，完善政策配套，推进集群规范化、规模化、绿色化、集约化发展。鼓励各地结合本地产业集群特征，梳理产业发展定位，确定发展规模及结构，制定综合整治方案，从生产工艺、产品质量、安全生产、污染防治（源头减量、过程控制、末端治理）等方面推进集群升级改造。引导集群间错位、差异化发展，发挥行业骨干企业带动作用，推动与装备制造业产业链供应链深度互联和协同响应。完善研发设计、检验检测、试验验证、3D打印服务、热处理、电镀、喷涂、仓储物流、固废处理、人才培训、融资等产业集群公共服务体系建设。

（六）提升行业质量效益

1. 强化标准引领。着力建设和完善新型铸造和锻压标准体系，促进国家标准、行业标准、地方标准、团体标准等协调发展。围绕行业发展特点和要求，对标国际先进能效水平，及时开展标准制修订、推广应用等工作。建立健全行业能耗、物耗、污染防治、资源综合利用及清洁生产等标准规范，引导企业向清洁、高效、低碳、循环方向发展。深度参与国际标准制定，推动优势领域标准加快向国际标准转化。

2. 提升产品质量。加强企业质量保障体系建设，推进标准、认证、计量、检测检验、质量控制技术等在企业质量控制与质量管理中的应用。引导企业开展质量追溯、风险分析和质量改进，提升质量管理水平。进一步加强知识产权保护，引导企业建立以质量为基础的品牌发展战略，提升品牌形象和影响力。鼓励行业协会及专业机构建立铸造和锻压生产全流程质量控制与评价标准，着力提升产品质量稳定性、一致性和可靠性。

（七）深化国际交流合作

支持行业企业、学术机构、行业组织等在技术、标准、检测认证、知识产权、人才培养等领域开展国际交流合作。推进国际产能和装备制造合作，拓展产业发展新空间。鼓励加强与国外企业在高端装备制造、零部件制造等方面合作，推进有条件的企业积极融入全球产业链供应链。吸引相关领域国外企业来华设立研发机构，联合开展先进技术研发和成果转化。

三、保障措施

（一）加强组织实施

各地相关部门要加强统筹协调，强化责任分工，解决好影响铸造和锻压行业高质量发展的重大问题，保障装备制造业产业链供应链安全稳定。落实落细稳工业经济、促进制造业高质量发展一揽子政策，支持铸造和锻压中小企业纾困解难和行业高质量发展。有关企业要按照重点任务，务实推进相关工作。行业组织要加强指导和服务，及时收集反映新情况、新问题，提出政策建议。

（二）营造良好环境

注重需求引导和标准引领，推动企业规范健康发展。增强企业社会责任意识和行业自律精神，认真履行环保、安全等责任，避免无序低价恶意竞争，维护行业平稳运行。加强专业人才培养和从业员工培训。广泛宣传高质量发展的经验做法，强化违法违规行为负面警示，及时回应社会关切，形成良好舆论环境。

（三）抓好示范引领

构建铸造和锻压企业高质量发展评价体系，动态优选在智能制造、绿色低碳、补短板等领域有代表性成果、发展质量高的行业企业，打造成为标杆企业。充分发挥标杆企业示范引领作用，深入开展对标挖潜工作，引领行业高质量发展。

本意见自印发之日起实施。原《工业和信息化部办公厅　发展改革委办公厅　生态环境部办公厅关于重点区域严禁新增铸造产能的通知》（工信厅联装〔2019〕44 号）同步废止。

工业和信息化部

国家发展和改革委员会

生态环境部

2023 年 3 月 30 日

〔来源：工业和信息化部官网〕

制造业技术创新体系建设和应用实施意见

为贯彻落实党中央、国务院关于推动制造业高质量发展的决策部署，全面准确把握产业技术现状，有效开展技术攻关、成果转化和先进适用技术推广，实施制造业技术创新体系（以下简称技术体系）建设和应用，优化创新资源配置，支撑产业基础能力建设，打造体系化竞争新优势，实现高水平产业科技自立自强，加快新型工业化进程，特制定本实施意见。

一、总体要求

（一）指导思想

以习近平新时代中国特色社会主义思想为指导，深入贯彻落实党的二十大精神，立足新发展阶段，完整、准确、全面贯彻新发展理念，构建新发展格局，坚持系统观念，围绕制造业典型产品的关键技术、物料清单、重点生产企业等技术供给线，以及研发设计工具、生产制造装备、标准、质量、管理服务、关键软件等技术支撑线，构建系统化、标准化的技术体系。依托技术体系，找准产业技术短板和强项，全面支撑产业科技创新工作，促进创新链、产业链、资金链、人才链深度融合，推动产业基础高级化、产业链现代化，有力支撑制造强国、网络强国、数字中国建设。

（二）基本原则

系统思维，科学分析。围绕重点产业典型产品生命周期，全面厘清技术体系发展现状，精准定位技术短板弱项和长板优势，针对性开展关键核心技术攻关和先进技术推广。

企业主导，多方联动。加强供需联动，充分调动龙头企业积极性，发挥各类创新平台作用，深化产业链上下游、产学研协同，促进技术体系建设和推广应用。

央地协同，分类实施。面向国家战略发展亟需，围绕重点产业，聚焦典型产品构建技术体系。充分调动地方政府积极性，因地制宜推动优势特色产业技术体系建设。

动态监测，定期更新。适应新形势新要求，开展技术体系动态监测，定期更新技术体系，为动态调整技术攻关方向、防范产业链供应链风险、制定相应措施提供支持。

（三）工作目标

到2025年，形成一套科学适用、标准规范的制造业技术创新体系构建方法，基本建立涵盖制造业各门类重点产业典型产品的技术体系，分类分级建立短板技术攻关库、长板技术储备库及先进适用技术推广库。通过有效应用，技术体系效能初步显现，产业科技攻关更加全面和精准，科技成果产业化和新技术推广更有成效，标准、质量、关键软件等产业基础能力建设显著增强；在指导地方开展产业链强链补链、区域产业集群发展等方面成效显著；引导企业供应链风险管理水平不断提升，企业技术研发体系持续优化。到2027年，建成先进的制造业技术创新体系，全面形成横向协同、纵向联通的技术体系网络。技术体系全面应用于产业科技攻关、成果转化和新技术推广，有效指导地方制造业技术创新和产业集聚发展，有效引导企业建立先进的研发体系和科学的供应链管理体系，为制造业科技自立自强和高质量发展提供重要支撑。

二、技术体系建设

技术体系用“1295”来概括，即：按照产品生产流程或产品组成环节构建1套环环相扣的评估分析框架，围绕产业技术供给和支撑2条主线，形成关键技术、物料、企业、研发设计、制造装备、质量、标准、管理服务、关键软件9张清单，依据技术成熟度和制造成熟度模型，对比国内外差距，形成5个评估等级。

（一）技术体系构成

1. 关键技术

梳理分析典型产品中包含的主要技术，包括主要特征指标、国内外技术发展情况、技术发展差距等，全面反映技术发展状况，形成关键技术清单。

2. 物料

梳理分析典型产品关键技术涉及的关键材料、元器件或零部件等物料，包括国内外主要物料的比较、物料来源的多元化与稳定性等，全面反映供应链物料情况，形成关键物料清单。

3. 企业

梳理分析典型产品关键物料的主要生产企业，包括产品市场占有率、企业规模、企业分布、上下游协作及专利情况等，全面反映生产企业发展水平，形成重点生产企业清单。

4. 研发设计

梳理分析典型产品研发设计过程中使用的主要软硬件工具，包括国内外研发设计企业、研发设计能力及工具应用水平等，全面反映研发设计工具发展现状，形成典型产品研发设计工具清单。

5. 制造装备

梳理分析典型产品生产过程中所使用的制造装备，包括国内外制造装备生产水平、生产企业、市场应用和发展差距等，全面反映制造装备的发展状况，形成主要制造装备清单。

6. 质量

梳理分析典型产品管理过程中涉及的质量管理与控制情况，包括生产过程中所使用的质量工程技术、检测装备与仪器、质量工具软件等，全面反映典型产品质量现状，形成质量清单。

7. 标准

梳理分析典型产品生命周期过程涉及的主要标准，包括各类标准、标准主要制定机构、标准缺失度等，全面反映标准体系建设及标准实施情况，形成主要标准清单。

8. 管理服务

梳理分析典型产品生产过程中所需的数字化、绿色化等管理服务，包括国内外数字化与绿色化解决方案服务商、公共服务平台配套成熟度与国内外服务能力差距等，全面反映管理服务发展水平，形成管理服务清单。

9. 关键软件

梳理分析典型产品生产和应用中使用的业务管理类、生产控制类、基础通用类等关键软件，包括国内外关键软件主要服务商、软件应用水平和发展差距等，全面反映关键软件发展现状，形成关键软件清单。

（二）技术体系评价等级

技术体系评价包括 9 个方面的总体评价和具体评价，按照技术成熟度和制造业成熟度设置 5 个等级，全面反映产业链关键技术的发展水平、基础共性程度、差距和赶超难度（依据技术成熟度，将关键技术又分为无自主能力的技术、需产业化的技术和成熟的可大面积推广的技术 3 类）；物料的国内外差距和供应商来源多样性稳定性；企业的整体水平和上下游协作水平；研发设计工具的成熟度、差距和赶超难度；生产制造装备和质量工程技术的差距和赶超难度；管理与公共服务的数字化发展水平、绿色化发展水平、公共服务平台配套成熟度等。

三、技术体系评估、更新与拓展

（一）科学评估

工业和信息化部根据技术体系建设的全面性、实时性、精准性、先进性等实际情况进行综合评估。适时对技术体系在支撑科技攻关、制定项目指南、项目过程管理、鉴定验收评价等应用情况开展评估。地方工业和信息化主管部门根据需要对技术体系在科技攻关支撑度、招商引资影响力、社会与经济效益贡献度、企业能力建设等方面的建设及应用情况进行评估。

（二）动态更新

建立技术体系信息监测服务平台，对技术体系进行动态监测，根据技术发展、产品迭代与行业应用情况，及时更新技术体系。同时，动态调整短板技术攻关库、长板技术储备库及先进适用技术推广库，定期编制技术体系诊断分析报告，根据监测结果，对技术体系建设成效进行验证。地方工业和信息化主管部门根据技术发展情况和产业布局需求，动态更新本地区技术体系的建设情况。

（三）合理拓展

针对重点行业典型产品涉及的断点和卡点，采取类比推理“剥洋葱”的方法， 运用技术体系方法进一步深入挖掘问题和研究评估，逐步完善形成环环相扣、层层深入的技术体系架构，以全面识别、精准定位断点卡点，找准攻关和技术推广的发力点。同时，通过梳理厘清不同产业链间的关联性，凝练基础共性问题，进一步形成可信息互通、协同合作的技术网络体系。

四、技术体系应用

（一）支撑关键核心技术攻关

支撑制定科技攻关项目指南，精准确定攻关项目。依据技术体系中短板弱项，按照技术评估等级，围绕典型产品涉及的核心技术、制造装备、质量及关键软件等，梳理关键技术问题，建立关键核心技术攻关目录，做到全面准确，防止漏项和重复立项。与科技创新重点研发计划、重大科技专项等衔接，有效支撑产业基础再造工程和重大技术装备攻关工程。

（二）支撑科技成果产业化

依据技术体系和技术评估等级确定成果清单，分类开展产业化工作，围绕重点行业典型产品，加强与现有载体的对接，避免无效的成果转化。坚持以企业为主体，产学研协同，充分发挥体制机制优势，形成产业化合力。依托制造业创新中心、重点实验室、质量评价实验室等产业共性技术平台，加强中间试验能力建设和产业化综合保障服务。

（三）支撑推广先进适用技术

应用技术体系，精准识别长板优势，形成先进适用技术推广目录。针对行业特点开展技术推广，实现全行业技术进步，有效提升质量效益，加速推进数字化转型，实现高端化、智能化、绿色化发展。充分发挥行业组织和专业机构作用，用好标准、认证等工具，加强供需对接，匹配、共享资源，形成工作联动，不断提升技术推广的质量和效率。

（四）支撑产业技术基础能力建设

依据技术体系，系统梳理产业技术基础能力，支撑标准制定和推广，充分发挥标准引领作用。支撑质量检测、试验能力建设，持续提升产业质量技术和管理水平。支撑计量能力建设，不断提高测量的精度和有效性。支撑科技成果、产业信息和知识产权能力建设，为产业技术进步和高质量发展提供有力保障。

（五）支撑区域产业发展

依据区域产业技术体系，全面反映区域内产业发展情况，精准开展产业链补链强链，优化区域产业布局和创新资源配置，针对性开展招商引资，培育和引进优质企业，形成高水平创新型企业梯队。统筹区域内产业基础能力，为优化投资环境、夯实产业发展基础、实现产业分工深化和集聚发展提供有效支撑。

（六）支撑企业技术研发和供应链管理

企业依据自身技术体系，准确评估企业技术研发和供应链管理状况，找准技术优势和短板，优化研发管理体系，有效开展技术研发，促进技术进步，保持竞争优势。加强供应链管理，持续优化合格物料和供应商，建立健全风险预警和防控机制，统筹安全、效率和成本，不断完善供应链管理体系。

五、保障措施

（一）加强统筹协调

工业和信息化部加强对技术体系建设工作的组织领导，强化技术体系与产业政策法规的衔接，充分发挥龙头企业作用，统筹行业协会、产业联盟、高校、科研院所、专业智库等力量，形成工作合力，推进创新链与产业链、资金链、人才链深度融合。建立央地协同、多方联动的工作机制，地方工业和信息化主管部门组织本地区的技术体系建设和应用。

（二）强化基础保障

加强产业技术基础服务平台、重点实验室、标准化技术机构等支撑能力，充分发挥技术优势，有效支撑技术体系建设与应用。面向行业、地方和企业，开展多层次的技术体系构建方法和应用培训。依托技术体系信息监测服务平台，为技术体系构建、评估、更新、拓展和应用提供支撑和服务。

（三）注重数据安全

提高对技术体系相关数据的安全防范意识，持续提升数据安全保障能力，建立先进的数据安全管理机制，按规定进行分级分类管理，规范数据收集、更新和分析等行为。定期对技术体系建设和应用工作开展数据风险评估，对相关服务平台进行安全监测，防范数据安全风险。

（四）推进开放合作

强化跨地区、跨行业、跨部门技术体系共建共享与交流合作，促进产业链上下游深度协作、创新资源优势互补。充分发挥技术体系作用，加强国际技术交流合作，在技术、物料、供应商、产业基础能力和服务等方面开展精准对接，持续加强市场、规则等方面软联通，稳步扩大标准等制度性开放，支撑新发展格局构建。

附件：制造业技术创新体系框架（略）

工业和信息化部

2023年8月15日

〔来源：工业和信息化部官网〕

制造业可靠性提升实施意见

可靠性是产品在规定的条件下和规定的时间内完成规定功能的能力，是反映产品质量水平的核心指标，贯穿于产品的研发设计、生产制造和使用全过程。经过多年探索发展，我国制造业可靠性取得显著成效，但与国外先进水平仍有较大差距，产业基础存在诸多短板弱项，关键核心产品可靠性指标尚待提升，管理和专业人才保障能力不足，成为掣肘我国制造业迈向中高端的突出问题。为提升制造业可靠性水平，实现制造业高质量发展，现提出以下意见。

一、总体要求

（一）指导思想

坚持以习近平新时代中国特色社会主义思想为指导，全面贯彻党的二十大精神，完整、准确、全面贯彻新发展理念，加快构建新发展格局，统筹发展和安全，落实制造强国、质量强国建设要求，全面推进新型工业化，提升产业链供应链韧性和安全水平，强化可靠性技术攻关，发挥标准的引领作用，加强全面质量管理，推动数字化智能化赋能，提高试验验证能力，加快人才队伍培养，不断提升制造业产品可靠性，为提高企业核心竞争力和品牌影响力、建设现代化产业体系、实现制造业高质量发展打下坚实质量基础。

（二）基本原则

政府引导、企业主体。坚持有效市场和有为政府相结合，在制造业可靠性提升中发挥市场对资源配置的决定性作用，更好发挥政府行业指导、市场监管作用，增强企业全员全过程质量安全与可靠性意识，强化企业市场主体地位，推动企业落实质量主体责任，营造良好发展环境。

聚焦重点、精准施策。坚持问题导向和目标导向相结合，分行业、分产业链梳理可靠性问题，发挥整机企业龙头作用，加强整机系统可靠性设计和管理，按产业链制定并传导可靠性指标和要求。聚焦核心基础零部件和元器件，促进产业链、创新链、价值链融合，借鉴可靠性先进经验，着力突破重点行业可靠性短板弱项，推动大中小企业“链式”发展。

夯实基础、持续创新。加强可靠性前沿基础研究和标准制定，推动产业技术基础能力建设。促进新一代信息技术与可靠性工程深度融合，发挥生产装备数字化和产品智能化对可靠性的赋能作用，强化可靠性创新成果在工业基础和质量工程中的应用。

加强协同、系统推进。做好顶层设计，加强央地联动，畅通跨部门、跨行业、跨区域协作。充分发挥行业协会、高等院校及专业机构的作用，为制造业可靠性提升持续提供全面服务支撑。

（三）主要目标

围绕制造强国、质量强国战略目标，聚焦机械、电子、汽车等重点行业，对标国际同类产品先进水平，补齐基础产品可靠性短板，提升整机装备可靠性水平，壮大可靠性专业人才队伍，形成一批产品可靠性高、市场竞争力强、品牌影响力大的制造业企业。

到 2025 年，重点行业关键核心产品的可靠性水平明显提升，可靠性标准体系基本建立，企业质量与可靠性管理能力不断增强，可靠性试验验证能力大幅提升，专业人才队伍持续壮大。建设 3 个及以上可靠性共性技术研发服务平台，形成 100 个以上可靠性提升典型示范，推动 1 000 家以上企业实施可靠性提升。到 2030 年，10 类关键核心产品可靠性水平达到国际先进水平，可靠性标准引领作用充分彰显，培育一批可靠性公共服务机构和可靠性专业人才，我国制造业可靠性整体水平迈上新台阶，成为支撑制造业高质量发展的重要引擎。

二、重点任务

（一）提升制造业质量与可靠性管理水平

推动企业加强质量与可靠性管理，引导企业建立质量与可靠性发展战略，树立以可靠性为核心的质量管理观。鼓励企业贯彻实施 GB/T19004、GB/T19024 等标准，推动企业采用策划、实施、检查、处置（PDCA）模式加强企业质量与可靠性管理，开展自我声明及质量管理体系认证，增强质量信誉及信用信息市场采信度，实现企业的持续成功及财务和经济效益提升。支持企业设置首席质量官和可靠性管理部门，鼓励企业探索建立可靠性管理体系。加强企业可靠性管理评价和质量安全监管，支持开展关键过程能力评价和制造成熟度评价，推进关键典型产品质量安全监管与质量技术帮扶衔接联动。开展质量与可靠性知识普及、质量管理小组、对标达标等活动，推广应用先进的质量与可靠性管理理念和方法。

推动产业链供应链可靠性协同管理。发挥龙头企业需求牵引作用，加强产业链供应链可靠性管理，以可靠性管理体系为抓手，强化对供应商产品的质量评价与可靠性管理成熟度评估，畅通可靠性指标传递机制，提升配套企业的可靠性管理水平。鼓励产业链供应链上下游企业开展可靠性联合设计、可靠性管理等协同攻关，促进产业链供应链自主可控和质量可靠性水平整体提升。（工业和信息化部、市场监管总局等按职责分工负责，地方主管部门具体实施。以下均需地方部门落实，不再列明）

（二）加快可靠性工程技术研发与应用推广

围绕可靠性工程管理、设计、制造、分析评价、试验验证等环节，依托国家重点研发计划等科技重大项目，开展失效物理、加速试验等可靠性前沿基础理论研究，加强可靠性仿真、故障诊断与智能运维等应用技术研究，突破可靠性正向设计关键技术，开发可靠性工程新方法和新工具。

推广运用先进可靠性管理工具，提高产品全生命周期可靠性管理能力。鼓励产学研用联合攻关，构建可靠性设计技术体系，推广可靠性建模、分配、预计等普适性可靠性设计技术，鼓励企业加强可靠性设计技术应用，促进可靠性设计与产品功能设计同步实施。强化制造工艺可靠性技术应用，加强对材料热处理、电子封装和机械装配等工艺可靠性技术的推广，提升产品制造质量可靠性水平。强化可靠性分析与评价技术应用，支持第三方机构开展产品可靠性认证及质量分级行动，构建产品全生命周期可靠性综合分析与评价技术体系。推广多应力综合可靠性试验、可靠性加速试验等试验验证技术，应用试验、分析、改进等闭环措施，促进产品可靠性持续提升。（工业和信息化部、科技部等按职责分工负责）

（三）实施基础产品可靠性“筑基”和整机装备与系统可靠性“倍增”工程

聚焦机械、电子、汽车等行业，实施基础产品可靠性“筑基”工程，筑牢核心基础零部件、核心基础元器件、关键基础软件、关键基础材料及先进基础工艺的可靠性水平。实施整机装备与系统可靠性“倍增”工程，促进可靠性增长。强化可靠性指标考核与评价，在产业基础再造和制造业高质量发展等专项实施和相关标准制修订中，强化可靠性攻关及创新成果评价与转化应用，倒逼可靠性不达标的产品退出市场。（工业和信息化部、科技部、市场监管总局等按职责分工负责）

（四）完善可靠性标准体系

加强可靠性标准体系顶层设计，编制制造业可靠性标准体系建设指南。围绕机械、电子、汽车等行业现状和可靠性提升需求，开展通用要求、管理、设计、分析、试验、评估、维修保障等可靠性基础共性标准和急需标准制修订，补齐短板，推动在关键核心产品强制性标准中增加可靠性指标。发挥市场驱动力，鼓励企业、行业协会和专业机构积极参与标准制修订，加强高水平可靠性团体标准研制，实施企业标准“领跑者”制度。

专栏1 基础产品可靠性“筑基”工程

机械行业，重点提升工业母机用滚珠丝杠、导轨、主轴、转台、刀库、光栅编码器、数控系统、大功率激光器、泵阀，农业机械用精密排种器、液压件、柴油机燃油喷射系统、拖拉机动力换挡系统、尾气后处理系统，工程机械用数字化液压元件、一体化电驱动系统，工业机器人用精密减速器、智能控制器，仪器仪表用控制部件、传感器、源部件、探测器、样品前处理器等关键专用基础零部件和高端轴承、精密齿轮、高强度紧固件、高性能密封件等通用基础零部件的可靠性水平；提升铸、锻、焊、热处理等基础工艺水平。

电子行业，重点提升电子整机装备用 SoC/MCU/GPU 等高端通用芯片、氮化镓/碳化硅等宽禁带半导体功率器件、精密光学元器件、光通信器件、新型敏感元件及传感器、高适应性传感器模组、北斗芯片与器件、片式阻容感元件、高速连接器、高端射频器件、高端机电元器件、LED 芯片等电子元器件的可靠性水平。提升高频高速印刷电路板及基材、新型显示专用材料、高效光伏电池材料、锂电关键材料、电子浆料、电子树脂、电子化学品、新型显示电子功能材料、先进陶瓷基板材料、电子装联材料、芯片先进封装材料等电子材料性能，提高元器件封装及固化、外延均匀、缺陷控制等工艺水平，加强材料分析、破坏性物理分析、可靠性试验分析、板级可靠性分析、失效分析等分析评价技术研发和标准体系建设，推动在相关行业中的应用。

汽车行业，重点聚焦线控转向、线控制动、自动换挡、电子油门、悬架系统等线控底盘系统，高精度摄像头、激光雷达、基础计算平台、操作系统等自动驾驶系统，车载信息娱乐、车内监控、车机显示屏等智能座舱系统，车载联网终端、通信模块等网联关键部件，以及核心控制、电源驱动、IGBT、大算力计算、高容量存储、信息通信、功率模拟、高精度传感器等车规级汽车芯片，通过多层推进、多方协同，深入推进相关产品可靠性水平持续提升。

专栏 2　整机装备与系统可靠性“倍增”工程
机械行业，重点提升立/卧式加工中心、五轴联动加工中心、车铣复合加工中心、重型数控机床、大型压铸机、液压/伺服压力机、激光焊接与切割装备、真空热处理炉、增材制造等工业母机，大型高端智能农机、丘陵山区小型适用农机等农机装备，工业机器人等产品的可靠性水平。提升工业控制仪器仪表、测试分析仪器、光电检测仪器、生物医学仪器等高端仪器设备精度和可靠性水平。 电子行业，重点提升无人机、虚拟现实/增强现实（VR/AR）设备、服务机器人、智能门锁等智能产品，曝光机、蒸镀机、切片机、涂覆机等电子专用设备，质谱仪、示波器、电子透镜等电子测量仪器，高效光伏电池等产品，北斗导航终端、5G通信设备等物联网终端，高端服务器、激光打印机、远程会议系统等计算机及外部设备可靠性水平。 汽车行业，重点突破基于数字化试验场的整车及关键零部件可靠性检测与评价技术，持续提升新能源汽车软件功能性能、可靠性水平、功能安全、预期功能安全、信息安全等综合能力，提升动力电池健康状态评价、使用寿命评价、安全性及故障预警、低温适应性等可靠性和耐久性测试评价能力，促进新能源汽车和智能网联汽车整车可靠性水平提升。

加强可靠性标准统筹协调，依托有关标准化技术组织和机构成立可靠性标准工作组，完善制造业可靠性标准体系协调推进机制。积极参与国际标准化活动，加快推进适合我国国情的可靠性国际标准转化，推动国内先进可靠性标准上升为国际标准。强化标准宣贯实施，开展可靠性标准化建设与应用试点，加快相关标准推广应用。（工业和信息化部、市场监管总局等按职责分工负责）

（五）发挥计量和测试验证对可靠性的支撑作用

发挥计量对测试验证的基础支撑作用，以精准计量推动检测方法的科学验证。夯实制造业可靠性计量基础，加快机械、电子、汽车等重点行业急需的标准物质研制和应用，建立一批高准确度、高稳定性计量基准、标准，制修订一批国家计量技术规范和行业计量技术规范。加强关键计量测试技术、测量方法研究，加大测量误差、测量不确定度等计量基础理论在制造业可靠性中的应用，为制造业可靠性提升提供全产业链、全生命周期的计量测试服务。

加强可靠性测试验证能力建设，支持企业结合测试验证需求改造升级试验检测设施，建设专用可靠性试验、环境适应性试验验证能力。鼓励龙头企业、高校加强与检验检测机构合作，创建国家级质量标准实验室、国家标准验证点、重点行业可靠性实验室，搭建专用可靠性试验检测环境。面向行业可靠性验证共性需求，支持第三方机构开展关键共性验证技术攻关，开发多应力综合验证、耐久性试验、计量测试等测量仪器和试验设备，构建可靠性设计与仿真、故障诊断与分析等软件工具箱，提升检验检测与试验验证能力。（工业和信息化部、科技部、市场监管总局等按职责分工负责）

（六）深化数字技术在可靠性提升中的应用

推动数字技术在产品需求分析、设计研发、生产制造、检验检测、维修保障等全过程应用，宣贯推广企业两化融合度、数据管理等国家标准，提升产品全生命周期数字化管理水平。鼓励企业积极依托数字技术，加快适应市场对质量与可靠性的动态需求，推动生产模式和组织方式创新，更好提升用户体验。

推动5G、大数据、人工智能、工业互联网等新一代信息技术与可靠性工程的深度融合，以数字技术促进关键核心产品可靠性提升。

加强数字模型等工具的开发应用及配套标准研制，运用基于模型的系统工程、数字孪生、可靠性仿真等技术提高产品可靠性设计水平。推动生产制造装备数字化改造，促进传感、机器视觉、自动化控制、先进测量等技术在生产制造环节深度应用，提高生产效率，降低质量波动。加强智能检测技术与装备应用，推动在线检测、计量等领域仪器仪表升级，促进制造装备与检验测试设备互联互通，提高检验检测效率和精准性。深化产品故障预测、智能化运维等技术在产品使用过程中的应用，有效降低产品故障风险，提高产品可靠性。（工业和信息化部、市场监管总局等按职责分工负责）

（七）提高可靠性公共服务水平

支持行业协会、专业机构与企业深度合作，推进可靠性数据跨环节跨企业共享利用，开展研发设计、生产制造、用户使用等环节的可靠性数据分析，建设可靠性基础数据平台，加强典型产品失效机理研究，为产品迭代优化提供技术服务。引导行业协会、专业机构开展可靠性培训、咨询、诊断等服务，重点面向中小企业提供可靠性提升综合解决方案。支持检测认证机构加强自身能力建设，探索推动自愿性产品认证、第三方可靠性评价认证等工作，鼓励社会采信可靠性认证结果。推动品牌服务专业机构将可靠性管理纳入企业品牌培育管理体系，夯实品牌培育基础。（工业和信息化部、市场监管总局等按职责分工负责）

（八）加强可靠性人才培养

鼓励高校强化可靠性课程和相关专业建设，加快可靠性教材编制和师资队伍培育，加快培养高层次可靠性人才。鼓励企业和高校等联合建设实训基地，加强可靠性职业教育和技能培训，提高工程技术人员的可靠性实践能力。鼓励行业协会、专业机构和职业院校加大可靠性人才培训和继续教育，以需求为导向制定可靠性工作岗位能力标准，开展可靠性工程师等岗位能力评价工作。（教育部、工业和信息化部等按职责分工负责）

三、组织保障

（一）加强组织领导

在国家制造强国建设领导小组领导下，进一步发挥现有工作机制作用，明确责任分工，加强部门协同和部省联动，统筹谋划、合力推进制造业可靠性提升工作。发挥国家制造强国建设战略咨询委员会作用，为制造业可靠性提升提供决策咨询、战略规划论证和工作指导。各地有关部门要结合本地实际，研究促进制造业可靠性提升的配套政策措施。

（二）强化政策支持

加强可靠性提升工作与制造业高质量发展等有关政策规划的有效衔接，充分利用现有政策渠道，加强对制造业可靠性提升的支持和激励。落实企业可靠性技术研究、产品设计开发、中试阶段测试验证等环节研发费用加计扣除等普惠性政策。鼓励在重点产品国家质量监督抽查、政府采购项目和政府支持的新技术新产品研制项目中，强化可靠性相关指标要求。在省级政府质量考核中增加对可靠性工作的考核，强化产品质量监督管理。鼓励社会资本加大对制造业可靠性提升工作的投入。

（三）营造良好环境

充分发挥各类媒体、行业组织作用，搭建跨领域跨行业的可靠性交流平台，开展质量与可靠性活动，积极推广可靠性先进理念、技术、工具及典型案例，宣传“中国制造”优秀品牌，促进企业增强可靠性意识，引导社会树立优质优价的价值导向，为制造业可靠性提升营造良好氛围。发挥地方和行业组织引导作用，加大对可靠性提升的支持激励力度，按照国家有关规定对可靠性创新质量、绩效、贡献方面的优秀科学技术成果和产业技术基础、先进个人和团队给予奖励激励。

工业和信息化部
教育部
科学技术部
财政部
国家市场监督管理总局
2023 年 6 月 2 日

〔来源：工业和信息化部官网〕

建材行业稳增长工作方案

建材行业是国民经济的重要基础产业，是改善人居条件、治理生态环境和发展循环经济的重要支撑，是建筑建设、国防军工和战略性新兴产业发展的重要保障，是关乎工业经济平稳运行的重要领域。为贯彻落实党的二十大精神和中央经济工作会议决策部署，推动国务院抓实抓好经济一揽子政策和接续措施全面落地见效，把稳增长摆在首要位置，加快推动建材行业高质量发展，特制定本方案，实施期限为 2023—2024 年。

一、总体要求

（一）指导思想

以习近平新时代中国特色社会主义思想为指导，全面贯彻党的二十大精神，全面落实中央经济工作会议部署，立足新发展阶段，完整、准确、全面贯彻新发展理念，加快构建新发展格局，坚持稳中求进工作总基调，以推动高质量发展为主题，充分发挥市场在资源配置中的决定性作用，更好发挥政府作用，统筹扩大内需与深化供给侧结构性改革，促投资、优供给、扩消费，加快建材行业高端化、智能化、绿色化、融合化发展，提升产业链供应链韧性及绿色化发展水平，促进建材行业质的有效提升和量的合理增长。

（二）基本原则

坚持传统产业转型与新兴产业培育相结合。处理好短期和长期、发展和减排的关系，加快推动水泥、平板玻璃等传统产业转型升级，加快推动高性能纤维及复合材料、先进陶瓷等新兴产业培育壮大，优化产业结构，增强发展动能。

坚持供给水平提升与市场需求开拓相结合。着力发挥技术创新的支撑作用，丰富产品品种、提升产品品质，增强品牌影响力。充分发挥市场需求牵引作用，扩展建材产品应用领域，加强国际绿色低碳合作。

坚持生态培育优化与产业协同推进相结合。充分发挥各方作用，营造良好氛围，稳定市场预期。加强与相关产业协同发展，促进能源资源的梯级利用和产业循环衔接，提升产业链供应链韧性和安全水平。

二、主要目标

2023—2024 年，建材行业稳增长的主要目标是：行业保持平稳增长，2023—2024 年，力争工业增加值增速分别为 3.5%、4% 左右。绿色建材、矿物功能材料、无机非金属新材料等规上企业营业收入年均增长 10% 以上，主要行业关键工序数控化率达到 65% 以上，水泥、玻璃、陶瓷行业能效标杆水平以上产能占比超过 15%，产业高端化智能化绿色化水平不断提升。

三、工作举措

（一）扩大有效投资，促进行业转型升级

1. 推进绿色化改造。全面落实《建材行业碳达峰实施方案》，支持有条件的地区和企业开展绿色低碳先行示范，探索并推广有效模式和经验。重点围绕用能结构转换、节能降碳减排、资源综合利用等方面，支持产融合作，加大绿色低碳技术改造力度。以水泥、平板玻璃、建筑卫生陶瓷、玻璃纤维等行业为重点，分年度发布节能降碳技术目录、应用指南，推广“解剖麻雀”试点，总结改造方案，支持建设一批示范项目，支持建材企业争创环保绩效 A 级。优化建材行业能源结构，推动实施清洁能源替代。优先采用源头削减、过程控制等措施，有序推进水泥行业超低排放改造，推动玻璃、陶瓷、玻璃纤维等行业深度治理，推进减污降碳协同控制。探索以零外购电、零化石能源、零一次资源、零碳排放、零废弃物排放、零一线员工的“六零”工厂为目标，鼓励企业开展技术攻关和升级改造，建设示范工厂。

2.推进智能化转型。宣贯实施《建材行业智能制造标准体系建设指南（2021版）》，加快研制一批重点细分领域智能装备、智能工厂、智能服务、智能赋能技术、集成互联等关键标准。推广建材行业鼓励推广应用的产品和技术目录，引导加快建材工业数字化转型、智能化升级。以矿山开采、原料制备、破碎粉磨、窑炉控制、物流仓储、在线检测、能源管控、设备运维等为重点，遴选一批智能制造创新平台、智能工厂、数字矿山等典型案例，培育系统解决方案，鼓励第三方机构搭建平台促进推广应用。推动建材行业工业互联网应用，鼓励有条件地方建立建材行业工业互联网平台和大数据中心，支持数字化管理、网络化协同、服务化延伸、智能化生产等新模式发展。

3.推进耦合化发展。支持各地结合地区废弃物综合利用情况，以水泥窑、墙体材料隧道窑协同处置技术改造，新型墙体材料和机制砂石等项目建设为契机，促进区域内产业耦合发展。重点围绕尾矿、工业副产石膏等大宗固废，建设一批综合利用示范项目。鼓励有条件地区建立原材料工业耦合发展园区，完善产业循环链条。加快建材行业既有园区和产业集群升级，开展节能减排、循环利废改造。在保证产品质量和生态安全前提下，鼓励企业在水泥、混凝土、墙体材料、预拌砂浆、固废陶粒轻骨料和机制砂石等产品中提高消纳产业废弃物能力，逐步拓展和拓宽可消纳固废的品种。

4.加快重点项目建设。加强国家“十四五”规划纲要重大工程任务跟踪调度和服务保障，推动高世代屏显基板玻璃等重大项目按进度建成投产。支持特种水泥、快凝材料等优化产能布局，提升应急条件下材料供给能力。支持重点地区发挥骨干企业作用，协同发展超硬材料等优势产业，打造具有国际竞争力的先进制造业集群。支持骨干企业加快布局建设先进陶瓷、人工晶体、矿物功能材料、石墨烯及改性材料、高性能纤维及复合材料等无机非金属新材料项目。支持重点地区加快推进石墨、萤石、菱镁、凹凸棒等非金属矿高效利用项目建设。

（二）提升有效供给，激发行业增长新动能

5.促进大宗产品升级。组织开展建材行业增品种、提品质、创品牌“三品”行动。支持各地因地制宜，大力发展部品化建材，加快薄膜发电玻璃、防火保温材料等产品的研发，支持应用示范，加快推广应用。研究建立预制混凝土构件、防水卷材、隔热保温材料、建筑卫生陶瓷等产品追溯体系，鼓励企业制定装修装饰产品等使用说明书，引导企业参与质量管理能力分级评价试点，推动质量分级评价结果在新型基础设施、新型城镇化、交通水利、乡村振兴等领域的采信应用。支持开展质量标杆活动，遴选一批质量管理创新和质量提升的标杆企业，不断提升建材产品质量。鼓励开展标准创新型企业创建，深入实施企业标准“领跑者”制度，提升企业标准化水平，增加中高端产品和服务有效供给，支撑高质量发展。鼓励第三方机构开展品牌价值评价、品牌宣传周等活动，培育一批国际知名度高的企业品牌，不断提升品牌影响力。

6.提升新材料供给能力。聚焦新型显示、航空航天等产业链需求，发挥新材料重点平台作用，加快高世代屏显基板玻璃、结构功能一体化纤维及高性能复合材料等新材料产业化。聚焦生物医药、环境治理等领域需求，发挥骨干企业作用，加快医用陶瓷、矿物功能材料等新材料产业化。聚焦新能源、宽禁带半导体等领域需求，加强上下游协同，加快钙钛矿、功能性金刚石、大尺寸碳化硅、氮化镓等前沿材料研发及产业化。支持围绕绿色低碳、产业链供应链安全保障等领域开展“揭榜挂帅”，加快超快硬、超高强、超耐温、超耐腐等“超级材料”的研发。支持开展碳化硅、石墨烯等材料系列推广应用活动，以应用促进产品迭代升级。支持有条件地区结合本地实际，加快产业计量测试体系建设，采取多种形式建设新材料产业计量测试中心和高性能纤维、先进陶瓷等中试平台，加快新技术新产品的产业化，保障产业链供应链安全稳定。

（三）推广绿色建材，厚植绿色消费理念

7.深化开展绿色建材下乡活动。制定印发绿色建材高质量发展行动方案，丰富农村适用绿色建材产品体系，因地制宜制定绿色建材产品推荐目录，促进绿色建材消费。鼓励电商平台、线下卖场设置专区，优化流通渠道和销售网点布局。开展领军企业惠民行动，鼓励骨干企业制定优惠促销措施，提供高性价比产品服务。针对农房、基建等不同应用领域，鼓励使用散装水泥、预拌混凝土、预拌砂浆等产品，支持开展绿色建造解决方案典型示范，提供系统解决方案。加强宣传引导力度，进一步提升绿色建材消费理念，提振建材市场绿色消费水平。在绿色建材产品下乡试点的基础上，鼓励各地积极探索绿色建材产业下乡新模式，推动绿色建材下乡活动向纵深发展。

8. 扩大城市绿色建材推广应用。加快实施政府采购支持绿色建材促进建筑品质提升政策，完善绿色建筑和绿色建材政府采购需求标准，要求纳入政策实施范围的政府工程对相关绿色建材产品应采尽采、应用尽用，加快节能低碳、安全性好、性价比高的绿色建材在政府工程项目中的推广应用。推进绿色运输，打造绿色供应链，中长途运输优先采用铁路或水路，中短途运输鼓励采用管廊、新能源车辆或达到国六排放标准的车辆。组织开展绿色建材工程应用试点示范，引导骨干建筑企业加大绿色建材应用范围和采购力度，促进绿色建材与绿色建筑协同发展，提升新建建筑与既有建筑改造中使用绿色建材比例。

9. 完善绿色建材产品认证制度。健全绿色建材产品评价标准体系，进一步扩大绿色建材产品认证实施范围，建立完善绿色建材产品认证数据信息采集机制，加快绿色建材产品认证。发挥质量认证传递信任、服务发展本质属性，推动绿色建材产品认证数据与相关采信应用数据库等互联互通，促进绿色建材产品认证结果在不同部门、层级间互认通用。鼓励第三方机构建立绿色建材公共服务平台，支持开展散装水泥等产品全生命周期绿色发展和碳中和科学评价。结合绿色建材下乡活动和政府采购绿色建材促进建筑品质提升试点工作，引导建材生产企业积极开展绿色建材产品认证，力争到 2024 年年底，增加绿色建材获证企业 1 500 家以上，绿色建材获证产品 3 000 种以上。

（四）深化国际合作，实现高水平互利共赢

10. 加强国际交流合作。促进建材行业加强绿色低碳、智能制造等领域国际交流，加大技术、计量、标准、认证等方面合作，推动碳核算、碳足迹等领域互认，提升国际合作软实力。严格管控高耗能高排放产品出口，鼓励进口石墨、萤石、石英等初级非金属矿产品。利用国内超大规模市场优势，吸引具有先进技术的外资企业加大对我国无机非金属新材料等方面投资。加强与“一带一路”沿线等国家和地区产业协作，发挥水泥、玻璃等行业成套技术、装备、标准与工程服务优势，推动国际建材行业绿色低碳合作。支持骨干企业以水泥、玻璃、陶瓷、玻璃纤维、石膏制品等为重点，联合建立研发机构和绿色工业园区，提升全球产业链供应链韧性和安全水平。

四、保障措施

11. 加强组织保障。持续推动国务院抓实抓好经济一揽子政策和接续措施全面落地见效，有关部门要指导重点地区落实落细建材行业稳增长的政策举措，推动政策精准发力，进一步释放政策效应。各地区要结合当地实际，充分发挥工业稳增长协调机制作用，加强组织领导，强化政策配套和落实，促进本地区建材行业平稳运行。有关行业协会和智库要发挥桥梁纽带作用，组织开展政策咨询和效果评估，引导行业加强自律。骨干企业要把稳增长放在更加突出位置，细化落实目标任务，强化在产业链供应链中引领示范作用，推动上下游产业协同发展。

12. 加强政策支持。利用首台（套）、首批次应用保险补偿机制和产业投资基金等渠道，加大对技术改造、无机非金属新材料研发攻关以及应用示范的支持力度。加强产融合作，鼓励金融机构为绿色低碳技术改造、新产品推广应用、绿色建材下乡活动等提供综合性的金融服务。加快产能置换政策修订，突出市场化调节作用。推动企业绿能核减政策实施，研究推动水泥行业纳入全国碳排放权交易市场。完善绿色电价政策，增强政策协同效应。支持社会资本以市场化方式设立建材行业绿色低碳转型基金，鼓励建材企业绿色转型和创新发展。

13. 加强运行监测。加强对建材行业经济运行形势的监测和预警，完善政府部门、行业协会、重点企业协同机制，及时发现、研判、应对影响行业平稳运行中的苗头性、倾向性、潜在性问题，防范运行风险，稳定市场预期。加强对燃料、原料等大宗商品、生产要素价格的监测和引导，加强供需趋势研判，建立上下游长协机制。加强重点建材产品价格监测，发布建筑材料工业行业景气指数，引导供需动态平衡，构建稳定有序的市场环境。

14. 加强水泥和平板玻璃行业差别化管理。新改扩建项目严格落实相关产业政策要求，满足能效标杆水平、环保绩效 A 级指标要求。严格产能置换，遏制新增产能，禁止以技术改造等名义扩大产能。发挥能耗、环保、质量等标准作用，依法依规淘汰落后产能。鼓励地方以环保绩效水平、能效水平和工艺装备水平等为标尺，实施差异化水泥错峰生产，并加强监督执法。

15. 加强宣传引导。发挥舆论导向的正面引导作用，多渠道、多方式营造良好氛围，加大建材行业重大政策以及行业稳增长经验做法、绿色建材下乡等重要活动的宣传力度。加强对经济运行、绿色发展、智能制造、国际合作、人才培养等方面的宣传报道，构建共同推动建材行业稳增长目标实现、高质量发展的良好生态。

工业和信息化部
国家发展改革委
财政部
自然资源部
生态环境部
住房和城乡建设部
商务部
金融监管总局
2023 年 8 月 22 日

〔来源：工业和信息化部官网〕

关于支持首台（套）重大技术装备平等参与企业招标投标活动的指导意见

工信部联重装〔2023〕127 号

为支持首台（套）重大技术装备平等参与企业招标投标活动，促进首台（套）重大技术装备推广应用，根据《中华人民共和国招标投标法》等相关法律法规及政策文件，现提出如下意见。

一、规范招标要求

（一）国有资金占控股或者主导地位的企业项目，招标首台（套）重大技术装备同类型产品的，适用本意见。本意见所指首台（套）重大技术装备需符合重大技术装备推广应用目录（以下简称推广应用目录）内装备及主要参数。推广应用目录可在中国招标投标公共服务平台、省级招标投标公共服务平台、重大技术装备招标投标信息平台查询。

（二）招标投标活动要严格执行招标投标法律法规及有关政策文件，不得要求或者标明特定的生产供应商，不得套用特定生产供应商的条件设定投标人资格、技术、商务条件，不得变相设置不合理条件或歧视性条款，限制或排斥首台（套）重大技术装备制造企业参与投标。

（三）招标活动不得超出招标项目实际需要或套用特定产品设置技术参数，鼓励通过市场调研、专家咨询论证等方式，深入开展需求调查，形成需求研究报告。招标首台（套）重大技术装备同类型产品时，招标文件中应公布推广应用目录中涉及的主要参数指标，并按照招标项目的具体特点和实际需要，提出技术条件，可以参考引用推广应用目录中的主要参数。

（四）对于已投保的首台（套）重大技术装

备，一般不再收取质量保证金。

二、明确评标原则

（五）首台（套）重大技术装备参与招标投标活动，仅需提交首台（套）相关证明材料，即视同满足市场占有率、应用业绩等要求。评标办法应当有利于促进首台（套）重大技术装备推广应用，不得在市场占有率、应用业绩等方面设置歧视性评审标准。

（六）评标办法应明确重大技术装备不得在境外远程操控，在中国境内运营中收集和产生的个人信息和重要数据应当在境内存储。对于不符合《网络安全法》《数据安全法》《个人信息保护法》等有关国家安全法律法规的，经评标委员会认定，应否决其投标。

（七）评标办法应落实支持重大技术装备攻关创新、促进绿色低碳循环发展、维护产业链供应链安全稳定等要求，将技术创新、资源能源利用效率、售后服务、后续供应、特殊或紧急情况下的履约能力等纳入评审指标范畴。

三、加强监督检查

（八）工业和信息化主管部门联合有关部门及各省级工业和信息化主管部门，充分利用现有检查队伍和资源，通过“双随机、一公开”等方式对相关重大技术装备招标投标活动实施监督检查。鼓励通过政府购买服务方式获取必要的支撑服务。

（九）各级工业和信息化主管部门要加强与招标投标行政监督、纪检监察、财政税收、国有资产监督管理等部门的沟通联系和协作配合。建立首台（套）重大技术装备参与招标投标问题线索联合处置、督导督办机制，依法从严查处违法违规行为。

（十）开通首台（套）重大技术装备招标投标领域妨碍全国统一大市场建设问题线索和意见建议征集窗口，畅通市场主体信息反馈渠道，归集首台（套）重大技术装备招标投标负面行为。负面行为清单等信息在重大技术装备公共服务平台、重大技术装备招标投标信息平台上公布。

工业和信息化部
国家发展和改革委员会
国务院国有资产监督管理委员会
2023 年 8 月 16 日

〔来源：工业和信息化部官网〕

关于做好 2023 年中央企业违规经营投资责任追究工作的通知

国资厅发监责〔2023〕10 号

2022 年，各中央企业以习近平新时代中国特色社会主义思想为指导，深入贯彻党中央、国务院关于加强国有企业违规经营投资责任追究的决策部署，持续推动违规经营投资责任追究工作走深走实，国企改革三年行动任务顺利完成，责任追究工作体系不断健全，追责力度精度持续提升，企业合规经营理念有效强化，为促进中央企业高质量发展提供有力保障。但同时也要看到，中央企业责任追究工作总体上开展还不平衡，部分企业存在不愿追责、不敢追责、不会追责的“三不”问题，有的企业监督协同贯通不够、追责成果运用有待加强、监督追责权威性需要进一步提升。为深入贯彻党的二十大精神，落实中央经济工作会议部署，按照中央企业负责人会议工作安排，现就做好 2023 年中央企业违规经营投资责任追究工作的有关事项通知如下。

一、总体要求

以习近平新时代中国特色社会主义思想为指导，全面学习、全面把握、全面落实党的二十大精神，贯彻中央经济工作会议部署，按照中央企业负责人会议有关工作安排，持续深化中央企业违规经营投资责任追究工作，突出提升责任追究震慑性、监督协同系统性、制度机制完备性、工作手段有效性。进一步健全违规经营投资责任追究工作体系和工作机制，强化责任追究“反向查、正向建”作用，切实维护国有资产安全，有效防范化解重大风险，为做强做优做大国有资本和国有企业，加快建设世界一流企业提供坚强保障。

二、重点任务

（一）加强保障夯基础，健全完善权威高效追责体系

各中央企业要坚持“两个一以贯之”，与国企改革政策文件再对标对表，持续构建权责清晰、约束有效的经营投资责任体系，健全用好责任追究工作机制。一是强化责任追究工作领导机制。始终将党的领导贯穿于责任追究工作全过程、各方面，推动责任追究工作在强化公司治理中发挥更大作用。加强党委（党组）对责任追究工作的统筹协调和督促落实，董事会及其相关专门委员会要研究部署和指导推动责任追究重点工作，经理层要依法行使经营管理权并配合支持责任追究工作，推动各治理主体一体落实监督追责职责。二是健全责任追究工作体系。对照国企改革三年行动有关责任追究工作的任务目标和考核要求，结合国企改革深化提升行动，从组织体系、制度体系和工作机制等方面进行全面自查，补齐短板、强化弱项，持续夯实工作体系建设成果。对新设立的中央企业或新投资并购的子企业，要同步明确责任追究职责主体，建立工作制度机制，确保工作体系有效覆盖。三是加强责任追究工作机制运行。集团公司要发挥主动追责、敢于追责、善于追责的引领带动作用，通过联合核查、挂牌督办、提级办理等方式加大子企业工作指导力度，把贯通追责优势转化为加强集团管控的实际效能。对违规“零报告”、追责“零查处”的子企业，要倒查工作机制设计和落实执行，针对性加以指导和解决，不断深化追责工作。

（二）加强震慑筑防线，严肃查处重大违规问题线索

各中央企业要把“查大案、盯高发、治顽疾”作为做好责任追究工作的主攻方向，抓牢抓实违规问题线索查处工作，坚决防止“破窗效应”，切实筑牢维护国有资产安全防线。一是紧盯重大违规问题。对党中央、国务院关注，国资委交办的重大违规问题线索予以重点查办，着力查处触碰国家法律“红线”的严重违规问题，历经多届企业领导班子或多位负责人的“惯性”违规问题，以及涉及上市公司、社会关注度高的问题等。二是紧盯违规问题高发领域。强化对企业权力集中、资金密集、资源富集、资产聚集部门和岗位的监督，严查股权投资、工程建设、资金管理、对外担保、金融业务等领域违规问题线索，依法依规追究有关人员责任。三是紧盯屡禁不止“牛皮癣”问题。对国资委三令五申严禁的融资性贸易、“空转”“走单”虚假业务问题“零容忍”，一经发现即由集团公司或上级企业提级查办，涉及二级子企业或年内全集团累计发现3件上述同类问题的，应当报告国资委，由国资委提级查办。

（三）加强联动聚合力，发挥监督管理协同综合效能

各中央企业要加强责任追究与业务管理、内部审计、专项治理等工作的协同贯通，充分发挥责任追究震慑遏制作用，坚决防止问题“空转”和屡查屡犯，提升联防联治效果。一是强化财务监督联动。以落实《关于印发〈中央企业财务决算审核发现问题整改和责任追究工作规定〉的通知》（国资发监责规〔2023〕25号）为契机，切实做好财务决算审核发现问题的责任追究工作，提升财务监督的权威刚性。同时结合企业实际，研究制定相关制度规定，细化财务决算审核发现问题的整改和责任追究工作程序。二是强化专项治理联动。在国资委组织开展的虚假贸易业务、粮食购销、工程项目等领域的专项治理工作中，要将企业违规责任追究部门纳入专项治理工作机制，对排查发现的问题线索，要开展初步核

实并按专项分别建立违规问题台账，对造成资产损失或其他严重不良后果的，及时组织核查和责任追究。集团公司要重点关注专项治理工作中违规问题线索“零报告、零移交、零追责”的子企业，针对性开展督导检查，严肃追究漏报、瞒报或隐匿不查等责任。三是强化专门监督联动。从严从实做好审计成果运用，加大审计发现问题的核查和责任追究力度，防止因“问题企业改、责任无人担”而滋生的屡审屡犯现象。要增强责任追究工作穿透力，重点关注违规问题背后的利益动因，将发现的涉嫌利益输送、化公为私等腐败问题和违法违纪线索及时移送纪检监察机构，强化责任追究震慑力。

（四）加强整改促提升，发挥防范化解重大风险作用

各中央企业要注重发挥责任追究促整改、促提升正向作用，把查办违规问题、完善内部控制制度、规范提升管理贯通起来，从制度机制上提升防范化解重大风险能力。一是深度推广管理提升建议书。重点反映企业存在的突出违规问题，深入挖掘违规问题背后的制度缺失和管理漏洞，针对性提出强化管理和制度建设的意见建议。2023 年，各中央企业要将当年办结的一半以上核查项目形成管理提升建议书，同时高度关注房地产信托、政府和社会资本合作（PPP）项目、非主业投资等存在风险，针对性提出管理提升建议，更好发挥责任追究工作“防未病”作用。二是加大督促整改工作力度。要把整改到位作为违规问题对账销号的重要条件，从纠正违规行为、完善制度机制、开展责任追究、挽回资产损失和消除不良影响等方面评估整改质量。对未完成整改的问题，应当持续跟踪督促，确保整改工作落实到位。三是强化典型案例警示效果。加强典型违规经营投资责任追究案例通报力度，切实发挥“查办一案、警示一片”作用。对国资监管通报反映的典型、共性违规问题，要举一反三加大问题自查力度，抓紧完善相关内控制度，堵塞管理漏洞。将提升企业重大投资决策水平作为案例警示的重要发力点，强化与董事会成员，特别是外部董事的信息共享，采取会议集中通报、个别座谈交流、印送摘编报告等形式，及时知会典型违规案例，从源头上推动合规决策、科学决策。

（五）加强手段畅通道，持续做实监督追责信息化工作

各中央企业要注重发挥信息化对责任追究工作的支撑作用，建好用好监督追责信息系统，并以信息系统为依托贯通报告渠道。一是实现系统对接。持续推动监督追责信息系统迭代升级，按照国资监管数字化、网络化、智能化的目标要求，2023 年 6 月底前全面完成系统对接，强化数据标准化、动态化管理，进一步提升监管实时性、精准性和有效性。二是加强数据应用。深入推进监督追责业务与信息化的深度融合，加强数据横向采集和纵向贯通，实现动态汇总分析和数据穿透可视，加快提升监督追责智能化水平。三是做好季度报告。依托中央企业违规经营投资责任追究工作在线填报系统，落实好责任追究季度报告机制，及时收集、汇总并填报违规问题线索受理、立项、核查等动态进展，按要求向国资委报告责任追究工作情况。

（六）加强力量增能力，不断提升责任追究队伍素质

各中央企业要高度重视责任追究队伍建设，切实采取有力措施，打造一支政治强、业务精、作风优、纪律严的监督队伍。一是建强专职队伍。要强化责任追究工作力量配备，探索依托审计中心或采取类似模式，建设与企业规模体量、所处行业特点、监督管理需求等相适应的责任追究专职队伍，把政治素质和业务能力“双过硬”的干部放在责任追究岗位上，进一步夯实追责工作组织基础。二是用好人才库。要建设一支可由集团公司统一调配的企业责任追究工作专业人才库，及时补充财务、投资、金融、内控、法律等专业人员入库并参与违规问题核查，为责任追究工作提供有效支撑。同时，向国资委推荐优秀专业人才，加入中央企业监督追责专业人才队伍。三是做实教育培训。要加大培训力度，结合实际组织系统内违规责任追究队伍专门培训，积极派员参加审计、内控、财务、投资等专业培训，提高精准监督能力。加强责任追究队伍监督约束，树立法治思维，完善约束机制，强化提醒提示，使铁的纪律和实的作风成为责任追究干部的日常

习惯和自觉遵循。

三、组织保障

（一）加强组织实施

各中央企业要高度重视违规经营投资责任追究工作，结合实际细化本通知重点任务，制定工作方案，提出可操作、可检验、可衡量的落实举措，明确时间节点和责任主体，推进重点任务落实到位。

（二）强化沟通报告

各中央企业要做好重点任务落实情况的报告，除已明确需及时报告的单项任务外，其他工作任务完成情况均纳入年度责任追究工作定期报告。要注重总结提炼责任追究工作的经验做法，形成的工作成效和创新成果及时报送国资委，遇到的问题及相关工作意见建议请沟通反映。

（三）深入指导交流

国资委将通过行业交流、调研督导、专项检查等方式强化对中央企业责任追究工作的督促指导，搭建责任追究工作交流平台。各中央企业要综合运用多种方式加强对子企业的督促指导和调研评估，推动提高责任追究工作整体水平。

国务院国有资产监督管理委员会办公厅

2023 年 4 月 17 日

〔来源：国务院国有资产监督管理委员会官网〕

中央企业财务决算审核发现问题整改和责任追究工作规定

第一章　总　则

第一条　为健全中央企业财务决算监督管理制度，规范财务决算审核发现问题的整改和责任追究工作，有效防范化解重大风险，促进中央企业高质量发展，根据《中华人民共和国企业国有资产法》《企业国有资产监督管理暂行条例》《中央企业财务决算报告管理办法》（国资委令第 5 号）和《中央企业违规经营投资责任追究实施办法（试行）》（国资委令第 37 号）等法律法规和有关规定，制定本规定。

第二条　本规定所称财务决算审核发现问题，是指国资委依法履行所出资企业财务监管职能，在中央企业年度财务决算报告审核过程中发现的经营管理问题，以及违反规定造成国有资产损失或其他严重不良后果的问题线索等。

第三条　国资委和中央企业按照国有资本出资关系和干部管理权限，依据财务监管和责任追究有关规定，组织开展财务决算审核发现问题的整改和责任追究工作。

第四条　国资委财务监管部门负责中央企业财务决算报告审核，移送财务决算审核发现违规经营投资问题线索，审核把关整改质量。国资委违规责任追究部门负责财务决算审核发现违规经营投资问题线索办理工作的统筹协调，开展重大违规经营投资问题线索核查，督办指导中央企业责任追究工作。

中央企业负责本企业财务决算审核发现问题整改和责任追究工作的组织实施，健全制度机制，细化工作流程，明确职责分工，强化督促协调，确保整改和责任追究工作落实到位。

第五条　中央企业财务决算审核发现问题整改和责任追究工作，应当坚持问题导向，突出标本兼治；坚持分级分层，压实主体责任；坚持依法合规，严格规范有序；坚持系统思维，加强协同联动。

第二章 问题整改

第六条 国资委财务监管部门对财务决算审核发现问题，应当按照相关工作程序，纳入中央企业年度财务决算批复，并提出整改意见。

第七条 中央企业收到年度财务决算批复后，应当认真组织财务决算审核发现问题整改落实，由企业主要负责人牵头，建立财务、审计、责任追究、法律合规及其他相关职能部门参与的整改工作机制，对照财务决算审核发现问题及整改意见，制定整改工作方案。

第八条 中央企业应当全面梳理财务决算审核发现问题，形成问题整改台账，以清单形式逐项列明整改事项、问题描述、整改措施、责任单位及人员、整改期限等。

第九条 中央企业应当在收到年度财务决算批复后30个工作日内将整改工作方案及问题整改台账报送国资委。

第十条 中央企业应当按照整改工作方案，对照问题整改台账，做好整改工作组织实施，从纠正违规行为、完善制度机制、开展责任追究、挽回资产损失或消除不良影响等方面评估整改质量。已完成整改问题应当从问题整改台账中销号，尚未完成整改问题，应当持续跟踪督促，确保整改工作落实到位。

第十一条 中央企业应当在收到年度财务决算批复当年12月31日前完成整改，并将整改工作报告报送国资委。

第十二条 国资委应当加强对中央企业财务决算审核发现问题整改的指导督促、监督检查，审核把关整改质量，对重大复杂问题国资委财务监管部门应征求国资委相关业务厅局意见，保证整改工作效果。

第三章 责任追究

第十三条 国资委和中央企业按照违规经营投资问题线索移送办理有关规定，分级分层做好财务决算审核发现问题的移送、初步核实、分类处置及核查等工作。

第十四条 国资委财务监管部门移送国资委违规责任追究部门的违规经营投资问题线索主要包括：

（一）涉嫌进行虚假会计核算，编制虚假财务报告，操纵会计信息，调节财务指标和监管指标，造成会计信息严重失真，账实严重不符。

（二）涉嫌违反规定开展投资并购，投资项目亏损引发债务危机，危及企业持续经营。

（三）涉嫌违反规定筹集、使用、拆借资金，发生资金挪用、侵占、盗取、欺诈。

（四）涉嫌瞒报、漏报、谎报或迟报企业重大风险及风险事件，情形严重。

（五）涉嫌开展融资性贸易或“空转”“走单”等虚假业务。

（六）涉嫌违反规定对外提供巨额赊销信用、担保或预付款项，以及利用业务预付等方式变相融资。

（七）涉嫌违反规定开展货币类及商品类衍生业务。

（八）涉嫌违反规定更换年度财务决算审计会计师事务所，或授意、指使其出具虚假年度财务决算审计报告。

（九）涉嫌违反规定进行国有资产交易流转。

（十）其他造成国有资产损失或严重不良后果的违规经营投资问题线索。

第十五条 国资委违规责任追究部门受理移送违规经营投资问题线索后，经初步核实，采取核查、督办等方式开展责任追究工作，提级查办屡查屡犯和重大违规经营投资问题线索，依法依规对责任人作出处理。

（一）对涉及中央企业集团层面，或涉及所属子企业且情节严重、造成重大资产损失或其他严重不良后果的，由国资委直接核查。

（二）对涉及中央企业所属二级及以下子企业，且情节较重、资产损失较大的，由国资委与中央企业组成核查组，开展联合核查。

（三）对移送的其他财务决算审核发现问题线索，由中央企业组织核查，国资委采取挂牌督办、指导督办等方式进行指导、监督和检查。

第十六条 中央企业应当逐条分析财务决算

审核发现问题整改台账，依据本规定第十四条移送情形的规定，对其中造成资产损失或其他严重不良后果的违规经营投资问题线索，按照规定开展移送、初步核实并提出分类处置意见，制定责任追究工作安排，组织开展核查等工作。

第十七条 中央企业应当将责任追究工作安排作为整改工作方案附件，一并报送国资委。责任追究工作安排主要包括以下内容：

（一）初步核实工作开展情况。

（二）发现的违规经营投资问题线索情况。

（三）违规经营投资问题线索分类处置意见。

（四）核查实施主体、时间节点等。

（五）其他工作安排。

第十八条 中央企业应当在责任追究工作安排报送后60个工作日内，将相关工作组织、责任追究等情况形成专项工作报告报送国资委。对于报告时尚未完成责任追究的问题线索，应当纳入企业年度违规经营投资责任追究工作报告，直至问题线索责任追究到位。

第十九条 国资委和中央企业在查办违规经营投资问题线索时，发现企业经营管理人员涉嫌违纪或职务违法的问题线索，按有关规定移送纪检监察机构处理。

第四章 结果运用

第二十条 中央企业应当分析研判财务决算审核发现问题，将多发典型问题作为内部监督工作重点关注事项，根据需要开展专项检查。对检查发现问题做好整改和责任追究工作，重要工作情况及时报告国资委。

第二十一条 中央企业应当研究财务决算审核发现问题发生的深层次原因，健全完善经营管理制度，形成长效机制。对于形成原因较为复杂、涉及面较广的问题，通过专项治理、深化改革加以解决，从根源上防范化解问题发生，杜绝同一问题屡查屡犯。

第二十二条 中央企业在财务决算审核发现问题整改和责任追究工作中发生下列情形之一，造成贻误追损时机、资产损失或严重不良后果扩大的，应当按照有关规定追究相关企业和人员责任。

（一）未在规定时限内完成财务决算审核发现问题整改和责任追究，且未能说明原因或原因不充分的。

（二）对财务决算审核发现问题应当移送开展责任追究工作，而隐匿不报未移送的。

（三）因财务决算审核发现问题整改落实不力或责任追究不到位导致同类问题屡禁不止，造成重大国有资产损失或其他严重不良后果的。

（四）财务决算审核发现问题整改和责任追究工作中其他未履行或未正确履行职责，造成重大国有资产损失或其他严重不良后果的。

第二十三条 国资委应当汇总分析中央企业财务决算审核发现问题整改和责任追究工作情况，对普遍共性问题有针对性地完善国资监管政策制度，根据需要组织开展专项督导和核查，指导中央企业健全财务管理和责任追究体系，提升国资监管效能。

第五章 附 则

第二十四条 中央企业应当根据本规定，结合本企业实际情况，研究制定相关制度规定，细化财务决算审核发现问题的整改和责任追究工作程序，明确职责分工，深化成果运用等。

第二十五条 本规定由国资委负责解释。

第二十六条 本规定自印发之日起施行。

〔来源：国务院国有资产监督管理委员会官网〕

中央企业债券发行管理办法

第一章 总 则

第一条 为依法履行出资人职责，规范中央企业债券发行，利用债券融资推动国有资本和国有企业做强做优做大，提升企业核心竞争力，根据《中华人民共和国公司法》《中华人民共和国证券法》《中华人民共和国企业国有资产法》和《企业国有资产监督管理暂行条例》（国务院令第 378 号）等有关法律法规规定，制定本办法。

第二条 本办法所称中央企业，是指国务院国有资产监督管理委员会（以下简称国资委）代表国务院履行出资人职责的国家出资企业。本办法所称债券，是指中央企业及其各级子企业在境内外债券市场发行的公司信用类债券，包括企业债券、公司债券、非金融企业债务融资工具、金融债等。

第三条 中央企业债券发行管理遵循以下原则：

（一）坚持服务主业实业发展

中央企业结合主业实业发展需要制定债券发行计划，保障国家重大战略、重大工程、重点项目建设和实体经济发展，加快关键核心技术攻关，打造原创技术策源地和现代产业链链长，为实现高水平科技自立自强、提升产业链供应链韧性和安全水平提供资金支持。

（二）坚持分级分类管理

国资委以管资本为主管控中央企业整体资产负债水平和集团公司债券发行计划，中央企业依法依规决定所属子企业债券发行，加强对债券发行规模大、债券违约风险高的重点行业、重点企业监管。

（三）坚持债券全流程管控

加强制度建设、债券发行计划制定、债券发行事前审核、存量债券动态监测、债券兑付安排等全过程管理，切实提高管控水平，防范债券违约风险。

第四条 国资委依法建立健全中央企业债券发行监管体系，审核批准中央企业集团公司年度债券发行计划，推动中央企业强化债券全流程管控，有效防范债券违约风险，对中央企业债券发行违规事项造成国有资产损失以及其他严重不良后果的进行责任追究。

第五条 中央企业是债券发行管理的责任主体，负责建立本企业债券发行管理制度并组织实施，管理制度应当包括以下内容：

（一）债券发行管理原则。

（二）工作流程、管理部门及相关职责。

（三）债券发行主体管理要求。

（四）存量债券管理措施。

（五）债券风险防控措施。

（六）违规责任追究。

企业债券发行管理制度应当经内部决策机构审议通过后报送国资委。

第二章 债券发行计划管理

第六条 中央企业债券发行实行年度计划管理。中央企业制订年度财务预算时，综合考虑发展战略、投资计划、资金需求、资产负债水平、融资成本等因素，确定集团公司及所属子企业年度债券发行计划。中央企业年度债券发行计划主要包括集团公司及所属子企业存量债券情况、年度债券发行额度（包括一年期以内的短期债券净融资额、中长期债券发行总额、权益类债券发行总额)、募集资金用途、债券偿付计划等内容。

第七条　中央企业集团公司年度债券发行计划由国资委审核批准。股权多元化中央企业股东会（股东大会）审议集团公司年度债券发行计划时，应当将相关材料报送包括国资委在内的全体股东，国资委出具意见后，由其股东代表在股东会（股东大会）上行使表决权。中央企业应当于每年年初向国资委报送以下材料：

（一）集团公司年度债券发行计划的请示。

（二）集团公司年度债券发行计划表。

（三）可行性研究报告，包括宏观经济环境、债券市场环境、企业所处行业状况、同行业企业近期债券发行情况；企业生产经营情况、财务状况、债券余额；年度债券发行计划，包括发行规模、品种、期限、利率，募集资金用途和效益预测，拟投资项目纳入年度投资计划情况；债券发行金额对企业财务状况和经营业绩的影响，企业偿债能力分析，债券发行计划纳入年度预算情况、符合相关法律法规和国资委债券管理相关规定情况；风险防控机制和流程，可能出现的风险及应对方案。

（四）董事会决策文件。

（五）其他必要文件。

第八条　中央企业在报送集团公司年度债券发行计划表时，应当一并报送所属各级子企业年度债券发行计划；集团公司当年无债券发行计划的，中央企业应当汇总所属各级子企业年度债券发行计划报送国资委备案。

第九条　国资委根据国有经济布局优化和结构调整、中央企业高质量发展、中央企业债券违约风险防控等总体要求，主要从企业主业发展资金需求、公司治理机制、资产负债水平、风险防控机制建设等方面，审核批准中央企业集团公司年度债券发行计划。严格管控资产负债率超过警戒线、持续经营亏损、经营活动现金净流量为负数的中央企业债券发行额度。

第十条　中央企业集团公司可以在国资委批准的年度债券发行计划范围内自行确定债券发行具体时间、品种、期限，年度实际发行额拟超出国资委批准的年度债券发行计划的，应当将超出额度的每笔债券发行方案报国资委批准。

第十一条　国资委批准的中央企业集团公司年度债券发行计划当年有效，不与中央企业在债券市场注册的债券额度挂钩。

第十二条　中央企业依据有关法律法规及内部管理制度确定所属各级子企业债券发行管理权限，明确债券发行管理部门、管理流程和内控机制。

第十三条　中央企业应当建立债券发行主体认定机制，综合考虑子企业行业领域、财务指标、资产负债水平、信用评级、风险防控等基本条件，确定可以发行债券的子企业标准或名单。严格限制信用评级低、产权层级低、债券发行利率明显偏高、债券违约风险尚未解决的子企业发行债券。

第十四条　中央企业应当重点管控信用评级低、集中到期债券规模大、现金流紧张、经营指标显著恶化的子企业债券发行，债券发行审批应当由中央企业集团公司负责。

第三章　债券全流程管控

第十五条　中央企业应当结合年度投资计划、经营现金流、融资成本等因素，合理确定债券品种和债券期限，做好融资结构与资金安全的平衡、偿债时间与现金流量的匹配，防范短期债券滚动接续可能产生的风险，逐步提高中长期债券发行占比，防止短债长投、兑付期限过度集中等问题，逐步形成债券期限合理、融资成本最优的债券融资结构。

第十六条　中央企业应当积极利用债券市场注册制改革、债券市场基础设施互联互通、债券品种创新等资本市场重大改革举措，通过发行科技创新债券、碳中和碳达峰债券、乡村振兴债券、资产支持证券等创新品种，有效服务国家重大战略。

第十七条　中央企业应当科学论证发行永续债等权益类债券的必要性，充分考虑永续债对企业融资成本、偿债能力、高质量发展的影响，严格按相关规定控制永续债占企业净资产比重，合理控制永续债规模，所属子企业扩大永续债规模的原则上应当报中央企业集团公司批准。

第十八条 中央企业应当加强对境外债券市场融资环境研判，结合境外业务发展资金需求，积极维护投资者关系和良好国际信用评级，探索多市场、多币种发行境外债券，拓展融资渠道。建立健全境外债券风险防控机制，积极主动应对相关风险挑战，对于到期债券提前做好还款预案和相关资金安排，有效防范债券违约风险，统筹做好境外债券发行、募集资金使用和债券兑付相关工作。

第十九条 债券存续期内，中央企业应当严格遵守资本市场规则和监管要求，切实履行在募集说明书及其他相关文件中承诺的信息披露义务，及时披露可能影响偿债能力或投资者权益的重大事项。

第二十条 中央企业应当依照募集说明书披露的用途使用募集资金，投资项目回报率一般应当高于资金成本。严格执行国家金融监管政策，按照融资协议约定的用途使用资金，突出主业、聚焦实业，严禁过度融资形成资金无效淤积，严禁资金空转、脱实向虚，严禁挪用资金、违规套利。

第二十一条 中央企业应当及时通过国资委产权管理综合信息系统逐笔填报集团公司及所属子企业债券发行及兑付情况，实时在线监测全部存量债券，重点监测重点子企业存量债券及可能存在违约风险的债券。

第二十二条 中央企业应当高度重视债券违约风险防控，严禁恶意逃废债行为，维护投资者关系和市场形象。健全风险识别机制，做到早识别、早预警、早处置。稳妥处置违约风险，对确有兑付困难的企业，要提前与债券持有人沟通确定处置方案，通过债券展期、置换、现金要约收购、借助央企信用保障基金支持等方式主动化解风险。

第二十三条 出现可能影响债券本息兑付的事项时，中央企业应当在债券到期日 7 日前将相关情况及应急预案书面报告国资委。发生债券违约风险事件的应当按照《关于印发〈中央企业重大经营风险事件报告工作规则〉的通知》（国资发监督规〔2021〕103 号）有关要求及时报告并妥善处置。

第二十四条 中央企业应当于每年 1 月 31 日前核对国资委产权管理综合信息系统填报的上年度债券数据准确性、完整性，全面体现年度债券发行计划执行情况。

第四章 监督追责

第二十五条 国资委将中央企业债券发行工作列入监督检查范围，采取抽查、专项检查等方式，对中央企业债券发行管理情况实施监督评估。对未按要求报送材料的企业，国资委将给予通报批评。

第二十六条 中央企业发生未按规定履行年度债券发行计划报批程序、发现债券违约风险隐瞒不报和未按规定处置债券违约风险等违规行为，造成国有资产损失或其他严重不良后果的，国资委将按照《中央企业违规经营投资责任追究实施办法（试行）》（国资委令第 37 号）等有关规定，追究相关责任人员的责任。

第二十七条 国资委相关工作人员违反本办法规定审批中央企业集团公司年度债券发行计划并造成不良影响的，国资委责令其改正；造成国有资产损失的，依法追究相关责任；涉嫌犯罪的，依法移送监察机关或司法机关处理。

第五章 附 则

第二十八条 中央企业发行可交换公司债券、可转换公司债券，按照《上市公司国有股权监督管理办法》（国资委 财政部 证监会令第 36 号）等规定执行。

第二十九条 本办法由国资委负责解释。

第三十条 本办法自印发之日起施行。《中央企业债券发行管理暂行办法》同时废止。

附件：年度债券发行计划表 .docx（略）

国务院国有资产监督管理委员会

2023 年 4 月 26 日

〔来源：国务院国有资产监督管理委员会官网〕

2023 年中国上市公司 500 强前 100 强排行榜

2023 年 500 家上榜的中国上市公司总营业收入达到 65.8 万亿元，净利润为 4.7 万亿元。上榜公司的年营业收入门槛接近 237 亿元。

2023 年榜单前 3 的头部公司依次是：中国石油化工股份有限公司、中国石油天然气股份有限公司（简称中国石油）和中国建筑股份有限公司。中国中铁股份有限公司列第 4 位；中国平安保险（集团）股份有限公司列第 5 位，是非国有企业第 1 位。位列前 10 的民营上市企业还有京东集团股份有限公司（简称京东）和阿里巴巴集团控股有限公司（简称阿里巴巴），其中京东列第 7 位，阿里巴巴列第 10 位。

新能源汽车行业中的 3 家新势力车企——蔚来集团、理想汽车和小鹏汽车，都进入了这份榜单。其中，蔚来集团排名第 263 位，理想汽车有限公司排名第 287 位，小鹏汽车有限公司排名第 450 位。

在盈利能力方面，最赚钱的 10 家上榜公司中，除 5 家商业银行外，腾讯控股有限公司以 1 882 亿元的归母净利润排在利润榜第 5 位。两家能源巨头的利润表现令人瞩目：中国石油和中国海洋石油集团有限公司（简称中国海油）分别列利润榜第 6、7 位。这 10 家公司在 2022 年的总利润超过 2 万亿元，约占上榜公司利润总和的 43%。

互联网巨头中，除腾讯控股有限公司（简称腾讯）和阿里巴巴外，拼多多也跻身 500 家上市公司中最赚钱的前 40 家公司，在利润榜中列第 26 位。

在全球金融市场波动加剧及内外部环境的诸多不确定性的大环境下，2023 年榜单中商业银行的利润总和达到了所有 500 家上市公司利润的 40%。

净利润率方面，排位最高的是天津九安医疗电子股份有限公司（简称天津九安医疗），净利润率高达 60.9%；居净利润率榜第 2 位的是天齐锂业股份有限公司（简称天齐锂业），净利润率约为 59.6%。腾讯在该子榜中排名第 29 位。

2023 年 500 家上榜的中国上市公司中，共计有 68 家上市公司未能实现盈利，亏损总额约为 4 739 亿元。以各家公司财报披露的亏损数字为统计依据，居亏损榜前 3 位的均为航空公司，其中亏损最多的是中国国际航空股份有限公司，亏损额超过 386 亿元；中国东方航空股份有限公司和中国南方航空股份有限公司分列亏损榜第 2、3 位。不过，在新冠肺炎疫情防控措施优化之后，2023 年航空公司有望受益于消费反弹和经济复苏，大幅改善亏损。

近年来，中国经济的增长模式正从高度依赖房地产和基建的模式向房地产、基建、绿色经济和数字经济等多元模式切换，而作为“支柱行业”的房地产行业仍处于艰难恢复之中。前 10 位亏损公司中，有 5 家房地产企业。截至 2023 年 5 月 20 日，中国恒大集团尚未披露 2022 年业绩，其亏损额也尚不明确，但公开信息显示，截至 5 月末恒大地产未清偿到期债务为 2 776.88 亿元，在上市房企中依然居首。

在所有上榜公司中，位居净资产收益率（ROE）榜榜首的是海丰国际控股有限公司，该公司 ROE 超过 87%；另一家海运公司中远海运控股股份有限公司的 ROE 也超过了 54%，位列 ROE 榜第 4 位，一度高企的海运价格为这类公司带来了利润增长。在 ROE 榜中排名第 2 位的是与新冠肺炎疫情检测相关的天津九安医疗，其 ROE 高达 81%。

由于新能源行业的爆发，2022 年锂电相关行业企业的 ROE 均有不错的表现，其中青海盐湖工业股份有限公司的 ROE 高达 61%，位列 ROE 榜第 3 位；湖南裕能新能源电池材料股份有限公司和天齐锂业股份有限公司，分别位列ROE榜单第5位和第6位。锂电等先进制造业领域的崛起，也反映了中国经济结构的调整与高质量发展深度契合。

2023年中国上市公司500强前100强排行榜见表1。

表1 2023年中国上市公司500强前100强排行榜

排名		公司名称	营业收入（百万元）	利润（百万元）
2023年	2022年			
1	1	中国石油化工股份有限公司	3 318 168	66 302
2	2	中国石油天然气股份有限公司	3 239 167	149 375
3	3	中国建筑股份有限公司	2 055 052	50 950
4	5	中国中铁股份有限公司	1 154 358	31 275
5	4	中国平安保险（集团）股份有限公司	1 110 568	83 774
6	6	中国铁建股份有限公司	1 096 312	26 642
7	7	京东集团股份有限公司	1 046 236	10 380
8	10	中国移动有限公司	937 259	125 459
9	8	中国工商银行股份有限公司	917 989	360 483
10	11	阿里巴巴集团控股有限公司	868 687	72 509
11	15	厦门建发股份有限公司	832 812	6 281
12	9	中国人寿保险股份有限公司	826 055	32 082
13	12	中国建设银行股份有限公司	822 473	323 861
14	13	上海汽车集团股份有限公司	744 063	16 118
15	14	中国农业银行股份有限公司	724 868	259 140
16	16	中国交通建设股份有限公司	720 275	19 104
17	19	中国中信股份有限公司	662 326	64 831
18	18	中国人民保险集团股份有限公司	620 859	24 406
19	17	中国银行股份有限公司	618 009	227 439
20	25	中国冶金科工股份有限公司	592 669	10 272
21	20	物产中大集团股份有限公司	576 549	3 911
22	30	中国电力建设股份有限公司	572 613	11 435
23	21	腾讯控股有限公司	554 552	188 243
24	24	国药控股股份有限公司	552 148	8 526
25	28	厦门象屿股份有限公司	538 148	2 637
26	27	厦门国贸集团股份有限公司	521 918	3 589
27	29	万科企业股份有限公司	503 839	22 618

（续）

排名		公司名称	营业收入（百万元）	利润（百万元）
2023 年	2022 年			
28	26	联想控股股份有限公司	483 663	1 167
29	31	江西铜业股份有限公司	479 938	5 994
30	33	中国电信股份有限公司	474 967	27 593
31	32	中国太平洋保险（集团）股份有限公司	455 372	24 609
32	22	绿地控股集团股份有限公司	435 909	1 010
33	23	碧桂园控股有限公司	430 371	-6 052
34	58	比亚迪股份有限公司	424 061	16 622
35	49	中国海洋石油集团有限公司	422 230	141 700
36	37	中远海运控股股份有限公司	391 059	109 595
37	34	宝山钢铁股份有限公司	369 058	12 187
38	41	中国能源建设股份有限公司	366 393	7 809
39	40	中国联合网络通信股份有限公司	354 944	7 299
40	35	美的集团股份有限公司	345 709	29 554
41	38	招商银行股份有限公司	344 783	138 012
42	36	中国神华能源股份有限公司	344 533	69 626
43	42	中国邮政储蓄银行股份有限公司	334 956	85 224
44	105	宁德时代新能源科技股份有限公司	328 594	30 729
45	46	中国铝业股份有限公司	290 988	4 192
46	70	荣盛石化股份有限公司	289 095	3 340
47	44	上海建工集团股份有限公司	286 037	1 356
48	43	保利发展控股集团股份有限公司	281 108	18 347
49	39	小米集团	280 044	2 474
50	47	交通银行股份有限公司	272 978	92 149
51	53	紫金矿业集团股份有限公司	270 329	20 042
52	61	顺丰控股股份有限公司	267 490	6 174
53	48	中国太平保险控股有限公司	256 277	2 402
54	54	龙湖集团控股有限公司	250 565	24 362
55	62	华能国际电力股份有限公司	246 725	-7 387
56	51	海尔智家股份有限公司	243 514	14 711
57	59	上海医药集团股份有限公司	231 981	5 617
58	45	中国建材股份有限公司	230 168	7 962

（续）

排名		公司名称	营业收入（百万元）	利润（百万元）
2023 年	2022 年			
59	52	中国中车股份有限公司	222 939	11 653
60	56	兴业银行股份有限公司	222 374	91 377
61	64	恒力石化股份有限公司	222 373	2 318
62	50	中国中煤能源股份有限公司	220 577	18 241
63	68	美团	219 955	-6 686
64	65	华润医药集团有限公司	218 252	3 562
65	55	新华人寿保险股份有限公司	214 319	9 822
66	90	立讯精密工业股份有限公司	214 029	9 163
67	60	华润置地有限公司	207 061	28 092
68	93	兖矿能源集团股份有限公司	200 829	30 774
69	69	浙商中拓集团股份有限公司	193 605	1 003
70	81	国电电力发展股份有限公司	192 681	2 825
71	72	北京汽车股份有限公司	190 463	4 197
72	67	珠海格力电器股份有限公司	190 151	24 507
73	88	陕西建工集团股份有限公司	189 366	3 592
74	71	万洲国际有限公司	189 246	9 215
75	66	上海浦东发展银行股份有限公司	188 622	51 171
76	87	招商局蛇口工业区控股股份有限公司	183 003	4 264
77	73	中升集团控股有限公司	179 857	6 668
78	57	京东方科技集团股份有限公司	178 414	7 551
79	86	复星国际有限公司	175 393	539
80	63	潍柴动力股份有限公司	175 158	4 905
81	74	洛阳栾川钼业集团股份有限公司	172 991	6 067
82	77	湖南华菱钢铁股份有限公司	168 637	6 379
83	83	中国再保险（集团）股份有限公司	167 936	1 871
84	92	陕西煤业股份有限公司	166 848	35 123
85	85	TCL 科技集团股份有限公司	166 632	261
86	95	万华化学集团股份有限公司	165 565	16 234
87	98	中国化学工程股份有限公司	158 437	5 415
88	116	新奥天然气股份有限公司	154 168	5 844
89	106	恒逸石化股份有限公司	152 050	-1 080

（续）

排名		公司名称	营业收入（百万元）	利润（百万元）
2023 年	2022 年			
90	91	中国光大银行股份有限公司	151 632	44 807
91	137	吉利汽车控股有限公司	147 966	5 260
92	94	河钢股份有限公司	143 470	1 395
93	79	中国民生银行股份有限公司	142 476	35 269
94	217	通威股份有限公司	142 423	25 726
95	84	中国国际海运集装箱（集团）股份有限公司	141 537	3 219
96	108	新希望六和股份有限公司	141 508	-1 461
97	80	苏美达股份有限公司	141 145	916
98	102	中国通信服务股份有限公司	140 746	3 358
99	113	九州通医药集团股份有限公司	140 424	2 085
100	100	长城汽车股份有限公司	137 340	8 266

注：1. 中国上市公司 500 强排行榜由中国国际金融股份有限公司（中金公司）与《财富》（中文版）合作编制完成。

2. 本排行榜覆盖范围包括在中国境内外上市的所有中国公司。

3. 本榜所依据数据为上市公司在各证券交易所正式披露的 2022 财年年报。

4. 本榜以人民币为统一计价标准；除另有注明外，营业收入与利润所涉及人民币汇率均按 2022 年平均汇率（中国人民银行公布的交易中间价）换算，其中：1 港币 =0.858 9 元人民币；1 美元 =6.726 1 元人民币；总资产与股东权益所涉及人民币汇率均按 2022 年最后一个交易日中国人民银行公布的交易中间价换算。

5. 本榜所采用财务数据，以该公司公布的中国国内会计准则核算之数据为首选，以国际会计准则核算之数据为候选。

6. 本榜所采用的市值数据以该公司 2022 年最后一个交易日收盘价数据为准，对于多地上市公司，区分不同地区上市的股份价格和股份数量分别计算市值，然后加总。2023 年新上市公司，采用上市首日收盘价计算市值。

7. 本榜排名不构成对相关公司二级市场的任何操作建议。

8. 本排行榜统计截止日为 2023 年 5 月 20 日，部分公司因未发最新年报未纳入统计范围。

9. 上市公司市值数据来自 Wind，仅供参考。

〔来源：财富中文网〕

2023 年世界 500 强 142 家中国上榜企业名单

2023 年，我国共有 142 家公司上榜《财富》世界 500 强，大公司数量继续位居各国之首。值得注意的是，今年中国大陆（包括香港）上榜企业数量近 15 年来首次下滑，比上年减少一家，为 135 家。作为对比，美国 2023 年共有 136 家公司上榜，比上一年增加 12 家，重新超过中国大陆的上榜公司数量。但是，两者仍然形成双头并进的局面，在大企业数量上共同领先全球其他国家和地区。

贸易、新冠肺炎疫情和战争三大事件改变了全球经济，全球产业链开始了全面重构。外部的经济、政治、军事冲突极大地影响了中国经济以及中国企业的发展并直接影响进入排行榜的中国企业。

此次上榜的135家中国大陆（包括香港）的企业中，除去7家新上榜企业，以及4家位次不变的企业，有35家企业位次上升，89家企业位次下降。换言之，在可计算位次升降的128家企业中，69%的企业在排行榜中的位次下降了。其中，行业分类下的中国大陆上榜企业排位均有下滑的包括：商业银行（9家）、保险公司（7家）、航天与防务（5家）、建材（2家）、邮件/包裹及货物包装运输（2家）等。除了新上榜的立讯精密工业股份有限公司以外的5家电子、电气设备公司，以及除了新上榜的美团以外的3家互联网企业排位也都有下滑。整体排位均未下滑的行业仅有公用设施行业（3家）。此外，4家化学品企业、2家运输与物流企业排位都有不小的提升。

2001年加入世界贸易组织时，中国没有达到上榜标准的汽车工业企业，2023年《财富》世界500强排行榜上有9家中国汽车企业，跻身全球最大汽车企业行列。值得注意的是，在这9家企业中，中国企业实现新能源车技术创新与突破，出现了两匹黑马。2022年度，比亚迪股份有限公司以其新能源技术优势，销售收入达到630亿美元，从2021年度排行榜第436位跃升到2022年的第212位，是排名提升最多的中国企业。而宁德时代新能源科技股份有限公司以其488亿美元的销售收入第一次进入《财富》世界500强排行榜时排名就达到第292位。

中国142家上榜企业2023年营业收入总额超11.7万亿美元，相比上年145家上榜公司，营业收入总额提升1.7%。美国企业平均利润是80亿美元，中国大陆（包括香港）上榜企业平均利润为39亿美元，不到美国上榜企业的一半，也未达到全榜单500家企业的平均利润——58亿美元。

从榜单可以看出：外国企业不可能与中国企业完全断链、脱钩，中国企业同样不可能与全球企业脱钩。中国有20家企业集中在工业材料领域，生产钢铁、有色金属以及建材。美国上榜企业中仅有一家工业材料领域的企业。美国企业显然需要中国企业的金属材料。事实上，中国的金属材料以各种形式（产品或原材料）大规模进入美国市场。

反过来，美国企业的零部件提升了中国企业产业链在全球的地位。上榜的15家美国高技术企业不少与中国企业有密切的合作，尤以芯片、计算机软件对中国高技术产业发展有重大影响。

此次《财富》世界500强排行榜一共有39家新上榜和重新上榜企业，其中有7家中国企业，它们是：宁德时代新能源科技股份有限公司、广州工业投资控股集团有限公司、广东省广新控股集团有限公司、陕西建工控股集团有限公司、美团、通威集团有限公司、立讯精密工业股份有限公司。39家公司中，15家是能源公司。由于欧洲天然气价格飙升，德国能源公司Uniper重新上榜世界500强，并高居第16位。

在净资产收益率（ROE）榜上，家得宝以超过1 095%的净资产收益率跃升至首位，苹果公司名列第2位，葛兰素史克集团位列第3位，两家企业净资产收益率都超过140%。净资产收益率最高的50家公司中，只有两家中国企业——通威集团有限公司以42.9%的净资产收益率位列第34位，台积电公司则位列第47位。在净资产收益率方面，中国企业中排位前10的是：通威集团有限公司、台湾积体电路制造股份有限公司、联想集团有限公司、腾讯控股有限公司、中国人寿保险（集团）公司、紫金矿业集团股份有限公司、美的集团股份有限公司、湖南钢铁集团有限公司、立讯精密工业股份有限公司和宁德时代新能源科技股份有限公司。

在利润率榜上，美国邮政凭借高达71%的净利润率高居榜首。受益于海运价格持续高位运行，首次上榜的德国航运公司赫伯罗特公司位居利润率榜第2位，利润率高达49.3%。台湾积体电路制造股份有限公司则以43.9%的利润率位居第3位。值得注意的是，在中国上榜企业中利润率排前10位的公司，除了台湾积体电路制造股份有限公司和腾讯股份有限公司外，全部是商业银行。

在排名位次的变化上，2023年上升超过50位的中国企业有：台湾中油股份有限公司、山西焦煤集团有限责任公司、敬业集团有限公司、顺丰控股股份有限公司、台湾积体电路制造股份有限公司、金川集团股份有限公司。

2023 年上榜的互联网企业增加至 8 家，中美各占半壁江山，分别是：亚马逊、Alphabet 公司、京东、阿里巴巴、Meta Platforms 公司、腾讯、美团和 Uber。其中美团和 Uber 均是首次上榜《财富》世界 500 强。值得注意的是，前 6 家互联网公司，除 Alphabet 公司保持不变外，2023 年在榜单上的名次均有下滑。2023 年世界 500 强 142 家中国上榜企业名单见表 1。

表 1 2023 年世界 500 强 142 家中国上榜企业名单

排名		公司名称（中英文）	营业收入（百万美元）	总部所在城市
2023 年	2022 年			
3	3	国家电网有限公司（STATE GRID）	530 008.8	北京
5	4	中国石油天然气集团有限公司（CHINA NATIONAL PETROLEUM）	483 019.2	北京
6	5	中国石油化工集团有限公司（SINOPEC GROUP）	471 154.2	北京
13	9	中国建筑集团有限公司（CHINA STATE CONSTRUCTION ENGINEERING）	305 884.5	北京
27	20	鸿海精密工业股份有限公司（HON HAI PRECISION INDUSTRY）	222 535.3	新北
28	22	中国工商银行股份有限公司（INDUSTRIAL & COMMERCIAL BANK OF CHINA）	214 766.3	北京
29	24	中国建设银行股份有限公司（CHINA CONSTRUCTION BANK）	202 753.4	北京
32	28	中国农业银行股份有限公司（AGRICULTURAL BANK OF CHINA）	187 061.1	北京
33	25	中国平安保险（集团）股份有限公司（PING AN INSURANCE）	181 565.8	深圳
38	31	中国中化控股有限责任公司（SINOCHEM HOLDINGS）	173 834.0	北京
39	34	中国铁路工程集团有限公司（CHINA RAILWAY ENGINEERING GROUP）	171 668.8	北京
42	65	中国海洋石油集团有限公司（CHINA NATIONAL OFFSHORE OIL）	164 761.5	北京
43	39	中国铁道建筑集团有限公司（CHINA RAILWAY CONSTRUCTION）	163 037.0	北京
44	44	中国宝武钢铁集团有限公司（CHINA BAOWU STEEL GROUP）	161 698.4	上海
49	42	中国银行股份有限公司（BANK OF CHINA）	156 923.5	北京
52	46	京东集团股份有限公司（JD.COM）	155 533.3	北京
54	40	中国人寿保险（集团）公司（CHINA LIFE INSURANCE）	151 487.2	北京
62	57	中国移动通信集团有限公司（CHINA MOBILE COMMUNICATIONS）	139 597.1	北京
63	60	中国交通建设集团有限公司（CHINA COMMUNICATIONS CONSTRUCTION）	138 270.4	北京
65	58	中国五矿集团有限公司（CHINA MINMETALS）	133 541.3	北京
68	55	阿里巴巴集团控股有限公司（ALIBABA GROUP HOLDING）	126 812.5	杭州
69	77	厦门建发集团有限公司（XIAMEN C&D）	125 970.5	厦门
72	69	山东能源集团有限公司（SHANDONG ENERGY GROUP）	124 088.7	济南
74	70	中国华润有限公司（CHINA RESOURCES）	121 642.6	香港
76	85	国家能源投资集团有限责任公司（CHINA ENERGY INVESTMENT）	121 583.6	北京
83	89	中国南方电网有限责任公司（CHINA SOUTHERN POWER GRID）	113 674.0	广州
84	68	上海汽车集团股份有限公司（SAIC MOTOR）	110 612.3	上海
86	81	中国邮政集团有限公司（CHINA POST GROUP）	110 270.6	北京
87	91	中粮集团有限公司（COFCO）	110 222.0	北京

（续）

排名		公司名称（中英文）	营业收入（百万美元）	总部所在城市
2023年	2022年			
95	106	厦门国贸控股集团有限公司（XIAMEN ITG HOLDING GROUP）	103 089.7	厦门
100	102	中国中信集团有限公司（CITIC GROUP）	100 768.7	北京
105	100	中国电力建设集团有限公司（POWERCHINA）	99 019.6	北京
111	96	华为投资控股有限公司（HUAWEI INVESTMENT & HOLDING）	95 489.9	深圳
113	80	中国医药集团有限公司（SINOPHARM）	94 075.2	北京
115	127	中国远洋海运集团有限公司（COSCO SHIPPING）	93 181.4	上海
120	110	中国人民保险集团股份有限公司（PEOPLE' S INSURANCE CO. OF CHINA）	91 534.6	北京
123	75	恒力集团有限公司（HENGLI GROUP）	90 943.7	苏州
124	76	正威国际集团有限公司（AMER INTERNATIONAL GROUP）	90 498.2	深圳
131	79	中国第一汽车集团有限公司（CHINA FAW GROUP）	87 679.4	长春
132	131	中国电信集团有限公司（CHINA TELECOMMUNICATIONS）	87 166.4	北京
136	180	浙江荣盛控股集团有限公司（ZHEJIANG RONGSHENG HOLDING GROUP）	86 166.0	杭州
138	120	物产中大集团股份有限公司（WUCHAN ZHONGDA GROUP）	85 709.6	杭州
142	160	厦门象屿集团有限公司（XMXYG）	83 639.2	厦门
146	136	中国兵器工业集团有限公司（CHINA NORTH INDUSTRIES GROUP）	82 688.8	北京
147	121	腾讯控股有限公司（TENCENT HOLDINGS）	82 439.6	深圳
150	144	中国航空工业集团有限公司（AVIATION INDUSTRY CORP. OF CHINA）	81 670.8	北京
157	150	太平洋建设集团有限公司（PACIFIC CONSTRUCTION GROUP）	79 478.3	乌鲁木齐
161	155	交通银行股份有限公司（BANK OF COMMUNICATIONS）	78 213.1	上海
163	163	晋能控股集团有限公司（JINNENG HOLDING GROUP）	77 761.3	大同
165	186	广州汽车工业集团有限公司（GUANGZHOU AUTOMOBILE INDUSTRY GROUP）	77 344.7	广州
166	139	中国铝业集团有限公司（ALUMINUM CORP. OF CHINA）	76 946.0	北京
168	225	台湾积体电路制造股份有限公司（TAIWAN SEMICONDUCTORMANUFACTURING）	76 021.7	新竹
169	209	陕西煤业化工集团有限责任公司（SHAANXI COAL & CHEMICAL INDUSTRY）	75 871.2	西安
171	176	江西铜业集团有限公司（JIANGXI COPPER）	74 927.2	贵溪
172	199	山东魏桥创业集团有限公司（SHANDONG WEIQIAO PIONEERING GROUP）	74 922.8	滨州
173	178	万科企业股份有限公司（CHINA VANKE）	74 900.5	深圳
175	152	招商局集团有限公司（CHINA MERCHANTS GROUP）	73 282.7	香港
179	174	招商银行股份有限公司（CHINA MERCHANTS BANK）	72 316.6	深圳
188	122	东风汽车集团有限公司（DONGFENG MOTOR）	68 415.6	武汉
191	181	中国保利集团有限公司（CHINA POLY GROUP）	67 695.9	北京
192	182	中国太平洋保险（集团）股份有限公司［CHINA PACIFIC INSURANCE （GROUP）］	67 695.5	上海
193	162	北京汽车集团有限公司（BEIJING AUTOMOTIVE GROUP）	67 282.2	北京
205	125	绿地控股集团股份有限公司（GREENLAND HOLDING GROUP）	64 802.1	上海
206	138	碧桂园控股有限公司（COUNTRY GARDEN HOLDINGS）	63 978.9	佛山

（续）

排名		公司名称（中英文）	营业收入（百万美元）	总部所在城市
2023年	2022年			
209	215	中国华能集团有限公司（CHINA HUANENG GROUP）	63 284.3	北京
212	436	比亚迪股份有限公司（BYD）	63 040.8	深圳
217	171	联想集团有限公司（LENOVO GROUP）	61 946.9	香港
222	241	盛虹控股集团有限公司（SHENGHONG HOLDING GROUP）	61 251.2	苏州
223	208	兴业银行股份有限公司（INDUSTRIAL BANK）	60 962.1	福州
225	229	浙江吉利控股集团有限公司（ZHEJIANG GEELY HOLDING GROUP）	60 395.8	杭州
229	189	河钢集团有限公司（HBIS GROUP）	59 563.3	石家庄
244	264	浙江恒逸集团有限公司（ZHEJIANG HENGYI GROUP）	57 332.4	杭州
247	196	中国建材集团有限公司（CHINA NATIONAL BUILDING MATERIAL GROUP）	56 514.2	北京
252	233	中国电子科技集团有限公司（CHINA ELECTRONICS TECHNOLOGY GROUP）	55 847.6	北京
256	269	中国能源建设集团有限公司（CHINA ENERGY ENGINEERING GROUP）	54 889.5	北京
257	238	青山控股集团有限公司（TSINGSHAN HOLDING GROUP）	54 711.1	温州
260	226	上海浦东发展银行股份有限公司（SHANGHAI PUDONG DEVELOPMENT BANK）	54 027.7	上海
262	260	国家电力投资集团有限公司（STATE POWER INVESTMENT）	54 021.7	北京
267	267	中国联合网络通信股份有限公司（CHINA UNITED NETWORK COMMUNICATIONS）	52 765.9	北京
269	257	陕西延长石油（集团）有限责任公司［SHAANXI YANCHANG PETROLEUM（GROUP）］	52 224.1	西安
272	243	中国船舶集团有限公司（CHINA STATE SHIPBUILDING）	51 799.1	上海
278	245	美的集团股份有限公司（MIDEA GROUP）	51 393.0	佛山
279	224	中国机械工业集团有限公司（SINOMACH）	51 126.4	北京
283	217	鞍钢集团有限公司（ANSTEEL GROUP）	50 041.3	鞍山
289	339	金川集团股份有限公司（JINCHUAN GROUP）	49 466.7	金昌
292	—	宁德时代新能源科技股份有限公司（CONTEMPORARY AMPEREX TECHNOLOGY）	48 848.7	宁德
310	302	浙江省交通投资集团有限公司（ZHEJIANG COMMUNICATIONS INVESTMENT GROUP）	46 616.5	杭州
313	299	苏商建设集团有限公司（SUSUN CONSTRUCTION GROUP）	46 137.8	上海
320	386	敬业集团有限公司（JINGYE GROUP）	45 704.9	石家庄
323	326	中国华电集团有限公司（CHINA HUADIAN）	45 113.4	北京
329	273	中国民生银行股份有限公司（CHINA MINSHENG BANKING）	44 581.5	北京
333	311	和硕联合科技股份有限公司（PEGATRON）	44 272.5	台北
341	315	中国兵器装备集团公司（CHINA SOUTH INDUSTRIES GROUP）	43 428.9	北京
345	349	广达电脑公司（QUANTA COMPUTER）	42 997.0	桃园
348	291	江苏沙钢集团有限公司（JIANGSU SHAGANG GROUP）	42 784.2	张家港
351	321	上海建工集团股份有限公司（SHANGHAI CONSTRUCTION GROUP）	42 522.2	上海
356	297	中国中煤能源集团有限公司（CHINA NATIONAL COAL GROUP）	41 996.9	北京
359	431	山西焦煤集团有限责任公司（SHANXI COKING COAL GROUP）	41 662.1	太原
360	266	小米集团（XIAOMI）	41 631.3	北京

（续）

排名		公司名称（中英文）	营业收入（百万美元）	总部所在城市
2023年	2022年			
363	356	新希望控股集团有限公司（NEW HOPE HOLDING GROUP）	41 426.2	成都
368	324	中国电子信息产业集团有限公司（CHINA ELECTRONICS）	40 326.3	深圳
373	407	紫金矿业集团股份有限公司（ZIJIN MINING GROUP）	40 187.1	龙岩
377	441	顺丰控股股份有限公司（S.F. HOLDING）	39 765.1	深圳
378	475	台湾中油股份有限公司（CPC）	39 427.2	高雄
380	360	广州市建筑集团有限公司（GUANGZHOU MUNICIPAL CONSTRUCTION GROUP）	39 257.7	广州
381	364	中国核工业集团有限公司（CHINA NATIONAL NUCLEAR）	39 053.6	北京
385	334	中国太平保险集团有限责任公司（CHINA TAIPING INSURANCE GROUP）	38 705.6	香港
389	413	蜀道投资集团有限责任公司（SHUDAO INVESTMENT GROUP）	38 019.4	成都
391	372	深圳市投资控股有限公司（SHENZHEN INVESTMENT HOLDINGS）	37 887.8	深圳
395	397	怡和集团（JARDINE MATHESON）	37 724.0	香港
396	411	中国大唐集团有限公司（CHINA DATANG）	37 606.1	北京
400	341	中国航天科工集团有限公司（CHINA AEROSPACE SCIENCE & INDUSTRY）	37 371.3	北京
402	412	龙湖集团控股有限公司（LONGFOR GROUP HOLDINGS）	37 249.0	北京
410	328	首钢集团有限公司（SHOUGANG GROUP）	36 852.7	北京
411	336	杭州钢铁集团有限公司（HANGZHOU IRON AND STEEL GROUP）	36 818.2	杭州
412	434	新疆中泰（集团）有限责任公司（XINJIANG ZHONGTAI GROUP）	36 762.0	乌鲁木齐
414	—	广州工业投资控股集团有限公司（GUANGZHOU INDUSTRIAL INVESTMENT HOLDINGS）	36 588.5	广州
419	405	海尔智家股份有限公司（HAIER SMART HOME）	36 200.7	青岛
420	317	仁宝电脑（COMPAL ELECTRONICS）	36 039.7	台北
426	467	广州医药集团有限公司（GUANGZHOU PHARMACEUTICAL HOLDINGS）	35 383.0	广州
427	—	广东省广新控股集团有限公司（GUANGDONG GUANGXIN HOLDINGS GROUP）	35 368.3	广州
431	346	泰康保险集团股份有限公司（TAIKANG INSURANCE GROUP）	34 836.9	北京
432	—	陕西建工控股集团有限公司（SHAANXI CONSTRUCTION ENGINEERING HOLDING）	34 735.3	西安
434	385	中国中车集团有限公司（CRRC GROUP）	34 696.9	北京
436	400	铜陵有色金属集团控股有限公司（TONGLING NONFERROUS METALS GROUP）	34 589.9	铜陵
438	430	上海医药集团股份有限公司（SHANGHAI PHARMACEUTICALS HOLDING）	34 486.3	上海
440	458	山东高速集团有限公司（SHANDONG HI-SPEED GROUP）	34 454.8	济南
451	469	上海德龙钢铁集团有限公司（SHANGHAI DELONG STEEL GROUP）	33 534.0	上海
453	393	长江和记实业有限公司（CK HUTCHISON HOLDINGS）	33 523.4	香港
463	462	纬创集团（WISTRON）	33 063.6	台北
464	353	安徽海螺集团有限责任公司（ANHUI CONCH GROUP）	32 990.9	芜湖
465	363	北京建龙重工集团有限公司（BEIJING JIANLONG HEAVY INDUSTRY GROUP）	32 878.3	北京
466	421	湖南钢铁集团有限公司（HUNAN IRON & STEEL GROUP）	32 722.7	长沙

（续）

排名		公司名称（中英文）	营业收入（百万美元）	总部所在城市
2023年	2022年			
467	—	美团（MEITUAN）	32 698.5	北京
468	422	潞安化工集团有限公司（LU'AN CHEMICAL GROUP）	32 596.2	长治
476	—	通威集团有限公司（TONGWEI GROUP）	31 944.4	成都
478	416	新华人寿保险股份有限公司（NEW CHINA LIFE INSURANCE）	31 860.6	北京
479	—	立讯精密工业股份有限公司（LUXSHARE PRECISION INDUSTRY）	31 817.4	东莞
483	414	中国航空油料集团有限公司（CHINA NATIONAL AVIATION FUEL GROUP）	31 649.7	北京
493	466	成都兴城投资集团有限公司（CHENGDU XINGCHENG INVESTMENT GROUP）	31 304.1	成都
495	445	广西投资集团有限公司（GUANGXI INVESTMENT GROUP）	31 263.2	南宁
500	453	新疆广汇实业投资（集团）有限责任公司（XINJIANG GUANGHUI INDUSTRY INVESTMENT）	30 922.3	乌鲁木齐

注：“—”表示该企业 2022 年未入围榜单。

〔来源：财富中文网〕

2023 年度 ENR 全球最大 250 家国际承包商榜单

2023 年 8 月 23 日，2023 年度美国《工程新闻纪录》（ENR）“全球最大 250 家国际承包商”榜单发布。由中国对外承包工程商会统一组织参与申报的中国内地企业（简称中国企业）中，共有 81 家企业入围 2023 年度“全球最大 250 家国际承包商”。

中国企业上榜数量较 2022 年度增加 2 家，继续蝉联各国榜首。土耳其以 40 家上榜企业居第 2 位，美国列第 3 位（39 家），意大利与韩国并列第 4 位（12 家）。从各国上榜企业国际营业总额来看，中国上榜企业 2022 年国际营业额合计 1 179.3 亿美元，同比增长 4.4%，占全部上榜企业国际营业总额的 27.5%，较上年下降 0.9 个百分点。法国企业以 628 亿美元位居次席，占比 14.7%；西班牙企业以 594.4 亿美元列第 3 位，占比 13.9%；美国企业以 266.5 亿美元列第 4 位，占比 6.2%；韩国企业以 263.3 亿美元列第 5 位，占比 6.1%。近年来，中国上榜企业数量持续增长，上榜企业数量从 2017 年的 69 家增加至 81 家；整体业务规模保持稳定发展，业务量占比从 2017 年的 23.7% 提升至 27.5%，上榜企业数量与业务规模在各国企业中均持续位居首位，体现出较强的外部环境适应能力，展现了行业发展的强大韧性。

2023 年有 4 家中国企业进入榜单前 10 强，与 2022 年度持平，分别是中国交通建设集团有限公司（排名第 3 位，国际营业额 235.3 亿美元）、中国建筑股份有限公司（排名第 6 位，国际营业额 143 亿美元）、中国电力建设集团有限公司 （排名第 8 位，国际营业额 113.5 亿美元）、中国铁建股份有限公司（排名第 9 位，国际营业额 97.6 亿美元）；共有 11 家中国企业进入榜单 50 强，较 2022 年度减少 1 家。值得关注的是，法国企业万喜（VINCI）以 356.6 亿美元的国际营业额登顶，排名榜首。2013—2022 年度，榜首位置一直被西班牙企业 ACS 占据（自 2022 年度起，其与控股的德国企业霍赫蒂芙联合申报）。万喜（VINCI）2022 年的国际营业额较上年实现 30.1% 的增长（2021 年国际营业额为 274.1 亿美元），与其 2021 年收购 ACS 工业服务板块的能源业务相关。西班牙企业 ACS 以 341.4 亿美元国际营业额居第 2 位。入围榜单前 10 强的其他企业有：法国布依格（BOUYGUES）、奥地利 STRABAG SE、瑞典 SKANSKA AB、西班牙法罗里奥（FERROVIAL），这些企业长期位列榜单 10 强。

上榜 81 家中国企业的平均国际营业额为 14.6 亿美元，同比提高 2%，平均国际业务占比（国际营业额/全球营业额）为 8%，与 2022 年持平。上榜的前 10 家中国企业平均国际营业额为 86.3 亿美元，平均国际业务占比为 8.9%，较 2022 年出现小幅下滑。榜单前 10 家外国企业平均国际营业额为 153.4 亿美元，平均国际业务占比为 65.9%，较 2022 年提高 4%。国际业务占比方面，中外企业目前仍存在较明显差距。长期以来，中国企业呈现出整体业务规模大，国际业务占比相对偏小的特点，说明中国企业在国际化发展的道路上虽已取得长足进步，但仍任重道远。

榜单显示，250 家上榜企业 2022 年的国际新签合同总额为 5 872 亿美元，较 2021 年增长 7.3 %；国际营业总额为 4 285 亿美元，较 2021 年增长 7.7%；在近两年连续上榜的 237 家企业中，65% 的上榜企业国际营业额有所提升。

地区市场业务规模方面，欧洲市场占据首位，250 家上榜企业在该地区的营业额合计 1 127.6 亿美元，占营业总额的 26.3%；亚洲市场排第 2 位，250 家上榜企业在该地区的营业额合计 838.8 亿美元，占营业总额的 19.6%；排第 3 位的是美国市场，250 家上榜企业在该地区的营业额合计 559.1 亿美元，占营业总额的 13%；其他排位依次是中东市场、非洲市场、拉丁美洲和加勒比市场，占比分别为 11.6%、11.2%、6.4%。在地区市场业务前 10 强榜单中，中国企业除未能进入美国、加拿大市场外，其他市场均占有席位。在亚洲市场，中国建筑股份有限公司、中国交通建设集团有限公司、中国电力建设集团有限公司、中国中铁股份有限公司、中国铁建股份有限公司、中国能源建设股份有限公司、中国冶金科工集团有限公司 7 家企业入围；在非洲市场，中国交通建设集团有限公司、中国铁建股份有限公司、中国电力建设集团有限公司、中国中铁股份有限公司、中国建筑股份有限公司、中国中材国际工程股份有限公司 6 家企业入围；在中东市场，中国电力建设集团有限公司、中国能源建设股份有限公司、中国机械工业集团有限公司 3 家企业上榜；在拉丁美洲和加勒比市场，中国交通建设集团有限公司、中国铁建股份有限公司、中国电力建设集团有限公司 3 家企业上榜；在澳大利亚市场，中国交通建设集团有限公司上榜；在欧洲市场，中国化学工程集团有限公司上榜。各国承包商在各区域市场各有所长，在非洲、亚洲和中东市场，中国企业业务继续保持领先地位，份额分别达到 63%、54.2% 和 35.6%；欧洲企业在美国、欧洲、澳大利亚、拉丁美洲和加勒比市场优势依旧明显，市场份额分别达到 76.4%、74.8%、71.2% 和 45.2%；美国企业业务主要集中在加拿大、拉丁美洲和加勒比市场，市场份额分别为 46.6%、19.5%；日韩企业在中东市场、亚洲市场，具备一定竞争力。

专业业务领域方面，交通运输建设仍是业务规模最大的领域，上榜企业在该领域营业额合计 1 425.8 亿美元（占营业总额的 33.3%）；其次是房屋建筑领域，上榜企业的营业额合计 918.3 亿美元（占营业总额的 21.4%）；石油化工领域位居第 3 位，上榜企业的营业额合计 569.4 亿美元（占营业总额的 13.3%）；电力工程领域，上榜企业的营业额合计 450.7 亿美元（占营业总额的 10.5%），上述 4 个领域营业额合计占比 78.5%。在各专业业务领域排名前 10 强榜单中，除通信工程领域外，均有中国企业入围。其中，在电力工程领域，中国电力建设集团有限公司、中国能源建设股份有限公司、中国机械工业集团有限公司、上海电气集团股份有限公司 4 家企业上榜；在交通运输建设领域，中国交通建设集团有限公司、中国铁建股份有限公司、中国中铁股份有限公司 3 家企业上榜；在水利工程领域，中国电力建设集团有限公司、中国交通建设集团有限公司、中国能源建设股份有限公司3家企业上榜；在房屋建筑领域，中国建筑股份有限公司、中国交通建设集团有限公司2家企业上榜；在石油化工领域，中国化学工程集团有限公司、中国石油集团工程股份有限公司2家企业上榜；在制造加工领域，中国交通建设集团有限公司、中国中材国际工程股份有限公司2家企业上榜；在工业建设领域，中国冶金科工集团有限公司、中钢设备有限公司2家企业上榜；在供排水与污水处理领域，中国电力建设集团有限公司、中国建筑股份有限公司2家企业上榜，表明中国企业在上述各业务领域均具有一定竞争力。

与2022年度相比，81家上榜中国企业中，有35家排名上升，34家排名出现下滑，5家排名持平，7家为新上榜企业。其中，排名升幅较大的企业有：中国东方电气集团有限公司（排名从101位上升至74位）、中钢设备有限公司（排名从152位上升至78位）、特变电工股份有限公司（排名从109位上升至79位）、中国航空技术国际工程有限公司（排名从143位上升至104位）、西安西电国际工程有限责任公司（排名从189位上升至158位）、四川公路桥梁建设集团有限公司（排名从212位上升至174位）、中国建材工程集团（排名从222位上升至189位），此外，龙信建设集团有限公司、江西省建工集团有限责任公司、湖南建工集团有限公司、湖南路桥建设集团有限责任公司、中国甘肃国际经济技术合作有限公司、江苏中南建筑产业集团有限责任公司、江苏南通二建集团有限公司、中亿丰建设集团股份有限公司等企业的排名也出现了较明显的上升。值得一提的是，在新上榜企业中，海洋石油工程股份有限公司进入榜单前100名，排名第68位。

在ENR同期发布的“最大250家全球承包商”榜单中（以国内与国际营业额合计排序），共有9家中国企业进入前10强，较上年度增加1家，其中中国建筑股份有限公司、中国中铁股份有限公司、中国铁建股份有限公司、中国交通建设集团有限公司、中国冶金科工集团有限公司、中国电力建设集团有限公司包揽前6位，上海建工集团股份有限公司排名第8位、绿地大基建集团有限公司排名第9位，中国能源建设股份有限公司排名第10位。此外，陕西建工控股集团有限公司、北京城建集团有限责任公司、山西建设投资集团有限公司、中国化学工程集团有限公司、湖南建工集团有限公司、北京建工集团有限责任公司、安徽建工集团股份有限公司、四川公路桥梁建设集团有限公司、浙江省建设投资集团股份有限公司、中国核工业建设股份有限公司、江苏南通二建集团有限公司、中国石油集团工程股份有限公司、上海城建（集团）有限公司、中天建设集团有限公司、山东高速集团有限公司、江苏中南建筑产业集团有限责任公司、中国机械工业集团有限公司、中国东方电气集团有限公司等企业进入榜单前50强，体现了中国企业在全球基建行业的重要地位。2023年度ENR全球最大250家国际承包商上榜中国企业名单见表1。

表1 2023年度ENR全球最大250家国际承包商上榜中国企业名单

名次	2023年	2022年	企业名称
1	3	3	中国交通建设集团有限公司
2	6	7	中国建筑股份有限公司
3	8	6	中国电力建设集团有限公司
4	9	10	中国铁建股份有限公司
5	13	11	中国中铁股份有限公司
6	16	20	中国化学工程集团有限公司
7	17	17	中国能源建设股份有限公司
8	31	30	中国石油集团工程股份有限公司

（续）

名次	2023 年	2022 年	企业名称
9	33	28	中国机械工业集团有限公司
10	39	47	中国冶金科工集团有限公司
11	43	44	中国中材国际工程股份有限公司
12	62	40	上海电气集团股份有限公司
13	64	75	山东高速集团有限公司
14	68	—	海洋石油工程股份有限公司
15	71	67	中国江西国际经济技术合作有限公司
16	72	68	江西中煤建设集团有限公司
17	73	69	浙江省建设投资集团股份有限公司
18	74	101	中国东方电气集团有限公司
19	75	72	北方国际合作股份有限公司
20	78	152	中钢设备有限公司
21	79	109	特变电工股份有限公司
22	84	80	中信建设有限责任公司
23	86	98	北京城建集团有限责任公司
24	87	87	青建集团股份公司
25	94	74	中国电力技术装备有限公司
26	97	97	中国地质工程集团有限公司
27	100	90	中石化炼化工程（集团）股份有限公司
28	101	85	哈尔滨电气国际工程有限责任公司
29	104	143	中国航空技术国际工程有限公司
30	105	106	中石化中原石油工程有限公司
31	108	104	新疆生产建设兵团建设工程（集团）有限责任公司
32	109	119	中国河南国际合作集团有限公司
33	111	123	中地海外集团有限公司
34	116	112	烟建集团有限公司
35	122	—	威海国际经济技术合作股份有限公司
36	124	92	上海建工集团股份有限公司
37	125	105	中国通用技术（集团）控股有限责任公司
38	126	121	中鼎国际工程有限责任公司
39	128	139	上海城建（集团）有限公司
40	129	134	山西建设投资集团有限公司
41	131	116	北京建工集团有限责任公司
42	132	107	江苏省建筑工程集团有限公司
43	134	—	中国核工业建设股份有限公司
44	135	131	江西省水利水电建设集团有限公司
45	143	137	中国江苏国际经济技术合作集团有限公司

（续）

名次	2023 年	2022 年	企业名称
46	146	142	中国武夷实业股份有限公司
47	149	122	云南省建设投资控股集团有限公司
48	150	166	龙信建设集团有限公司
49	156	128	中国水利电力对外有限公司
50	157	180	江西省建工集团有限责任公司
51	158	189	西安西电国际工程有限责任公司
52	162	182	湖南建工集团有限公司
53	165	184	湖南路桥建设集团有限责任公司
54	167	176	沈阳远大铝业工程有限公司
55	168	173	中国有色金属建设股份有限公司
56	169	170	山东淄建集团有限公司
57	172	179	陕西建工控股集团有限公司
58	173	181	山东高速德建集团有限公司
59	174	212	四川公路桥梁建设集团有限公司
60	176	164	山东电力工程咨询院有限公司
61	181	172	安徽建工集团股份有限公司
62	184	199	中国甘肃国际经济技术合作有限公司
63	189	222	中国建材国际工程集团有限公司
64	191	—	江苏通州四建集团有限公司
65	195	211	江苏中南建筑产业集团有限责任公司
66	197	197	重庆对外建设（集团）有限公司
67	199	198	南通建工集团股份有限公司
68	200	195	浙江交工集团股份有限公司
69	202	193	正太集团有限公司
70	203	—	中铝国际工程股份有限公司
71	207	—	中国瑞林工程技术股份有限公司
72	211	227	江苏南通二建集团有限公司
73	222	238	中亿丰建设集团股份有限公司
74	224	229	龙建路桥股份有限公司
75	227	206	浙江省东阳第三建筑工程有限公司
76	228	237	江联重工集团股份有限公司
77	229	191	天元建设集团有限公司
78	230	217	中天建设集团有限公司
79	237	—	蚌埠市国际经济技术合作有限公司
80	241	249	河北建工集团有限责任公司
81	246	183	绿地大基建集团有限公司

注：“—”表示该企业 2022 年度未入围榜单。

〔来源：中国对外承包工程商会官网〕

2022 年度机械工业科学技术奖授奖项目目录

2022 年度机械工业科学技术奖技术发明类
特等奖（2 项）

项目编号	项目名称	完成单位
2211025	重型柴油机高热效率关键技术研究	潍柴动力股份有限公司、江苏大学
2215044	大型复杂曲面机器人加工关键技术及应用	华中科技大学、无锡中车时代智能装备有限公司、华中科技大学无锡研究院、江苏集萃华科智能装备科技有限公司、株洲时代新材料科技股份有限公司、无锡黎曼机器人科技有限公司、中车青岛四方机车车辆股份有限公司、无锡透平叶片有限公司

2022 年度机械工业科学技术奖技术发明类
一等奖（7 项）

项目编号	项目名称	完成单位
2201028	高速精密数控机床误差控制关键技术及应用	西安交通大学、广州数控设备有限公司、浙江海德曼智能装备股份有限公司、宝鸡机床集团有限公司、武汉华中数控股份有限公司、无锡超通智能制造技术研究院有限公司
2209078	高性能磁性液体动密封关键技术与应用	清华大学、北京交通大学、汕头大学、北京工业大学、自贡兆强密封制品实业有限公司、广西科技大学、成都锦江电子系统工程有限公司、北京市神然磁性流体技术有限公司、北京科理科仪技术有限公司、北京华远臻达磁性流体技术有限公司
2209080	高速列车关键部件故障诊断与服役安全技术及应用	北京航空航天大学、西安交通大学、中车青岛四方机车车辆股份有限公司、中车青岛四方车辆研究所有限公司
2209083	高性能铝合金构件变向锻造成形关键技术与装备	华中科技大学、北京卫星制造厂有限公司、湖北三环锻造有限公司、武汉新威奇科技有限公司、重庆建设工业（集团）有限责任公司
2211021	可变构型涡轮增压系统及其控制技术	上海交通大学、山西柴油机工业有限责任公司、广州柴油机股份有限公司、康跃科技（山东）有限公司、上海新动力汽车科技股份有限公司
2215039	混联加工机器人关键技术及工艺装备	天津大学、北京卫星制造厂有限公司、中国工程物理研究院激光聚变研究中心、上海航天设备制造总厂有限公司、潍柴动力股份有限公司、天津汽车模具股份有限公司、天津扬天科技有限公司
2215041	复杂装备数字孪生管控运维关键技术及系统应用	北京航空航天大学、北自所（北京）科技发展股份有限公司、通用技术集团机床工程研究院有限公司、北京航天拓扑高科技有限责任公司、北京必可测科技股份有限公司、武汉科技大学

2022 年度机械工业科学技术奖技术发明类二等奖（11 项）

项目编号	项目名称	完成单位
2201029	高速、精密数控车磨复合加工机床	北京工研精机股份有限公司、北京航空航天大学
2203027	复杂工况条件下风电齿轮传动系统故障诊断技术及应用	浙江大学、浙江运达风电股份有限公司、浙江大学杭州国际科创中心、中节能风力发电股份有限公司、杭州前进齿轮箱集团股份有限公司、上海交通大学
2208007	机械工业废水深度净化装备与功能材料创新及应用	中机国际工程设计研究院有限责任公司※、湖南大学、湖南恒凯环保科技投资有限公司
2209008	多界面银铜复合带精密成形关键技术及应用	郑州机械研究所有限公司、中机智能装备创新研究院（宁波）有限公司、西安中熔电气股份有限公司、黄河科技学院、好利来（厦门）电路保护科技有限公司、河南农业大学
2209042	低成本高性能钛金属粉末近终成形制造关键技术	北京科技大学、中国航发北京航空材料研究院、深圳艾利佳材料科技有限公司、航天增材科技（北京）有限公司
2209118	铝镁合金高真空压铸成形关键技术及应用	清华大学、一汽铸造有限公司、雄邦压铸（南通）有限公司、大连亚明汽车部件股份有限公司、北京适创科技有限公司、北京交通大学
2209128	宽频变阻尼高稳定振动控制技术及装置	北京科技大学、中国科学院高能物理研究所、中国科学院微小卫星创新研究院
2213031	大型太阳翼地面模态测试关键技术研究	浙江工业大学、上海宇航系统工程研究所、杭州研江智能科技有限公司、上海宇涵机械有限公司
2215045	材料 - 结构 - 性能一体化激光选区熔化技术及应用	华中科技大学、北京卫星制造厂有限公司、中国地质大学（武汉）
2215066	面向复杂环境的高适应性自学习多足运载平台关键技术及应用	北京化工大学、北京交通大学、中国科学院自动化研究所、中国北方车辆研究所
2215077	核电站一回路关键部件在役检修机器人技术及应用	哈尔滨工程大学、中广核检测技术有限公司、阳江核电有限公司

2022 年度机械工业科学技术奖技术发明类三等奖（5 项）

项目编号	项目名称	完成单位
2202041	特高压胶浸纤维套管绝缘材料关键技术及应用	国网电力科学研究院武汉南瑞有限责任公司、武汉理工大学
2202114	“分布式电源 + 节能”模式微能源系统关键部件研究与应用	江苏理工学院、中国矿业大学、北汽重型汽车有限公司
2206062	核电站应急处置机器人关键技术与应用	山东大学、山东国兴智能科技股份有限公司
2207002	钻完井复杂工况超高压机械密封关键技术与工业化应用	北京捷杰西石油设备有限公司、宁波伏尔肯科技股份有限公司、中国科学院宁波材料技术与工程研究所、北京力合大科科技有限公司、中国石油集团油田技术服务有限公司
2211026	天然气发动机复合燃烧关键技术研究	潍柴动力股份有限公司、哈尔滨工程大学、山东大学

2022 年度机械工业科学技术奖科技进步类

特等奖（3 项）

项目编号	项目名称	完成单位
2201032	强激光光学元件超精密制造技术、成套装备研究及应用	中国工程物理研究院激光聚变研究中心、中国兵器科学研究院宁波分院、哈尔滨工业大学、厦门大学、中国工程物理研究院机械制造工艺研究所、上海中晶企业发展有限公司、北京微纳精密机械有限公司、中国工程物理研究院
2202186	±1 100kV 直流输电成套设备研制及工程应用	国家电网有限公司、中国西电集团有限公司、特变电工股份有限公司、平高集团有限公司、国网经济技术研究院有限公司、南瑞集团有限公司、中国电力科学研究院有限公司、西安交通大学、保定天威保变电气股份有限公司、山东电力设备有限公司、北京电力设备总厂有限公司、国网湖北省电力有限公司电力科学研究院、苏州华电电气股份有限公司、国网智能电网研究院有限公司、天津经纬正能电气设备有限公司、湖南长高高压开关有限公司、国网新疆电力有限公司电力科学研究院、江苏神马电力股份有限公司、平高东芝（廊坊）避雷器有限公司、许继电气股份有限公司
2209114	超大型复杂板壳结构精确热处理关键技术及成套装备	中国机械总院集团北京机电研究所有限公司、哈尔滨工业大学、西安航天动力机械有限公司、天津航天长征技术装备有限公司、江麓机电集团有限公司

2022 年度机械工业科学技术奖科技进步类

一等奖（34 项）

项目编号	项目名称	完成单位
2202022	海洋湿热环境对电力设备外绝缘影响机理及其防治技术研究与应用	广东电网有限责任公司电力科学研究院、海南电网有限责任公司电力科学研究院、中国电力科学研究院有限公司、清华大学深圳国际研究生院、武汉大学、北京国电富通科技发展有限责任公司、中国电器科学研究院股份有限公司※、长园高能电气股份有限公司、广州麦科凌电力装备有限公司、成都拓利科技股份有限公司
2202024	±800kV 柔性直流换流阀关键技术与装备	中国南方电网有限责任公司超高压输电公司、南方电网科学研究院有限责任公司、许继集团有限公司、南京南瑞继保电气有限公司、荣信汇科电气股份有限公司、特变电工新疆新能源股份有限公司、西安派瑞功率半导体变流技术股份有限公司
2202090	F 级 50MW 重型燃机燃烧器全温全压试验研究	东方电气集团东方汽轮机有限公司
2202100	高性能电力驱动系统关键技术及其在工程机械装备的应用	湖南大学、佳木斯电机股份有限公司、河南卫华重型机械股份有限公司、中车株洲电机有限公司、江苏徐工工程机械研究院有限公司、华中科技大学、湖北环一电磁装备工程技术有限公司、长沙学院、机械工业北京电工技术经济研究所
2202109	芯片化非侵入式电流监测装备关键技术及应用	清华大学、广西电网有限责任公司、南方电网数字电网研究院有限公司、清华四川能源互联网研究院、南方电网科学研究院有限责任公司

（续）

项目编号	项目名称	完成单位
2202128	特高压直流工程用大容量换流变压器技术研究与应用	西安西电变压器有限责任公司、山东电力设备有限公司、国网新疆电力有限公司超高压分公司
2202157	水电机组智能故障诊断及预测技术开发与工程应用	松花江水力发电有限公司丰满大坝重建工程建设局、哈动国家水力发电设备工程技术研究中心有限公司、哈尔滨电机厂有限责任公司、哈尔滨工业大学、中国软件与技术服务股份有限公司、北京华科同安监控技术有限公司
2202169	制冷类家电易拆解可回收绿色关键技术研究与产业化	中国电器科学研究院股份有限公司※、青岛海尔空调器有限总公司、合肥工业大学、青岛科技大学
2203004	流程工业仪器仪表智能物联系统关键技术及应用	重庆川仪自动化股份有限公司、重庆大学、重庆钢铁股份有限公司、北京航天发射技术研究所
2203022	高速钢轨伤损检测关键技术及应用	南京航空航天大学、中国铁道科学研究院集团有限公司基础设施检测研究所、中铁第四勘察设计院集团有限公司、南京轨道交通系统工程有限公司、中国科学院微电子研究所、南京派光高速载运智慧感知研究院、南京派光智慧感知信息技术有限公司、南京拓控信息科技股份有限公司、成都盛锴科技有限公司
2204044	超大型智能海洋半潜运载装备关键技术研究与产业化	广船国际有限公司、华南理工大学、中国船舶工业集团公司第七〇八研究所、中远海运特种运输股份有限公司、中国船级社广州分社、上海船舶研究设计院、上海船舶运输科学研究所、大连船用推进器有限公司
2204057	高端精品带钢高效冷轧数智化生产关键核心技术攻关与产业化	中国重型机械研究院股份公司※、东北大学、燕山大学、北京科技大学、鞍钢集团信息产业有限公司、江苏沙钢集团有限公司、宁波宝新不锈钢有限公司
2204075	大型干法粉磨装备高效高可靠性设计与运维关键技术及应用	郑州轻工业大学、浙江大学、中信重工机械股份有限公司、洛阳矿山机械工程设计研究院有限责任公司、栾川龙宇钼业有限公司
2205024	设施园艺智能化装备技术及应用	江苏大学、北京京鹏环球科技股份有限公司、北京市农林科学院智能装备技术研究中心、昆山市永宏温室有限公司、广东省现代农业装备研究所、江苏省农业科学院
2205025	拖拉机动力系统关键共性试验技术及标准体系	河南科技大学、洛阳西苑车辆与动力检验所有限公司、洛阳拖拉机研究所有限公司（拖拉机动力系统国家重点实验室）、中国农业大学、山东时风（集团）有限责任公司
2206007	超临界流体挤出发泡系列成套装备技术	北京化工大学、南京创博机械设备有限公司、河北格瑞尔斯塑机制造有限公司
2206045	LNG 大功率高扬程一体化潜液泵关键技术的研究及工程应用	上海阿波罗机械股份有限公司、国家石油天然气管网集团有限公司液化天然气接收站管理分公司、上海交通大学、宁夏天利丰能源利用有限公司
2206069	大型乙烯裂解管式反应器智能制造与运维技术	合肥通用机械研究院有限公司※、华东理工大学、南京工业大学、上海卓然工程技术股份有限公司、中国石油化工股份有限公司、合肥金星智控科技股份有限公司、中国石油化工股份有限公司茂名分公司、青岛新力通工业有限责任公司、中国石油化工股份有限公司广州分公司、大连理工大学
2206074	30MW 级燃驱压缩机组研制及工业性应用	中国船舶集团有限公司第七〇三研究所、国家石油天然气管网集团有限公司西气东输分公司、哈尔滨汽轮机厂有限责任公司、沈阳鼓风机集团股份有限公司、中船重工龙江广瀚燃气轮机有限公司、哈尔滨广瀚燃气轮机有限公司、哈尔滨广瀚动力技术发展有限公司

（续）

项目编号	项目名称	完成单位
2207001	高效率高功密长寿命商用车变速器关键技术及产业化	陕西法士特汽车传动集团有限责任公司、湖南大学、郑州机械研究所有限公司、中机生产力促进中心有限公司、西北工业大学、陕西法士特齿轮有限责任公司
2207011	低成本锻模制造与再制造关键技术及应用	重庆大学、中国第二重型机械集团德阳万航模锻有限责任公司※、西南铝业（集团）有限责任公司、重庆杰品科技股份有限公司、重庆大江杰信锻造有限公司、湖北三环锻造有限公司、德阳广大东汽新材料有限公司、天仟重工有限公司
2207064	高参数齿轮传动装置系列化设计制造技术研究及应用	浙江大学、杭州前进齿轮箱集团股份有限公司、浙江双环传动机械股份有限公司、宁波东力传动设备有限公司
2207071	机器人用精密轴承研制及应用示范	洛阳轴承研究所有限公司※、慈兴集团有限公司、河南科技大学、西安交通大学、八环科技集团股份有限公司、上海联合滚动轴承有限公司
2208033	基于安全可靠性的消防给水系统关键技术研究与应用	中国中元国际工程有限公司※、湖南南方安美消防设备有限公司、洪恩流体科技有限公司、长沙鑫业建设投资有限公司、广东永泉阀门科技有限公司、广东东方管业有限公司
2209025	多芯片高密度集成的电子基板高精高效制造关键技术与应用	广东工业大学、大族激光科技产业集团股份有限公司、TCL 华星光电技术有限公司、深圳市兴森快捷电路科技股份有限公司、广东佛智芯微电子技术研究有限公司
2209100	复杂工况下移动焊接机器人关键技术及应用	北京石油化工学院、上海市机械施工集团有限公司、中铁宝桥集团有限公司、天津大学、北京城建精工钢结构工程有限公司、中国铁建重工集团股份有限公司、北京圣龙博睿科技有限公司
2210047	面向多变负载工况的工程机械液压传动高效节能关键技术及应用	中联重科股份有限公司
2210049	多功能桩基础施工成套装备关键技术及产业化	山河智能装备股份有限公司、中南大学
2210056	复杂海底地质大型风电基础安装关键技术与系列装备	广东精铟海洋工程股份有限公司、广东工业大学、江苏龙源振华海洋工程有限公司、大连理工大学、中国机械总院集团北京机电研究所有限公司、启东中远海运海洋工程有限公司、南通中远海运船务工程有限公司、中国铁建港航局集团有限公司、中国船舶工业综合技术经济研究院
2211050	重型商用车天然气发动机关键技术及产业化	一汽解放汽车有限公司、吉林大学
2212029	柴油机常见质量问题检测及过程控制的研究与应用	一汽解放大连柴油机有限公司
2213012	机械产品数字化手册国际标准制定及应用	徐工集团工程机械股份有限公司、中机生产力促进中心有限公司、中国电子科技集团公司第三十八研究所、西安电子科技大学、北京宇航系统工程研究所、北京空间飞行器总体设计部
2213030	高档数控系统可靠性测评关键技术	北京航空航天大学、通用技术集团机床工程研究院有限公司、武汉华中数控股份有限公司、广州数控设备有限公司、沈阳中科数控技术股份有限公司、工业和信息化部电子第五研究所、北京计算机技术及应用研究所
2215030	飞机部件高精高效数字化装配工艺与装备关键技术及应用	成都飞机工业（集团）有限责任公司、清华大学、中国航空制造技术研究院、南京航空航天大学

2022 年度机械工业科学技术奖科技进步类

二等奖（167 项）

项目编号	项目名称	完成单位
2201016	大型高精度数控立式磨床开发与应用	无锡市明鑫数控磨床有限公司、无锡市明鑫机床有限公司
2201023	伺服冷精锻自动化智能生产线关键技术研发及应用	江苏兴锻智能装备科技有限公司、江苏大学
2201030	高端装备主轴单元系统关键技术研究及应用	洛阳轴承研究所有限公司※、洛阳开远智能精机有限公司、河南科技大学、西安交通大学
2201033	功能微结构精密磨削用金刚石仿形砂轮关键技术及应用	郑州磨料磨具磨削研究所有限公司※、哈尔滨工业大学、河南省力量钻石股份有限公司、河南黄河旋风股份有限公司
2201037	智能化液态、半固态模锻液压机生产线	天津市天锻压力机有限公司、天津大学、天津职业技术师范大学、天津中德应用技术大学
2201041	超大超重型转子槽高效精确铣削加工机床关键技术及应用	齐齐哈尔二机床（集团）有限责任公司
2202003	三代核电蒸汽发生器安装制造关键检测技术研究及应用	上海电气核电设备有限公司、中国科学院西安光学精密机械研究所
2202008	特高压直流隔离开关成套装备关键技术的研制与工程应用	湖南长高高压开关集团股份公司、湖南大学、机械工业北京电工技术经济研究所
2202025	高压电缆附件无损检测及故障诊断技术研究与应用	广东电网有限责任公司电力科学研究院、南方电网科学研究院有限责任公司、西安交通大学、广东电网有限责任公司广州供电局、哈尔滨哈普电气技术有限责任公司、广东电网有限责任公司东莞供电局、陕西锦德机械电子科技有限公司
2202044	基于多维数据融合的智慧变电站全景监控关键技术研究及应用	许昌许继软件技术有限公司、中国电力科学研究院有限公司、许继集团有限公司
2202045	交直流混联电网应对换相失败的控制与保护协同关键技术及应用	许继电气股份有限公司、国网河南省电力公司电力科学研究院、西安交通大学、许昌许继软件技术有限公司
2202052	高精度方形动力锂电池卷绕技术及装备研发	无锡先导智能装备股份有限公司、浙江大学、浙江大学常州工业技术研究院
2202061	1 000MW 超超临界汽轮机改造技术研发及工程应用	哈尔滨汽轮机厂有限责任公司、国家电投集团河南电力有限公司平顶山发电分公司
2202067	低水峰光纤用高纯四氯化硅制备关键技术及应用	洛阳中硅高科技有限公司、中国恩菲工程技术有限公司、硅基材料制备技术国家工程研究中心
2202069	800kV 交流切滤波器组罐式断路器关键技术及产品研制	河南平高电气股份有限公司
2202070	大容量、高电压直流隔离开关关键技术及系列化设备	河南平高电气股份有限公司、平高集团有限公司
2202071	应用于大容量无氢电站的世界首创 660MW 级双水内冷发电机	上海电气电站设备有限公司

（续）

项目编号	项目名称	完成单位
2202084	工业废气高效清洁燃烧及超高温亚临界蒸汽能量转化关键装备与应用	东方电气集团东方锅炉股份有限公司
2202087	重型燃机热部件热障涂层修复再制造关键技术及应用	东方电气集团东方汽轮机有限公司、西安交通大学
2202101	永磁电机轻质高效设计与高可靠运行关键技术及应用	江苏大学、南京埃斯顿自动化股份有限公司、江苏微特利电机股份有限公司、雷勃电气（常州）有限公司
2202104	复杂条件下硅钢磁化机制及关键应用技术研究	沈阳工业大学、国网宁夏电力有限公司电力科学研究院、特变电工沈阳变压器集团有限公司、特变电工衡阳变压器有限公司、国网河南省电力有限公司电力科学研究院
2202106	大型矿井提升传动系统安全运行控制理论研究及其应用	上海交通大学、上海理工大学、上海电机学院、中国矿业大学
2202110	干式电力设备绝缘老化状态评估与寿命提升关键技术及应用	天津大学、天津市特变电工变压器有限公司、国网天津市电力公司电力科学研究院、四川东材科技集团股份有限公司、华北电力大学、国网山东省电力公司济南供电公司、国网（山东）电动汽车服务有限公司
2202117	大型混流式水轮机安全稳定性控制与优化关键技术及应用	西华大学、东方电气集团东方电机有限公司、清华大学
2202129	BKDFYT-200000/1000 交流有级可控并联电抗器	西安西电变压器有限责任公司
2202137	基于自主膜电极的燃料电池系统关键技术研究及应用	东方电气（成都）氢燃料电池科技有限公司、东方电气股份有限公司
2202142	复杂工况下高性能大功率电源装备关键技术与工程应用	华南理工大学、比亚迪股份有限公司、易事特集团股份有限公司、广州爱申特科技股份有限公司、西安交通大学
2202143	高比例水电送出系统阻尼控制关键技术研究与实践	南方电网科学研究院有限责任公司、中国南方电网电力调度控制中心、华能澜沧江水电股份有限公司糯扎渡水电厂、云南华电金沙江中游水电开发有限公司、华能龙开口水电有限公司、云南华电鲁地拉水电有限公司、华能澜沧江水电股份有限公司乌弄龙里底水电厂
2202145	多类型高压直流输电换流功率装备全功能试验技术与工程应用	南方电网科学研究院有限责任公司、中国南方电网有限责任公司超高压输电公司、许继电气股份有限公司、南京南瑞继保电气有限公司、西安西电电力系统有限公司、特变电工新疆新能源股份有限公司、荣信汇科电气股份有限公司
2202146	基于光纤复合低压电缆（OPLC）的电力光纤到户关键技术与应用	国网辽宁省电力有限公司、上海电缆研究所有限公司、国网信息通信产业集团有限公司、江苏中天科技股份有限公司、江苏亨通电力电缆有限公司、北京中电飞华通信有限公司、北京国电通网络技术有限公司
2202154	大型变压器可靠性提升关键技术研究及工程应用	南方电网科学研究有限责任公司、南方电网超高压输电公司、特变电工衡阳变压器有限公司、广州西门子变压器有限公司、华北电力大学（保定）、湖南大学
2202156	110kV 高压乙丙橡胶绝缘电缆自主化研制与工程应用	青岛汉缆股份有限公司

（续）

项目编号	项目名称	完成单位
2202158	新型电力系统广域分散储能聚合关键技术与系列装备及应用	广东电网有限责任公司电力科学研究院、南方电网电力科技股份有限公司、中国科学院广州能源研究所、华南理工大学、北方工业大学、深圳市欣旺达综合能源服务有限公司、长园深瑞继保自动化有限公司
2202161	数控装备精密永磁伺服电机系统关键技术及应用	中国科学院宁波材料技术与工程研究所、海天塑机集团有限公司、宁波菲仕技术股份有限公司、宁波安信数控技术有限公司、宁波弘讯科技股份有限公司、宁波菲仕运动控制技术有限公司、宁波长飞亚塑料机械制造有限公司
2202168	轨道交通自主 IGBT 关键技术研究及应用	株洲中车时代电气股份有限公司、株洲中车时代半导体有限公司、中车株洲电力机车研究所有限公司、天津轨道交通运营集团有限公司、广州地铁集团有限公司运营事业总部、昆明轨道交通集团有限公司
2202187	500kV 高可靠性 GIL 装备关键技术、标准体系及规模化应用	中国南方电网有限责任公司超高压输电公司检修试验中心、西安西电开关电气有限公司、华北电力大学、广州西电高压电气制造有限公司
2203001	多品类电能计量设备全性能试验智能检测系统建设	国网冀北电力有限公司计量中心、烟台东方威思顿电气有限公司、中国电力科学研究院有限公司、国网冀北电力有限公司物资分公司
2203005	非线性用电负荷电能计量技术、标准装置及工程应用研究	广东电网有限责任公司计量中心、中国电力科学研究院有限公司、华中科技大学、广东省计量科学研究院、国网湖南省电力有限公司供电服务中心（计量中心）、深圳市星龙科技股份有限公司、烟台东方威思顿电气有限公司
2203016	高可信智能电表物联网关键技术及产业化应用	广西电网有限责任公司、天津大学、南方电网科学研究院有限责任公司、广西博联信息通信技术有限责任公司
2203034	新型智能电能表柔性检测关键技术与设备及产业化应用	南方电网科学研究院有限责任公司、烟台东方威思顿电气有限公司、中国南方电网有限责任公司、深圳市科陆电子科技股份有限公司、河南许继仪表有限公司
2203036	高端装备用硅基压力传感器关键技术研究与应用	沈阳仪表科学研究院有限公司※、武汉航空仪表有限责任公司、厦门大学、机械工业仪器仪表综合技术经济研究所、新乡北方车辆仪表有限公司
2203043	面向碳达峰的城市微能源网智能化管控关键技术、核心装备与应用	上海电器科学研究所（集团）有限公司、上海交通大学、上海市建筑科学研究院有限公司、上海中心大厦建设发展有限公司、机械工业北京电工技术经济研究所
2204001	F 级重型燃机核心转子体锻件国产化研制	二重（德阳）重型装备有限公司※、上海电气燃气轮机有限公司、东方电气集团东方汽轮机有限公司
2204009	高可靠低功耗重载矿用挖掘机关键技术与产业化	徐州徐工矿业机械有限公司、江苏汇智高端工程机械创新中心有限公司、中国矿业大学
2204011	高空大载荷起重机臂架结构技术研究及其产业化	徐州重型机械有限公司、江苏省特种设备安全监督检验研究院
2204013	煤矿井下安全智能柔性自移设备列车技术创新与示范	中国煤炭科工集团太原研究院有限公司、山西天地煤机装备有限公司
2204019	超大型炼钢转炉倾动装置关键技术研究及应用	太原重工股份有限公司、重庆大学、太原理工大学
2204029	华龙一号核环吊	大连华锐重工集团股份有限公司、大连理工大学
2204041	石灰回转窑节能工艺装备关键技术研究与应用	中信重工机械股份有限公司、洛阳矿山机械工程设计研究院有限责任公司、洛阳师范学院

（续）

项目编号	项目名称	完成单位
2204046	演艺场馆数字化机械成套装备集成控制关键技术	甘肃工大舞台技术工程有限公司、兰州理工大学
2204049	基于三维形貌感知的中厚板产线多区协同优化系统研发	东北大学、山东钢铁股份有限公司、沈阳建筑大学、唐山中厚板材有限公司、莱芜钢铁集团银山型钢有限公司、福建三钢闽光股份有限公司
204053	高精度管棒材斜辊矫直理论、工艺与装备开发及其应用	太原科技大学、太原恒信科达重工成套设备有限公司、太原市涌金重型机械有限公司
2204055	机制砂石智能工厂生产管控与智能运维关键技术研究与应用	中国科学院上海高等研究院、上海云统信息科技有限公司、上海云统创申智能科技有限公司、湖北工业大学、中国水利水电第七工程局有限公司第五分局、浙江交投矿业有限公司
2204056	垃圾资源化核心转运系统创制与产业化应用	北京起重运输机械设计研究院有限公司※
2204073	ϕ114mm 精密三辊热轧管机组的研制、成套及应用	太原磬泓机电设备有限公司、林州凤宝管业有限公司、太原理工大学、太原科技大学
2205002	面向定制化的木门智能加工装备及应用	南通跃通数控设备股份有限公司、中国林业科学研究院木材工业研究所
2205009	高效饲草料生产关键技术装备的研发与产业化	山东省畜牧总站（山东省种畜禽质量测定站）、山东五征集团有限公司、山东芳华农业发展有限公司、山东丰神农业机械有限公司、山东健源生物科技有限公司、德州农慧农牧业专业合作联合社
2205014	机采棉加工全程智能化关键技术与工艺装备研发及应用	山东天鹅棉业机械股份有限公司、山东大学、济南大学
2205018	120～140 马力（1 马力 =735.5W）拖拉机模块化多挡传动装置研发及应用	中国一拖集团有限公司※、第一拖拉机股份有限公司※、洛阳拖拉机研究所有限公司※
2205027	川渝丘陵山地小麦、玉米生产技术与关键装备创制	中国农业大学、农业农村部南京农业机械化研究所、广西合浦县惠来宝机械制造有限公司、江苏沃得农业机械股份有限公司、中联农业机械股份有限公司、中国农业机械化科学研究院集团有限公司※、四川省农机化技术推广总站
2205034	主要饲草料收获关键技术及智能化装备	中国农业机械化科学研究院集团有限公司※、中机美诺科技股份有限公司※、中国农业机械化科学研究院呼和浩特分院有限公司※、河北英虎农业机械股份有限公司、中国农业大学
2206006	多源塑料固废再生压嵌增强建筑模板工艺及其成套生产装备	江苏贝尔机械有限公司、江苏科技大学、张家港江苏科技大学产业技术研究院
2206020	燃煤机组 SCR 装置与脱硝催化剂性能优化关键技术开发及工程应用	上海电力大学、华电电力科学研究院有限公司、上海电气电站环保工程有限公司、华电青岛环保技术有限公司、浙江德创环保科技股份有限公司
2206023	天然气长输管道大口径调压装置关键阀门研制与工程应用	天津贝特尔流体控制阀门有限公司、国家石油天然气管网集团有限公司西气东输分公司、国家管网集团北方管道有限责任公司、国家管网集团科学技术研究总院分公司、博思特能源装备（天津）股份有限公司、天津大学
2206026	高效低耗新型有机硅流化床反应器的研发及产业化	江苏科圣化工机械有限公司、湖北兴瑞硅材料有限公司、上海交通大学、南京工业大学、淮阴工学院、江苏省特种设备安全监督检验研究院淮安分院
2206037	低品质能源高效利用技术与应用	杭州汽轮机股份有限公司

（续）

项目编号	项目名称	完成单位
2206046	核电站海水循环泵关键技术研究及工程应用	上海阿波罗机械股份有限公司、中国核电工程有限公司、江苏大学、中广核工程有限公司、福建福清核电有限公司、江苏核电有限公司、海南核电有限公司
2206053	超高压油田注水泵关键技术研究及产业化	重庆水泵厂有限责任公司
2206055	低温冶金烟气热量回收与超净处理技术及装备	沈阳工业大学、沈阳铝镁设计研究院有限公司、通化鑫鸿新材料有限公司、山西信发化工有限公司
2206057	车用低温电动涡旋式压缩机及热泵空调系统开发及应用	上海理工大学、上海光裕汽车空调压缩机有限公司、上海北特科技股份有限公司
2206060	高负荷大扰动蒸汽减温减压阀组关键技术及应用	浙江大学、杭州华惠阀门有限公司、哈电集团哈尔滨电站阀门有限公司、武汉锅炉集团阀门有限责任公司、上海发电设备成套设计研究院有限责任公司、中国船舶集团有限公司第七一一研究所
2206072	新型高效变频压缩机关键技术研究及产业化	广东美芝制冷设备有限公司、中家院（北京）检测认证有限公司、广东美芝精密制造有限公司、安徽美芝精密制造有限公司、广东美的制冷设备有限公司
2206082	工业 MVR 蒸发系统用高效大温升离心蒸汽压缩机研制及应用	重庆通用工业（集团）有限责任公司、深圳市瑞升华科技股份有限公司、西安交通大学
2206087	大型高效间接换热干燥装备及系统的研发与应用	山东天力能源股份有限公司、山东省科学院能源研究所、山东天力工程科技有限公司
2206090	同步回转排水采气装置	江苏丰泰流体机械科技有限公司、宝鸡石油机械有限责任公司海洋石油装备分公司
2206096	120 万 t/a PDH 装置丙烯制冷压缩机组	沈阳透平机械股份有限公司、沈阳鼓风机集团股份有限公司
2206097	聚烯烃装置用循环气压缩机系列研制及产业化应用	沈阳鼓风机集团齿轮压缩机有限公司、沈阳鼓风机集团股份有限公司、沈阳透平机械股份有限公司
2206098	深地油气勘探激发装备关键技术与应用	西南石油大学、中国地质大学（北京）、深圳思畅机器人系统有限公司、绵阳赛恩新能源科技有限公司
207007	超千吨级履带起重机核心液压控制元件研发及产业化	圣邦集团有限公司、徐工集团工程机械股份有限公司建设机械分公司
2207020	超淬透性高端轴承钢热加工关键技术研究及应用	洛阳 LYC 轴承有限公司、燕山大学、大冶特殊钢有限公司
2207033	高承载、长寿命多列串联推力滚子轴承研发及应用	瓦房店轴承集团国家轴承工程技术研究中心有限公司、瓦房店轴承集团有限责任公司
2207035	汽车轻量化模具关键技术研发及产业化	天津职业技术师范大学、天津汽车模具股份有限公司、国家超级计算天津中心
2207036	汽车轻量化核心结构件一体化承载式车身压铸成型超大型复杂精密模具关键技术研发与应用	广州市型腔模具制造有限公司
2207045	非道路宽体自卸车变速器系列产品开发及产业化	陕西法士特汽车传动集团有限责任公司、陕西同力重工股份有限公司
2207053	高性能新能源汽车一体化动力总成	株洲齿轮有限责任公司、株洲中车时代电气股份有限公司、中南大学
2207059	天然气长输管线压缩机高压干气密封关键技术及应用	中密控股股份有限公司、清华大学

（续）

项目编号	项目名称	完成单位
2207060	乘用车第三代轮毂轴承单元制造关键技术及应用	湖南大学、湖北新火炬科技有限公司、江苏力星通用钢球股份有限公司、湖南理工学院、韶关学院
2207068	大承重比高速滚珠轴承延寿设计技术与新产品开发	太原科技大学、洛阳轴承研究所有限公司※、郑州航空工业管理学院、洛阳 LYC 轴承有限公司
2207069	高性能金属橡胶减振与密封材料研制及应用	福州大学、江苏工邦振控科技有限公司、中国核动力研究设计院、广东工业大学、福建省特种设备检验研究院
2207072	3～7MW 风电机组主轴轴承关键技术研究及应用	洛阳轴承研究所有限公司※、河南科技大学、洛阳新强联回转支承股份有限公司
2207079	线控换挡关键技术及产业化	广州汽车集团股份有限公司、广汽零部件有限公司
2208008	桥梁缆索检修关键技术及成套装备应用	柳州欧维姆机械股份有限公司、柳州欧维姆结构检测技术有限公司、广西科学院、柳州欧维姆工程有限公司、柳州市自动化科学研究所
2208011	汽车制造业 AGV 柔性连接岛式装配关键技术研发及应用	中国汽车工业工程有限公司※、机械工业第四设计研究院有限公司※
2208024	智能化超级重卡总装生产线	武汉东研智慧设计研究院有限公司、东风设计研究院有限公司
2208025	全模块化汽车柔性焊接生产系统关键技术研发与应用	中国汽车工业工程有限公司※、机械工业第四设计研究院有限公司※
2208040	航发优材（镇江）钛合金精密成型有限公司年产 1 000 台（套）钛合金中介机匣等航空关键零部件智能制造项目（一期）	中国联合工程有限公司※、航发优材（镇江）钛合金精密成型有限公司
2208041	基于热法浓缩与烟道蒸发的燃煤机组废水零排放技术研究及应用	上海发电设备成套设计研究院有限责任公司、上海上发院发电成套设备工程有限公司
2208048	高端控制阀智能制造关键技术及产业化	中国联合工程有限公司※、吴忠仪表有限责任公司
2209006	轨道交通装备走行系统用高端铸铁材料的研发及产业化应用	常州朗锐铸造有限公司、中车戚墅堰机车车辆工艺研究所有限公司、常州铁道高等职业技术学校、常州工业职业技术学院
2209009	时速 350km/h 复兴号中国标准动车组吸能联挂系统	中车戚墅堰机车车辆工艺研究所有限公司、常州中车铁马科技实业有限公司
2209010	铝合金蜂窝结构高可靠真空钎焊技术及应用	郑州机械研究所有限公司
2209014	硬质合金绿色钎焊与界面可靠连接关键技术及应用	中机智能装备创新研究院（宁波）有限公司、郑州机械研究所有限公司、哈尔滨工业大学、合肥工业大学、中铁工程装备集团隧道设备制造有限公司、中石化江钻石油机械有限公司、自贡硬质合金有限责任公司
2209015	高性能复合材料高精高效模压成型关键技术及成套装备	北京机科国创轻量化科学研究院有限公司、奇瑞新能源汽车股份有限公司、中机精密成形产业技术研究院（安徽）股份有限公司、中国机械总院集团江苏分院有限公司
2209019	挤压铸造（液态模锻）关键技术及大型铸锻一体化装备开发与应用	苏州三基铸造装备股份有限公司、清华大学、中国第一汽车股份有限公司
2209031	大型装备复杂曲面在线高精测量技术及应用	思看科技（杭州）股份有限公司、浙江工业大学、宁波大学科学技术学院

（续）

项目编号	项目名称	完成单位
2209051	大尺寸碳纤维复合材料构件在线检测关键技术及应用	郑州大学、威海光威复合材料股份有限公司
2209052	大型装备耐磨部件高可靠性再制造关键技术研究及应用	郑州机械研究所有限公司、中信重工机械股份有限公司、郑州大学、中国矿业大学
2209061	薄壁曲面铝合金高质高效搅拌摩擦焊关键技术及成套装备	广州瑞松智能科技股份有限公司、广东省科学院中乌焊接研究所、中船黄埔文冲船舶有限公司、中国航空制造技术研究院、哈尔滨工业大学、北京艾路浦科技发展有限公司
2209075	塑料异型材挤出模具数字化设计系统与高精高效成套装备	武汉理工大学、文一三佳科技股份有限公司、芜湖海螺挤出装备有限公司、铜陵三佳山田科技股份有限公司
2209094	碳纤维缠绕复合材料关键结构件高性能制造关键技术及装备	合肥工业大学、湖北三江航天江北机械工程有限公司、哈尔滨理工大学、内蒙古航天红岗机械有限公司、哈尔滨玻璃钢研究院有限公司、北京化工大学、哈尔滨复合材料设备开发有限公司
2209097	重载铁路货车的搅拌摩擦焊制造与运维关键技术及应用	北京建筑大学、国能铁路装备有限责任公司、中车长江车辆有限公司
2209102	机器人与车辆装备的智能仿生关键技术及应用	重庆邮电大学、中国科学院合肥物质科学研究院、重庆大学、重庆门罗机器人科技有限公司、杭州它人机器人技术有限公司、重庆金冠汽车制造股份有限公司、重庆宇海精密制造股份有限公司
2209105	百万千瓦水轮机转轮高强高韧马氏体不锈钢焊接材料及工程应用	哈尔滨威尔焊接有限责任公司、哈尔滨焊接研究院有限公司
2209111	关键基础件用特种合金材料技术研发及应用	重庆材料研究院有限公司、洛阳轴承研究所有限公司※、重庆三爱海陵实业有限责任公司、重庆大学
2209113	车内空气质量测试关键技术及分析方法研发	中汽数据有限公司、中汽数据（天津）有限公司、中国汽车技术研究中心有限公司、吉利汽车研究院（宁波）有限公司、东风汽车有限公司东风日产乘用车公司
2209115	复杂关键铸件砂型3D打印成形技术	沈阳铸造研究所有限公司、一汽铸造有限公司、康硕电气集团有限公司、沈阳铸研科技有限公司
2210005	基于自主核心电液部件的挖掘机节能高效控制关键技术及应用	上海华兴数字科技有限公司、上海三一重机股份有限公司
2210009	海上大直径竖向嵌岩掘进装备技术研究及应用	中交天和机械设备制造有限公司、亨通海洋工程有限公司、中交第三航务工程局有限公司
2210017	面向大口径长输管网的定向钻进及铺设装备关键技术与应用	徐州徐工基础工程机械有限公司、中国地质大学（武汉）、山东大学
2210024	沥青路面道路无人化施工智能控制技术及其产业化	徐工集团工程机械股份有限公司道路机械分公司、东南大学
2210026	高速轮式多功能工程车关键技术研究及应用	贵州詹阳动力重工有限公司、太原科技大学
2210031	基于电助力转向的智能化站驾前移式叉车关键技术研究及应用	杭叉集团股份有限公司、天津德科智控股份有限公司
2210045	大长重比混凝土泵车关键技术及应用	中联重科股份有限公司
2210046	长大隧道混凝土湿喷智能装备关键技术研究及应用	湖南五新隧道智能装备股份有限公司、长沙理工大学、中铁十二局集团第二工程有限公司机械化施工分公司
2210062	大功率工程机械动力传动系统绿色节能关键技术及产业化	吉林大学、广西柳工机械股份有限公司、杭州杰牌传动科技有限公司

（续）

项目编号	项目名称	完成单位
2210067	长距离大埋深隧道小直径盾构机设计制造关键技术及应用	中铁工程装备集团有限公司、中铁工程服务有限公司、河南水建集团有限公司
2210072	大吨位破碎专用液压挖掘机关键技术及产业化	山东临工工程机械有限公司
2210073	掘进机绿色再制造关键工艺技术研究及应用	中国铁建重工集团股份有限公司、中南大学
2211001	节能环保轻型商用车柴油机关键技术及产业化	北汽福田汽车股份有限公司
2211009	高功率内燃机活塞低摩擦高强化关键技术及应用	滨州学院、滨州渤海活塞有限公司
2211014	商用车高效一体化增程器关键技术开发及应用	玉柴芯蓝新能源动力科技有限公司、清华大学、广西玉柴机器股份有限公司
2211019	高效低排放轻型柴油机关键技术及应用	江铃汽车股份有限公司
2211022	商用车燃料电池辅助系统关键技术研究及产业化应用	北京理工大学、中国汽车技术研究中心有限公司、山东交通学院、江苏大学、中通客车股份有限公司、宇通客车股份有限公司
2211024	非道路移动机械尾气处理及在线监控关键技术及应用	同济大学、江西五十铃发动机有限公司、苏州松之源环保科技有限公司、移动源后处理技术（河南）研究院有限公司
2211036	高性能重型柴油机变海拔适应性技术开发及应用	潍柴动力股份有限公司、山东大学
2211046	高端蠕墨铸铁件铸造关键技术及产业化	潍柴动力股份有限公司、哈尔滨理工大学、山东大学
2211051	轻型商用车国六发动机关键技术开发及应用	安徽全柴动力股份有限公司、安徽艾可蓝环保股份有限公司、钧风电控科技（大连）有限责任公司
2212008	机加工数字虚拟系统在发动机制造中的创新运用	上汽大众汽车有限公司
2212013	CAP1400 核电常规岛电机转子精加工架口技术	中国一重集团有限公司
2212015	汽车零件加工创新性工具的开发及自动技术应用	一汽解放汽车有限公司传动分公司
2212016	新型轻量化材料零件试制创新技术	一汽解放汽车有限公司
2213005	《铸铁显微组织　第 4 部分：球墨铸铁球化率评定方法》（ISO 945—4:2019）国际标准研制	中车戚墅堰机车车辆工艺研究所有限公司、沈阳铸造研究所有限公司、江苏恒立液压股份有限公司常州铸造分公司、北京跟踪与通信技术研究所
2213033	《无损检测术语工业计算机层析成像（CT）检测》（GB/T 34365—2017）等 9 项工业 CT 系列国家标准	重庆大学、中国兵器科学研究院宁波分院、重庆真测科技股份有限公司、上海材料研究所、四川航天川南火工技术有限公司、中国航发北京航空材料研究院、中车齐齐哈尔车辆有限公司
2213034	再制造关键工艺流程共性技术标准研制及应用	中国人民解放军陆军装甲兵学院、河北京津冀再制造产业技术研究有限公司、合肥工业大学、山东能源重型装备制造集团有限责任公司
2213035	《重型机械通用技术条件》（GB/T 37400.1～16）	中国重型机械研究院股份公司※、二重（德阳）重型装备有限公司※、一重集团大连工程技术有限公司、北方重工集团有限公司、太原重工股份有限公司、大连华锐重工集团股份有限公司、中信重工机械股份有限公司

（续）

项目编号	项目名称	完成单位
2213036	《挖掘机、装载机和推土机燃油消耗量试验方法标准》（GB/T 36694—2018～GB/T 36696—2018）	天津工程机械研究院有限公司※、徐工集团工程机械有限公司江苏徐州工程机械研究院、广西柳工机械股份有限公司、山推工程机械股份有限公司、山东源根石油化工有限公司、雷沃工程机械集团有限公司、烟台艾迪液压科技有限公司
2213040	核电厂爆破阀核心部件可靠性分析与试验验证方法的开发及应用	中机生产力促进中心有限公司、上海核工程研究设计院有限公司、中核苏阀科技实业股份有限公司、大连大高阀门股份有限公司、中国工程物理研究院化工材料研究所、陕西应用物理化学研究所
2213041	《数字化车间通用技术要求》系列国家标准研制及应用	机械工业仪器仪表综合技术经济研究所、国机智能技术研究院有限公司※、重庆川仪自动化股份有限公司、吴忠仪表有限责任公司、无锡职业技术学院、上海电器科学研究院、西安高压电器研究院股份有限公司
2213042	空气压缩机系统能效提升系列标准	合肥通用机械研究院有限公司※、合肥通用机电产品检测院有限公司※、中国标准化研究院、宁波德曼压缩机有限公司、杭州日盛净化设备有限公司、阿特拉斯·科普柯（上海）贸易有限公司、无锡纽曼泰克气源净化设备有限公司
2213048	《制造业信息化服务平台服务资源分类规范》（GB/T 3045—2017）等3项国家标准	北京机械工业自动化研究所有限公司、清华大学、北京航空航天大学、重庆大学、安徽江淮汽车集团股份有限公司
2213066	面向道路弱势人群的汽车碰撞安全测试技术研究及标准应用	中国汽车技术研究中心有限公司、中汽研汽车检验中心（天津）有限公司、浙江吉利汽车研究院有限公司
2214002	《储能聚合物电介质导论》（第1版）	清华大学、中国科技出版传媒股份有限公司
2214003	《索驱动及刚性并联机构的研究与应用》（第1版）	清华大学、清华大学出版社有限公司
2214005	《电机气隙磁场调制统一理论及应用》（第1版）	东南大学、江苏大学、机械工业出版社
2214010	《基于认知计算与几何空间变换的故障诊断与预测》	北京航空航天大学、国防工业出版社
2214021	《中国表面工程》	《中国表面工程》编辑部
2214022	《电工技术学报》	中国电工技术学会、《电气技术》杂志社有限公司
2215003	车间制造过程实时信息集成管理与优化决策关键技术及应用	中国科学院自动化研究所、北京机械工业自动化研究所有限公司、北京力控元通科技有限公司
2215013	智能拉丝机成套装备关键技术研究及应用	中天科技光纤有限公司、江苏中天科技股份有限公司、中天智能装备有限公司、上海昱品通信科技股份有限公司
2215018	节能新能源商用车变速器智能工厂核心技术攻关及建设	陕西法士特汽车传动集团有限责任公司、西北工业大学
2215024	高性能锂电池电极浆料连续化短流程制备关键技术及成套生产线	佛山市金银河智能装备股份有限公司
2215029	航空大型复杂线束自动铺放技术与应用	成都飞机工业（集团）有限责任公司、长春理工大学
2215032	智能车间生产数据关联融合与优化决策关键技术研究与应用	昆明理工大学、昆船智能技术股份有限公司、电子科技大学、云南中烟工业有限责任公司、昆明瑞丰印刷有限公司
2215043	异构物流机器人关键核心技术研究及其在中医药智能工厂的集成应用	北京航空航天大学、机科发展科技股份有限公司、北京同仁堂健康药业股份有限公司

（续）

项目编号	项目名称	完成单位
2215060	模块化机器人系统的研发与产业化	广东工业大学、广东省科学院智能制造研究所、深圳市大族机器人有限公司、固高科技股份有限公司、佛山博文机器人自动化科技有限公司、广州大学
2215064	工业机器人核心部件性能评价方法与技术应用	广州机械科学研究院有限公司※、哈工大机器人（合肥）国际创新研究院、重庆大学、广州市昊志机电股份有限公司、广州数控设备有限公司、中汽检测技术有限公司
2215065	动力电池云原生控制与智能运维平台关键技术及产业化应用	中国第一汽车股份有限公司研发总院、北京交通大学

2022 年度机械工业科学技术奖科技进步类三等奖（217 项）

项目编号	项目名称	完成单位
2201005	高效精密热模锻智能化柔性生产线	扬力集团股份有限公司
2201006	基于多轴独立视觉补偿技术的高精密钻孔、铣边工艺研发及装备产业化	苏州维嘉科技股份有限公司
2201009	IMPRESS-Ⅲ PLUSDCC4500 大型冷室压铸机	宁波力劲科技有限公司
2201011	XK2730×80 数控定梁龙门移动式镗铣床	齐重数控装备股份有限公司
2201013	基于工艺数据库的多库联动铸造生产线	无锡锡南铸造机械股份有限公司
2201017	JST27-2200 智能化多连杆伺服压力机	天津市天锻压力机有限公司
2201034	新型外热送风水冷长炉龄大吨位冲天炉系统的研发与应用	青岛青力环保设备有限公司
2202001	新能源汽车驱动电机用耐高温变频漆包扁线	大通（福建）新材料股份有限公司
2202006	国内首台高效 50MW 大功率垃圾焚烧发电汽轮机研制及应用	上海汽轮机厂有限公司
2202007	配电变压器绕组铜铝材质无损检测技术研究、装备制造和应用	广东电网有限责任公司广州供电局电力试验研究院
2202009	面向超大规模电动汽车的智慧充电服务关键技术、装备研发及产业应用	深圳供电局有限公司、南方电网电动汽车服务有限公司、南方电网科学研究院有限责任公司、东南大学、成都华茂能联科技有限公司
2202015	大长度三芯 220kV 及以下轻型低碳海底电缆技术研究及产业化	中天科技海缆股份有限公司、南海海缆有限公司、中天大丰海缆有限公司
2202017	深海光电复合脐带缆及附件系统应用	中天科技海缆股份有限公司
2202018	新一代耐候节能型太阳能光伏电缆关键技术创新与应用	江苏上上电缆集团有限公司、上海交通大学、江苏上上电缆集团新材料有限公司

（续）

项目编号	项目名称	完成单位
2202020	500kV 超高压长距离电缆竣工试验方法、系列试验装备及测量系统	广东电网有限责任公司广州供电局电力试验研究院、思源电气股份有限公司、华北电力大学、北京圣泰实时电气技术有限公司、清华四川能源互联网研究院
2202021	抽水蓄能超大容量变流干式变压器研发及产业化	明珠电气股份有限公司、沈阳工业大学
2202032	低压配电网智能感知关键设备研制及产业化	山东电工电气集团有限公司、山东电工电气集团新能科技有限公司
2202043	换流变压器近区抗爆、降噪装备研制及工程应用	国网电力科学研究院武汉南瑞有限责任公司、国家电网有限公司特高压建设分公司、国网安徽省电力有限公司电力科学研究院、中国电力科学研究院有限公司武汉分院、南京理工大学
2202047	高可靠低碳化城市配电网运行控制关键技术与工程应用	广西电网有限责任公司南宁供电局、广西电网有限责任公司电力科学研究院、安徽大学、石家庄科林电气股份有限公司、国电南瑞南京控制系统有限公司
2202048	基于数字孪生和智慧物联的农村电网智能化关键技术研究与应用	广西电网有限责任公司、南方电网数字电网研究院有限公司、青岛鼎信通讯股份有限公司、华为技术有限公司、电力规划总院有限公司
2202051	额定电压 6～35kV 交联聚乙烯绝缘轻型水底电缆及接头研发与应用	新远东电缆有限公司、常州龙创绝缘材料有限公司
2202064	新能效非晶合金闭口立体卷铁心配电变压器关键技术及应用	上海置信电气有限公司、青岛云路先进材料技术股份有限公司、天津置信电气有限责任公司、上海置信电气非晶有限公司
2202072	直流输电换流阀冷却系统状态监测与智能诊断技术研究与应用	河南晶锐冷却技术股份有限公司、西安交通大学、许昌开普电气研究院有限公司
2202077	面向公共安全的交直流输电工程对油气管道影响及防护措施研究	深圳供电局有限公司、南方电网科学研究院有限责任公司、清华大学、山东理工大学、广州大学
2202086	大型发电机定子接地故障定量化诊断与治理关键技术及应用	西华大学、东方电气集团东方电机有限公司、清华大学、重庆大学
2202088	高参数高效一次再热垃圾发电汽轮机关键技术及应用	东方电气集团东方汽轮机有限公司
2202093	怒江电网电力外送能力提升及高可靠运行关键技术与工程应用	云南电网有限责任公司、云南电网有限责任公司怒江供电局、云南电网有限责任公司电力科学研究院、云南电网有限责任公司普洱供电局
2202094	电气设备状态关键参量光纤传感检测技术研究及应用	云南电网有限责任公司、云南电网有限责任公司电力科学研究院、重庆大学、云南变压器电气股份有限公司、沈阳变压器研究院有限公司
2202095	高压直流换流阀水冷系统电沉积防垢技术研究及应用	云南电网有限责任公司、云南电网有限责任公司电力科学研究院、华北电力大学（保定）、国网陕西省电力有限公司电力科学研究院、云南电力技术有限责任公司
2202098	新型百万等级高效超超临界塔式锅炉	上海锅炉厂有限公司
2202099	特高压 ±1 100kV 直流复合绝缘子研制关键技术及应用	国网新疆电力有限公司电力科学研究院、襄阳国网合成绝缘子有限责任公司、国网电力科学研究院武汉南瑞有限责任公司、福州大学、湖北大学
2202102	基于多源异构信息融合的输变电工程三维数字化关键技术研究及应用	沈阳工业大学、国网辽宁省电力有限公司、国网经济技术研究院有限公司、国家能源集团科学技术研究院有限公司沈阳分公司、沈阳电力勘测设计院有限责任公司

（续）

项目编号	项目名称	完成单位
2202111	大型风电机组优化设计与可靠运行关键技术研究及应用	上海理工大学、上海东海风力发电有限公司、上海绿色环保能源有限公司、上海拜安传感技术有限公司、上海崇明北沿风力发电有限公司
2202116	新型移动式可靠多能方舱关键技术	上海电机学院、上海动力储能电池系统工程技术有限公司、上海太阳能科技有限公司、智电创能（上海）电力科技有限公司、上海空间电源研究所
2202119	重型电动螺旋压力机用开关磁阻电机关键技术及应用研究	山东理工大学、青岛宏达锻压机械有限公司、山东科汇电力自动化股份有限公司、青岛正大重工有限公司、中锻智能装备设计院（青岛）有限公司
2202132	移动式变电站智慧集成技术研究及应用	西安西电高压开关有限责任公司
2202135	动力电池高成组率与高能量效率关键技术及应用	中国第一汽车股份有限公司研发总院
2202149	大功率变流器用高压干式直流支撑电容器关键技术及应用	无锡市电力滤波有限公司、荣信汇科电气股份有限公司、中国电力科学研究院有限公司、南京航空航天大学、卧龙电气集团辽宁荣信电气传动有限公司
2202150	新能源场站经柔性直流并网的交流保护新技术及应用	国网经济技术研究院有限公司、北京四方继保自动化股份有限公司、华北电力大学、南京南瑞继保电气有限公司、国网冀北电力有限公司
2202151	新型电力系统通信及安全检测关键技术及应用	许昌开普检测研究院股份有限公司、广东电网有限责任公司电力调度控制中心
2202153	工业通信电缆测试技术研究及装备研制	上海电缆研究所有限公司、上海赛克力光电技术有限责任公司、上海理工大学、上海航翼高新技术发展研究院有限公司
2202162	超高速大容量 CWZ 级高耐火阻燃通信光缆的产业化及应用	江苏永鼎股份有限公司
2202164	基于永磁技术的新能源船舶直流组网电力推进系统研制及应用	株洲变流技术国家工程研究中心有限公司、中车株洲电力机车研究所有限公司、株洲中车时代电气股份有限公司、上海中车汉格船舶与海洋工程有限公司
2202170	大型智能机械工装在超高压交直流系统的产业化应用	中国南方电网有限责任公司超高压输电公司贵阳局、中国南方电网有限责任公司超高压输电公司检修试验中心、浙江大学华南工业技术研究院、广东冠能电力科技发展有限公司、中国科学院沈阳自动化研究所
2202174	纳米改性新型耐热环保绝缘材料的研发与产业化	苏州太湖电工新材料股份有限公司、机械工业北京电工技术经济研究所
2202176	全球首台华龙一号机组堆内构件先进制造技术研发	上海第一机床厂有限公司
2202178	新型超导绕组材料-铌三锡(Nb3Sn)超导卢瑟福电缆的研发	无锡统力电工有限公司
2202183	系列高效大热电比超超临界抽汽汽轮机研制	上海电气电站设备有限公司
2202184	超低背压多级回热 1 050MW 五缸六排汽超超临界汽轮机研制	上海电气电站设备有限公司
2202185	中国首台 350MW 等级核电汽轮机组增容改造项目	上海电气电站设备有限公司、中核核电运行管理有限公司

（续）

项目编号	项目名称	完成单位
2203002	客户侧电力物联网可靠性提升关键技术及应用	国网湖北省电力有限公司营销服务中心（计量中心）、黑龙江科技大学、哈尔滨电工仪表研究所有限公司、华立科技股份有限公司
2203008	阿尔及利亚 B1B2 项目研究型重水反应堆保护系统的改进与应用	北京广利核系统工程有限公司
2203009	超快速冷热冲击试验系统关键技术研究与系列应用	海拓仪器（江苏）有限公司
2203011	工业燃烧设备综合性能集成检测指标体系研究与系列装置开发	上海理工大学、中国特种设备检测研究院、上海焱晶燃烧设备检测有限公司、中国锅炉与锅炉水处理协会、中特检验集团有限公司
2203020	配电网互感器计量性能智能化检测关键技术与应用	国网四川省电力公司计量中心、国网四川省电力公司绵阳供电公司、国网四川省电力公司成都供电公司、郑州市凯贝特互感器有限公司
2203021	面向含分布式电源的配电网末端电压偏差治理关键技术及装备	云南电网有限责任公司、云南电网有限责任公司临沧供电局、云南电网有限责任公司电力科学研究院、湖南大学、山东泰开电力电子有限公司
2203025	工业过程多相流动与燃烧测试关键技术及应用	上海理工大学、上海工业自动化仪表研究院有限公司、北京理工大学、上海烜翊科技有限公司、中国航发四川燃气涡轮研究院
2203033	能源计量装备设计制造与质量保障关键技术及应用	中国电力科学研究院有限公司、国网冀北电力有限公司计量中心、国网四川省电力公司营销服务中心、国网浙江省电力有限公司营销服务中心、青岛鼎信通讯股份有限公司
2203037	自主可控逻辑组态及运行时控制系统研究	北京四方继保自动化股份有限公司、北京四方继保工程技术有限公司
2203042	第三代核电站核级阀门电动执行机构关键技术研发及产业化	常州电站辅机股份有限公司、中国核电工程有限公司
2204002	7 500t 大型筒节轧机研制及应用	二重（德阳）重型装备有限公司※
2204003	大型复杂薄壁钛合金机匣整体结构精铸技术研究	贵州安吉航空精密铸造有限责任公司
2204005	新型智能化掘进机关键技术研究及应用	三一重型装备有限公司
2204017	锚运破一体化关键技术开发及装备制造	中国煤炭科工集团太原研究院有限公司、山西天地煤机装备有限公司
2204018	多栈桥高稳定性旋回式半移动破碎站装备关键技术研究及应用	太原重工股份有限公司、太原科技大学、吉林大学
2204021	超长越野带式输送系统节能环保关键技术及应用	四川省自贡运输机械集团股份有限公司
2204023	基于数字防爆特性的封闭焦化智能起重装备及 AICrane 智慧管理系统开发	河南卫华重型机械股份有限公司、北京云中未来科技有限公司
2204024	基于 5G 通信的起重机箱梁智能制造关键技术研究及应用	河南卫华重型机械股份有限公司
2204028	节能型氧化球团法铬铁生产核心工艺及关键设备	大连重工机电设备成套有限公司

（续）

项目编号	项目名称	完成单位
2204030	高品质异型钢轧制工艺核心技术及成套装备	大连华锐重工集团股份有限公司、燕山大学
2204033	耐高温大运量超长距离带式输送成套装备	北方重工集团有限公司
2204037	面向复杂工况的高效系列化堆垛机关键技术及产业化	南京工程学院、罗伯泰克自动化科技（苏州）有限公司
2204039	易维护高效破碎设备开发及产业化	河南黎明重工科技股份有限公司、郑州大学、郑州机械研究所有限公司、郑州轻工业大学、黄河科技学院
2204048	新型高端塑料模具钢的关键技术研发及应用研究	燕山大学、攀钢集团攀枝花钢铁研究院有限公司、攀钢集团江油长城特殊钢有限公司
2204058	适应中厚偏薄坚硬煤层高效开采的采煤机研制与应用	中煤科工集团上海研究院有限公司、中煤科工集团上海有限公司、天地上海采掘装备科技有限公司
2204069	大型槽用铝电解多功能机组关键技术及应用	株洲天桥起重机股份有限公司
2204071	高效自清分级筛关键技术与应用	鞍山重型矿山机器股份有限公司
2205005	Z6 系列智能坐骑式草坪机	南京泉峰科技有限公司
2205006	定向结构板大型长材刨片系统研发及应用	镇江中福马机械有限公司※、南京林业大学、镇江高等专科学校
2205007	面向欧美法规的多功能用途车成套装备关键技术研发及产业化	江苏林海动力机械集团有限公司※、江苏联海动力机械有限公司※
2205011	马铃薯智能精密播种关键技术及应用	山东希成农业机械科技有限公司、山东思代尔农业装备有限公司、山东理工大学、威海职业学院
2205012	中大功率拖拉机动力换挡技术研究与应用	中联农业机械股份有限公司、合肥工业大学、安徽省农机试验鉴定站
2205017	智能柔性高速糖果生产装备关键技术及应用	南通维尔斯机械科技有限公司、南通大学、如皋市包装食品机械有限公司、河北康贝尔食品有限公司、潮州市优合食品有限公司
2205028	增效节能水田高平整度耕整技术及应用	上海电机学院、泰州樱田农机制造有限公司、扬州大学、樱田农机科技（泰州）有限公司
2206014	搭载多项舒适功能的卡萨帝家用中央空调	青岛海尔空调电子有限公司
2206019	CINOVA 高速卫星式柔版印刷装备及关键技术开发与应用	西安航天华阳机电装备有限公司、西安电子科技大学、西安理工大学
2206027	节能型模块化污水全流程治理单元预制式集成装备研发及产业化	亚太泵阀有限公司、中际通达水处理装备研究院（江苏）有限公司
2206034	氢气透平膨胀机组	杭州杭氧膨胀机有限公司
2206035	4～20K 温区液氢液氦用特种阀门	杭州杭氧工装泵阀有限公司
2206048	高效碳化硅低温空气预热器关键技术与应用	山东旺泰科技有限公司、山东理工大学
2206059	海洋油气长输管线用长寿命多级降压控制阀研发及产业化	常州工学院、江苏诚功阀门科技有限公司、南京航空航天大学
2206064	大型厚壁膨胀节设计与制造关键技术研究与应用	北京化工大学、合肥通用机械研究院有限公司※、中国特种设备检测研究院、山东恒通膨胀节制造有限公司

（续）

项目编号	项目名称	完成单位
2206066	面向先进刻蚀工艺的低温温控设备关键技术研究及应用	北京京仪自动化装备技术股份有限公司
2206067	连续式宽工况风洞压缩机组关键技术及应用	西安陕鼓动力股份有限公司、中国空气动力研究与发展中心设备设计与测试技术研究所
2206068	天然气液化装置制冷机组关键技术及应用	西安陕鼓动力股份有限公司
2206070	高耐蚀船用高效烟气脱硫系统	甘肃蓝科石化高新装备股份有限公司※
2206078	“华龙一号”及CPR1000核电机组汽水分离再热器先导式安全阀研制及应用	哈电集团哈尔滨电站阀门有限公司、中广核工程有限公司
2206079	高温高压差新型螺杆膨胀机组研制	中国船舶重工集团公司第七一一研究所、上海齐耀膨胀机有限公司
2206080	集成电路关键制造装备核心部件磁悬浮分子泵系列产品升级及规模产业化	北京中科科仪股份有限公司
2206083	绿色节能双级高效系列离心式冷水机组	重庆通用工业（集团）有限责任公司、上海核工程研究设计院有限公司
2206088	硅异质结（HIT）太阳电池用低损伤透明导电金属氧化物（TCO）沉积设备	湘潭宏大真空技术股份有限公司
2206095	中空容器三维仿生优化设计与数字孪生智能制造系统	岱纳包装（天津/太仓）有限公司、天津大学、碧辟（中国）工业油品有限公司、天津微深科技有限公司
2207005	高效大密度电控闭锁式液力变矩器关键技术及应用	陕西航天动力高科技股份有限公司、长安大学
2207008	精密电气比例阀和真空发生器集成单元关键技术及应用	星宇电子（宁波）有限公司、浙江万里学院、国家气动产品质量监督检验中心
2207009	YS171-1000射流管式压力伺服阀	中国船舶第七〇四研究所、上海衡拓液压控制技术有限公司、航空工业第一飞机设计研究院
2207021	轴承零件工作表面残余应力控制技术及应用	洛阳LYC轴承有限公司
2207023	高刚性高承载精密转台轴承的关键技术研究及应用	洛阳鸿元轴承科技有限公司、河南科技大学、国创（洛阳）轴承产业技术研究院有限公司
2207027	汽车变速器用异型短圆柱滚子轴承综合技术研究及产品开发	八环轴承（长兴）有限公司、八环科技集团股份有限公司、台州职业技术学院
2207030	机翼传动线系轻量化法兰球轴承关键技术研究及应用	瓦房店轴承集团国家轴承工程技术研究中心有限公司、瓦房店轴承集团有限责任公司
2207031	风电6MW高端整体架单列圆锥主轴轴承研制及产业化	瓦房店轴承集团国家轴承工程技术研究中心有限公司、瓦房店轴承集团有限责任公司、新疆金风科技股份有限公司、瓦房店轴承股份有限公司
2207032	高承载、高可靠性、紧凑型风电变桨轴承研制及产业化	瓦房店轴承集团国家轴承工程技术研究中心有限公司、瓦房店轴承集团有限责任公司、瓦房店轴承集团风电轴承有限责任公司
2207034	高效率中大型工业电机轴承研发及应用	瓦房店轴承集团国家轴承工程技术研究中心有限公司、瓦房店轴承集团有限责任公司、瓦房店轴承股份有限公司

（续）

项目编号	项目名称	完成单位
2207039	航空铝合金结构件精确成形关键技术与工艺装备	四川成飞集成科技股份有限公司、西南交通大学、成都飞机工业（集团）有限责任公司
2207042	25～130t 全系列汽车起重机成套液压阀产品研发及产业化	徐州阿马凯液压技术有限公司、徐州重型机械有限公司
2207050	高可靠性轮毂轴承制造关键技术及产业应用	浙江五洲新春集团股份有限公司
2207054	环槽铆钉连接系统的研制与应用推广	眉山中车紧固件科技有限公司、清华大学
2207055	外圈旋转球轴承关键技术及应用研究	青岛泰德汽车轴承股份有限公司
2207057	超高速多工位级进模关键技术及其在电机铁心生产中的应用	珠海格力精密模具有限公司
2207061	抗磨减摩高承载轻质塑料轴承关键技术研究及产业化应用	江南大学、浙江长盛塑料轴承技术有限公司、无锡职业技术学院、苏州大学
2207082	多向超高承载便拆装多排圆柱滚子轴承研发及应用	瓦房店轴承集团国家轴承工程技术研究中心有限公司、瓦房店轴承集团有限责任公司、瓦房店轴承股份有限公司
2208002	工业烟气多污染物脱除及节水节能技术装备	浙江菲达环保科技股份有限公司、浙江大学、浙江浩普环保工程有限公司
2208003	飞行器真火消防训练系统	中国船舶集团有限公司第七〇三研究所
2208014	乘用车多材质车身高效柔性涂装生产线	中国汽车工业工程有限公司※、机械工业第四设计研究院有限公司※
2208019	智能制造、数字孪生技术在宽体车装配线灯塔工厂项目上的应用	机械工业第九设计研究院股份有限公司、三一重型装备有限公司
2208021	中集车辆（集团）股份有限公司涂装线数字化工厂升级改造工程	中国联合工程有限公司※
2208023	3 000m 海底用脐带缆超级双相钢管智能立体库	中国联合工程有限公司※
2208027	西安西电电力系统有限公司柔性直流输电研发能力建设项目	中国启源工程设计研究院有限公司
2208034	北京新机场地源热泵工程	中国中元国际工程有限公司※
2208037	智能化、数字化、绿色创新技术在汽车工厂涂装车间的创新与应用	机械工业第九设计研究院股份有限公司
2208042	超精密工程微振动精细化控制技术	国机集团科学技术研究院有限公司※
2208046	集群性动力设备基础低碳无尘零损振动控制关键技术	国机集团科学技术研究院有限公司※
2209018	热处理生产智能管控技术及应用	中国机械总院集团江苏分院有限公司、常州新区河海热处理工程有限公司、常州铂林热处理有限公司、中车戚墅堰机车车辆工艺研究所有限公司、江苏凯特汽车部件有限公司
2209021	高精高效深海碎石铺设整平装备关键技术研究与应用	南通振华重型装备制造有限公司、中交第一航务工程局有限公司、南通大学、上海振华重工（集团）股份有限公司
2209024	涤纶针织绒毯印花成套装备关键技术及应用	江苏鹰游纺机有限公司、江苏海洋大学

（续）

项目编号	项目名称	完成单位
2209028	蠕墨铸铁缸体缸盖批量制造技术研究及应用	中国重汽集团济南动力有限公司
2209044	民用大飞机尾段复合材料成型关键制造技术及工艺装备	沈阳飞机工业（集团）有限公司
2209057	锂电池激光焊接关键技术及产业化应用	广东利元亨智能装备股份有限公司、惠州学院
2209066	高效工业透平压缩机用成套关键部件铸铁件研制及产业化	共享装备股份有限公司
2209072	废铅酸蓄电池广义资源化循环利用关键技术及应用	武汉科技大学、襄阳远锐资源工程技术有限公司、贵州岑祥资源科技有限责任公司
2209086	节能与新能源汽车动力传动系统 NVH 关键技术及试验装备研发	重庆理工大学、湖北汽车工业学院、重庆清研理工汽车智能技术研究院有限公司、重庆理工清研凌创测控科技有限公司、重庆清研理工汽车检测服务有限公司
2209095	重载汽车铝合金轮毂液态模锻温控关键技术及应用	天津理工大学、天津那诺机械制造有限公司
2209106	高品质钢管多功能高效淬火技术与装备	中国重型机械研究院股份公司※、衡阳华菱钢管有限公司
2209119	大口径双相不锈钢无缝管制备关键工艺技术研发及产业化	江苏武进不锈股份有限公司、中国机械总院集团江苏分院有限公司、浙江大学常州工业技术研究院、常州工学院
2209120	高速高精度多工位冷镦成型机关键技术及应用	温州大学、浙江东瑞机械工业有限公司
2209129	先进轻量化安全车身集成开发关键技术研究及应用	中国汽车技术研究中心有限公司、中汽研（天津）汽车工程研究院有限公司、深圳市银宝山新压铸科技有限公司、天津镭明激光科技有限公司、哈尔滨工业大学（威海）
2210014	JRD300 气举反循环钻机	徐州景安重工机械制造有限公司
2210021	面向全天候、多工况、智能型重负荷平地机的研究及产业化	徐州徐工筑路机械有限公司
2210022	面向高等道路施工的 XAP325 沥青混合料搅拌设备研发及产业化	徐州徐工养护机械有限公司
2210023	面向高效安全连续施工的 XS225H/XS265H 振动压路机研发及产业化	徐工集团工程机械股份有限公司道路机械分公司
2210029	商用车无忧换挡关键技术研究与应用	中国重型汽车集团有限公司
2210034	内燃防爆叉车关键技术研究及应用	杭叉集团股份有限公司
2210039	公路、铁路复合路况用高性能电动防爆牵引车关键技术及应用	衡阳合力工业车辆有限公司
2210042	G 系列 CQD14-18 蓄电池伸缩式前移叉车	安徽合力股份有限公司
2210051	高集成轻量化新能源工业车辆关键技术及产业化应用	诺力智能装备股份有限公司
2210053	超千米级高速铁路斜拉桥拉索制造及安装关键技术研究与应用	中铁大桥（郑州）缆索有限公司

（续）

项目编号	项目名称	完成单位
2210054	隧道智能化凿岩机器人研制	中铁工程装备集团有限公司、中铁工程装备集团隧道设备制造有限公司、中铁北京工程局集团有限公司、中铁十局集团有限公司、中铁隧道集团一处有限公司
2210066	面向特大自然灾害的超大功率智慧型电力应急车	三明学院、龙岩市海德馨汽车有限公司、福建省机械科学研究院（福建省农业机械化研究所）、泰豪科技股份有限公司
2210069	ZR360L 智慧全能型旋挖钻机开发及产业化	上海中联重科桩工机械有限公司
2210070	SG21-C6 平地机关键技术研发与产业化	山推工程机械股份有限公司、长安大学
2210071	工程机械电动化关键技术及应用	山推工程机械股份有限公司、上海交通大学、山东大学、北京理工大学、上海凌翼动力科技有限公司
2211002	1.5T 高性能发动机技术研究及产业化	长城汽车股份有限公司、蜂巢动力系统（江苏）有限公司
2211006	OTC350 高效节能水平对置发动机	江苏江淮动力有限公司、盐城工学院
2211008	1 200kW 大功率炼化尾气发电机组	淄博淄柴新能源有限公司
2211020	富氢低热值燃料往复式内燃机研发及产业化	河南柴油机重工有限责任公司
2211027	高端船用发电机组产品开发及产业化	潍柴重机股份有限公司、潍柴动力股份有限公司
2211028	高精度大流量非气助式排气处理关键技术及应用	潍柴动力空气净化科技有限公司、潍柴动力股份有限公司、济南大学、中自环保科技股份有限公司
2211032	国六天然气发动机电控关键技术研究及产业化	潍柴动力股份有限公司、潍坊潍柴动力科技有限责任公司
2211037	柴油机排放控制故障诊断关键技术开发及产业化	潍柴动力股份有限公司、北京理工大学、潍坊内燃机质量检验中心有限公司
2211040	工程机械液压动力总成瞬态工况性能提升关键技术开发及应用	潍柴动力股份有限公司、潍坊内燃机质量检验中心有限公司、林德液压（中国）有限公司、博杜安（潍坊）动力有限公司
2211044	WEM-D3 系列电驱系统开发及应用	潍柴动力股份有限公司、潍柴新能源科技有限公司
2211052	氢气循环泵开发	中国第一汽车股份有限公司无锡油泵油嘴研究所、同济大学、台州市星光真空设备制造有限公司
2211054	混合动力系统能量流解耦及优化关键技术研发与应用	中汽研（天津）汽车工程研究院有限公司、中国汽车技术研究中心有限公司、浙江吉利汽车研究院有限公司
2212003	基于输配电线路智能远程控制接地装置的研究	云南电网有限责任公司、云南送变电工程有限公司
2212009	数控机床（卧车、立车）一种新型高效切深槽技术研究及应用	中国一重集团有限公司
2212012	基于工程机械变速箱孔系自动化加工同轴度校正法	徐州徐工传动科技有限公司
2212014	CA6GV30TD 发动机水冷式中冷器系统自主开发与应用	中国第一汽车股份有限公司研发总院
2212023	复杂精密壳体零件的刀具创新开发与应用	中国第一汽车股份有限公司
2212026	智慧物流复合型 AGV 的研发与推广	临沂临工机械集团有限公司
2212031	一种自适应监控系统在视觉引导技术中的配套应用	一汽 - 大众汽车有限公司青岛分公司

（续）

项目编号	项目名称	完成单位
2213002	《无铅钎料》（GB/T 20422—2018）标准	哈尔滨焊接研究院有限公司、浙江亚通焊材有限公司、深圳市汉尔信电子科技有限公司、北京康普锡威科技有限公司、广东安臣锡品制造有限公司
2213003	《圆草捆缠膜机》（GB/T 37924—2019）	中国农业机械化科学研究院呼和浩特分院有限公司※、国家草原畜牧业装备工程技术研究中心
2213006	《高原 220kV 变电站交流回路系统现场检验方法》（GB/T337137—2018）等技术及系列标准研制	云南电网有限责任公司、昆明电器科学研究所、云南能投威士科技股份有限公司、云南天星实业有限公司
2213009	IEC 60050-171：2019《国际电工词汇　第 171 部分：数字技术　基本概念》多语种国际标准	中机生产力促进中心有限公司、中国信息通信研究院、华能江苏能源开发有限公司、南方电网科学研究院有限责任公司、全国科学技术名词审定委员会事务中心
2213011	《多向精密模锻件　通用技术条件》（GB/T 33879—2017）等 3 项国家标准	中国二十二冶集团有限公司、中冶重工（唐山）有限公司、中国机械总院集团北京机电研究所有限公司、江苏龙城精锻集团有限公司、燕山大学
2213014	《增材制造　塑料材料粉末床熔融工艺规范》GB/T 37463—2019 国家标准	中机生产力促进中心有限公司、上海材料研究所、华中科技大学、湖南华曙高科技股份有限公司、无锡市检验检测认证研究院
2213019	电动汽车充电设施高效检测、运维关键技术及装备研制	国网电力科学研究院武汉南瑞有限责任公司、国网湖北省电力有限公司营销服务中心（计量中心）、广东电网有限责任公司广州供电局、国网重庆市电力公司、武汉合康智能电气有限公司
2213024	碳纤维复合芯导线线芯损伤现场实时智能诊断技术及应用	国网江苏省电力有限公司电力科学研究院、东南大学、中国电力科学研究院有限公司、国网江苏省电力有限公司、国网河南省电力有限公司电力科学研究院
2213028	功能型智能移动系统测试评价关键技术及装备	中国汽车工程研究院股份有限公司、北京智行者科技有限公司、重庆大学、重庆嘉陵全域机动车辆有限公司
2213047	《铸钢铸铁件　渗透检测》（GB/T 9443—2019）等 4 项铸件表面质量检测系列国家标准	沈阳铸造研究所有限公司、中车戚墅堰机车车辆工艺研究所有限公司
2213050	《电动汽车充电用电缆》（GB/T 33594—2017）标准制定	上海电缆研究所有限公司、上海国缆检测股份有限公司
2213053	电动汽车充电系统电磁兼容关键技术研究及应用	中汽研新能源汽车检验中心（天津）有限公司、中汽研汽车检验中心（武汉）有限公司、中国汽车技术研究中心有限公司、北京理工大学、中兴新能源科技有限公司
2213054	轮胎全生命周期关键性能测评技术研究及应用	中国汽车技术研究中心有限公司、中汽研汽车检验中心（天津）有限公司、中策橡胶集团股份有限公司、吉林大学
2213056	大载荷高精度多分量测试系统	中国航天空气动力技术研究院
2214004	《风力发电系统控制原理》（第 1 版）	北京理工大学、清华大学
2214012	《塑性工程学报》	中国机械总院集团北京机电研究所有限公司
2214013	《中国电气工程学报（英文）》	《中国电气工程学报（英文）》编辑部
2214015	《润滑与密封》	广州机械科学研究院有限公司※、中国机械工程学会
2214017	《农业机械》	农业机械杂志社※
2214028	《制造业自动化》	北京机械工业自动化研究所有限公司

（续）

项目编号	项目名称	完成单位
2214029	《动力电池管理系统核心算法》	北京理工大学、机械工业出版社
2215001	I-Lead1800 新型工业级铸造砂型 3D 打印设备研发	共享智能装备有限公司、共享智能铸造产业创新中心有限公司
2215002	面向复杂场景的排水管网智能检测技术及装置	深圳市博铭维技术股份有限公司、中国科学院深圳先进技术研究院、哈尔滨工业大学（深圳）、深圳市龙华排水有限公司、深圳市城市公共安全技术研究院有限公司
2215006	平板玻璃生产线冷端先进装备及数字化关键技术的研究与应用	中国建材国际工程集团有限公司
2215012	超大规模省级配电数字化平台关键技术及应用	国电南瑞科技股份有限公司、国网江苏省电力有限公司、东南大学、国电南瑞南京控制系统有限公司
2215021	多因素一体化工业设计创新服务平台建设与应用示范	沈阳创新设计研究院有限公司、沈阳工业大学
2215025	自主可控环境下电力全域网络安全防护关键技术研究与应用	广东电网有限责任公司、广东电力信息科技有限公司、南方电网电力科技股份有限公司、中国科学院信息工程研究所、奇安信科技集团股份有限公司
2215026	面向人机协同作业的变电机器人装备及体系研究	深圳供电局有限公司、南方电网科学研究院有限责任公司、中国科学院沈阳自动化研究所
2215027	数字化条件下汽车供应链生态系统的构建与应用	上汽通用五菱汽车股份有限公司
2215042	面向高质量生产的汽车轻量化车身连接技术开发及应用	北京航空航天大学、安徽巨一科技股份有限公司
2215049	面向 ETO 型成套电气设备生产线智能管控平台的构建及应用	江苏理工学院、江苏亿能电气有限公司
2215051	基于原子层沉积粉体表面调控的高通量生产关键技术及装备	江汉大学、宁德新能源科技有限公司、中国航发北京航空材料研究院、柔电（武汉）科技有限公司、宁波柔创纳米科技有限公司
2215052	激光表面清洗机器人系统关键技术及应用	苏州大学、苏州贝亚敏光电科技有限公司、苏州麦尔科唯激光机器人有限公司
2215054	芯片封装微纳尺度检测技术及应用	苏州富鑫林光电科技有限公司、苏州大学应用技术学院、天水华天科技股份有限公司
2215055	接触式作业飞行机器人关键技术及应用	江苏理工学院、江苏优埃唯智能科技有限公司、南京航空航天大学
2215058	工业级大幅面高速高精光固化增材制造关键技术与成套装备	湖南理工学院、苏州大学、苏州中瑞智创三维科技股份有限公司
2215071	个性化液态产品质量检测装备研究与应用	山东科技大学、山东明佳科技有限公司
2215074	发电设备核心零部件智能制造数字化车间研究与建设	东方电气集团东方电机有限公司、东方电气集团科学技术研究院有限公司

注：标 ※ 单位为中国机械工业集团有限公司下属单位。

〔来源：中国机械工业联合会网站〕

2023

中国机械工业集团有限公司年鉴

CHINA NATIONAL MACHINERY INDUSTRY CORPORATION LTD.YEARBOOK

第九篇

企业风采

树立国机之品牌 展示企业之风采

国机集团
SINOMACH

中国机械设备工程股份有限公司
中工国际工程股份有限公司
中国恒天集团有限公司
中国福马机械集团有限公司
中国海洋航空集团有限公司
中国地质装备集团有限公司
中国机械工业建设集团有限公司
国机财务有限责任公司
国机汽车股份有限公司
中国机械国际合作股份有限公司
国机资产管理有限公司
中国农业机械化科学研究院集团有限公司
国机集团科学技术研究院有限公司
国机资本控股有限公司
国机融资租赁有限公司和国机商业保理有限公司
国机重型装备集团股份有限公司
中国一拖集团有限公司
苏美达股份有限公司
中国浦发机械工业股份有限公司
中国联合工程有限公司
机械工业第六设计研究院有限公司
合肥通用机械研究院有限公司
国机精工股份有限公司
中国电器科学研究院股份有限公司
国机智能科技有限公司
桂林电器科学研究院有限公司
国机海南发展有限公司

中国机械设备工程股份有限公司
China Machinery Engineering Corporation

中国机械设备工程股份有限公司（简称中设集团、CMEC）成立于1978年，是世界500强企业中国机械工业集团有限公司的核心子公司。

历经40多年发展，中设集团已经成为一家以工程承包和产业开发业务为核心，融合贸易、设计、勘察、物流、研发等全产业链支撑的大型国际化综合性企业集团，能够提供区域综合开发及各种类型工程项目的前期规划、设计、投资、融资、建设、运营、维护等“一站式”定制化解决方案。

中巴经济走廊旗舰项目
——巴基斯坦塔尔煤矿及电站项目

中设集团打造了以工程承包、贸易与服务、设计咨询、投资和资产运营以及新兴业务组成的“4+X”业务组合，并以“一带一路”沿线国家（或地区）和国内重点区域为主要市场，积极服务“双循环”新发展格局的构建，在国内外市场均有亮眼业绩。

作为“一带一路”倡议先行者，中设集团业务遍布160多个国家和地区，在近60个国家和地区拥有海外工程项目业绩，设立了9个海外区域中心和100多个海外派驻机构，并在继续加大区域化、属地化建设，以深度掌控全球产业链供应链、服务构建“双循环”。

在国内市场，中设集团在京津冀、大湾区、长三角、长江经济带、黄河流域、海南自贸区等国家区域协调发展重点领域，均有开发和建设项目。中设集团还在北京、深圳、长沙、上海、西安投资建设了6座中设广场，成为所在地高新产业园区驻在点。

新能源项目

阿联酋艾尔达芙拉PV2太阳能电站项目

肯尼亚基佩托风电项目

巴基斯坦NJ水电项目

鲁班奖项目

获得鲁班奖的安哥拉SOYO I联合循环电站项目

获得鲁班奖的白俄罗斯别列佐夫42.7万千瓦联合循环电站项目

获得鲁班奖的土耳其EREN(1+1)600MW超临界燃煤机组电站项目

乌克兰尼科波尔光伏电站项目

广告

中工国际工程股份有限公司
CHINA CAMC ENGINEERING CO., LTD.

中工国际工程股份有限公司（简称中工国际，股票代码002051）隶属于中国机械工业集团有限公司。中工国际于2001年5月22日成立，2006年6月19日在深圳证券交易所上市。中工国际拥有主要经营性子公司9家，公司全系统共有8家国家高新技术企业。其中，中国中元国际工程有限公司（原机械工业部门设计研究总院）是全国综合设计咨询的头部单位之一，在医养建筑、民用建筑、工业建筑、能源环境、物流工程等领域拥有雄厚技术实力；北京起重运输机械设计研究院有限公司是我国起重运输机械行业综合技术实力强的企业之一，引领着我国物料搬运机械行业的技术进步。中工国际承担了数百项国际、国家和行业标准的编制修订工作，并在工程相关领域获得了千余项国家和省部级奖项。在境内设立分支机构40余家，境外设立分支机构70余家，境内外员工近万人（含外籍员工）。

伴随着我国改革开放进程和经济全球化的步伐，中工国际不断发展壮大。20多年来，中工国际积极践行“走出去”，积极服务京津冀协同、长三角一体化、粤港澳大湾区、海南自贸港等国家区域发展战略，聚焦设计咨询与工程承包、先进工程技术装备开发与应用、工程投资与运营三大业务板块，为客户提供勘察设计、规划咨询、融资投资、成套设备采购供应、施工与项目管理、运营维护等综合服务，在海外建设了百余个交钥匙总承包工程，涉及全球五大洲70余个国家和地区。

面向未来，中工国际将以“创造中国工程价值、建设人类美好生活”为使命，秉持“价值导向、创新驱动、责任担当、追求卓越”四大核心价值观，贯彻落实“转型发展、融合发展、高质量发展”三大发展战略，遵循市场规律，崇尚价值创造，不断推进科技创新、商业模式创新和管理创新，构建国内国际双循环相互促进的新发展格局，形成以一流的设计咨询为牵引，以先进工程技术为支撑，以工程总承包为载体的全价值链运作模式，矢志成为具有国际竞争力、科工贸一体化、投建营全价值链运作的卓越工程引领者。

设计咨询与工程承包

国际工程承包

乌兹别克斯坦奥林匹克城

国内工程总承包

山西昌源河国家湿地公园建设项目

设计咨询

北京协和医院新门诊楼

先进工程技术装备开发与应用

关键核心装备研发与制造

北京同仁堂自动化立体仓库

先进工程技术装备开发与应用

佛山市消防救援指挥中心消防大数据综合应用平台

工程投资与运营

辽宁省大连市城市中心区餐厨垃圾处理厂PPP项目

地址：北京市海淀区丹棱街3号　邮编：100080　电话：010-82688866
传真：010-82688588/82688688　网址：https://www.camce.com.cn

广告

中国恒天集团有限公司
CHINA HI-TECH GROUP CORPORATION

■ 公司简介/Company Profile

中国恒天集团有限公司（简称中国恒天）组建于1998年9月，是我国一家以纺织装备为核心主业的中央企业。在承继了我国纺织装备制造和纺织贸易主要资源的基础上，中国恒天经过20多年的发展，资产总额已近1000亿元，年营业收入约450亿元，利润总额约25亿元，已成长为多元化发展、国际化经营的大型企业集团和国机集团重点骨干企业之一。

中国恒天业务涵盖纺织装备制造、纺织贸易、新型纤维材料和医用防护材料、商用汽车、金融投资等领域。其中，纺机业务在国内综合实力名列前茅、业务规模全球领先、成套能力全球较强；医用防护材料业务持续做精做强，持续打造高端产品链，2020年成功完成了国家有关部门及国机集团下达的防疫物资攻关保供任务，被评为“全国纺织行业防控新冠肺炎疫情先进单位”，被国机集团授予“医疗物资产业链培育奖”和“2020年先进单位”荣誉称号。

邮箱: hengtian@chtgc.com 网址: http://www.chtgc.com 传真: 010-65813211
地址: 北京市朝阳区建国路99号中服大厦 邮编: 100020

联系电话 010－65838033

中国福马机械集团有限公司
CHINA FOMA (GROUP) CO., LTD

■ 公司简介/Company Profile

中国福马机械集团有限公司（简称中国福马）成立于1979年，前身为中国林业机械总公司。2007年与中国机械工业集团有限公司重组，成为其全资子公司。中国福马总部位于江苏省泰州市，目前拥有二、三级企业19家，其中，林海股份有限公司为上市公司。2019年12月，中国福马对中国国机重工集团有限公司实施托管。

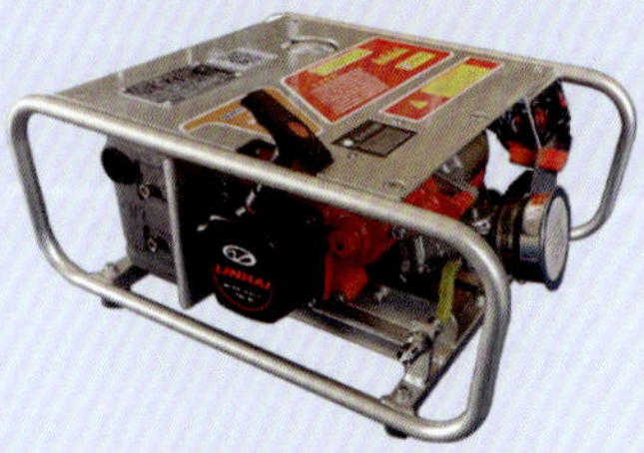

中国福马是中国专用设备研发、制造、销售的大型中央企业，是中国林业机械协会的会长单位。公司业务主要由农业机械、动力装备和车辆、人造板机械、工程贸易、工程机械五大业务板块组成。多次被中国质量协会用户委员会认定为“全国用户满意产品”。产品出口到美国、加拿大、日本、欧洲、南亚、东南亚等130个国家和地区，享有较高市场声誉。

中国福马拥有先进的生产制造系统，在江苏泰州、苏州、镇江、常州，天津等地拥有多个生产基地。动力机械板块拥有40余条自动化水平较高的专业生产线和柔性生产线。林业装备板块拥有多种“精、大、稀”加工和检测设备，在国内同行业中加工能力位居前列。

地址：江苏省泰州市海陵区迎春西路199号0101幢5、6、7层　/　网址：www.chinafoma.com

广告

和谐传递力量　创新提升价值

中国海洋航空集团有限公司（简称中国海航）为世界500强企业——中国机械工业集团有限公司的全资二级子公司，总部设在北京，子公司及分支机构主要分布于大连、秦皇岛、青岛、北京、上海、巢湖、苏州、重庆、宁波、厦门、广州、海口和三亚等，多数单位分布在沿海地区。

中国海航的业务领域涉及工程承包、医药健康、国际贸易、文化旅游、航运物流、置业管理等。工程承包领域拥有港口与航道、建筑和市政施工总承包和钢结构工程专业承包等6个一级资质及8个二级资质，承建了大量的港口、码头、机场、道路、桥梁、核电水工、地下洞库、工业与民用建筑等工程建设任务，获多项中国建设工程鲁班奖、国家优质工程奖金奖，特别是在核电水工领域处于国内领先地位。医药健康领域拥有两家医药生产和一家医药流通企业，25项医药研发专利，三类医疗器械生产资质和三类医疗器械经营资质。国际贸易领域业务范围辐射亚、非、拉、北美、欧洲等多个地区。文化旅游服务领域具有境内外旅行社业务经营许可，并具备酒店、餐饮、食品、城市客运和汽车租赁服务等特营资质。航运物流领域，拥有多种类型船舶组成的运输船队，可为中外客户承运油料、粮食等各种商品；参股的航空公司下属上市企业——中信海洋直升机股份公司，可为海洋石油勘探开发和各类应急救援提供直升机专业飞行服务。置业管理服务领域，拥有房地产开发及物业服务二级资质及分布在沿海城市的多处物业及数十家宾馆。

中国海航秉承“合力同行，创新共赢”的企业理念，致力于“严、和、实”企业文化建设，矢志成为国内一流、国际知名的工程承包商和综合性服务企业集团，竭力为社会和客户提供精品工程和优质服务。

中海总局广东分公司参与建设的广东自贸区南沙新区明珠湾大桥

重庆市新大江水厂一期工程

福清核电3#、4#机组工程

海虹集团巢湖今辰药业产业园项目

青岛海西湾造船基地30万吨、50万吨船坞项目01

中国海航所属中海总局巴基斯坦卡拉奇K-2K-3核电取排水EPC项目

中国海洋航空集团有限公司
China Ocean Aviation Group Limited

帮助您了解中国海航
欢迎您关注中国海航官方微信

广告

中国地质装备集团有限公司
China Geological Equipment Group Co.,Ltd.

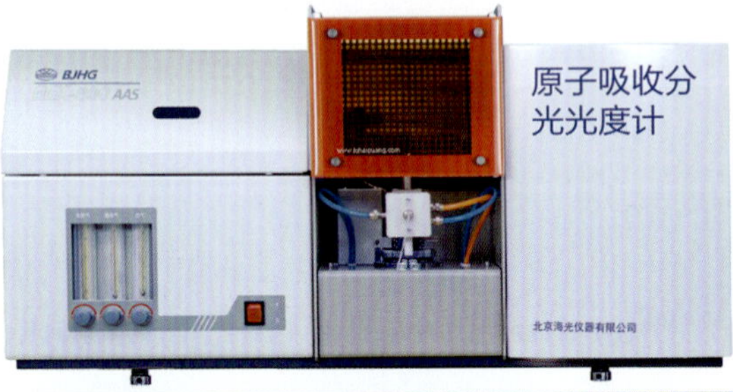

中国地质装备集团有限公司（简称中地装集团），成立于1987年，前身是原地质矿产部门所属的中国地质机械仪器工业公司，1999年并入中国机械工业集团有限公司，成为其全资子公司。中地装集团的产品涵盖了地质勘探的主要流程，从地面地球物理勘探，到地质钻探、取岩心，再到井中探测，以至于矿产的化学分析。拥有地质装备行业“国家认定企业技术中心”，建有我国具有国际先进水平的超低磁实验室和电子测试实验室，担负关键技术装备的研究、开发、试验工作。中地装集团是由国家二十三个部门联合认定的国家工程实践教育中心建设单位，是“中国矿业联合会地质与矿山装备分会”的理事长单位。

1 电传动钻井平台
2 海底地震仪
3 移动式污水处理车
4 微型履带多功能钻机
5 绳索取心钻具及配件
6 海洋功能钻机

地址：北京市朝阳区酒仙桥东路1号1幢2层102号　邮编：100016
电话：010-64789939　传真：010-64789866　网址：http://www.cgeg.com.cn

中国机械工业建设集团有限公司
China Machinery Industry Construction Group Inc.

中国机械工业建设集团有限公司（简称中机建设，SINOCONST）是我国早期成立的大型国有施工企业之一，是工程施工总承包特级企业。拥有建筑工程施工总承包特级资质、建筑行业设计甲级资质、冶金工程施工总承包一级资质、市政公用工程施工总承包一级资质、石油化工工程施工总承包一级资质、机电工程施工总承包一级资质、AAA级资信等级和商务部门批准的对外经营权。中机建设倡导以高素质的队伍提供高效率的服务，以高效率的服务建设高品质的工程，以高品质的工程发展高效益的企业。我们始终致力于与各界朋友合力同行，创新共赢！

机电工程

电力工程

矿产冶炼工程

化工石油工程

基础设施工程

公共与民用建筑工程

地址 Add： 中国 北京 西城区三里河路南5巷5号
邮编 PostCode：100045 电话 Tel:0086-010-68595600
传真 Fax:0086-010-68524881
网址 Web site： http://www.sinoconst.com.cn

国机汽车股份有限公司
SINOMACH AUTOMOBILE CO.,LTD.

国机汽车官方微信

国机汽车股份有限公司（简称国机汽车）是世界500强企业国机集团旗下一家大型汽车综合服务企业，是中国汽车流通协会、中国汽车工业协会副会长单位，是中国汽车流通行业头部企业中的中央企业。2022年位居《财富》中国500强排行榜第286位，中国汽车经销商集团百强榜第10名。国机汽车围绕汽车产业链打造“汽车贸易服务+汽车工程服务”两大板块，旗下涵盖汽车进口贸易服务、汽车工程及装备、汽车租赁、汽车整车出口、汽车零售五大业务。国机汽车以“为造车人服务、为用车人服务，让汽车生活更美好”为愿景，打造世界一流的汽车贸易服务和工程服务企业。

汽车贸易服务板块：国机汽车是国内领先的多品牌汽车进口贸易服务商，先后与大众、菲亚特克莱斯勒、捷豹路虎、福特、通用、特斯拉、保时捷、林肯、阿斯顿马丁、沃尔沃、阿尔法罗密欧等多家知名跨国汽车企业建立了良好的合作关系，为其构建起涵盖战略咨询、市场分析、车型选择、工程改造、资金融通、认证协助、报关仓储、物流分销等多环节全链条的贸易服务核心能力体系，港口和物流服务覆盖天津港、上海港和广州港。

汽车工程服务板块：国机汽车是中国机械行业规模大、业务链条全、国际化程度高的综合性、专业化工程服务商，拥有10家高新技术企业，800多项技术专利，拥有工程设计综合甲级资质和建设工程全领域的高等级资质证书、三标管理体系和质量体系分级认证 AAA+等级，客户包括宝马、奔驰、大众、沃尔沃、上汽、北汽、长安、比亚迪、特斯拉等全球各大汽车集团，业务遍及全球20余个国家和地区，其焊装、涂装、总装生产线装备供货等核心业务均处于全球领先地位。

责任　创新　协同　共享

中国机械国际合作股份有限公司(简称中机国际)隶属于中国机械工业集团有限公司。公司以“展览+”为特色,近年来连续获得“中国会展业十大影响力会展公司”“中国十佳品牌展览工程企业”等荣誉。

商业会展是中机国际的核心主业。公司拥有近70年办展经验和专业化团队,已形成境内外自主办展、代理出国展览、展览工程服务等完整的展览业务体系。同时,2022年举办自办展项目25个,服务国家、区域重大战略项目20个,展出面积105.28万m^2,线上对接会1 038场,举办线上展会及活动12个,新开拓自办展项目4个。

SINOMACHINT
中国机械国际合作股份有限公司
CHINA NATIONAL MACHINERY INDUSTRY INTERNATIONAL CO., LTD.

引领中国会展业发展
助力中国企业进步
促进双循环新发展格局

国机资产管理有限公司

SINOMACH CAPITAL MANAGEMENT CORPORATION

国机资产管理有限公司（简称国机资产），是中国机械工业集团有限公司（简称国机集团）下属专业化综合性资产管理战略平台。前身为北京华隆进出口公司，2011年更名为国机资产管理公司，2017年9月完成公司改制。国机资产围绕集团改革发展的总体部署，以服务集团战略为首要任务。通过承接处置集团“退出”资产、运营管理瑕疵资产、托管困难企业等，发挥平台功能和作用，服务集团改革发展。

国机资产注册资本为13.5亿元，由国机集团全额出资，属法人独资有限责任公司，经营范围包括投资与资产管理，产权经纪，房屋租赁，进出口业务，机械产品、电子产品的销售，汽车销售，技术开发、技术推广、技术服务、技术咨询。

国机集团罗乾宜总经理对国机资产进行调研

国启资产揭牌仪式在京举行

国机集团职工董事、总经济师、工会主席刘祖晴一行调研河南中昌项目现场

国机资产党委书记、董事长刘海涛一行到中国海航走访交流

国机资产党委书记、董事长刘海涛与成都市成华区领导交流洽谈

国机资产党委书记、董事长刘海涛一行到天津电气院走访交流并调研在津托管资产

国机资产成功举办党建经营“融课堂”暨青年精神素养提升工程专题培训班

国机资产致谢抗疫一线的“大白小蓝”

国机资产2022年度“十四五”规划系列宣传贯彻活动圆满收官

地址：北京市西城区广安门外大街178号19、20层　邮编：100055
电话：010-65802288　传真：010-65802010
网址：http://www.sino-capital.com.cn

作为中国现代农业机械化事业的开创者，中国农业机械化科学研究院集团有限公司（简称中国农机院）成立67年来，始终坚持以“推动中国农业机械技术进步与产业升级”为使命，以自主创新为引领，深耕农牧业装备、汽车配套、农产品与食品工程、环境工程、勘察设计与施工、信息技术与精准农业、标准与检测、出版传媒等九大领域，形成“高端装备、农业工程、创新与服务”三大主业协同发展的产业格局，成为中国农机行业技术研发中心、产品辐射中心、战略策源中心和国际交流中心。

新时期，中国农机院统筹研发、制造、咨询、勘察、设计、施工、总承包的综合业务，提供以信息化引领的现代农业智能生产全程解决方案，提供农村一二三产业融合、三园三区、田园综合体等规划建设服务，谱写新时代农业农村现代化发展新篇章，打造集高新技术研发、高端装备制造、工程项目承包为一体，具有一定国际竞争力的综合性科技型企业。

SDZ系列电液伺服动静疲劳试验机

摊铺机

采棉机

大型气流式播种机

马铃薯联合收获机

青贮饲料收获机

打捆机

国机资本控股有限公司

广告

中国一拖集团有限公司
YTO GROUP CORPORATION

地址：河南省洛阳市建设路154号

销售热线：4006591899（免费）

广告

苏美达股份有限公司
SUMEC CORPRATION LIMITED

苏美达股份有限公司是国机集团的重要成员企业。经过40多年的蓬勃发展和几代苏美达人的接续奋斗，业已发展成为一家在产业链拓展与供应链运营领域颇具市场规模和品牌影响力的国际化、多元化企业集团。截至2021年年底，苏美达股份有限公司共拥有业务子公司12家，海外机构41家，海内外全资及控股实业工厂40家，在职员工20 000多人，市场覆盖150多个国家和地区。2021年实现营业收入1 686.82亿元，位列2022年《财富》中国500强企业第80位，进出口总额连续多年位列江苏省属重点联系企业前列。

500强企业
2022年《财富》中国500强企业第80位

标杆企业
国资部门国有重点企业管理标杆创建行动标杆企业

示范企业
国资部门国有企业公司治理示范企业

实践企业
全国企业文化最佳实践企业

全国脱贫攻坚先进集体　全国文明单位　全国五四红旗团委　十佳钢铁综合贸易企业
全国企业文化优秀成果特等奖　全国招标代理机构十大品牌　全国供应链创新与应用示范企业
国家工业设计中心　国家地方联合工程研究中心　博士后科研工作站

机电设备进口

大宗商品运营

服装

家用纺织品

校园服饰

发电设备

备用电源项目

动力工具

生态环保工程

清洁能源

船舶建造与运力经营

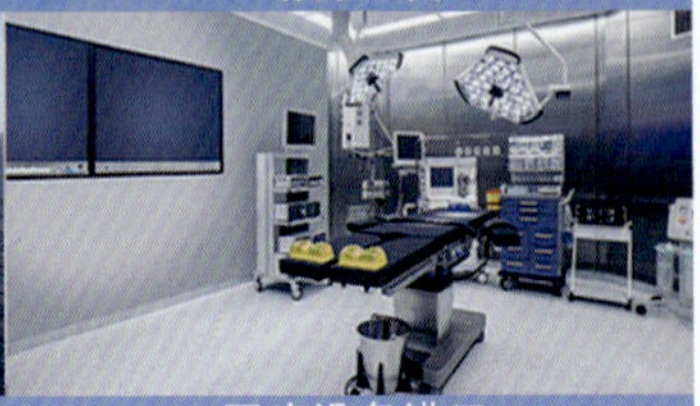
医疗设备进口

中国浦发机械工业股份有限公司

China Perfect Machinery Industry Corp., Ltd.

中国浦发机械工业股份有限公司(简称中国浦发)成立于 1992年10月28日。成立之初，中国浦发主要负责上海市浦东新区自由贸易试验区金桥出口加工区浦发金桥工业城的开发工作。自诞生之日起，浦发金桥工业城就肩负起振兴中国机械工业的使命，先后引进拜耳(中国)总部和聚合物(亚太)研发总部、联合汽车电子，欧姆龙(上海)、松下等一批具有现代化生产和管理水平的工业制造企业。

1997年体制改革以后，中国浦发隶属于中国机械工业集团有限公司，是国机集团在上海的重要二级企业成员，历经近三十年的探索创新，中国浦发始终以“发挥浦东优势、参与国际竞争”为发展理念，已成长为以高端装备研发制造和工程服务为主体，特种设备检验检测，项目运维管理，工程设计咨询、工业园区开发、国内外贸易等多种业务共同发展的装备研发制造企业，在多个领域拥有甲级设计资质和工程总承包能力。

电话:021-61397700　传真:021-61390988

地址:上海市普陀区中山北路1759号d座24楼　邮编:200061　网站:www.chinaperfect.com.cn

公司概况
Corporation Profile

中国联合工程有限公司
China United Engineering Corporation Limited

广告

中国联合工程有限公司（简称中国联合）是以原机械工业第二设计研究院为核心，联合多家国家甲级勘察设计单位组建的大型科技型工程公司，隶属于中央大型企业集团、世界500强企业—中国机械工业集团有限公司，总部设在杭州。

中国联合现有员工7 000多人，专业技术人员占90%以上，其中7位中国工程院、中国科学院院士，8位全国勘察设计大师、1位国家“新世纪百千万人才工程”人选，104位享受特殊津贴的专家。公司现有高级技术职称专家2 179人(含正高级工程师243人)，各类国家一级注册工程技术人员2 760人次，美国项目管理专业协会(PMI)认证的项目管理专业人士(PMP)80人。

中国联合设有工业工程、民用工程、能源工程、工程建设、装备工程、全过程工程咨询、国际工程等业务板块。作为国内早期组建的国家大型综合性设计单位之一，中国联合设计了以上海电气、东方电气和哈尔滨电气三大动力基地为代表的一大批国家装备制造业骨干企业，设计和建设了500多座电厂，数以千计的标志性民用建筑。经过70年的纵横驰骋和市场竞争的风雨磨砺，中国联合服务领域早已从单一的机械行业扩展到各类工业、电力、建筑、市政等20多个行业。中国联合服务方式也从工程设计向前后延伸到“策产投建营”的工程建设全过程，在继续做精做强设计咨询业务的同时，积极做大做优工程总承包和项目管理业务，大力提升EPC能力，积极参与国际竞争。

多年来，中国联合始终遵循“为社会打造精品工程，为员工创造美好生活”的发展理念，完成了30 000多项大中型工程；主编、参编国家、地方和行业标准、规范230余项；获得国家科技进步奖28项(一等奖2项)、国家各类工程技术奖100多项、各类省部级奖1 000多项。

在全国26 700多家勘察设计单位“综合实力和营业收入排名”中，中国联合连年进入百强榜，最高排名在第9位。美国《工程新闻记录》ENR对“中国工程设计企业60强”的统计排名中，中国联合连年榜上有名，排名在10名左右。公司连年被授予“重合同守信用”企业称号，获得AAA企业信用评定等级。

杭州智造谷产业服务综合体

北京理工大学长三角研究院

中国(杭州)算力小镇

超高灵敏量子极弱磁场和惯性测量装置

杭州九峰垃圾焚烧发电站

甘肃酒泉金塔熔盐塔式100MW光热发电示范项目

浙大超重力离心模拟与实验装置

杭州国家版本馆

梅城小城镇环境综合提升工程

长三角创新研发总部基地

重庆市医疗急救中心

陕西泾河新城文化艺术中心

与顾客共同创造价值

企业风采

企业介绍

机械工业第六设计研究院有限公司（简称中机六院）成立于1951年，是我国早期成立的工厂设计机构，2000年进入中国机械工业集团有限公司。中机六院主要从事工程咨询、工程设计、工程监理、项目管理、工程总承包等业务，致力于打造国内一流的绿色与智能工程服务商。

2022年，中机六院面对新冠疫情和经济下行双重压力，坚持战略引领，咬定目标不放松，鼓足干劲谋发展，经过全体干部职工奋力拼搏、攻坚克难，取得了来之不易的成绩。全年新签合同额35.60亿元，同比增长17.83%；完成营业收入21.04亿元，同比增长25.86%，创历史新高；实现利润总额1.25亿元、净利润1.07亿元。中机六院再次入选2022年中国工程设计企业60强，持续保持质量管理体系升级版AAA+级认证。

郑州商贸旅游职业学院新密校区项目

皖江江南保税物流中心（B型）建设工程EPC总承包项目

洛江区医院全过程工程咨询项目

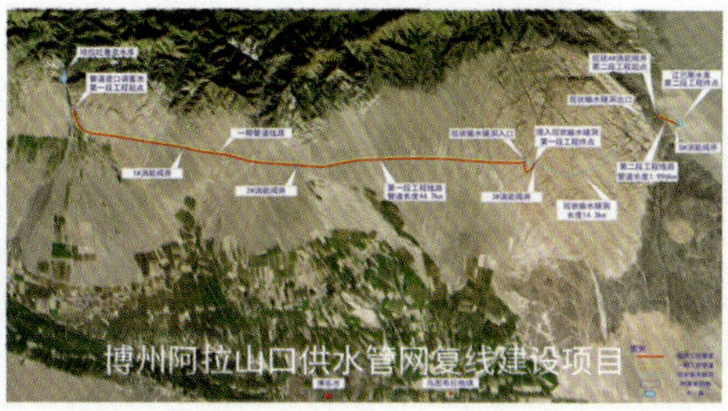
博州阿拉山口供水管网复线建设项目

中航光电基础器件产业园项目

机械工业第六设计研究院有限公司
SIPPR ENGINEERING GROUP CO., LTD.

电话：0371-67606888/67606088/67606087　网址：www.sippr.cn　地址：河南省郑州市中原西路126号　邮编：450007

广告

合肥通用机械研究院有限公司
Hefei General Machinery Research Institute Co., Ltd.

合肥通用机械研究院有限公司（简称合肥通用院）1956年成立于北京，1969年搬迁至合肥，是原机械部门直属的国家一类科研院所，1999年转制为科技型企业，同年加入国机集团。2018年1月，合肥通用院改制为国机集团独资的有限责任公司。

合肥通用院主要从事石化、能源、冶金、燃气、环保等行业通用机械及化工设备的设计开发、产品研制、检验检测、设备监理、工程承包、设备成套和职业教育等，工程技术研发涵盖压力容器与管道、流体机械、包装食品机械及石油装备等领域20多个专业。拥有上市公司“国机通用”（股票代码：600444）和17家全资及控股子公司。截至2022年12月31日，全院职工共有1 455人，其中高级职称367人，博士53人，硕士321人。

工程承包和设备成套

技术服务

装备研发与制造

合肥通用院是创新型企业、高新技术企业、国家技术创新示范企业、国家火炬计划重点高新技术企业，是国家压力容器与管道安全工程技术研究中心、高端压缩机及系统技术全国重点实验室、国家国际科技合作基地（国际联合研究中心）、国家中小企业公共服务示范平台、科技服务业行业试点、产业技术基础公共服务平台、创新人才培养示范基地、工业大数据应用技术国家工程实验室（分实验室）和国家企业技术中心等国家科技创新和技术服务平台的依托单位，是国家“极端环境重大承压设备设计制造与维护技术创新战略联盟”的理事长单位。设有压缩机制冷设备、泵阀和密封件产品等3个国家质量监督检验中心，博士后科研工作站（可独立招生）、企业院士工作站，以及压力容器与管道安全安徽省技术创新中心、压缩机技术安徽省实验室等20余个省部级科研平台，是1个国际标准化技术委员会（ISOTC86/SC4）、10个全国标委会和4个全国标委会分会以及中国机械工程学会压力容器分会、流体工程分会等10余个行业学会、协会的依托单位。

建院60多年来，合肥通用院共取得各类科研成果3 000余项，其中获国家科技奖励49项、省部级科技进步奖400余项，项目成果均在石化、能源、冶金、燃气、环保等领域得到广泛应用。

2022年，是合肥通用院“传承使命、接续奋斗”的关键之年。这一年，合肥通用院积极“动”起来、“想”起来、“紧”起来，着力奋进“经营拓展年”“规划落实年”“治理提升年”，全面提升“沟通力”“组织力”，助力科研经营工作稳中有进。公司连续14年获得国机集团“先进单位”荣誉称号，企业高质量发展态势稳健向好，职工幸福指数持续走高。

职业教育

地址：安徽省合肥市长江西路888号
http://www.hgmri.com

ADD:888 West Changjiang Road Hefei,Anhui,China
邮编：230031　　联系电话：0551-65335681

广告

国机精工股份有限公司
Sinomach Precision Industry Group Co., Ltd.

股票代码：国机精工002046

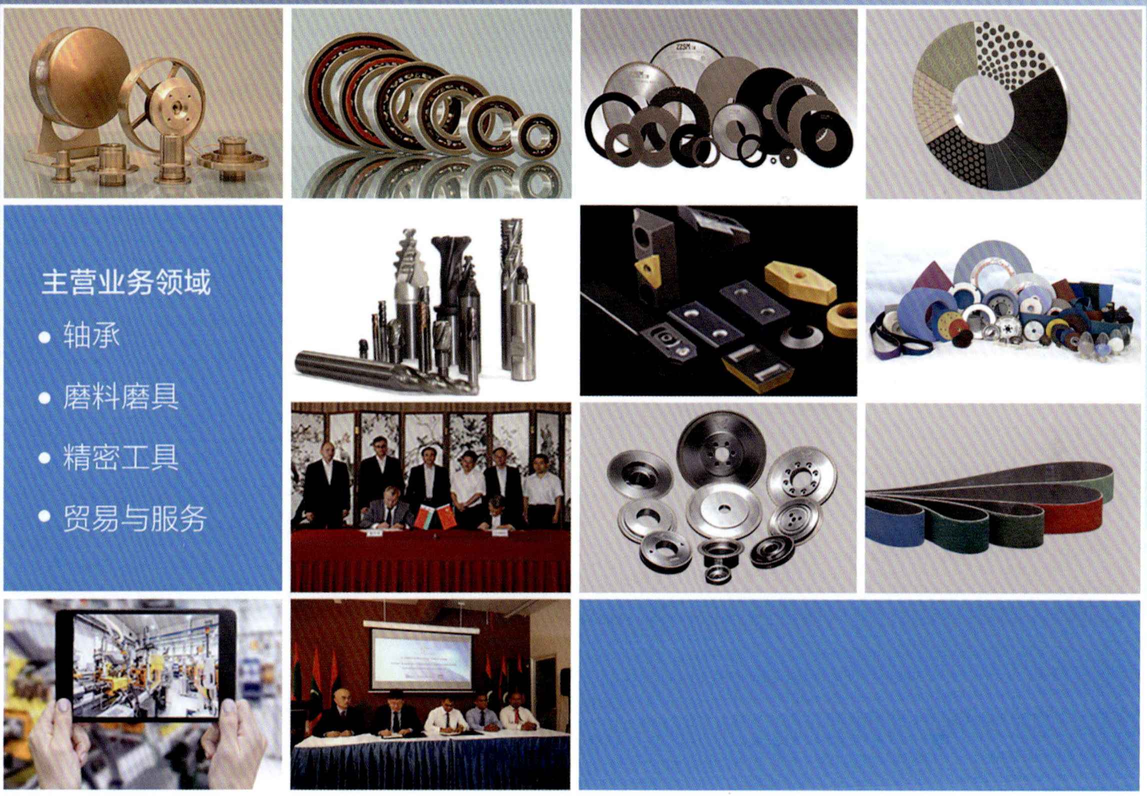

主营业务领域

- 轴承
- 磨料磨具
- 精密工具
- 贸易与服务

国机精工股份有限公司（简称国机精工），前身为洛阳轴研科技股份有限公司，2020年12月完成更名，是涵盖轴承、磨料磨具、精密工具、贸易与服务等领域的多元化、国际化的科技型、创新型企业。

主要应用范围

航空航天、汽车与轨道交通、能源环保、船舶兵器、机床工具、石油化工、电子、冶金、建筑等国民经济重要产业。

主要成员企业

国机精工股份有限公司
洛阳轴承研究所有限公司
中国机械工业国际合作有限公司
郑州磨料磨具磨削研究所有限公司
郑州新亚复合超硬材料有限公司
白鸽磨料磨具有限公司
成都工具研究所有限公司
郑州国机精工发展有限公司
洛阳轴研科技有限公司
河南爱锐科技有限公司

地址：郑州市新材料产业园区科学大道121号　服务热线：0371-67619231

广告

中国电器科学研究院股份有限公司
China National Electric Apparatus Research Institute Co., Ltd.

中国电器科学研究院股份有限公司（简称中国电研，股票代码：688128）长期从事电器产品环境适应性研究，建有工业产品环境适应性全国重点实验室，定位打造“工业产品特殊环境国家质量基础技术策源地”。公司研发成果历经客户和市场检验，逐步发展为质量技术服务、电气装备、成套装备、环保涂料及树脂4大业务板块，业务聚焦智能家居和新能源智能汽车行业。

◆ 应用基础及共性技术研究

长期从事电器产品及装备环境适应性基本规律与机理研究，建立了7个典型气候野外科学观测站，致力于提升我国电器产品及装备在不同气候、机械、化学、电磁等复杂环境中的适应能力，提高产品质量水平，研究对象从电器产品拓展到智能家居、智能汽车、新能源等典型工业产品领域。

14个	15个	11个	20+项
国家科技研发与技术服务平台	IEC国际标准对接平台	国家标准平台	核心技术

■ 质量技术服务

CVC威凯是中国电研旗下的质量技术服务品牌。是集技术研究、标准化、检测、认证、检验、计量、能力验证及质量提升延伸服务(实验室技术服务、培训等)于一体的权威第三方质量技术服务机构。

■ 质量技术服务

产品包括新能源电池后处理系统、励磁装备、工业电源等。中国电研产品应用于全球60多个国家和地区。在全球率先自主研发出动力及储能电池串联化成分容新技术，具有国际领先水平，可有效提高电芯品质、大幅降低用户运营成本，已获得广泛应用，引领行业安全绿色发展。

■ 成套装备

产品包括智能工厂解决方案、智能制造及试验装备等，建有国家工业设计中心，以设计为牵引打造“家用电器全产业链设计和服务”模式。为家电企业提供智能工厂解决方案，产品出口到30多个国家和地区。为头部智能家电、智能汽车企业提供专业研发设备，为汽车、摩托车制造提供焊装、涂装和总装生产线。

■ 环保涂料及树脂

产品包括粉末涂料、水性工业涂料、树脂材料等。环保涂料产品广泛应用于汽车零部件、新能源等领域，水性防腐蚀涂料在商用空调领域处于领先地位，新研发的聚酯树脂成功应用在集装箱行业，实现整箱绿色粉末涂料涂装，综合技术水平国内领先。

企业风采

工业强基报国　智能引领未来

国机智能科技有限公司(简称国机智能)隶属于中央直管国有重要骨干企业、世界500强——中国机械工业集团有限公司，是国家率先转制科研院所，前身为创建于1958年的广州机床研究所，与旗下创建于1958年的苏州电加工机床研究所同属新中国成立之初机床工具行业“七所一院”成员。

国机智能是国家创新型企业、国家高新技术企业、国家技术创新示范企业，拥有8个国家平台，28个省部级平台，4本核心期刊。近年来，获得授权专利400余项，制修订国家标准70余项、行业标准80余项，先后承担大批科技攻关任务，攻克多项“卡脖子”关键核心技术，产品广泛服务于国家重大装备、重大工程，多项成果处于国际先进或领先水平，荣获多项科技奖励，展现国家战略科技实力。

在2020年新冠肺炎疫情阻击战中，国机智能紧急研制口罩机，为全国抗疫大局立下汗马功劳，荣获“全国抗击新冠肺炎疫情先进集体”和“全国先进基层党组织”崇高荣誉。

主责主业

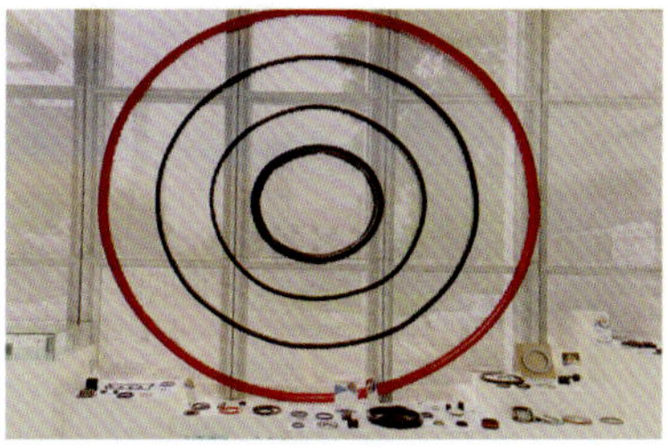

工业五基

- 密封（密封件、密封胶）
- 润滑（润滑油、润滑脂）
- 液压（机电液压系统）

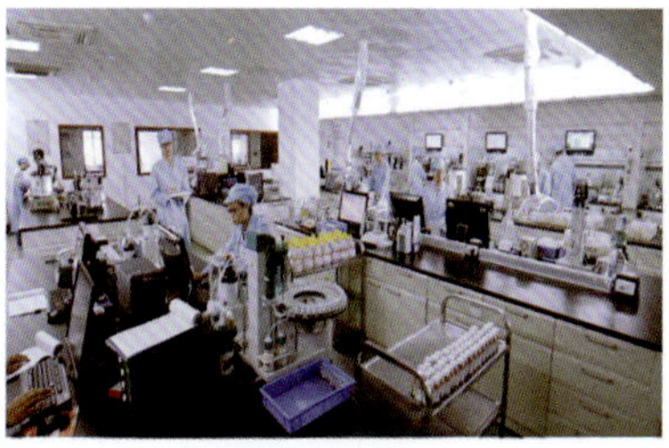

检验检测

- 油品检测
- 机器人及汽车零部件检测

智能制造

- 智能装备及系统集成
- 智能工厂（iMOM）
- 智能运维（重大装备在线健康监测）

产品和应用

风电机组密封件应用解决方案

攻克多项技术难题，高端密封产品在新疆达坂城等风场大规模应用。

广汽埃安项目

通过5G通信技术，为广汽埃安新能源汽车制造关键装备开展远程智能运维。

三峡水轮机组项目

守护三峡大型水轮机安全运行10年，享有大国重器“血液”远程监护者美誉。

杭氧智能工厂

为杭氧集团打造生产设备网络化、生产数据可视化、生产过程透明化、生产决策智能化的智能工厂。

拆码垛智能工作站

在龙头企业实现智能化、自动化拆码垛方案的批量落地，在同一客户实现近50个智能应用项目。

餐厨垃圾处理项目

为在运营餐厨垃圾处理项目提供液压系统，成功实现进口替代。

智能感知检测

拓展新能源汽车行业激光雷达等产品的检测服务，培育智能感知领域新动能。

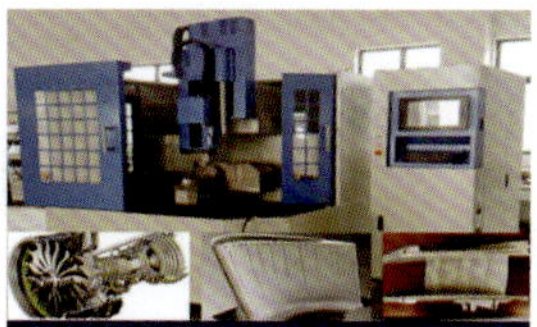

数控电火花精密微小孔加工机床

突破多项关键技术瓶颈，解决航空发动机多种加工难题，在航天领域实现规模化应用。

国机智能科技有限公司
SINOMACH Intelligence Technology Co., Ltd.
电话：020-32387859　网址:www.sinomach-it.com
地址：广东省广州市黄埔区科学城新瑞路2号（510535）

国机海南发展有限公司
Sinomach Hainan Development Co., Ltd.

致力于成为世界一流
农产品和新能源产品供应链集成服务商

国机海南发展有限公司（简称国机海南）成立于2020年11月20日，是国机集团为充分响应海南自贸港建设号召而设立的全资二级子公司，是国机集团海南区域总部。下设中国成套工程有限公司（简称中国成套）、中国国际农业投资有限公司（简称中农投）、中国机械工业海南股份有限公司（简称中机海南）等8家子公司。

国机海南以服务国家重大战略需求和海南自由贸易港建设为使命，围绕国内农产品和能源领域战略需求缺口，打造国际供应通道安全的“国家队”，围绕海南自贸港建设，打造海南区域发展及国机集团在海南业务协同的“指挥部”，致力于成为世界一流农产品和新能源产品供应链集成服务商。

国机海南与中国成套实行“一体化经营管理”。国机海南承接了中国成套深度国际化的能力，在国际农产品贸易和海外工程建设领域业绩突出，在城市基础设施建设、农业综合开发和能源电力环保三大板块的工程管理方面具有丰富经验。

国机集团
SINOMACH